Third Edition
Plazas
LUGAR DE ENCUENTROS

ROBERT HERSHBERGER
DePauw University

SUSAN NAVEY-DAVIS
North Carolina State University

GUIOMAR BORRÁS A.
Thunderbird, The Garvin School of
International Management
Glendale Community College

THOMSON
HEINLE

Australia Brazil Canada Mexico Singapore Spain United Kingdom United States

Plazas
Third Edition
Hershberger | Navey-Davis | Borrás A.

Editor in Chief: PJ Boardman
Senior Acquisitions Editor: Helen Richardson Greenlea
Development and Media Editor: Heather M. Bradley
Senior Content Project Manager: Esther Marshall
Assistant Editor: Meg Grebenc
Senior Marketing Manager: Lindsey Richardson
Managing Technology Project Manager: Wendy Constantine
Senior Marketing Communication Manager: Stacey Purviance
Manufacturing Manager: Marcia Locke

Composition & Project Management: Pre-Press PMG
Text Illustrator: Dave Sullivan
Photo Researcher: Jill Engebretson
Senior Art Director: Cate Rickard Barr
Text Designer: Linda Beaupré
Cover Designer: Monti Lewis
Text & Cover Printer: R.R. Donnelley & Sons/Willard

Front cover photos: *Arch* © iStockphoto.com; *Plaza:* © Photographer's Choice/David Norton/Getty Images

Thomson Higher Education
25 Thomson Place
Boston, MA 02210-1202
USA

Printed in the United States of America
1 2 3 4 5 6 7   10 09 08 07

Library of Congress Control Number: 2007934811

Student Edition: ISBN 978-1-4282-0504-8
1-4282-0504-7

For more information about our products, contact us at:
Thomson Learning Academic Resource Center
1-800-423-0563
For permission to use material from this text or product, submit a request online at
http://www.thomsonrights.com
Any additional questions about permissions can be submitted by e-mail to **thomsonrights@thomson.com**

Credits appear at the end of the book, which constitute a continuation of the copyright page.

Learning resources tailored to fit your needs and your schedule!

With *Plazas*, you have more ways to learn . . . and more ways to succeed in your course!

Personal Tutor*

Available online, our **Personal Tutor** gives you access to experienced tutors with degrees in Spanish. You can receive one-on-one tutoring and on-demand help with assignments.

Heinle iRadio*

Now you have the freedom to choose when, where, and how you study! With **Heinle iRadio** you have access to podcast mini-lessons and interactive grammar tutorials that you can take with you. To learn more, visit **www.thomsonedu.com/spanish**.

Student Multimedia CD-ROM*

Following the journeys of several diverse travelers to various countries, the **Student Multimedia CD-ROM** creates a virtual environment in which you complete varied enrichment tasks that reinforce vocabulary, grammatical and lexical structures, and cultural information introduced in the corresponding chapters of the text. The CD-ROM includes access to Google™ Earth, which virtually transports you to each country discussed. **1-4282-0603-5**

Atajo 4.0 CD-ROM: Writing Assistant for Spanish

This powerful program combines the features of a word processor with databases of language reference material, a searchable dictionary, a verb conjugating reference*, and audio recordings of vocabulary and example sentences. New to this edition is a unique partnership with Merriam-Webster®, Inc. that integrates the entire contents of Merriam-Webster's® Spanish English Dictionary into the Writing Assistant program's searchable dictionary. **1-4130-0060-6**

Spanish Grammar Chart

This helpful laminated chart provides quick reference to principle verb tenses and grammar points. **1-55431-189-6**

*Product is also available electronically through iLrn™: Heinle Learning Center.

Check with your local college store or go to www.iChapters.com to purchase the products listed above at Thomson Heinle's preferred online store.

iChapters.com

---

iTunes Playlist

Start building your Spanish music collection with an **iTunes playlist** created specifically for *Plazas*. You can choose from a wide variety of musical styles, enriching your understanding of the language and appreciation of the cultures of the Spanish-speaking world. The playlist is available at **www.thomsonedu.com/spanish/plazas**. Music selections are available for purchase through the **iTunes Store**.

iTunes is a trademark of Apple Computer, Inc., registered in the U. S. and other countries.

Book Companion Website

www.thomsonedu.com/spanish/plazas

This updated companion site includes chapter specific self-grading quizzes, Web Exploration activities, an **iTunes Playlist**, flashcards, crossword puzzles, and a glossary, as well as links to **Heinle iRadio** and a verb conjugation tool.

6 - 27
un día en Caracas
Resán

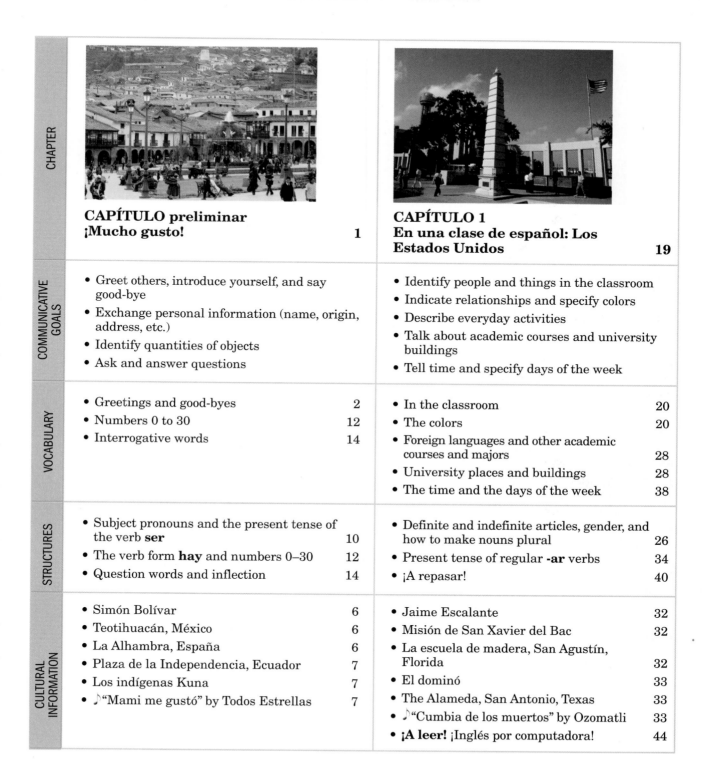

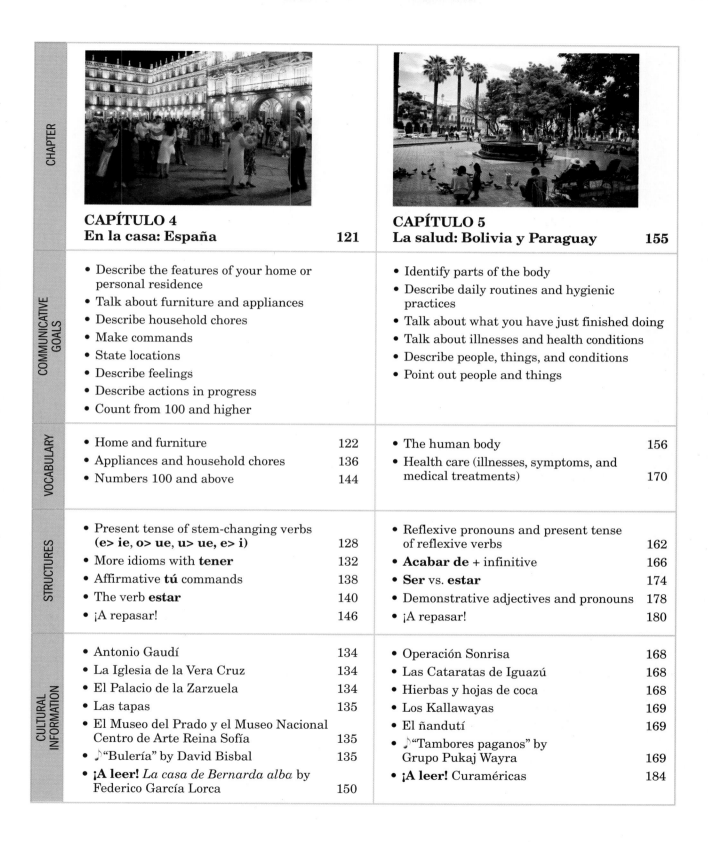

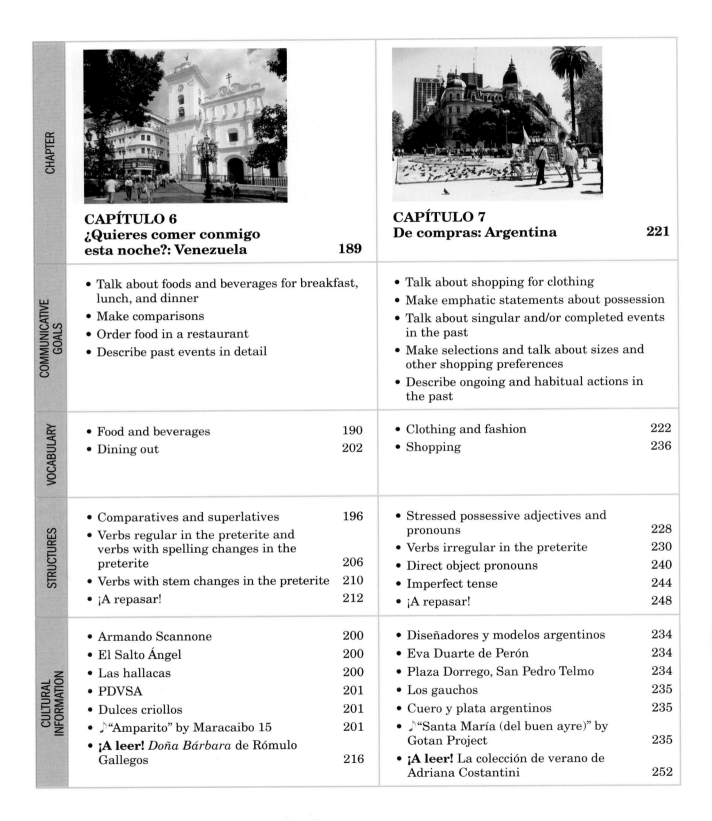

Acknowledgments

We would like to thank Helen Richardson Greenlea, Senior Acquisitions Editor, for her dedication to the success of this project. A very special thanks to Heather Bradley, Development Editor, who helped us enormously through her encouragement, flexibility, and dedication to the excellence of this edition. Our gratitude and special thanks for her hard and meticulous work, reflected throughout the book, go to Esther Marshall, Senior Content Project Manager. We would like to recognize Lindsey Richardson, Senior Marketing Manager, and express our appreciation for her hard work on campus nationwide and, in particular, for her outstanding contributions to the marketing and promotional materials. We appreciate the creative thinking and welcome improvements that Wendy Constantine, Managing Technology Project Manager, has brought to *Plazas,* **Third Edition** media package. Our thanks also go Pre-Press PMG, the compositor, and in particular to Melissa Mattson, the Project Manager, for her dedication and hard work. And, finally, we would also like to thank Meg Grebenc, Assistant Editor, for her focused work with the authors of the *Plazas,* **Third Edition** components:

Workbook / Lab Manual / Video Manual

Jill Pellettieri, *Santa Clara University*
Silvia Rolle-Risetto, *California State-San Marcos*
Verónica Añover, *California State-San Marcos*

iLrn: Heinle Learning Center Diagnostics

Andrew Noverr, *University of Michigan*

Instructor's Resource Manual / Activity File / Test Bank CD-ROM

Bridget Fong-Morgan, *Indiana University-South Bend* (Instructor's Resource Manual)
Jorge Koochoi, *Central Piedmont Community College* (Contributor, Activity File)
Juan Carlos Rodríguez, *Nicolet College* (Contributor, Activity File)
Lunden MacDonald, *Metropolitan State College of Denver* (Contributor, Activity File)
María Luque, *DePauw University* (Editor and Contributor, Activity File)
Page Curry, *Bellarmine University* (Editor and Contributor, Activity File)
Bryan McBride, *Eastern Arizona College* (Contributor, Test Bank)
Florencia Henshaw, *University of Illinois at Urbana-Champaign* (Contributor, Test Bank)
Isabel Kentengian, *The College of New Jersey* (Contributor, Test Bank)

Student Multimedia CD-Rom

Marisa DeSantis, *Wells College*

Website and PowerPoint Lectures

Andrew Gordon, *Mesa State College*

Finally, we would like to express our appreciation to Natasha Ranjan, Editorial Assistant, for her tireless coordination of the Third Edition review boards, in particular the **Culture Council.**

The authors and the publisher wish to thank the many instructors at colleges and universities across the country who contributed comments and suggestions on how to make the third edition even better.

Third Edition Reviewers

James Abraham, *Glendale Community College*
Ellen Abrams, *Northern Essex Community College*
Nicole Adamowicz, *Boston University*
Silvia Albanese, *Nassau Community College*
Carlos C. Amaya, *Eastern Illinois University*

Gunnar Anderson, *State University of New York-Potsdam*
Frank Attoun, *College of the Desert*
Fern Babkes, *College of Notre Dame of Maryland*
Alejandra Balestra, *University of New Mexico*
Lisa Barboun, *Coastal Carolina University*
Rosalina Beard, *Harrisburg Area Community College*
Anne Becher, *University of Colorado-Boulder*
Donna Van Bodegraven, *Elon University*
Robin Bower, *Pennsylvania State University-Beaver*
Herbert Brant, *Indiana University-Purdue*
Cathy Briggs, *North Lake College*
Marcelo Campoverde, *University of North Dakota*
Beth Cardon, *Georgia Perimeter College-Clarkston*
Sheila Carterhills, *Winthrop University*
Tulio Cedillo, *Lynchburg College*
Irene Chico-Wyatt, *University of Kentucky*
Cathie Cline, *East Arkansas Community College*
Christine Cloud, *Wittenberg University*
Robert Colvin, *Brigham Young, University-Idaho*
Roberto Vela Cordova, *Texas A & M University, Kingsville*
Xuchitl Coso, *Georgia Perimeter College-Lawrenceville*
Isabell Cottrell, *Seminole Community College*
Kit Decker, *Piedmont Virginia Community College*
Mary Ann Dellinger, *Virginia Military Institute*
Sarah DeSmet, *Wesleyan College*
Maria DiFrancesco, *Ithaca College*
Christine Esperson, *Cape Cod Community College*
Molly Falsetti-Yu, *Smith College*
Robert Faria, *Stonehill College*
Maria Fidalgo-Eick, *Grand Valley State University*
Benjamin Fraser, *Christopher Newport University*
Nicole García, *Concordia College*
Margarita García-Notario, *State University of New York-Plattsburgh*
Sheila Noreen Gilkey, *Evergreen State College*
Charlene M. Grant, *Skidmore College*
Eduardo Haro, *Pima Community College*
Carmenmara Hernández-Bravo, *Saddleback College*
Julio F. Hernando, *Indiana University South Bend*
Pilar M. Herr, *University of Pittsburgh-Greensburg*
Dawn Heston, *University of Missouri-Columbia*
Susan Hildebrandt, *Longwood University*
Allan Hislop, *Northern Essex Community College*
Diane Hollender, *Middlesex County College*
Laurie Huffman, *Los Medanos College*
Todd Hughes, *Vanderbilt University*
Jessica Elaine Hyde, *University of New Haven*

Bill Jensen, *Snow College*
Anita Klatkiewicz, *University of Wisconsin-Fox Valley*
Kathy Koberstein, *Stetson University*
Erik Ladner *Iowa State University*
Mayte de Lama, *Elon University*
Deborah Lemon, *Ohlone College*
Susan M. Linker, *High Point University*
Nelson López, *State University of New York-Delhi*
Paula Luteran, *Hutchinson Community College*
Tina de Miguel Magro, *Sonoma State University*
Lynne Flora Margolies, *Manchester College*
Patti Marinelli, *University of South Carolina*
Asima F. X., *Haverford College* Saad Maura
Dave McAlpine, *University of Arkansas-Little Rock*
Bryan McBride, *Eastern Arizona University*
Erin McCabe, *George Mason University*
Heather Mendoza, *University of Arkansas-Fayetteville*
Raymond J. Mercik, *Asnuntuck Community College*
Elaine Miller, *Christopher Newport University*
Maria Teresa Moinette, *University of Central Oklahoma*
Joshua Mora, *Wayland Baptist University*
Tania Muino, *Northeastern University*
Lisa Nalbone, *University of Central Florida*
Marta Navarro, *University of California-Santa Cruz*
Sadie Nickelson-Requejo, *University of Puget Sound*
Marilyn Palatinus, *Pellissippi State Technical Community College*
Anna Marie Pietrolonardo, *Illinois Valley Community College*
Harriet Poole, *Lake City Community College*
Thomas R. Porter, *Southern Virginia University*
Michelle F. Ramos-Pellicia, *George Mason University*
Laurie Reynolds, *Raritan Valley Community College*
José Ricardo, *Shippensburg University of Pennsylvania*
Francisco Rubio, *University of Utah*
Yadiner Sabir, *Lynn University*
Laura Sanchez, *Longwood University*
Mary Sandford, *New Mexico State University*
Aurora Camacho, *Swarthmore College* de Schmidt
Nina Shecktor, *Kutztown University of Pennsylvania*
Virginia Shen, *Chicago State University*
Rosalinda Silva-Alemany, *University of Southwestern Louisiana*
Roger Simpson, *Clemson University*

Dawn Slack, *Kutztown University of Pennsylvania*
Victor Slesinger, *Palm Beach Community College-Lake Worth*
Catherine Smith, *University of South Carolina*
Sue Ann B. Thompson, *Butler University*
Laurie J. Tomchak, *The University of Hawai'i*
María Villalobos-Buehner, *Grand Valley State University*

Hilda Votaw, *University of Oklahoma-Norman*
Bryan Waite, *Yakima Valley Community College*
Debra Walker, *Muscatine Community College*
Caroline S. Westerhof, *Webster College*
Jamey Widener, *North Carolina State University*
Elizabeth Willingham, *Calhoun Community College*
Nancy Zimmerman, *Kutztown University of Pennsylvania*

Third Edition Culture Council

Alejandra Balestra, *University of New Mexico*
Penelope Bledsoe, *Gulf Coast Community College*
Amanda Boomershine, *University of North Carolina-Wilmington*
Tulio Cedillo, *Lynchburg College*
Ana Eire, *Stetson University*
Ericka Ghersi, *Stetson University*
Curtis Goss, *Southwest Baptist University*
Erik Ladner, *Iowa State University*
Iraida H. López, *School of American and International Studies-Ramapo College of New Jersey*
Luciano Martínez, *Swarthmore College*
Monica Massei, *Clemson University*
Ana Menéndez-Collera, *Suffolk Community College*

Ivan Miño, *Tarrant County College*
María Montoya, *State University of New York-Oneonta*
Bel Quiros-Winemiller, *Glendale Community College*
Carmen Rygg, *University of North Dakota*
Travis Schiffman, *Snow College*
Robert Sitler, *Stetson University*
Patricia Suppes, *Elon University*
Peter Thompson, *Roger Williams University*
Carmen Vigo-Acosta, *Mesa Community College*
Hilde Votaw, *University of Oklahoma-Norman*
Anne Walton-Ramírez, *Arizona State University*
Nancy Zimmerman, *Kutztown University of Pennsylvania*

Dear Student:

Spanish is quickly becoming a major second language of the United States. Although southern and costal states have seen dramatic increases in Spanish-speaking populations for years, the presence of Latino communities in every large city throughout the nation is now a reality. Spanish radio and television stations are multiplying and playing to huge audiences and Latino entertainers are soaring to the top of charts with smash hits. Spanish can be seen on road signs, menus, and product literature. In the entertainment, leisure and travel industries, Spanish is more prevalent than ever before. Business people, teachers, civil servants, store clerks, and especially emergency and hospital personnel are scrambling to keep up with an increasingly Spanish-speaking client base.

Just recently, peoples of Hispanic descent have become the largest minority group in the United States and are shaping social and political agendas in a profound way. Real-world incentives to learn Spanish are all around you. *Plazas,* **Third Edition** welcomes you to join a community of Spanish speakers not only in your class, but also in your neighborhood, work environment or travel destination. *Plazas* is based on the Five Cs of Communication, Communities, Connections, Comparisons and Culture to ensure that your interaction with the Spanish-speaking world is dynamic and profound. In *Plazas,* **Third Edition** we not only introduce you to a language, but also to the people—through their history, traditions, and culture—who speak the language.

Learning Spanish successfully requires determination, good study habits, and patience. You must commit yourself to learning the language every day. Mastery is the result of daily study and practice. Everything you learn relies, to a certain extent, on previous material. If you invest your time from the beginning, what you learn later will build naturally upon a solid foundation of understanding and competence.

We wish you the very best in your introduction to Spanish and welcome you to the communities of *Plazas.*

Bob Hershberger
Susan Navey-Davis
Guiomar Borrás A.

MAR CARIBE

OCÉANO ATLÁNTICO

OCÉANO PACÍFICO

Barranquilla
Maracaibo
Cartagena
Caracas
R. Orinoco
Medellín
VENEZUELA
Manizales
Bogotá
Cali
COLOMBIA
Quito
Quayaquil
ECUADOR
Iquitos
PERÚ
Cajamarca
Machu Picchu
Lima
Ayacucho
Cusco
Arequipa
L. Titicaca
BOLIVIA
Arica
La Paz
Iquique
Sucre
Potosí
Antofagasta
PARAGUAY
Salta
Asunción
CHILE
Tucumán
Córdoba
Mendoza
Valparaíso
Rosario
Santiago
Buenos Aires
Concepción
ARGENTINA
La Plata
Bahía Blanca
Puerto Montt
CORDILLERA DE LOS ANDES
ISLAS MALVINAS
Punta Arenas
TIERRA DEL FUEGO
Cabo de Hornos
Estrecho de Magallanes

Port of Spain
TRINIDAD Y TOBAGO
Georgetown
GUYANA
Paramaribo
SURINAM
Cayenne
GUAYANA FRANCESA

ECUADOR

R. Amazonas
Manaus
Belem
R. Madeira
BRASIL
Recife
Brasilia
Salvador
Belo Horizonte
São Paulo
Río de Janeiro
Santos
R. Paraná
R. Uruguay
Porto Alegre
URUGUAY
Montevideo
Río de la Plata

TRÓPICO DE CAPRICORNIO

| 0 | 200 | 400 | 600 | 800 millas |
| 0 | 200 | 400 | 600 | 800 kilómetros |

South America

XV

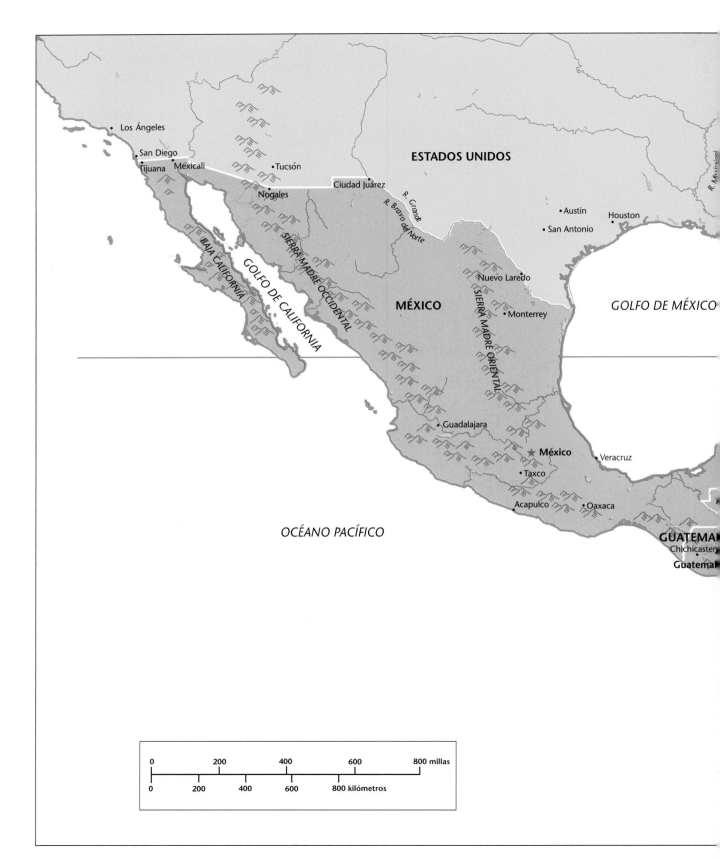

ESTADOS UNIDOS

- Los Ángeles
- San Diego
Tijuana
Mexicali
- Tucsón
Nogales
Ciudad Juárez
R. Grande
R. Bravo del Norte
R. Mississippi
- Austin
Houston
- San Antonio

BAJA CALIFORNIA

GOLFO DE CALIFORNIA

SIERRA MADRE OCCIDENTAL

MÉXICO

Nuevo Laredo

SIERRA MADRE ORIENTAL

- Monterrey

GOLFO DE MÉXICO

- Guadalajara

★ México

- Veracruz

- Taxco

Acapulco

- Oaxaca

OCÉANO PACÍFICO

GUATEMA
Chichicaste
Guatema

| 0 | 200 | 400 | 600 | 800 millas |
| 0 | 200 | 400 | 600 | 800 kilómetros |

OCÉANO ATLÁNTICO

LAS BAHAMAS

TRÓPICO DE CÁNCER

Estrecho de Florida

Miami •

Canal de Yucatán

La Habana ★
• Matanzas
• Pinar del Río
• Cienfuegos
Cancún •
CUBA
• Camagüey
rida
NSULA
DE
ATÁN
Santiago de Cuba • Guantánamo
REPÚBLICA
DOMINICANA
HAITÍ
PUERTO RICO
Port-au-Prince ★
Santo Domingo ★
San Juan ★
ISLAS VÍRGENES
Belice •
Mayagüez • • Ponce
• Belmopán
Kingston
BELICE
JAMAICA
ANTIGUA

HONDURAS
Copán ▲
Tegucigalpa •
MAR DEL CARIBE
GUADALUPE
DOMINICA
MARTINICA
SANTA LUCÍA
SAN VICENTE
ANTILLAS MENORES
San Salvador •
EL
VADOR
NICARAGUA
León • • Managua
L. de Nicaragua
ARUBA
CURAÇAO
BONAIRE
GRANADA
BARBADOS
ISLA DE MARGARITA
TRINIDAD
Y
TOBAGO
COSTA RICA
Puntarenas •   ★ San José
Barranquilla •
Cartagena •
Canal de Panamá
Colón •
Maracaibo •
Caracas ★
Puerto de España ★
PANAMÁ
★ Panamá
R. Magdalena
VENEZUELA
R. Orinoco
GOLFO
DE
PANAMÁ
COLOMBIA
• Medellín
Georgetown ★
GUYANA
• Manizales
• Bogotá ★
• Cali
BRASIL

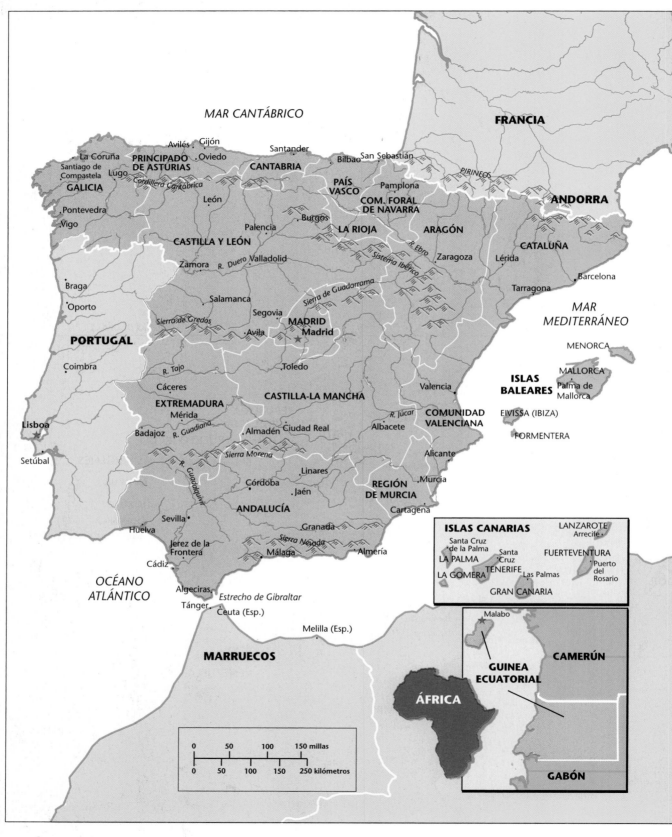

MAR CANTÁBRICO

FRANCIA

Avilés Gijón
La Coruña
Santander
Santiago de
Compastela Oviedo
Lugo
PRINCIPADO
DE ASTURIAS
CANTABRIA
Bilbao San Sebastián
PIRINEOS

GALICIA
Cordillera Cantábrica
León
PAÍS
VASCO
Pamplona
COM. FORAL
DE NAVARRA
ANDORRA

Pontevedra
Burgos
LA RIOJA
ARAGÓN
CATALUÑA

Vigo
Palencia
R. Ebro
Zaragoza
Lérida

CASTILLA Y LEÓN
Zamora R. Duero Valladolid
Sistema Ibérico
Tarragona
Barcelona

Braga
Salamanca
Sierra de Guadarrama
MAR
MEDITERRÁNEO

Oporto
Segovia
MADRID
Madrid
MENORCA

Sierra de Gredos
Ávila
MALLORCA
ISLAS
BALEARES
Palma de
Mallorca

PORTUGAL
R. Tajo
Toledo

Coimbra
Cáceres
CASTILLA-LA MANCHA
Valencia
EIVISSA (IBIZA)

EXTREMADURA
Mérida
R. Júcar
COMUNIDAD
VALENCIANA
FORMENTERA

Lisboa
Badajoz R. Guadiana
Almadén Ciudad Real
Albacete

Setúbal
Sierra Morena
Alicante

R. Guadalquivir
Linares
Murcia

Córdoba
Jaén
REGIÓN
DE MURCIA
ISLAS CANARIAS
LANZAROTE
Arrecife

ANDALUCÍA
Cartagena
Santa Cruz
de la Palma
Santa
Cruz
FUERTEVENTURA

Sevilla
Granada
Sierra Nevada
LA PALMA
TENERIFE
Las Palmas
Puerto
del
Rosario

Huelva
Málaga
Almería
LA GOMERA
GRAN CANARIA

Jerez de la
Frontera
OCÉANO
ATLÁNTICO
Cádiz
Algeciras
Estrecho de Gibraltar
Malabo

Tánger
Ceuta (Esp.)
GUINEA
ECUATORIAL
CAMERÚN

Melilla (Esp.)

MARRUECOS
ÁFRICA
GABÓN

0   50   100   150 millas
0   50   100   150   250 kilómetros

Plaza de Armas, Cusco, Perú
Visit it live on Google Earth!

¡Mucho gusto! **P**

CHAPTER OBJECTIVES

Communicative Goals

In this chapter, you will learn how to . . .

■ Greet others, introduce yourself, and say good-bye

■ Exchange personal information (name, origin, address, etc.)

■ Identify quantities of objects

■ Ask and answer questions

Structures

■ Subject pronouns and the present tense of the verb **ser**

■ The verb form **hay** and numbers 0–30

■ Question words and inflection

Personal Tutor

1

Vocabulario

A saludar y a conocer a la gente (Greeting and meeting people)

In this section, you will learn how to greet and say good-bye to people in Spanish in both formal and informal situations.

Preguntas formales Formal questions

¿Cómo está usted? How are you?
¿Cómo se llama usted? What is your name?
¿De dónde es usted? Where are you from?
¿Y usted? And you?

Preguntas informales Informal questions

¿Cómo estás? How are you?
¿Cómo te llamas? What's your name?
¿De dónde eres? Where are you from?
¿Qué hay? What's new?
¿Qué tal? What's up?
¿Cómo te va? How's it going?

Respuestas Replies

Bastante bien. Pretty well.
Bien, gracias. Fine, thanks.
Más o menos. So-so.
(Muy) Bien. (Very) Well.
Me llamo... My name is . . .
(Yo) Soy de... I'm from . . .

Despedidas Farewells

Adiós. Good-bye.
Buenas noches. Good night.
Chao. Bye.
Hasta luego. See you later.
Hasta mañana. See you tomorrow.
Hasta pronto. See you soon.
Nos vemos. See you later.

Cultura

The form **usted** is abbreviated as **Ud.** and used in formal situations with people whom you would address on a last-name basis. The abbreviation **Ud.** is pronounced just like **usted**. The informal questions are used with classmates, friends, and other people whom you address on a first-name basis.

¿Nos entendemos?

When you ask questions in Spanish the voice rises on the last syllable of the last word in the question. It falls on the last syllable of the last word in a statement. For example:

¿Cómo está usted?

No hay más dinero.

**Una situación formal
(A formal situation)**

Una situación informal (An informal situation)

Buenos días. Good morning.
Buenas tardes. Good afternoon.
Buenas noches. Good evening/night.
¡Hola! Hi! (informal)
Encantada. Nice to meet you. (women say this)

Palabras útiles

Para disculparse (To excuse yourself)
  con permiso pardon me, excuse me (to ask permission to pass through)
  disculpe pardon me (to formally ask for someone's forgiveness or to get someone's attention)
  perdón pardon me, excuse me (to ask for someone's forgiveness)
por favor please

Títulos personales The following personal titles and their abbreviations are used in formal interactions between people. There is no standard Spanish equivalent for *Ms.;* use **señorita** or **señora**, as appropriate.
señor (Sr.) Mr., sir
señora (Sra.) Mrs., ma'am
señorita (Srta.) Miss

Palabras útiles are presented to help you enrich your personal vocabulary. The words here will help you interact in Spanish.

¡A practicar! *(Let's practice!)*

P-1 | **Meter la pata** *(To stick one's foot in one's mouth)* Your friend is eager to practice his/her Spanish, but makes mistakes by responding incorrectly to some of the expressions given below. Identify which responses are incorrect, then provide the correct response. Pay attention to whether the address is formal or informal.

> **Modelo**   ¿De dónde eres tú? *Me llamo Jessica.*
> *No es correcto. The student was asked where she was from and she responded with her name.*
> *She might have said, "Yo soy de Indiana."*

1. Mucho gusto. *Más o menos.*
2. ¿Cómo se llama usted? *Me llamo Jim.*
3. Hasta mañana. *¡Hola!*
4. ¡Hola! *¿Qué tal?*
5. Y tú, ¿qué tal? *Más o menos. ¿Y usted?*
6. Encantada. *Buenas noches.*

P-2 | **¿Qué dices?** *(What do you say?)* Match the situations on the left with an appropriate expression from the list on the right. Remember to distinguish between formal and informal situations.

1. You're introduced to Sra. Fuertes. _____
2. You're asking a child where he/she is from. _____
3. You're greeting a stranger on the way to class at 8:00 a.m. _____
4. You're saying good-bye to a friend going on vacation. _____
5. You're asking your mother's friend how she's doing. _____
6. You're saying hello to a friend. _____
7. You're leaving a party at a friend's house at 2:00 a.m. _____
8. You're asking an old man in the park what his name is. _____
9. You're walking to an afternoon class and you see your TA. _____

a. ¡Hola!
b. ¿De dónde eres?
c. Mucho gusto, señora.
d. ¿Cómo está usted?
e. ¡Buenos días!
f. ¡Adiós!
g. ¡Chao!
h. ¿Cómo se llama usted?
i. ¡Buenas tardes!
j. ¡Buenas noches!

Encantado. Nice to meet you. (men say this)

Mucho gusto. Nice to meet you. (men and women say this)

El gusto es mío. The pleasure is mine. (men and women say this)

> **¿Nos entendemos?**
>
> **Adiós** carries a more definitive sense of *good-bye* than does **hasta luego.** Use **adiós** when you do not expect to see the other person(s) until much later in the day or the following day.

📖 **Capítulo preliminar**

💿 **Capítulo preliminar**

iLrn: Heinle Learning Center, Capítulo preliminar

¡A conversar! (Let's converse!)

P-3 | ¡A conocernos! *(Let's get to know each other!)* Use the following questions as a means of learning about other students in your class. Replace the boldfaced words to describe yourself. Practice changing roles several times and substitute other expressions for greetings and farewells.

With a greeting
E1: Hola.

E2: ¿Qué tal?

With the verb *llamarse*
E1: ¿Cómo te llamas?
E2: Me llamo **Jen.**

With the verb *ser*
E1: ¿De dónde eres?
E2: Soy de **Milwaukee.**
E1: ¿Eres estudiante?
E2: Sí, soy estudiante.

With the verb *estudiar*
E1: ¿Qué estudias? *(What do you study?)*
E2: Estudio español.

With the verb *estar*
E1: ¿Cómo estás?
E2: ¡Muy bien, gracias! / Más o menos.

With a farewell
E1: ¡Chao!
E2: ¡Hasta luego!

> **¿Nos entendemos?**
>
> In some countries, such as Argentina, Chile, Colombia, and Venezuela people say **Chao** to express *good-bye*, due to the influence of Italian immigrants. The expressions **nos vemos** and **chao** are used in informal situations with the expectation that you will see the other person(s) in the near future or the following day.

P-4 | ¡Buenos días, profesor(a)! Working with a partner, decide how you would modify the expressions in activity **P-3** so that they would suit a formal conversation with your professor. Role-play the dialogue with another student, with one acting as the student and the other as the professor.

P-5 | Una fiesta Pretend that you are attending a party given at the beginning of the semester for all students in your Spanish class. You want to speak to as many students in the class as possible.

Part I:
Work with one or two other students to practice the questions and answers that you will use to introduce yourself to all students and find out who they are. Practice asking students their names, how they are doing, and where they are from, and practice answering these questions. Also practice expressing pleasure in meeting each new student.

Part II:
All students move around the classroom, greeting classmates, and asking and answering questions about their names and other information. Speak to as many people as possible and ask as many different questions as you can. Your goal is to speak to each student. Speak only Spanish!

P-6 | Conversaciones Work with a partner to act out the three conversations depicted in the drawings. Use the information below to help you decide if each interaction is formal or informal. Then include appropriate greetings, ask appropriate questions, and give appropriate answers. After practicing with your partner, be prepared to present at least one conversation to the class.

1. José Ramón and Ricardo, two old friends, happen to see one another on the street at 8 p.m. one evening.
2. Professor Sánchez greets a new colleague in the university medical center where they work, at 9 a.m. The new colleague is Dr. (**doctora**) Matos, but Professor Sánchez does not know her name.
3. At 2 p.m. Mrs. Calderón sees a young neighbor whose family has just moved to the area. She does not know his name but wants to get to know him. Jaime, the young man, politely responds to Mrs. Calderón's questions.

P-7 | En la universidad Work with a partner to role-play a conversation between a student and a professor who meet in the hall on the first day of class. One student plays the role of the professor, the other of the student. Switch roles and replay the scene. Determine the time of the encounter and pay attention to correct use of formal and informal forms of address.

Student:
1. Greet your professor.
2. Ask the professor his/her name.

3. Tell the professor you are pleased to meet him/her. Tell the professor your name.
4. Reply to the question. Ask the professor how he/she is doing.
5. Say good-bye and tell the professor you will see him/her later.

Professor:
1. Greet the student.
2. Tell the student your name and ask his/her name.

3. Tell the student you are pleased to meet him/her. Ask the student how he/she is doing.
4. Reply to the question and thank the student.
5. Say good-bye.

Encuentro cultural

1. Do you know how many countries use Spanish as an official language? Can you name some of these countries?
2. Do you know how many people speak Spanish as a first language?
3. Do you know what other languages have influenced the Spanish language?

Native speakers of Spanish: 333 million people

Speakers of Spanish as a second language: 435 million people. Spanish is the fourth most spoken language after Chinese Mandarin, English, and Hindi.

Languages that have influenced the Spanish language: Spanish developed from Latin with influences from Greek, Basque, Arabic, and German, in addition to elements from Nahuatl in Mexico and Quechua in Bolivia, Ecuador, and Peru.

Personalidades ilustres Simón Bolívar, one of South America's greatest generals, was born in Caracas, Venezuela, in 1783 and died in Santa Marta, Colombia, in 1830. His victories over the Spaniards during the War of Independence won independence for Bolivia, Colombia, Ecuador, Peru, and Venezuela. He is known as **El Libertador** *(The Liberator)* throughout Latin America. In Venezuela, on the anniversaries of both his birth and his death, people come together in the Plaza Bolívar to honor his memory. The Plaza Bolívar is the most important plaza in Caracas. In fact, it is common to find a Plaza Bolívar—whether large or small—in cities and towns all over Venezuela. In these squares, people gather to discuss politics or simply to spend a Sunday afternoon talking with friends.

Who are the freedom-fighters in your community? Is there an important plaza or park in your town or city dedicated to these individuals?

Historia Teotihuacán (300 B.C. – 450 A.C.) is the largest-known pre-Columbian city in the Americas. The city is located approximately 40 km (approx. 25 miles) northeast of present-day Mexico City. Archaeological evidence indicates that Teotihuacán was a multiethnic site. The presence of several different pre-Columbian communities, such as the Zapotecs, the Mixtecs, the Maya, the Nahua, the Totonacs, and finally the Aztecs, has been detected. The name Teotihuacán was coined by the Aztecs centuries after the fall of the city; it translates roughly to "the place where men became gods."

Are there historical monuments in your community that date back to ancient times?

Lugares mágicos One of the most famous Arabian palaces in Spain is La Alhambra, which is situated on the southeastern border of the city of Granada. This ancient palace, mosque, and fortress complex was the residence of the Muslim kings and their courts. The majority of the structures that visitors appreciate today were constructed between 1333 and 1391. When touring the complex, one can delight in the royal quarters and the salons. One can also visit numerous fountains, interior and exterior patios, and extensive gardens. La Alhambra is an amazing architectural representation of the Arab presence and influence in Spain.

Do you have a building or structure in your town, city, or state that exhibits the presence or influence of other cultures?

Visit it live on Google Earth!

Oficios y ocupaciones The Plaza de la Independencia was the most important plaza in Quito, Ecuador, in the XVI (16th) century. The resident Spaniards populated this **plaza mayor** *(main square)* with buildings to house the government, the church, and business organizations. The square itself was the site of the city's social activities. Today, the main square remains a perfect testament to the trades and occupations so valued by the Spaniards in the past.

What types of offices or businesses would you expect to find on the main street or in the main square of your town or city?

Arte y artesanía In the Panamanian archipelago of San Blas—composed of 400 islands—resides the Kuna indigenous community. The Kunas are known around the world for their beautiful, colorful, handmade **molas.** Many hours of careful sewing are required to create a fine **mola.** The quality of a **mola** is dictated by a number of factors: the number of layers, the type of stitching, the symmetry and width of cutouts, the addition of details, such as zigzag borders or embroidery, the general design, and the color combination. The Kuna women typically sell their creations in the open markets as well as the open spaces in the plazas.

What type of arts and crafts do you like to do? What type of arts and crafts are commonly sold in your community?

Ritmos y música In Cuba, many former slaves were forced to join the Catholic Church, which lead to the development of a new religion called **Santería**. In **Santería**, each deity is associated with colors, emotions, and a saint from the Catholic Church, plus specific drum patterns called **toques**. By the XX (20th) century, elements of **Santería** music—particularly the percussion patterns—began appearing in popular and folk music. Some of the resulting popular Cuban rhythms are **conga, son montuno,** and **rumba.**

Listen to the group Todos Estrellas singing "Mami me gustó." This song is an example of a **son.** Modern-day **salsa** rhythms are based in part on **son.** *Access the iTunes playlist on the **Plazas** website.*

Do you like this type of Cuban music? What do you like about this rhythm?

See the *Lab Manual,* **Capítulo preliminar, Ritmos y música** for activities.

¡Busquen en la Red de información!

www.thomsonedu.com/spanish/plazas

1. Personalidades ilustres: Simón Bolívar, Caracas, Venezuela
2. Historia: Teotihuacán, México
3. Lugares mágicos: La Alhambra, Granada, España
4. Oficios y ocupaciones: Plaza de la Independencia, Quito, Ecuador en el siglo XVI
5. Arte y artesanía: Molas de Panamá, los indígenas **kuna**
6. Ritmos y música: El son cubano, Orquesta Todos Estrellas

En contexto

The following dialogue describes the Ortega family's first meeting with Raquel, the new babysitter, at their home in Miami.

Raquel: **¡Buenas noches, señor!**

Sr. Ortega: ¡Buenas noches! **¿Es usted la señorita** Gandía?

✳ **Comentario cultural** In Florida, it is common to see Spanish colonial-style houses. These houses feature low roofs with red roof tiles, stucco siding, and numerous arches above doors and main windows. Thick walls provide relief from the hot summer temperatures.

Raquel: Sí, **soy yo. Me llamo** Raquel.

Sr. Ortega: **Mucho gusto,** Raquel. Yo soy Ricardo Ortega.

Raquel: **Encantada,** Señor Ortega.

Sr. Ortega: **¿De dónde es usted?**

Raquel: **Yo soy de** aquí... de Miami. ¿Y ustedes?

✳ **Comentario cultural** According to the 2005 Census, Miami Dade County, Florida, has 838,205 Spanish-speakers as a result of large-scale immigration, especially from Cuba, Puerto Rico, and the Dominican Republic. Millions of Spanish-speaking Americans also live in San Diego, Los Angeles, Phoenix, San Antonio, Chicago, and New York City.

Expresiones en contexto

aquí *here*
barrio *neighborhood*
de allí *from there*
mucha gente *a lot of people*
nena/nene *used when an adult wants to get a young person's attention (Puerto Rico)*
nuestro(a) *our*

¿Cuántos años tienes tú? *How old are you?*
¡Dios mío! *My God! My goodness!*
habla tan bien *speak so well*
Llevamos un año aquí. *We have been here for a year.*
Pareces mayor. *You look older.*
¿Sólo siete años? *Only seven years old?*
Yo tengo siete años. *I am seven years old.*

Sr. Ortega: Nosotros somos de La Habana, Cuba. Llevamos un año aquí. ¿Y cómo es que usted habla tan bien el español?

Raquel: Mi padre **es de Puerto Rico** y en mi barrio **hay** mucha gente de allí, de Cuba y de la República Dominicana.

✳ **Comentario cultural**
Cuba is truly a melting pot of several different African and European cultures. This original Creole culture has been further diversified by more recent migrations of French, Chinese, Jamaicans, Haitians, and Mexicans.

Sr. Ortega: Raquel, quiero presentarle a mi hija, María José.

María José: ¡Hola!

Raquel: ¡Hola, María José! **¿Cómo estás?**

María José: Bien, gracias, ¿y usted?

✳ **Comentario cultural** Notice how Mr. Ortega and Raquel use the formal form of **usted** to address each other. However, when Raquel meets Mr. Ortega's daughter, María José, she talks to the child using the informal **tú** form, appropriate when addressing someone younger than the speaker.

Raquel: Muy bien, gracias. ¿Y **cuántos** años tienes tú, nena?

María José: Yo tengo **siete** años.

Raquel: ¡Dios mío! ¿Sólo siete años? Pareces mayor.

✳ **Comentario cultural** Certain exclamations carry less of a stigma in the Spanish language than they do in the English language. **¡Dios mío!**, for example, literally translates to *My God!*, yet the strength of its meaning is closer to a phrase like *My goodness!*

¿Comprendiste? (*Did you understand?*) Decide whether the following statements are **cierto** (*true*) or **falso** (*false*). If the statement is false, change it to a true statement. The easiest way to do this is to negate the sentence by placing the word **no** in front of the verb. If the sentence is already negated, remove the **no** before the verb.

> **Modelo** Raquel es la madre de María José. (*Raquel is María José's mother.*)
> *Falso: Raquel no es la madre de María José.*

1. El señor Ortega es cubano.
2. Raquel es de Nueva York.
3. Raquel habla español muy bien.
4. El padre de Raquel es de Cuba.
5. Hay muchas personas hispanas en Florida.
6. María José tiene nueve años.

Una experiencia como niñera (*babysitter*) You will be meeting the parents of a child, for whom you will babysit, for the first time. With a partner, take turns role-playing the situation. The babysitter should greet the parents, greet the child, and introduce himself or herself. Each person should invent a background of Hispanic origin. Use the expressions from **En contexto** as a model for your dialogue.

A *verb* is a word that expresses action (*run, jump,* etc.) or indicates a state of being (*is, seems,* etc.). The *subject* of the verb is either a *noun* or *pronoun* that identifies who does the action of the verb. Subjects that are nouns include names, such as *Mary, Fred, Jerome,* and so forth. Subjects that are pronouns include words, such as *you, we, they,* etc. Study the Spanish subject pronouns along with the present-tense forms of the verb **ser.**

ser *(to be)*

Singular		
yo	soy	*I am*
tú	eres	*you* (informal) *are*
usted (Ud.), él/ella	es	*you* (formal) *are, he/she is*
Plural		
nosotros(as)	somos	*we are*
vosotros(as)	sois	*you* (informal) *are*
ustedes (Uds.), ellos(as)	son	*you are, they are*

¡A practicar!

P-8 | **¿Sí o no?** Say whether you agree (**sí**) or disagree (**no**) with the following statements.

Modelos   Penélope Cruz es actriz.
Sí. Penélope Cruz es actriz.

Penélope Cruz es profesora.
No. Penélope Cruz no es profesora.

1. Salma Hayek es elegante.
2. Sergio García no es atlético.
3. Mis profesores son cómicos.
4. Marc Anthony es estudiante.
5. Mis amigas son independientes.
6. Mi papá es profesor.
7. Mi mamá es bailarina.
8. Yo soy sentimental.

P-9 | **¿Quiénes somos? ¿Quiénes son?** *(Who are we? Who are they?)* Complete the sentences below with the correct form of the verb **ser.**

Modelo   Rudy Moreno *es* un cómico famoso.

1. Nosotros _____ estudiantes de español.
2. Tú _____ mi compañero(a) de clase.
3. Benicio del Toro y Antonio Banderas _____ dos actores famosos.
4. Carlos Santana _____ un músico famoso.
5. Ustedes _____ de Costa Rica.
6. Ella _____ muy inteligente.
7. Yo _____ estudiante de español.
8. Carlos Fuentes _____ mexicano.

📖 Capítulo preliminar	💿 *iLrn: Heinle Learning Center,* Capítulo preliminar
💿 Capítulo preliminar	🎧 Ser

Subject pronouns and the present tense of the verb *ser*

Note that in most of Spain, the plural form of **tú** is **vosotros** (referring to males only or to a mixed group of males and females) and **vosotras** (referring to females only).

vosotros	*you are*		David y María, **vosotros sois** mis amigos.
		sois	*David and María, you are my friends.*
vosotras	*you are*		Alicia y Regina, **vosotras sois** muy sinceras.
			Alicia and Regina, you are very sincere.

In Latin America, **ustedes** is the plural form for both **tú** and **usted**.

¡A conversar!

P-10 | **¿Quién entre nosotros?** *(Who among us?)* Working with a partner, form questions using the adjectives listed below to ask your classmate. To ask a question in Spanish, place the verb before the adjective.

> **Modelo**   cómica *(a woman)*
> E1: ¿Es cómica Katie?
> E2: *Sí, Katie es cómica.*
> o   *No, Katie no es cómica.*

1. atlético(a) *(your professor)*
2. sincero(a) *(you)*
3. extrovertidos *(two men)*
4. serios *(we)*
5. inteligentes *(a man and a woman)*
6. famosas *(two women)*

P-11 | **¿Quién soy yo? ¿Quiénes son Uds.?** Work in groups of four or five students. Make a list of at least ten well-known people who fit at least one of the criteria listed below. When the list is complete, the first member of the group introduces himself/herself as the first person on the list and gives one additional piece of information. The second person introduces himself or herself as the second person on the list and gives additional information, then repeats who the first person is and the additional information about him/her. Continue around the circle with each person introducing himself or herself as the next person and reviewing names and information about all previous individuals. If time allows, create a new list of people and start again.

> **Modelo**   E1: *Soy Jeff García. Soy atleta.*
> E2: *Soy Salma Hayek. Soy de México. Él es Jeff García. Es atleta.*

Características	**Profesiones**	**Nacionalidades**
arrogante	actor	de España
cómico	atleta	de los Estados Unidos
inteligente	músico(a)	de México
serio	político(a)	de Cuba

Así se dice

A useful Spanish verb form is **hay,** which means *there is* and *there are* (or *Is there* ...? and *Are there* ...? in questions). Use **hay** to indicate the existence of people, places, and things; **hay** may be followed by a singular or plural noun. Be careful not to confuse this verb form with the verb **ser,** which also means *to be* but does not express the idea of *there is/there are.*

¿Cuántas personas **hay** en tu clase de español?	*How many people are there in your Spanish class?*
Hay una profesora y veintisiete estudiantes.	*There is a teacher and twenty-seven students.*

Los números del 0 al 30

0 cero	8 ocho	16 dieciséis	24 veinticuatro
1 uno	9 nueve	17 diecisiete	25 veinticinco
2 dos	10 diez	18 dieciocho	26 veintiséis
3 tres	11 once	19 diecinueve	27 veintisiete
4 cuatro	12 doce	20 veinte	28 veintiocho
5 cinco	13 trece	21 veintiuno	29 veintinueve
6 seis	14 catorce	22 veintidós	30 treinta
7 siete	15 quince	23 veintitrés	

¡A practicar!

Capítulo preliminar
Capítulo preliminar
iLrn: Heinle Learning Center, Capítulo preliminar

P-12 | **En la clase de español hay...** Fill in the blanks to complete the following. Notice that you use **hay** to show singular *(there is)* as well as plural *(there are)*.

En mi clase de español, _____ _____ estudiantes. _____ _____ chicas y _____ chicos. _____ _____ escritorios *(desks)* y _____ pizarras *(chalkboards)*.

P-13 | **¿Cuántos hay? (How many are there?)** State how many units there are of the following items.

> **Modelo** 18 bolígrafos *(pens)*
> *Hay dieciocho bolígrafos.*

1. 1 auto
2. 5 libros *(books)*
3. 3 mochilas *(backpacks)*
4. 1 chica
5. 27 bicicletas
6. 30 puertas *(doors)*

P-14 | **Problemas de matemáticas** Do the following math problems with another student.

> **Modelos** $2 + 2 = $ ¿? **+ más** E1: *¿Cuántos son dos más dos?*
> E2: *Dos más dos son cuatro.*
>
> $3 - 1 = $ ¿? **− menos** E1: *¿Cuántos son tres menos uno?*
> E2: *Tres menos uno son dos.*

1. $11 + 4 = $ ¿?
2. $16 + 10 = $ ¿?
3. $7 + 3 = $ ¿?
4. $25 - 11 = $ ¿?
5. $7 - 4 = $ ¿?
6. $30 - 9 = $ ¿?

- Note that **uno** has three different forms.
  1. When counting, the form **uno** is used.

     Uno, dos, tres...   *One, two, three . . .*
  2. When preceding a singular masculine noun, the **-o** is dropped to form **un** (**un señor, un chico**).

     Hay **un** profesor en la clase.   *There is a professor in the class.*
  3. Before a singular feminine noun, **una** is used (**una señora, una chica**).

     Hay **una** cafetería buena en esta   *There is one good cafeteria in this university.*
     universidad.
- The number **veintiuno** changes to **veintiún** before a plural masculine.

  Hay **veintiún** estudiantes.   *There are twenty-one students.*
- The numbers 16 to 19 and 21 to 29 can be written either as one word (e.g., **dieciséis**) or as three words (e.g., **diez y seis**). In most Spanish-speaking countries, people prefer to use the single word.

¡A conversar!

P-15 | ¿Hay o no hay? In pairs, answer these questions about your class. Follow the model, then switch roles.

> **Modelo**   hombres *(men)*
> —*¿Hay hombres en la clase?*
> —*Sí. Hay doce hombres.*

1. mujeres *(women)*
2. hombres y mujeres
3. profesores
4. ...

P-16 | ¡BINGO! Work in groups of four to six students. One student writes a list of numbers between 0 and 30 in random order. Every other student draws a grid of 16 squares, 4 across and 4 down, and puts a different number between 0 and 30 in each square. The student who made the list of numbers calls out a number (in Spanish, of course!), and students who have the number in their grid cross it out. The caller continues until one student crosses out four numbers in a row—vertical, horizontal, or diagonal—and says **¡Bingo!** Continue the game so several students can achieve **Bingo.**

Vocabulario   Palabras interrogativas

¡A practicar!

P-17 | Preguntas A friend of yours is doing a survey in a Spanish-speaking neighborhood. Help him fill in the missing question words. Are the survey questions addressed formally or informally?

Modelo   ¿ _____Cómo_____ se llama usted?

1. ¿De _____ es usted?
2. ¿ _____ es su *(your)* dirección *(address)*?
3. ¿ _____ personas hay en su familia?
4. ¿ _____ son sus padres?
5. ¿ _____ es su número de teléfono?
6. ¿ _____ es la fiesta *(party)*?
7. ¿ _____ es Juan tan *(so)* curioso?
8. ¿ _____ es ella?

P-18 | Información personal Read the answers that a student gave to the questions posed by classmates. Write the question that was used to solicit each answer.

Modelo   Soy de España. *¿De dónde eres?*

1. Me llamo Carolina.
2. Estoy bien.
3. Los profesores de español son el doctor Garza y la doctora Valenzuela.
4. Hay veinte estudiantes en la clase.
5. El número de teléfono de la profesora Valenzuela es el 765-4589.

📖 Capítulo preliminar	🔘 iLrn: Heinle Learning Center, Capítulo preliminar	
💿 Capítulo preliminar	🎧 Question words	

¿Cómo? How?	**¿De dónde?** From where?
¿Cuál(es)? Which?	**¿Dónde?** Where?
¿Cuándo? When?	**¿Por qué?** Why?
¿Cuánto(a)? How much?	**¿Qué?** What?
¿Cuántos(as)? How many?	**¿Quién(es)?** Who?

As an English-speaker, there are a few basic linguistic points to keep in mind when using Spanish question words.

¿Cuál? (Which?) is used far more frequently in Spanish than in English. It has the same meaning as *What?* when someone's name, address, or telephone number is being asked. When it refers to a plural noun, it becomes **¿Cuáles?**

¿Cuál es tu nombre?	*What's your name?*
¿Cuál es tu número de teléfono?	*What's your telephone number?*
¿Cuál es tu dirección?	*What's your address?*
¿Cuáles son tus amigos?	*Which ones are your friends?*

¡A conversar!

P-19 | Información personal Circulate around your classroom to obtain the phone numbers and addresses of at least three different classmates. Be sure to use the appropriate mode of address (informal or formal).

Modelo —¿Cuál es tu número de teléfono?
—Es el dos, veintinueve, quince, once (229-1511). ¿Y el tuyo? *(And yours?)*
—Es el cuatro, veinticinco, diez, trece (425-1013). ¿Cuál es tu dirección?
—Camino Linda Vista, número tres, cinco, cuatro, siete (3547); apartamento número once (11).

P-20 | ¿Qué? ¿Cuántos? ¿Cómo? Create questions in Spanish in order to find out personal information about two classmates. You want to get the following information:

• where they come from, their names,
• the names of their friends,
• their parents' names,
• their best friend's name, and so on.

Take turns asking each other the questions you come up with.

> **Cultura**
>
> In most Spanish-speaking countries, telephone numbers have 7 digits, but they have only 5 or 6 in some areas. When expressing a telephone number with an uneven number of digits, it is common to begin with a single digit but express the remaining numbers in groups of two. If your telephone number contains numbers that you are not yet able to express in pairs, you may present each number individually, such as **dos, cuatro, uno, ocho, nueve, seis, cero** for 241-8960.

¿Quién?, like **¿Cuál?,** must be made plural when referring to a plural group of people.

    ¿Quiénes son tus padres?   *Who are your parents?*

¿Cuánto(a)? and **¿Cuántos(as)?** must agree in number (singular or plural) and gender (masculine or feminine) with the nouns they describe.

    ¿Cuántos hombres hay en la clase?   *How many men are in the class?*

    ¿Cuántas personas hay en tu familia?   *How many people are in your family?*

Notice that all question words carry accents. The accent indicates that the word is being used as an interrogative. For example, **que** without an accent means *that*. The word means *What?* only when it appears as **¿Qué?**

Encuentro cultural

AMÉRICA DEL NORTE

MÉXICO
107.449.525

México D.F.
27.001.916

Océano Pacífico

Para pensar

- Have you met anybody from Mexico?

The population of Mexico is ethnically diverse: 60% of the population is **mestizo** (indigenous-Spanish), 30% is indigenous, 9% is white, and 1% is classified as "other." The capital of Mexico, Mexico City, has more than 27 million inhabitants in the greater metropolitan area, which makes it the second largest city in the world after Tokyo, Japan. The Yucatán Peninsula in Mexico is popular for its warm beaches and amazing Mayan ruins. Outside of the Yucatán, one can find famous beaches in Acapulco, Puerto Vallarta, Mazatlán, and the recently trendy Los Cabos in Baja California.

Para discutir

1. What is the population of Mexico City? Would you like to live in a big city like Mexico City? Explain why or why not.
2. What part of Mexico would you like to visit: the sandy beaches or the Mayan ruins?

Para pensar

- Can you point out one geographic characteristic that is shared by almost all the countries in Central America?

Golfo de México

La Habana

CUBA
11.382.820

LA REPÚBLICA DOMINICANA
9.183.984

GUATEMALA
12.293.545

Belice

Mar Caribe

HONDURAS
7.326.496

San Juan

Santo Domingo

Guatemala

Tegucigalpa

PUERTO RICO
3.927.188

San Salvador

EL SALVADOR
6.822.378

Managua

NICARAGUA
5.570.129

San José

CANAL DE PANAMÁ

OCÉANO PACÍFICO

COSTA RICA
4.075.261

Panamá

PANAMÁ
3.191.319

With the exception of El Salvador and Belize, the countries of Central America have two coasts: one on the Pacific Ocean and one on the Caribbean Sea. This distinguishing characteristic makes beach tourism very popular in these countries. Additionally, Panama's control of the Panama Canal—a 77-kilometer (48-mile) ship canal that connects the Caribbean Sea (Atlantic Ocean) to the Pacific Ocean—is of international importance. Of the over 7,000 islands in the Caribbean Sea, the three largest islands are Spanish-speaking. The Caribbean nations of Cuba, the Dominican Republic, and Puerto Rico, which were once Spanish colonies, continue to use Spanish as their official language. Puerto Rico, a United States territory with Commonwealth status, has a second official language: English. Spanish, however, remains dominant, as it is the official language of the island's government and is spoken by the majority of the residents.

Para discutir

1. Why is the Panama Canal important?
2. Puerto Rico has two official languages: Spanish and English. Do you think this is a good idea? Explain why or why not.

Para pensar

- What effect might the location of South America in the southern hemisphere have on the continent?
- Can you name any natural wonders in South America?

Similar to North and Central America, South America is named for Amerigo Vespucci, the first European to suggest that the Americas were not in fact the Indies—as Christopher Columbus had thought—but rather a new continent, unknown to the Europeans. Despite their similar names, their geographic situations make North America and South America opposites of sorts.

Since South America is situated in the southern hemisphere, its seasons are opposite to those of North America. For instance, in South America, people are skiing in June, July, and August, and are at the beaches in December, January, and February; the seasons are opposite in the two hemispheres.

Para discutir

1. Are you aware of other differences between the southern and northern hemispheres in terms of climate, weather, etc.?
2. Which South American country would you most like to visit? When would you travel there, and what type of trip would you take?

Para pensar

- Do you know anyone from the Iberian Peninsula?

The Iberian Peninsula is comprised of Spain and Portugal. Spain shares a border with Portugal to the west, the French Pyrenees to the north, Gibraltar (a British Colony) to the south, and through its cities in North Africa (Ceuta and Melilla), Morocco. Its population includes speakers of Castillian Spanish, as well as speakers of regional languages in certain autonomous communities. Spain currently is thought to have one of the highest immigration rates within the European Union. The highest immigrant populations represent a number of countries: Equatorial Guinea, Morocco, and Central and South America.

Para discutir

1. With what countries does Spain share a border? What effect could this have?
2. Would you like to visit Spain? Why or why not?

Para pensar

- Do you have friends who speak Spanish? Where do they live?

According to the U.S. Census Bureau there are more than 42.7 million Hispanics in the United States. Hispanics are now the largest minority group (by place of origin) in the nation, making up some 14.1% of the total population of the United States. The projected Hispanic population of the United States for July 1, 2050, is 102.6 million people. According to this projection, Hispanics will then constitute 24% of the nation's population.

Para discutir

1. In what states do you find the largest concentrations of Hispanics? Why do you think this is?
2. After studying this map, discuss the importance of learning Spanish.

Vocabulario esencial

Cómo saludar · *How to greet*

Buenos días.	Good morning.
Buenas tardes.	Good afternoon.
Buenas noches.	Good evening/ night.
¿Cómo estás?	How are you? (informal)
¿Cómo está usted?	How are you? (formal)
¡Hola!	Hi! (informal)
¿Qué tal?	What's up? (informal)
¿Qué hay?	What's new? (informal)

Cómo pedir información · *How to ask for information*

¿Cómo se llama usted?	What's your name? (formal)
¿Cómo te llamas?	What's your name? (informal)
¿Cómo te va?	How's it going?
¿Cuál es tu nombre?	What's your name? (informal)
¿Cuál es tu número de teléfono?	What's your telephone number? (informal)
¿Cuál es tu dirección?	What's your address?
¿De dónde es usted?	Where are you from? (formal)
¿De dónde eres tú?	Where are you from? (informal)

Pronombres · *Pronouns (p. 10)*

Los números del 0 al 30 · *Numbers from 0 to 30 (p. 12)*

Cómo contestar · *How to answer*

Bastante bien.	Pretty well.
Bien, gracias. ¿Y usted?	Fine, thanks. And you?
Más o menos.	So-so.
(Muy) Bien.	(Very) Well.

Presentaciones · *Introductions*

Encantado(a).	Nice to meet you.
El gusto es mío.	The pleasure is mine.
Me llamo...	My name is . . .
Mucho gusto.	Nice to meet you.
(Yo) Soy de...	I'm from . . .

Cómo despedirse · *How to say good-bye*

Adiós.	Good-bye.
Buenas noches.	Good night.
Chao.	Bye. (informal)
Hasta luego.	See you later.
Hasta mañana.	See you tomorrow.
Hasta pronto.	See you soon.
Nos vemos.	See you later.

Palabras interrogativas · *Question words*

¿Cómo?	How?
¿Cuál(es)?	Which?
¿Cuándo?	When?
¿Cuánto(a)?	How much?
¿Cuántos(as)?	How many?
¿De dónde?	From where?
¿Dónde?	Where?
¿Por qué?	Why?
¿Qué?	What?
¿Quién(es)?	Who?

Plaza Dealy, Dallas, Texas, EE.UU.
Visit it live on Google Earth!

En una clase de español
Los Estados Unidos

1

CHAPTER OBJECTIVES

Communicative Goals

In this chapter, you will learn how to . . .

- Identify people and things in the classroom
- Indicate relationships and specify colors
- Describe everyday activities
- Talk about academic courses and university buildings
- Tell time and specify days of the week

Structures

- Definite and indefinite articles, the gender of nouns, and how to make nouns plural
- Present tense of regular **-ar** verbs

Personal Tutor

DVD

¡Bienvenidos a los EE.UU.!

1 | Where do most native Spanish-speakers in the U.S. come from?

2 | Which cities mentioned in the video boast a large native Spanish-speaking population?

3 | What are some of the influences of Mexican culture in San Antonio?

4 | Where are many native Spanish-speakers from in New York City?

5 | Do you think it is important to know how to speak Spanish in the U.S.? Why or why not?

Vocabulario

En la clase de la profesora Muñoz (*In Professor Muñoz's class*)

In this section, you will learn how to identify people and things in the classroom. How does Professor Muñoz's class compare to your own?

Otras cosas Other things

el **dinero** money
el **examen** exam
la **lección** lesson
la **palabra** word
la **tarea** homework

Otras personas Other people

el (la) **amigo(a)** friend
el (la) **compañero(a) de cuarto** roommate
el **hombre** man
la **mujer** woman
el (la) **novio(a)** boyfriend/girlfriend

Palabras útiles

el (la) **bibliotecario(a)** librarian
el (la) **consejero(a)** adviser
el **decano** dean
el (la) **maestro(a)** teacher

el (la) **presidente/ rector(a) de la universidad** president of the university
el (la) **secretario(a)** secretary

Palabras útiles are presented to help you enrich your personal vocabulary. The terms provided here will help you talk about the people you interact with on campus.

[Illustration of a classroom with labels:]

BUENOS DÍAS, CLASE.

Hoy es miércoles
la pizarra
el borrador
la tiza
la profesora
la silla
la computadora
el escritorio
la calculadora
la pluma
el reloj
el calendario
el diccionario
MAYO
el lápiz
el papel

¿Nos entendemos?

The color brown has more than one name in Spanish. It can be **color café**, **castaño**, or **color pardo**. **Color café** tends to refer to the color of eyes, while **castaño** refers to hair color.

Los colores Colors

blanco   negro   rojo   anaranjado   amarillo   verde   azul   morado   marrón

Like other adjectives, colors must agree in gender and number with the noun they describe.

El papel es roj**o**.   Los papeles son roj**os**.
La mochila es roj**a**.   Las mochilas son roj**as**.

The colors **verde** and **azul** do not change when used with a feminine noun.

La pizarra es verde.   La mochila es azul.

¡A practicar!

1-1 | ¿Cierto o falso? Study the drawing of Professor Muñoz's classroom and decide whether each of the following statements is true (**cierto**) or false (**falso**). If a statement is false, correct it.

> **Modelo**   Hay doce mujeres en la clase.
> *Falso. Hay diez mujeres en la clase.*

1. Hoy es martes.
2. La señorita Muñoz es profesora de francés.
3. Todos los estudiantes son hombres.
4. La mochila es verde.
5. Todos los estudiantes tienen *(have)* el libro de texto.
6. Es una clase de matemáticas.
7. Hay una pluma anaranjada en el escritorio de la profesora.
8. Un chico escribe *(writes)* con un bolígrafo verde.

1-2 | ¿De qué color es? Match each of the following foods with the color or colors most often associated with it. **¡Ojo!** The foods are cognates so you should be able to identify them.

1.	_____ la banana	a.	rojo o verde
2.	_____ el café	b.	amarillo
3.	_____ el tomate	c.	marrón
4.	_____ el chocolate	d.	amarillo o verde
5.	_____ el limón	e.	negro

1-3 | ¿Cuántos hay en la clase? Say how many of each of the following items appear in Professor Muñoz's classroom. Remember that **uno** changes to **una** before a singular feminine noun and changes to **un** before a singular masculine noun.

> **Modelo**   Hay   *quince*   estudiante(s) en la clase.

1. Hay _____ tiza(s) en la clase.
2. Hay _____ mujer(es) en la clase.
3. Hay _____ hombre(s) en la clase.
4. Hay _____ luz (luces) en la clase.
5. Hay _____ mapa(s) en la clase.
6. Hay _____ cosas *(things)* en la pared *(wall)*.
   Son: el reloj, _____, _____, _____.

la luz (las luces) — el mapa — la pantalla — el estudiante — el libro (de texto) — el bolígrafo — la mochila — el cuaderno — la estudiante

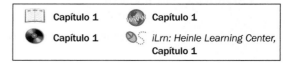

Capítulo 1   Capítulo 1
Capítulo 1   iLrn: Heinle Learning Center, Capítulo 1

¡A conversar!

1-4 | ¿Cuántos hay? Working with two of your classmates, take turns asking about the quantity of each item listed below in your classroom. Remember to use **¿Cuántos... ?** for plural masculine nouns and **¿Cuántas... ?** for plural feminine nouns.

> **Modelo** estudiantes
> E1: *¿Cuántos estudiantes hay en esta clase?*
> E2: *Hay quince estudiantes en la clase.*

1. cuadernos
2. lápices
3. bolígrafos azules
4. diccionarios
5. hombres
6. mujeres
7. profesores(as)
8. tizas
9. borradores
10. estudiantes inteligentes

1-5 | Cosas y colores Ask a partner if the following items are in his/her backpack. If they are, he/she should state the color of the object. Your partner may also choose to identify another object.

> **Modelo** un bolígrafo
> E1: *¿Hay un bolígrafo?*
> E2: *Sí, hay un bolígrafo. Mi bolígrafo es azul.*
> o E2: *No, no hay un bolígrafo. Hay un lápiz. Mi lápiz es rojo.*

1. una mochila
2. un diccionario
3. un lápiz
4. un cuaderno
5. una calculadora
6. una computadora

1-6 | La clase ideal Working with a partner, design the ideal classroom. One person describes the room to the other person who draws it. The one who draws the classroom should explain the design to the class.

> **Modelo** *En la clase ideal, hay muchos* (a lot of) *amigos, pero no hay profesor...*

1-7 | ¿Estás de acuerdo? (Do you agree?) Below is a list of ideal characteristics for people you know in and out of class. Read each statement with a partner. If you agree with the statement, give an example of someone you know. If you disagree, indicate the characteristic that makes the statement true for you. Take turns reacting to the statement.

> **Modelo** El profesor ideal es generoso.
> *Sí, para mí* (for me) *el profesor ideal es generoso.*
> *El profesor Jones es muy generoso.*
> o *No, para mí el profesor ideal no es generoso.*
> *El profesor ideal es inteligente.*

1. El amigo ideal es paciente.
2. La novia ideal es independiente.
3. El novio ideal es romántico.
4. El compañero de cuarto ideal es interesante.
5. La compañera de clase ideal es inteligente.
6. El estudiante ideal es honesto.

1-8 | Una clase With a partner, look at the photo of an English class at a Latin American university and identify as many items as possible. Note colors and numbers whenever possible. Compare the class to a typical classroom in your institution. Follow the model.

> **Modelo** *En la clase hay una pizarra negra. En mi universidad hay muchas pizarras blancas y unas pizarras negras.*

1-9 | ¿Qué pasa en la universidad? *(What's happening at the university?)* Your family has called to find out how you are and how the first days of classes have been. Prepare a voice mail message for one of your family members to respond to his/her questions about your life at school. Include the following information:

1. Ask your friend or family member how he/she is and tell him/her that you are doing fine.
2. Describe your Spanish class. Tell about several items that are in the class (**En la sala de clase hay...**), how many students there are, and who the professor is.
3. Identify items that are in your backpack (**En mi mochila hay...**). Mention as many items as possible and include the color of several items.
4. Say good-bye.

Work with a partner to practice your message.

1-10 | Una encuesta *(A survey)* Form groups of four or five students. As a group, make a list of ten things a student might have in his/her dorm room or apartment. One person in the group asks every other group member if that item is in his/her room and records the number of *yes* and *no* responses.

> **Modelo** E1: *¿Hay un mapa?*
> E2: *Sí, hay un mapa.*
> E3: *No, no hay un mapa.*

Continue until all group members have answered and all questions have been asked. Conclude with a summary:

Hay cinco sillas y cinco relojes. Hay tres calculadoras. Hay dos mapas.

En contexto

Ana Guadalupe Camacho Ortega, a prospective student at the University of Chicago whose family plans to move to Illinois from Puerto Rico next year, is talking to Claudio Fuentes, a teaching assistant for Professor Muñoz. Ana is telling Claudio about her studies at the Universidad de San Juan.

Claudio: ¡Hola! Soy Claudio Fuentes. ¿Cómo te llamas?

Ana: Ana Camacho. Mucho gusto.

Claudio: El gusto es mío. ¿De dónde eres, Ana?

Ana: Soy de Puerto Rico. Ahora **estudio** en la Universidad de San Juan. ¿Y tú?

✳ **Comentario cultural** The University of Puerto Rico was established in 1903 and today has 11 campuses. Approximately 70,000 students attend the university under the instruction of over 5,000 professors.

Claudio: Este… Originalmente mi familia es de Mérida, Yucatán, pero yo soy de los Estados Unidos. **Estudio** en esta universidad hace dos años. ¿Qué **estudias** allí en Puerto Rico, Ana?

✳ **Comentario cultural** Kukulkan's pyramid is the most popular attraction of the Mayan ruins in Chichén Itzá. This pyramid marks the spring and fall equinoxes by illuminating seven isosceles triangles on the western side of the pyramid to form the body of a serpent over 100 feet long. The shadow of the body joins the massive stone head of the serpent at the base of the pyramid.

Ana: **Estudio** sicología, geografía, francés, alemán e inglés.

Claudio: Ah, eres estudiante de lenguas, ¿verdad?

Ana: Sí. **Deseo** ser intérprete. Y tú, ¿qué **estudias** aquí en Chicago?

✳ **Comentario cultural** **El Morro** is a fortress located in Old San Juan, Puerto Rico. The fort has a labyrinth of tunnels, and features dungeons, ramps, barracks, and sentry boxes. The circular sentry boxes are known as **garitas** and have become a national symbol of Puerto Rico.

Expresiones en contexto

ahora *right now*	**la verdad es que** *the truth is that*
allí *there*	**lo usan después** *they use it later*
hace dos años *for two years*	**parece que** *it appears that*
hispanohablantes *Spanish-speakers*	**por eso** *for this reason*
intérprete *interpreter*	**que hablan** *that speak*
varios *several*	**que toman** *that take*
cuando trabajan *when they work*	**tienen** *they have*
deseo ser *I want to be*	

¿Nos entendemos?

The word **y** *(and)* becomes **e** before a word beginning with **i** or **hi**. The conjunction **o** *(or)* becomes **u** before a word beginning with **o** or **ho**. Both of these changes occur for pronunciation reasons. Note examples: **Hablo español e inglés. Padre e hijo son amables. ¿Te llamas Omar u Óscar? ¿Estudiamos mañana u hoy?**

Claudio: Yo **estudio** literatura y cultura latinoamericanas.

Ana: ¡Genial! ¿Hay muchos hispano-hablantes en tus clases?

awesome

✳ **Comentario cultural** The U.S. Census Bureau indicates that approximately 42.7 million Hispanics reside in the United States; this number equates to 14.1% of the U.S. population. Of these 42.7 million, 26.8 million are from Mexico and 3.8 million are from Puerto Rico.

Claudio: Sí, hay varios. Algunos de ellos tienen dos especialidades. Ahora hay estudiantes que combinan el español con el inglés, con la computación, con la administración de empresas o con las ciencias...

Ana: ¡Parece que el español es muy popular!

✳ **Comentario cultural** Most academic institutions in the United States offer a broad liberal arts education as part of their undergraduate degrees, which allows students to take several elective courses outside of their majors. Conversely, universities in Spanish-speaking countries offer a curriculum in which a student focuses on a single subject.

Claudio: ¡Sí! Pues, la verdad es que ahora hay muchas personas en los Estados Unidos que **hablan** español. Los estudiantes que **toman** clases de español aquí frecuentemente lo **usan** después cuando **trabajan** en ciudades como aquí en Chicago, Miami, Nueva York, Phoenix o Los Ángeles. Por eso, a ellos **les gusta estudiar** español en la universidad.

✳ **Comentario cultural** There are 1,761,026 people of Hispanic origin living in Chicago; 3,871,522 in New York City; 2,013,725 in Miami; 1,109,740 in Phoenix; and 5,576,583 in Los Angeles.

¿Comprendiste? Indicate whether each of the following statements is true (**cierto**) or false (**falso**). If the statement is false, correct it.

1. Ana is a student at the University of Chicago.
2. Ana is from the Yucatan Peninsula.
3. Claudio studies Spanish history.
4. Ana studies science.
5. In the department, there are only a few students who are native speakers of Spanish.
6. Many former students use their Spanish when working abroad.

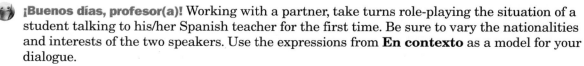

¡Buenos días, profesor(a)! Working with a partner, take turns role-playing the situation of a student talking to his/her Spanish teacher for the first time. Be sure to vary the nationalities and interests of the two speakers. Use the expressions from **En contexto** as a model for your dialogue.

Estructura I

Talking about people, things, and concepts

A noun names a person (**Ana, estudiante**), a place (**Mérida, ciudad**), a thing (**libro, computadora**), or a concept (**clase, español**). In Spanish, all nouns are classified as having a gender—either masculine or feminine. A noun is often preceded by a definite article, **el, la, los, las** *(the)*, or by an indefinite article, **un, una** *(a, an)*, **unos, unas** *(some)*. The words **un** and **una** can also mean *one,* depending on the context. Both definite and indefinite articles agree in gender and number with the nouns they modify.

el libro	*the book*	**las** mochilas	*the backpacks*
un libro	*a book*	**unas** mochilas	*some backpacks*

How to determine gender of nouns

1. In Spanish, nouns referring to males and most nouns ending in **-o** are masculine. Nouns referring to females and most nouns ending in **-a** are feminine. Definite and indefinite articles must match the gender (masculine or feminine) of the nouns they refer to.

   el/un amig**o**   **la/una** amig**a**

   el/un escritori**o**   **la/una** bibliotec**a**

2. Most nouns ending in **-l** or **-r** are masculine, and most nouns ending in **-d** or **-ión** are feminine.

   el/un pape**l**   **la/una** universida**d**

   el/un borrado**r**   **la/una** lecc**ión**

3. Some nouns do not conform to the rules stated above. One way to remember the gender of these nouns is to learn the definite articles and the nouns together, for example: **la clase, el día** *(day),* **el mapa,** and **la mano** *(hand).*

> Many words that end in -ma, -pa, and -ta are masculine: **el problema** *(the problem),* **el mapa, el sistema, el programa, el tema, el planeta.**

¡A practicar!

1-11 | *¿El, la, los o las?* Supply the definite article for each noun below.

Modelo ___*las*___ mochilas

1. _____ mapa
2. _____ universidad
3. _____ exámenes
4. _____ tarea
5. _____ bolígrafo
6 _____ lecciones
7. _____ compañero de clase
8. _____ salas de clase

> 📖 Capítulo 1
> 💿 Capítulo 1
> 🌐 Capítulo 1
> 🖱 iLrn: Heinle Learning Center, **Capítulo 1**

1-12 | *¿Qué es? ¿Qué son?* Identify the following objects using the indefinite articles **un, una, unos,** or **unas.**

Modelo calendario
        Es un calendario.

1.   2.   3.   4.   5.

Definite and indefinite articles, gender, and how to make nouns plural

How to make nouns plural

In Spanish, all nouns are either singular or plural. Definite and indefinite articles (**el, la, los, las; un, una, unos, unas**) must match the number (singular or plural) of the nouns they refer to. To make Spanish nouns plural, add **-s** to nouns ending in a vowel, and **-es** to nouns ending in a consonant.

Singular	Plural		Singular	Plural
el amigo	los amigos		una clase	unas clases
la amiga	las amigas		un profesor	unos profesores
			una universidad	unas universidades

Here are two additional rules for making nouns plural:

1. For nouns ending in **-án, -és,** or **-ión,** drop the accent mark before adding **-es.**

el/un alem**án**	**los/unos** alem**anes**
el/un japon**és**	**los/unos** japon**eses**
la/una lecc**ión**	**las/unas** lecc**iones**

2. For nouns ending in **-z,** drop the **-z,** then add **-ces.**

el/un lápi**z**	**los/unos** lápi**ces**

Spanish speakers do not consider nouns as being male or female (except when referring to people or animals). Therefore, the terms "masculine" and "feminine" are simply labels for classifying nouns.

¡A conversar!

1-13 | **Cuestionario: ¿Cuántos hay?** Form the plural of each of the nouns below and then ask two of your classmates how many of each there are.

Modelo libro
E1: *¿Cuántos libros hay?*
E2: *Hay tres libros de texto en la mochila.*

CUESTIONARIO

En esta clase
1. compañero(a) de clase _____
2. amigo(a) _____

Este semestre
3. compañero(a) de cuarto _____
4. profesor(a) _____
5. clase _____

En la mochila
6. libro _____
7. bolígrafo _____

En el cuarto
8. computadora _____
9. silla _____
10. televisor _____

Vocabulario

In this section, you will learn how to talk about foreign languages, other academic courses, and university buildings in Spanish.

Las lenguas extranjeras Foreign languages

¿Nos entendemos?

In many Spanish-speaking countries, the name for the language **el español** alternates with **el castellano**, or "Castillian Spanish." **El castellano** originated from the language spoken in north central Spain in the region of **Castilla**. It is one of the four main languages that are spoken in Spain.

¿Nos entendemos?

It is not uncommon for Spanish speakers to shorten words. For example, **la universidad** becomes **la u**, and **el profesor** becomes **el profe**.

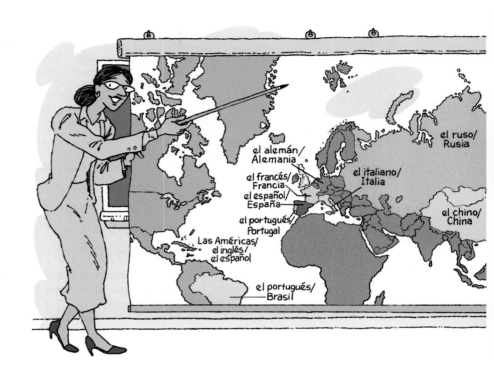

el alemán/Alemania
el francés/Francia
el español/España
el portugués/Portugal
Las Américas/el inglés/el español
el portugués/Brasil
el ruso/Rusia
el italiano/Italia
el chino/China

Cursos y especializaciones Courses and majors

Palabras útiles

la arquitectura architecture
la biología biology
la contabilidad accounting
la filosofía philosophy
la física physics
las humanidades humanities
las materias subjects, courses
la química chemistry

Palabras útiles are presented to help you enrich your personal vocabulary. The terms provided here will help you talk about your academic and personal interests.

Las ciencias

La geografía

Las matemáticas

Más cursos y especializaciones More courses and majors

la administración de empresas business administration
el arte art
la computación computer science
el derecho law
la economía economics
la educación education
la historia history

la ingeniería engineering
las lenguas extranjeras foreign languages
la literatura literature
la medicina medicine
el periodismo journalism
la sicología psychology
la sociología sociology

¡A practicar!

1-14 | ¿Dónde... ? During a typical day, Pilar visits many parts of the campus. Identify the places where she does the following activities.

> **Modelo** Aquí tomo *(I have)* un café después de las clases.
> *en el centro estudiantil*

1. Aquí compro *(I buy)* mis libros de texto.
2. Aquí estudio *(I study)* para los exámenes.
3. Aquí hablo *(I speak)* con mis compañeros de clase y compro comida.
4. Aquí toco *(I play)* la trompeta para los partidos de baloncesto *(basketball games)*.

1-15 | ¿Qué lengua habla? *(What language does he/she speak?)* State where each of the following people is from and the native language he/she speaks (**él habla, ella habla**). Do you speak any other languages besides English and Spanish?

> **Modelo** Antonio Banderas / España
> *Él es de España y habla español.*

1. Angela Merkel / Alemania
2. François Truffaut / Francia
3. Yao Ming / China
4. Fernanda Montenegro / Brasil
5. Vladimir Vladimirovich Putin / Rusia
6. Yo soy de _____ y hablo *(I speak)* _____, _____,...

1-16 | ¿Qué palabra es diferente? *(Which word is different?)* Indicate which item in each group does not belong and explain why.

1. biología, derecho, ciencias
2. historia, literatura, medicina
3. administración de empresas, economía, arte
4. matemáticas, sociología, sicología
5. chino, periodismo, ruso
6. teatro, música, ingeniería
7. educación, computación, matemáticas

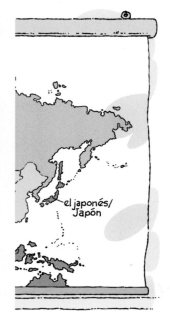

el japonés/ Japón

La música

El teatro

Lugares y edificios Locations and buildings

el apartamento apartment
la biblioteca library
la cafetería cafeteria
el centro estudiantil student center

el gimnasio gymnasium
la librería bookstore
la oficina office
la residencia residence hall, dormitory

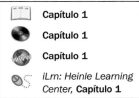

Capítulo 1

Capítulo 1

Capítulo 1

iLrn: Heinle Learning Center, **Capítulo 1**

¡A conversar!

1-17 | **Profesiones** What subjects did the people in the following professions study in school? More than one answer may be possible for a profession.

1. economista
2. actor
3. sicólogo(a)
4. médico(a)/doctor(a)
5. artista
6. periodista
7. educador(a)
8. sociólogo(a)

1-18 | **¿Cierto o falso?** Alternating with a classmate, make each of the following statements. If the statement your classmate makes is false, correct it.

Modelo   E1: Estudiamos *(We study)* español en el gimnasio.
E2: *No, es falso. Estudiamos español en la biblioteca.*

1. Hay libros de español en la sala de clase de ciencias.
2. Hay muchas copias de **Plazas** en la librería.
3. Hay comida buena en el centro estudiantil.
4. En nuestra universidad el departamento de matemáticas es grande.
5. Por la noche *(At night)*, hay muchos estudiantes en la biblioteca.
6. En mi residencia, hablo francés con mis compañeros(as).

1-19 | **En la librería** You work in the campus bookstore and are helping Daniela and Fernando, two international students, find the textbooks they need for the courses they have jotted down. Of course, they've written their lists in Spanish! With a classmate in the role of either Daniela or Fernando, ask what general subject area each course is in just to make sure you read their lists correctly. Then, describe the book(s) they need including the title (in English), the color(s) of the book cover, and any other details you may wish to add.

Modelo   Cálculo 130
E1: *Es una clase de matemáticas, ¿verdad?*
E2: *Sí, correcto.*
E1: *El libro de texto se llama* Five Easy Steps to Calculus. *Es verde y azul. Tiene muchas fotos* (photographs) *bonitas.*

Fernando: Escritores británicos; Interacción social; Fonética francesa; Sicología anormal; Revolución mexicana

Daniela: Economía y finanzas; Diez dramas; Guitarra 1: clásica; Televisión 101; Estadística

1-20 | El horario del primer semestre *(First semester schedule)* Work with a partner to review the schedule of classes for first semester students at a Chilean university. See how much information on the schedule you can understand and compare it to your schedule. Identify classes in your institution that are similar to the ones on the schedule and offer an opinion of each class using expressions from the list. Using intonation, each expression may also be made into a question that you can pose to your partner.

Es interesante   Es necesario(a)

Es fascinante   Es fácil *(It's easy)*

Es importante   Es difícil *(It's hard)*

	HORARIO DE CLASES **PLAN COMÚN – LICENCIATURA** **PRIMER SEMESTRE**					
MÓDULO	HORAS	LUNES	MARTES	MIÉRCOLES	JUEVES	VIERNES
1°	08:15-09:45		ECONOMÍA *SALA 62*		ECONOMÍA *SALA 62*	
2°	10:00-11:30	INTRODUCCIÓN A LA ADMINISTRACIÓN *SALA 54*		INTRODUCCIÓN A LA ADMINISTRACIÓN *SALA 54*		
3°	11:45-13:15		INTRO. A LAS CIENCIAS POLÍTICAS *SALA 56*		INTRO. A LAS CIENCIAS POLÍTICAS *SALA 56*	
4°	14:00-15:30			COMPUTACIÓN APLICADA *LABORATORIO*		COMPUTACIÓN APLICADA *LABORATORIO*
5°	15:40-17:10	INTRODUCCIÓN AL DERECHO *SALA 62*				INTRODUCCIÓN AL DERECHO *SALA 62*
6°	17:20-18:50		EXPRESIÓN ORAL Y ESCRITA *SALA 60*		EXPRESIÓN ORAL Y ESCRITA *SALA 60*	

1-21 | Mis clases Prepare a list of your classes, in Spanish. Include classes from the current semester as well as others you will take this academic year. Share your list with a partner saying **Este año estudio...** *(This year I'm studying . . .)* and have your partner tell you what he/she is studying. Use the expressions in Activity **1-20** to comment on your classes and those of your partner. Make the expressions plural when appropriate. Follow the model.

Modelo *Este año estudio biología. Es interesante. Estudio matemáticas. Las matemáticas son difíciles.*

1-22 | Las lenguas extranjeras Think of all the people you know who speak languages other than English. Tell a classmate who the people are and what languages they speak, following the model.

Modelo *Karl es estudiante. Habla* (He speaks) *alemán.*
La profesora Chang y el profesor Li son profesores de sicología. Hablan (They speak) *chino.*

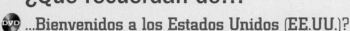

Encuentro cultural

¿Qué recuerdan de...

...Bienvenidos a los Estados Unidos (EE.UU.)?

1. Where do most native Spanish-speakers in the United States come from?
2. In what cities do the majority of Hispanics live?
3. Can you describe what you remember from the video about "la Pequeña Habana"?

See the *Workbook*, **Capítulo 1, Bienvenidos a los EE.UU.** for additional activities.

Población hispana en los Estados Unidos según el *(as per)* **lugar de origen:** México: 26.8 millones, Puerto Rico: 3.8 millones, Centroamérica: 3.1 millones, Suramérica: 2.2 millones, Cuba: 1.5 millones, La República Dominicana: 1.1 millones, Otros*: 3.4 millones.
(U.S. Census Bureau 2005)

*Answers in this category included: Latino, Spanish American, Spanish, Spaniard

Personalidades ilustres Jaime Escalante es de La Paz, Bolivia. En 1974 entra en la escuela Garfield High School en Los Ángeles, California, para enseñar matemáticas y cálculo. En 1982, el maestro Escalante ayuda a un grupo de 18 estudiantes con problemas económicos para tomar el examen avanzado *(Advanced Placement)* de cálculo, que aprueban *(pass)* después de estudiar mucho. En 1987, Hollywood presenta la película *Stand and Deliver* que describe los problemas que tiene Escalante en la escuela por ayudar a sus estudiantes. Desde 2001, Escalante vive en Bolivia y enseña en la universidad.

¿Hay un(a) maestro(a) especial en tu escuela? ¿Te gusta (do you like) mirar películas de biografías como Stand and Deliver?

Historia Los misioneros Eusebio Francisco Kino, Juan Bautista Velderrain y Juan Bautista Llorenz construyen la Misión de San Xavier del Bac con el trabajo de los indígenas entre 1783 y 1797. En 1895, los misioneros abren una escuela que todavía funciona hoy en día para enseñar a los niños de la Nación Indígena Tohono O'odham. Los niños aprenden a leer y a escribir, y aprenden sobre la religión católica en su idioma indígena y en inglés.

¿Te gusta visitar lugares históricos como las misiones hispánicas en los Estados Unidos? ¿Qué lugares visitas?

Lugares mágicos La ciudad de San Agustín en Florida es la ciudad más antigua *(oldest)* de origen hispano en los Estados Unidos. La ciudad abre *(opens)* sus puertas en 1565, gracias al trabajo del español Pedro Menéndez de Avilés. La escuela más antigua de madera *(wood)* se encuentra *(is found)* en San Agustín también *(as well)*. Es la primera escuela en América que recibe a niños y niñas en un solo salón de clase.

¿Hay una escuela de madera en tu pueblo o en tu ciudad? ¿Visitas la escuela de madera? ¿Te gusta? ¿Te gusta tu escuela primaria? ¿Y tu escuela secundaria o tu universidad? ¿Por qué sí o por qué no?

Visit it live on Google Earth!

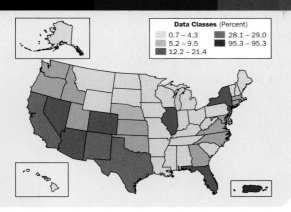

Data Classes (Percent)	
0.7 – 4.3	28.1 – 29.0
5.2 – 9.5	95.3 – 95.3
12.2 – 21.4	

Porcentaje de personas mayores de cinco años que hablan español en casa por estado

Creencias y costumbres En la "Pequeña Habana" en Miami, Florida, la gente conserva *(keep)* las costumbres de Cuba; por ejemplo, la de jugar dominó. La costumbre es que los padres les enseñan a los hijos a jugar dominó. Con el dominó, se toma café que en Cuba y en Miami se llama café cubano y es un café fuerte *(strong)*, servido en tacita pequeña *(very small cup)*. La gente toma café cubano por la mañana, por la tarde y por la noche.

¿Te gusta jugar dominó? ¿Qué tomas por la mañana o por la tarde? ¿Tomas café, té o soda?

Arte y artesanía The Alameda, The National Center for the Latino Arts & Culture en San Antonio, Texas, es el único teatro dedicado al arte visual en español. Su trabajo es enseñarle a la gente a través de *(through)* exposiciones o programas educativos sobre las experiencias de los hispanos en los Estados Unidos. También, el centro ayuda a los nuevos artistas hispanos a entrar en el mundo del arte visual. En 1977, el centro Alameda llega a un acuerdo *(reaches an agreement)* con el Instituto del Smithsonian y luego en 2001 con el Centro Kennedy para presentarles los mejores *(best)* programas de arte a los hispanos.

¿Qué tipo de arte te gusta: la pintura, la literatura, la cinematografía, la música?

Ritmos y música En los Estados Unidos hay muchos grupos musicales locales que buscan sus orígenes en su cultura latina. Los nuevos grupos musicales tocan ritmos como el funk, el hip-hop, el ska y el reggae, y los combinan con la salsa, el son, la cumbia y la música mexicana.

♪ El grupo musical Ozomatli, de California, combina en la canción "Cumbia de los muertos" *(Cumbia of the Dead)* los ritmos de la cumbia mexicana, el reggae y el hip-hop, y expresa los problemas de violencia en los barrios de Los Ángeles. *Access the iTunes playlist on the **Plazas** website.*

See the *Lab Manual,* **Capítulo 1, Ritmos y música** for activities.

¿Te gusta la música de crítica social? ¿Qué tipo de música escuchas?

¡Busquen en la Red de información! www.thomsonedu.com/spanish/plazas

1. Personalidades ilustres: Jaime Escalante, Estados Unidos y Bolivia
2. Historia: Misión de San Xavier del Bac, Tucson, Arizona
3. Lugares mágicos: Saint Augustine, Florida (Oldest Wooden School)
4. Creencias y costumbres: La Pequeña Habana, Miami, Florida
5. Arte y artesanía: The Alameda: National Center for the Latino Arts & Culture, San Antonio, Texas
6. Ritmos y música: Ozomatli

Estructura II

Describing everyday activities

How to form the present tense

An infinitive is an unconjugated verb form, such as **hablar** *(to speak; to talk).* In Spanish, infinitives end in **-ar, -er,** or **-ir.** All Spanish infinitives have two parts: a stem **(habl-)** and an ending **(-ar).**

To form the present tense of Spanish verbs ending in **-ar,** drop the infinitive ending and add a personal ending to the stem.

hablar

yo	habl**o**	*I speak*
tú	habl**as**	*you* (informal) *speak*
usted, él/ella	habl**a**	*you* (formal) *speak, he/she speaks*
nosotros(as)	habl**amos**	*we speak*
vosotros(as)	habl**áis**	*you* (informal) *speak*
ustedes, ellos/ellas	habl**an**	*you* (formal) *speak, they speak*

How to use the present tense

Use the present tense to express (1) what people do in a general sense, (2) what they're doing in a particular instance, (3) what they do habitually, and (4) what they intend to do at a later time. In this sense the present tense in Spanish is more flexible than in English.

(1) Anita estudia lenguas.	*Anita studies languages.*
(2) Anita estudia lenguas este semestre.	*Anita is studying languages this semester.*
(3) Ella estudia mucho por la noche.	*She studies a lot in the evening.*
(4) Mañana estudia con Laura.	*Tomorrow she's studying with Laura.*

¡A practicar!

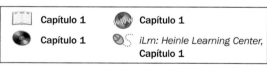

	Capítulo 1		Capítulo 1
	Capítulo 1		iLrn: Heinle Learning Center, Capítulo 1

1-23 | **¡Juan tiene una vida loca!** Juan's busy student life is described in the following paragraph. Conjugate the verbs in parentheses to agree with the subjects.

Yo soy Juan y yo tengo una vida loca. Mi compañero de cuarto, Miguel, y yo _____ (1. tomar) seis clases este semestre. Miguel también _____ (2. trabajar) quince horas a la semana (a week) en la biblioteca. Yo _____ (3. necesitar) más dinero pero no _____ (4. trabajar) porque (because) yo _____ (5. tocar) el saxofón para una banda de jazz. Dos días a la semana yo _____ (6. enseñar) español a unos chicos (kids) de la escuela primaria. ¡Ellos _____ (7. practicar) mucho! Por la noche, Miguel y yo _____ (8. estudiar), _____ (9. hablar) por teléfono con las novias o _____ (10. descansar). Los sábados yo _____ (11. bailar) en las fiestas (parties) con mi novia, Carmen. Los domingos mis padres y yo _____ (12. visitar) a la abuela y _____ (13. pasar) tiempo con la familia.

Present tense of regular -ar verbs

In this chapter, you have already seen some **-ar** verbs in the **En contexto** section on pages 24–25. Now study the following verbs with useful example phrases:

descansar por una hora	to rest for an hour	Yo descanso por una hora.
escuchar música	to listen to music	Tú escuchas música en tu cuarto *(room)*.
estudiar en la biblioteca	to study in the library	Él estudia español en la biblioteca.
llegar a la clase	to arrive at class	Ella llega a la clase de historia.
mandar cartas	to send letters	Usted manda cartas a su mamá.
regresar a casa	to return home	Vosotros regresáis a casa.
tomar clases/exámenes	to take classes/tests	Nosotros tomamos un examen mañana.
trabajar por la noche	to work at night	Ellos trabajan por la noche.

Here are some more common **-ar** verbs:

ayudar to help	**enseñar** to teach	**practicar** to practice
bailar to dance	**entrar** to enter	**preguntar** to ask (a question)
buscar to look for	**esperar** to hope; to expect	**terminar** to finish
caminar to walk	**llamar** to call; to phone	**tocar** to touch; to play an instrument
cantar to sing	**mirar** to watch	
comprar to buy	**necesitar** to need	**usar** to use
contestar to answer	**pagar** to pay	**viajar** to travel
desear to want, to wish	**pasar** to spend (time); to pass	**visitar** to visit
dibujar to draw		

The following words and phrases are used in Spanish to express how well, how often, or how much you do something: **(muy) bien** *(very) well*, **(muy) mal** *(very) poorly*, **todos los días** *everyday*, **siempre** *always*, **a veces** *sometimes*, **nunca** *never*, **mucho** *a lot*, **(muy) poco** *(very) little*.

1-24 | La vida estudiantil (Student life) Describe what the following people do, using appropriate phrases from the right column and conjugating the verbs correctly.

> **Modelo**   nosotros   bailar los fines de semana
> *Nosotros bailamos los fines de semana.*

1. yo   desear tocar la guitarra
2. mi amiga   mirar la televisión
3. mis compañeros de clase   descansar por la noche
4. nosotros   pagar los libros de texto
5. el (la) profesor(a)   cantar con la música del radio
6. ¿...?   escuchar la música de Maná

1-25 | El primer (first) día en la universidad Complete the paragraph by selecting the correct verb for each blank and conjugating it in the proper form. Each verb will be used only one time.

ayudar	caminar	contestar	mandar	regresar
buscar	comprar	llegar	necesitar	

El primer día en la universidad, Liliana 1. _____ rápidamente a la clase de español y 2. _____ a clase temprano (early). Los estudiantes 3. _____ las preguntas de la profesora. Un estudiante 4. _____ ayuda, y Liliana 5. _____ al estudiante. Después (After) de clase, Liliana y otros estudiantes 6. _____ la librería en el mapa. En la librería ellos 7. _____ los libros. Más tarde, Liliana 8. _____ a la residencia y 9. _____ cartas electrónicas (e-mails) a muchos amigos.

¡A conversar!

1-26 | Mi rutina diaria (My daily routine) In pairs, read each of the following statements and decide whether it is **cierto** (true) or **falso** (false) for you. Correct false statements to make them true for you.

> **Modelo**   Yo hablo mucho español en la clase.
> E1: *Sí, yo hablo mucho español en la clase.*
> E2: *Sí, yo también* (also) *hablo mucho español en la clase.*
> o   *No, no hablo mucho español en la clase.*

1. Yo descanso después de la clase.
2. Mis compañeros y yo estudiamos en la cafetería.
3. El (La) profesor(a) llega tarde a la clase.
4. En la clase, cantamos y bailamos.
5. Después de la clase mis compañeros regresan a casa.
6. Yo trabajo por la noche.
7. El (La) profesor(a) toca el piano en la clase.
8. Nosotros practicamos el vocabulario en la clase.
9. Yo tomo cinco clases este semestre.
10. Nosotros necesitamos estudiar mucho.

1-27 | Entrevista (Interview) Ask a classmate what he/she does around campus. Why is the **tú** form used in this activity?

1. ¿Estudias mucho en la biblioteca? ¿Qué estudias?
2. ¿Hablas por teléfono con personas en otras residencias? ¿Con quién hablas?
3. ¿Compras comida en el centro estudiantil? ¿Es buena la comida?
4. ¿Qué compras en la librería?
5. ¿Llegas a la universidad en auto, en autobús, en bicicleta, en motocicleta o a pie *(on foot)*?
6. Cuando regresas a tu cuarto, ¿estudias, trabajas o descansas?
7. ¿Practicas un deporte *(sport)* en el gimnasio?
8. ¿Tocas un instrumento?
9. ¿Miras muchos programas de televisión?
10. ¿Caminas mucho en el campus?

1-28 | Nuevos compañeros In groups of three or four, discuss the following in Spanish. Be prepared to share what you have learned about your group members with the class.

- where you are from
- how many classes you are taking
- what subjects you are studying
- whether or not you work during school
- whether or not you study in the library

1-29 | Nuevos amigos (New friends) The people in the photo have just arrived at the home they will be sharing in Puerto Rico. They are getting to know one another and sharing information about their favorite activities. Form sentences to learn something about each one and then tell your partner if you and your friends enjoy the same activities.

Modelo Alejandra: bailar
Alejandra baila. Yo bailo mucho. Mi amiga Sally baila, pero mis amigos Tom y Linda no bailan.

1. Sofía: estudiar mucho; viajar a Italia frecuentemente; buscar un apartamento en Puerto Rico
2. Antonio: escuchar música; pasar tiempo con amigos; estudiar administración de empresas
3. Javier: mirar fútbol en la tele; practicar fútbol con amigos; no desear ser médico
4. Alejandra: tomar clases de fotografía; desear tomar más *(more)* clases; bailar mucho
5. Valeria: viajar mucho; comprar mucho; hablar con amigos por teléfono

1-30 | Entrevista con un(a) compañero(a) de cuarto (Interview with a roommate) Role-play a conversation with a student who will be your new roommate.

Estudiante 1:

1. Greet your new roommate and ask his/her name.
2. Say your name and that you are pleased to meet him/her. Ask how many classes he/she takes.
3. Tell where you study. Ask if the roommate listens to music when he/she studies.
4. State if you watch TV often or not. Ask the roommate if he/she travels much.
5. Tell the roommate you wish to rest. Say good-bye.

Estudiante 2:

1. Tell your name and ask your roommate his/her name.
2. State how many classes you take. Ask your roommate where he/she studies, in the library or in the dorm.
3. State if you listen to music when you study. Ask if the roommate watches TV much.
4. Tell if you travel much and if you visit your family (**visitar a la familia**) much. Tell the roommate you need to walk to the bookstore.
5. Tell the roommate you will see him/her later.

¿Qué hora es? *(What time is it?)* can be answered in different ways, depending on the time and whether you are using the 12-hour or the 24-hour system.

- The 12-hour system is used in informal situations such as when you are speaking with friends and family.
- The 24-hour system is used for class schedules, airline and train schedules, medical and business appointments, and formal and official gatherings. In this system 1 a.m. is the first hour of the day and hours are numbered consecutively to 24.

On the hour

 Informal: **Es la una de la tarde.**
Formal: **Son las trece (horas).**
It's one o'clock p.m.

 Informal: **Son las siete de la mañana.**
Formal: **Son las siete (horas).**
It's seven o'clock a.m.

On the quarter or the half hour

Son las siete y cuarto de la mañana. Son las siete y quince.

It's a quarter past seven a.m.

Son las siete y media de la mañana. Son las siete y treinta.

It's seven thirty a.m.

Son las ocho menos cuarto de la mañana. Son las siete y cuarenta y cinco.

It's a quarter till eight a.m. / It's seven forty-five a.m.

¡A practicar!

1-31 | **¿Qué hora es?** Indicate the time shown on each of the clocks below. Use the 12-hour system.

1.

2.

3.

4.

5.

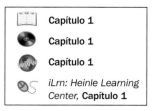
Capítulo 1
Capítulo 1
Capítulo 1
iLrn: Heinle Learning Center, **Capítulo 1**

La hora y los días de la semana

Minutes before and after the hour

Es la una y diez de la mañana.
Es la una y diez.
It's ten after one a.m. / It's one ten.

Son las ocho menos diez de la noche.
Son las diecinueve y cincuenta.
It's ten till eight p.m. / It's seven fifty p.m..

Use **es** to tell time between 12:31 (**Es la una menos veintinueve.**) and 1:30 (**Es la una y media.**). Otherwise, use **son** because it refers to more than one hour (it is plural).

To ask or tell what time an event occurs, use the word **a: ¿A qué hora es la fiesta? A las nueve de la noche.**

Other time expressions include: **a tiempo** *(on time)*, **en punto** *(on the dot)*, **ahora** *(now)*, **tarde** *(late, tardy)*, **temprano** *(early)*, **la medianoche** *(midnight)*, and **el mediodía** *(noon)*.

Los días de la semana

LUNES	MARTES	MIÉRCOLES	JUEVES	VIERNES	SÁBADO	DOMINGO
de la tarde	de la mañana	de la noche	de la mañana	de la noche	de la tarde	de la tarde

Other important words and expressions are: **el día** *(day)*, **la semana** *(week)*, **el fin de semana** *(weekend)*, **todos los días** *(every day)*, **hoy** *(today)*, and **mañana** *(tomorrow)*.

¡A conversar!

 1-32 | Mi horario (My schedule) You have just received your schedule of classes for your study-abroad experience in Venezuela. Tell your partner at what time and on which days your classes meet. Note that the schedule uses the 24-hour-clock system but when you speak informally with a friend you will use the 12-hour-clock system and indicate if classes are in the morning, the afternoon, or the evening.

Modelo *Mi clase de economía es a la una y media de la tarde los martes y jueves.*

HORARIO DE CLASES Universidad Central de Venezuela Facultad de Ciencias Sociales		
LUNES/MIÉRCOLES	9.45	Introducción a la sociología
MIÉRCOLES/VIERNES	11.15	Técnicas de investigación
MARTES/JUEVES	13.30	Economía
MARTES/JUEVES	15.00	Sicología
MARTES/JUEVES	16.30	Análisis demográfico
LUNES/MIÉRCOLES	18.45	Biología humana

Definite and indefinite articles

A noun is often preceded by a definite article: **el, la, los, las** *(the)*, or by an indefinite article: **un, una** *(a, an)*, **unos, unas** *(some)*. Both definite and indefinte articles agree in number and gender with the nouns they modify.

el libro	**las** mochilas
un libro	**unas** mochilas

¡A recordar! In Spanish, what endings typically denote masculine nouns? What about feminine nouns?

How to make nouns plural

To make Spanish nouns plural, add **-s** to nouns ending in a vowel, and **-es** to nouns ending in a consonant.

Singular	Plural	Singular	Plural
el amigo	**los** amigos	una clase	**unas** clases
la amiga	**las** amigas	un profesor	**unos** profesores
		una universidad	**unas** universidades

¡A recordar! How is the plural formed for nouns ending in **-án**, **-és**, or **-ión**? What about for nouns ending in **-z**?

Present tense of regular -ar verbs

To form the present tense of Spanish verbs ending in **-ar**, drop the infinitive ending and add a personal ending to the stem.

hablar	
(yo)	habl**o**
(tú)	habl**as**
(usted, él/ella)	habl**a**
(nosotros/nosotras)	habl**amos**
(vosotros/vosotras)	habl**áis**
(ustedes, ellos/ellas)	habl**an**

¡A recordar! In what four instances might someone use the present tense?

Common -ar verbs

ayudar	bailar	cantar	comprar
dibujar	enseñar	entrar	mirar
necesitar	practicar	preguntar	usar
viajar	visitar		

¡A recordar! What other common **-ar** verbs can you remember from Chapter 1?

¡A repasar!

Actividad 1 | Los artículos For each item, write the appropriate definite article **(el, la, los, las)** in the first blank and the appropriate indefinite article **(un, una, unos, unas)** in the second blank. (10 pts.)

1. _____ domingo es _____ día.
2. _____ Ángeles es _____ ciudad grande.
3. _____ educación es _____ curso.
4. _____ ingeniería es _____ profesión.
5. _____ lápices son _____ objetos útiles.
6. _____ mapa es _____ representación de parte del mundo.
7. _____ profesores son _____ personas importantes de la universidad.
8. _____ Golfo de México es parte de _____ océano.
9. _____ teléfono es _____ aparato necesario.
10. _____ ciencias son _____ clases interesantes.

Actividad 2 | ¿Qué hay en la sala de clase? Write the appropriate indefinite article in each blank to tell what is in the class. (8 pts.)

Hay _____ diccionario, _____ tiza, _____ sillas, _____ mesa, _____ escritorios, _____ calendario, _____ borradores y _____ exámenes.

Actividad 3 | **Una noche en la residencia estudiantil** Complete the paragraph with the correct form of each verb in parentheses. (20 pts.)

Yo _____ (llegar) a la residencia y yo _____ (visitar) a mis amigos. Mario _____ (estudiar) y _____ (tomar) café. Él y yo _____ (hablar) un poco. Luisa _____ (escuchar) música y _____ (preparar) una presentación para una clase. Diana _____ (ayudar) con la presentación. Ramón y Tonia _____ (practicar) español. Catalina y Javier _____ (usar) la computadora. Paco _____ (necesitar) estudiar, pero _____ (desear) tomar una siesta. Él _____ (descansar) por quince minutos. Pilar _____ (tocar) la guitarra y _____ (cantar). Sus amigos _____ (bailar). Jorge y Carlos _____ (mirar) la tele. Federico _____ (trabajar) en la cafetería y yo _____ (llamar) a la cafetería porque yo _____ (desear) hablar con él.

Actividad 4 | **Las actividades de los estudiantes** Choose the correct verb from the list to complete each sentence and write the appropriate form in the blank. (12 pts.)

caminar	comprar	descansar	enseñar
hablar	mandar	pagar	pasar
practicar	regresar	tomar	usar

1. Mis amigos _____ español porque son de España.
2. Mi madre _____ los libros de texto que _____ en mis clases.
3. Yo _____ mucho tiempo en la biblioteca.
4. Los estudiantes _____ libros en la librería.
5. Mi amigo y yo _____ café en la cafetería estudiantil por la mañana.
6. Tú _____ muchos correos electrónicos, ¿no?
7. Mis compañeros _____ a clase.
8. Muchos estudiantes _____ a la residencia tarde los sábados y _____ los domingos.
9. Mis amigos y yo _____ muchos deportes.
10. La profesora _____ clases en dos universidades.

Refrán

El propósito de _____
(to work) es llegar a _____
(to rest). Bonus! 2 pts.

¡A ver!

You are about to meet five young people who will be sharing a house in Puerto Rico. Throughout the **Plazas** *video episodes, you will observe the roommates interact, get to know each other, form friendships, and make plans for the future.*

In this segment, the new roommates meet each other for the first time and explore their new home Hacienda Vista Alegre. You will learn where they are from, what they are studying, and a little bit about their personalities.

Expresiones útiles

The following are some new expressions you will hear in the video.

¡Bienvenida!	*Welcome!*
¿Cómo te va?	*How's it going?*
Qué aburrido ¿no?	*How boring!*
¡Ay... es una broma!	*Oh, it's just a joke!*

Antes de ver

Paso 1 What expressions have you learned to use to introduce yourself and greet others? What are the typical responses when you meet someone? Work with a classmate and greet each other in as many different ways as you can remember.

Paso 2 When you first meet someone, what are some of the other things that you are interested in learning about that person? Do you like to find out where they are from? Look at the photo of the five housemates and see if you can guess what country each one of them is from.

Paso 3 How about their interests and pastimes? Wouldn't you also like to know what each one studies? Work with a classmate to guess what each of the housemates studies.

Después de ver

Paso 1 Now you are ready to watch the video for the first time. As you do, pay attention to the phrases that the roommates use as they meet each other. When you hear one of the following expressions, place a check mark next to it under the name of the housemate who says it. When you were working on **Antes de ver, Paso 1,** did you and your classmate remember any phrases that are not on the chart?

Javier	Alejandra	Antonio	Sofía	Valeria

	Javier	Alejandra	Antonio	Sofía	Valeria
Saludos					
Hola					
Me llamo					
Soy					
Respuestas					
Mucho gusto					
Encantado					

Paso 2 In **Antes de ver, Paso 2,** you tried to guess where each character was from. Now that you have seen the video, can you complete the statements below that each person might make about himself or herself? Use the word bank to help you.

Argentina	Colombia	cómico	España	hablar por teléfono
inteligente	medicina	Texas	tomar fotos	Venezuela

- Mi nombre es Alejandra. Soy de _____ y me gusta _____.
- Mi nombre es Valeria. Soy de _____ y me gusta _____.
- Mi nombre es Sofía. Soy de _____ y soy muy _____.
- Mi nombre es Antonio. Soy de _____ y soy muy _____.
- Mi nombre es Javier. Soy de _____ y estudio _____.

Paso 3 In **Antes de ver, Paso 3,** you and your classmate predicted what each housemate studies. Do you remember what they said? After you have watched the video a few times, see if you can match each roommate with his/her specialization:

Javier estudia	filología española.
Antonio estudia	medicina.
Sofía estudia	danza moderna.
Valeria estudia	administración de empresas.
Alejandra estudia	diseño.

Were any of your predictions about the housemates correct?

¿Qué opinas tú?

Paso 1 Choose one of the housemates and imagine what a typical day might be like for him/her. What does he/she study? What does he/she do? Using vocabulary from this chapter, write at least 3 sentences about that person.

Paso 2 Now think about your typical day. What subjects do you study and what activities do you do? Write 3 sentences about yourself and your daily activities.

 Paso 3 Working in groups of three or four, compare your observations about the roommates and share the statements about yourself. Don't forget to begin by introducing yourself! Based on what you have discovered, would you want to be roommates with any of the characters in the video? Which one and why?

See the *Lab Manual,* **Capítulo 1, ¡A ver!** for additional activities.

¡A leer!

Antes de leer

Recognizing cognates

Cognates (**cognados**) are words from different languages that are identical or very similar in spelling and meaning. There are many cognates in Spanish and English; your ability to recognize them and guess their meaning will help you to read Spanish more efficiently. However, you should also be aware of "false cognates" in Spanish and English, such as **éxito,** which means *success,* **dirección,** which means *address,* **lectura,** which means *reading,* and **librería,** which means *bookstore.*

While reading the following advertisement, identify five cognates.

¡INGLÉS PARA TU FUTURO!

—Cursos intensivos, lecciones individuales para estudiantes de universidad en Burlington, Vermont, U.S.A.

—Actividades diarias: vocabulario, estructuras gramaticales y práctica oral

—Horario: todos los días, 6 horas diarias

Now, can you deduce the meaning of these cognates? List each of the cognates and its meaning.

_____ _____

_____ _____

_____ _____

_____ _____

_____ _____

¡A leer!

Estrategia Skim the following advertisement about English language learning (**¡Inglés por computadora!**) and identify as many cognates as you can. Then, indicate what you think each cognate means in English. Feel free to guess if you need to. Based on the cognates you have identified, what do you think is the purpose of the ad? Compare your answers with those of a classmate.

| Entra | Inscríbete | Ayuda | E-mail | Enviar |

¡INGLÉS POR COMPUTADORA!

* Práctica ilimitada con lecciones interactivas

* Clases de conversación: 7 días a la semana, 24 horas diarias

* Clases privadas o grupos pequeños

* Clases en vivo con cámara y chat

* 100% en línea

* Prepara tu plan de estudio: puntos de gramática, vocabulario, ejercicios, tareas

* El currículo es reconocido por compañías de negocios, institutos técnicos, escuelas secundarias y universidades alrededor del mundo

* Paga por el curso 52 dólares al mes

Después de leer

A escoger. Read the advertisement once more and answer the following questions.

1. What is this advertisement about?
   a. getting a new computer
   b. getting a new program to study languages
   c. learning a new language, English, through a computer course
2. This advertisement is directed toward . . .
   a. adults.
   b. professionals.
   c. adults, professionals, and young adults.
3. According to the advertisement, what can you prepare yourself?
   a. the classes
   b. the curriculum
   c. the oral questions
4. According to the advertisement, your classes are live because . . .
   a. you can use your radio and iPod.
   b. you use a web-cam and a chatroom.
   c. you use a radio and a camera.

¿Cierto o falso? Indicate whether each statement is **cierto** *(true)* or **falso** *(false)*. Then correct the false statements.

1. _____ To take this English course, you will have to have access to a computer.
2. _____ To take this class, you have to register with other students.
3. _____ The conversation classes are available every day, 24 hours a day.
4. _____ The English certificate is recognized by one university in the United States.

A conversar. With two or three of your classmates, write and design an advertisement for your ideal Spanish course, using as many cognates as you can. Be sure to include the following details.

- Method of delivery (online, classroom, hybrid)
- Types of exercises (oral, written)
- Class size
- Cost of the course

When you have finished, present your ad to the class.

¡A escribir!

Strategy: Organizing your ideas

A good way to improve your writing is to organize the ideas you want to express before you actually begin composing your document.

Task: Writing a short personal profile

Short personal profiles occur in many contexts such as newspapers, newsletters, and websites of companies, campus groups, and civic organizations. They are often used to introduce a new member of a group or to highlight a recent accomplishment of an individual. In this activity you will write a profile of a student at your university for the International Club newsletter.

Paso 1 Look at the chart below and familiarize yourself with the information about María Sánchez Pérez.

Nombre	María Sánchez Pérez
Nación	Estados Unidos
Lenguas	español e inglés
Escuela	Universidad de Miami
Cursos	francés, contabilidad, periodismo, economía
Intereses	tocar el piano, escuchar y tocar música clásica, viajar

Paso 2 Now read the following description of María Sánchez Pérez. Note how the information in the chart is used in this paragraph.

María Sánchez Pérez es de los Estados Unidos. Ella habla español e inglés. María es estudiante de la Universidad de Miami, en Florida. Estudia francés, contabilidad, periodismo y economía. Le gusta escuchar y tocar música clásica y ella toca el piano muy bien. También le gusta viajar.

Paso 3 Now interview a classmate to fill out the third column on the chart with information about him/her. Then write a similar descriptive paragraph about him/her.

Nombre	María Sánchez Pérez	tu compañero(a) de clase	tú
Nación	Estados Unidos		
Lenguas	español e inglés		
Escuela	Universidad de Miami		
Cursos	francés, contabilidad, periodismo, economía		
Intereses	tocar el piano, escuchar y tocar música clásica, viajar		

Paso 4 Now fill out the chart with information about yourself. Then write a paragraph describing yourself.

Paso 5 Exchange both of your paragraphs with a classmate. Check over each other's work for mistakes and correct any mistakes that you find. Discuss the corrections and comments you made, and then return his/her paragraph. You may wish to share your paragraphs with other classmates, either by distributing them in class or by posting them on a class website.

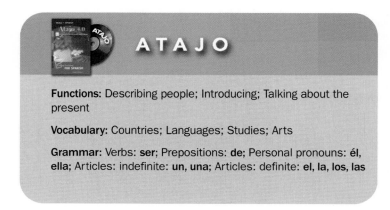

A T A J O

Functions: Describing people; Introducing; Talking about the present

Vocabulary: Countries; Languages; Studies; Arts

Grammar: Verbs: **ser**; Prepositions: **de**; Personal pronouns: **él, ella**; Articles: indefinite: **un, una**; Articles: definite: **el, la, los, las**

Vocabulario esencial

CD 1,
Track 5

Objetos en la clase	Objects in the classroom
el bolígrafo	ballpoint pen
el borrador	eraser
la calculadora	calculator
el calendario	calendar
la computadora	computer
el cuaderno	notebook
el diccionario	dictionary
el dinero	money
el escritorio	desk
el examen	test
el lápiz (los lápices)	pencil
la lección	lesson
el libro (de texto)	(text)book
la luz (las luces)	light(s)
el mapa	map
la mochila	backpack
la palabra	word
la pantalla	screen
el papel	paper
la pizarra	chalkboard
la pluma	fountain pen
el reloj	watch
la silla	chair
la tarea	homework
la tiza	chalk

Colores	Colors
amarillo	yellow
anaranjado	orange
azul	blue
blanco	white
marrón	brown
morado	purple
negro	black
rojo	red
verde	green

La gente	People
el (la) amigo(a)	friend
el (la) compañero(a) de cuarto	roommate
el (la) estudiante	student
el hombre	man
la mujer	woman
el (la) novio(a)	boyfriend/ girlfriend
el (la) profesor(a)	professor

Las lenguas extranjeras	Foreign languages
el alemán	German
el chino	Chinese
el español	Spanish
el francés	French
el inglés	English
el italiano	Italian
el japonés	Japanese
el portugués	Portuguese
el ruso	Russian

Cursos y especializaciones	Courses and majors
la administración de empresas	business administration
el arte	art
las ciencias	science
la computación	computer science
el derecho	law
la economía	economics
la educación	education
la geografía	geography
la historia	history
la ingeniería	engineering
las lenguas extranjeras	foreign languages
la literatura	literature
las matemáticas	math
la medicina	medicine
la música	music
el periodismo	journalism
la sicología	psychology
la sociología	sociology

Lugares y edificios universitarios	University locations and buildings
el apartamento	apartment
la biblioteca	library
la cafetería	cafeteria
el centro estudiantil	student center
el gimnasio	gymnasium
la librería	bookstore
la oficina	office
la residencia	dormitory

La hora	Time
ahora	now
a tiempo	on time
de (por) la mañana (tarde/ noche)	in the morning (afternoon/ evening)
en punto	on time
el fin de semana	weekend
hoy	today
mañana	tomorrow
la medianoche	midnight
el mediodía	noon
el reloj	clock
tarde, temprano	late, early
todos los días	every day
¿A qué hora... ?	At what time . . . ?
¿Qué hora es?	What time is it?

Los días de la semana	Days of the week
el lunes	Monday
el martes	Tuesday
el miércoles	Wednesday
el jueves	Thursday
el viernes	Friday
el sábado	Saturday
el domingo	Sunday

Artículos definidos
Definite articles p. 26

Artículos indefinidos
Indefinite articles p. 26

Verbos p. 34

Plaza de los Laureles, Guadalajara, México
Visit it live on Google Earth!

En una reunión familiar | *México* | 2

CHAPTER OBJECTIVES

Communicative Goals

In this chapter, you will learn how to . . .

- Define and ask about family relationships
- Indicate ownership and possession
- Describe people and things
- Indicate nationality
- Describe daily activities at home or at school
- Express possession, age, and physical states
- Count from 30 to 100

Structures

- Possessive adjectives
- Possession with **de(l)**
- Common uses of the verb **ser**
- Agreement with descriptive adjectives
- Present tense of **-er** and **-ir** verbs
- Common uses of the verb **tener**

Personal Tutor

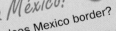
DVD

¡Bienvenidos a México!

1 | Which countries does Mexico border?

2 | What is another name for Mexico City?

3 | What are some of the most popular places to visit in Mexico?

4 | In what ways are Mexico and the U.S. connected?

5 | Have you ever visited Mexico? Where did you go and why? If you've never been, what part of Mexico would you choose to visit and why?

Vocabulario

La familia

La familia de Juan Carlos García Martínez In this section, you will practice talking about family relationships by learning about Juan Carlos's family. Do you know of any families like Juan Carlos's that have relatives living in two or more countries?

Otros parientes Other relatives

el (la) **esposo(a)** husband/wife
el (la) **cuñado(a)** brother-in-law/sister-in-law
el (la) **nieto(a)** grandson/granddaughter
la **nuera** daughter-in-law
el (la) **sobrino(a)** nephew/niece
el (la) **suegro(a)** father-in-law/mother-in-law
el **yerno** son-in-law

Otras mascotas Other pets

el **pájaro** bird
el **pez** fish

Nombres Names

el **apellido** last name
el **nombre** first name

Pedro Elena Paco Esperanza Gabriela Soledad Tomás Jorge

Lola

Palabras útiles	
divorciado(a) divorced	el **padrastro** stepfather
el (la) **hermanastro(a)** stepbrother/stepsister	el **padrino** godfather
la **madrastra** stepmother	**separado(a)** separated
la **madrina** godmother	**soltero(a)** single
el (la) **medio(a) hermano(a)** half brother (sister)	**viudo(a)** widowed

Palabras útiles are presented to help you enrich your personal vocabulary. The words here will help you talk about family relationships.

¡A practicar!

2-1 | **La familia de Juan Carlos** Complete the following sentences with the correct relationship based on the drawing.

> **Modelo** *Ana María es _____ de Jorge.*

1. Juan Carlos es _____ de Juana.
2. Soledad es _____ de Esperanza.
3. Gabriela y Soledad son _____ .
4. El esposo de Esperanza es _____ de Tomás.
5. Elena es _____ de la hija de Jorge y Ana María.
6. La hija de Jorge y Ana María es _____ de Esperanza.
7. Tomás es _____ de los hijos de Jorge y Ana María.

2-2 | **¿Cierto o falso?** Indicate if the statements about the family of Juan Carlos are **cierto** or **falso.**

_____ 1. Juan Carlos tiene *(has)* dos primas.
___F___ 2. Pedro y Elena tienen tres nietos en total.
_____ 3. Tomás tiene dos hijas.
_____ 4. Ana María y Tomás son cuñados.
_____ 5. Hay dos mascotas en la familia.
_____ 6. Pedro es el suegro de Jorge.
_____ 7. Ana María es la nuera de Elena.

2-3 | **En otras palabras** Indicate the relationships between the family members listed below.

> **Modelos** yo / mi tía
> *Yo soy el (la) sobrino(a) de mi tía.*
>
> mis abuelos / mi padre
> *Mis abuelos son los padres de mi padre.*

1. mi hermano(a) / mis abuelos
2. mi hijo(a) / mi hermano(a)   mi hijo es el la sobrino de mi hermana.
3. mi madre / mi hijo(a)
4. mis primos / mi mamá
5. mi padre / mis abuelos

El DF stands for *Distrito Federal* and is commonly used to refer to Mexico City.

Mi **padre** se llama Jorge y mi **madre** se llama Ana María. Papá es del DF y mamá de Los Ángeles. Mi **hermana** Juana es muy guapa. Nuestro **gato** se llama Tigre. Mis **abuelos,** Pedro y Elena, son muy simpáticos. Viven en una casa enorme. Mi **tío** Tomás es soltero. Mi **tía** Esperanza es una mujer **casada.** Gabriela y Soledad, sus **hijas** y mis **primas,** tienen una **perra,** Lola.

Ana María

Juana   Juan Carlos

Tigre

	Capítulo 2		Capítulo 2
	Capítulo 2		iLrn: Heinle Learning Center, Capítulo 2

¡A conversar!

2-4 | Adivinanzas (Riddles) Ask a classmate the following questions, keeping in mind that some of them may be purely hypothetical. Then, add three questions of your own.

Modelo E1: *¿Quién es el padre de tu madre?*
E2: *mi abuelo*

¿Quién es... ?

1. la madre de tu padre
2. el (la) hermano(a) de tu madre
3. las hijas de tus tíos
4. el (la) hijo(a) de tus padres
5. el hijo de tu hija

2-5 | Un árbol genealógico

Primera parte Create your own family tree, real or imagined, based on the categories below. Be artistic if you'd like!

Mis abuelos

_____ _____ _____ _____

Mis padres

Mis tíos	**(papá)**	**(mamá)**	**Mis tíos**
_____	_____	_____	_____
_____			_____

Mis primos	**Mis hermanos**	**Yo**	**Mis primos**
_____	_____	_____	_____
_____	_____		_____

Segunda parte Now describe your family relationships in Spanish to a partner. You should also mention your family pet(s). Your partner will then review your family tree with you before presenting it to the class.

2-6 | **¿Quién en tu familia...?**   Identify people in your family who fit the characteristics listed below. Tell your partner the name of the person and his/her relationship to you. Continue by identifying people who do not fit the characteristics.

> Modelo   *Mi primo Jamal es cómico. Mi tía Elizabeth es muy inteligente.*
> *Mi madre Clare no es artística.*

artístico(a)	dramático(a)	paciente
atlético(a)	generoso(a)	responsable
cómico(a)	inteligente	

2-7 | **Una familia famosa o no famosa** Work with a partner to draw the family tree of a famous or infamous family from history, from television, or from film. Join with another pair and present the family from the perspective of its most famous member, identifying all other members in relation to him/her. State the first name of each person, but do not reveal the last name. The pair who hears the description tries to identify the family. After the first pair has presented, the second will present the information about the family they chose.

2-8 | **Una entrevista** Pretend you and your family wish to host an exchange student. With a partner, role-play an interview with the director of the exchange program who wants to learn about your family and choose the right student for placement with you. After each person plays one role, change roles and do another interview. You may discuss your real family or you may create one for this role play.

1. ¿Cuántas personas hay en tu familia?
2. ¿Quiénes son las personas? ¿Cómo se llama cada persona y cuál es su relación contigo *(with you)*?
3. ¿Hay mascotas en tu familia?
4. ¿Cómo se llaman las mascotas y qué tipo de animales son?
5. En general, ¿es tu familia generosa? ¿paciente? ¿tolerante? ¿conservadora o liberal?

En contexto

Juan Carlos and his sister, Juana, live in Los Angeles and are always eager to share their experiences in the United States with their grandparents, who continue to live in Mexico.

Juana: ¡Hola, abuelos! ¿Cómo están? Me encanta el decorado del departamento. ¡Qué padre!

Juan Carlos: ¡Hola, abuelito! ¡Hola, abuelita! ¿Cómo están? ¡Tengo muchas noticias sobre mi vida en los Estados Unidos!

✳ **Comentario cultural** Spanish-speakers use the diminutive forms of certain nouns to express affection. Juan Carlos addresses his grandparents as **abuelito** and **abuelita** (literally "*little grandfather*" and "*little grandmother*"). Another term of affection commonly used in Mexico is the contraction **m'hijo** or **m'hija** (from **mi hijo, mi hija**) to mean *my son, my daughter*.

Elena: ¡Ay, qué bueno, Carlitos! Tenemos tus cartas y tus postales, pero deseamos tener más información. Y Juana, las fotos que tenemos de tu escuela son preciosas.

✳ **Comentario cultural** The Aztec calendar, also known as the Sun Stone, has two distinct functions. As a religious calendar, called the **tonalpohualli,** the sun stone marks a 260-day ritual cycle. As a day calendar, called the **xiuhpohualli,** it marks 365 days. These two cycles together form a 52-year-long "century." The Aztec calendar provides fascinating insights into the ancient civilization of the Aztecs and the structuring of their universe and beliefs. A number of models exist to provide correlations between our date system and the ancient calendar of the Aztecs.

Pedro: Y ahora viven en un barrio nuevo. Debe ser muy diferente allí. ¿Tienen muchos amigos allí?

✳ **Comentario cultural** In 1531, Juan Diego, an Aztec descendant had a vision of the Virgin Mary, who instructed him to build a church on the site. After the visit, Mary left her impression on Juan's **tilma**, a cloak made of cactus cloth. The cloth is displayed in a basilica in Mexico City where it is visited by over 10 million people a year. The image of **la Virgen de Guadalupe** from this cloth is reproduced in wall hangings and other items.

Expresiones en contexto

el barrio *neighborhood*	**Me encanta el decorado del departmento.** *I love the apartment's decoration.*
las cartas *letters*	
debe ser *it must be*	
en la próxima manzana *on the next block (Mexico)*	**nunca crecen** *never grow up*
entonces *so*	**por supuesto** *of course*
mis cuates *my friends (Mexico)*	**las postales** *postcards*
la misma edad *the same age*	**¡Qué padre!** *Cool! (Mexico)*
las noticias *news*	

Juan Carlos: Sí, abuelito. Tengo muchos compañeros, ¡y dos de mis cuates hablan español! Los padres de mis amigos son mexicanos, del DF, y **sus abuelos** viven aquí. Los **abuelos de mi amigo** Enrique, don Ramón y doña Lucía, **son muy simpáticos.**

✳ **Comentario cultural** The forms **don** and **doña** may be used before first names to show respect or affection (while maintaining formality); they are generally used for addressing one's elders or superiors. Carlos's grandparents, for example, might be addressed as **don Pedro** and **doña Elena.** At one time, **don** stood for **de origen noble.**

Elena: ¡Entonces, muchas personas tienen nietos en los Estados Unidos!

Juan Carlos: Sí, por supuesto. Hay una familia cubana que **vive** en la calle cuarenta y dos, en la próxima manzana, y ellos tienen una hija de catorce años, de la misma edad que Juana.

Juana: Sí, ella se llama Lupe, y es mi mejor amiga. También tengo algunos amigos.

✳ **Comentario cultural** The Tree of Life, **Árbol de la Vida,** is a product of the ceramic industry of Metepec, Mexico. The clay pieces are in the shape of a tree, which is covered with flowers, leaves, and biblical figures. The design concept is a blend of Aztec customs and the teachings of Franciscan monks. Today one can find these ceramic creations depicting popular legends or icons of Mexico. Some are even autobiographical in nature.

Pedro: ¿Mi Juanita **tiene catorce años y tiene amigos**? ¡Imposible!

Elena: ¿**Ves** como tu abuelo **vive** en el pasado, m'hija? Él **cree** que los niños nunca crecen.

¿Comprendiste? Based on the dialogue, indicate whether each of the following statements is **cierto** or **falso.** If a statement is false, correct it.

1. Los abuelos no tienen información sobre la vida de Juan Carlos en los Estados Unidos.
2. Juan Carlos no tiene muchos amigos en el nuevo barrio.
3. Todos los amigos de Juan Carlos hablan español.
4. Juana tiene una amiga que habla español y es de México.

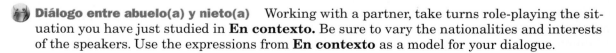 **Diálogo entre abuelo(a) y nieto(a)** Working with a partner, take turns role-playing the situation you have just studied in **En contexto.** Be sure to vary the nationalities and interests of the speakers. Use the expressions from **En contexto** as a model for your dialogue.

Así se dice

Indicating ownership and possession

Possession with *de(l)*

One way English-speakers express possession is to attach an *'s* to a noun. Spanish-speakers show the same relationship by using **de** before the noun. Note that when using **de + el**, Spanish-speakers form the contraction **del.**

Juana es la hermana **de** Juan Carlos.	*Juana is Juan Carlos's sister.*
El libro es **de la** tía Julia.	*The book is Aunt Julia's.*
Aquí está el perro **del** abuelo.	*Here's the grandfather's dog.*

¡A practicar!

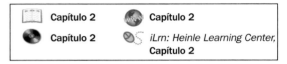

📖	Capítulo 2	🌐	Capítulo 2
💿	Capítulo 2	💽	*iLrn: Heinle Learning Center,* Capítulo 2

2-9 | Cada uno con lo suyo (To each his own) Members of Juan Carlos's family have strong preferences for certain colors. Use **del, de la, de las,** or **de los** to indicate to whom the following objects belong.

Modelo   La pluma _____ es _____ esposo de Ana María.
La pluma azul es del esposo de Ana María.

1. La bicicleta _____ es _____ abuela.
2. Las computadoras _____ son _____ esposo de Ana María.
3. Las mochilas _____ son _____ nieta.
4. El coche _____ es _____ tíos de Juan Carlos.

2-10 | Las memorias de Maximiliano Imagine you are listening to Maximilian, emperor of Mexico, describe his family and residence in Mexico. Complete the following paragraph with the indicated possessive adjective.

1. _____ *(My)* padres y abuelos viven en Austria, pero
2. _____ *(our)* familia vive en México. 3. _____ *(My)* hermano, Francisco José, es emperador de Austria. 4. _____ *(His)* palacio es enorme. 5. _____ *(My)* palacio, en el parque de Chapultepec, también es grande y majestuoso. Es aquí donde mi esposa y yo pasamos la mayoría de 6. _____ *(our)* tiempo. El nombre de mi esposa es Marie-Charlotte-Amélie-Augustine-Victoire-Clémentine-Léopoldine, pero para 7. _____ *(her)* amigas es Carlota.

> ### Cultura
> Maximilian was born in Austria in 1832. He was a member of the Hapsburg dynasty. He went to Mexico in 1864 with his wife Carlota to rule over a new empire in Mexico, after the current President Benito Juárez decided not to pay interest on foreign loans.

Possession with *de(l)* and possessive adjectives

Possessive adjectives

Another way to indicate relationships or ownership is to use *possessive adjectives*. In Spanish, possessive adjectives must match the number (singular or plural) and, in the cases of **nosotros (as)** and **vosotros (as),** the gender (masculine or feminine) of the nouns they describe.

	Singular	Plural
my	**mi** abuelo	**mis** abuelos
your (informal)	**tu** gato	**tus** gatos
his, her, its, your (formal singular)	**su** familia	**sus** familias
our	**nuestro** hijo	**nuestros** hijos (masculine)
	nuestra hija	**nuestras** hijas (feminine)
your (informal)	**vuestro** primo	**vuestros** primos (masculine)
	vuestra prima	**vuestras** primas (feminine)
their, your (formal plural)	**su** madre	**sus** madres

¡A conversar!

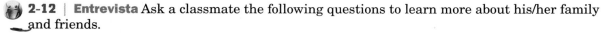

2-11 | ¿Es tu libro o mi libro? Working in groups of three or four, take turns role-playing a student suffering from temporary amnesia. When the forgetful student asks the others to whom an item in the classroom belongs, they respond in either the affirmative or negative. Use as many items as you can and consider whether you should use formal or informal possessive adjectives in this exercise.

Modelos libro
E1: *¿Es mi libro?*
E2: *No, no es tu libro. Es el libro de David.*

bolígrafos
E1: *¿Son mis bolígrafos?*
E2: *No, no son tus bolígrafos. Son los bolígrafos de Karen.*

1. la mochila
2. el reloj
3. los lápices
4. el escritorio
5. el cuaderno
6. las calculadoras
7. el libro de español
8. los diccionarios
9. los papeles

2-12 | Entrevista Ask a classmate the following questions to learn more about his/her family and friends.

1. ¿Es grande tu familia? ¿De dónde son tus padres? ¿Viven otras personas con ellos en su casa? ¿Tienes mascotas? ¿Tienes hermanos o hermanas? ¿Desea tu familia visitar tu universidad?

2. ¿Son tus mejores amigos(as) de aquí? ¿Tienes amigos(as) en nuestra clase? ¿Tienen tus amigos(as) los mismos intereses que tú o son diferentes sus intereses?

Estructura I

As you learned in **Capítulo preliminar,** the present tense of **ser** is formed as follows:

yo	**soy**	*I am*
tú	**eres**	*you* (informal) *are*
Ud., él/ella	**es**	*you* (formal) *are, he/she is*
nosotros(as)	**somos**	*we are*
vosotros(as)	**sois**	*you* (informal) *are*
Uds., ellos(as)	**son**	*you* (formal) *are, they are*

The verb **ser** *(to be)* is used:

1. to identify essential characteristics of people and things.

Carlos Fuentes **es** inteligente y creativo.

Carlos Fuentes is intelligent and creative.

Sus libros **son** interesantes.

His books are interesting.

¡A practicar!

📖	Capítulo 2	🌐	Capítulo 2
💿	Capítulo 2	🔍	iLrn: Heinle Learning Center, Capítulo 2

2-13 | ¡A emparejar! Choose the item on the right that best completes each statement on the left.

1. Yo soy _____.
2. Son las _____.
3. Susana es _____.
4. Carlos es _____.
5. Hoy es _____.
6. Los exámenes de mi clase son _____.

   a. difíciles.
   b. el cinco de mayo y celebramos la Batalla de Puebla.
   c. estudiante.
   d. maestro de español.
   e. dos de la tarde.
   f. simpática y sincera.

2-14 | Imágenes de una civilización Fill in the blanks with the appropriate form of **ser** to learn some interesting facts about Mexico. Remember to differentiate between formal and informal modes of address.

Modelo *Juan es de Aguascalientes, México.*

1. El Popocatépetl _____ un volcán activo cerca de la ciudad de México.
2. El emperador Maximiliano y su esposa _____ de Austria.
3. El Día de los Muertos _____ un día festivo muy importante para los mexicanos.
4. Felipe Calderón _____ el presidente de México.
5. Vosotros _____ españoles, pero en México, en vez de usar **vosotros,** la forma correcta _____ **ustedes.**
6. Rocío y Memo _____ estudiantes en la Universidad Nacional Autónoma de México.
7. Las pirámides de Teotihuacán _____ de los aztecas.
8. El Zócalo _____ la plaza más grande y más conocida de México.

Common uses of the verb *ser*

2. to indicate profession or vocation.

Carlos Fuentes **es** escritor.	*Carlos Fuentes is a writer.*
Yo **soy** músico.	*I am a musician.*
Tú **eres** doctora.	*You are a doctor.*

3. to express nationality . . .

Carlos Fuentes **es** mexicano.   *Carlos Fuentes is Mexican.*

. . . and origin with the preposition **de.**

El Sr. Fuentes **es de** México.   *Mr. Fuentes is from Mexico.*

4. to talk about time.

Son las cinco.	*It's five o'clock.*
Es la una.	*It's one o'clock.*

5. to talk about days of the week, months, and dates.

Hoy **es** lunes.	*Today is Monday.*
Mañana **es** el 4 de mayo.	*Tomorrow is May 4.*

Cultura

Carlos Fuentes is a famous Mexican writer and diplomat. He has studied and worked in many parts of the world and has received numerous awards. He has been a faculty member at Harvard University since 1987.

¿Nos entendemos?

In Spanish, adjectives of nationality are not capitalized. Example: **Hans es alemán.** *Hans is German.*

¡A conversar!

2-15 | **Una reunión familiar** Draw a picture of a scene from a family reunion. Each drawing should portray the five uses of **ser** explained in this section. Next describe the scene to your partner and ask at least two questions about your partner's drawing.

2-16 | **Una escena dramática** Working with a partner, compose a theatrical scene that represents an encounter between two students during the first day of Spanish class. Your dialogue should contain all five uses of the verb **ser** presented in this section.

Describing people and things

alta
baja
joven
vieja
feo
delgado
gordo
bonita
guapo

grande
rubias
morenas
corto
largo
pequeños

Refer to the grammar index in the back of the book to learn more about the grammar terms appearing in italics.

¿Nos entendemos?

It is common for Mexicans to use the word **güero(a)** to describe someone who is blond. The word **trigueño(a)** is also used for **moreno(a),** and **pelirrojo** means red-haired.

The words modeled in the drawings are *adjectives* and are used to describe *nouns* or *pronouns*. In Spanish, descriptive adjectives must match the *gender* (masculine or feminine) and the *number* (singular or plural) of the noun or pronoun they describe.

How to match adjectives with their nouns

1. Spanish adjectives agree in number and gender with the nouns they modify. Adjectives ending in **-o** change to **-a** to indicate feminine gender and add an **-s** to indicate plural.

	Singular	Plural
Masculine	abuelo generoso	abuelos generosos
Feminine	abuela generosa	abuelas generosas

2. Adjectives ending in **-e** or in most consonants are invariable for gender. That is, they use the same form for the masculine and the feminine. For the plural of adjectives ending in **-e, add -s.** For the plural of adjectives ending in a consonant, add **-es.**

	Singular	Plural
Masculine	tío interesante	tíos interesantes
	hermano intelectual	hermanos intelectuales
Feminine	tía interesante	tías interesantes
	hermana intelectual	hermanas intelectuales

3. Most adjectives of nationality ending in a consonant add **-a** for the feminine form. To form the plural, add **-es** to masculine adjectives and **-s** to feminine adjectives. Most adjectives that end in **-dor, -án, -ón,** and **-ín** also follow this pattern.

	Singular	Plural
Masculine	primo español	primos españoles
	primo trabajador	primos trabajadores
	tío alemán	tíos alemanes
Feminine	prima española	primas españolas
	prima trabajadora	primas trabajadoras
	tía alemana	tías alemanas

Agreement with descriptive adjectives

Where to place adjectives

1. Most Spanish adjectives follow the nouns they describe.

La **música bonita** de los mariachis…	*The mariachi's beautiful music . . .*
Son **personas simpáticas.**	*They are nice people.*

2. Spanish adjectives of quantity precede the nouns they describe, as in English. Note that in Spanish, when the number *one* is used to quantify a singular masculine noun, speakers drop the **-o: un libro, un papel.**

Yo tengo **cuatro** hermanos y **dos** hermanas.	*I have four brothers and two sisters.*

3. The adjectives **bueno** and **malo** can be placed before or after the noun they describe. When they come before a singular masculine noun, the **-o** is dropped: **buen** and **mal.**

Rudy Moreno es un **buen** cómico.	*Rudy Moreno is a good comedian.*
Rudy Moreno es un cómico **bueno.**	
Alejandro Fernández no es un **mal** hombre.	*Alejandro Fernández is not a bad man.*
Alejandro Fernández no es un hombre **malo.**	

The adjective **grande** can also be used before or after the noun it describes. When it precedes a singular noun (either masculine or feminine), it drops the **-de** to become **gran.** When **gran** precedes a noun, it takes on the figurative meaning of *great* or *impressive.* When **grande** follows a noun, it assumes its more literal meaning of *large* or *big.* For example, **Es una gran casa** (*It's a great house*) versus **Es una casa grande** (*It's a big house*).

Commonly used adjectives

cobarde coward	**rico(a)** rich
listo(a) smart, ready	**tacaño(a)** stingy
perezoso(a) lazy	**tonto(a)** silly, foolish
pobre poor	**trabajador(a)** hardworking

Cognates

Cognates are words of similar or identical spelling that share the same meaning between two languages.

arrogante arrogant	**honesto(a)** honest	**paciente** patient
artístico(a) artistic	**humilde** humble	**progresista** progressive
atlético(a) athletic	**indeciso(a)** indecisive	**rebelde** rebellious
bilingüe bilingual	**intelectual** intellectual	**reservado(a)** reserved
cómico(a) humorous	**inteligente** intelligent	**responsable** responsible
conservador(a) conservative	**introvertido(a)** introverted	**sincero(a)** sincere
dramático(a) dramatic	**irresponsable** irresponsible	**tímido(a)** timid
extrovertido(a) outgoing	**liberal** liberal	**tolerante** tolerant
generoso(a) generous	**moderno(a)** modern	**valiente** brave

¡A practicar!

2-17 | Descripciones de familiares y amigos Choose from the adjectives you've learned in this section to describe what the following people are and are not like. Be sure the adjectives agree in gender and number with the nouns they describe. Compare your answers with those of a classmate.

Modelo *Mi madre es trabajadora pero no es atlética.*

1. Mi mejor amigo(a) es...   pero no es...
2. Mis abuelos son...   pero no son...
3. Mis compañeros de clase son...   pero no son...
4. Mi padre es...   pero no es...
5. Los estudiantes en esta universidad son...   pero no son...
6. El (La) profesor(a) es...   pero no es...
7. Mi hermano(a) es...   pero no es...
8. Yo soy...   pero no soy...

2-18 | ¿Cómo es/son? Describe the following people, using descriptive adjectives and the appropriate form of the verb **ser.** Use adjectives that precede a noun in at least three of your sentences.

Modelo Ana Bárbara
Ana Bárbara es alta, morena y bonita.

1. Roberto Durán
2. Thalía
3. Luis Miguel
4. mi profesor(a) de español
5. mi mejor amigo(a)
6. yo
7. mi familia y yo
8. mis hermanos(as)

2-19 | Mi familia In groups of four or five, prepare two lists, one list of family members and another of personal characteristics. One person in the group presents a family member and a characteristic and the others form sentences about that member of their families with the characteristic, telling if it is accurate or not. Take turns presenting the words from the lists. Follow the model and pay attention to agreement of nouns and adjectives.

Modelo padre, perozoso → *Mi padre no es perezoso.*
abuela, simpático → *Mi abuela es muy simpática.*

Capítulo 2

Capítulo 2

Capítulo 2

iLrn: Heinle Learning Center, **Capítulo 2**

¡A conversar!

2-20 | **¿Quién puede ser?** *(Who could it be?)* Describe someone in the class for your class-mates to identify.

> **Modelo** E1: *Es alta, delgada y atlética. Es morena.*
> E2: *¿Es Michelle?*
> E1: *¡Sí!*

2-21 | **Personas ideales** Working with a partner, develop an ideal profile for the following people.

> **Modelo** El profesor ideal
> E1: *Para mí* (For me), *el profesor ideal es inteligente, tolerante y paciente.*
> E2: *Para mí, el profesor ideal es liberal, intelectual y un poco rebelde.*

1. el (la) compañero(a) de cuarto
2. los amigos
3. la abuela
4. los padres
5. el presidente
6. el (la) hermano(a)

2-22 | **Un picnic** A student who is studying abroad in Mexico sends her parents a photograph and an e-mail describing a family picnic that she recently attended. In the photograph, don Francisco and his wife, doña Adela, are enjoying time with several family members. Work with a partner to identify and describe at least five members of the family; base your description on what you see in the photo and on the information presented in the e-mail. For each family member:

1. identify his/her relationship to at least one other person in the photo;
2. state at least one physical characteristic; and
3. state at least one personality trait.

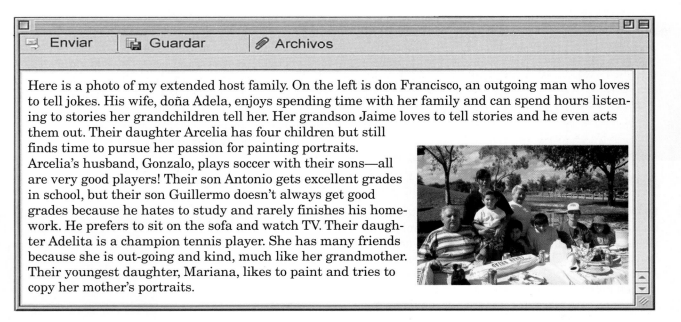

🔁 Enviar	📇 Guardar	📎 Archivos

Here is a photo of my extended host family. On the left is don Francisco, an outgoing man who loves to tell jokes. His wife, doña Adela, enjoys spending time with her family and can spend hours listening to stories her grandchildren tell her. Her grandson Jaime loves to tell stories and he even acts them out. Their daughter Arcelia has four children but still finds time to pursue her passion for painting portraits. Arcelia's husband, Gonzalo, plays soccer with their sons—all are very good players! Their son Antonio gets excellent grades in school, but their son Guillermo doesn't always get good grades because he hates to study and rarely finishes his homework. He prefers to sit on the sofa and watch TV. Their daughter Adelita is a champion tennis player. She has many friends because she is out-going and kind, much like her grandmother. Their youngest daughter, Mariana, likes to paint and tries to copy her mother's portraits.

Also, compare the family members in the photograph with members of your family.

¿Qué recuerdan de...

 ...Bienvenidos a México?

1. ¿Cuál es la capital de México?
2. ¿Cuáles son los lugares turísticos en México?
3. ¿Qué relación económica hay entre los Estados Unidos y México?

Población: 107.449.525

Área: 1.952.201 km², representa un quinto del territorio de los Estados Unidos. México es casi tres veces el tamaño de Texas.

Capital: Distrito Federal, 27.000.000

Ciudades principales: Guadalajara, 4.0 millones; Monterrey, 3.7 millones; Puebla, 2.8 millones; Tijuana, 1.3 millones

Moneda: el peso

Lenguas: el español, lenguas indígenas (el maya, el náhuatl y otras)

See the *Workbook,* **Capítulo 2, Bienvenidos a México** for additional activities.

Personalidades ilustres El Sr. Felipe Calderón es el presidente de México hasta el año 2012. El presidente y su familia viven en la ciudad de México o Distrito Federal (DF). Su esposa se llama Margarita Zavala y sus hijos se llaman María, que tiene nueve años; Luis Felipe, que tiene siete años; y Juan Pablo, que tiene tres años. Hasta las elecciones del año 2000, en México solamente hay un partido político, el Partido Revolucionario Institucional (PRI). Ahora en México hay tres partidos importantes: el Partido Acción Nacional (PAN) (Vicente Fox y Felipe Calderón son de este partido), el Partido de la Revolución Democrática (PRD) y el Partido Revolucionario Institucional (PRI).

La familia de Felipe Calderón, presidente de México 2006–2012

¿Cómo se llama el nuevo presidente de México? Describe a la familia presidencial de México. Describe a la familia presidencial de los Estados Unidos. ¿Son similares?

Ruinas mayas, Uxmal, Yucatán

Historia Algunas de las civilizaciones que viven en la región de México y Centroamérica 4.000 años antes de la llegada de los conquistadores son los olmecas, toltecas, zapotecas, aztecas y mayas. En la cultura maya, las mujeres son muy importantes para la economía familiar porque preparan la comida para la familia y para las celebraciones religiosas, trabajan en cerámica y trabajan con los animales. En la cultura maya, los padres deciden el matrimonio *(marriage)* de los hijos para tener más poder económico y político dentro de la sociedad. El esposo vive bajo *(under)* las órdenes del suegro por un período de hasta cinco años.

¿Qué importancia tiene la mujer dentro de la familia hoy en día en tu comunidad?

Lugares mágicos No solamente los turistas extranjeros visitan los lugares mágicos que ofrece México, también las familias mexicanas descansan en sus playas. En las vacaciones de Semana Santa *(Holy Week)*, por ejemplo, 20 millones de mexicanos visitan playas como Acapulco, Cancún, Puerto Vallarta, Veracruz y Mazatlán. Los desarrollos turísticos ofrecen desde pequeñas casas de playa hasta hoteles lujosos para las familias mexicanas con diferentes recursos económicos.

Playa Caleta, Acapulco, México

¿Te gusta visitar la playa en vacaciones? ¿Cuáles playas visitas? ¿Viajas con tu familia? ¿Organizan reuniones familiares en tu familia cada dos años, cinco años, etcétera?

Visit it live on Google Earth!

Creencias y costumbres En México, un 89% de la población es católica. Los católicos de origen indígena mezclan elementos de sus antepasados *(ancestors)* mayas y aztecas con elementos católicos. Por ejemplo, la Virgen de Guadalupe —que es el símbolo más importante dentro de la sociedad mexicana— une el elemento indígena mexicano con el elemento religioso católico. Hoy en día, muchas casas mexicanas tienen una reproducción artística de la Virgen de Guadalupe. Esta reproducción une a la familia con la religión del pasado y del presente, y une la parte colonial de la historia mexicana con presente.

La Virgen de Guadalupe, México

¿Qué símbolo importante hay en tu familia, en tu grupo social o en tu comunidad?

Rivera y Kahlo

Arte y artesanía Unos esposos importantes dentro del arte mexicano son Frida Kahlo (1907–1954) y Diego Rivera (1886–1957). El tema de los cuadros de Kahlo es personal y autobiográfico con elementos de fantasía, mientras que el tema de la obra de Rivera es político y presenta la lucha del pueblo trabajador. La casa de Frida y Diego en la ciudad de México es un museo hoy en día.

¿Te gusta visitar museos? ¿Cuál es tu museo favorito y por qué?

Ritmos y música El «son» mexicano es un tipo de música en la cual se mezclan influencias indígenas, españolas y africanas. Los instrumentos varían de región en región. Un grupo de «sones» se llama «jarabe». Existen jarabes como el Tapatío, el Mixteco, el del Valle, etcétera. La música mexicana más moderna se caracteriza por la creación del rock en español. Como el son, el rock es también una mezcla de estilos musicales.

♪ Desde 1980 uno de los grupos musicales más importantes dentro de la música rock en español es el grupo Maná. Más de 500.000 personas compran su último álbum, que se llama *Amar es combatir.* La canción «Labios compartidos» es una de las más escuchadas, al igual que la canción «Bendita tu luz». *Access the iTunes playlist on the **Plazas** website.*

¿Qué tipo de música te gusta? ¿Escuchas música rock? ¿Cuál es tu grupo de rock favorito?

See the *Lab Manual*, **Capítulo 2**, **Ritmos y música** for activities.

Músicos mexicanos

¡Busquen en la Red de información!

www.thomsonedu.com/spanish/plazas

1. Personalidades ilustres: El presidente de México, Felipe Calderón, y su familia
2. Historia: La cultura maya
3. Lugares mágicos: Playas en México, Acapulco, Cancún, Puerto Vallarta, Veracruz y Mazatlán
4. Creencias y costumbres: La Virgen Santa María de Guadalupe
5. Arte y artesanía: Frida Kahlo y Diego Rivera
6. Ritmos y música: El son mexicano, El rock en español, Maná

Vocabulario

Las nacionalidades

In this section, you will learn to talk about nationalities of individuals who live in many different parts of the world.

canadiense

América del Norte

estadounidense

El Caribe

mexicano(a)

cubano(a)
haitiano(a)
dominicano(a)
puertorriqueño(a)

guatemalteco(a)
salvadoreño(a)
nicarag ense
costarricense
panameño(a)
ecuatoriano(a)

hondureño(a)

venezolano(a)
colombiano(a)

América Central

peruano(a)

brasileño(a)

boliviano(a)
paraguayo(a)

América del Sur

chileno(a)

uruguayo(a)

argentino(a)

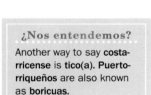

¿Nos entendemos?

Another way to say **costarricense** is **tico(a)**. **Puertorriqueños** are also known as **boricuas**.

Otras nacionalidades

alemán (alemana) German
árabe Arab
chino(a) Chinese
coreano(a) Korean
egipcio(a) Egyptian
francés (francesa) French

indio(a) Indian
inglés (inglesa) English
italiano(a) Italian
japonés (japonesa) Japanese
ruso(a) Russian

¡A practicar!

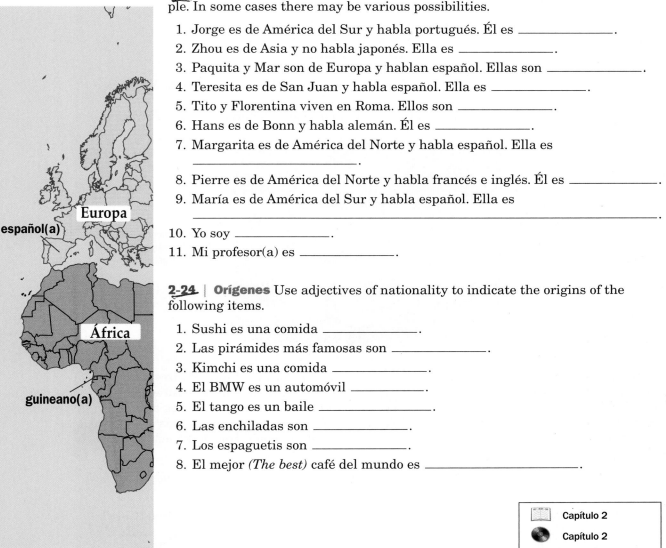

2-23 | Lenguas y nacionalidades Identify the nationalities of the following people. In some cases there may be various possibilities.

1. Jorge es de América del Sur y habla portugués. Él es _____.
2. Zhou es de Asia y no habla japonés. Ella es _____.
3. Paquita y Mar son de Europa y hablan español. Ellas son _____.
4. Teresita es de San Juan y habla español. Ella es _____.
5. Tito y Florentina viven en Roma. Ellos son _____.
6. Hans es de Bonn y habla alemán. Él es _____.
7. Margarita es de América del Norte y habla español. Ella es

   _____.

8. Pierre es de América del Norte y habla francés e inglés. Él es _____.
9. María es de América del Sur y habla español. Ella es

   _____.

10. Yo soy _____.
11. Mi profesor(a) es _____.

2-24 | Orígenes Use adjectives of nationality to indicate the origins of the following items.

1. Sushi es una comida _____.
2. Las pirámides más famosas son _____.
3. Kimchi es una comida _____.
4. El BMW es un automóvil _____.
5. El tango es un baile _____.
6. Las enchiladas son _____.
7. Los espaguetis son _____.
8. El mejor *(The best)* café del mundo es _____.

Europa
español(a)

África

guineano(a)

📖	Capítulo 2
💿	Capítulo 2
🌐 www	Capítulo 2
💿	*iLrn: Heinle Learning Center,* **Capítulo 2**

¡A conversar!

2-25 | ¿De dónde son? Take turns naming as many people as possible of a given nationality and have your partner state the nationality. Start with the examples below and continue with lists that you create.

Modelo E1: Gloria Estefan, Andy García y Fidel Castro
E2: *Ellos son cubanos.*

1. Shakira, Carlos Vives y Sofía Vergara (de la película *Chasing Papi*)
2. Hugo Chávez, Andrés Galarraga y Carolina Herrera
3. Gael García Bernal, Carlos Fuentes y Carlos Santana
4. Penélope Cruz, Sergio García y Plácido Domingo
5. Óscar de la Renta, Manny Ramírez y Dania Ramírez ("Callisto" en la película *X-Men: The Last Stand*)
6. Los príncipes William y Harry, David Beckham y su esposa Victoria Adams (o *Posh Spice*)

El actor mexicano Gael García Bernal con el director Alejandro González Iñárritu

2-26 | ¡El mundo es tan pequeño! *(The world is so small!)* Work in groups of three to five students. Each person writes down as many items as possible in the indicated categories, including items from as many countries as possible. One person begins by stating a category in Spanish, then says an item from his/her list. Another person in the group forms a sentence to identify the nationality of the item and adds a personal comment. Follow the model.

Modelo E1: Carro/Coche: MGB
E2: *El MGB es un carro / coche inglés. Deseo comprar un carro / coche inglés como el MGB.*

Comidas *(Foods)*	Bebidas *(Drinks)*	Carros/Coches *(Cars)*
_____	_____	_____
_____	_____	_____
_____	_____	_____
_____	_____	_____
_____	_____	_____

Personas *(People)*	Bailes *(Dances)*
_____	_____
_____	_____
_____	_____
_____	_____

2-27 | **Amigos extranjeros** The Sánchez family has hosted many foreign exchange students. With a partner, indicate the nationalities of the students they have hosted and identify people you may know from the countries pictured on the map. Include friends and acquaintances as well as famous individuals.

1. Beto
2. Adela y Berta
3. María
4. Sara y Enrique
5. José
6. Juan
7. Ana
8. Fernando y Luis
9. Beatriz
10. Cristina y Lucía

2-28 | **Categorías** Working in groups of four, begin by dividing into pairs and setting a timer for five minutes. Each pair should make a list of professions along with a list of well-known people in those professions, such as sports figures, musicians, actors, politicians, and the like. Then, in each category, identify people from as many different countries as possible and write the nationality (in Spanish!) next to each one. At the end of five minutes, one pair will present a profession to the group, and other members will identify a person in the profession and state his/her nationality. If the presenters of the list have someone of that nationality (the same person or a different one), they score a point. If the other group members identify a nationality not represented on the original list, they score a point. After one pair presents a list and others identify individuals of as many nationalities as possible, another pair presents its list to the group, and the competition continues.

Estructura II

Describing daily activities at home or at school

In Spanish, in order to form the present tense of infinitives ending in **-er** and **-ir,** you need to add the appropriate personal ending to the stem.

	com + er *(to eat)*			viv + ir *(to live)*	
yo	com**o**	*I eat*		viv**o**	*I live*
tú	com**es**	*you (informal) eat*		viv**es**	*you (informal) live*
Ud., él/ella	com**e**	*you (formal) eat, he/she eats*		viv**e**	*you (formal) live, he/she lives*
nosotros(as)	com**emos**	*we eat*		viv**imos**	*we live*
vosotros(as)	com**éis**	*you (informal) eat*		viv**ís**	*you (informal) live*
Uds., ellos(as)	com**en**	*you (formal) eat, they eat*		viv**en**	*you (formal) live, they live*

The following are several useful **-er** and **-ir** verbs presented in sentences.

abrir	*to open*	Yo abr**o** la puerta para mi abuelo.
		I open the door for my grandfather.
aprender	*to learn*	Tú aprend**es** español.
		You learn (are learning) Spanish.
asistir a	*to attend*	Ella asist**e** a clase.
		She attends class.

¡A practicar!

Capítulo 2
Capítulo 2
Capítulo 2
iLrn: Heinle Learning Center, Capítulo 2

2-29 | Mi compañero y yo Complete the following sentences with the appropriate form of the **-er** and **-ir** verbs in parentheses to learn about Tomás's roommate at UNAM.

1. José, mi compañero de cuarto, y yo _____ (vivir) en un apartamento en la Colonia Roma.
2. Nosotros _____(asistir a) la universidad de la UNAM en México.
3. Todos los días él _____ (recibir) noticias *(news)* de su familia.
4. Su hermana _____ (escribir) mucho por correo electrónico *(e-mail)*.
5. A veces yo _____ (leer) los mensajes *(messages)* de ella.
6. Por la mañana mi amigo _____ (abrir) sus cartas electrónicas.
7. Mis abuelos _____ (creer) que las computadoras son importantes, pero todavía no tienen computadora en casa.
8. Ellos no _____ (comprender) la nueva tecnología.

> **Cultura**
>
> UNAM stands for **Universidad Nacional Autónoma de México.**

2-30 Dos compañeros Complete the following paragraph with the correct form of the verb. One verb will be used twice.

asistir a   beber   comer   aprender

¡Hola! Me llamo Luisa. Soy estudiante de la UNAM, donde estudio para ser intérprete. 1. _____ mucho de la cultura y la lengua de los estadounidenses en mis clases. Yo 2. _____ clases con mi amigo Juan. Él es un compañero en la clase de inglés. Juan y yo 3. _____ en la cafetería donde también 4. _____ café y 5. _____ sándwiches.

Present tense of -er and -ir verbs

beber	*to drink*	Ud. beb**e** mucho café. *You drink a lot of coffee.*
comprender	*to understand*	Él comprend**e** la tarea. *He understands the homework.*
creer	*to believe*	Nosotros cre**emos** en la importancia de nuestra familia. *We believe in our family's importance.*
deber	*ought to, must*	Vosotros deb**éis** hablar con mi primo. *You must talk to my cousin.*
escribir	*to write*	Ustedes escrib**en** cartas. *You write (are writing) letters.*
leer	*to read*	Ellos le**en** un libro. *They read a book.*
recibir	*to receive*	Yo recib**o** una tarjeta de mi sobrino. *I receive a card from my nephew.*
vender	*to sell*	¿Vend**es** tú mis libros? *Are you selling my books?*
vivir	*to live*	Viv**imos** con nuestros amigos. *We live with our friends.*

> **¿Nos entendemos?**
>
> **Deber** is used before other verbs to communicate the idea of obligation. In Spanish, as in English, when two verbs are used together the first is conjugated and the second appears in the infinitive form: **Yo debo ir a** la fiesta. *I should (must, ought to) go to the party.*

¡A conversar!

 2-31 | Actividades diarias Working with a partner, take turns forming questions, selecting items from each of the three columns.

Modelo   E1: *¿Beben café tus padres en casa?*
              E2: *No, mis padres no beben café en casa, pero a veces beben café en el restaurante.*

¿Quién?	**¿Qué?**	**¿Dónde?**
nosotros	leer el periódico	en el cuarto
tu compañero(a)	comer	en casa
tú	aprender el vocabulario	en la cafetería
el (la) profesor(a)	beber café	en clase
tus padres	escribir cartas	en la biblioteca

 2-32 | Entrevista Find out more about your classmate by asking him/her the following questions. Then report your findings to the rest of the class.

1. ¿Dónde vives ahora? ¿Con quién vives? ¿Cuál es tu dirección *(address)*?
2. ¿Aprendes mucho en tus clases? ¿Debes estudiar mucho?
3. En general, ¿eres un(a) estudiante bueno(a) o malo(a)?
4. ¿Lees mucho o poco? ¿Lees novelas, el periódico o páginas en Internet?
5. ¿Dónde comes? ¿Qué tipo de comida comes?

Así se dice

Expressing possession, age, and physical states

The verb **tener** is irregular and conjugated as follows:

yo	tengo	*I have*
tú	tienes	*you (informal) have*
usted, él/ella	tiene	*you (formal) have, he/she has*
nosotros(as)	tenemos	*we have*
vosotros(as)	tenéis	*you (informal) have*
ustedes, ellos(as)	tienen	*you (formal) have, they have*

Common uses of the verb *tener*

- The verb **tener** *(to have)* is frequently used to indicate possession.

—¿Cuántas hermanas **tienes**?	*How many sisters do you have?*
—Yo **tengo** dos hermanas.	*I have two sisters.*
—¿**Tienen** familia tus hermanas?	*Do your sisters have families?*
—No, no **tienen** familia.	*No, they don't have families.*

¡A practicar!

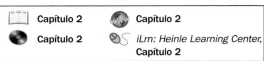

📖 Capítulo 2	🌐 Capítulo 2
💿 Capítulo 2	💿 iLrn: Heinle Learning Center, Capítulo 2

2-33 | **¿Qué tienes?** Provide the correct form of **tener** to complete each sentence.

> **Modelo** Yo ___*tengo*___ una mochila nueva.

1. Nosotros _____ calor en Cancún en julio *(July)*.
2. Ellos _____ el nuevo CD de Maná.
3. Roberto estudia mucho y _____ éxito en su clase de español.
4. Después de hacer ejercicio yo _____ sed.
5. Mi hermanita, Paqui, _____ nueve años.
6. Mi profesor siempre _____ razón.
7. ¡Tú siempre _____ sueño! Debes descansar más.
8. Yo _____ hambre. Yo quiero comer un taco.

> **Cultura**
>
> **Maná** is a Mexican rock band. Listen to their music by accessing the iTunes playlist on the *Plazas* website.

2-34 | **Una escena familiar (A family scene)** Complete the following dialogue between Juan Carlos and his mother with the appropriate idiomatic expression with **tener.**

> **Modelo** Los padres de Juan Carlos siempre 1. ___*tienen éxito*___ con él cuando el tema es la comida.

Mamá: ¡Juan Carlos! Tu padre nos espera en el restaurante. ¡Nosotros 2. _____!

Juan Carlos: Ya voy, mamá. Pero es tarde y yo 3. _____

Mamá: ¿No 4. _____ ? Tú debes comer algo. Y yo sé que tu padre 5. _____ después de su trabajo. Siempre bebe agua o un refresco.

Juan Carlos: Sí, quiero comer algo, mamá. 6. _____.

Mamá: Si vamos ahora, en quince minutos comes una hamburguesa en Sanborn's.

Juan Carlos: Muy bien, mamá. Tú 7. _____. Voy ahora mismo.

Common uses of the verb *tener*

- Another common use of **tener** is to express age.

  Mirta **tiene** solamente **dieciocho** años y Margarita **tiene veinte** años.

  Mirta is only 18 years old and Margarita is 20 years old.

- **Idiomatic expressions**

  In addition to expressing age and possession, the verb **tener** is used in many idiomatic expressions:

tener calor	to be hot
tener éxito	to be successful
tener frío	to be cold
tener hambre	to be hungry
tener prisa	to be in a hurry
tener razón	to be right
tener sed	to be thirsty
tener sueño	to be tired/sleepy

¡A conversar!

2-35 | **¿Cuántos hermanos tienes?** Working with a partner, find out more about each other's family by asking questions with **tener.**

Modelo E1: *¿Cuántos hermanos tienes?*
E2: *Yo tengo tres hermanos, una hermana y dos hermanos. Y tú, ¿tienes hermanos?*
E1: *Sí, yo tengo una hermana. Mi hermana se llama Carolina.*
E2: *¿Y cuántos años tiene Carolina?*
E1: *Ella tiene dieciocho años...*

2-36 | **Conversemos** Ask the following questions of a partner and compare answers.

1. ¿Cuándo tienes sueño? ¿en clase o por la noche?
2. ¿Tienes razón con frecuencia? ¿En qué situaciones tienes razón?
3. ¿Cuándo tienes prisa? ¿Siempre llegas a tiempo a la clase?
4. ¿Tienes mucho éxito en tu vida? ¿Tienen éxito tus compañeros(as)?
5. ¿Tenemos clase mañana?
6. ¿Tenemos mucha tarea?
7. ¿Siempre tiene razón el (la) profesor(a)?
8. ¿Tienes hambre ahora?
9. ¿Cuándo tenemos vacaciones?
10. ¿Dónde tienes calor? ¿frío?

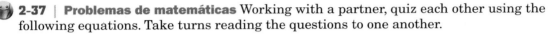

30 treinta	36 treinta y seis	60 sesenta
31 treinta y uno	37 treinta y siete	70 setenta
32 treinta y dos	38 treinta y ocho	80 ochenta
33 treinta y tres	39 treinta y nueve	90 noventa
34 treinta y cuatro	40 cuarenta	100 cien/ciento
35 treinta y cinco	50 cincuenta	

Remember, the numbers 16–29 are often written as one word: **dieciocho, veintitrés.**

¡A practicar!

2-37 | Problemas de matemáticas Working with a partner, quiz each other using the following equations. Take turns reading the questions to one another.

$+$ **y/más** $-$ **menos** $=$ **son**

Modelos $37 + 41 =$

E1: *¿Cuántos son treinta y siete **y/más** cuarenta y uno?*

E2: *Treinta y siete **y/más** cuarenta y uno **son** setenta y ocho.*

$50 - 25 =$

E1: *¿Cuántos **son** cincuenta **menos** veinticinco?*

E2: *Cincuenta **menos** veinticinco **son** veinticinco.*

1. $15 + 15 =$ _____
2. $80 + 17 =$ _97_
3. $77 - 22 =$ _____
4. $60 - 19 =$ _41_
5. $59 + 7 =$ _66_

6. $100 - 25 =$ _75_
7. $22 + 24 =$ _____
8. $16 + 36 =$ _____
9. $99 - 10 =$ _____

2-38 | ¿Cuántos...? Answer each question with the correct number between 0 and 100. Spell out each number. Use your knowledge of cognates (words that are the same or similar in Spanish and English) to help you understand any unfamiliar words.

1. ¿Cuántas horas hay en dos días? ¿en tres días? ¿en cuatro días?
2. ¿Cuántos estados hay en los Estados Unidos? ¿en México?
3. ¿Cuántos puntos son necesarios para aprobar *(pass)* un examen de cien puntos en tu universidad? ¿para sacar *(get)* una "A"? ¿una "B"? ¿una "C"?
4. ¿Cuántas semanas hay en un año?
5. ¿Cuántos años necesita tener una persona para votar en las elecciones en los Estados Unidos? ¿para ser presidente de los Estados Unidos? ¿para ser presidente de México?

📖 Capítulo 2	🌐 Capítulo 2	
💿 Capítulo 2	💿 iLrn: Heinle Learning Center, Capítulo 2	

Los números de 30 a 100

Note that the short form of **cien** is used before nouns and in counting. You will practice **ciento** later when you learn to count above one hundred.

cien libros	*one hundred books*
noventa y nueve, **cien**	*ninety-nine, one hundred*

Numbers 30–90 always end in **-a**—**setenta, noventa**—and numbers 31–99 must be written as three words.

¡A conversar!

2-39 | **¿Qué número es?** Working in groups of three or four, have one student think of a number between 30 and 100. The other students try to guess the number with hints from the first student, who will guide them with **más** *(more)* or **menos** *(less)*. The first group to guess four numbers wins.

> **Modelo** E1: *¿Es cincuenta?*
> E2: *No, no es cincuenta. Es menos.*
> E3: *¿Es cuarenta?*
> E2: *No, no es cuarenta. Es más.*
> E1: *¿Es cuarenta y nueve?*
> E2: *¡Sí! Tienes razón.*

2-40 | **Más números** Work in groups of four to five students. Each student should make ten flashcards and write one number on each card, beginning with 0 and ending with 9. The group leader will designate two people to each hold up one card. The leader calls on another group member to state the two-digit number that those two people are holding up. For example, one student holds up a 3 and the other holds up a 6. The number to be stated is 36, **treinta y seis.** After completing several numbers, designate a new group leader. Be sure that all students participate!

2-41 | **¿Qué hacen Uds.?** Work with a partner to form sentences about what you and other people do in a week, a month, a semester, and so on. Begin with an expression from the first list, choose a subject from the second list, choose a verb from the third list and conjugate it correctly. From the last column, choose a logical object to go with the verb and identify the correct number to make a logical sentence (or use an approximation). Make as many logical sentences as you can.

Período	Personas	Actividades	¿Número?	Cosas *(Things)*
En un día	yo	asistir a		clases
En una semana	mi amigo (a)	aprender		palabras en español
En un mes	mis amigos	comprar		composiciones
En un semestre	mis amigos y yo	escribir		libros
En un año	mis padres	leer		mensajes de correo
En cuatro años	¿?	recibir		electrónico
		tener		exámenes
		vender		

> **Modelo** *En una semana yo asisto a catorce clases.*

Possession with de(l) and possessive adjectives

Spanish speakers show possession in one of two ways:

- using **de** before the noun.
- using a possessive adjective.

Singular	Plural	Singular	Plural
mi	mis	nuestro(a)	nuestros(as)
tu	tus	vuestro(a)	vuestros(as)
su	sus		

¡A recordar! In Spanish, how is the combination **de + el** simplified? What are the agreement rules for the possessive adjective forms of **nosotros** and **vosotros**?

Present tense of the verb *ser*

yo	soy	nosotros(as)	somos
tú	eres	vosotros(as)	sois
él, ella, Ud.	es	ellos, ellas, Uds.	son

¡A recordar! For what purposes is the verb **ser** used?

Agreement with Descriptive Adjectives

In Spanish, descriptive adjectives must agree in *gender* and *number* with the noun or pronoun they modify.

una mujer **alta**   dos hombres **tímidos**

¡A recordar! Do adjectives ending in **-e** or in a consonant change to match gender? How are plural forms generated for adjectives ending in **-e** or in a consonant? How is the feminine form for adjectives of nationalities formed? What about plural forms of these same adjectives? What are the agreement rules for adjectives that end in **-dor, -án, -ón,** and **-ín**?

Present tense of *–er* and *–ir* verbs

To form the present tense of Spanish infinitives ending in **-er** and **-ir**, add the appropriate personal ending to the stem of each.

	com + er	viv + ir
yo	como	vivo
tú	comes	vives
él, ella, Ud.	come	vive
nosotros(as)	comemos	vivimos
vosotros(as)	coméis	vivís
ellos, ellas, Uds.	comen	viven

¡A recordar! How many -**er** or -**ir** verbs can you recall from the chapter?

Common uses of the verb *tener*

The verb **tener** (*to have*) is frequently used to indicate possession. Another common use of **tener** is to express age.

- With possession...
  - —¿Cuántas hermanas **tienes?**
  - —Yo **tengo** dos hermanas.
- With age...
  - Mirta solamente **tiene dieciocho años** y Margarita **tiene veinte años.**

¡A recordar! How many **tener** idioms can you remember from the chapter?

¡A repasar!

Actividad 1 | Una carta electrónica (*An e-mail*) Complete the following e-mail with the correct possessive adjectives. (8 pts.)

Enviar	Guardar	Archivos

Querida Verónica,

¿Cómo es _____ (*your*) familia? _____ (*Mis*) padres se llaman Alfredo y Pilar y _____ (*my*) hermano mayor es Pepe. _____ (*His*) esposa se llama Miranda. _____ (*Their*) hijo se llama Juan Carlos y _____ (*their*) perros son Tico y Fifi. Visitamos a _____ (*our*) abuelos mucho y _____ (*our*) familia tiene una reunión todos los años en julio.

Actividad 2 | Personas y lugares (*People and places*) Choose the correct form of the verb **ser** to complete each sentence. (8 pts.)

1. Mis primos _____ simpáticos.
   a. es   b. son   c. somos
2. Yo _____ alto.
   a. soy   b. eres   c. es
3. El abuelo _____ de Guadalajara, México.
   a. eres   b. es   c. son
4. Carolina y yo _____ estudiantes.
   a. somos   b. sois   c. son
5. El D. F. _____ la capital de México.
   a. soy   b. son   c. es
6. Tú _____ inteligente.
   a. eres   b. es   c. sois
7. Perú y Bolivia _____ países de Sudamérica.
   a. soy   b. eres   c. son
8. Mis amigos y yo _____ jóvenes.
   a. soy   b. somos   c. son

Actividad 3 | ¿De dónde son? (*Where are they from?*) Complete each sentence with the correct adjective of nationality in the correct form. (12 pts.)

1. Los tacos son _____.
2. El tango es un baile _____.
3. Sergio García y Penélope Cruz son _____.
4. Hugo Chávez, el presidente de Venezuela, es _____.
5. Michelle Bachelet, la presidente de Chile, es de Santiago. Es _____.

6. El mejor café del mundo es _____.
7. Sammy Sosa y Manny Ramírez son _____.
8. Angela Merkel es de Hamburgo. Es _____.
9. Nicolas Sarkozy, el presidente de Francia, es de París. Es _____.
10. El MG es un automóvil _____.
11. El Toyota y el Honda son automóviles _____.
12. El Hyundai es un automóvil _____.

Actividad 4 | Los estudiantes Complete the following paragraph about the activities of some university students. Choose the correct verb from the list to complete each sentence in a logical manner and write the correct form of each verb. (14 pts.)

abrir	asistir	comer	creer	escribir	recibir	vender
aprender	beber	comprender	deber	leer	tener	vivir

Yo _____ a mi clase de español los martes y jueves. Yo _____ mucho y generalmente _____ las lecciones. Mis compañeros y yo _____ el libro y _____ con lápiz o bolígrafo en la clase. Mi amigo José _____ buenas notas en la clase. Todos nosotros _____ estudiar mucho todo el semestre.
Después de *(After)* clase unos estudiantes _____ café y _____ sándwiches en la cafetería de la residencia. Yo _____ en un apartamento y yo voy allí *(go there)* después de clase. Yo _____ el libro inmediatamente porque yo _____ que estudiar. Al fin del semestre tú _____ tu libro, ¿no? ¡Yo no! ¡Yo _____ que el libro es muy importante!

Actividad 5 | ¡A emparejar! Match the elements below with the logical **tener** expression. (8 pts.)
_____ 1. Preparo tacos y burritos.
_____ 2. Mi nota en la clase de español es A⁺.
_____ 3. Necesito agua.
_____ 4. Estoy *(I am)* en el sur de Chile.
_____ 5. Estoy en Cancún.
_____ 6. Deseo descansar.
_____ 7. Escribo en mi cuaderno «El D.F. es la capital de México».
_____ 8. Son las dos menos uno y mi clase es a las dos.

a. Tengo prisa.
b. Tengo sueño.
c. Tengo éxito.
d. Tengo hambre.

e. Tengo frío.
f. Tengo calor.
g. Tengo razón.
h. Tengo sed.

Refrán

semana
año
cada día

A casa de _____
(your) _____ *(sister)*,
una vez a la semana.
A casa de _____
(your) _____
(brother), una vez al año.
A casa de _____
(your) _____ *(aunt)*,
mas (pero) no cada día. Bonus! 6 pts.

¡A ver!

In this segment, the five housemates begin to settle in and get to know each other. After they share a little information about their families, you will learn some of the opinions they are forming about their new housemates. You will also begin to form your own opinions about each character as you watch them interact on a typical morning.

Expresiones útiles

The following are some new expressions you will hear in the video.

hace un rato	*a little while ago*
se trae un rollo	*has a big problem*

Antes de ver

Paso 1 Think about your immediate family. How many brothers and sisters do you have? What do they look like? Work with a classmate and describe your family and listen as he/she talks about his/hers. Are your families similar?

Paso 2 How would you describe the personalities of each of the following people? Write at least three adjectives for each one and then compare your list with that of a classmate. Did you both use any of the same adjectives? Be creative!

Mi mamá/padre _____
Mi hermano(a) _____
Mi profesor(a) favorito(a) _____
El(La) Presidente _____
Mi mejor *(best)* **amigo(a)** _____

Now think about what you have already learned about the housemates in the video. What do you think they will say about each other? Discuss with a classmate the adjectives they might use to describe each other.

Paso 3 What do you think a typical morning might be like at **Hacienda Vista Alegre**? Who would get up first in the morning? At what time? Who would take the longest to get ready? Work with four other classmates and flesh out your imagined scenario.

Después de ver

Paso 1 Now that you have watched the video segment recall what each housemate said about his/her family and decide if the following statements are **cierto** *(true)* or **falso** *(false)* and correct those that are false. Then, think about the families you and your classmate described to each other in **Antes de ver, Paso 1.** Are your families anything like the families of the housemates?

1. Alejandra tiene dos gatos, Gitano y Lady. _____.
2. Javier solamente *(only)* tiene una hermana. _____.
3. La madre de Valeria es arquitecta. _____.
4. Valeria tiene dos hermanas que practican el modelaje. _____.
5. La madre de Alejandra es alta y rubia. _____.

Paso 2 In **Antes de ver, Paso 2,** you and your classmate guessed the adjectives the house-mates might use to describe each other. Were you correct? Read the descriptions below and see if you can remember who each housemate is describing.

Valeria

Alejandra

Sofía

Antonio

- Valeria: «_____ es atractivo, pero es también vanidoso.» «_____ y _____ son bonitas.»
- Alejandra: «_____ es muy linda y es una muchacha inteligente.»
- Sofía: «Creo que a _____ no le gusta su carrera para nada!»
- Antonio: «¡_____ es guapísima!»

Paso 3 In **Antes de ver, Paso 3,** you predicted what a typical morning might be like at **Hacienda Vista Alegre.** Now that you have watched the video and know what actually happened, use the correct form of the verbs below to complete the paragraph. How accurate was the scenario that you and your classmates invented in **Antes de ver, Paso 3**?

| abrir | entrar | contestar | tener éxito | tener prisa |
| necesitar | ser | llamar | impaciente | treinta y cinco |

1. _____ las ocho y 2. _____ de la mañana. Sofía
3. _____ porque ya es muy tarde, pero Valeria está en el baño. Todos 4. _____ usar el baño y se ponen muy
5. _____ con Valeria. Por fin, Antonio 6. _____ a Valeria. Ella no 7. _____, entonces Antonio 8. _____ la puerta, 9. _____ al baño y sorprende a Valeria. Su plan
10. _____. Valeria grita y sale del baño muy rápidamente.

¿Qué opinas tú?

 **Paso 1** Do you know anyone like the housemates? Maybe a family member or friend? Discuss with a classmate whether or not you know people like Valeria, Sofía, Alejandra, Antonio, and Javier.

 Paso 2 Write a detailed description of each housemate from the video using your own opinions. Share your descriptions with a class-mate and see if he/she can guess who you are describing. Share some of your descriptions with the class. Do your descriptions match those of other classmates?

See the *Lab Manual,* **Capítulo 2, ¡A ver!** for additional activities.

¡A leer!

Antes de leer

Skimming and scanning

In addition to using cognates to make reading material more comprehensible, you will find the following strategies useful: skimming and scanning.

- Skimming is useful for quickly getting the gist or the general idea.
- Scanning allows you to find specific information.

Scan the reading and write down any cognates and their meanings.

> *GLORIA & TOMÁS*
>
> *Desean invitar a su apreciada familia*
>
> *A su matrimonio*
>
> *el viernes 2 de octubre a las 8 de la noche*
>
> *en el Hotel Centro Monterrey*
>
> *Corregidora 519*
>
> *Monterrey, Nuevo León*

After identifying the cognates, skim the reading to gain a general understanding of what it is about. Use this information to answer the following questions.

1. What type of document is this?
2. What is its purpose?

¡A leer!

Skim the following document to get the gist of it, and answer the following questions.

1. What type of document is this?
2. What is its purpose?
3. Where would you get this document? In what country or from what country?

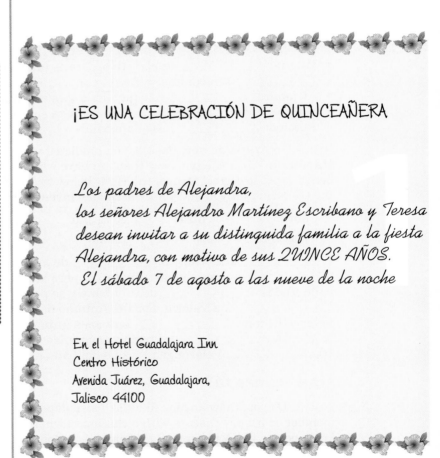

¡ES UNA CELEBRACIÓN DE QUINCEAÑERA

Los padres de Alejandra, los señores Alejandro Martínez Escribano y Teresa desean invitar a su distinguida familia a la fiesta Alejandra, con motivo de sus QUINCE AÑOS. El sábado 7 de agosto a las nueve de la noche

En el Hotel Guadalajara Inn
Centro Histórico
Avenida Juárez, Guadalajara,
Jalisco 44100

Después de leer

Detalles Scan the document in order to answer the following questions.

1. What occasion is being celebrated?
2. Who are the hosts? What are their names?
3. When and where is the celebration taking place?
4. What type of gifts do you think Alexandra would like to receive?

¿Cierto o falso? Indicate whether each statement is **cierto** *(true)* or **falso** *(false)*. Then correct the false statements.

1. _____ Alejandra is celebrating her sweet sixteen birthday.

2. _____ Alejandra's whole family is hosting the party.

3. _____ The party will be in a hotel.

4. _____ In the invitation, the guests are asked to reply if they are coming to the party.

PARA ALEJANDRA!

Hernández de Martínez
de cumpleaños de su hija,

A conversar With two or three of your classmates, discuss the following: the differences and similarities between the celebrations in Spanish-speaking countries and those in the United States, in particular the celebration of the **quinceañera** and sweet sixteen.

- who hosts the party
- replies to the invitations (RSVP vs. no RSVP)
- time to arrive at the party (Latin time vs. American time)
- time to leave the party
- appropriate gifts

¡A escribir!

Strategy: Learning Spanish word order

Word order refers to the meaningful sequence of words in a sentence. The order of words in Spanish sentences differs somewhat from English word order. Some common rules of Spanish word order are:

- Definite and indefinite articles precede nouns.

  Los gatos y **los perros** son animales.

  Tengo **un gato** y **un perro.**

- Subjects usually precede their verbs in statements.

  Mi gato es negro.

- Subjects usually follow their verbs in questions.

  ¿**Tiene usted** animales en casa?

- Adjectives of quantity usually precede nouns.

  Tengo **dos animales** en casa.

- Adjectives of description usually follow nouns.

  El **perro pardo** *(brown)* se llama Bandido.

- Possession is often expressed by using **de** with a noun.

  Tigre es **el gato de Sara.**

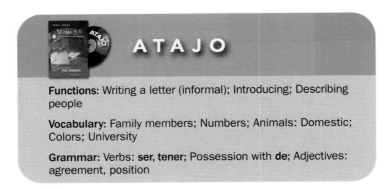

ATAJO

Functions: Writing a letter (informal); Introducing; Describing people

Vocabulary: Family members; Numbers; Animals: Domestic; Colors; University

Grammar: Verbs: **ser, tener;** Possession with **de;** Adjectives: agreement, position

Task: Writing a family profile

Family profiles may occur in many contexts. Some common contexts are informal letters of introduction such as ones written to a key pal or a host family for a study-abroad student; newsletters of organizations, civic groups, or religious groups; and websites of such organizations and groups or individuals. In this activity you will write a short family profile to include in a letter to a key pal.

Paso 1 Unscramble the words in the following sentences. Then rewrite them in their correct sequence. Be sure to capitalize the first word of every sentence and to end each one with a period. Begin and end questions with appropriate question marks.

> **Modelo**   es Anita Camacho de México
> *Anita Camacho es de México.*

1. es Anita una universitaria estudiante
2. Carlos Suárez su clase compañero se llama de
3. Carlos un poco y Anita hablan de inglés
4. años tienen cuántos ellos ¿?
5. Carlos veintitrés tiene y tiene diecinueve Anita
6. tiene Anita hermanos cuántos ¿?
7. José padre el es Anita de
8. gato tiene un Anita
9. Pecas llama Anita se gato de el

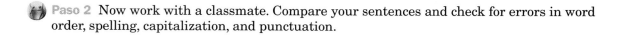 **Paso 2** Now work with a classmate. Compare your sentences and check for errors in word order, spelling, capitalization, and punctuation.

Paso 3 Imagine that you are Susana's new key pal and that you are writing her a letter introducing yourself and your family. Describe your family as accurately as possible, including information such as names, ages, physical descriptions, personality traits, and favorite activities.

Paso 4 Share your letter with one or more classmates. Encourage your partner(s) to respond to what you have written and to ask questions about any information that is not clear.

Vocabulario esencial

CD1, Track 7

Miembros de la familia y otros parientes	Members of the family and other relatives
el (la) abuelo(a)	grandfather/grandmother
el (la) cuñado(a)	brother-in-law/sister-in-law
el (la) esposo(a)	husband/wife
el (la) hermano(a)	brother/sister
el (la) hijo(a)	son/daughter
la madre (mamá)	mother
el (la) nieto(a)	grandson/granddaughter
la nuera	daughter-in-law
el padre (papá)	father
el (la) primo(a)	cousin
el (la) sobrino(a)	nephew/niece
el (la) suegro(a)	father-in-law/mother-in-law
el (la) tío(a)	uncle/aunt
el yerno	son-in-law

Las mascotas	House pets
el gato	cat
el pájaro	bird
el perro	dog
el pez	fish

Los nombres	Names
el apellido	last name
el nombre	first name

Verbos (pp. 70–71)

Los números (p. 74)

Las nacionalidades	Nationalities
alemán(-ana)	German
árabe	Arab
argentino(a)	Argentinian
boliviano(a)	Bolivian
brasileño(a)	Brazilian
canadiense	Canadian
chileno(a)	Chilean
chino(a)	Chinese
colombiano(a)	Colombian
coreano(a)	Korean
costarricense	Costa Rican
cubano(a)	Cuban
dominicano(a)	Dominican
ecuatoriano(a)	Ecuadorian
egipcio(a)	Egyptian
español(-a)	Spanish
estadounidense	from the United States
francés (-esa)	French
guatemalteco(a)	Guatemalan
guineano(a)	Guinean
haitiano(a)	Haitian
hondureño(a)	Honduran
indio(a)	Indian
inglés (-esa)	English
italiano(a)	Italian
japonés (-esa)	Japanese
mexicano(a)	Mexican
nicaragüense	Nicaraguan
panameño(a)	Panamanian
paraguayo(a)	Paraguayan
peruano(a)	Peruvian
puertorriqueño(a)	Puerto Rican
ruso(a)	Russian
salvadoreño(a)	Salvadorean
uruguayo(a)	Uruguayan
venezolano(a)	Venezuelan

Tener expressions	
tener calor	to be hot
tener éxito	to be successful
tener frío	to be cold
tener hambre	to be hungry
tener prisa	to be in a hurry
tener razón	to be right
tener sed	to be thirsty
tener sueño	to be tired/sleepy

Adjetivos	
alto(a)	tall
arrogante	arrogant
artístico(a)	artistic
atlético(a)	athletic
bajo(a)	short
bilingüe	bilingual
bonito(a)	pretty
cobarde	coward
cómico(a)	humorous
conservador(a)	conservative
corto(a)	short
delgado(a)	thin
dramático(a)	dramatic
extrovertido(a)	outgoing
generoso(a)	generous
gordo(a)	fat
grande	big
guapo(a)	handsome
honesto(a)	honest
humilde	humble
indeciso(a)	indecisive
intelectual	intellectual
inteligente	intelligent
introvertido(a)	introverted
irresponsable	irresponsible
joven	young
largo(a)	long
liberal	liberal
listo(a)	smart, ready
moderno(a)	modern
moreno(a)	brunette
paciente	patient
pequeño(a)	small
perezoso(a)	lazy
pobre	poor
progresista	progressive
rebelde	rebellious
reservado(a)	reserved
responsable	responsible
rico(a)	rich
rubio(a)	blonde
sincero(a)	sincere
tacaño(a)	stingy
tímido(a)	timid
tolerante	tolerant
tonto(a)	silly, foolish
trabajador(a)	hardworking
valiente	brave
viejo(a)	old

Plaza Bolívar, Bogotá, Colombia

Visit it live on Google Earth!

El tiempo libre | Colombia | 3

CHAPTER OBJECTIVES

Communicative Goals

In this chapter, you will learn how to . . .

- Express likes and dislikes
- Describe basic actions, places, and activities in town
- Express plans and intentions
- Describe leisure-time activities
- Express knowledge and familiarity
- Talk about the months, seasons, and the weather

Structures

- **Gustar** + *infinitive* and **gustar** + *nouns*
- **Ir a** + *destination* or *infinitive*
- Irregular **yo** verbs
- **Saber, conocer,** and the personal **a**

Personal Tutor

¡Bienvenidos a Colombia!   DVD

1 | Where is Colombia?

2 | What is the geography of Colombia like?

3 | What are some of the main products that Colombia exports?

4 | What are the names of some Colombian cities?

5 | Would you like to visit Colombia? Why or why not?

In this section, you will learn how to talk about sports and leisure-time activities.

esquiar

caminar por las montañas

jugar al tenis

nadar (la natación)

montar a caballo

patinar en línea

correr

Palabras útiles

la bicicleta bicycle
la cámara camera
la cancha (de tenis) (tennis) court
los esquís (acuáticos) (water) skis
el estadio stadium
las gafas de sol sunglasses
el juego game

el (la) jugador(a) player
los palos de golf golf clubs
los patines (en línea) (in-line) skates
los zapatos de tenis tennis shoes (sneakers)

Palabras útiles are presented to help you enrich your personal vocabulary. The terms provided here will help you talk about leisure-time activities.

Otras palabras deportivas Other sports words

el baloncesto basketball
el béisbol baseball
el campo de fútbol (de golf) football field (golf course)
el fútbol (americano) soccer (football)
el golf golf
el partido game
el vólibol volleyball
ganar to win

¿Nos entendemos?

El baloncesto is also called **básquetbol** and *ball* can be called **el balón, la bola,** or **la pelota.**

¡A practicar!

3-1 | Asociaciones What activities do you associate with the following people?

Modelo Carlos Vives, Shakira, Juanes
Cantar, bailar, ir a un concierto

Cultura
Carlos Vives is a Colombian pop star, nominated for six Latin Grammys for his album *El amor de mi tierra* (The Love of My Land).

1. Roberto Alomar, Nomar Garciaparra, Alex Rodríguez *beisbol* *baloncesto*
2. Esteban Batista, Felipe López, Eduardo Nájera
3. Carlos "El Pibe" Valderrama, Diego Maradona, David Beckham *futbol*
4. Carlos Santana, Eric Clapton, Paco de Lucía *musica*
5. Sergio García, Nancy López, Tiger Woods *golf*
6. Miguel Indurain, Lance Armstrong, Alberto Contador *ciclismo*
7. Pancho González, Gabriela Sabatini, Mary Joe Fernández *tenis*
8. John Leguizamo, Penélope Cruz, Gael García Bernal *actor*

Cultura
Alberto Contador, born December 6, 1982 in Madrid, Spain, is a professional road bicycle racer for UCI ProTeam, Discovery Channel Pro Cycling Team, and winner of the 2007 Tour de France. While he competes for the overall titles, he is considered a climbing specialist.

3-2 | ¿En qué puedo servirle? Imagine that you work in a sporting goods store and that you need to guess the activities or sports of your clients in order to send them to the appropriate section of the store. In a few cases there may be several possibilities.

Modelo Un señor: Yo necesito un traje de baño.
¡Ah! Usted nada.
o *¡Ah! Usted practica natación.*

1. Dos chicos: Nosotros necesitamos una cámara.
2. Una chica: Necesito más pesas.
3. Dos señoras: ¿Dónde están los patines?
4. Una chica: Busco un casco *(helmet)* y riendas *(reins)*.
5. Dos chicos: ¿Hay zapatos de tenis en esta tienda?
6. Tu amiga: ¿Tienen gafas de sol?
7. Tu mamá: ¿Hay bicicletas a buenos precios?
8. Tus abuelos: Vamos a comprar otros esquís acuáticos.

3-3 | Qué podemos hacer? *(What can we do?)* List as many activities as possible that you and your friends can do in the following places.

Modelo las montañas: *En las montañas podemos... esquiar y caminar.*

1. la casa
2. el parque
3. el centro comercial *(shopping center, mall)*
4. el gimnasio
5. la playa *(beach)*

levantar pesas

andar en bicicleta (el ciclismo)

esquiar en el agua

pescar (la pesca)

Los pasatiempos Pastimes

bailar to dance
dar un paseo to go for a walk
hacer un picnic (planes, ejercicio) to go on a picnic (to make plans, to exercise)
ir... to go . . .
  a tomar un café to drink coffee
  a un bar to a bar
  a un club to a club
  a un concierto to a concert
  a una discoteca to a dance club
  a una fiesta to a party
  al cine to the movies
  de compras shopping
mirar la tele to watch TV
practicar deportes to play sports
sacar fotos to take pictures
tocar la guitarra to play the guitar
tomar el sol to sunbathe
ver una película to watch a movie
visitar un museo to visit a museum

 Capítulo 3

 Capítulo 3

 Capítulo 3

 iLrn: Heinle Learning Center, Capítulo 3

¡A conversar!

3-4 | Un fin de semana típico Incorporate the items below in questions to ask a classmate about his/her weekend activities. Upon answering the questions, change the information in the questions so that it is true for you.

> **Modelo**　tú / dar un paseo en el parque / los sábados
> 　　　　　E1: *¿Das un paseo en el parque los sábados?*
> 　　　　　E2: *Sí, doy un paseo en el parque los sábados con mi amiga Jill.*
> 　　o　　E2: *No, mis amigas y yo hacemos un picnic los sábados.*

1. tú / bailar en las fiestas / los viernes por la noche
2. tú y tu compañero(a) de cuarto / mirar la tele / los sábados por la tarde
3. tú y tu(s) amigo(a)(s) / tomar café / los sábados por la noche
4. tú / visitar un museo / los domingos por la mañana
5. tú / andar en bicicleta / los domingos por la tarde
6. tú y tus padres / tocar el piano y cantar / los domingos por la noche

¿Nos entendemos?

To form **sí/no** questions, make your voice rise at the end of the questions. Another way is to invert the order of the subject and verb, in addition to making your voice rise at the end of the question:

¿Miguel regresa a las seis?

¿Regresa Miguel a las seis?

3-5 | Deportes favoritos Ask another student the following questions about his/her favorite sport or pastime. Are there sports that you both share an interest in?

1. ¿Cuál es tu deporte favorito? ¿Qué deportes te gusta jugar? ¿Qué deportes te gusta mirar?
2. ¿Esquías? ¿Sí? ¿Dónde esquías? ¿Con quién esquías?
3. ¿Nadas bien o mal? ¿Dónde y con quién te gusta nadar? ¿Cuándo nadas?
4. ¿Pescas frecuentemente o no? ¿Dónde pescas?
5. ¿Montas a caballo? ¿Sí? ¿Es fácil o difícil montar a caballo?
6. ¿Haces mucho o poco ejercicio? ¿Qué tipo *(kind)* de ejercicio haces? ¿Dónde haces ejercicio normalmente?

3-6 | Actividades en el parque Work with a partner to ask and answer questions about what the people in the picture do in the park. Also indicate if you do those activities or not. If you do, tell on which day or days you most often do them.

3-7 | ¿Cuándo y con quiénes? Discuss with your partner when you do the activities on the list and with whom.

Modelo   ir a una discoteca: *Voy a una discoteca los sábados a las nueve de la noche. Voy con mis amigos Paul, Gabe y Caroline.*

1. ir a tomar un café
2. ir al cine, ver una película
3. ir a un concierto
4. hacer un picnic
5. hacer ejercicio
6. visitar un museo
7. ir de compras
8. bailar
9. ir a una fiesta
10. sacar fotos

En contexto

Three Colombian students, Catalina, Isabel, and Gerardo, are discussing plans for an upcoming party at Catalina's apartment in Cali, Colombia. As you listen to their conversation, pay attention to the form of address used among the three friends.

Gerardo: ¡Hola, Catalina! Isabel dice que usted **va a hacer una fiesta** este fin de semana.

Catalina: ¡Sí! Los invito a usted y a su hermano, Pepe. Ustedes tienen que venir.

✳ **Comentario cultural** It is common for Colombians to use the **usted** form even when addressing friends.

Gerardo: Mmm... ¿Cuándo es?

Catalina: El sábado a las nueve en mi casa. Cuento con usted para la música y con su hermano para **sacar fotos.**

✳ **Comentario cultural** Young people in Colombia can often be seen wearing indigenous products, such as backpacks, handbags, and hats. These products are typically made from **cabuya,** a locally harvested plant. Yellow, blue, and red—often the colors of choice—are the national colors of Colombia; the yellow represents gold, the blue, the two oceans that border Colombia, and the red, the blood spilled during the conquest and struggle for independence.

Gerardo: Bueno, **no sé**. No **toco la guitarra** mucho en estos días y...

Isabel: ¡Venga, Gerardo! Va a ser una fiesta chévere y usted nunca practica. ¡Es un maestro de la guitarra!

✳ **Comentario cultural** Colombian-born Juanes (Juan Esteban Aristizábal Vásquez) is a hugely popular artist in the Latin music scene. Juanes has won three Latin Grammys.

Expresiones en contexto

chévere *fantastic, cool* (Colombia, Venezuela, and the Caribbean)
Cuento con usted *I'm counting on you*
en estos días *these days*
puede venir *can come*

sensible *sensitive*
un buen rato *a good time*
un poquitico *a little bit* (Colombia)
¡Venga! *Come on!*

Gerardo: Es un poquitico complicado. **Tengo** planes con una amiga para **ir a un club** el sábado. No sé si...

Catalina: ¡Pues! ¡Ella también puede venir a pasar un buen rato con nosotros!

✴ **Comentario cultural** Colombia is renown in the world marketplace for its exquisite coffee and beautiful orchids.

Isabel: **Vamos a bailar** mucho y **yo sé** cómo **le gusta bailar a su hermano.**

Gerardo: Bueno, acepto, pero mi compañera es muy sensible y...

✴ **Comentario cultural Cumbia** is the national music of Colombia and is derived from Spanish and African influences. **Salsa,** of Cuban origin and then popularized by Puerto Ricans in New York City, is also highly popular in Colombia. Both types of music are associated with dances by the same names.

Catalina: ¡Ay! La mujer misteriosa de Gerardo debe ser muy especial.

Isabel: ¡Claro que sí! **Tú sabes,** Catalina, que todas las amigas de Gerardo son especiales.

✴ **Comentario cultural** Fernando Botero is Colombia's most famous painter. Botero, influenced by the works of Spanish painters Velázquez and Goya, is known for his corpulent subjects and playful themes.

¿Comprendiste? Based on the dialogue, indicate whether each of the following statements is **cierto** or **falso.** If a statement is false, correct it.

1. A Isabel le gusta sacar fotos.
2. Gerardo practica la guitarra todos los días.
3. La fiesta es el sábado por la noche en la casa de Catalina.
4. La amiga de Gerardo es muy tímida.
5. Gerardo no va a ir a la fiesta.

 Diálogo entre compañeros Working with a partner, take turns role-playing the situation you have just studied in **En contexto,** using only two speakers. Be sure to vary the interests of the speakers. Use the expressions from **En contexto** as a model for your dialogue.

Estructura I

Expressing likes and dislikes

To express likes and dislikes, Spanish speakers often use the verb **gustar** *(to be pleasing [to someone])*. The verb **gustar** can be used in two constructions: **gustar** + *infinitive* and **gustar** + *nouns*.

—¿Qué **te gusta hacer?**	*What do you like to do?*
—**Me gusta correr.**	*I like to run (go running).*
—A mi papá **le gusta correr** también.	*My dad likes to run (go running), too.*
—Pero a mi madre y a mí **nos gusta ir de compras.**	*But my mom and I like to go shopping.*
—Y a mi hermano **le gusta el baloncesto.**	*And my brother likes basketball.*

Gustar + infinitive

The verb **gustar** can be used with infinitives to express that an activity or action is pleasing to someone. To express to whom an action or activity—talking, running, shopping—is pleasing, use one of the following pronouns with the verb form **gusta** plus an infinitive. Note that these indirect object pronouns below indicate *to whom* or *for whom* an action is pleasing.

me	*to me*	
te	*to you* (informal)	
le	*to you* (formal), *to him/her*	
nos	*to us*	+ gusta + infinitive
os	*to you* (informal, plural)	
les	*to you* (formal and informal, plural), *to them*	

📖	Capítulo 3	🌐	Capítulo 3
💿	Capítulo 3	💽	iLrn: Heinle Learning Center, Capítulo 3

¡A practicar!

3-8 | Los fines de semana Use **me, te, le, nos,** or **les** to complete the following statements describing the likes of Gerardo, Pepe, and their friends.

1. A ti ___te___ gusta sacar fotos.
2. A mí ___me___ gusta tocar la guitarra.
3. A Catalina e Isabel ___les___ gusta escuchar música.
4. A la familia de Isabel ___le___ gustan los patacones.
5. A un compañero de Pepe ___le___ gusta ir al cine con su novia.
6. A nosotros ___nos___ gusta hacer fiestas los fines de semana.

> **Cultura**
>
> **Patacones** are a Colombian dish made of fried plantains.

Gustar + nouns

When you use **gustar** with nouns, its form changes depending on whether you are talking about one thing or more than one thing.

—A Carlos le **gusta** el tenis.	*Carlos likes tennis.*
—A Carlos le **gustan** los deportes.	*Carlos likes sports.*

El tenis, in the first example, is singular, so you use the singular form of **gustar: gusta. Los deportes,** in the second example, is plural, so you use the plural form of the verb **gustar: gustan.** Note that with the **gustar** + *noun* construction, the noun is usually preceded by the definite article (**el** tenis, **los** deportes).

In order to clarify or emphasize to whom something is pleasing, you can use the preposition **a** plus the subject's (person) name(s) or a pronoun. For instance, **a Catalina** and **a tus amigos** in the examples below are used to clarify to whom something is pleasing. However, **a mí, a ti,** and **a nosotros** are used for emphasis.

—¿**A Catalina le** gusta tomar el sol?	*Does Catalina like to sunbathe?*
—Sí. También **le** gusta nadar.	*Yes. She also likes to swim.*
—¿**A ti** te gusta nadar?	*Do you like to swim?*
—Sí, **a mí me** gusta nadar mucho.	*Yes, I like to swim a lot.*
—¿**A tus amigos les** gusta tomar café?	*Do your friends like to drink coffee?*
—Sí, **les** gusta tomar café colombiano.	*Yes, they like to drink Colombian coffee.*
—¿**A ustedes les** gusta esquiar en el agua?	*Do you like to water ski?*
—Sí, **a nosotros nos** gusta.	*Yes, we do.*

3-9 | Un niño difícil Use the correct form of the verb **gustar** and the appropriate indirect object pronoun to complete the following dialogue between a babysitter and a difficult child.

Niñera: ¿Pepito, *te gusta* mirar la tele?

Pepito: No. A mí no 1. _me_ _gustan_ los programas de esta noche.

Niñera: Pues, yo sé que a tu hermana 2. _le_ _gustan_ los dibujos animados *(cartoons)*.

Pepito: No es cierto. A mi hermana y a mí solamente 3. _nos_ _gusta_ mirar las películas *(movies)* de horror.

Niñera: Entonces, ¿a ustedes 4. _les gustan_ las canciones de Shakira? Yo tengo el nuevo CD de ella.

Pepito: No. No 5. _me_ _gusta_ escuchar música porque a mí no 6. _me_ _gusta_ cantar y a mi hermana no 7. _le_ _gusta_ bailar. Por eso no 8. _le_ _gusta_ la música.

Cultura

Shakira Isabel Mebarak Ripoll is a Colombian singer of Latin alternative folk-rock who exploded into the spotlight in 1996 with her third album, *Pies descalzos (Bare Feet)*. Her 2006 collaboration with Wyclef Jean on *Hips Don't Lie* earned her the coveted #1 spot on the Mainstream and Latin Billboards. She is the first artist to achieve this. *Hips Don't Lie* has also been nominated for a Grammy.

¡A conversar!

3-10 | Preferencias personales Ask a classmate about his/her family members' preferences regarding the following objects, persons, and activities. When necessary, use **a** + *pronoun* to specify the family members.

> **Modelo** el fútbol
> E1: *¿A tu papá le gusta el fútbol?*
> E2: *Sí, le gusta el fútbol.*
> o E2: *No, no le gusta el fútbol. A mi papá le gusta el tenis.*

1. la música de Shakira
2. comer patacones
3. las películas románticas
4. el café colombiano
5. el fútbol americano
6. bailar

3-11 | ¿Y a tus personas favoritas? Ask another student what the following people like to do. The other student should choose from the list of activities in order to answer the questions.

andar en bicicleta	hacer ejercicio *hago*	ir de compras
mirar la televisión	patinar en línea con sus amigos	

> **Modelo** a tu papá / jugar al tenis
> E1: *¿A tu papá le gusta jugar al tenis?*
> E2: *(No) Sí, (no) le gusta jugar al tenis.*

1. a ti   *te gusta*
2. a tu mejor amigo(a)
3. a tu pareja ideal
4. a tu compañero(a) de cuarto
5. a tu profesor(a) favorito(a)   *Ello le gusta*

3-12 | ¿Qué te gusta hacer? Write five sentences about pastimes you like to do alone. Next, write five sentences about things that you and your friends enjoy. Finally, compare your sentences to those of another classmate. Do you have a lot in common?

> **Modelo** *A mí me gusta escuchar música en mi cuarto. A mis amigos y a mí nos gustan las discotecas porque bailamos mucho...*

3-13 | Los gustos Complete the following steps in order to discuss likes and dislikes with a partner.

1. Complete the first column of the table by indicating if you do or do not like each item in the final column.
2. Ask your partner if he/she likes each item and complete the second column based on his/her responses. He/She will ask you questions and complete his/her table based on your replies.
3. Complete the third column based on your answers and those of your partner.
4. Join with another pair and share details about the information you have gathered. Ask about the likes of each member of the other pair and compare and contrast your answers.

Yo	Mi amigo(a)	Nosotros(as)	
Me gusta el fútbol.	*A mi amiga le gusta el fútbol.*	*A nosotras nos gusta el fútbol.*	**el fútbol**
			la natación
			el ciclismo
			el baloncesto
			las fiestas
			los conciertos
			los museos
			las lenguas extranjeras
			las matemáticas
			los sábados

 3-14 | Más gustos Compose sentences using items from the three columns in order to discuss with a partner what you and other people like to do, where, and with whom.

Modelo E1: *Me gusta nadar en la piscina con mis amigos. ¿Te gusta nadar?*
E2: *Sí, me gusta nadar.*
E1: *¿Dónde y con quién?*
E2: *Me gusta nadar en la piscina con mi familia.*

¿Qué?	¿Dónde?	¿Con quién?
sacar fotos	el parque	mis amigo(as)
tomar el sol	el centro comercial	mi amigo(a)
bailar	la piscina	mi familia
ir de compras	las fiestas	mis padres
hacer ejercicio	el gimnasio	mi hermano(a)

Encuentro cultural

¿Qué recuerdan de...

...Bienvenidos a Colombia?

1. ¿Cuál es la capital de Colombia?
2. ¿Qué productos exporta Colombia?
3. ¿Cuáles son unas ciudades colombianas importantes?

See the *Workbook,* **Capítulo 3, Bienvenidos a Colombia** for additional activities.

Población: 43.593.035

Área: 1.138.910 km², casi dos veces el tamaño de Texas

Capital: Santa Fe de Bogotá, 6.865.997 millones de habitantes

Ciudades principales: Cali, 2.2 millones; Medellín, 1.9 millones; Barranquilla, 1.3 millones

Moneda: el peso colombiano

Lenguas: el español

Catalina Sandino Moreno

Personalidades ilustres En los Estados Unidos, hay muchos cantantes y artistas colombianos en el cine y la televisión. En el mundo del cine tenemos a Catalina Sandino Moreno, nominada al Óscar (2005) como mejor actriz en la película *María Full of Grace* (2004). En el mundo de la televisión tenemos a Ana María Orozco, protagonista en la telenovela colombiana *Yo soy Betty, la fea,* que ahora aparece en los Estados Unidos, como una serie dramática y de comedia, gracias a la compañía de producción de Salma Hayek. La joven América Ferrera hace el papel de Betty en la versión estadounidense en el canal ABC. Otro colombiano en el mundo del cine y de la televisión es John Leguizamo (1964) que aparece por primera vez en la televisión estadounidense en un episodio de *Miami Vice* en 1984. Algunas de sus películas son *Ice Age: The Meltdown* (2006) (la voz de Sid), *The Alibi* (2006), *The Babysitters* (2006), *The Groomsmen* (2006), *Assault on Precinct 13* (2005), *Crónicas* (2005) y George A. Romero's *Land of the Dead* (2005).

¿Te gusta ir al cine en tu tiempo libre? ¿Te gustan las películas extranjeras?

Lugares mágicos El Parque Nacional Natural Tayrona es uno de los parques más importantes del país. Situado al norte de Colombia en Santa Marta, este parque fascinante tiene bahías, playas, manglares, bosques, más de 100 especies de mamíferos, 200 especies de aves *(birds),* 50 especies de reptiles y algunas ruinas arqueológicas de los indígenas tayronas, uno de los pueblos prehispánicos más interesantes de Colombia. La gente puede visitar el parque y hacer muchos deportes como caminar por las montañas, nadar, esquiar en el agua, pescar, bucear *(scuba-dive)* y hacer esnórquel, además de jugar al fútbol, al vólibol y al baloncesto.

Visit it live on Google Earth!

¿Te gusta visitar los parques nacionales en los Estados Unidos? ¿Te gusta caminar por las montañas o los bosques? ¿Te gusta nadar en el mar (sea) o en la piscina? ¿Te gusta observar los animales?

Costumbres y creencias El Carnaval de Colombia es de origen europeo. Las celebraciones del carnaval de Barranquilla aparecen en el siglo XVIII y se originan durante la época colonial como festividades católicas. Las celebraciones tienen lugar *(take place)* cuatro días antes de la Cuaresma *(Lent).* Los esclavos participan en las festividades y aportan elementos africanos. En algunas regiones se adoptan costumbres indígenas, como bailes con instrumentos musicales. Es por eso que en el carnaval aparece una mezcla de tradiciones europeas, indígenas y africanas.

¿Qué festivales o fiestas hay en tu ciudad o estado? ¿Visitas las fiestas de tu estado? ¿Te gusta bailar y cantar?

Oficios y ocupaciones Los cantantes y músicos colombianos tienen mucho éxito en los Estados Unidos. En el mundo de los cantantes están: Carlos Vives, famoso por su música de vallenatos (una música popular con influencia de la cumbia) y Juanes, quien gana nueve nominaciones a

Carlos Vives (Colombia), Juanes (Colombia), Luis Fonsi (Puerto Rico) y Juan Luis Guerra (República Dominicana) entre otros en el concierto, *Todos por Colombia sin minas.*

los Grammys desde el año 2002. Juanes canta canciones políticas y es reconocido por *Time* en el año 2005 como una de las 100 personas que más influyen en el mundo. Trabaja para Colombia en una organización contra las minas en la tierra *(against land mines)*; Vives también ayuda a esta organización. Shakira, cantante colombiana, es conocida internacionalmente por sus canciones y sus bailes *"Whenever, Wherever"*, *"Underneath Your Clothes"*, *"La Tortura"* y *"Hips Don't Lie"*. Ella también trabaja por la paz en Colombia con su Fundación Pies Descalzos para ayudar a los niños afectados por la guerra en Colombia.

¿Te gustan las canciones de Carlos Vives, de Juanes o de Shakira? ¿Tus cantantes favoritos tienen organizaciones que ayudan a las personas necesitadas?

Arte y artesanía Fernando Botero (1932) es uno de los artistas colombianos más famosos del mundo hoy en día. En sus esculturas y pinturas, Botero usa figuras muy grandes, exageradas y voluminosas, y colores básicos como el rojo, el azul, el amarillo y el negro. Los temas de Botero son universales y locales, tales como la realidad colombiana donde el poder político (presidentes y militares), el poder de la Iglesia y el poder social son una parodia de la vida.

¿Te gustan las obras de Fernando Botero? ¿Por qué sí o por qué no? Explica tus respuestas.

Ritmos y música En Colombia, el ritmo nacional es la cumbia. La cumbia es una mezcla de música española y africana. Más tarde, en el siglo XIX, aparece la influencia de la música indígena con el vallenato y el porro. Ahora, la música colombiana moderna tiene influencias de la música electrónica, del rock, del punk, del mariachi, del son cubano, del bolero y del flamenco.

♪ Un ejemplo de música colombiana moderna es la de Juanes. Tiene muchas canciones políticas, como "Fíjate bien", una canción que les recomienda a la gente tener cuidado *(to be careful)* cuando camine debido a las minas colocadas en la tierra *(land mines)* por grupos diferentes. *Access the iTunes playlist on the* ***Plazas*** *website.*

¿Te gusta ir a conciertos? ¿Qué tipo de música te gusta escuchar: música clásica, rock, hip-hop, reggae, ska?

See the *Lab Manual*, **Capítulo 3**, **Ritmos y música** for activities.

¡Busquen en la Red de información!

www.thomsonedu.com/spanish/plazas

1. Personalidades ilustres: Artistas colombianos en el cine y la televisión estadounidense
2. Lugares mágicos: Parque Nacional Natural Tayrona
3. Costumbres y creencias: Carnaval de Barranquilla
4. Oficios y ocupaciones: Músicos por Colombia
5. Arte y artesanía: Fernando Botero
6. Ritmos y música: Cumbia, Juanes

Vocabulario   Los lugares

Siempre Verde, un pueblo colombiano In this section, you will learn the names of places in a town. How does the imaginary town of **Siempre Verde** compare with your own?

¡A practicar!

3-15 | Asociaciones What places do you associate with the following activities?

> **Modelo**   estacionar *(to park)* el carro
> *la calle*

1. ir de compras
2. rezar *(to pray)*
3. ir a tomar un café
4. comer
5. mandar cartas
6. ver una película
7. nadar
8. depositar dinero
9. reunirse *(to get together)* con amigos
10. jugar deportes

3-16 | En mi pueblo hay... / no hay... Form sentences to describe the place where you live or study.

> **Modelo**   *En mi pueblo hay seis restaurante(s). Mi restaurante favorito se llama Marvin's.*

1. En mi pueblo hay _____ parques. Los más grandes se llama(n) _____, _____ y _____.
2. En mi pueblo hay _____ supermercados. Generalmente compro cosas en _____.
3. En mi pueblo hay _____ cafés. El café más popular es _____.
4. En mi pueblo hay _____ cine(s). Generalmente voy al cine _____.
5. Vivo en la calle _____.
6. En mi pueblo hay _____ piscina(s) pública(s).
7. En mi pueblo no hay _____, _____ ni _____.

la oficina de correos / el banco / la iglesia / el centro / el museo / el parque / el cine / la tienda

 Capítulo 3
 Capítulo 3
 Capítulo 3
 iLrn: Heinle Learning Center, Capítulo 3

¡A conversar!

3-17 | ¿Te gusta el cine? Ask a classmate whether he/she likes the following places in your town or city. If your classmate does like a particular place, ask what he/she does there.

Modelo el café
E1: *¿Te gusta el café Maggie's?*
E2: *Sí, me gusta el café Maggie's.*
E1: *¿Qué haces en Maggie's?*
E2: *Hablo y tomo café con mis amigos.*

1. la plaza
2. el mercado
3. la tienda
4. el centro comercial
5. el parque
6. la oficina de correos
7. el restaurante
8. el banco
9. la discoteca
10. el museo

> **¿Nos entendemos?**
>
> **El almacén** is another word for **la tienda**; it can sometimes mean *department store*, *warehouse*, or even *grocery store*, depending on the region.

3-18 | Un estudio de mi pueblo Ask a partner to identify the number of places in his/her town and then to indicate what places or buildings he/she feels are needed. Your partner should also express what kinds of buildings or places are not needed.

Modelo *En mi pueblo hay seis bancos, tres cines, ocho restaurantes, dos parques y tres tiendas de video. Nosotros necesitamos un museo y una discoteca. No necesitamos más restaurantes de comida china.*

el supermercado

el café

la calle

la piscina

la plaza

el mercado al aire libre

el restaurante

el centro comercial

Palabras útiles	
la carnicería butcher shop	**la papelería** stationery store
la ferretería hardware store	**la peluquería** hair salon
la frutería fruit store	**la tienda de antigüedades (de música [de discos], de ropa)** antiques (music, clothing) store
la gasolinera gas station	
la joyería jewelry store	

Palabras útiles are presented to help you enrich your personal vocabulary. The terms provided here will help you talk about the places in your city/town.

Estructura II

Expressing plans with *ir*

In this section, you will learn how to talk about future plans with the verb **ir** *(to go)*. First you will learn how to conjugate the verb **ir** and then you will learn about two structures that you can use with this verb, **ir a +** *destination,* and **ir a +** *infinitive,* in order to express plans.

Present tense of the verb *ir* (to go)

The verb **ir** has the following irregular conjugation in the present tense:

yo	**voy**	*I go*
tú	**vas**	*you (informal) go*
Ud., él/ella	**va**	*you (formal) go, he/she goes*
nosotros(as)	**vamos**	*we go*
vosotros(as)	**vais**	*you (informal) go*
Uds., ellos(as)	**van**	*you (formal and informal) go, they go*

¡A practicar!

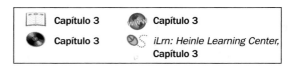

📖 Capítulo 3	🌐 Capítulo 3
💿 Capítulo 3	*iLrn: Heinle Learning Center,* Capítulo 3

3-19 | Una invitación Complete this conversation between two friends, Ana Margarita and Fernando. They are planning to go to a party with a group of students from the United States. Use **ir, voy, vas, va, vamos,** and **van.** After completing the dialogue, practice the conversation with a classmate.

Ana Margarita: ¡Hola, Fernando! ¿Adónde 1. _____vas_____ ahora?

Fernando: (Yo) 2. _____voy_____ al cine. ¿Quieres *(Do you want)* 3. __ir ¿ vas__ conmigo?

Ana Margarita: No puedo *(I can't)*. Mi hermana y yo 4. _____vamos_____ al parque.

Fernando: ¿Qué 5. _____vas_____ a hacer este fin de semana, Ana Margarita?

Ana Margarita: ¡(Yo) 6. _____voy_____ a una fiesta! ¿Quieres 7. __ir, vas__?

Fernando: Bueno, gracias. ¿Quiénes 8. _____van_____ con nosotros?

Ana Margarita: 9. _____van_____ mi amiga Ramona y su novio Tomás. También un grupo de estudiantes de los Estados Unidos 10. _____va_____ a ir.

Fernando: ¿11. _____vamos_____ (nosotros) en auto o en metro?

Ana Margarita: En auto. La fiesta 12. _____va_____ a ser en otra ciudad.

Ir a + destination / + infinitive

Ir a + destination

To tell where people are going, use a form of the verb **ir** plus the preposition **a,** followed by a destination.

—¿Adónde **van** Uds.?	*Where are you going?*
—**Voy a** la piscina.	*I'm going to the pool.*
—Y yo **voy al** parque.	*And I'm going to the park.*

In **Capítulo 2,** you learned how to form the contraction **del** in talking about possessive constructions. Another common contraction in Spanish is **a + el = al,** as shown in the example **Yo voy al parque.** The preposition **a** *(to)* combines with the definite article **el** *(the)* to form the word **al** *(to the)*.

Ir a + infinitive

To express future plans, use a form of the verb **ir** plus the preposition **a,** followed by an infinitive.

—¿Qué **vas a hacer** ahora?	*What are you going to do now?*
—**Voy a jugar** al tenis.	*I'm going to play tennis.*

3-20 | ¡Vamos a conocer Bogotá! A group of students arrive in Bogotá for the first time. Imagine that you are the professor and that you are explaining to Claire, a student, what the other students are going to do in the city. Use the contraction **al** as necessary.

> **Cultura**
>
> Santa Fe de Bogotá is the capital of Colombia. Founded in 1538, this city of over 6 million inhabitants boasts a beautiful colonial center called La Candelaria. La Avenida Pepe Sierra is the heart of the nightlife in Bogota as it has many **clubes, bares,** and **discotecas.**

Modelo   Megan / el Banco Nacional
Megan va al Banco Nacional.

1. Roger y Cindy / el parque Simón Bolívar   van al
2. tú y Claire / el estadio El Campín   Váis al
3. Mark / el concierto en la Plaza Bolívar   va , al
4. Janet y Meg / el Museo Nacional de Bogotá, Museo del Oro   van , al
5. nosotros / el Centro Histórico de Santa Fe de Bogotá   vamos , al
6. yo / el bar Shamua   voy , al
7. las chicas del grupo / Iglesia de San Pedro Claver   van , a la

3-21 | ¿Qué hacemos? It's Saturday night, and you and your friends are deciding what to do. Write sentences with the construction **ir a +** *infinitive.*

Modelo   Juan / descansar en el cuarto
Juan va a descansar en el cuarto.

1. Helen y Claire / dar un paseo   van
2. nosotros / visitar los monumentos   vamos
3. Charlie / ir al cine   va
4. las chicas / bailar en la discoteca   vamos
5. los chicos / mirar el partido de fútbol en la tele   van
6. tú y Jason / sacar fotos   váis
7. Uds. (Kevin and Mary) / tocar la guitarra en el parque   van
8. ¿yo?

¡A conversar!

3-22 | **¡A cenar con Luz Amelia!** You and a friend of yours want to invite Luz Amelia for lunch (**el almuerzo**) or dinner (**la cena**) and you are trying to determine the best time to do so. First study Luz Amelia's calendar below and write down where she normally goes each day. Then, based on her free time, you and your friend will decide when is the best time to invite her.

Modelo   E1: *¿El lunes?*
E2: *No. El lunes va a sus clases y después va al cine...*

El calendario semanal *(weekly)* de Luz Amelia

	lunes	martes	miércoles	jueves	viernes	sábado	domingo
10:00–12:00	Clases		Clases		Clases		Ir a la iglesia
12:00–13:00	Clases	Clases					
13:00–14:00				Ir al mercado			
14:00–15:00			Ir a la biblioteca		Ir a la piscina		Ir a la plaza con Miguel
15:00–16:00						Ir al museo	
16:00–17:00							
17:00–18:00		Ir al café con Lisa	Clases				
18:00–19:00	Ir al cine			Ir al parque con José	Ir al restaurante con María		
. . . .							

3-23 | **Planes para un fin de semana** Using the subjects listed below, ask a classmate questions about his/her activities for the next weekend. Choose a day for each subject listed.

Modelo   tú / el viernes por la noche
E1: *¿Qué vas a hacer* (what are you going to do) *el viernes por la noche?*
E2: *Yo voy a ir al cine y luego mis amigas y yo vamos a una fiesta.*

el viernes por la tarde   el sábado por la noche
el sábado por la tarde   el domingo por la noche
el domingo por la tarde   el sábado por la mañana
el viernes por la noche   el domingo por la mañana

1. tú
2. tu compañero(a) de cuarto
3. tus padres
4. tú y tus amigo(a)s
5. tus abuelos
6. tu hermano(a)

3-24 | ¡Vamos al festival de música! Look at the schedule for the **Festival de música** and decide what performances you wish to attend. Check off four or five that interest you and that take place at different times. Working with a partner, discuss where you will go and try to figure out if you can go to some of the performances together.

Modelo   E1: *Quiero ir al escenario amarillo a las cinco y cuarto para escuchar Ritmo caribeño.*

             E2: *Muy bien, voy también y después voy rápidamente al escenario rojo a las seis y media para ver Decadencia. ¡Tengo que correr!*

VIVELATINO 07

¡Viva la música!
Festival de música
13 y 14 de mayo

Parque Metropolitano
Simón Bolívar

Escenario rojo: Música Rock

15:00 – 16:15 Los brujos
16:45 – 18:00 Alicia y los tigres
18:30 – 19:45 Decadencia
20:15 – 21:30 Terror en las calles
22:00 – 23:15 Atracción fatal

Escenario amarillo: Música Latina

15:30 – 16:45 Los del sol
17:15 – 18:30 Ritmo caribeño
19:00 – 20:15 El cuarteto
20:45 – 22:00 Escuela latina
22:30 – 23:45 Humberto Loíza

Escenario azul: Música Pop

16:00 – 17:15 El secreto
17:45 – 19:00 Paco Mendoza y su trío
19:30 – 20:45 Los perdidos
21:15 – 22:30 No manches
23:00 – 24:15 Julieta Vergara

Estructura III

Describing leisure-time activities

In this section, you will learn how to use several verbs that describe basic actions. All the verbs given below have irregular **yo** forms but are otherwise regular in their present tense conjugations. These verbs are also useful in describing leisure-time activities.

Present tense of the verb hacer

The verb **hacer** *(to do; to make)* is a regular **-er** verb except for the **yo** form **(yo hago)**. You have already seen the verb **hacer** used in this chapter to pose questions.

¿Qué **haces** en tu tiempo libre?   *What do you do in your free time?*

¿Qué **hacen** tus amigos durante los   *What do your friends do on the weekends?*
fines de semana?

Hacer is conjugated as follows:

yo	hago	*I do*
tú	haces	*you (informal) do*
Ud., él/ella	hace	*you (formal) do, he/she does*
nosotros(as)	hacemos	*we do*
vosotros(as)	hacéis	*you (informal) do*
Uds., ellos(as)	hacen	*you (formal and informal) do, they do*

> **¿Nos entendemos?**
>
> Some common idioms with **hacer** are **hacer un viaje, hacer planes, hacer una pregunta.**

There are several other Spanish verbs that, like **hacer,** have irregular **yo** forms only in the present tense.

¡A practicar!

3-25 | Un mensaje electrónico de Bogotá Claire is writing an e-mail in Spanish to her friend Ramón in the United States. Help her conjugate the verbs in parentheses.

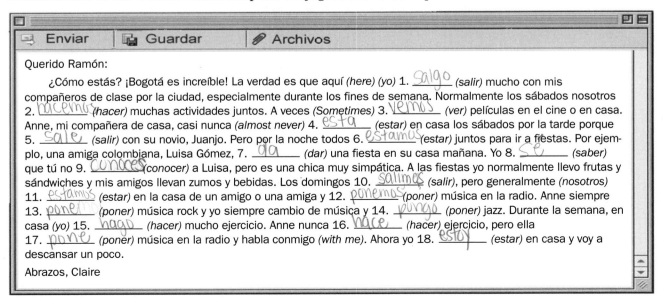

| Enviar | Guardar | Archivos |

Querido Ramón:

    ¿Cómo estás? ¡Bogotá es increíble! La verdad es que aquí *(here)* (yo) 1. _salgo_ (salir) mucho con mis compañeros de clase por la ciudad, especialmente durante los fines de semana. Normalmente los sábados nosotros 2. _hacemos_ (hacer) muchas actividades juntos. A veces *(Sometimes)* 3. _vemos_ (ver) películas en el cine o en casa. Anne, mi compañera de casa, casi nunca *(almost never)* 4. _esta_ (estar) en casa los sábados por la tarde porque 5. _sale_ (salir) con su novio, Juanjo. Pero por la noche todos 6. _estamos_ (estar) juntos para ir a fiestas. Por ejemplo, una amiga colombiana, Luisa Gómez, 7. _da_ (dar) una fiesta en su casa mañana. Yo 8. _sé_ (saber) que tú no 9. _conoces_ (conocer) a Luisa, pero es una chica muy simpática. A las fiestas yo normalmente llevo frutas y sándwiches y mis amigos llevan zumos y bebidas. Los domingos 10. _salimos_ (salir), pero generalmente *(nosotros)* 11. _estamos_ (estar) en la casa de un amigo o una amiga y 12. _ponemos_ (poner) música en la radio. Anne siempre 13. _pone_ (poner) música rock y yo siempre cambio de música y 14. _pongo_ (poner) jazz. Durante la semana, en casa (yo) 15. _hago_ (hacer) mucho ejercicio. Anne nunca 16. _hace_ (hacer) ejercicio, pero ella 17. _pone_ (poner) música en la radio y habla conmigo *(with me)*. Ahora yo 18. _estoy_ (estar) en casa y voy a descansar un poco.

Abrazos, Claire

Verbs with irregular *yo* forms

people conocer	to know; to meet	conozco	**Conozco** a Carlos Suárez.
dar	to give	doy	**Doy** una fiesta el viernes.
estar	to be (location and health)	estoy	**Estoy** en la discoteca.
			Estoy enfermo.
hacer	to do; to make	hago	**Hago** mucho ejercicio.
poner	to put (on)	pongo	**Pongo** música rock en casa.
facts saber	to know (how)	sé	**Sé** jugar bien al béisbol.
salir	to leave; to go out	salgo	**Salgo** todos los sábados.
traer	to bring	traigo	**Traigo** mis discos compactos a la fiesta.
ver	to see	veo	**Veo** a mi profesora en la tienda.

The other present-tense forms of these verbs are regular with the small exception of **dar** and **ver,** which do not carry an accent on the **-e** of the **vosotros(as)** form as other **-er** verbs do.

	hacer	estar	saber	conocer	dar	traer	ver	poner	salir
yo	hago	estoy	sé	conozco	doy	traigo	veo	pongo	salgo
tú	haces	estás	sabes	conoces	das	traes	ves	pones	sales
Ud., él/ella	hace	está	sabe	conoce	da	trae	ve	pone	sale
nosotros(as)	hacemos	estamos	sabemos	conocemos	damos	traemos	vemos	ponemos	salimos
vosotros(as)	hacéis	estáis	sabéis	conocéis	dais	traéis	veis	ponéis	salís
Uds., ellos(as)	hacen	están	saben	conocen	dan	traen	ven	ponen	salen

3-26 | Juanita la buena y Juanito el malo Juanita is a good girl and always **(siempre)** does what she should. Her brother, Juanito, however, never **(nunca)** follows his sister's example. Imagine that you are Juanita and write down what your brother Juanito does or doesn't do based on your actions.

Modelo   Yo siempre (hacer) mi tarea, pero Juanito...
Yo *siempre* hago mi tarea, pero Juanito *nunca* hace su tarea.

1. Yo nunca (ver) la tele cuando necesito trabajar, pero Juanito... *veo*
2. Yo nunca (poner) el estéreo muy alto *(very loud)*, pero Juanito... *pongo*
3. Yo siempre (conocer) a los estudiantes nuevos en clase, pero Juanito... *conozco*
4. Yo (saber) practicar a muchos deportes, pero Juanito... *se*
5. Yo (hacer) ejercicio todos los días, pero Juanito... *hago*
6. Yo (salir) solamente con mi novio los fines de semana, pero Juanito... *salgo*
7. Yo nunca les (dar) mi número de teléfono a personas extrañas, pero Juanito... *doy*
8. Yo (estar) en la biblioteca todos los fines de semana, pero Juanito... *estoy*

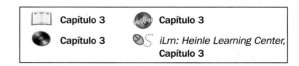

📖	Capítulo 3	🌐	Capítulo 3
💿	Capítulo 3	💻	iLrn: Heinle Learning Center, Capítulo 3

¡A conversar!

3-27 | **¿Y tú?** Now, it is time to get to know some of your classmates a bit better. Form questions to ask them based on the statements in Activity **3-26.**

Modelo E1: *¿Siempre ves la tele cuando tu compañero(a) necesita trabajar?*
E2: *No, yo nunca veo la tele cuando mi compañero(a) necesita trabajar.*

3-28 | **Correspondencia** Using the e-mail from Julieta as a guide, tell your partner about your life at the university. Include information about going to class, doing homework, playing sports, listening to or playing music, going out with friends, and weekend activities. Listen as your partner tells you about his/her activities. Ask questions and share as much information as possible.

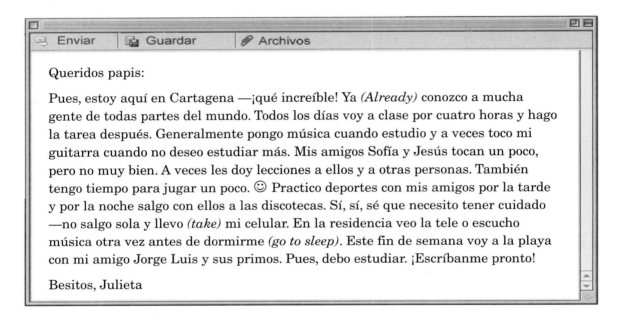

Querido papis:

Pues, estoy aquí en Cartagena —¡qué increíble! Ya *(Already)* conozco a mucha gente de todas partes del mundo. Todos los días voy a clase por cuatro horas y hago la tarea después. Generalmente pongo música cuando estudio y a veces toco mi guitarra cuando no deseo estudiar más. Mis amigos Sofía y Jesús tocan un poco, pero no muy bien. A veces les doy lecciones a ellos y a otras personas. También tengo tiempo para jugar un poco. ☺ Practico deportes con mis amigos por la tarde y por la noche salgo con ellos a las discotecas. Sí, sí, sé que necesito tener cuidado —no salgo sola y llevo *(take)* mi celular. En la residencia veo la tele o escucho música otra vez antes de dormirme *(go to sleep)*. Este fin de semana voy a la playa con mi amigo Jorge Luis y sus primos. Pues, debo estudiar. ¡Escríbanme pronto!

Besitos, Julieta

3-29 | Entrevista In order to know what your classmate does during the weekend and to compare that with your activities, ask a classmate the following questions with the verbs **hacer, estar, saber, conocer, dar, traer, salir, poner,** and **ver.**

1. ¿Cuándo haces planes para el fin de semana? ¿Qué vas a hacer este fin de semana? ¿Vas a estar en casa o vas a salir? ¿Sales mucho durante la semana?

2. Cuando tienes una fiesta, ¿qué tipo de música pones? ¿Llevan tus amigos comida (*food*) a la fiesta? ¿Saben tus padres que vas a tener una fiesta? ¿Sabe tu compañero(a) de cuarto? ¿Siempre conoces a todas las personas de la fiesta?

3. Cuando haces ejercicio, ¿sales de tu cuarto? ¿Ves videos cuando haces ejercicio? ¿Pones la tele o el estéreo cuando haces ejercicio?

3-30 | Entrevistas Work in groups of four or five. Complete the following steps in order to plan and execute interviews with famous people who do not wish to reveal their identities. With careful questioning you should be able to guess their identities!

1. Work together to form questions in the **Ud.** form using items from the list below. Form as many questions as possible.

2. Each member of the group will choose a secret identity. It should be someone who is likely to be familiar to all members of the group.

3. One member assumes his/her secret identify. Other members go around the circle asking questions. The questions are answered from the point of view of the secret celebrity.

4. When a group member is able to correctly identify the secret identity, he/she scores a point. Antother group member assumes his/her secret identity, and the game continues. **¡OJO!** Remember to use the **Ud.** form to show proper respect to these distinguished individuals.

de dónde + ser
ser + *una profesión*
ser + *características*
conocer + *personas famosas*
qué + hacer
dónde + vivir
tener + familia
dar + clases de...
conocer + *ciudades, países, otros lugares*
saber + *varias actividades (cantar, bailar, actuar, jugar un deporte, etcétera)*
tener + *cosas (things) (casas, coches, animales, etcétera)*
darle(s) + dinero (a las personas desafortunadas, a una caridad *[charity]*)

Así se dice

Expressing knowledge and familiarity

As you have seen earlier, the verbs **saber** and **conocer** both mean *to know,* and they have irregular **yo** forms (**sé/conozco**). These verbs represent two different kinds of knowledge, however.

Saber

Use the verb **saber** to express knowing something (information) or knowing how to do something.

—¿**Sabes jugar** al tenis? *Do you know how to play tennis?*
—No, pero **sé jugar** al golf. *No, but I know how to play golf.*
—¿**Sabes qué?** ¡Me gusta el golf! *Do you know what? I like golf!*

Conocer

Use the verb **conocer** to express being acquainted with a person, place, or thing. Note that Spanish speakers use the preposition **a** immediately before a direct object that refers to a specific person or persons.

¡A practicar!

3-31 | ¿Saber o conocer? Decide whether to use **saber** or **conocer** to talk about the following people, places, and activities.

1. jugar al tenis ___S___
2. Cali ___S o C___
3. mi amigo José Alfredo ___C___
4. Fernando Botero ___C___
5. el arte de Botero ___S___
6. Juan Valdés ___C___
7. Barranquilla ___S o C___
8. Cartagena ___C___
9. bailar vallenato ___S___
10. hablar español ___S o C___
11. Gabriel García Márquez ___C___
12. andar en bicicleta ___S___

Vallenato is a type of Colombian folk music, usually played on the accordion, that celebrates everyday events, passions, and village folklore. Carlos Vives, a Colombian musician, has become internationally famous for his **vallenato** sound.

Gabriel García Márquez is the most famous Colombian writer. He was a literature Nobel Prize recipient in 1982.

3-32 | La *a* personal When should you use the personal **a**? Decide whether or not you need to use the construction in the following sentences. Don't forget that **a + el = al!**

1. Yo no conozco _____ Bogotá.
2. Mis amigos conocen __al__ mi hermano Pablo.
3. Joaquín conoce __al__ (el) novio de Anne.
4. Julieta y Penélope conocen bien __a__ la música de Carlos Vives.
5. ¿Conoces tú __×__ (el) profesor de francés? ¡Es muy guapo!
6. ¿Tienes __a__ muchos amigos en tu clase de español?

Capítulo 3 / Capítulo 3 / Capítulo 3 / Saber and Conocer / iLrn: Heinle Learning Center, Capítulo 3

108 Capítulo 3
ciento ocho

Saber, conocer, and the personal *a*

—¿**Conoces** Bogotá?　　　　　　　　*Do you know Bogota?*
—No, pero **conozco** Cali.　　　　　　*No, but I know Cali.*

—¿Quieres **conocer a** mi amiga?　　*Do you want to meet my friend?*
—Ya **conozco a** tu amiga Luisa.　　*I already know your friend, Luisa.*

Note in the second example the use of the personal **a** with a direct object that is a person. The direct object of a verb is the person or thing that receives the action of the verb. For example, in the sentence *I know Carlos,* the direct object is **Carlos.** The personal **a,** which has no English equivalent, is usually used before each noun or pronoun; however, it is usually not used with the verb **tener** even when the direct object is a person.

Conozco **a** Carlos.　　　　　　　　*I know Carlos.*

Conozco **a** Carlos y **a** Juan.　　　　*I know Carlos and Juan.*

Carlos y Juan tienen muchos amigos.　*Carlos and Juan have many friends.*

¡A conversar!

3-33 | ¡**Yo sé...** ! ¡**Yo conozco...** ! Now, with a classmate, talk about your familiarity with the items of activity **3-31.**

> **Modelo**　jugar al tenis
> 　　　　　　E1: *Yo no sé jugar al tenis. ¿Sabes tú jugar al tenis?*
> 　　　　　　E2: *Sí, sé jugar al tenis.*
> 　　　o　E2: *No, no sé jugar al tenis.*

3-34 | **Entrevista** You are going to interview a classmate. You need to know who he/she knows, the places he/she is familiar with, and what things he/she knows how to do. Write four questions; then take turns answering.

> **Modelo**　*¿Conoces Bogotá?*
> 　　　　　　*¿Sabes esquiar?*
> 　　　　　　*¿Conoces el arte de Fernando Botero?*

> **Cultura**
>
> **Cartagena** and **Barranquilla** are two cities in the northern region of Colombia. These cities are famous for their beaches and their carnivals.

> **Cultura**
>
> Fernando Botero is one of Colombia's most famous artists. He is especially known for his satirical portraits of political, military, and religious figures who are portrayed as rotund and motionless.

***The Street* (La calle), Fernando Botero**

In this section, you will learn how to talk about the months, seasons, and weather conditions.

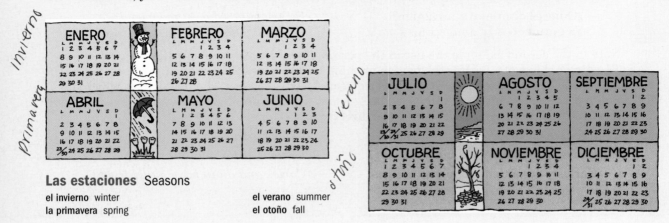

Las estaciones Seasons

el invierno winter
la primavera spring

el verano summer
el otoño fall

¡A practicar!

	Capítulo 3		Capítulo 3
	Capítulo 3		iLrn: Heinle Learning Center, Capítulo 3

3-35 | Los días festivos (Holidays) Complete the following sentences with the appropriate months.

Los días festivos de Colombia

20/7	Día de la Independencia	1/11	Día de Todos los Santos
12/10	Día de la raza	8/12	Fiesta de la Inmaculada Concepción

1. El Día de Colón (*Columbus*) es el 12 de _Octubre_.
2. El Día de Acción de Gracias (*Thanksgiving*) es el 25 de _Noviembre_.
3. El primer (*first*) día del año es el primero de _enero_.
4. La Navidad (*Christmas*) es el 25 de _diciembre_.
5. El Día de San Valentín es el 14 de _febrero_.
6. El Día de la Independencia de Colombia es el 20 de _Julio_.
7. La fiesta de la Inmaculada Concepción es el 8 de _diciembre_.
8. Mi cumpleaños (*My birthday*) es el _29_ de _Septiembre_.

> **¿Nos entendemos?**
>
> In Latin America and Spain, the date is typically written differently from the United States. The day is presented first and the month is presented second. **20/7 La independencia de Colombia es el 20 de julio.**

3-36 | ¿Qué tiempo hace? Look at the drawings and complete the statements.

En el _invierno_ hace mucho _la nieve_ y a veces _____. El cielo (*sky*) está _____.

En el _verano_ hace _calor_ y _sol_. El cielo está _hace sol_.

En la _primavera_ hace _sol_ y a veces _hace viento_.

En el _otoño_ hace _viento_. _hace fresco_

Expresiones de tiempo con *hacer* and *estar*

The verb **hacer** is used to talk about the weather in the following phrases.

hace buen tiempo the weather is nice	**hace fresco** it's chilly
hace calor it's hot	**hace sol** it's sunny
hace frío it's cold	**hace viento** it's windy

The verbs **llover** *(to rain)* and **nevar** *(to snow)* are used in the third person.

llueve it's raining	**nieva** it's snowing

The nouns derived from these verbs are:

la nieve snow	**la lluvia** rain

The verb **estar** is used to indicate whether the sky is overcast or clear.

está despejado it's clear	**está nublado** it's cloudy

¡A conversar!

3-37 | ¿Qué fecha es? ¿En qué estación del año es? ¿Qué tiempo hace? State the following dates to a classmate. Next, identify the season and state the weather for that date for the area in which you live. Include a statement about your personal comfort level. Finally, mention what you typically like to do on that date.

> Modelo 13/4
> *Es el trece de abril. Es la primavera. En abril hace sol en Barranquilla. Me gusta dar paseos en la playa.*

1. 22/12
2. 25/7
3. 3/9
4. 1/5 *primero de mayo*
5. 29/8
6. 7/10
7. 27/4
8. hoy

3-38 | La realidad y la fantasía Working with a partner, identify what you generally like to do during the following periods and then what you must do on a given day.

> Modelo los sábados *(Saturdays in general)* / este sábado *(this Saturday)*
> *Generalmente me gusta descansar los sábados. Este sábado tengo que estudiar para mi clase de química.*

1. los viernes por la noche / este viernes
2. los veranos / este verano
3. por la tarde / esta tarde
4. los días festivos / el próximo día festivo
5. por la mañana / esta mañana
6. los fines de semana / este fin de semana

Gustar + infinitivo

me	
te	
le	
nos	$\}$ + gusta + infinitive
os	
les	

Spanish-speakers use indirect object pronouns to indicate *to whom* or *for whom* an action is pleasing.

¡A recordar! In Spanish, how does one clarify to whom something is pleasing?

Gustar + nouns

When you use **gustar** with nouns, its form changes to reflect whether you are talking about one thing or more than one thing.

—A Carlos le **gusta** la piscina.   —A Carlos le **gustan** los deportes.

¡A recordar! Which type of article (definite or indefinite) usually precedes the noun in the **gustar + noun** construction?

Ir a + destination or infinitive

To tell where people are going, use a form of the verb **ir** plus the preposition **a**, followed by a destination. To express future plans, use a form of the verb **ir** plus the preposition **a**, followed by an infinitive.

¡A recordar! What does the combination **a + el** yield in Spanish?

Irregular yo verbs

conocer	**Conozco** a Carlos Suárez.
dar	**Doy** una fiesta el viernes.
estar	**Estoy** en la discoteca.
hacer	**Hago** mucho ejercicio.
poner	**Pongo** música rock en casa.
saber	**Sé** jugar bien al béisbol.
salir	**Salgo** todos los sábados.
traer	**Traigo** mis discos compactos a la fiesta.
ver	**Veo** a mi profesora en la tienda.

¡A recordar! How are the conjugations of **dar** and **ver** different from the conjugations of the other verbs listed above?

Saber, conocer and the personal a

Use the verb **saber** to express knowledge of something (information) or of how to do something.

—¿**Sabes** jugar al tenis?

Use the verb **conocer** to express an acquaintance with a person, place, or thing.

—¿**Conoces** Bogotá?

—¿Quieres **conocer** a mi amiga?

¡A recordar! In what instances do you use the personal **a**?

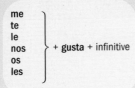

¡A repasar!

Actividad 1 | Los gustos Complete each sentence to express what various people like. Write the correct indirect object pronoun in the first blank and the correct form of **gustar** in the second blank. (14 pts.)

1. A mis hermanos _____ _____ practicar tenis.
2. A mí _____ _____ el baloncesto. También _____ _____ los deportes acuáticos.
3. A nuestro padre _____ _____ los conciertos.
4. A mi primo _____ _____ montar a caballo.
5. A todos nosotros _____ _____ la natación.
6. A ti _____ _____ el béisbol y el fútbol, ¿no?

Actividad 2 | ¿Qué hacen estas personas? Complete each sentence with the appropriate verb forms to express things these people do. Use the verb that is in the first sentence and write the correct forms according to the new subjects. (16 pts.)

1. Luisa *hace* la tarea por la mañana. Yo _____ la tarea por la noche. ¿Cuándo _____ la tarea tú?
2. Muchas personas *ponen* la tele cuando estudian. Mi hermano _____ la tele frecuentemente. Tú _____ la tele cuando descansas, ¿no?
3. Jorge y yo *damos* una fiesta el sábado. Jorge _____ muchas fiestas pero yo no _____ muchas fiestas.
4. Todos los estudiantes *traen* sus libros a clase. Yo _____ mi libro y la profesora _____ su libro todos los días.
5. Mis amigos y yo *salimos* los viernes y los sábados. Unos amigos _____ los jueves también pero yo _____ solamente el fin de semana.
6. Yo no *veo* la tele mucho pero mis amigos _____ mucho fútbol en la tele. Y tú, ¿ _____ mucha tele?
7. *Estoy* en la residencia. Gerardo y David _____ en la residencia. ¿Dónde _____ Mariana?
8. Alejandra *sabe* montar a caballo. Yo no _____ montar a caballo pero mis primos tienen muchos caballos y _____ montar.

Actividad 3 | El fin de semana Form sentences with the given elements and the correct form of the verb **ir** to express where people are going and what they are going to do. (12 pts.)

1. Sofía / el parque

   _____

2. Mis amigos y yo / mirar un partido de fútbol.

   _____

3. Tú / el concierto

   _____

4. Celia / la piscina

   _____

5. Celia y sus amigos / nadar

   _____

6. Antonio / las montañas

   _____

Actividad 4 | Cosas familiares Choose the correct verb to complete each sentence in order to tell what various people know. Pay careful attention to context and to form. (8 pts.)

1. ¿_____ Uds. a mi hermano?
   - a. Saben
   - b. Sabe
   - c. Conoces
   - d. Conocen

2. Yo _____ Bogotá, la capital de Colombia.
   - a. sé
   - b. conozco
   - c. sabe
   - d. conocen

3. Manolo y yo _____ esquiar en el agua.
   - a. sabes
   - b. conocemos
   - c. sabemos
   - d. conocen

4. Mi amiga _____ muchos verbos en español.
   - a. sabe
   - b. conoce
   - c. conoces
   - d. sabes

5. Los jóvenes _____ jugar al fútbol.
   - a. sabes
   - b. saben
   - c. conocen
   - d. conocemos

6. Tú _____ hablar español bien.
   - a. sabes
   - b. conoces
   - c. sabemos
   - d. conocemos

7. Mis compañeros de clase y yo_____ el arte de Botero.
   - a. sabemos
   - b. conocen
   - c. sé
   - d. conocemos

8. ¿Tú _____ a Fernando Botero? ¡Imposible!
   - a. conoces
   - b. conozco
   - c. sabes
   - d. saben

Refrán

Treinta días _____ *(bring)*
_____ (?), con _____
(?), _____ (?) y _____
(?). Veintiocho sólo _____
(bring) uno y los demás treinta
y uno.

Bonus! 6 pts.

¡A ver!

In this segment, the housemates are about to go on an excursion to Old San Juan. As they get ready, they talk about some of the things they like to do in their free time. When they arrive in the heart of Old San Juan, each person shares his or her plan for the day. Watch and see if the day turns out the way they expect it to!

Expresiones útiles

The following are some new expressions you will hear in the video.

Pensándolo bien...	*Now that I think about it . . .*
Estoy de acuerdo...	*I agree . . .*
No vale la pena...	*It's not worth the trouble . . .*
Es hora de vernos con los demás...	*It's time to meet up with the others . . .*

Antes de ver

 Paso 1 What types of activities do you like to do in your free time? Make a list of some of them and share it with a classmate. Do you have any pastimes in common? Now work with your classmate and guess what the housemates might like to do. Do you think you might have anything in common with them?

_____

_____

Paso 2 Imagine that you are one of the housemates in **Hacienda Vista Alegre** and that you are preparing to tour Old San Juan. Work with three or four classmates and discuss what you all are going to do during the excursion.

Después de ver

Paso 1 Now watch the video. As you do, listen for the different sports that each housemate likes to participate in or watch on television. Were any of your predictions from **Antes de ver, Paso 1,** correct? Read the statements below and fill in the blanks below with the appropriate activities based on what the housemates said in the video.

- A Javier le gusta _____, el alpinismo, el buceo, el esnórkel y todas las actividades al aire libre.
- A Antonio le gusta ver el hockey sobre hielo por televisión y le gusta también _____ y _____.
- Sofía practica _____.
- A Alejandra no le gustan _____. Practica la danza y le gusta _____.
- Valeria practica _____ y _____.

While they are discussing sports and other activities, Valeria uses the phrase **"Fui porrista en el colegio."** Based on what you know about her, do you think that means that she was a bowler, track & field star, or a cheerleader? _____

Paso 2 In **Antes de ver, Paso 2,** you and your classmates planned an excursion in Old San Juan. Were your plans anything like the plans the housemates made while they were gathered at the **Plaza?** Do you remember what each person said he or she was going to do? Based on the video, complete the following statements with the activity each of them originally had in mind.

- Alejandra va a _____.
- Sofía va _____.
- Valeria va _____.
- Antonio va _____.

Did all of the housemates do exactly what they originally planned to do? If not, how did what they actually did differ from what they said they were going to do?

_____

_____

_____

_____

¿Qué opinas tú?

 Paso 1 Imagine that you have a three-day weekend coming up. Work with three or four classmates and plan a trip based on the pastimes that you have in common. Where are you going to go? What activities are you going to do there? Don't forget to use your list from **Anter de ver, Paso 1.**

 Paso 2 Now that you have learned more about Old San Juan from the video, what would you plan for each character to do on an excursion there? Work with a classmate to create a detailed itinerary for the day for each member of the group.

See the *Lab Manual,* **Capítulo 3, ¡A ver!** for additional activities.

¡A leer!

Antes de leer

Using context to predict content

In addition to the reading strategies previously presented—identifying cognates and skimming and scanning—efficient readers like you may use other strategies to determine the meaning of unfamiliar words and phrases in a reading selection. One of these strategies remains the use of context to predict content. You may ascertain the context of a reading selection in the following ways:

- by looking at the photos or images that accompany the reading
- by reading the headlines of the selection

Use this chapter's reading strategy to answer the following questions with a classmate.

Context

1. What types of photos do you see in the selection?
2. What does the headline say? What are the titles of the various sections?

Predictions

1. What type of reading selection is this? What is the subject?
2. Who wrote this selection?
3. Who are its probable readers?

¡A leer!

1. Scan the reading selection and write down any cognates you encounter and their meanings.

2. Now, skim the selection, trying to understand the gist of the content. Then, scan the selection to find the following information. Discuss this information with a partner.

   - What can tourists do in Bogotá, Colombia?
   - What is the weather like in Bogotá?
   - Why is the Tequendama Hotel an excellent choice in hotels?
   - What would a visitor see at **La Quinta de Bolívar?**

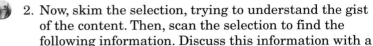

Y ustedes, ¿qué saben de Bogotá?

Bogotá, Colombia

Hotel Tequendama Intercontinental

Bogotá, con más de seis millones de habitantes, es la capital de Colombia. En Bogotá se mezcla el pasado colonial con lo moderno, la cultura con los pasatiempos, las montañas y los parques con los edificios nuevos. La ciudad tiene muchos parques, 161 monumentos históricos, 90 centros comerciales, 58 museos, 45 teatros, 40 salas de cine, 33 bibliotecas y 40 universidades.

El clima en Bogotá es de 14°C (57°F); los meses secos son diciembre, enero, febrero y marzo, y los meses de lluvia son abril, mayo, septiembre, octubre y noviembre.

El hotel está en el centro de la ciudad. Tiene acceso a un centro comercial exclusivo con tiendas de artesanía típica colombiana, joyerías de esmeraldas, excelentes restaurantes y todo lo que el visitante espera de un gran hotel.

3. Read the article again and try to guess the meaning of some words. Discuss your predictions with a partner.

- En Bogotá, los **meses secos** son diciembre, enero, febrero y marzo y los meses de lluvia son abril, mayo, septiembre, octubre y noviembre.
- El hotel tiene acceso a un centro comercial exclusivo con tiendas de artesanía típica colombiana, **joyerías** de esmeraldas y excelentes restaurantes.
- La Quinta del Bolívar, **restaurada** en 1998, es un buen ejemplo de la arquitectura colonial.

Museo Quinta de Bolívar

La Quinta del Libertador, Simón Bolívar, restaurada en 1998, es un buen ejemplo de la arquitectura colombiana de la Colonia. En la Quinta hay objetos personales de Bolívar y de sus amigos.

Después de leer

¿Cierto o falso? Indicate whether each statement is **cierto** *(true)* o **falso** *(false)*. Then correct the false statements.

1. _____ Bogotá is the capital of Mexico and has more than 27 million people.

2. _____ Bogotá has 40 universities.

3. _____ The Tequendama Hotel is situated far from downtown and does not have the amenities required by travelers.

4. _____ The Museo Quinta de Bolívar is a good example of colonial arquitecture in Bogotá.

A conversar With three or four of your classmates, discuss the following topics.

1. After reading this brochure about Bogotá, Colombia, discuss your impressions of Bogotá before reading this guide and your ideas of Bogotá after reading it. Mention at least four of each. Have your ideas changed about Bogotá? How?

2. Did you find this short brochure to be useful? Mention three other topics that you would like to read about.

   a. _____
   b. _____
   c. _____

¡A escribir!

Strategy: Combining sentences

Learning to combine simple sentences into more complex ones can help you improve your writing style immensely. In Spanish, there are several words you can use as connectors to combine sentences and phrases:

y	*and* (**y** becomes **e** before **i,** or **hi**)
o	*or* (**o** becomes **u** before **o** or **ho**)
que	*that, which; who*
pero	*but*
porque	*because*

Paso 1 Read the following virtual postcard that Esther wrote to her key pal in the United States about what she is doing during her summer vacation. Circle all of the connectors used in the following sentences.

Querida Kelly:

¿Qué tal? ¿Cómo estás?

De momento, estoy de vacaciones y tengo mucho tiempo libre. Me gusta practicar muchos deportes, como el tenis, la natación, el ciclismo y el baloncesto. Me gusta nadar todos los días, pero cuando llueve, veo videos o miro la tele en casa. También paso mucho tiempo con mi amigo Carlos. Carlos tiene veintitrés años y es un chico muy simpático. Nos gusta salir por la noche los fines de semana e ir a las discotecas que están en el centro. Carlos conoce muy bien la ciudad. Nos gusta bailar y caminar por la ciudad. ¡Bogotá es preciosa!

Bueno, en pocos minutos van a llegar mis padres. Vamos al cine hoy porque deseamos ver una película.

Espero recibir tu carta pronto.

Tu amiga,

Esther

Paso 2 Now that you have seen how connectors were used in the letter, combine the following sets of sentences, using **y, pero, que,** and **porque** appropriately.

Modelos Estudio en la Universidad de Bogotá. Me gustan mis clases.
Estudio en la Universidad de Bogotá y me gustan mis clases.

Tengo muchos amigos. Son muy simpáticos.
Tengo muchos amigos que son muy simpáticos.

1. Me gusta practicar deportes. No tengo mucho tiempo libre.
2. Mi amiga corre todos los días. Es muy atlética.
3. Deseo mirar un partido de fútbol en la tele. Necesito estudiar.
4. Tengo muchos amigos. Esquían en el invierno.

Task: Writing a letter to a friend

Paso 1 Using Esther's letter as a model, write a similar one telling a friend what you do in your free time. Be sure to include a description of several activities, and mention who (if anyone) you like to do these activities with and when you do them. Use connectors appropriately.

 Paso 2 Work with one or more classmates, exchanging and reading one another's letters. This will give you an excellent opportunity to learn more about what some of your classmates like to do in their free time.

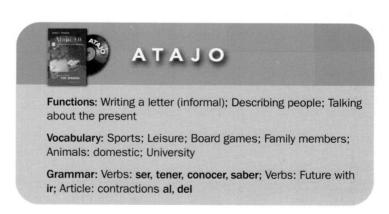

ATAJO

Functions: Writing a letter (informal); Describing people; Talking about the present

Vocabulary: Sports; Leisure; Board games; Family members; Animals: domestic; University

Grammar: Verbs: **ser, tener, conocer, saber;** Verbs: Future with **ir;** Article: contractions **al, del**

Vocabulario esencial

 CD 1, Track 9

Los deportes — *Sports*

andar en bicicleta	to ride a bike
caminar por las montañas	to hike/walk in the mountains
el ciclismo	cycling
correr	to run
esquiar en el agua	to water-ski
jugar (ue) al tenis	to play tennis
levantar pesas	to lift weights
montar a caballo	to go horseback riding
nadar	to swim
la natación	swimming
patinar en línea	to in-line skate
pescar	to fish

Otras palabras deportivas — *Other sports words*

el baloncesto	basketball
el béisbol	baseball
el campo de fútbol	football field
de golf	golf course
el fútbol (americano)	soccer (football)
ganar	to win
el golf	golf
el partido	game
el vólibol	volleyball

Los pasatiempos — *Pastimes*

bailar	to dance
dar un paseo	to go for a walk
hacer	to do, make
un picnic	to go on a picnic
planes	to make plans
ejercicio	to exercise
ir	to go
a tomar un café	to drink coffee
a un bar	to a bar
a un club	to a club
a un concierto	to a concert
a una discoteca	to a dance club
a una fiesta	to a party
al cine	to the movies
de compras	shopping
practicar deportes	to play sports
mirar la tele	to watch TV
sacar fotos	to take pictures
tocar la guitarra	to play the guitar
tomar el sol	to sunbathe
visitar un museo	to visit a museum

Los lugares en el pueblo — *Places in town*

el banco	bank
el café	café
la calle	street
el centro	downtown
el centro comercial	mall
el cine	movie theater
la iglesia	church
el mercado (al aire libre)	(outdoor) market
el museo	museum
la oficina de correos	post office
el parque	park
la piscina	pool
la plaza	plaza
el restaurante	restaurant
el supermercado	supermarket
la tienda	store

Los meses del año — *Months of the year*

enero	January
febrero	February
marzo	March
abril	April
mayo	May
junio	June
julio	July
agosto	August
septiembre	September
octubre	October
noviembre	November
diciembre	December

Las estaciones — *Seasons*

el invierno	winter
el otoño	fall
la primavera	spring
el verano	summer

El tiempo *p. 111*

Verbos *p. 105*

Plaza Mayor, Salamanca, España
Visit it live on Google Earth!

En la casa | España | 4

CHAPTER OBJECTIVES

Communicative Goals

In this chapter, you will learn how to . . .

- Describe the features of your home or personal residence
- Talk about furniture and appliances
- Describe household chores
- Make commands
- State locations
- Describe feelings
- Describe actions in progress
- Count from 100 and higher

Structures

- Present tense of stem-changing verbs (**e → ie, o → ue/u → ue, e → i**)
- More idioms with **tener**
- Affirmative **tú** commands
- **Estar** and the present progressive

Personal Tutor

DVD

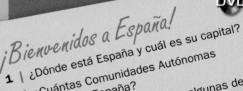

¡Bienvenidos a España!

1 | ¿Dónde está España y cuál es su capital?

2 | ¿Cuántas Comunidades Autónomas existen en España?

3 | Según el video, ¿cuáles son algunas de las Comunidades Autónomas y qué sabes de ellas?

4 | Según el video, ¿cuáles son las regiones de España que tienen mucha influencia árabe en su arquitectura?

5 | ¿Qué región española te gustaría (would you like) visitar? ¿Por qué?

En la Casa de Troya de doña Rosa In this section, you will practice talking about household rooms and furniture. Are there any student houses on your campus? How do they compare with doña Rosa's?

¿Nos entendemos?

La habitación, el cuarto, la alcoba, la recámara, and la pieza are all synonyms for el dormitorio (which does not mean *dormitory*). La habitación is more commonly used in Spain. In some parts of the Spanish-speaking world, el condominio means *apartment complex,* making the term somewhat of a false cognate.

¿Nos entendemos?

La heladera is a synonym for la nevera/el refrigerador. La nevera is more commonly used in Spain.

¿Nos entendemos?

In Spain, el piso refers to the apartment as a whole. El suelo is the term used for *floor.*

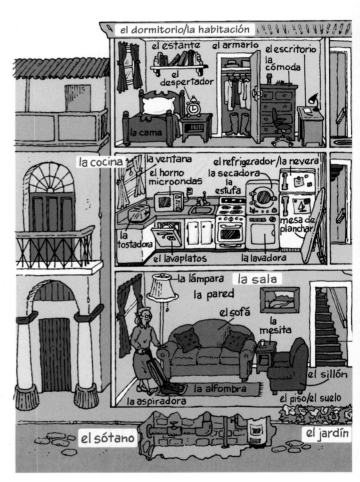

Palabras útiles

el apartamento / el departamento apartment	el garaje garage
el balcón balcony	el hogar home
la chimenea fireplace, chimney	el techo roof
el coche / el carro car	la terraza terrace/patio
el condominio condominium	el tocador dresser
el cuadro painting	la vivienda housing

Palabras útiles are presented to help you enrich your personal vocabulary. The terms provided here will help you talk about housing and household areas.

¡A practicar!

4-1 | ¿Y dónde pongo los muebles nuevos?

~miss~

A doña Rosa le gusta ayudar a la gente a arreglar muebles. Ayúdala *(Help her)* a instalar los muebles *(furniture)* nuevos en la Casa de la Troya. Indica el cuarto adecuado para cada mueble.

Modelo   Usted debe poner el estante *en el dormitorio*.

1. Es lógico poner el sillón en <u>el sala</u>.
2. Usted debe poner la cama y la cómoda en <u>su cuarto</u>, ¿no?
3. El sofá debe estar en <u>sala</u>.
4. La nevera debe estar en <u>la cocina</u>
5. ¿La ducha, la bañera, el inodoro y el lavabo? En <u>cuarto de baño</u>¡por supuesto!
6. Es necesario poner la mesa y las sillas en <u>comedor</u>.

4-2 | ¿Qué hay en la casa de doña Rosa?

Describe los muebles y las otras cosas de cada *(each)* cuarto de la casa con la expresión verbal **hay...**

Modelo   el dormitorio/la habitación
En el dormitorio/la habitación hay <u>un estante, un armario, una cómoda, una cama, un escritorio y una puerta</u>.

1. la sala <u>hay un lampara, un sofá, un sillon, y un mesita.</u>
2. el comedor <u>hay un mesa y seis sillas.</u>
3. la cocina <u>un tostadora, un lavaplatos, un lavadora, un estifa, un horno microondas, y un mesa de planchar</u>
4. el cuarto de baño <u>un ducha, un lavabo, un bañera y un inodoro.</u>

4-3 | ¿Y qué hay en tu casa?

Completa las siguientes oraciones con los muebles y aparatos domésticos de tu casa o residencia.

Modelo   En el cuarto de baño hay *un lavabo, un inodoro, una bañera y unas toallas* (towels).

1. En mi casa hay <u>tres</u> (#) dormitorios/habitaciones y <u>dos</u> (#) cuartos de baño.
2. Hay <u>once</u> (#) puertas y <u>quince</u> (#) ventanas.
3. En la cocina hay <u>un nuevo lavaplatos.</u>
4. En el dormitorio/habitación hay <u>tie dos camas.</u>
5. En la sala hay <u>un television, un sillon y un mesita</u>
6. En el comedor hay <u>un mesa y cuatro sillas.</u>
7. En el garaje hay <u>yo no tengo un garaje.</u>
8. ¿Tienes un jardín? ¿una piscina? ¿una chimenea? ¿una terraza? <u>yo tengo un jardin mas grande. yo griw mucho plantas.</u>

el cuarto de baño

la ducha
el espejo
el lavabo
el inodoro
la bañera

el comedor

la silla
la mesa

la escalera
la puerta

(handwritten notes in margin) el segundo piso / el primer piso / la planta baja

¡A conversar!

4-4 | Lugares preferidos Habla con un(a) compañero(a) sobre las siguientes actividades. Dile en qué parte de la casa te gusta hacer estas actividades.

> **Modelo** leer libros
> *Me gusta leer libros en el dormitorio.*

1. estudiar
2. comer con la familia
3. mirar la tele
4. comer solo(a)
5. hablar por teléfono
6. escuchar música
7. descansar
8. jugar a las cartas

4-5 | ¡Es la casa de mis sueños! Descríbele la casa de tus sueños *(dreams)* a un(a) compañero(a) de clase. Usa la imaginación e incluye algunos electrodomésticos.

> **Modelo** *La casa de mis sueños tiene tres pisos. En esta casa hay una cocina muy grande y un gimnasio en el sótano. También hay un jardín con plantas exóticas. En la cocina hay un horno microondas...*

4-6 | Entrevista con la familia real española España es uno de los pocos países que tiene una familia real *(royal family)*. Juan Carlos I es el rey *(king)* y Sofía, su esposa, es la reina *(queen)*. Trabajando con un(a) compañero(a), imagina que una persona es o *(either)* Juan Carlos I o Sofía. El rey o la reina debe usar la imaginación para contestar las siguientes preguntas sobre el Palacio Real.

> **Cultura**
>
> Spain is a parliamentary monarchy (much like Great Britain); the king is the official head of state and head of the armed forces, while the members of the two-chamber parliament, or **Cortes** in Spanish, are elected by the general public. The prime minister (**Presidente del Gobierno**) has to be elected by the members of the **Cortes**. Though the official residence of the king and his family is the **Palacio Real**, their actual private residence is in the **Palacio de la Zarzuela**.

EL PALACIO REAL, PLANTA PRINCIPAL

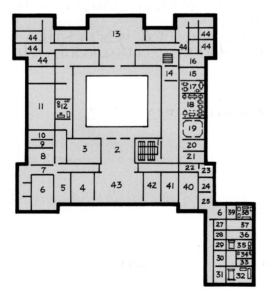

1 La gran escalera
   (Grand staircase)
12 La sala de música
17 El comedor menor
18 El comedor principal
19 La sala de los espejos
29 La biblioteca de la reina
32 El dormitorio de la reina
34 El cuarto de baño
35 El dormitorio del rey
38 La biblioteca principal

1. ¿Cómo es el Palacio Real? ¿Es grande? ¿elegante? ¿cómodo? ¿Cuántos dormitorios tiene? ¿Cuántos cuartos de baño hay en el palacio en la primera planta? ¿Por qué no tiene una cocina? ¿Hay un sótano en el palacio? ¿Hay muchas escaleras?
2. ¿A usted le gustaría *(Would you like)* vivir en el palacio? ¿Cuál es su cuarto favorito? Generalmente, ¿qué hace en este cuarto? ¿Cuál es el cuarto favorito de su esposo(a)?
3. ¿Quiere usted comprar muebles o electrodomésticos nuevos para algunos *(some)* cuartos? ¿Qué objetos busca usted y para qué cuartos?

4-7 | Se alquila piso Tú y un(a) amigo(a) van a pasar dos semanas de vacaciones en España. En vez de alojarse en un hotel, prefieren alquilar un piso o una casa pequeña. Compran un periódico y miran los anuncios clasificados. Después de hablar de los clasificados que han encontrado, decidan qué alojamiento quieren alquilar y por qué.

Estudiante A:
Encuentras un anuncio para un apartamento en Granada

2 habitaciones: 1 habitación con una cama matrimonial y armario; 1 habitación con 2 camas sencillas y un escritorio

salón con sofá cama, mesa y televisión

cocina con horno microondas, mesa de comedor, y tostadora

baño moderno con ducha, lavabo e inodoro y paredes azulejadas *(tiled)*

electricidad incluida en el precio

5 minutos a pie del centro de la ciudad, donde hay cerca muchos bares de tapas, tiendas, iglesias y plazas; en una zona muy segura

Precio: 60 euros/noche (mínimo 3 noches); 360 euros/semana; 1200/mes

Estudiante B:
Encuentras un anuncio para una casa pequeña en Granada

2 habitaciones: 1 habitación con cama matrimonial y un armario; 1 habitación con 2 camas sencillas y un escritorio

cocina: nevera, microondas, plancha y mesa de planchar; comestibles básicos (aceite, vinagre, sal, azúcar, café, té)

salón comedor: sofá cama (para 2 personas), mesa de centro, mesa de comedor extensible con 4 sillas, TV a color por cable (52 cadenas), ordenador con conexión permanente de Internet

baño: lavabo, WC, ducha, espejo

una terraza fuera de la casa donde se puede sentar, comer, tener barbacoas, etc.

situación: está a sólo 1 minuto de la parada de autobuses más cercana y a 15 minutos a pie del centro de la ciudad

cerca: tiendas, bares, restaurantes, bancos, farmacias y supermercado

Precio: 70 euros/día; 525 euros/semana; 1500/mes

Alberto, un estudiante de medicina en la Universidad de Santiago de Compostela, expresa sus opiniones sobre un apartamento desastroso que él visita con su amigo Francisco.

En la calle...

Alberto: Vaya... las plantas en el balcón **están muertas.** ¡No puedo entrar!

Francisco: **¿Tienes miedo?** ¡Hombre! **Espera** un momento para ver el interior. Seguro que **está mejor.**

✱ **Comentario cultural** Large lawn areas are uncommon in Spain; however, apartment-dwellers often take great pride in their flowerboxes and it is not uncommon to hear caged songbirds singing from balconies.

En el salón...

Alberto: ¡Dios mío! ¡Qué desastre de apartamento! Hay ropa por todas partes y en el sillón hay un montón de libros.

Francisco: Seguro que las personas que viven aquí son estudiantes. **¿Quieres** ver la cocina?

✱ **Comentario cultural** In Spain, it is more common for students to have cell phones in lieu of a traditional land line due to the expense of having a permanent phone installed.

En la cocina...

Alberto: ¡Qué barbaridad! Todos los platos **están sucios.** Y todavía no han quitado la mesa. Parece que nadie limpia aquí. Y para colmo, ¡una bolsa de basura en la terraza!... No **puedo** imaginar cómo viven aquí.

✱ **Comentario cultural** In Spain, washing machines are typically located in the kitchen. Dryers are rarely used; instead, clothes are hung on laundry lines or on indoor drying racks. To fuel hot water heaters and gas stoves or ovens, Spaniards often use orange, refillable propane containers.

Expresiones en contexto

el alquiler *rent (Spain)*	**¡No puedo más!** *I can't take anymore!*
antes de *before*	**para colmo** *and on top of that*
apenas puedo verla *I can barely see it*	**vivir al aire libre** *to live outdoors*
qué mal huele *it smells badly*	**¡Qué barbaridad!** *How atrocious!*
inquilinos *tenants*	**¡Qué desastre de apartamento!** *What a disastrous apartment!*
montón *a lot (informal, Spain)*	**salón** *living room (Spain)*
ni siquiera *not even*	**seguro** *surely*
...no han quitado la mesa *. . . have not cleared the table*	**super** *really (adverb, Spain)*

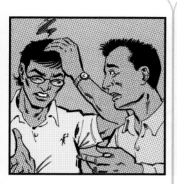

Francisco: **Ten** paciencia, Alberto. ¿Vamos a ver la habitación?

En la habitación...

Alberto: No veo la cama... Ah, allí está. Apenas **puedo** verla debajo de la ropa. Y ni siquiera hay un libro en el estante.

Francisco: Creo que **todos están en el sillón** en el salón. Bueno, Alberto, ... **tienes razón.** El piso **está un poco desordenado.** Pero **ven** conmigo para ver el cuarto de baño antes de decidir.

✱ **Comentario cultural** Fernando Alonso, the world-champion formula 1 race-car driver, and Raúl, the team captain who plays for Real Madrid, are popular figures among Spanish youth.

En el cuarto de baño...

Alberto: Mira cómo está la bañera... y qué mal huele aquí. No **puedo** vivir con esta gente... Los inquilinos de este piso son unos desastres. Y el alquiler es super alto. **Prefiero** vivir al aire libre. En fin, ya me voy .... ¡No puedo más!

✱ **Comentario cultural** In Spain, it is more common for a bathroom to have a shower without a tub because of space. It is also common for European bathrooms to have a **bidet,** which is used for personal hygiene.

¿Comprendiste? ¿Cuáles son algunos de los problemas que Alberto encuentra con el apartamento? Escribe una lista de cuatro cosas que están mal.

Modelo   *El césped no está cortado.*

1. _____

2. _____

3. _____

4. _____

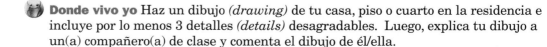 **Donde vivo yo** Haz un dibujo *(drawing)* de tu casa, piso o cuarto en la residencia e incluye por lo menos 3 detalles *(details)* desagradables. Luego, explica tu dibujo a un(a) compañero(a) de clase y comenta el dibujo de él/ella.

Estructura I

Describing household chores and other activities

In this section, you will learn how to conjugate verbs that change—either **e** to **ie**, **o** to **ue**, **u** to **ue**, or **e** to **i**—in the stem of the verb. The stem is the part of an infinitive to which one adds personal endings. For example, the stem of **hablar** is **habl-**. The above-mentioned types of vowel changes occur in all stressed syllables. Since the stress does not fall on the stem in the **nosotros(as)** and **vosotros(as)** forms, there is no stem change.

The present tense of *e → ie* stem-changing verbs

Infinitive	comenzar (ie) (to begin)	pensar (ie) (to think)	preferir (ie) (to prefer)	querer (ie) (to want; to love)	tener (ie) (to have)	venir (ie) (to come)
Stem	comienz-	piens-	prefier-	quier-	tien-	vien-
	comienzo	pienso	prefiero	quiero	tengo	vengo
	comienzas	piensas	prefieres	quieres	tienes	vienes
	comienza	piensa	prefiere	quiere	tiene	viene
	comenzamos	pensamos	preferimos	queremos	tenemos	venimos
	comenzáis	pensáis	preferís	queréis	tenéis	venís
	comienzan	piensan	prefieren	quieren	tienen	vienen

Note that two verbs that have stem changes from **e** to **ie** have an irregular **yo** form (**tengo** and **vengo**). You have already learned the endings for **tener** in **Capítulo 2**.

Other frequently used **e** to **ie** stem-changing verbs are:

cerrar (ie)	to close	**perder (ie)**	to lose; to miss (a function)
empezar (ie)	to begin	**regar (ie)**	to water
entender (ie)	to understand		

¡A practicar!

📖 **Capítulo 4**	🌐 **Capítulo 4**
💿 **Capítulo 4**	💻 *iLrn: Heinle Learning Center,* **Capítulo 4**

4-8 | Entrevista con doña Rosa Raquel Navarro es reportera. Ella quiere escribir un artículo sobre la gente de edad *(the elderly)*. En este momento ella está hablando *(is talking)* con doña Rosa. Completa su conversación, usando la forma correcta de los siguientes verbos: **comenzar, pensar, preferir, querer, tener, venir.**

Raquel: Yo 1. <u>quiero</u> hablar con usted sobre su vida, doña Rosa. ¿Está bien?

Doña Rosa: Por supuesto. ¿2. <u>Comenzamos</u> (nosotras) con mi vida personal?

Raquel: Muy bien. ¿3. _____ usted hijos?

Doña Rosa: Sí, 4. <u>tengo</u> cuatro. Dos de ellos viven aquí conmigo.

Raquel: Y los otros... ¿5. <u>vienen</u> a verla frecuentemente?

Doña Rosa: ① Bueno, no 6. <u>vienen</u> frecuentemente porque viven en Madrid.

Raquel: Sé que los estudiantes la tienen muy ocupada. Pero, ¿qué hace durante el día para divertirse?

Doña Rosa: Me gusta mirar la tele. (Yo) 7. <u>prefiero</u> ver telenovelas. Mi telenovela favorita se llama «Amar en tiempos revueltos». El programa 8. <u>comienza</u> en una hora. ¿9. <u>piensas</u> verlo conmigo esta tarde?

Raquel: Sí, gracias. Me gusta mucho este programa. ¡Qué guay! *(Cool!)* ¿Y qué 10. _____ usted de las telenovelas españolas, doña Rosa?

Doña Rosa: Bueno, pues... me gustan mucho.

Present tense of stem-changing verbs (e → ie; o → ue; u → ue; e → i)

The present tense of o → ue/u → ue stem-changing verbs

Infinitive	almorzar (ue) (to have lunch)	dormir (ue) (to sleep)	jugar (ue) (to play)	volver (ue) (to return)	poder (ue) (to be able)
Stem	almuerz-	duerm-	jueg-	vuelv-	pued-
	almuerzo	duermo	juego	vuelvo	puedo
	almuerzas	duermes	juegas	vuelves	puedes
	almuerza	duerme	juega	vuelve	puede
	almorzamos	dormimos	jugamos	volvemos	podemos
	almorzáis	dormís	jugáis	volvéis	podéis
	almuerzan	duermen	juegan	vuelven	pueden

The present tense of e → i stem-changing verbs

Infinitive	decir (i) (to say; to tell)	pedir (i) (to ask for)	servir (i) (to serve)
Stem	dic-	pid-	sirv-
	digo (the yo form of decir is irregular)	pido	sirvo
	dices	pides	sirves
	dice	pide	sirve
	decimos	pedimos	servimos
	decís	pedís	servís
	dicen	piden	sirven

4-9 | ¿Cierto o falso? Ahora tienes que corregir *(correct)* algunos de los errores en el artículo de Raquel antes de publicarlo en el periódico *(newspaper)*. Si la oración es falsa, ¡corrígela!

Modelo   Doña Rosa: Yo tengo tres hijos.
Es falso. Doña Rosa tiene cuatro hijos.

1. Doña Rosa: Mis hijos vienen a verme frecuentemente.
2. Doña Rosa: Prefiero ver el telediario *(news program)*. telenovelas
3. Doña Rosa: No tengo un programa favorito. no
4. Doña Rosa: Pienso que las telenovelas españolas son malas.

4-10 | Planes para el sábado Beti y su compañero, Tomás, dos estudiantes de medicina, están hablando de sus planes. Completa su conversación con la forma correcta de los siguientes verbos: **almorzar, dormir, jugar, poder** y **volver.**

Beti: ¿Por qué no 1. jugamos _____ (nosotros) al tenis esta tarde?

Tomás: Yo no 2. juego _____ bien al tenis, Beti. Y después de mi accidente, no 3. _____ hacer mucho ejercicio por una semana.

Beti: Pues, vamos a ir al cine. ¿Qué te parece? (Nosotros) 4. volvemos _____ ver la nueva película de Almodóvar.

Tomás: Bien. Antes del cine, ¿ 5. _____ (nosotros) en la calle Franco?

Beti: ¡Perfecto! Y después de almorzar, (nosotros) 6. _____ a casa. Yo siempre 7. _____ la siesta.

Tomás: ¿Cómo? Tú 8. _____ dormir la siesta, si quieres, pero yo no.

¡A conversar!

4-11 | ¿Es verdad? Con un(a) compañero(a) de clase, respondan a las siguientes observaciones. En este ejercicio se van a enfocar en los verbos **pedir, servir** y **decir.**

Modelos Tú siempre pides mucha comida en la cafetería.
No es verdad. Yo no pido mucha comida en la cafetería.

Tú y tus amigos siempre dicen la verdad.
Sí, es verdad. Nosotros siempre decimos la verdad.

1. Tú y tus amigos(as) siempre dicen cosas buenas sobre los profesores.
2. Tus amigos sirven tapas en las fiestas.
3. Tu profesor(a) de español pide la tarea.
4. Tú siempre dices cosas interesantes de tus compañeros de clase.
5. Tú siempre pides ayuda cuando no entiendes una cosa.
6. Vosotros pedís trabajos adicionales a los profesores.
7. Los restaurantes de la universidad sirven buena comida.

4-12 | Encuentra a alguien que... Encuentra a alguien en tu clase que haga *(does)* las siguientes cosas *(following things)*. Con las siguientes frases, forma preguntas para tus compañeros(as) para saber si ellos(as) hacen o no hacen esas cosas.

Modelo querer una casa con chimenea
E1: *¿Quieres una casa con chimenea?*
E2: *Sí, yo quiero una casa con chimenea.*

1. almorzar en la terraza
2. preferir una casa a un apartamento
3. pensar tener una fiesta en la casa de sus padres
4. poder ir a tomar un café
5. tener que lavar los platos
6. pedir postres *(desserts)* en los restaurantes
7. decir cosas atrevidas *(bold)*
8. servir comida deliciosa en las fiestas

4-13 | Entrevista: Preguntas sobre la vivienda Hazle las siguientes preguntas sobre su vivienda a un(a) compañero(a) de clase.

1. ¿Prefieres vivir en un apartamento, una casa o una residencia? ¿Almuerzas en casa *(at home)* o en una cafetería? ¿Vienen tus padres a verte con frecuencia? ¿Pueden verte tus amigos a cualquier hora *(at any time)*?

2. ¿Cierras las ventanas de tu dormitorio por la noche? ¿Duermes bien cuando estás solo(a) en casa?

3. ¿Haces muchas fiestas en tu casa? ¿En qué cuarto prefieres estar con tus amigos en una fiesta? ¿Pierdes muchas fiestas porque tienes que estudiar? ¿Puedes dar fiestas en un patio o en un jardín? ¿A qué hora vuelves de una fiesta generalmente?

4. ¿Pierdes muchas cosas en tu dormitorio? ¿Puedes estudiar bien en tu dormitorio? ¿Duermes fácilmente en tu dormitorio? ¿Qué muebles tienes en tu dormitorio? ¿Qué electrodomésticos tienes?

4-14 | Acorazado *(Battleship)* Clasifica las palabras de la siguiente lista de verbos en estas categorías —según el tipo de cambio: **e → i, e → ie, o → ue / u → ue** y escríbelas en los lugares apropiados en la tabla *(chart)*.

empezar   volver   cerrar   tener   almorzar   regar   entender   querer   servir

pedir   preferir   comenzar   jugar   poder   perder   pensar (en)   dormir   venir   decir

e → i	e → ie	o → ue / u → ue
pedir		
decir		
servir		

Ahora vas a jugar el juego **Acorazado** empleando la rejilla *(grid)* que aparece a continuación *(below)*. Dibuja cinco submarinos en diferentes partes de la rejilla, pero ten cuidado —¡nadie debe verlos! Trata de destruir los submarinos de tu compañero(a) haciéndole preguntas *(by asking questions)* con los verbos en la rejilla.

Modelo   la profesora / preferir *¿La profesora prefiere café?* Si tu compañero(a) tiene un submarino en ese lugar, él/ella contesta: *Sí, prefiere café,* y ¡tú ganas el punto!

Si tu compañero no tiene un submarino en ese lugar, él/ella contesta: *No, no prefiere café.*

Túrnense *(Take turns)* para hacerse preguntas hasta que una persona destruya todos los submarinos de la otra persona.

	poder hablar francés	jugar al tenis	dormir ocho horas	preferir café
tú				
la profesora				
Rosa y Luis				
nosotros				

Así se dice

Expressing physical conditions, desires, and obligations

You have already learned the conjugation of **tener** and several expressions that use the verb **tener.** Here you will learn some more expressions with **tener.**

Tener + nouns

As you learned in **Capítulo 2,** in certain cases you can use the stem-changing verb **tener +** noun to describe how people are feeling.

—¿**Tienes sueño,** mamá?	*Are you sleepy, Mom?*
—Sí, **tengo mucho sueño.**	*Yes, I'm very sleepy.*

Here are three more expressions you can use with **tener:**

tener celos	to be jealous	**tener paciencia**	to be patient
tener miedo (de)	to be afraid (of)		

Note that although Spanish speakers use **hacer** to say *it is cold* or *it is hot* (**hace frío, hace calor**), the verb **tener** is used with these two nouns when a person says *I am cold* (**Yo tengo frío**) or *She is hot* (**Ella tiene calor**).

Francisco **tiene paciencia** con su amigo Alberto.	*Francisco is patient with his friend Alberto.*
Alberto **tiene miedo de** entrar al apartamento.	*Alberto is afraid of entering the apartment.*
Mi novia **tiene celos** cuando hablo con otras chicas.	*My girlfriend is jealous when I speak to other young women.*

¡A practicar!

📖	**Capítulo 4**	〰️	**Capítulo 4**
💿	**Capítulo 4**	🔍	iLrn: Heinle Learning Center, **Capítulo 4**
🎧		**Tener** and **Tener** Expressions	

4-15 | ¿Qué tiene Juan? Lee las situaciones y di lo que tiene o no tiene Juan.

> **Modelo** Hoy la temperatura es muy alta, hace mucho sol y Juan va a nadar.
> *Juan tiene calor.*

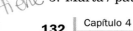

1. Juan puede esperar a la cola *(wait in line)* por horas. Juan es tiene paciencia
2. Juan nunca viaja en avión. No le gustan las alturas *(heights).* Juan tiene miedo de alturas. de las alturas.
3. A Juan no le gusta el invierno porque hay mucha nieve y viento. En invierno tiene mucho frío.
4. A Juan no le importa si su novia sale con sus amigos. Juan no tiene celos.

> **¿Nos entendemos?**
>
> The word **fila** is used for *line* in some parts of the Spanish-speaking world. **Cola** is most often used in Spain.

4-16 | En un campamento *(camp)* Termina las siguientes oraciones con **tener que +** *infinitive* para indicar qué necesitan hacer los consejeros del campamento.

> **Modelo** los consejeros / descansar más los fines de semana
> *Los consejeros tienen que descansar más los fines de semana.*

tienen
tiene

1. nosotros / nadar en la mañana tenemos que
2. Juan y Antonio / jugar al tenis a las nueve
3. Marta / patinar en línea por la tarde
4. Guadalupe / ver un video esta tarde tiene
5. tú / hablar por teléfono con la Sra. Menéndez tienes
6. ¿Yo? tengo que estudiar español

Expressions with the verb *tener*

Tú **tienes calor** porque hace mucho sol y no hace viento.

You are hot because it is very sunny and the wind is not blowing.

Tomás y Margarita **tienen mucho frío** porque no tienen chaquetas.

Tomás and Margarita are very cold because they don't have jackets.

Tener ganas de + infinitive

When you want to say that you feel like doing something, use the expression **tener ganas de** + *infinitive*. Simply conjugate **tener** and use the infinitive form of the verb that expresses what you feel like doing.

¿**Tienes ganas de pintar** la casa?

Do you feel like painting the house?

Tenemos ganas de ver una película.

We feel like watching a movie.

Tener que + infinitive

The verb **tener** is also used in the construction **tener que** + *infinitive*, which means *to have to do something*. It is used in the same way as the verb **deber** (see **Capítulo 2**), but it carries a stronger sense of obligation. **Deber** normally carries the meaning of *should*, whereas **tener que** often means *must*. Note that both of these verb forms must be followed by an infinitive.

Yo deseo ir a la fiesta, pero yo **tengo que estudiar.**

I want to go to the party, but I have to (must) study.

Tenemos que ir a la discoteca. ¡Hay muchos chicos guapos!

We have to (must) go to the disco. There are a lot of cute guys!

¡A conversar!

couples

4-17 | En otras palabras En parejas, usen una expresión con el verbo **tener** e indiquen qué tienen las siguientes personas.

Modelo Mercedes: Yo quiero ir al cine. *Mercedes tiene ganas de ir al cine.*

1. Manolo dice: Allí está Ramón hablando con mi novia. *Manolo tiene celos hablar*
2. Milagros y Maite dicen: Nosotras podemos esperar; no tenemos prisa. *Ellos tienen paciencia*
3. Yo digo: ¡Ayyyy! ¡Un perro grande! *yo tengo miedo de el perro.*
4. Tú dices: Yo quiero ir a la discoteca. *Tu tienes ganas de ir a la discoteca.*

4-18 | Preferencias y obligaciones Trabajando con un(a) compañero(a) de clase, forma cinco oraciones *(sentences)* que expresen combinaciones de una cosa que **tienes ganas de** hacer y una cosa que **tienes que** hacer después.

Modelo esta noche: *Yo tengo ganas de ir al cine, pero yo tengo que estudiar.*

1. hoy por la tarde: _____
2. esta noche: _____
3. mañana por la mañana: _____

4. este fin de semana: _____
5. en el verano: _____

sentir: to feel

yo tengo ganas de _____

¿Qué recuerdan de...

...Bienvenidos a España?

1. ¿Cuál es la capital de España?
2. ¿Qué lenguas se hablan en España?
3. ¿Cómo son los edificios en Madrid? ¿Hay muchos monumentos históricos?

Población: 44.708.964
Área: 504.782 km2, más o menos dos veces el tamaño de Oregón
Capital: Madrid, más de 5.5 millones
Ciudades principales: Barcelona, más de 4.9 millones, Bilbao, 353.950, Málaga, 1.3 millones, Sevilla, 1,8 millones, Valencia, 2.3 millones
Moneda: el euro
Lenguas: el español, el catalán, el euskera (vasco), el gallego

See the *Workbook,* **Capítulo 4, Bienvenidos a España** for additional activities.

Casa Milá o La Pedrera en Barcelona, España

Personalidades ilustres Antonio Gaudí y Cornet (1852–1926) es uno de los arquitectos más creativos y prestigiosos de España. Original de Barcelona, Gaudí hace muchas obras importantes como La Sagrada Familia *(Church of the Holy Family),* el Parque Güell y la Casa Milá o La Pedrera. La casa tiene dos escaleras, siete chimeneas, dos patios y acceso al techo donde la gente va a ver la magnífica vista de la ciudad de Barcelona, a tomar una soda y a escuchar música por la noche.

¿Adónde vas con tus amigos a escuchar música y a tomar una soda?

Historia La Iglesia de la Vera Cruz en Segovia es de origen románico. Los romanos llegan a la Península Ibérica alrededor de 200 años a.C. (antes de Cristo *(before Christ)).* Los romanos llaman a esta tierra Hispania, que se deriva de Ispania y significa 'tierra de conejos' *(land of rabbits).* Las personas que viven en Hispania adoptan la cultura romana, su lengua y sus leyes, y así la península tiene una gran importancia dentro del imperio romano.

¿Hay edificios históricos en tu comunidad? Describe un edificio y di por qué es importante.

La Familia Real Española

Lugares mágicos El Palacio de la Zarzuela es la residencia del Rey de España, don Juan Carlos I, y su esposa, la Reina doña Sofía. El palacio está cerca de Madrid y tiene una colección muy interesante de porcelanas, muebles y relojes. El hijo de los Reyes de España, el Príncipe Felipe de Asturias, su esposa la Infanta Letizia y sus hijas la Infanta Leonor y la Infanta Sofía viven en un nuevo palacio dentro del área del Palacio de la Zarzuela.

¿Te gustaría vivir en un castillo? ¿Por qué sí o por qué no?

 Visit it live on Google Earth!

Creencias y costumbres Las tapas son una costumbre española del siglo XII, cuando el rey Alfonso X decide que en los bares no se debe beber vino sin comer algo sólido. Los edificios donde están los bares de tapas pueden ser edificios viejos, como el Ventorrillo del Chato en Cádiz (1780), o edificios modernos como Al Tapeo en Madrid. La palabra 'tapa' *(lid)* se usa para describir lo que se pone encima de la copa de vino, como un pedazo de pan *(piece of bread)* o jamón *(ham)* para tapar *(to cover)* el vino. Esta 'tapa' ayuda a proteger el vino de moscas *(flies)* o polvo *(dust)*. En España, las personas van a los bares de tapas entre las 11:00 y las 2:00, antes de comer, y entre las 7:00 y las 11:00, antes de cenar.

¿A qué hora cenas por la noche? ¿Cuál es tu restaurante favorito? ¿Cuál es el restaurante más famoso de tu ciudad?

Arte y artesanía El edificio del Museo Nacional del Prado con el Jardín Botánico y el Observatorio Astronómico son parte de un plan para embellecer *(embellish)* Madrid en el siglo XVIII en lo que hoy se conoce como el Paseo del Prado. Dentro del Prado se encuentran importantes obras de pintores españoles como El Greco, Diego Velázquez y Francisco Goya. También hay obras famosas de pintores alemanes, franceses, holandeses e italianos. Las obras de artistas modernos como Pablo Picasso, Juan Gris, Joan Miró y Salvador Dalí están en el Museo Nacional Centro de Arte Reina Sofía (1992) enfrente del Jardín Botánico y muy cerca del Museo del Prado.

¿Te gusta visitar museos? ¿Cuál es tu museo favorito y por qué?

Ritmos y música En España, cada región tiene su propia música y sus propios bailes. Por ejemplo, en Andalucía, al sur de España, se origina el flamenco en el siglo XVIII. Las personas que cantan, tocan la guitarra y bailan flamenco expresan sentimientos muy profundos y con mucha emoción.

Uno de los cantantes más importantes hoy en día es David Bisbal. Comienza a cantar en el 2002 y en el 2004 aparece el CD *Bulería* que rinde homenaje a su tierra Andalucía, donde el flamenco es una manera de vivir. Más de un millón de copias se venden en España y en Latinoamérica. Escuchen del CD *Bulería* la canción con el mismo nombre, que se define como un baile flamenco de mucho movimiento y que se acompaña con palmas *(clapping)* y expresiones de alegría. *Access the iTunes playlist on the* **Plazas** *website.*

¿Te gusta bailar o escuchar música? ¿Qué tipo de música te gusta?

See the *Lab Manual*, **Capítulo 4**, **Ritmos y música** for activities.

¡Busquen en la red de información!

www.thomsonedu.com/spanish/plazas

1. Personalidades ilustres: Antonio Gaudí y Cornet (1852–1926)
2. Historia: La cultura romana en Segovia, España
3. Lugares mágicos: El Palacio de la Zarzuela
4. Creencias y costumbres: Las tapas
5. Arte y artesanía: Los museos en Madrid, España
6. Ritmos y música: El flamenco, David Bisbal

Vocabulario
Los quehaceres domésticos

¡A practicar!

4-19 | ¿Quién hace qué? (Who is doing what?)
Doña Rosa siempre ayuda a los estudiantes con los quehaceres (chores) domésticos. Completa las siguientes oraciones para identificar lo que cada uno hace en la casa.

each

1. Manuel y David: Nosotros _ponemos_ la mesa *before* antes de comer.
2. Carlos _quinta_ la mesa después de comer.
3. Doña Rosa y Marcos _lavan_ los platos en la cocina.
4. Doña Rosa: Pepe, tú _sacas_ la basura.
5. Manuel y David _limpian_ la casa los fines de semana.
6. Ramón: Yo _corto_ el césped y _rego_ las plantas en junio, julio y agosto.
7. Los estudiantes _hacen_ la cama todas las mañanas.
8. La hija de doña Rosa _plancha_ la ropa y _barre_ el piso.
9. Si está de buen humor (If she is in a good mood), doña Rosa _pone_ la aspiradora.

4-20 | ¿Te ayudo? Manuel siempre ayuda a su madre con los quehaceres en la casa, especialmente cuando hay mucho que hacer. ¿Qué tiene que hacer Manuel?

Modelo   La cama está deshecha (unmade).
              Manuel tiene que hacer la cama.

1. Los platos están sucios (dirty). Manuel tiene lava los platos
   saca la basura 2. Hay mucha basura en la casa.
3. La ropa está arrugada (wrinkled). plancha la ropa
4. La casa está sucia. limpia la casa
5. El suelo está sucio. barre la suelo
6. Las plantas necesitan agua. rega los plantas

Manuel tiene

LIMPIAR LA CASA

hacer la cama

lavar los platos

lavar la ropa

lavar las ventanas

planchar la ropa

cortar el césped

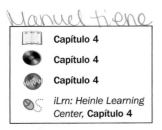

📖	**Capítulo 4**
💿	**Capítulo 4**
🌐	**Capítulo 4**
💿	*iLrn: Heinle Learning Center,* **Capítulo 4**

barrer el piso

poner la mesa

quitar la mesa

pasar la aspiradora

sacar la basura

regar las plantas

The verb **regar** is stem-changing, **e → ie**

¡A conversar!

4-21 | ¿Qué haces para limpiar la casa?

Pregúntale a un(a) compañero(a) de clase si hace los siguientes quehaceres. Si tu compañero(a) no hace el quehacer, debe indicar quién lo hace.

Modelo   sacar la basura
   E1: *¿Sacas la basura?*
   E2: *No, no saco la basura. Mi*
      padre saca la basura.

1. poner la mesa
2. lavar los platos
3. planchar la ropa
4. lavar la ropa
5. pasar la aspiradora
6. hacer la cama
7. cortar el césped
8. barrer el piso
9. regar las plantas

4-22 | Entrevista Trabaja con un(a) compañero(a) de clase y hazle las siguientes preguntas sobre los quehaceres domésticos que él/ella hace en casa.

1. ¿Tienes muchos quehaceres domésticos? ¿Cuáles son?

2. ¿Te gusta cocinar? ¿poner la mesa? ¿quitar la mesa? ¿lavar los platos?

3. ¿Qué hace(n) tu(s) hermano(a)(s)?

4. ¿Quién plancha la ropa en la familia? ¿Usas la lavadora y la secadora?

5. ¿Cuántas veces al mes limpias la casa? ¿la nevera?

6. ¿Tienes que cortar el césped?

7. ¿Quién riega las plantas en la familia?

8. ¿Tienes que barrer el suelo? ¿el patio? ¿el garaje?

Estructura II

Expressing preferences and giving advice

Spanish speakers use affirmative informal commands mainly to tell children, close friends, relatives, and pets to do something. You have already seen these commands in the direction lines of each exercise telling you (**tú**) what to do.

For most Spanish verbs, use the third-person singular (the **él/ella** verb forms) of the present indicative for the **tú** command form.

Espera un momento.   *Wait a minute.*

Pide un postre, si quieres.   *Order dessert, if you want to.*

Infinitive	3rd person present indicative	tú command
hablar	habla	habla (tú)
comer	come	come (tú)
escribir	escribe	escribe (tú)
cerrar	cierra	cierra (tú)
dormir	duerme	duerme (tú)

In Spain, to form the informal **vosotros** command, replace the final **-r** in the infinitive with **-d:** hablar → **hablad, comer → comed, escribir → escribid.**

 Gana poco, pero siempre gana

	Capítulo 4		Capítulo 4
	Capítulo 4		iLrn: Heinle Learning Center, Capítulo 4

¡A practicar!

4-23 | A sus órdenes, doña Rosa Completa la siguiente conversación entre doña Rosa y los chicos de la casa, usando los mandatos informales de la lista. Puedes usar los verbos más de una vez.

tener   hacer   venir   poner

ten   haz   riega   llama   ven   espera   quita   pon

Doña Rosa: ¡Chicos! Ya es tarde. Ayudadme a limpiar la casa. Tengo mucho que hacer.

Manuel: Ahora mismo, señora. Alberto, (1) _ven_ conmigo para lavar los platos.

Alberto: (2) _Espera_ un minuto. Tengo que terminar la tarea.

Manuel: Alberto, (3) _haz_ la tarea después. La señora necesita nuestra ayuda ahora.

Alberto: ¿No me oyes, Manuel? (4) _Ten_ paciencia. ¿No puedes esperar dos minutos?

Manuel: En dos minutos entonces. Te espero en el comedor.

Alberto: Muy bien. (5) _quita_ la mesa y te ayudo en la cocina con los platos.

Francisco: Manuel, ¿necesitas ayuda?

Manuel: ¡Sí! Gracias. (6) _pon_ los platos en el lavaplatos y luego (7) _riega_ las plantas del patio. Antes de empezar, (8) _____ a Alberto. Él está un poco vago *(lazy)* hoy.

Affirmative *tú* commands

Eight verbs have irregular affirmative **tú** commands.

~~dar~~ *decir*	di	ir	**ve**	salir	**sal**	tener	**ten**
hacer	**haz**	poner	**pon**	ser	**sé**	venir	**ven**

—**Ven** conmigo para ver el piso.

Come with me to see the apartment.

—Sí, pero **ten** paciencia, Alberto.

Yes, but be patient, Alberto.

—**Pon** la dirección en el bolsillo, Francisco.

Put the address in your pocket, Francisco.

—**Dime** tus opiniones del piso.

Tell me your opinion of the apartment.

 Dime con quién andas y te diré quién eres

¡A conversar!

4-24 | Consejos para un nuevo estudiante La supervisora le da algunos consejos *(advice)* a un nuevo estudiante de la casa. ¿Qué le dice ella al nuevo habitante de la casa? En parejas, túrnense para dar consejos, usando mandatos informales afirmativos.

> **Modelo** ayudar / con los quehaceres domésticos
> *Ayuda con los quehaceres domésticos.*

1. tener / paciencia con los vecinos *(neighbors)*
2. barrer / el suelo de tu habitación todas las semanas
3. estudiar / mucho
4. lavar / tu ropa los fines de semana
5. comer / a las horas establecidas
6. hacer / la cama todos los días
7. salir / para hacer ejercicio con los otros chicos
8. ir / al mercado los domingos por la mañana
9. dormir / la siesta
10. llamar / a tus padres todas las semanas

> **Cultura**
>
> Unlike in the U.S., in Spanish homes it is rare to find carpeted floors. Most floors are either hardwood or tiled.

> **¿Nos entendemos?**
>
> Many Spaniards will say **echar una siesta**. It is still common for Spaniards to return home for lunch and then take a short nap, before returning to work or school.

4-25 | ¿Qué recomiendas? Ahora un estudiante universitario de España te escribe una carta. Dale consejos para salir adelante en tu universidad. Trabaja con un(a) compañero(a) de clase para hacer una lista de mandatos afirmativos. Luego practica con el (la) otro(a) estudiante.

> **Modelo** *Come en la cafetería grande. ¡La comida en la otra es horrible!*

Estructura III

Talking about location, emotional and physical states, and actions in progress

The verb *to be* in English is translated in Spanish by either the verb **ser** or **estar.** As you learned in **Capítulo 2, ser** is used to identify essential or inherent characteristics, profession, nationality or origin, time, and dates. You learned the conjugation of **estar** in **Capítulo 3.** In this section, you will learn three functions of the verb **estar.**

Location

To state the location of people and things, use **estar** + *preposition of location* + *location.*

Papá **está en** el comedor.	*Dad is in the dining room.*
La aspiradora está **detrás del** sofá **en** la sala.	*The vacuum cleaner is behind the sofa in the living room.*
La tarea **está encima de** la mesa, **debajo del** libro de texto.	*The homework is on top of the table under the textbook.*

Prepositions of location often used with the verb **estar:**

al lado de	*next to, beside*		en	*in; on*
cerca de	*near*		encima de	*on top of*
con	*with*		entre	*between, among*
debajo de	*under, below*		lejos de	*far from*
delante de	*in front of*		sobre	*on; over*
detrás de	*behind*			

Emotional and physical states

To describe how people are feeling or the physical state of something, use **estar** + *adjective.*

¿Cómo **estás**, Elena?	*How are you, Elena?*
Estoy muy cansada, pero contenta.	*I'm very tired, but happy.*

Here are some adjectives commonly used with **estar** to describe emotional and physical states:

aburrido(a)	*bored*	limpio(a)	*clean*
contento(a)	*happy*	ocupado(a)	*busy*
desordenado(a)	*messy*	ordenado(a)	*neat*
emocionado(a)	*excited*	preocupado(a)	*worried*
enfermo(a)	*sick*	sucio(a)	*dirty*
enojado(a)	*angry*	triste	*sad*
furioso(a)	*furious*	vago	*lazy*

Note that **estar** can also be used with the adverbs **bien** and **mal.**

¿Cómo estás?	*How are you?*
Yo **estoy bien (mal).**	*I'm well (bad).*

The verb *estar*

Actions in progress

The **present progressive** tense is used to describe actions in progress. To form the present progressive, use a present tense form of **estar** plus a present participle, which is formed by adding **-ando** to the stem of **-ar** verbs and **-iendo** to the stem of **-er** and **-ir** verbs.

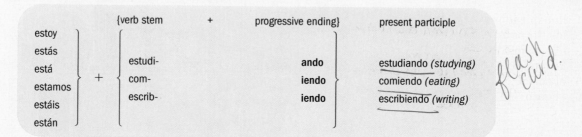

estoy estás está estamos estáis están	+	{verb stem	+	progressive ending}	present participle
		estudi-		ando	estudiando *(studying)*
		com-		iendo	comiendo *(eating)*
		escrib-		iendo	escribiendo *(writing)*

flash card.

Two irregular present participles are **leyendo** *(reading)* and **trayendo** *(bringing)*. Verbs that end in **-ir** and have a stem change, such as the verbs **dormir, pedir,** and **servir,** change in the stem from **o** to **u** or **e** to **i** (forming **durmiendo, pidiendo,** and **sirviendo,** respectively).

While Spanish speakers often use the simple present tense to describe routine or habitual actions, they use the present progressive tense to describe what is happening right now—at this very moment. Compare the two examples.

Happens habitually

flash card

Generalmente, Lorena **come** con su
   familia en casa.

*Generally, Lorena eats with her family
   at home.*

Happening right now

Pero en este momento Lorena
   está comiendo en una cafetería.

*But right now Lorena is eating in a
   cafeteria.*

¡A practicar!

4-26 | **¿Dónde está… ?** Ayuda a doña Rosa a encontrar las siguientes cosas en la casa. Usa **estar** + *preposition* para indicarle dónde están.

> **Modelo** la escoba *(the broom)*
> *La escoba está detrás del cuarto de baño.*

1. la aspiradora *está detrás de sillon.*
2. los libros *está en cima de cama*
3. el espejo *está cerca de ducha*
4. la ropa *está en la armario*
5. el sofá *está lejos de puerta.*
6. el gato *está encima la mesa de*

4-27 | **¿Cómo está(n)?** Mira los siguientes dibujos y decide cómo están las personas. Usa la forma apropiada de los adjetivos de la lista en la página 140 y el verbo **estar.**

1. _____

2. *esta furioso*

3. *esta triste*

4. *esta contento*

5. _____

6. *esta sucioa*

7. *enferma*

8. *esta cansada*

4-28 | **¿Qué están haciendo?** Usa el presente progresivo (**estar** + *present participle*) para describir las acciones de estas personas.

> **Modelo** Ramón / bailar
> *Ramón está bailando.*

1. nosotros / poner la mesa *est poniendo*
2. los estudiantes / limpiar la casa *limpiando*
3. tú / dormir *durmiendo*
4. Uds. / servir la comida *serviendo*
5. Carlos / quitar la mesa *quitando esta*
6. la hija de doña María / planchar la ropa *esta planchando*
7. yo / pasar la aspiradora *pasando*
8. Miguel / leer el periódico *leiendo*

¡A conversar!

4-29 | **¿Dónde está Joaquín?** En parejas, usando la siguiente información, indiquen dónde están Joaquín y su esposa Silvia. Varias respuestas son posibles. *[couples]*

> **Modelo** Silvia y Joaquín almuerzan juntos.
> *Están en el comedor.*

1. Joaquín duerme profundamente *(deeply).* Esta
2. Silvia comienza a leer una novela. en su habitacion
3. Joaquín piensa sacar la basura. en la cuarto
4. Silvia y Joaquín juegan a las cartas. Estan
5. Joaquín empieza a cantar una canción. la sala
6. Silvia y Joaquín vuelven de su trabajo y cierran la puerta. Estan silla
7. Joaquín piensa en los ingredientes de tortilla española. en la cocina
8. Joaquín cierra con llave *(to lock)* el coche. en el garaje

> **Cultura**
> **Tortilla española** is a popular dish that is served either hot or cold. It is made with eggs, potatoes, and onions.

4-30 | **Situaciones y emociones** Trabajando con un(a) compañero(a) de clase, túrnense *(take turns)* identificando sus emociones en las siguientes situaciones, y expliquen por qué.

> **Modelo** Cuando hace sol, estoy...
> *Cuando hace sol, estoy muy contento; me gusta mucho el sol.*

1. Cuando saco una mala nota *(bad grade),* estoy...
2. Cuando tengo que hablar en español, estoy...
3. Cuando mi familia y yo limpiamos la casa todo el día, estamos...
4. Cuando mi hermano tiene que limpiar el cuarto de baño, está...
5. Cuando estoy con mis amigos, nosotros estamos...
6. Cuando mi compañero(a) pierde un documento en la computadora, está...
7. Cuando los estudiantes no tienen clase, están...
8. Cuando el (la) profesor(a) corrige *(corrects)* nuestros exámenes, está...

4-31 | **La nueva estudiante** Helen, una chica de los EE.UU., es una nueva estudiante que vive en la casa de doña Rosa. Hazle preguntas a ella con el verbo **estar** sobre los siguientes temas. Tu compañero(a) va a ser Helen y debe contestar las preguntas. Túrnense.

> **Modelo** sobre su estado emocional/físico
> E1: *¿Cómo estás?*
> E2: *Estoy bien, pero un poco cansada.*

1. sobre lo que ella está haciendo en Santiago de Compostela
2. sobre sus planes académicos en Santiago de Compostela
3. si ella trabaja en Santiago de Compostela
4. si ella sabe si doña Rosa está en la casa
5. si ella tiene noticias de *(has news of)* las actividades de doña Rosa
6. si sus compañeras de cuarto estudian en este momento

> **Cultura**
> Santiago de Compostela, located in Galicia in northwest Spain, is home to one of the major universities in Spain.

4-32 | **¡Actuemos!** En grupos de tres personas, túrnense actuando y adivinando varios quehaceres domésticos. Una persona hace pantomima y los otros del grupo preguntan sobre lo que está haciendo, usando el presente progresivo.

> **Modelo** E1: *¿Estás lavando la ropa?*
> E2: *No, estoy en la cocina.*
> E3: *¿Estás lavando los platos?*
> E2: *¡Sí! Estoy lavando los platos porque están muy sucios.*

Así se dice

Counting from 100 and higher

100 cien (ciento + *número*)	**400** cuatrocientos(as)	**700** setecientos(as)	**1.000** mil
200 doscientos(as)	**500** quinientos(as)	**800** ochocientos(as)	**1.000.000** millón
300 trescientos(as)	**600** seiscientos(as)	**900** novecientos(as)	

1. The **y** never occurs directly after the number **ciento: ciento uno(a).**

2. The numbers 200–999 agree in gender with the nouns they modify: **doscientos libros,** but **doscientas sillas.**

3. The word **mil,** which can mean *a thousand* or *one thousand,* is not usually used in the plural form when counting but can be in other contexts. **Un millón** *(a million or one million),* however, has the plural form **millones,** in which the accent is dropped.

4. **Los números de más de 2.000** Use **mil** to express numbers over 1,000. For expressing hundreds of thousands, 200–900 must agree in gender with the nouns they modify.

2.000	dos mil	300.055	trescient**os** mil cincuenta
200.000	doscient**as** mil personas		y cinco **estudiantes**

¡A practicar!

Capítulo 4	Capítulo 4
Capítulo 4	*iLrn:* Heinle Learning Center, **Capítulo 4**

4-33 | Eventos históricos de España Para cada fecha histórica, escribe la fecha y luego dile la frase completa a un compañero(a) de clase.

> **Modelo** Barcelona celebra los Juegos Olímpicos en 1992.
> *Barcelona celebra los Juegos Olímpicos en mil novecientos noventa y dos.*

1. Los romanos llegan a España en el año 218 a. C. (antes de Cristo). doscientas diciocho
2. Los árabes invaden desde África en el año 711 d. C. (después de Cristo). sete cientos once
3. Los Reyes Católicos, Fernando e Isabel, conquistan Granada en 1492. mil cuatrocientos noventidos
4. El príncipe Juan Carlos de Borbón es nombrado sucesor de Franco en 1969. mil novciento sesenta y nueve

4-34 | Obras maestras Doña Rosa busca algunas obras de arte para decorar su casa. Como eres vendedor(a) de arte, tienes que escribir los números del precio en euros para cada obra.

La hora triangular de Salvador Dalí
87.329.200,00 euros

Las Meninas
de Diego Velázquez
655.450.150,00 euros

5. **La fecha** For expressing dates, the numbers 200–900 will be plural masculine to agree with the implied or stated masculine plural noun **años**.

1835	mil ochocientos treinta y cinco
1998	mil novecientos noventa y ocho
2009	dos mil nueve

Use the preposition **de** to connect the day, month, and year.

Nací (*I was born*) el 24 **de** junio **de** 1986.

6. Note that when writing numbers, Spanish uses a period where English uses a comma, and vice versa.

English:	$1,500.75
Spanish:	$1.500,75

As in English, years are never written with a period nor a comma.

1999	1969	1492

Unlike in English, years must be spelled out (mil, novecientos, noventa y nueve) rather than broken into two digit groupings (*nineteen, ninety-nine*).

¡A conversar!

4-35 | ¿Cómo se dice... en español? Escribe los siguientes números y luego exprésalos a un(a) compañero(a) de clase.

Modelo   la fundación de esta universidad
1825: mil ochocientos veinticinco

1. el año de tu nacimiento   *mil novecientos noventi tres*
2. el número de estudiantes de esta universidad   *21,726 dos, uno, siete, dos, seis*
3. la cantidad de dinero que quisieras (*you would like to*) tener en el banco   *un millon dollares*
4. el número de días en el año   *trescientos sesenta y cinco*
5. el número de correos electrónicos que recibes en un año   *mil setecientos y cuatro*

4-36 | ¿Cuánto cuesta? (How much is it?) Estás en Tecnolandia, una tienda de electrodomésticos en Santiago. Doña Rosa quiere unas cosas nuevas para la Casa de la Troya, y tú tienes que comprarlas. Tienes 240,00 euros para comprarlo todo. ¿Qué vas a comprar? ¿Puedes comprar todo lo que ella quiere? Habla con dos compañeros(as) de clase sobre qué van a comprar, qué no van a comprar y por qué.

Modelo   *Yo compro la aspiradora por 117 euros, el microondas por 94,50, la tostadora por 15,50 y los dos despertadores por 9,00. Así gasto 236 euros. No puedo comprarlo todo.*

Doña Rosa quiere:
una aspiradora nueva
dos despertadores
una tostadora
un sillón
un refrigerador
un horno microondas

Tecnolandia ofrece:
1 Aspiradora Kirby, 117 EUR.
2 Despertador Timex, 4,50 EUR.
3 Tostadora Krupps, 15,50 EUR.
4 Sillón Chico Flojo, 70 EUR.
5 Refrigerador Whirlpool, 205 EUR.
6 Microondas Sony, 94,50 EUR.

Present tense of e > ie verbs

Infinitive	pensar (ie)	querer (ie)	preferir (ie)
Stem	piens-	quier-	prefier-
	pienso	quiero	prefiero
	piensas	quieres	prefieres
	piensa	quiere	prefiere
	pensamos	queremos	preferimos
	pensáis	queréis	preferís
	piensan	quieren	prefieren

¡A recordar! What other common e > ie verbs did you learn in this chapter? Which common e > ie verbs have irregular *yo* forms?

Present tense of o > ue, u > ue verbs

Infinitive	jugar (ue)	poder (ue)	dormir (ue)
Stem	jueg-	pued-	duerm-
	juego	puedo	duermo
	juegas	puedes	duermes
	juega	puede	duerme
	jugamos	podemos	dormimos
	jugáis	podéis	dormís
	juegan	pueden	duermen

¡A recordar! What other common o > ue verbs did you learn in this chapter?

Present tense of e > i verbs

Infinitive	pedir (i)	decir (i)
Stem	pid-	dic-
	pido	digo
	pides	dices
	pide	dice
	pedimos	decimos
	pedís	decís
	piden	dicen

¡A recordar! What other common e > i verbs did you learn in this chapter? Why is **digo** the **yo** form of **decir**?

Affirmative *tú* commands for regular verbs

Infinitive	3rd person present indicative	*tú* command
hablar	habla	habla (tú)
comer	come	come (tú)
escribir	escribe	escribe (tú)

¡A recordar! What are the **tú** commands for the verbs **dormir** and **cerrar**? What are the eight verbs that have irregular affirmative **tú** commands?

Estar and the present progressive

	{verb stem + progressive ending}	present participle	
estoy			
estás	{estudi-	ando }	estudiando
está } +	{com-	iendo }	comiendo
estamos	{escrib-	iendo }	escribiendo
estáis			
están			

¡A recordar! What are the present participle endings for **leer** and **traer**? What are the participles for stem-changing verbs such as **dormir, pedir,** and **servir**? What other uses of **estar** do you remember from the chapter?

¡A repasar!

Actividad 1 | Los planes de esta noche Completa el diálogo entre unos amigos sobre los planes de esta noche, usando la forma apropiada de los verbos que están entre paréntesis. (12 pts)

— ¿Uds. pueden salir a las nueve esta noche? Nosotros 1. _____ (pensar) ver una película.

— Mi hermano 2. _____ (tener) que limpiar su dormitorio y se 3. _____ (dormir) temprano, pero yo 4. _____(poder) salir a las nueve. Yo 5. _____(preferir) ir a un restaurante a cenar, porque no 6. _____ (tener) ganas de ver una película.

— Sí, yo 7. _____(entender). Entonces, nosotros 8. _____(querer) pasar por tu casa a las ocho. Hay un restaurante muy bueno en la calle Segovia. Ellos 9. _____(servir) una paella muy rica.

— Sí. Mi madre también 10. _____(decir) que es excelente. Ella 11. _____ (almorzar) allí con mi tía y ellas siempre 12. _____ (pedir) paella.

Actividad 2 | La rutina de dos chicos Escoge de los verbos de la lista para completar el párrafo sobre los hijos de los señores Saavedra. (8 pts.)

almorzar	jugar	preferir	venir
dormir	pensar	tener	volver

Los señores Saavedra 1. _____ dos hijos. Jorge, el mayor, 2. _____ al tenis pero Ramón, el menor, 3. _____ jugar al fútbol. Él 4. _____ que el tenis es aburrido. Los sábados los niños practican deportes por la mañana. Ellos 5. _____ a casa y 6. _____ a las dos de la tarde. A veces ellos 7. _____ la siesta después de comer pero generalmente unos amigos 8. _____ a su casa y no hay tiempo para la siesta.

Actividad 3 | **¿Qué dice?** Forma el mandato afirmativo de los verbos que están entre paréntesis para saber qué tienes que hacer. (10 pts.)

1. ¡_____ (Venir) aquí!
2. ¡_____ (Limpiar) la cocina!
3. ¡_____ (Poner) la mesa!
4. ¡_____ (Hacer) la cama!
5. ¡_____ (Regar) las plantas!
6. ¡_____ (Barrer) el piso!
7. ¡_____ (Ir) a la tienda con tu madre!
8. ¡_____ (Escribir) un correo electrónico a tu tía!
9. ¡_____ (Tener) paciencia con tu hermana!
10. ¡_____ (Ser) simpático!

Actividad 4 | **¿Qué pasa en la casa?** Rellena los espacios en blanco con la forma correcta del verbo **estar.** (10 pts.)

¡Hola, Silvia! ¿Cómo 1. _____? Yo 2. _____ bien. Eduardo
3. _____ en la cocina con Carolina 4. _____ preparando
la cena. Maricarmen y Raúl 5. _____ limpiando las alcobas porque
6. _____ desordenadas. Raúl tiene que limpiar el baño y él
7. _____ enojado porque el baño 8. _____ muy sucio. Isabel
y su hermana 9. _____ en el centro comercial. En general, todos nosotros
10. _____ bien.

Refrán

_____ (hacer) bien; pero _____
(mirar) cómo y a quién.

Bonus! 2 pts

Actividad 5 | **Estar o tener** Completa cada oración con una forma conjugada de los verbos **estar** o **tener,** según el contexto. (10 pts.)

1. Yo _____ calor cuando _____ en la playa en el verano.
2. ¿_____ tú mucho frío cuando nieva?
3. Mi hermana _____ enferma y no puede ir a la fiesta. Ella _____ celos porque todos sus amigos van.
4. Mis amigos _____ en la clase de química ahora. Ellos _____ miedo porque el examen es hoy.
5. Mi compañera de cuarto _____ estudiando ahora, pero es difícil porque _____ sueño.
6. Cuando sacamos malas notas en el examen, nosotros _____ tristes.

¡A ver!

En este segmento del video, los cinco compañeros de casa ya se conocen bien y están muy contentos en su nueva casa, la Hacienda Vista Alegre. Vas a ver varias escenas en la casa, incluso escenas del primer día en la Hacienda. Los jóvenes recuerdan (remember) las partes diferentes de la casa y cómo dividieron (how they divided) las habitaciones.

Expresiones útiles

The following are some new expressions you will hear in the video.

si no les molesta	*if it doesn't bother you all*
vale	*okay*

Antes de ver

Paso 1 Con un(a) compañero(a) de clase, basándose en lo que ya saben *(know)* de la Hacienda Vista Alegre y usando su imaginación, descríbanla: ¿Cómo es la Hacienda? ¿Es grande o pequeña? ¿Tiene muchos muebles y electrodomésticos?
Hagan *(Make)* una lista de los cuartos, muebles y electrodomésticos que recuerdan o que piensan que están en la Hacienda Vista Alegre.

Cuartos	**Muebles y electrodomésticos**

Paso 2 Los compañeros de casa tienen que dividir las habitaciones entre sí *(among them)*. En tu opinión, ¿quiénes deben compartir una habitación? Compara tus respuestas con las de un(a) compañero(a). ¿Están de acuerdo?

Paso 3 ¿Cómo te sientes *(How do you feel)* cuando haces los quehaceres domésticos y otras actividades? Lee los siguientes escenarios y escribe la emoción que es más apropiada para ti. Luego compara tus respuestas con las de un(a) compañero(a). ¿Tienen mucho en común?

Cuando barro el suelo, estoy_____

Si salgo con mis amigos, estoy _____

Si tengo que lavar los platos, estoy _____

Cuando juego al tenis, estoy _____

Si miro un partido de fútbol en la televisión, estoy _____

Cuando miro una telenovela, estoy _____

Después de ver

Paso 1 Ahora sabes aún más *(even more)* sobre la casa. En **Antes de ver, Paso 1,** tu compañero(a) y tú escribieron *(wrote)* una lista de los cuartos, muebles y elecrodomésticos de la Hacienda Vista Alegre. ¿Falta algo? *(Is something missing?)* Corrige tu lista de arriba y luego contesta las siguientes preguntas.

- ¿Cuántas habitaciones tiene la Hacienda Vista Alegre? _____
- ¿Cuántos baños tiene? _____
- ¿Dónde está la habitación de Antonio? _____
- ¿Qué muebles tiene la habitación de Alejandra? _____

Paso 2 En **Antes de ver, Paso 2,** adivinaste quiénes iban a compartir las habitaciones. ¿Tenías razón? *(Were you correct?)* Escribe los nombres de las personas que comparten las habitaciones.

- _____ y _____ comparten una habitación.
- _____ y _____ comparten una habitación.
- _____ tiene una habitación sola.

Paso 3 En **Antes de ver, Paso 3,** escribiste tus actitudes y emociones ante ciertos escenarios. Ahora piensa en las actitudes de los compañeros de casa en este segmento del video. Completa las siguientes oraciones con la emoción apropiada.

contento   emocionado   enojado   triste

- Sofía está _____ porque la habitación no tiene escritorio.
- Antonio está _____ porque le gusta molestar *(to bother)* a Valeria.
- Valeria está _____ con Antonio porque siempre hace bromas *(jokes around)*.
- Alejandra está _____ porque va a compartir el cuarto con Sofía.

¿Qué opinas tú?

Paso 1 Ahora que sabes cómo es la Hacienda Vista Alegre, piensa en tu casa ideal. ¿Cuántas habitaciones tiene? ¿Tiene piscina? ¿Qué muebles hay? ¿Cómo son los cuartos? Escribe un párrafo para describir tu Hacienda ideal y luego comparte tu descripción con la de un(a) compañero(a). ¿Son similares sus casas ideales? ¿Qué aspectos tienen en común?

Paso 2 ¿Piensas que los compañeros de casa tienen muchos quehaceres domésticos? Con un(a) compañero(a), escriban una lista de los quehaceres domésticos que supuestamente tienen que hacer los jóvenes. Luego, decidan *(decide)* quién debe hacer cada quehacer doméstico y escriban su nombre al lado de la actividad en la lista.

Ahora imaginen que *(imagine that)* la Hacienda Vista Alegre está muy sucia y que Javier les dice a sus compañeros de casa lo que tienen que hacer para limpiarla. Usando su lista como guía, ayúdenlo a *(help him)* formar los mandatos para sus compañeros de casa.

¡Atención! ¡La casa está super sucia y tenemos que limpiarla! Yo voy a barrer el piso.
Valeria, tú _____
Antonio, _____
y Sofía, _____
Alejandra, por favor _____

Paso 3 Imagina que vives en la Hacienda Vista Alegre con todo el grupo. ¿Te llevas bien *(Do you get along)* con los compañeros de casa? ¿Estás contento(a)? ¿Triste? ¿Enojado(a)? Completa las siguientes oraciones para indicar tus sentimientos. ¡Sé creativo(a)! *(Be creative!)*

- Yo estoy contento(a) cuando _____
- Yo estoy triste cuando _____
- Yo estoy enojado(a) cuando _____
- Yo estoy aburrido(a) cuando _____
- Yo estoy emocionado(a) cuando _____

¡A leer!

Antes de leer

Clustering words

Reading one word at a time slows down your reading speed and is inefficient. Reading one word at a time may also lead to a great deal of frustration, as in many instances you will not know the meaning of every word in a given passage. It is more efficient to read meaningful groups or clusters of words. For instance, when reading the following biographical information for a twentieth century Spanish writer, it will be easier if you process groups of two, three or four words in order to get the gist of the content. You'll notice that these clusters are already identified for you.

Use the clustering strategy to determine the main ideas of this biographical information. What are the main points?

Uno de los poetas y dramaturgos españoles más importantes del siglo XX es Federico García Lorca (1898–1936). Estudia en Granada y Madrid y viaja por toda España, por los Estados Unidos y la América del Sur. Es famoso por su preocupación *(concern)* por la muerte y por los conflictos humanos. Uno de sus dramas *(plays)* más populares es *La casa de Bernarda Alba* que presenta la vida solitaria y frustrada de una viuda *(widow)* y de sus hijas. Las hijas siempre están bajo el estricto control de la madre tiránica *(tyrannical)*, Bernarda Alba.

If you and your classmates determined that this biographical information focuses on a very well known twentieth century Spanish writer and that one of his most popular plays is *La casa de Bernarda Alba*, which deals with frustration and loneliness, you used your clustering strategy correctly!

¡A leer!

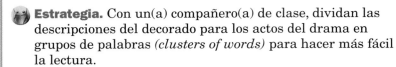 **Estrategia.** Con un(a) compañero(a) de clase, dividan las descripciones del decorado para los actos del drama en grupos de palabras *(clusters of words)* para hacer más fácil la lectura.

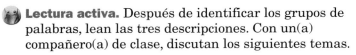 **Lectura activa.** Después de identificar los grupos de palabras, lean las tres descripciones. Con un(a) compañero(a) de clase, discutan los siguientes temas.

1. La importancia del color blanco. ¿Qué significa el color blanco? ¿Qué significa que la habitación cambie *(changes)* de **blanquísima** a **blanca** y a **paredes blancas ligeramente azuladas**?
2. El tipo de decoración en las escenas.
3. Los muebles en las escenas.
4. La estación del año y la hora del día en las escenas.

Acto primero

Habitación blanquísima, del interior de la casa de Bernarda.

Muros gruesos *(thick)*. Puertas en arco con cortinas de yute *(jute fabric)*. Sillas de anea *(a plant used for chair seats)*. Cuadros con paisajes *(landscapes)* inverosímiles de ninfas o reyes de leyenda. Es verano. Un gran silencio umbroso *(shadowed)* se extiende por la escena. Al levantarse el telón *(curtain)*, está la escena sola.

Acto segundo

Habitación blanca, del interior de la casa de Bernarda. Las puertas de la izquierda dan a los dormitorios. Las hijas de Bernarda están sentadas en sillas bajas cosiendo *(sewing)*.

Después de leer

A escoger. Después de leer las descripciones del decorado para los tres actos, contesta las siguientes preguntas:

1. En el primer acto, ¿qué estación se describe?
   a. La noche
   b. Los paisajes inverosímiles
   c. El verano

2. En el segundo acto, ¿qué están haciendo las hijas de Bernarda Alba?
   a. Ellas están comiendo.
   b. Ellas están sentadas cociendo.
   c. Ellas están hablando.

3. En el tercer acto, ¿qué interrumpe el gran silencio que hay en la casa?
   a. El ruido de los platos y cubiertos.
   b. El ruido de las hijas que hablan.
   c. El ruido de Bernarda que habla.

4. ¿Cómo es la decoración de la habitación en los tres actos?
   a. Es una decoración simple.
   b. Es una decoración compleja.
   c. Es una decoración oscura.

¿Cierto o falso? Indica si las siguientes oraciones son **ciertas** *(true)* o **falsas** *(false)*. Corrige las oraciones falsas.

1. _____ La habitación es blanquísima en el acto primero.

2. _____ Los cuadros tienen paisajes irreales.

3. _____ Las hijas de Bernarda siempre están hablando.

4. _____ Las paredes son blancas ligeramente azuladas en el acto segundo.

5. _____ Hay una mesa en el centro de la habitación con una lámpara eléctrica, en el acto tercero.

6. _____ La luz da un tenue fulgor a la escena, en el acto tercero.

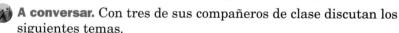 **A conversar.** Con tres de sus compañeros de clase discutan los siguientes temas.

1. La casa de sus sueños *(dreams)*. Describan la casa en la que ustedes quieren vivir, considerando lo siguiente *(considering the following)*:
   - el tamaño de la casa y el número de las habitaciones
   - el tamaño de la cocina
   - los electrodomésticos

2. En venta. Después de discutir la casa o el apartamento de sus sueños, diseñen *(design)* un anuncio para alquilar o vender un piso o una casa en la Red. ¿Qué tipo de información van a incluir? Para ver ejemplos, pueden buscar "Anuncios de casas" en Internet. Preséntenle su anuncio a la clase.

Federico García Lorca

Acto tercero

Cuatro <u>paredes blancas ligeramente</u> *(slightly)* <u>azuladas</u> del patio interior de la casa de Bernarda. Es de noche. El decorado ha de ser *(should be)* de una perfecta simplicidad. Las puertas iluminadas por la luz de los interiores dan un tenue fulgor *(delicate splendor)* a la escena. En el centro, una mesa con un quinqué *(oil lamp),* donde están comiendo Bernarda y sus hijas. … Al levantarse el telón hay un gran silencio, interrumpido por el ruido de los platos y los cubiertos *(silverware)*.

¡A escribir!

Strategy: Writing topic sentences

The first step in writing a well-structured paragraph is to formulate a clear, concise topic sentence. A good topic sentence has the following characteristics:

- It comes at the beginning of a paragraph.
- It states the main idea of the paragraph.
- It focuses on only one topic of interest.
- It makes a factual or personal statement.
- It is neither too general nor too specific.
- It attracts the attention of the reader.

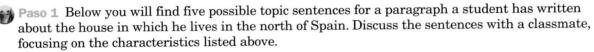 **Paso 1** Below you will find five possible topic sentences for a paragraph a student has written about the house in which he lives in the north of Spain. Discuss the sentences with a classmate, focusing on the characteristics listed above.

1. Hay cuatro alcobas y dos baños en la casa.
2. La cocina no es muy grande, pero tiene los electrodomésticos más importantes.
3. La casa, situada en una parte histórica de la ciudad, es el lugar ideal para un estudiante universitario.
4. El jardín es muy bonito porque los residentes de la casa riegan las plantas frecuentemente.

Paso 2 In your opinion, which is the best sentence to begin the paragraph? Why?

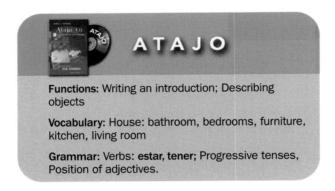

ATAJO

Functions: Writing an introduction; Describing objects

Vocabulary: House: bathroom, bedrooms, furniture, kitchen, living room

Grammar: Verbs: **estar, tener**; Progressive tenses, Position of adjectives.

Task: Writing a property description

Property descriptions often appear in several different contexts. Individuals who wish to sell or rent property provide them for prospective tenants and buyers. In addition, students may prepare written descriptions of their living quarters for friends and family members who live far away and are not able to see them. In this activity, you will prepare a property description. You may choose a real property or an imaginary one to describe.

Paso 1 Choose a property to describe. It may be your current house or apartment, one you know from the past, or one you hope to live in one day. Write a topic sentence for a paragraph describing the property, keeping in mind the characteristics listed above.

_____

Paso 2 Write five or six sentences about the property, developing the idea stated in your topic sentence. If you have a photograph of the property or wish to prepare a sketch of it, you may want to submit it with your written description.

_____

_____

_____

_____

_____

_____

Paso 3 Share your paragraph with a classmate and discuss how you might improve the topic sentence, focusing on the characteristics of a good topic sentence and its relationship to the rest of the paragraph. You may use the following checklist questions as a guide: Does the topic sentence . . .

1. come at the beginning of the paragraph?	_____ yes	_____ no
2. state the main idea of the paragraph?	_____ yes	_____ no
3. focus on only one topic of interest?	_____ yes	_____ no
4. make a factual or personal statement?	_____ yes	_____ no
5. seem neither too general nor too specific?	_____ yes	_____ no
6. attract the attention of the reader?	_____ yes	_____ no

Paso 4 Share your paragraph with several other class members. After you have read several descriptions, identify one or two properties that you find particularly interesting.

Vocabulario esencial

La casa *The house*

la alfombra	carpet
la bañera	bathtub
la cocina	kitchen
el comedor	dining room
el cuarto de baño	bathroom
el dormitorio	bedroom
la ducha	shower
la escalera	stairs
la habitación	(bed)room
el inodoro	toilet
el jardín	garden
el lavabo	bathroom sink
la pared	wall
el piso	floor (apartment, Spain)
la puerta	door
la sala	living room
el sótano	basement
el suelo	floor
la ventana	window

Los muebles *Furniture*

el armario	wardrobe, armoire, closet
la cama	bed
la cómoda	dresser
el escritorio	desk
el espejo	mirror
el estante	bookshelf
la lámpara	lamp
la mesa	table
la mesita	coffee (side) table
la silla	chair
el sillón	easy chair, arm chair
el sofá	sofa, couch

Los electro-domésticos *Appliances*

la aspiradora	vacuum cleaner
el despertador	alarm clock
la estufa	stove
el horno (microondas)	(microwave) oven
la lavadora	washing machine
el lavaplatos	dishwasher
la nevera	refrigerator
la plancha	iron
el refrigerador	refrigerator
la secadora	clothes dryer
la tostadora	toaster

Los quehaceres domésticos *Chores*

barrer el piso	to sweep the floor
cortar el césped	to mow the lawn
hacer la cama	to make one's bed
lavar (los platos, la ropa, las ventanas)	to wash (dishes, clothes, windows)
limpiar la casa	to clean the house
pasar la aspiradora	to vacuum
planchar (la ropa)	to iron (clothes)
poner la mesa	to set the table
quitar la mesa	to clear the table
regar (ie) las plantas	to water the plants
sacar la basura	to take out the garbage

Expresiones idiomáticas con *tener*

tener celos	to be jealous
tener miedo (de)	to be afraid (of)
tener paciencia	to be patient

Preposiciones de lugar

al lado de	next to, beside
cerca de	near
con	with
debajo de	under, below
delante de	in front of
detrás de	behind
en	in; on
encima de	on top of
entre	between; among
lejos de	far from
sobre	on; over

Adjetivos

aburrido(a)	bored
contento(a)	happy
desordenado(a)	messy
emocionado(a)	excited
enfermo(a)	sick
enojado(a)	angry
preocupado(a)	worried
furioso(a)	furious
limpio(a)	clean
ocupado(a)	busy
ordenado(a)	neat, orderly
preocupado(a)	worried
sucio(a)	dirty
triste	sad
vago	lazy

Los números 100 y más

100	cien
200	doscientos(as)
300	trescientos(as)
400	cuatrocientos(as)
500	quinientos(as)
600	seiscientos(as)
700	setecientos(as)
800	ochocientos(as)
900	novecientos(as)
1.000	mil
1.000.000	millón

Verbos *pp. 128–129*

Plaza Catorce de septiembre,
Cochabamba, Bolivia
www Visit it live on Google Earth!

La salud
Bolivia y Paraguay

5

CHAPTER OBJECTIVES

Communicative Goals

In this chapter, you will learn how to . . .

- Identify parts of the body
- Describe daily routines and hygienic practices
- Talk about what you have just finished doing
- Talk about illnesses and health conditions
- Describe people, things, and conditions
- Point out people and things

Structures

- Reflexive pronouns and present tense of reflexive verbs
- **Acabar de** + *infinitive*
- **Ser** vs. **estar**
- Demonstrative adjectives and pronouns

Personal Tutor

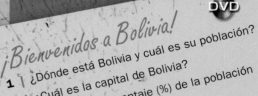

DVD

¡Bienvenidos a Bolivia!

1 | ¿Dónde está Bolivia y cuál es su población?

2 | ¿Cuál es la capital de Bolivia?

3 | ¿Cuál es el porcentaje (%) de la población indígena en Bolivia?

4 | ¿Cómo se llaman los diferentes grupos indígenas y qué impacto tienen en la cultura boliviana?

5 | ¿Te gustaría visitar Bolivia? ¿Por qué sí o por qué no?

Vocabulario

El cuerpo humano

In this section, you will learn how to talk about parts of the body by viewing a scene in the office of Dr. Chávez, a medical doctor in Bolivia who is examining a young patient by the name of Carolina Mendoza. Does this office resemble medical offices that you have visited?

¿Nos entendemos?

El cabello and el pelo are words that refer to hair. It is usually more polite to refer to el cabello when somebody is describing the hair.

El cuerpo humano: La cabeza

el pelo
los ojos
las orejas
la cara
la nariz
el cuello
la boca
los dientes
la garganta

el codo
la mano

la rodilla
el pie
la pierna
el tobillo
los dedos del pie

Palabras útiles

la cadera hip	el órgano organ
las cejas eyebrows	las pantorrillas calves
los labios lips	el pecho chest
la lengua tongue	las pestañas eyelashes
las mejillas cheeks	la piel skin
los muslos thighs	las uñas fingernails
el oído inner ear	

Palabras útiles are presented to help you enrich your personal vocabulary. The terms provided here will help you talk about parts of the body.

¡A practicar!

5-1 | **¡No es lógico!** Identifica la palabra que no va con el grupo y explica por qué.

> **Modelo** los dedos, las manos, *los dientes*
> *Los dientes son parte de la cabeza; los dedos y las manos son parte del brazo.*

1. la boca, la cara, el brazo
2. el corazón, el cabello, el estómago
3. los pulmones, la nariz, el oído
4. los dedos, las rodillas, los tobillos
5. la garganta, las orejas, el estómago
6. los pies, los codos, los dedos de los pies
7. el codo, los dientes, las manos
8. los ojos, la boca, la espalda, las orejas, los dientes

5-2 | **Asociaciones** ¿Qué parte del cuerpo asocias con las siguientes actividades?

> **Modelo** respirar
> *la nariz, la boca, los pulmones*

1. hablar	3. pensar	5. beber	7. escuchar
2. comer	4. escribir	6. caminar	8. leer

5-3 | **Los deportes y los pasatiempos** ¿Qué deportes y pasatiempos asocias con estas partes del cuerpo? Menciona tantos deportes y actividades como sea posible *(as many . . . as possible)* para cada parte del cuerpo.

1. las piernas y los pies
2. los brazos y las manos
3. las manos y los dedos
4. los ojos
5. la cabeza

los pulmones

el músculo

el corazón

la espalda

el estómago

el hueso

el brazo

los dedos

las nalgas = butt
el cerebro = brain
el tronco
la muñeca (wrist)

📖	Capítulo 5	🌐 Capítulo 5
💿	Capítulo 5	iLrn: Heinle Learning Center, Capítulo 5

¡A conversar !

5-4 | Personas famosas Trabajen en grupos de cuatro o cinco personas. Cada estudiante escribe una lista de personas famosas por varias partes del cuerpo. Pueden ser atletas, actores, músicos, etcétera. Después de preparar las listas, un(a) estudiante presenta el nombre de la persona famosa y los otros identifican la parte del cuerpo más asociada con ella. Después, otro(a) estudiante del grupo presenta otro nombre. Continúen hasta que todos presenten todos los nombres en las listas.

5-5 | Anatomía Trabaja con un(a) compañero(a) para repasar las partes del cuerpo. Una persona describe una parte del cuerpo y la otra persona identifica la parte y escribe la palabra en el lugar apropiado en el dibujo. Después, cambien de papel. En las descripciones pueden identificar otras partes del cuerpo u otras actividades asociadas con la parte del cuerpo.

Modelo   E1: *Se asocian con la boca y con la actividad de comer.*
            E2: *¿Son los dientes?*
            E3: *Sí.*

los dientes

el ombligo

5-6 | Entrevista Hazle a tu compañero(a) las siguientes preguntas.

Modelo E1: *¿Tienes la nariz grande o pequeña?*
E2: *Tengo la nariz grande.*

1. ¿De qué color tienes el pelo?
2. ¿De qué color tienes los ojos?
3. ¿Tienes las orejas grandes o pequeñas?
4. ¿Tienes los pies grandes o pequeños?
5. ¿Usas las manos para hablar?
6. De tus amigos o tu familia, ¿quién usa las manos para hablar? *Mi hermana usa su manos para hablar.*
7. Cuando haces ejercicio, ¿qué parte del cuerpo usas más?
8. ¿Por qué es malo el tabaco?

5-7 | Retratos (*Portraits*) de un extraterrestre Descríbele a un(a) compañero(a) las características físicas de un extraterrestre *(an alien)* mientras *(while)* tu compañero(a) lo dibuja. Después de dibujar, tu compañero(a) tiene que explicarte los atributos.

Modelo *El extraterrestre tiene piernas cortas, pero dos brazos muy largos. Tiene pelo azul y largo. Tiene ojos anaranjados. La cara es pequeña pero la boca es grande. Tiene dos orejas enormes.*

5-8 | ¡Manos a la obra! Muchas partes del cuerpo son importantes en varios trabajos académicos, trabajos profesionales y quehaceres domésticos. Trabajando en grupos de dos o tres personas, miren la lista de actividades asociadas con varios tipos de trabajo y discutan las partes del cuerpo necesarias para hacer los trabajos. Identifiquen más actividades en cada categoría y continúen la discusión identificando las partes del cuerpo necesarias para hacer esas actividades también. Sigan el modelo.

Modelo *Para escribir la tarea, necesito los brazos, las manos y los dedos para escribir con bolígrafo o lápiz, o para usar la computadora. Necesito los ojos para ver el papel o la computadora.*

Los trabajos académicos	Los trabajos profesionales	Los quehaceres domésticos
escribir la tarea	trabajar en un banco	cortar el césped
leer un libro	vender ropa en una tienda	hacer la cama
escuchar el disco compacto (CD) de español	ayudar a los clientes en la oficina de correos	poner la mesa
dibujar algo para la clase de arte	trabajar en una piscina	limpiar el baño
cantar una canción y tocar el piano para la clase de música	recibir dinero de los clientes en un restaurante	sacar la basura
tomar un examen de matemáticas	dar información a los visitantes en el museo	cocinar la cena

La señora Mendoza y su hija Carolina están en una clínica médica. Acaban de llenar su historial clínico y ahora están hablando con el doctor Chávez. Carolina piensa que está muy enferma.

Dr. Chávez: ¿Cómo **se siente** su hija hoy, señora Mendoza?

Sra. Mendoza: Dice que **está muy mal** y que no puede asistir a la escuela. Hoy por la mañana empiezan las clases y es la primera vez que Carolina va solita a la escuela. Lleva tres días en cama mirando la tele. Generalmente **es** una niña muy **sana.**

✳ **Comentario cultural** The two highland Indian groups, the **Quechua** and **Aymara,** account for roughly 55 percent of the population in Bolivia. **Mestizos** or **cholos** (those of mixed ancestry) constitute about 30 percent. European descendants of Spaniards constitute less than 15 percent of the population.

Dr. Chávez: Mmm... Carolina, **¿te duele el estómago?**

Carolina: ¡Ayyy! Sí, **me duele mucho el estómago.**

✳ **Comentario cultural** Numerous diseases, including hepatitis A and typhoid fever, are transmitted in Bolivia by contaminated water. Rural wastewater treatment rates are at only 40 percent in Bolivia. With more and more people migrating to the large cities of La Paz and Santa Cruz from the countryside, supplying safe drinking water is becoming increasingly challenging. Rural populations are most at risk for becoming ill from untreated water.

Dr. Chávez: **¿Tienes fiebre?**

Sra. Mendoza: Dice que sí, pero **acabo de tomarle la temperatura** y tiene 37 grados, o sea, normal.

✳ **Comentario cultural** Bolivia, similar to most other countries worldwide, uses the metric system. Initially, this posed a challenge to United States-based medical teams visiting the area. To convert Celsius temperatures into Fahrenheit, begin by multiplying the Celsius number by 9. Next, divide the answer by 5 and then add 32. To convert Fahrenheit temperatures into Celsius, begin by subtracting 32 from the Fahrenheit number. Next, divide the answer by 9 and then multiply that answer by 5.

Expresiones en contexto

historial clínico *medical history*	**me encuentro** *I'm feeling*
hoy por la mañana *this morning*	**o sea** *I mean, in other words*
la primera vez *the first time*	**solito(a)** *all by him/herself*
llenar *to fill out*	
llevar *to have been experiencing a condition for a period of time*	

to carry on

Dr. Chávez: Vamos a ver... ¿Tienes **dolor de cabeza?**

Carolina: ¡Sí! Y **tengo tos**, y **estoy mareada** y... y... y **este** lado del cuerpo me duele mucho.

Dr. Chávez: Parece que **estás muy grave**, Carolina. Tenemos que operarte inmediatamente. Creo que tienes la «escuelacitis». Es una condición del cerebro.

Carolina: ¿Una operación? ¿El cerebro? Pues... la verdad es que ahora me encuentro un poco mejor.

✳ **Comentario cultural** Often known as the "Tibet" of South America, Bolivia is traversed by three very high and long Andean ranges. For those unaccustomed to the altitude of the Altiplano (at roughly 3,658 meters or 12,000 feet high) headaches, dizziness, and difficulty sleeping are common. High-altitude sickness in Bolivia is called **el soroche** and is often treated with **mate de coca,** a local herbal tea derived from the coco plant.

✳ **Comentario cultural** Bolivia has a population of 9 million people with an under-five mortality rate of 65 per 1,000 births, down from a previous estimate of 125 per 1,000 births. As vaccinations for measles, mumps, rubella, diptheria, and tuberculosis are sometimes financially unavailable to Bolivia's poor, world health organizations, such as UNICEF, support free vaccination programs that target children.

✳ **Comentario cultural** Bolivia often hosts brigades of international medical volunteers, including plastic surgeons, anesthesiologists, nurses, pediatricians, dentists, and speech pathologists, who provide free medical evaluations and reconstructive surgery to children suffering with facial deformities, such as cleft lips and cleft palates.

¿Comprendiste? Contesta las siguientes preguntas basándote en el diálogo.

1. ¿Está realmente enferma Carolina?
2. ¿Qué síntomas tiene?
3. ¿Por qué recomienda una operación el doctor Chávez? ¿Quiere asustarla *(to scare her)?*
4. ¿Por qué se siente mejor Carolina al final?

Diálogo entre doctor y paciente Trabajando con un(a) compañero(a) de clase, túrnense *(take turns)* para practicar el diálogo que acaban de estudiar en **En contexto.** Deben cambiar *(change)* las nacionalidades y condiciones de los hablantes. Usen expresiones de **En contexto** como modelo para su diálogo.

A reflexive construction consists of a **reflexive pronoun** and a verb. In English, reflexive pronouns end in *-self* or *-selves;* for example: *myself, yourself, ourselves.* In Spanish, reflexive pronouns are used with some verbs (called **reflexive verbs**) that reflect the action back to the subject of a sentence, meaning that the subject of the verb also receives the action of the verb. In the following example, notice how Juan Carlos is both the subject and recipient of the action of getting himself up.

Subject	Reflexive Pronoun	Verb	
↓	↓	↓	
Juan Carlos	**se**	levanta	a las ocho.
Juan Carlos		*gets (himself) up*	*at eight.*

Conjugating reflexive constructions

Reflexive verbs are identified by the pronoun **-se** attached to the end of the infinitive form of the verb. To conjugate these verbs, use a reflexive pronoun (e.g., **me**) with its corresponding verb form (e.g., **levanto**), according to the subject of the sentence (e.g., **yo**).

Reflexive infinitive: levantarse *(to get up)*

subject	reflexive pronoun + verb form	
yo	**me** levanto	*I get up*
tú	**te** levantas	*you (informal) get up*
Ud., él/ella	**se** levanta	*you (formal) get up, he/she gets up*
nosotros(as)	**nos** levantamos	*we get up*
vosotros(as)	**os** levantáis	*you (informal) get up*
Uds., ellos(as)	**se** levantan	*you (formal and informal) get up, they get up*

Note that when reflexive verbs are used with parts of the body or with articles of clothing, the definite article **(el, la, los, las)** precedes the noun, as shown in the following examples.

Juan Carlos se cepilla **los** dientes.	*Juan Carlos brushes his teeth.*
Sara está poniéndose **el** pijama.	*Sara is putting on her pajamas.*
Tomás va a lavarse **el** cabello.	*Tomás is going to wash his hair.*

Reflexive pronouns and present tense of reflexive verbs

Placing reflexive pronouns

- Place the pronoun in front of the conjugated verb.

  Juan Carlos **se levanta** a las ocho.   *Juan Carlos gets up at eight.*

- When a reflexive verb is used as an infinitive or as a present participle, place the pronoun either before the conjugated verb (if there are two or more verbs used together) or attach it to the infinitive or to the present participle.

  Sara **se va a levantar** pronto.

  or   *Sara is going to get up soon.*

  Sara **va a levantarse** pronto.

  Sara **se está levantando** ahora.

  or   *Sara is getting up now.*

  Sara **está levantándose** ahora.

When a reflexive pronoun is attached to a present participle (e.g., **levantándose**), an accent mark is added to maintain the correct stress.

Reflexive vs. Nonreflexive verbs

When the action is performed on another person, a reflexive pronoun is not used. Compare these two examples:

Me despierto a las ocho.   *I wake up at eight o'clock.*

Despierto a mi mamá a las ocho.   *I wake up my mom at eight.*

Verbos reflexivos de la rutina diaria y personal

acostarse (ue) to go to bed	**levantarse** to get up
afeitarse to shave	**maquillarse** to put on makeup
bañarse to take a bath	**peinarse** to comb one's hair
cepillarse los dientes to brush one's teeth	**pintarse** to put on makeup
cuidarse to take care (of oneself)	**ponerse (la ropa)** to put on (one's clothes)
despertarse (ie) to wake up	**quitarse (la ropa)** to take off (one's clothes)
dormirse (ue) to fall asleep	**secarse (el cuerpo)** to dry off (one's body)
ducharse to take a shower	**vestirse (i)** to get dressed
lavarse to wash up	

5-9 | Los domingos por la mañana Completa las siguientes oraciones, usando las formas correctas de los verbos entre paréntesis y tu información personal.

Modelo (afeitarse) Todos los días Juan Carlos _se afeita_ pero yo nunca _me afeito_.

1. (levantarse) Los domingos Juan Carlos y Sara _____ a las ocho, y Tomás, su hijo, _____ a las nueve. Yo _____ a las diez.
2. (cepillarse) Después, el esposo y la esposa siempre _____ los dientes.
3. (ducharse) Juan Carlos y Tomás se bañan en la bañera, pero Sara prefiere _____. Yo también prefiero _____.
4. (vestirse) Juan Carlos y Sara _____ elegantemente, y Tomás _____ de jeans. Yo _____ de jeans también.

5-10 | ¡Qué mujer más ocupada! Para comprender la vida diaria que tiene Sara durante la semana, completa las siguientes descripciones conjugando los verbos entre paréntesis. Nota que la primera descripción la narra Sara *(Sara narrates it)* y la segunda la narra su esposo.

Sara:

Los días de trabajo yo 1. _____ (despertarse) a las siete. Primero, yo voy al baño, donde 2. _____ (ducharse) por diez minutos. Después, 3. _____ (secarse) bien todo el cuerpo y 4. _____ (peinarse).

Juan:

Entonces Sara 5. _____ (vestirse) elegantemente, 6. _____ (maquillarse) la cara y 7. _____ (ponerse) un poco de perfume. Luego ella 8. _____ (cepillarse) los dientes y sale de la casa. Sara trabaja por cinco horas hasta *(until)* la una de la tarde. Luego vuelve a casa. Ella 9. _____ (lavarse) las manos y almuerza con nosotros.

5-11 | Las actividades diarias de Tomás Basándote en los dibujos, explícale a un(a) compañero(a) de clase lo que está haciendo Tomás en cada dibujo. Luego explícale lo que va a hacer mañana.

Modelos *Tomás está despertándose a las seis.*
o *Tomás se está despertando a las seis.*

Tomás se va a despertar mañana a las seis.
o *Tomás va a despertarse mañana a las seis.*

1. Primero	2. Luego	3. Después	4. Más tarde	5. Finalmente

¡A conversar!

5-12 | Preferencias personales Con un(a) compañero(a) compara lo que hacen las siguientes personas durante la semana con lo que hacen durante los fines de semana. Túrnense escogiendo *(choosing)* el sujeto que va con los verbos. Usen el pronombre reflexivo correcto. Sigan el modelo.

> **Modelo** levantarse: *yo*
> *Entre semana me levanto a las seis, pero los fines de semana, me levanto a las nueve.*

yo
tú
mi mejor amigo(a) y yo
nuestro(a) profesor(a)
nuestros(as) compañeros(as) de clase

1. peinarse
2. vestirse
3. ducharse
4. acostarse
5. dormirse

5-13 | Tus actividades diarias Con un(a) compañero(a) de clase, contesten las siguientes preguntas.

1. ¿A qué hora te levantas normalmente? ¿Te levantas inmediatamente después de despertarte?

2. ¿Te bañas en la bañera o te duchas? ¿Prefieres bañarte por la mañana o por la noche?

3. ¿Desayunas con tu compañero(a) de cuarto/casa? O, si vives con tu familia, ¿desayunas con tu familia? ¿Siempre te cepillas los dientes después del desayuno?

4. Si eres mujer, ¿te maquillas todos los días? Si eres hombre, ¿te afeitas los fines de semana?

5. ¿Te peinas durante el día o solamente antes de salir?

6. ¿A qué hora almuerzas normalmente? ¿Duermes la siesta a veces después del almuerzo?

7. De noche, ¿comes algo para la cena? ¿Ayudas a lavar los platos después?

8. ¿A qué hora te gusta acostarte? Normalmente, ¿te duermes fácilmente? En general, ¿miras la tele o lees algún libro antes de dormir?

5-14 | Mi rutina Explícale tu rutina diaria a un(a) compañero(a) de clase. Tu compañero(a) debe dibujar tus actividades y usar el dibujo para explicarle las actividades a la clase.

algo = something

Así se dice

Talking about things you have just finished doing

Acabar de + *infinitive* is a way speakers of Spanish talk about things that have just taken place without using the past tense. Literally, **acabar de** + *infinitive* means *to have just finished doing something*. The verb **acabar** is regular and is used in all forms of the present tense to communicate what has just been done.

yo	**acabo**	nosotros(as)	**acabamos**
tú	**acabas**	vosotros(as)	**acabáis**
Ud., él/ella	**acaba**	Uds., ellos(as)	**acaban**

¡A practicar!

5-15 | Mamá, ¡acabo de hacerlo! Tu mamá sugiere varias actividades para algunas personas en la familia. Dile que ya están hechas *(are done),* usando **acabar de.**

> **Modelo**   ¿Por qué no te bañas?
> *Yo me acabo de bañar.*
> o   *Yo acabo de bañarme.*

1. ¿Por qué no se cepillan los dientes tú y tu hermana menor después del almuerzo?
2. ¿Por qué no se visten ellos para la fiesta de sus amigos? *Yo acabo de visitar ellas.*
3. ¿Por qué no se afeita tu padre?
4. ¿Por qué no tomas una siesta?
5. ¿Por qué no se peina tu mejor amiga?

5-16 | ¡Adivina lo que acaba de hacer esa gente! Las siguientes personas acaban de hacer algo. Tú y un(a) compañero(a) de clase tienen que adivinar lo que acaban de hacer, basándose en la información que tienen.

> **Modelo**   Sara sale del baño. Tiene el cabello mojado *(wet).*
> *Sara acaba de bañarse.*

1. Tomás se levanta de la cama.
2. Sarita y Tomás se levantan de la mesa. Son las ocho de la mañana.
3. Juan Carlos sale de su cuarto. Tiene puesta ropa elegante para una fiesta.
4. El doctor Chávez entra por la puerta de la clínica. Son las nueve de la mañana.
5. La señora Martínez sale del consultorio *(doctor's office)* del doctor Chávez.
6. Juan Carlos y Sara están en la cama y apagan la luz *(turn off the light).*

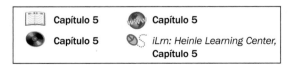

Capítulo 5		Capítulo 5
Capítulo 5		iLrn: Heinle Learning Center, Capítulo 5

Acabar de + infinitive

Acabamos de abrir una clínica en Bolivia.
We have just opened a clinic in Bolivia.

El doctor Chávez **acaba de ver** a tres pacientes.
Dr. Chávez has just seen three patients.

Cuatro pacientes **acaban de llegar** a la clínica.
Four patients have just arrived at the clinic.

Acabo de hablar con dos pacientes.
I have just spoken to two patients.

¡A conversar!

5-17 | ¿Quién acaba de...? Vas a buscar a estudiantes en la clase que acaban de hacer las actividades que aparecen en el cuadro. Tienes que preguntarles a varios si acaban de hacer una actividad. Cuando ese(a) estudiante contesta que sí acaba de hacer una actividad, escribe su nombre en el espacio con la actividad. Tienes que encontrar a cuatro estudiantes diferentes que acaban de hacer cuatro actividades en una línea (horizontal, vertical o diagonal). Al identificar a cuatro estudiantes diferentes que acaban de hacer las actividades en una línea, debes decir «¡BINGO!» para anunciarlo. Después, tienes que presentarle la información a la clase. La actividad puede continuar, y otros estudiantes pueden completar otras líneas y presentar la información.

comer algo *(something)*	tomar medicina	estudiar para un examen	ducharse
terminar la tarea	caminar a clase	peinarse	cepillarse los dientes
despertarse	comprar algo	hablar por teléfono	beber algo
mirar la tele	escuchar música	lavarse las manos	hacer ejercicio

5-18 | Antes y después Mira los dibujos y di *(tell)* qué acaban de hacer estas *(these)* personas y qué van a hacer. Luego, indica si tú acabas de hacer la actividad o no, y/o cuándo vas a hacerla. Después pregúntale a tu compañero(a) de clase si él/ella acaba de hacer la actividad o no, y/o cuándo va a hacerla.

Modelo E1: *Acaba de ducharse y va a vestirse. Acabo de ducharme y vestirme. ¿Y tú?*
E2: *No, no acabo de ducharme y vestirme. Me ducho a las siete de la mañana y ahora son las diez. Voy a ducharme y vestirme mañana.*

1.

2.

3.

4.

Encuentro cultural

¿Qué recuerdan de...

 ...Bienvenidos a Bolivia?

1. ¿Cuál es la capital de Bolivia?
2. ¿Dónde está el Lago Titicaca?
3. ¿Cómo se llaman los grupos indígenas más importantes de Bolivia?

See also the *Workbook,* **Capítulo 5, Bienvenidos a Bolivia** for additional activities.

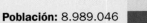

Población: 8.989.046

Área: 1.098.580 km², más o menos tres veces el tamaño de Montana

Capital: La Paz (sede del gobierno), 2.5 millones; Sucre (sede jurídica), 227.000

Moneda: el peso boliviano

Lenguas: el español y las lenguas indígenas oficiales: el quechua y el aymara

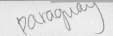

Paraguay

Población: 6.506.464

Área: 406.752 km², el tamaño de California

Capital: Asunción, 1.858

Moneda: el guaraní

Lenguas: el español y el guaraní (lenguas oficiales), el fronterizo (lengua no oficial)

Personalidades ilustres Operación Sonrisa comienza su trabajo en La Asunción, Paraguay en 2005 con un grupo de voluntarios que incluyen cirujanos plásticos *(plastic surgeons),* anestesiólogos, enfermeros(as) y dentistas que van a examinar y a operar a niños con problemas en los labios, en los dientes y en la boca en general. Este grupo de voluntarios trabaja en el Hospital San Jorge, un hospital militar en La Asunción. Cuando van a ayudar en otros países se unen a diferentes hospitales o a facultades de medicina *(schools of Medicine)* donde enseñan nuevos métodos para tratar las deformidades de la cara, y así los voluntarios y doctores de estos países pueden seguir ayudando a los niños hasta que Operación Sonrisa regresa el siguiente año.

¿Conoces algún grupo de voluntarios? Describe el grupo. ¿Te gustaría trabajar como voluntario(a) con algún grupo? ¿Qué te gustaría hacer en el grupo?

Lugares mágicos Las cataratas de Iguazú están situadas entre Argentina, Brasil y Paraguay y unen a estos tres países. Las cataratas tienen una altura de 82 metros y tienen la forma de una herradura de caballo *(horseshoe).* El nombre de las cataratas proviene de la palabra guaraní I-Guazú, que significa «aguas grandes». Las cataratas tienen 4 kilómetros de ancho *(wide)* y son cuatro veces más anchas que las Cataratas del Niágara. Hay 275 cataratas divididas por varias islas. Estas cataratas están situadas en un parque que tiene una superficie de 55.000 hectáreas, y en donde hay una flora muy rica en diferentes especies medicinales. Hoy en día entran a este Parque Nacional más de 600.000 turistas al año.

Visit it live on Google Earth!

¿Te gustaría visitar las Cataratas de Iguazú? Si conoces las Cataratas del Niágara, ¿puedes describirlas? Describe las cataratas de la foto.

Creencias y costumbres En ciertos *(certain)* países de los Andes, como Bolivia, Perú y Ecuador, las hojas *(leaves)* de coca se usan desde antes de la llegada de los españoles. Las hojas de coca se usan en los ritos religiosos y en la medicina folclórica de la región. Las hojas se utilizan *(are used)* para aliviar el dolor de cabeza, el hambre, el cansancio y el mareo *(dizziness).*

En Paraguay y en Argentina, la gente usa la yerba mate (hojas de té) para aumentar la inmunidad del cuerpo, desintoxicar la sangre, ayudar al sistema nervioso y reducir la fatiga, el estrés y el insomnio. La yerba mate ayuda a los paraguayos a mantener una buena salud aun *(even)* en momentos de sequía *(dry season)* y hambre.

¿Qué tomas cuando estás enfermo(a)? ¿Te gusta tomar té? ¿Toman los miembros de tu familia algo específico cuando están enfermos?

PERÚ

BRASIL

BOLIVIA
• La Paz
Cochabamba
• 1.600.00   Santa Cruz
          2.400.000
• Sucre
Potosí •
150.000

OCÉANO
PACÍFICO

CHILE

PARAGUAY

ARGENTINA

Ciudad del Este
          134.000
Asunción •
Villarrica •
  83.000

Encarnación
  70.000

Nota curiosa: Bolivia y Paraguay son los dos únicos países en Sur América que no tienen salida al mar.

Oficios y ocupaciones La civilización aymara existe desde hace 2000 años en la región del Lago Titicaca en Bolivia y en Perú (civilización Tiwanaku). Desde entonces, sus médicos, llamados «kallawayas», caminan por las montañas y los valles para curar a las personas, física y espiritualmente. Los kallawayas curan usando hierbas como las hojas de coca, el clavel *(carnation)*, el romero *(rosemary)*, la manzanilla *(chamomile)* y el algodón *(cotton)*, además conocen los beneficios de más de 300 plantas medicinales. Hoy en día todavía existen los kallawayas y la educación sobre las hierbas y plantas medicinales la pasan los padres a sus hijos en una tradición oral.

¿Crees en la medicina natural? ¿Qué piensas de los curanderos como los kallawayas? ¿Tomas té de plantas medicinales? Explica.

Arte y artesanía El trabajo del ñandutí es una tradición de las mujeres indígenas guaraníes. Este tipo de encaje *(lace)* llega a Paraguay con la conquista de los españoles en el siglo XVI. La palabra **ñandutí** es de origen guaraní y significa «telaraña» *(spiderweb),* por el parecido del encaje con la telaraña. La leyenda cuenta que una novia espera a su novio que nunca llega el día de su boda. La mujer sale a buscar al novio por el bosque y lo encuentra muerto *(dead)*. Entonces ella llora toda la noche y por la mañana el novio aparece cubierto *(covered)* de una telaraña. Después, la novia decide imitar la telaraña en un encaje. De esta manera la novia no se vuelve loca y canaliza *(channel)* su tristeza. Las escenas que se encuentran hoy en día en los trabajos de ñandutí representan la vida del campo y escenas religiosas.

¿Te gusta trabajar en algún tipo de artesanía? ¿Qué tipo de artesanía haces: cerámica, encajes, comida típica, etcétera? ¿Te ayuda el trabajo manual a canalizar el estrés? ¿Qué haces para canalizar el estrés?

Ritmos y música En relación a la música, Bolivia es el país de los Andes que está más unido a la música indígena. En 1952, el gobierno decide dar apoyo a los artistas que quieren interpretar la música aymara y quechua. Es por esto que hay muchos grupos que mantienen la tradición indígena.

El grupo Pukaj Wayra está compuesto por jóvenes músicos bolivianos que cantan canciones tradicionales y tocan instrumentos también tradicionales de Bolivia, como la flauta, la quena, la guitarra y el charango (pequeño instrumento de cuerdas hecho con la concha del armadillo). Escucha la selección que se llama «Tambores paganos» *(Pagan Drums). Access the iTunes Playlist on the* **Plazas** *website.*

Instrumentos musicales
de los Andes

¿Creen ustedes que es importante valorar la música original de cada país? ¿Por qué? ¿Te gusta la flauta en esta canción? ¿Te gusta la melodía tranquila de la música andina?

See the *Lab Manual,* **Capítulo 5,** **Ritmos y música** for activities.

¡Busquen en la Red de información!

www.thomsonedu.com/spanish/plazas

1. Personajes ilustres: Operación Sonrisa
2. Lugares mágicos: Cataratas de Iguazú, Paraguay
3. Creencias y costumbres: Hierbas y hojas de coca
4. Oficios y ocupaciones: Curanderos bolivianos, Kallawayas
5. Arte y artesanía: El ñandutí
6. Ritmos y música: Pukaj Wayra

En la clínica del Centro de Salud Rural Andino In this section, you will learn how to talk about common illnesses and discuss treatments and remedies. In the drawing below, Dr. Carlos Dardo Chávez, the director of the clinic, is busy treating patients.

Otras palabras y expresiones relacionadas con la salud

la alergia allergy	**estar enfermo** to be sick
la enfermedad illness	**estar resfriado** to have a cold
doler (ue) (a alguien) to be painful (to someone)	**guardar cama** to stay in bed
	resfriarse to catch a cold
enfermarse to get sick	**tener gripe** to have a cold or flu

The verb **doler** *(to hurt, be painful)* is used like the verb **gustar,** with indirect object pronouns (**me, te, le, nos, os,** and **les**) and the third person singular and plural conjugations of the verb (**duele** and **duelen**).

Rather than saying *my leg hurts,* Spanish speakers say *my leg is painful to me* (**me duele la pierna**). As with reflexive verbs, when one is using **doler** to talk about a body part, the definite articles (**el, la, los, las**) are used.

gusta   gustan
duele   duelen

el mareo
toser/tener tos el catarro/el resfrío
estar congestionado
La sala de espera
La sala de emergencia
la enfermera
el médico
examinar
sentirse mal
el paciente

¡A practicar!

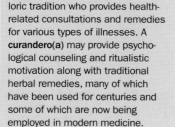

5-19 | **¿Qué recomiendas?** El doctor Chávez te explica algunos casos para ver lo que recomiendas para tratar *(treat)* cada enfermedad de la lista. Empareja cada enfermedad con el tratamiento *(treatment)* apropiado.

> **Modelo**   Una persona que tiene *catarro* debe *tomar jarabe.*

Una persona que tiene...   **debe...**

1. fiebre
2. gripe
3. dolor de cabeza
4. tos
5. un problema grave
6. dolor de estómago
7. náuseas
8. escalofríos

tomar jarabe
descansar un poco
tomar Pepto-Bismol
tomar antibióticos
tomar aspirina
hablar con un(a)
   médico(a)
ir a una clínica
guardar cama

5-20 | **Las medicinas** Eres farmacéutico(a) en una clínica y recibes una lista de pacientes y sus síntomas. Siguiendo el modelo, escribe qué medicina deben tomar los pacientes.

> **Modelo**   El niño tiene náuseas.
> *Tiene que tomar Pepto-Bismol.*

1. La señora Chávez tiene tos.
2. Juan tiene catarro.
3. El niño tiene fiebre.
4. Sara está mareada.
5. Carlos tiene una infección.

5-21 | **Asociaciones** ¿Qué partes del cuerpo están afectadas por cada enfermedad? Identifica todas las partes que sea posible. Sigue el modelo.

> **Modelo**   el resfriado
> *la nariz y los pulmones*

1. el catarro   3. el mareo
2. las alergias   4. la tos

Cultura

A **curandero(a)** is a keeper of folkloric tradition who provides health-related consultations and remedies for various types of illnesses. A **curandero(a)** may provide psychological counseling and ritualistic motivation along with traditional herbal remedies, many of which have been used for centuries and some of which are now being employed in modern medicine.

Capítulo 5	Capítulo 5	
Capítulo 5	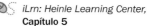 iLrn: Heinle Learning Center, Capítulo 5	

¡A conversar!

5-22 | Los dolores En parejas, miren los dibujos y para cada uno, 1) completa la oración *(sentence)* para indicar qué le duele y 2) explica por qué.

Modelo A Esteban... *le duele la mano porque tiene un accidente.*

1. A mí...

2. A Carolina y a Susi...

3. A ellos...

4. A ti...

5. A nosotros...

5-23 | Conversación sobre la salud Con un(a) compañero(a) de clase contesta las siguientes preguntas sobre la salud.

1. ¿Qué haces cuando tienes catarro? ¿Tomas algún medicamento? ¿Tienes escalofríos cuando tienes catarro?

2. ¿Tienes dolor de cabeza con mucha o poca frecuencia? ¿Qué haces cuando tienes dolor de cabeza? ¿Tomas aspirina?

3. ¿Qué haces cuando tienes náuseas? ¿Tomas Pepto-Bismol? ¿Te sientes mareado(a) a menudo? Si tienes náuseas, ¿guardas cama?

4. ¿Estás resfriado(a) con más frecuencia en el verano o en el invierno? ¿Tienes fiebre a veces? ¿Qué otros síntomas tienes cuando estás resfriado(a)? ¿Estornudas a veces? ¿Tienes tos?

5. ¿Cómo te sientes hoy? ¿Te sientes bien, mal o más o menos? ¿Estás sano(a) o tienes una enfermedad? ¿Estás tomando algún medicamento?

5-24 | En la sala de emergencias Habla con otro(a) estudiante: una persona es el (la) médico(a) y la otra persona es su paciente. El (La) paciente tuvo *(had)* un accidente y le duelen muchas partes de su cuerpo. El (La) médico(a) tiene que preguntarle qué le duele y recomendarle un tratamiento. Recuerden que entre doctor y paciente, normalmente se usa la forma de **usted.** Después, compartan el diálogo con la clase.

Modelo   Médico(a):   *¿Qué le duele?*
            Paciente: *Me duele el brazo, me duelen las piernas y me duele el cuello.*
            Médico(a):   *Usted tiene que guardar cama por una semana y tomar pastillas para el dolor.*

5-25 | ¿Qué recomienda mamá? Josefina es estudiante de medicina. Cuando habla con su madre de las enfermedades y los remedios sobre los que estudia en la universidad, su madre siempre tiene un remedio casero *(home remedy)* que dice que es mejor. Escriban una conversación entre Josefina y su madre sobre este tema. Consulten las listas de enfermedades, medicinas y remedios caseros. Josefina habla de una enfermedad y el remedio que los médicos en su universidad recomiendan, después su madre le da su recomendación para un remedio casero. Pueden incluir otras enfermedades y nuevos remedios caseros. Sigan el modelo.

Modelo   E1: *Para el dolor de cabeza, los médicos recomiendan aspirina.*
            E2: *¡Ay, no! La aspirina es mala para el estómago. Para el dolor de cabeza, recomiendo un té* (tea) *de hierbas y es necesario guardar cama con la luz apagada.*

Enfermedades
el catarro
el dolor de cabeza
el dolor de estómago
la fiebre
la gripe con infección
la tos

Medicinas
el antiácido
el antibiótico
la aspirina
el jarabe

Remedios caseros
un baño caliente
un baño frío
guardar cama con la luz apagada *(off)*
la sopa de pollo *(chicken soup)*
un té de hierbas
una toalla *(towel)* fría en la cabeza

Estructura II

Describing people, things, and conditions

As you have learned, the verbs **ser** and **estar** both mean *to be*, but they are used to express different kinds of information. In this section you will review the uses of **ser** and **estar**, two verbs that express the idea *to be* in English, and learn to better distinguish between the contexts for both verbs.

The verb **ser** often implies a fundamental quality or characteristic that describes or defines the essence of a person, thing, place, or idea. Use **ser** to express the following information:

· Identity	**Soy** el doctor Carlos Dardo Chávez. ¡Mucho gusto!
· Origin and nationality	**Soy** de Bolivia. **Soy** boliviano.
· Profession	El Dr. Chávez **es** médico.
· Characteristics of people and places	El doctor **es** alto e inteligente. La Paz, la capital de Bolivia, **es** una de las ciudades más altas del mundo.
· Possession	La clínica **es** de la comunidad.
· Time of day and dates	**Son** las dos de la tarde. **Es** sábado. **Es** el 24 de junio.
· Intentions	**Es** para ti, Sara. **Es** para tu cumpleaños.
· Impersonal statements	**Es** importante comer frutas y vegetales.
· Mathematical equations	Cinco más treinta **son** treinta y cinco.
· Location of events	La fiesta de los voluntarios de la clínica **es** en mi casa.

¡A practicar!

	Capítulo 5		Capítulo 5
	Capítulo 5		iLrn: Heinle Learning Center, **Capítulo 5**
			Ser and **Estar**

5-26 | Una visita a Bolivia: ¿*Ser o estar*? Las personas que visitan Bolivia deben aprender un poco sobre el país antes de viajar allí. Indica si debes usar **ser** o **estar** para completar las siguientes oraciones de una guía turística sobre este país.

Modelo　Bolivia es / está un país de América del Sur.
　　　　　Bolivia es un país de América del Sur.

1. La Paz es / está la capital de Bolivia.
2. La ciudad de La Paz es / está en la cordillera de los Andes.
3. La Paz es / está la ciudad más alta de América del Sur.
4. La ciudad de Cochabamba es / está al sureste *(southeast)* de La Paz.
5. El presidente de Bolivia es / está presidente durante cinco años.
6. El lago Titicaca, un lago muy importante entre Bolivia y Perú, es / está el lago navegable más alto del mundo.
7. Los turistas dicen que los bolivianos son / están muy simpáticos.
8. Hay muchos conciertos de música andina, la música típica de la región. Esta noche el concierto es / está en la ciudad de Santa Cruz.
9. Muchas personas no saben dónde son / están las ruinas de Tihuanaco, un sitio arqueológico cerca del lago Titicaca.
10. Esta guía turística es / está para las personas que van a visitar el país.

Ser vs. estar

The verb **estar** often indicates a state or condition of a person, place, thing, or action at a given moment, which may be the result of a change or a deviation from the norm. Use **estar** to express the following information:

- Location of people   **Estoy** en casa.
- Location of things   La clínica **está** en Monteros.
- Location of places   Monteros **está** en Bolivia.
- Physical condition   **Estoy** cansado.

- Emotional condition   **Estoy** preocupada.
- Action in progress   **Estoy** trabajando.
- Weather expressions   **Está** despejado. **Está** lloviendo.

Ser and **estar** can be used with the same adjectives to communicate different ideas. In some cases, the choice of **ser** or **estar** can radically change the meaning of the sentence. Consider the following examples:

Ser	**Estar**
Carlos **es guapo.**	Carlos **está** muy **guapo** hoy.
Carlos is handsome.	*Carlos looks unusually handsome today.*
Los voluntarios **son listos.**	Los voluntarios **están listos.**
The volunteers are smart.	*The volunteers are ready.*
Sara **es aburrida.**	Sara **está aburrida.**
Sara is boring.	*Sara is bored.*
La fruta **es verde.**	La fruta **está verde.**
The fruit is green (color).	*The fruit is unripe.*

> **¿Nos entendemos?**
>
> **Marital status:** Most speakers use **ser** with **soltero(a)** and **viudo(a)**: Grace es soltera y Roberto es viudo. **Soltero(a)** and **viudo(a)** are seen as defining the essence of a person. Most speakers use **estar** with **casado(a)**, since it is an adjective that comes from a verb, for example, **Sofía está casada con Manuel desde 2002.**

5-27 | La fiesta de los voluntarios Completa la siguiente descripción y conversación con las formas correctas de los verbos **ser** y **estar.**

Hoy 1. _____ sábado, 24 de junio. 2. __Son__ las dos de la tarde. Hace calor y 3. _____ lloviendo un poco. La temperatura 4. _____ a 26 grados centígrados. Juan Carlos, su familia y unos amigos del Centro Salud Rural Andino 5. __están__ comiendo un pastel con Roberto, un voluntario de los Estados Unidos. La fiesta 6. __es__ en su apartamento. Roberto 7. _____ hablando con su amiga Rachel.

Roberto: Mmm. ¡Qué pastel más rico, Rachel!

Rachel: ¿Te gusta? 8. _____ tu pastel favorito.

Roberto: Pero 9. _____ muy grande, Rachel.

Rachel: Sí, claro. El pastel 10. _____ para muchas personas que 11. _____ aquí hoy.

Roberto: Perdón, ¿dónde 12. _____ el Dr. Chávez?

Rachel: Él 13. _____ durmiendo ahora, Roberto.

Roberto: ¿14. _____ enfermo?

Rachel: No, él 15. _____ un poco cansado.

Roberto: Él 16. _____ trabajando mucho en estos días.

Rachel: Sí. Él 17. _____ muy dedicado.

¡A conversar!

5-28 | Datos personales Con un(a) compañero(a) de clase, haz y contesta preguntas con los verbos **ser** y **estar** sobre los siguientes temas.

1. **La personalidad**: Ask about his/her personality in general.

2. **La salud:** Ask about his/her emotional and physical state today.

3. **El pueblo**: Ask about his/her hometown, where it is, what it looks like, and whether it's big or small.

4. **La familia**: Ask about his/her family (size, ages, physical features, personalities).

5-29 | Encuentra a alguien que... Tienes dos minutos para buscar a una persona de tu clase para cada una de las siguientes categorías. Después de encontrar a alguien para cada categoría, pídele *(ask him/her)* que firme *(signs)* tu lista. Al final del juego, cuéntales a tus compañeros(as) lo que acabas de averiguar *(find out)*. Ten cuidado con el uso de **ser** y **estar** en esta actividad.

Modelo	ser de Indiana	
	Tú:	*Brian, ¿eres de Indiana?*
	Brian:	*Sí, soy de Indianápolis.* (Brian firma tu lista.)
o	Brian:	*No, no soy de Indiana. Yo soy de Colorado.*
	Al final:	*Brian (no) es de Indiana... Cecilia está contenta... Bob es estudiante de medicina...*

1. estar enfermo(a)

2. ser una persona muy sana

3. estar contento(a)

4. ser estudiante de ciencias

5. estar congestionado(a)

6. ser fumador(a) *(smoker)*

5-30 | Un cuento (A story) Trabaja con un(a) compañero(a) para escribir un cuento original. Sigue estos pasos (steps):

A. Cada persona escribe en su papel la siguiente información:

1. El nombre de una persona (persona famosa, estudiante de la clase, etcétera)
2. Una profesión
3. Una característica física
4. Una característica de personalidad
5. Una ciudad, un país
6. Un número entre 1 y 28
7. Un mes
8. Un número entre 1 y 12
9. Un número entre 1 y 29
10. Una condición del cielo
11. Una ciudad, un país
12. Una emoción
13. Un verbo de acción en el participio presente (**-ando -iendo**)

B. Intercambien los papeles. Cada persona completa el cuento apropiadamente con los elementos del papel de su compañero(a) y los verbos **ser** y **estar.** Presten (Pay) mucha atención al contexto para escoger el verbo apropiado en cada caso.

_____ _____ (forma correcta de **ser** o **estar**) _____. _____ (forma correcta de **ser** o **estar**)
   1   **2**

_____ y _____. _____ (forma correcta de **ser** o **estar**) de _____, _____. Hoy _____ (forma
 3   **4**   **5**   **5**

correcta de **ser** o **estar**) el _____ de _____ y ahora _____ (forma correcta de **ser** o **estar**) las
                     6   **7**

_____ y _____ según el reloj. El cielo _____ (forma correcta de **ser** o **estar**) _____. Ahora
  8   **9**   **10**

_____ _____ (forma correcta de **ser** o **estar**) en _____, _____ . _____(forma correcta de **ser**
   1   **11**   **11**

o **estar**) _____ porque _____ (forma correcta de **ser** o **estar**) _____.
        12   **13**

C. Después de terminar los cuentos, intercambien los papeles otra vez. Cada persona lee su cuento a su compañero(a). Algunas personas pueden leerle su cuento a la clase.

5-31 | ¿Quién soy yo? Trabaja con un(a) compañero(a) para jugar este juego. Sigue los siguientes pasos:

1. Completa estas preguntas con la forma correcta de **ser** o **estar**:

¿De dónde _____ tú?
¿Dónde _____ (tú) ahora?
¿Cómo _____ (tú) físicamente? ¿y tu personalidad?
¿Cuál _____ tu profesión?
¿Qué _____ (tú) haciendo ahora?
¿Cómo _____ tú ahora? ¿Por qué?

2. Cada estudiante escoge una nueva identidad. Puede ser la de una persona famosa o la de una persona de la clase.

3. Un(a) estudiante hace las preguntas y trata de determinar la nueva identidad de su compañero(a). (Si no sabes una respuesta, debes responder de una manera lógica.)

4. Después de determinar la identidad de la primera persona, cambien de papeles para identificar a la otra persona. Si hay tiempo, formen grupos más grandes para hacerles preguntas a otras personas y tratar de identificar su nueva identidad.

Estructura III

Pointing out people and thigns

In this section, you will learn how to specify people, places, things, and ideas.

Demonstrative adjectives

You can use demonstrative adjectives to point out a specific noun. Note that these adjectives must agree in gender (masculine or feminine) and number (singular or plural) with the noun to which they refer.

Singular		Plural	
este(a)	*this*	estos(as)	*these*
ese(a)	*that*	esos(as)	*those*
aquel (aquella)	*that (over there)*	aquellos(as)	*those (over there)*

Note that in order to point out people, things, and places that are far from the speaker and from the person addressed and to indicate something from a long time ago, Spanish speakers use forms of the demonstrative adjective **aquel.** For example:

Este paciente tiene dolor de estómago, **ese paciente** en la otra cama tiene fiebre y **aquel paciente** en la otra sala tiene náusea. **Estos pacientes** que tenemos hoy no están tan enfermos como *(as sick as)* **aquellos pacientes** del mes pasado.

¡A practicar!

📖 Capítulo 5	🌐 Capítulo 5
💿 Capítulo 5	💽 iLrn: Heinle Learning Center, **Capítulo 5**

5-32 | La clínica nueva de la Cruz Roja El doctor Chávez está muy impresionado con la nueva clínica de la Cruz Roja y está mostrándoles el nuevo centro médico a los dos voluntarios del Cuerpo de Paz, Roberto y Rachel. Completa los comentarios usando **este, esta, estos o estas.**

Dr. Chávez: Amigos, entramos aquí, por *esta* puerta.

Roberto: ¡Qué bonita! 1. _____ clínica tiene de todo.

Dr. Chávez: Sí, por fin la gente de 2. _____ barrio tiene un buen lugar para recibir tratamiento médico.

Rachel: ¿Y 3. _____ personas? ¿Todas vienen para consultas *(consultations)* hoy?

Dr. Chávez: Sí, en 4. _____ días tenemos muchos pacientes.

Roberto: ¿Cuánto tienen que pagar 5. _____ personas por las consultas?

Dr. Chávez: 6. _____ consultas no son totalmente gratis *(free)*, pero solamente cobramos *(we charge)* según la capacidad *(according to the means)* de cada persona.

5-33 | Para aclarar Imagínate que estás en la librería de tu universidad comprando cosas para tus clases. Responde a las preguntas de modo positivo o negativo usando los adjetivos demostrativos **ese, esa, esos o esas.** Luego repite tus respuestas a las preguntas usando los pronombres demostrativos.

> **Modelo** ¿Quieres este libro?
> *Sí, quiero ese libro.* o *No, no quiero ese libro.*

1. ¿Quieres estos bolígrafos?
2. ¿Necesitas estas mochilas?
3. ¿Quieres ver este cuaderno?
4. ¿Compras este libro de texto?
5. ¿Buscas esta alfombra para tu cuarto?
6. ¿Estás aquí con estas personas?

178 | Capítulo 5
ciento setenta y ocho

Demonstrative adjectives and pronouns

Demonstrative pronouns

Demonstrative pronouns are used in place of nouns and must agree with them in gender (masculine or feminine) and number (singular or plural). These forms all carry accents to distinguish them from the demonstrative adjectives:

Singular	Plural
éste(a)	éstos(as)
ése(a)	ésos(as)
aquél (aquélla)	aquéllos(as)

The Real Academia ruled in 2005 that the use of accents with demonstrative pronouns is optional.

—¿Quieres ir a esa farmacia?   *Do you want to go to that pharmacy?*
—Sí, a **ésa.**   *Yes, to that one.*
—¿Son tuyos aquellos libros?   *Are those books (over there) yours?*
—Sí, **aquéllos** son míos.   *Yes, those are mine.*

Neuter demonstrative pronouns

The words **esto** *(this)*, **eso** *(that)*, and **aquello** *(that over there)* can refer either to nonspecific things that are not yet identified or to ideas that were already mentioned.

—¿Qué es **esto**, mamá?   *What's this, Mom?*
—Es un termómetro.   *It's a thermometer.*

¡A conversar!

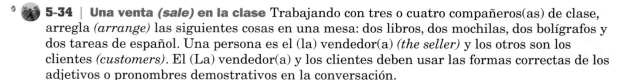

5-34 | **Una venta *(sale)* en la clase** Trabajando con tres o cuatro compañeros(as) de clase, arregla *(arrange)* las siguientes cosas en una mesa: dos libros, dos mochilas, dos bolígrafos y dos tareas de español. Una persona es el (la) vendedor(a) *(the seller)* y los otros son los clientes *(customers)*. El (La) vendedor(a) y los clientes deben usar las formas correctas de los adjetivos o pronombres demostrativos en la conversación.

> Modelo   E1: *¿Quieres comprar este libro?*
>   E2: *No, no quiero ese libro. Prefiero aquel libro.*
>   E1: *¿Ése?*
>   E2: *Sí, aquél.*

5-35 | **¿Conoces a aquel chico?** Trabajando con un(a) compañero(a) de clase, haz preguntas sobre los miembros de tu clase, usando adjetivos o pronombres demostrativos. Cada persona debe hacer cinco preguntas y dos de ellas deben ser en la forma plural.

> Modelo   E1: *¿Conoces a aquellos chicos?*
>   E2: *¿Esos chicos con la profesora?*
>   E1: *Sí, aquéllos.*
>   E2: *Sí, son Darius y Renault.*

Reflexive pronouns and the present tense of reflexive verbs

Reflexive verbs are identified by the pronoun -se attached to the end of the infinitive form of the verb. To conjugate these verbs, use a reflexive pronoun (e.g., **me**) with its corresponding verb form (e.g., **levanto**), according to the subject of the sentence (e.g., **yo**).

subject	reflexive pronoun + verb form
yo	me levanto
tú	te levantas
Ud., /él/ella	se levanta
nosotros(as)	nos levantamos
vosotros(as)	os levantáis
Uds., ellos(as)	se levantan

¡A recordar! When are definite articles used with reflexive verbs? Where are reflexive pronouns placed in relation to the verb?

Acabar de + infinitive

Acabar de + infinitive means to *have just finished doing* something.

¡A recordar! How is **acabar** conjugated in the present tense?

Ser versus estar

Ser implies a fundamental quality or characteristic that describes or defines the essence of a person, thing, place, or idea. **Estar** indicates the location or the state or condition of a person, thing, place, or action at a given moment, which may be the result of a change or a deviation from the norm.

¡A recordar! Which qualities or conditions require the use of the verb **ser**? Which states or conditions are expressed by the verb **estar**? Which adjectives can change meaning depending on their use with either **ser** or **estar**?

Demonstrative adjectives and pronouns

Demonstrative adjectives must agree in gender (masculine or feminine) and number (singular or plural) with the noun to which they refer.

Singular	Plural
este(a)	estos(as)
ese(a)	esos(as)
aquel (aquella)	aquellos(as)

Demonstrative pronouns are used in place of nouns and must agree with them in gender (masculine or feminine) and number (singular or plural). These forms all carry accents to distinguish them from the demonstrative adjectives.

Singular	Plural
éste(a)	éstos(as)
ése(a)	ésos(as)
aquél (aquélla)	aquéllos(as)

¡A recordar! When are the neuter demonstrative pronouns used?

¡A repasar!

Actividad 1 | Las actividades de un día típico
Completa cada frase con las formas correctas del verbo indicado. Escoge las formas reflexivas y no reflexivas apropiadamente según el contexto. (16 pts.)

1. levantar(se): Sara y su esposo Mario _____ a las seis. A las seis y media Sara _____ a sus hijos.
2. bañar(se): Sara _____ por la mañana pero ella _____ a su hijo menor por la noche.
3. afeitar(se): ¡Sara y Mario no _____ a los niños! Mario _____ por la mañana.
4. peinar(se): Generalmente, los niños _____ solos, pero si es un día especial, como el día de fotografías en la escuela, Sara _____ a su hijo menor.
5. poner(se): Yo _____ mis libros en la mochila y después _____ la chaqueta *(jacket)* y salgo para la escuela.
6. dormir(se): Yo _____ siete u ocho horas cada noche. ¡Yo no _____ durante la clase!
7. maquillar(se), pintar(se): ¿_____ tú todos los días? ¡Yo no! Yo solamente _____ cuando tengo una cita *(a date)*.
8. lavar(se): Nosotros _____ las manos antes de comer y _____ los platos después.

Actividad 2 | ¿Qué acaban de hacer? Forma oraciones con los elementos dados y la expresión **acabar de** en la forma adecuada para expresar las actividades que las personas acaban de hacer. (10 pts.)

1. Mis amigos / jugar al tenis.
   _____
2. Nuestro tío / levantar pesas
   _____
3. Yo / correr en el parque
   _____
4. Tú / bailar con amigos
   _____
5. Mi amigo y yo / hablar por teléfono
   _____

Actividad 3 | Preguntas Escoge el verbo correcto para completar cada pregunta que las personas hacen en el hospital. (6 pts.)

1. ¿Dónde es / está la sala de emergencia?
2. ¿Quién es / está la directora de operaciones?
3. ¿Es / Está necesario completar un historial clínico?
4. ¿Están / Son Uds. nerviosos?
5. ¿Son / Están simpáticos los empleados?
6. ¿Qué está / es leyendo Ud.?

Actividad 4 | Una médica de la Clínica Cemes Para saber qué pasa con una médica boliviana, completa cada oración con la forma correcta de **ser** o **estar,** según el contexto. (10 pts.)

Cristina Vargas Ramos 1. _____ médica en la Clínica Cemes, un hospital en La Paz. El hospital 2. _____ cerca de su casa y ella camina al trabajo. Ahora ella 3. _____ caminando al hospital y 4. _____ un poco preocupada porque hay muchos pacientes que 5. _____ muy enfermos esta semana. Todos los médicos 6. _____ inteligentes y dedicados, pero hay mucho trabajo y 7. _____ difícil ayudar a todos. Hace buen tiempo y el cielo 8. _____ despejado. Por eso las personas en la calle 9. _____ contentas. Cristina sabe que su trabajo 10. _____ importante y que ella ayuda a muchas personas.

Actividad 5 | Unas cosas importantes Identifica la palabra apropiada para completar cada oración. (8 pts.)

_____ 1. _____ libro de anatomía que está aquí es interesante.
_____ 2. _____ papeles que están allí son de David.
_____ 3. El médico escribe _____ recetas que están aquí para Felipe.
_____ 4. Los enfermeros recomiendan _____ medicina que está aquí.
_____ 5. —Debes tomar las pastillas que están allí, para la infección.
       —¿Cuáles?¿ _____?
_____ 6. Necesito hablar con _____ médica que está allí.

a. este
b. esta
c. estos
d. estas
e. ése
f. esa
g. esos
h. ésas

_____ 7. Necesito _____ documentos que están aquí.
_____ 8. —¿Trabaja tu amiga en el hospital que está allí, cerca de la plaza?
       —Sí, trabaja en _____.

Refrán

_____ (Eyes) que no (see)
_____, _____ (heart) que
no _____ (feel) Bonus! 4pts.

¡A ver!

En este segmento del video, los compañeros de casa van a aprender un baile folclórico llamado la bomba puertorriqueña. Desafortunadamente, uno de ellos también sufre de un problema de salud.

Expresiones útiles

The following are some new expressions you will hear in the video.

¿Qué les parece?	*How does that sound to you?*
Me lastimé el tobillo.	*I hurt my ankle.*
De acuerdo.	*Okay.*
No me quedó otra opción.	*I didn't have any other choice.*

Antes de ver

Paso 1 ¿Tienes accidentes de vez en cuando *(every now and then)*? ¿Te lastimas *(Do you injure)* partes de tu cuerpo? Da algunos ejemplos de las partes del cuerpo que te has lastimado *(that you have injured)* en el pasado.

Paso 2 Imagina que son las nueve de la noche y los compañeros de casa están para *(are about to)* acostarse. Adivina *(Guess)* todas las actividades que acaban de hacer durante el día. Completa las siguientes oraciones con lo que piensas que acaba de hacer cada uno de ellos.

Pienso que...

- Antonio acaba de _____.
- Alejandra acaba de _____.
- Sofía acaba de _____.
- Valeria acaba de _____.
- Javier acaba de _____.

Después de ver

Paso 1 En **Antes de ver, Paso 1,** pensaste en los accidentes y las partes del cuerpo que tú te has lastimado. Ahora, piensa en *(think about)* el accidente de Alejandra. Lee las siguientes oraciones y ponlas *(put them)* en órden cronológico según el video.

_____ Alejandra se lastima el tobillo y no puede bailar.

_____ Alejandra decide descansar, ¡pero solamente si puede salir con el instructor esa noche!

_____ Los jóvenes llegan al salón de baile.

_____ Valeria no quiere bailar y se sienta.

_____ El instructor dice que Alejandra no puede bailar más y que necesita descansar.

_____ Alejandra se jacta *(brags)* de ser la mejor bailarina de todo el grupo.

_____ Valeria tiene que bailar con Antonio.

_____ Alejandra se sienta y habla con el instructor sobre el dolor.

_____ El instructor explica los pasos del baile y los cuatro empiezan a bailar un poco.

_____ Alejandra dice que no le duele la rodilla, pero el pie le duele mucho. También dice que se rompió *(she broke)* la pierna hace un año *(a year ago)*.

Paso 2 En **Antes de ver, Paso 2**, adivinaste las actividades que acaban de hacer los compañeros de casa. Después de ver el video, sabes exactamente lo que los muchachos acaban de hacer hoy. Empareja las personas con las actividades que acaban de hacer.

1.

2.

3.

4.

5.

_____ No puedo bailar bien, pero acabo de aprender un poco.
_____ Yo acabo de divertirme mucho bailando con Sofía.
_____ Aunque el pie me duele mucho, estoy muy contenta porque acabo de salir con Víctor, el instructor de baile.
_____ Acabo de bailar con dos chicas muy guapas hoy.
_____ No me gusta bailar pero acabo de bailar con Antonio.

¿Qué opinas tú?

Paso 1 En este segmento, Alejandra no se siente bien porque le duele el pie. Ahora imagina que tú estás enfermo(a) y tu compañero(a) es el (la) médico(a). Describe tus síntomas a él/ella. ¿Tienes tos? ¿Estás mareado(a)? ¿Te duele algo? Luego, cambien de papel. ¡Sean creativos! *(Be creative!)*

Paso 2 ¿Qué piensas que los compañeros de casa hacen en un día típico? Escoge *(Choose)* uno(a) de los compañeros y escribe una lista de lo que normalmente hace durante el día. Por ejemplo, ¿se levanta tarde o temprano? ¿Se ducha o se baña? ¿Se viste muy casual o muy elegante? ¿Adónde va? Comparte tus respuestas con la clase. ¿Tienen mucho en común?

¡A leer!

Antes de leer

Recognizing Spanish affixes

An affix is added to the beginning (prefix), or to the end (suffix) of a word stem to create a new word. Knowing the meaning of Spanish affixes can significantly increase your ability to read Spanish effectively.

Study the list of affixes (**afijos**) to learn the basic meaning of each prefix (**prefijo**) or suffix (**sufijo**) in English and in Spanish.

Español	Inglés	Ejemplos
Prefijos		
auto-	*self-*	**auto**estima
des-	negation	**des**afortunado
mono-	*mono-* (one)	**mono**lingüe
mal-	*bad, ill*	**mal**estar
bi-	*bi-* (two)	**bi**lingüe
tri-	*tri-* (three)	**tri**lingüe
im-	negation	**im**posible
in-	negation	**in**creíble
infra-	*inferior*	**infra**humano
Sufijos		
-mente	*-ly*	rápida**mente**
-ado,	*-ed*	ocup**ado**
-ada		present**ada**
-oso,	*-ous*	maravill**oso**
-osa		fabul**osa**
-dad,	*-ty*	oportuni**dad**
-tad		liber**tad**
-ción,	*-sion, -tion*	ac**ción**
-sión		televi**sión**

¡A leer!

Now you can apply the strategies that you have learned thus far—recognizing cognates and affixes, reading titles and subtitles, and looking at photos and maps to predict the topic of an article and thereby make the reading easier.

1. Escriban cinco cognados y sus significados.
2. **Afijos.** Escriban seis palabras con prefijos (antes) o con sufijos (después) y sus significados.

HISTORIA **OPORTUNIDADE**

Historia de Curaméricas

Henry Perry III y Alice Weldon, dos médicos de Carolina del Norte, fundan Curaméricas en 1983. El objetivo principal de esta organización es prevenir *(prevent)* enfermedades y muertes *(deaths)* innecesarias en poblaciones pobres, con pocos recursos económicos, en países como Bolivia, Guatemala, Haití y México. Los médicos, enfermeros, enfermeras y voluntarios visitan las casas en una comunidad específica y estudian la manera de ayudar a las familias que tienen más riesgos *(risks)* de enfermedades.

Curaméricas en Bolivia

En Bolivia, esta organización ayuda a más de 75.000 mujeres, niños y familias en el Altiplano y en la región de Montero en los últimos años. Estas familias reciben ayuda y educación médica porque la combinación de la poca infraestructura y las condiciones infrahumanas de la población hacen de Bolivia uno de los países más pobres de Sur América. Muchas comunidades no tienen agua potable y si la gente se en-

3. ¿Qué significa el título de la lectura?
4. ¿Qué subtítulos tiene el artículo?
   ¿Qué pueden predecir con estos
   subtítulos?
5. ¿De qué país son la foto y el mapa?

CONTACTENOS **20** ANOS

ferma tiene que caminar más de un
día para llegar a una clínica. Debido a
la altitud y a una dieta desequilibrada,
las mujeres y los niños mueren de
pulmonía, diarrea y problemas del
estómago. El programa de Curaméricas
trabaja en más de 200 comunidades
para enseñarles a estas personas a
cuidarse de estas enfermedades.

Resultados

Gracias a los servicios de Curaméricas
en las comunidades bolivianas, la tasa
de mortalidad *(death rate)* de los niños
bolivianos se reduce un 62%, en com-
paración con otras comunidades donde
Curaméricas no trabaja todavía.

¿Cómo pueden ustedes ayudar a Curaméricas?

Pueden donar dinero a la
organización Curaméricas y
su donativo es deducible de
impuestos *(taxes)*.

Pueden mandar medicinas
por medio de su iglesia o su
comunidad a la organización
para los diferentes países.

Pueden trabajar como vo-
luntarios o pueden hacer sus
prácticas *(internships)* de
me-dicina o enfermería en
uno de estos países: Bolivia,
Guatemala, Haití y México.

Después de leer

A escoger. Después de leer el artículo, contesten las siguientes
preguntas.

1. Qué tipo de artículo es?
   a. un anuncio para mejorar la salud de comunidades
   b. un anuncio para educar a la comunidad con respecto a la
      salud
   c. un anuncio para ayudar a los gobiernos a mejorar la salud
2. ¿A quién está dirigido este anuncio?
   a. a la comunidad en general
   b. a los gobiernos
   c. a los estudiantes de medicina
3. ¿Cuáles son los problemas que Curaméricas ayuda a
   combatir en las comunidades?
   a. los problemas respiratorios y digestivos
   b. los problemas emocionales y físicos
   c. los problemas educativos y económicos
4. Curaméricas necesita ayudar a las familias en Bolivia porque...
   a. el país no tiene agua potable.
   b. el país es uno de los más pobres en Sur América.
   c. el país no tiene muchos doctores en lugares remotos.

¿Cierto o falso? Indica si las oraciones son **ciertas** o **falsas.**
Luego, corrige las falsas.

1. _____ Dos médicos de Carolina del Norte, Henry Perry III y
   Alice Weldon fundan Curaméricas en 1983 para prevenir enfermedades y muertes *(deaths)* innecesarias en poblaciones pobres.

2. _____ Los voluntarios visitan todas las casas de un país y
   estudian la manera de ayudar a las familias que tienen más
   riesgos *(risks)* de enfermedades.

3. _____ La combinación de la poca infraestructura y las
   condiciones infrahumanas de la población hacen de Bolivia
   uno de los países más pobres de Sur América.

4. _____ Debido al frío, las mujeres y los niños mueren de
   pulmonía, diarrea y problemas del estómago.

5. _____ La gente puede ayudar a Curaméricas donando
   dinero, mandando medicinas o trabajando como voluntaria.

A conversar. Con sus compañeros de clase discutan:

• El trabajo que hace Curaméricas en Latinoamérica.

• La manera en que ustedes pueden ayudar a estas
  comunidades necesitadas.

• Si ustedes conocen otras organizaciones como Curaméricas,
  expliquen lo que hacen estas organizaciones y los lugares
  donde trabajan.

• Si ustedes hacen trabajo comunitario en sus comunidades,
  expliquen lo que ustedes hacen, para quién y con quién.

¡A escribir!

Strategy: Using a bilingual dictionary

A bilingual dictionary is a useful tool that, when used properly, can enhance the quality, complexity, and accuracy of your writing in Spanish. It is very important, however, that you learn to use it correctly. Here are some suggestions to help you use your bilingual dictionary properly.

1. When you look up the Spanish equivalent of an English word, you will often find several meanings for the same word, often appearing like this:

   cold: *n.* **frío, catarro, resfriado**
       adj. **frío**

2. In larger dictionaries, additional information may be given that will clarify meanings and uses.

   cold: *n.* **frío** *(low temperature)*; **catarro** *(illness)*; **resfriado** *(illness)*
       adj. **frío**

3. Pay attention to certain abbreviations in your dictionary that will tell you what type of word you have found. Notice the abbreviations *n.* and *adj.* in the examples above, indicating that the word is a noun or an adjective. Some of the more common abbreviations you will find are listed below. Their Spanish equivalents are in parentheses.

n.	noun	**(sustantivo)**
adj.	adjective	**(adjetivo)**
adv.	adverb	**(adverbio)**
conj.	conjunction	**(conjunción)**
prep.	preposition	**(preposición)**
v.	verb	**(verbo)**

4. Looking up a lot of different words in a bilingual dictionary when you are writing is inefficient. If you insist on looking up too many words as you write, you may become frustrated or feel like you want to give up altogether. It is wiser and faster to use the phrases you already know in Spanish as much as possible, rather than trying to translate too many new words you don't know from English to Spanish. You will learn more and more new words as you continue reading and listening to the language.

Paso 1 Busca las siguientes palabras inglesas en tu diccionario bilingüe y escribe su equivalente en español en una hoja de papel.

1. wall (e.g., in a house)
2. to grade (e.g., to correct)
3. bank (e.g., of a river)

Paso 2 Indica si las palabras son sustantivos, verbos, adjetivos, adverbios, etcétera.

Paso 3 Compara tus respuestas con las de un(a) compañero(a) de clase. Si ustedes tienen preguntas, hablen con el (la) profesor(a).

Task: Writing a health report

Health reports may be written in a variety of situations and they may be official or unofficial, formal or quite informal. A physician or other health professional may ask a patient to complete a form that contains a narrative about the patient's current condition. Individuals may prepare health reports before they undertake new or strenuous activity such as participation in a sport. It is also common in personal correspondence to include an informal health report. You will now write a report of your own health that might be included in a letter to your parents or provided for a health care provider, coach, or other person who needs information about your current condition.

Paso 1 Prepara una lista de seis aspectos importantes de tu condición física actual *(current)*. Puedes incluir aspectos positivos como: **Tengo mucha energía porque hago ejercicio regularmente,** y problemas como: **Me duele la cabeza cuando estudio mucho.**

Paso 2 Decide si tu estado físico es, en general, bueno o malo basándote en la información del **Paso 1.**

Paso 3 Escribe un informe de diez oraciones, explicando tu condición física e incluyendo la siguiente información.

- cuántos años tienes
- si tu condición es, en general, buena o mala
- un mínimo de cinco aspectos importantes de tu condición con los detalles *(details)* necesarios y adecuados

Paso 4 Intercambia el papel con un(a) compañero(a) de clase. Lee el informe de tu compañero(a). Después, comenta con el (la) compañero(a) los aspectos positivos y negativos presentados en los informes y decide si uno(a) o los (las) dos necesita(n) hacer una cita con el (la) médico(a).

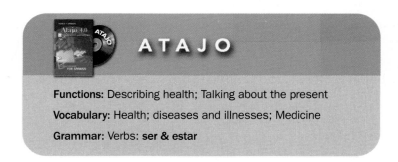

ATAJO

Functions: Describing health; Talking about the present

Vocabulary: Health; diseases and illnesses; Medicine

Grammar: Verbs: **ser & estar**

Vocabulario esencial

CD 1, Track 13

El cuerpo humano	*The human body*
la boca	mouth
el brazo	arm
el cabello / el pelo	hair
la cabeza	head
la cara	face
el codo	elbow
el corazón	heart
el cuello	neck
los dedos	fingers
los dedos del pie/de los pies	toes
los dientes	teeth
la espalda	back
el estómago	stomach
la garganta	throat
el hueso	bone
la mano	hand
el músculo	muscle
la nariz	nose
los ojos	eyes
las orejas	(outer) ears
el pelo	hair
la pierna	leg
el pie	foot
los pulmones	lungs
la rodilla	knee
el tobillo	ankle

La salud	*Health*
el antibiótico	antibiotic
la aspirina	aspirin
el (la) enfermero(a)	nurse
la farmacia	pharmacy
el jarabe	cough syrup
la medicina	medicine
el (la) médico(a)	physician, doctor
el (la) paciente	patient
la pastilla	pill
la receta	prescription
la sala de espera	waiting room
la sala de emergencia	emergency room

Los problemas médicos	*Medical problems*
la alergia	allergy
el catarro	cold
el dolor de cabeza	headache
la enfermedad	illness
la fiebre	fever
el mareo	dizziness
el resfrío	cold

Verbos relacionados con la salud	*Health-related verbs*
dolerle (ue) (a alguien)	to be painful (to someone)
enfermarse	to get sick
estar congestionado(a)	to be congested
estar enfermo(a)	to be sick
estar resfriado(a)	to have a cold
estornudar	to sneeze
examinar	to examine
guardar cama	to stay in bed
resfriarse	to catch a cold
sentirse (bien/mal)	to feel (good/bad)
tener dolor de cabeza	to have a headache
tener escalofríos	to have chills
tener fiebre	to have a fever
tener gripe	to have a cold / the flu
tener náuseas	to be nauseous
tener tos	to have a cough
tomarle la temperatura (a alguien)	to take (someone's) temperature
toser	to cough

Verbos de la rutina diaria y personal	*Daily and personal routine verbs*
acostarse (ue)	to go to bed
afeitarse	to shave
bañarse	to take a bath
cepillarse los dientes	to brush one's teeth
cuidarse	to take care (of oneself)
despertarse (ie)	to wake up
dormirse (ue)	to fall asleep
ducharse	to take a shower
lavarse	to wash up
levantarse	to get up
maquillarse	to put on makeup
peinarse	to comb one's hair
pintarse	to put on makeup
ponerse (la ropa)	to put on (one's clothes)
quitarse (la ropa)	to take off (one's clothes)
secarse (el cuerpo)	to dry off (one's body)
vestirse (i)	to get dressed

Adjetivos y pronombres demostrativos
pp. 178–179

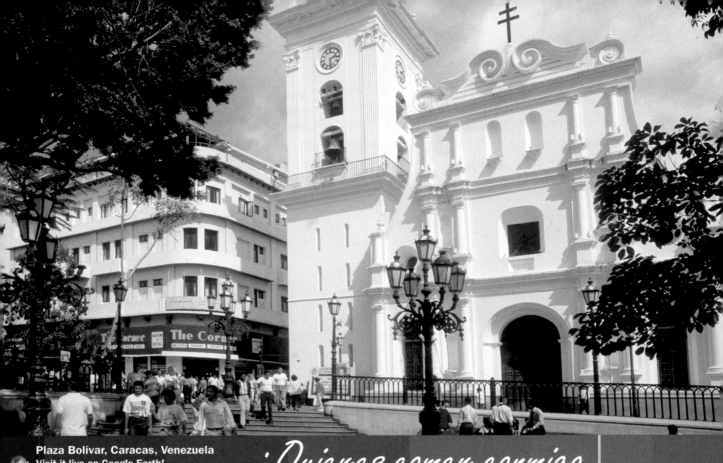

Plaza Bolívar, Caracas, Venezuela
Visit it live on Google Earth!

¿Quieres comer conmigo esta noche? | Venezuela

6

CHAPTER OBJECTIVES

Communicative Goals

In this chapter, you will learn how to . . .

- Talk about foods and beverages for breakfast, lunch, and dinner
- Make comparisons
- Order food in a restaurant
- Describe past events in detail

Structures

- Comparatives and superlatives
- Regular verbs in the preterite
- Verbs with stem and spelling changes in the preterite

Personal Tutor

DVD

¡Bienvenidos a Venezuela!

1 | ¿Cómo es la ciudad de Caracas?

2 | ¿Puedes nombrar uno de los héroes de la historia venezolana que el video menciona? ¿Por qué es famoso?

3 | ¿Qué sabes de la educación en Venezuela?

4 | ¿Cuáles son algunas actividades típicas de los caraqueños (las personas que viven en Caracas)? ¿Qué tipo de cafés son muy populares en Caracas?

5 | ¿Te gustaría visitar Caracas? ¿Por qué sí o por qué no?

189

Vocabulario   La comida

El menú del restaurante de doña Margarita In this section, you will practice talking about foods by learning about doña Margarita's restaurant, El Criollito, on the east side of Caracas.

Las comidas Meals

almorzar (ue) to have (eat) lunch
el almuerzo lunch
cenar to have (eat) dinner (supper)
la cena dinner, supper
desayunar to have (eat) breakfast
el desayuno breakfast

Los condimentos Condiments

el aceite oil
el azúcar sugar
la mantequilla butter
la pimienta pepper
la sal salt
el vinagre vinegar

¿Nos entendemos?

In Spain, **las papas** are referred to as **las patatas** and **jugo de naranja** is referred to as **zumo de naranja**. In Puerto Rico, however, **jugo de naranja** is referred to as **jugo de china**.

Entremeses
las arepas (la especialidad de la casa)
la ensalada de la casa (lechuga, tomate, huevo duro)
la sopa de verduras
el pan (tostado)

Platos principales
La carne
la carne de res (bistec) con arroz y champiñones
las chuletas de cerdo en salsa de tomate
el sándwich de jamón y queso
el pavo con verduras
el pollo asado
la hamburguesa (con queso) y papas

Mariscos y pescado del día
la langosta
los camarones fritos
los calamares fritos

Bebidas
el agua mineral con/sin gas
el café
la cerveza
el jugo de fruta
la leche
los refrescos
el té (helado)
el vino (blanco, tinto)

Postres
las frutas: manzana, naranja, banana
el flan casero
el helado

Palabras útiles

la copa goblet, wine glass
la cuchara spoon
el cuchillo knife
el mantel tablecloth
el pimentero pepper shaker
el plato plate

el salero salt shaker
la servilleta napkin
la taza cup
el tenedor fork
el vaso glass

Palabras útiles are presented to help you enrich your personal vocabulary. The words here will help you talk about dining at home and in restaurants.

¡A practicar!

Test **6-1 | Un menú desorganizado** Doña Margarita está organizando el menú para su restaurante. Ayúdala a encontrar la comida que no forma parte del grupo. En cada número también indica lo que tienen en común los otros tres artículos *(items)*.

1. las chuletas, los camarones, el helado, el pescado
2. el vino tinto, el té, la cerveza, el vino blanco
3. el bistec, los calamares, la langosta, el pescado
4. el pavo, la carne de res, el pollo, el faisán *(pheasant)*
5. los champiñones, las papas, las manzanas, la lechuga
6. la mantequilla, el helado, el flan, las frutas
7. la sal, el azúcar, el aceite, los sándwiches

6-2 | ¿Qué bebidas te gustan? Escogiendo de la lista de bebidas a la derecha, completa las siguientes oraciones para expresar tus preferencias.

1. Para el desayuno, prefiero tomar...	leche
2. Cuando estudio en casa, tomo...	café
3. Cuando tengo mucha sed, bebo...	té
4. Para el almuerzo, me gusta beber...	vino tinto/blanco
5. En las fiestas siempre tomo...	agua mineral
6. Los fines de semana me gusta tomar...	jugo de naranja
7. Para la cena prefiero beber...	un refresco
8. Cuando estoy en el cine, tomo...	una cerveza

Criollito

Appetizers
arepas (the house specialty)
house salad (lettuce, tomato, hard-boiled egg)

vegetable soup
bread (toast)

Main dishes
Meats
beef (steak) with rice and mushrooms
pork chops in tomato sauce
ham and cheese sandwich
turkey with vegetables
roasted chicken
hamburger (cheeseburger) with french fries

Shellfish and fish of the day
lobster
fried shrimp
fried calamari (squid)

Beverages
carbonated/noncarbonated mineral water
coffee
beer
fruit juice
milk
soft drinks
(iced) tea
(white, red) wine

Desserts
fruit: apples, oranges, bananas
homemade caramel custard
ice cream

> **¿Nos entendemos?**
>
> There are four ways to order coffee in Venezuela: **un negrito** (black espresso coffee served in a demitasse), **un marroncito** (espresso with a little milk added and served in a demitasse), **un marrón** (more coffee and less milk and served in a coffee cup), and **café con leche** (less coffee and more hot milk added and served in a coffee cup). **La gaseosa** is another term for **el refresco**.

(handwritten note: french little cup, "demitasse" circled)

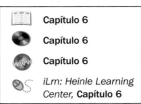

📖	**Capítulo 6**
💿	**Capítulo 6**
🌐	**Capítulo 6**
🖱	*iLrn: Heinle Learning Center,* **Capítulo 6**

¡A conversar!

6-3 | Una invitación Conversa con un(a) compañero(a) de clase para hacer planes para una comida durante el fin de semana. ¡Sé creativo(a)!

Estudiante A

1. Saluda a tu amigo(a).

3. Dile que no puedes aceptar su invitación. Habla de los planes que ya tienes.

5. Acepta la invitación. Dale las gracias a tu amigo(a). Pregúntale sobre la invitación.

7. Pregúntale si su familia va a estar en el almuerzo o no.

9. Despídete.

Estudiante B

2. Contéstale a tu amigo(a) y pregúntale cómo está él/ella. Después invita a tu amigo(a) a un almuerzo en casa el sábado.

4. Reacciona a lo que dice tu amigo(a). Invítalo(la) al almuerzo otro día.

6. Responde a sus preguntas.

8. Contesta si tu familia va a estar en el almuerzo o no.

10. Responde.

6-4 | Entrevista Pregúntale a otro(a) compañero(a) de clase sobre su rutina a la hora de comer. Después comparte esta información con la clase. ¿Tienen mucho en común tus compañeros de clase?

1. **el desayuno:** ¿A qué hora desayunas? ¿Desayunas solo(a) o con otras personas? ¿Qué prefieres tomar por la mañana, café, té, leche o jugo? ¿Qué te gusta comer para el desayuno?

2. **el almuerzo:** Normalmente, ¿dónde almuerzas? ¿Con quién te gusta almorzar? ¿A qué hora almuerzas? ¿Qué comes para el almuerzo?

3. **la cena:** Normalmente, ¿a qué hora cenas? ¿Cenas con tu familia, con otras personas o solo(a)? ¿Comes mucho o poco en la cena? Por ejemplo, ¿qué comes?

6-5 | Dietas especiales Uds. trabajan en un restaurante y tienen clientes con necesidades especiales. Planeen un menú para cada cliente de la lista, prestando atención a sus preferencias y necesidades. Para cada persona, incluyan un mínimo de tres platos y una bebida. Después de planear los menús deben presentarlos y explicar sus decisiones a la clase.

1. Gustavo es un hombre de 45 años bastante gordo. Trabaja en una oficina y no hace mucho ejercicio. Siempre tiene mucha hambre pero quiere perder peso *(weight)*.
2. Amalia es una estudiante universitaria de 21 años. Come poca carne, pero come pescado y mariscos. Le gustan mucho las frutas y las verduras.
3. Felipe es un hombre de 25 años. Es atlético y muy activo. Consume muchas proteínas y mucho calcio en su dieta.
4. Marisol es una chica de 12 años. Le gustan mucho los postres, pero su madre le recomienda carne y verduras.
5. Doña Soledad es una mujer de 70 años. No es muy activa y tiene algunos problemas de salud. Necesita comida buena para el corazón y los huesos.

6-6 | ¿Qué vamos a comer? Trabaja con un(a) compañero(a) para decidir qué quieren comer en el restaurante Tarzilandia en Caracas. Selecciona un plato de cada categoría y una bebida. Comenta sobre los platos y las bebidas que te gustan y los que no te gustan, y pregúntale a tu compañero(a) qué le gusta y qué no le gusta.

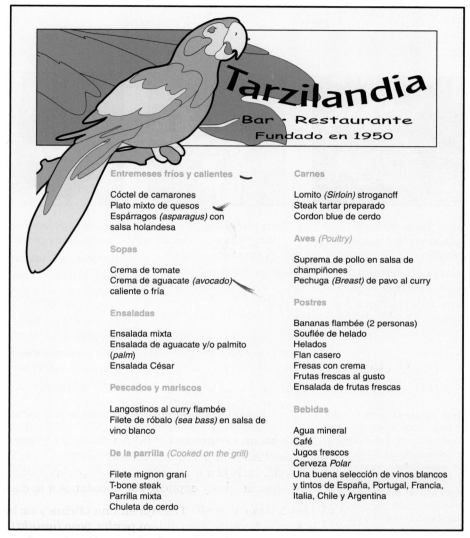

Tarzilandia
Bar · Restaurante
Fundado en 1950

Entremeses fríos y calientes

Cóctel de camarones
Plato mixto de quesos
Espárragos *(asparagus)* con
salsa holandesa

Sopas

Crema de tomate
Crema de aguacate *(avocado)*
caliente o fría

Ensaladas

Ensalada mixta
Ensalada de aguacate y/o palmito
(palm)
Ensalada César

Pescados y mariscos

Langostinos al curry flambée
Filete de róbalo *(sea bass)* en salsa de
vino blanco

De la parrilla *(Cooked on the grill)*

Filete mignon graní
T-bone steak
Parrilla mixta
Chuleta de cerdo

Carnes

Lomito *(Sirloin)* stroganoff
Steak tartar preparado
Cordon blue de cerdo

Aves *(Poultry)*

Suprema de pollo en salsa de
champiñones
Pechuga *(Breast)* de pavo al curry

Postres

Bananas flambée (2 personas)
Souflée de helado
Helados
Flan casero
Fresas con crema
Frutas frescas al gusto
Ensalada de frutas frescas

Bebidas

Agua mineral
Café
Jugos frescos
Cerveza *Polar*
Una buena selección de vinos blancos
y tintos de España, Portugal, Francia,
Italia, Chile y Argentina

Source: http://www.tarzilandia.com/menu.htm

6-7 | Una celebración Tienes la oportunidad de invitar a cinco de tus mejores amigos a cenar en un restaurante para tu cumpleaños. Puedes cenar en **El Criollito** o en **Tarzilandia.**

Paso 1 Tienes que consultar las cartas de los restaurantes y luego escribir un menú que tenga *(has)* dos opciones de uno de los restaurantes en cada categoría: entremeses, platos principales, bebidas, postres.

Paso 2 Escribe el menú y muéstralo a otros cinco estudiantes: ellos (ellas) deben seleccionar el plato que prefieren en cada categoría. Después, otra persona del grupo les presenta su menú y los otros estudiantes expresan sus preferencias. Todos deben presentar sus menúes. ¿En cuál de los dos restaurantes va a cenar la mayoría de los estudiantes **El Criollito** o **Tarzilandia?**

El siguiente diálogo tiene lugar en el restaurante nuevo El Criollito de doña Margarita. Doña Margarita está sirviéndoles a sus primeros clientes, Rosa y Simón, y quiere servirles una cena perfecta.

Doña Margarita: ¡Bienvenidos al Criollito! ¿Quieren sentarse adentro o en la terraza?

Rosa: En la terraza. ¡Las flores que tienen allí son muy bonitas!

Doña Margarita: Gracias. Pasen por aquí, entonces.

✳ **Comentario cultural** Venezuela has a long Caribbean coastline and, therefore, has been strongly influenced in its history, culture, and gastronomy by the Caribbean islands. Some culinary favorites include **arepas** (meat or cheese-filled cornmeal pockets), **caraotas negras** (black beans), **guasacaca** (avocado salsa), **pabellón criollo** (shredded beef with beans, rice, and plantains), and **tajadas de plátano maduro** (fried ripe plantains).

Doña Margarita: ¿Está bien? El mesero les trae el menú enseguida.

Simón: ¡Perfecto!

✳ **Comentario cultural** Mercal, Venezuela's leading food distributor, is newly dedicated to giving foods produced in the country priority over imported foods. It is estimated that Venezuela still imports nearly 75% of its food. The three major imports are rice, chicken, and beans.

El mesero: ¡Buenas noches! Aquí tienen el menú. ¿Desean tomar algo?

Rosa: Para mí, **un jugo de naranja** con hielo.

Simón: Y para mí, **una cerveza.** Me gusta **más** la cerveza **que** el jugo cuando hace un poquito de calor.

El mesero: Muy bien. Seguro que quieren **unas arepas** para empezar, ¿no?

¡Son **las mejores de toda la ciudad**! Es la especialidad de la casa.

Simón: ¡Cómo no!

✳ **Comentario cultural** Woven by ethnic communities from the Amazon and Delta region of Venezuela, decorative baskets made from **moriche** palm fiber are popular in many establishments in Venezuela. These baskets are the pride of the Warao, an indigenous group who spend much of their lives in dugout canoes in the Delta region. The baskets are used for storage, transport, and preparation of food.

Expresiones en contexto

bien cocido *well done*
¡Cómo no! *Of course!*
de vez en cuando *occasionally*
enseguida *right way*
¿Desean tomar algo? *Would you like something to drink?*
¡Están para chuparse los dedos! *They're finger-licking good!*

¡Están riquísimas! *They're delicious!*
mesero(a) *waiter or waitress (Latin America)*
no nos mataría *it wouldn't kill us*
tiene lugar *takes place*
vamos a ver *let's see*

¿Nos entendemos?

In several Latin American countries it is quite common to use the diminutive form when requesting common beverages such as un **cafecito** (little coffee) or una **cervecita** (little beer). Also note that in Latin America, it is more appropriate to use (yo) **quisiera...** (I would like—the past subjunctive form of the verb **querer**) when ordering food. In Spain, it is more common to use the more direct present tense form (yo) **quiero...**

El mesero: Aquí están las arepas que **pidieron.**

Simón: ¡Están riquísimas!

Rosa: ¡Están para chuparse los dedos!

El mesero: Están muy **frescas.** La cocinera **preparó** muchas esta mañana.

¿Quieren pedir algo del menú? Les recomiendo **el pabellón criollo.**

✳ **Comentario cultural Arepas,** fried or baked corn pancakes, either plain or with a filling, such as shredded meat, beans, cheese or avocado, are a staple for most Venezuelans and can be found in small food stands called **areperas.**

Rosa: Sí. Vamos a ver. *(Let's see.)* Yo quisiera **los calamares fritos.**

¿Están frescos?

El mesero: Sí, señora. **Recibimos los mariscos** esta mañana. Y los calamares son **los mejores del día.** Seguro que le van a gustar.

¿Y para el señor? ¿El pabellón criollo?

Simón: No, gracias. Hoy quisiera el bistec bien cocido con champiñones.

✳ **Comentario cultural** As mentioned on page 190, **pabellón criollo** is perhaps Venezuela's most popular traditional dish and consists of shredded meat, black beans over rice, and fried plantains.

El mesero: ¿Algo más? ¿Postre? ¿Café?

Simón: Un cafecito y **la cuenta, por favor.**

Rosa: ¿Por qué **pediste** la cuenta, mi amor? No nos mataría un postre de vez en cuando.

¿Comprendiste? Identifica la oración del diálogo que explica las siguientes decisiones.

Modelo A Rosa le gusta sentarse en la terraza.
Rosa dice «En la terraza. ¡Las flores que tienen allí son muy bonitas!»

1. Simón va a tomar una cerveza.
2. Rosa y Simón van a comer arepas.
3. Rosa va a pedir los calamares fritos.
4. Simón pide un plato del menú.
5. Rosa quiere comer postre.

 Diálogo entre mesero(a) y cliente Trabaja con un(a) compañero(a) de clase. Túrnense para practicar el diálogo que acaban de estudiar en **En contexto**. Deben cambiar las nacionalidades y las selecciones del menú. Pueden consultar el Internet para obtener más ideas. Usen expresiones de **En contexto** como modelo para su diálogo.

In this section, you will learn how to make comparative and superlative statements.

I. Comparative statements

English speakers make comparisons by adding the ending *-er* to an adjective (*e.g., warmer*) or by using the words *more* or *less* with an adjective (*e.g., more interesting, less expensive*). Spanish speakers make comparisons in the following manner.

Comparisons of inequality

- Use **más** *(more)* or **menos** *(less)* before an adjective, an adverb, or a noun, and use **que** *(than)* after it.

esta mas caliente ahora.

más		adjective (**tímido**)		
	+	adverb (**pronto**)	+	que
menos		noun (**hambre**)		

Matilde quiere comer **más pronto que** su hermana Elena.	*Matilde wants to eat sooner than her sister Elena.*
Elena tiene **menos hambre que** Matilde.	*Elena is less hungry than Matilde.*

- Use **más que** or **menos que** after a verb form.

Lorena come **más que** Roberto.	*Lorena eats more than Roberto.*

Use the preposition **de** *(than)* before a number; for example, Elena tiene **más de** diez amigos. *Elena has more than ten friends.*

- Irregular comparatives

mejor(es)	*better*	peor(es)	*worse*
menor(es)	*younger*	mayor(es)	*older*

—El tiempo en Caracas es **mejor que** en Maracaibo.	*The weather in Caracas is better than in Maracaibo.*
—Sí, y la humedad en Maracaibo es **peor que** en Caracas.	*Yes, and the humidity in Maracaibo is worse than in Caracas.*
Elena es **menor que** Roberto, y Lorena es **mayor que** su hermana Matilde.	*Elena is younger than Roberto, and Lorena is older than her sister Matilde.*

Comparisons of equality

verbo

- Use **tan** *(as)* before an adjective or an adverb and **como** *(as)* after it.

		adjective (**nublado**)			
tan	+			+	como
		adverb (**frecuentemente**)			

Note that **tan** can also be used by itself to show a great degree of a given quality; for example, ¡Qué día **tan** perfecto! *What a perfect day!*

A veces está **tan** nublado en Caracas **como** en Maracaibo.	*Sometimes it is as cloudy in Caracas as in Maracaibo.*
Además no llueve **tan** frecuentemente en Maracaibo **como** en Mérida.	*Also, it doesn't rain as frequently in Maracaibo as in Merida.*

Comparatives and superlatives

same for both

- Use **tanto(a)** *(as much)* or **tantos(as)** *(as many)* before a noun, and **como** *(as)* after it.

tanto (dinero) tanta (gente) tantos (días) tantas (fiestas)	+	como

One can change a comparison of equality to one of inequality by using the word **no** before a verb; for example, **No** llueve **tanto** en Caracas **como** en Maracaibo. *It doesn't rain as much in Caracas as in Maracaibo.*

—¿Hace **tanto** calor en Puerto Ayacucho **como** en Ciudad Guayana?

Is it as hot in Puerto Ayacucho as in Ciudad Guayana?

—Sí, y hay **tantas** tormentas en Puerto Ayacucho **como** en Ciudad Guayana.

Yes, and there are as many storms in Puerto Ayacucho as in Ciudad Guayana.

Tanto(s)/Tanta(s) can also be used without **como** to show a great amount of something; for example, ¡Hace **tanto** calor! *It's so hot!*

- To make comparisons of equality with verbs, use **tanto como** after the verb, followed by the person (or pronoun) that is being compared to the subject.

Estudias **tanto como** yo.

You study as much as I.

II. Superlative statements

English speakers single out someone or something from a group by adding the ending *-est* to an adjective (e.g., *warmest*) or by using the phrases *the most* or *the least* with an adjective (e.g., *the most elegant, the least expensive*). Spanish speakers form superlatives by using a definite article before the person or thing being compared + **más** *(most)* or **menos** *(least)* + adjective. To introduce the group to which the person or thing is being compared (*the most/least … in the class/world/city*, etc.), the preposition **de** + noun is used.

el (sobrino) la (famila) los (amigos) las (compañeras)	+	más menos	+	*adjective (+ **de** + noun)*

Tengo **la familia más inteligente, el esposo más guapo, los amigos más generosos y el restaurante más popular de Caracas.**

I have the most intelligent family, the most handsome husband, the most generous friends, and the most popular restaurant in Caracas.

Irregular superlatives

el (la, los, las)	mejor(es)	*best*	el (la, los, las)	peor(es)	*worst*
el (la, los, las)	mayor(es)	*oldest*	el (la, los, las)	menor(es)	*youngest*

—¡El Criollito es **el mejor** restaurante **de** Caracas!

El Criollito is the best restaurant in Caracas!

—Sí. El otro, El Mesón, es **el peor** restaurante.

Yes. The other, El Mesón, is the worst restaurant.

Elena es **la menor de** las niñas.

Elena is the youngest of the girls.

Matilde es **la mayor.**

Matilde is the oldest.

¡A practicar!

6-8 | Comparaciones Usando la información que sigue, haz comparaciones entre el restaurante de doña Margarita, **El Criollito**, y otro restaurante que se llama **El Mesón**, que es de don Paco. **El Mesón** queda en el centro de Caracas y sirve las empanadas *(Spanish-style meat pastries)* más populares de la ciudad. Usa **más, menos, mayor** o **menor**.

> **Modelo** En **El Criollito**, la gente come arepas, la especialidad de la casa. En **El Mesón** la gente come empanadas, la especialidad de la casa.
> *En **El Criollito** la gente come más arepas que empanadas.*
> o *En **El Mesón** la gente come menos arepas que en **El Criollito**.*

1. **El Criollito** es pequeño. **El Mesón** es grande.
2. **El Mesón** tiene 154 clientes. **El Criollito** tiene 49 clientes.
3. **El Mesón** tiene quince mesas. **El Criollito** tiene nueve mesas.
4. En **El Criollito** la comida es económica. En **El Mesón**, la comida es cara *(expensive)*.
5. En **El Criollito** hay pocos platos en el menú. En **El Mesón**, hay muchos platos en el menú.
6. En tu opinión, ¿cuál es el mejor restaurante? ¿Cuál es el peor restaurante?

6-9 | Los intereses de Matilde y Elena Matilde y Elena tienen muchos intereses en común. Completa las siguientes oraciones apropiadamente, usando **tan, tanto, tanta, tantos** o **tantas**.

> **Modelo** Matilde es *tan* inteligente como Elena.

1. Matilde tiene ___tanta___ energía como Elena.
2. Matilde juega ___tan___ como su hermana.
3. Y a Elena le gusta hacer _____ ejercicio como a Matilde.
4. Matilde juega al tenis _____ bien como Elena.
5. También Matilde está _____ contenta como Elena.
6. Elena tiene ___tantos___ amigos como Matilde.
7. A Elena le gusta ir al cine _____ como a Matilde.

6-10 | ¡La mejor comida de la ciudad! Pensando en los restaurantes de tu ciudad, forma expresiones superlativas para describir los siguientes componentes con los adjetivos dados.

> **Modelo** comida / picante
> *El restaurante con la comida más picante es **La Charreada**.*

1. los meseros / simpático
2. los precios / bajo   los precios con los
3. el ambiente / popular   environment
4. el menú / variado
5. los platos / delicioso   los platos con mas delicios comida es
6. En tu opinión, ¿cuál es el mejor restaurante de tu ciudad? ¿Cuál es el peor restaurante?

📖 Capítulo 6		💿 Capítulo 6	Capítulo 6
💿 Capítulo 6			iLrn: Heinle Learning Center, Capítulo 6

¡A conversar!

6-11 | Lo que me gusta hacer... Usa las siguientes frases para describirle tus gustos y situaciones personales a un(a) compañero(a) de clase. Usa **más... que** o **menos... que** en cada oración. Después dile a la clase si tú y tu compañero(a) tienen mucho en común.

> **Modelo** Me gusta nadar más (el invierno / el verano)
> *Me gusta nadar más en el invierno que en el verano. ¿Y a ti?*
> o *Me gusta nadar menos en el invierno que en el verano. ¿Y a ti?*
> o *Me gusta nadar más en el verano que en el invierno. ¿Y a ti?*

1. Me gusta caminar más (el invierno / el verano)
2. Me gusta dormir más (cuando hace frío / cuando hace calor)
3. Me gusta ducharme más frecuentemente (el verano / el invierno)
4. Me enfermo más (la primavera / el otoño)
5. Tengo más dolores de cabeza (durante el semestre / durante las vacaciones)
6. Tomo menos bebidas (cuando hace calor / cuando hace fresco)

6-12 | Dos cocineros y tú Imagínate que quieres trabajar en el restaurante de doña Margarita. ¿Cómo te comparas con dos cocineros que ya trabajan allí? Vas a compararte con los dos cocineros, Pablo y Memo, para averiguar *(find out)* qué tienen Uds. en común. Vas a usar construcciones comparativas y construcciones superlativas.

Completa el siguiente cuadro *(table)* y después usa la información para comparar a Pablo con su amigo Memo. Luego compárate con los dos. Hazle las preguntas a un(a) compañero(a) de clase.

> **Modelos** — ¿Quién es más joven?
> —*Pablo es más joven que Memo.*
>
> —¿Eres tú menor o mayor que Memo?
> —*Soy menor que Memo; tengo veinte años.*

Persona	Edad	Horas de trabajo	Libros de recetas *(recipes)*	Intereses
Pablo	23	8 horas al día	5	libros, arte, conciertos
Memo	26	9 horas al día	5	fútbol, tenis, rap, fiestas
Tú				

1. ¿Quién es mayor? ¿Eres tú menor o mayor que Pablo? ¿Cuántos años tienes tú?
2. ¿Quién tiene más libros de recetas? ¿Tienes tú más o menos libros que Memo?
3. ¿Quién es más trabajador(a)? ¿Eres tú más o menos trabajador(a) que Memo?
4. ¿A quién le gusta más practicar deportes? ¿Qué deportes practicas tú? ¿Qué otros intereses tienes tú?

6-13 | ¡Vamos a votar! Usando el superlativo y según las categorías de la siguiente lista, escribe cuatro oraciones que describan a cuatro personas diferentes de tu universidad. Luego, lee tus oraciones en voz alta sin decir el nombre de la persona. El resto de la clase tiene que adivinar de quién hablas.

> **Modelo** *(El Profesor Rambo) es el mayor profesor de la universidad.*
> *(Amanda Manning) es la estudiante más generosa de la universidad.*

más contento(a)	más generoso(a)	el (la) mayor
menos tímido(a)	menos perezoso(a)	el (la) menor

Encuentro cultural

¿Qué recuerdan de...

 . . . Bienvenidos a Venezuela?

1. ¿Cuál es la capital de Venezuela?
2. ¿Dónde se reúne la gente en Venezuela para conversar?
3. ¿Quién es Simón Bolívar y por qué es famoso?

See the Workbook, **Capítulo 6, Bienvenidos a Venezuela** for additional activities.

Población: 25.730.435

Área: 912.051 km², más de dos veces el tamaño de California

Capital: Caracas, 5.254.700

Ciudades principales: Maracaibo, 3.7 millones; Valencia, 1.5 millones; Barquisimeto, 948.900

Moneda: el bolívar

Lenguas: el español y 35 lenguas indígenas

Personalidades ilustres Don Armando Scannone nace en Caracas, Venezuela, en 1922, es ingeniero de profesión y fundador y director de la Academia Venezolana de Gastronomía. Scannone es autor de *Mi cocina a la manera de Caracas,* volumen I (1982) y volumen II (1994), donde colecciona, primero las recetas de su madre, y luego las recetas de la cocina criolla venezolana, especialmente la cocina caraqueña. Según Scannone, la cocina venezolana es básicamente familiar y casera, pero también es una cocina muy cosmopolita por las influencias de la cocina de otros países como Holanda, Dinamarca, Alemania, Estados Unidos y las islas del Caribe.

¿Te gusta comer comida de otros países? ¿De qué países?

Lugares mágicos En el parque Nacional Canaima está el salto de agua más alto del mundo, el Salto Ángel con 979 metros (3.212 pies) de altura. Los turistas pueden ver el salto de dos maneras: en avioneta o pueden hacer una excursión por los ríos Carrao y Churún por tres horas. El Salto Ángel tiene ese nombre en honor al aviador aventurero norteamericano Jimmy Angel, quien reporta ver el salto a las autoridades en 1937. Los indígenas de la zona, los Pemones, ya conocen el salto y lo llaman **Churún Merú,** que significa «Salto del lugar más profundo....» Para visitar el parque Nacional Canaima hay que quedarse *(to stay)* en cabañas *(cabins)* rústicas donde se puede comer pescados originarios de la zona, pollo en vara *(roasted chicken)* y frutas frescas del lugar, como mangos, banana y lechoza o papaya.

¿Te gustaría visitar el Salto Ángel? ¿Conoces algunas cataratas importantes o un lugar interesante en los Estados Unidos o en otro país? Describe este lugar interesante.

 Visit it live on Google Earth!

Creencias y costumbres La palabra «hallaca» viene de una palabra guaraní que significa «envoltorio» o «bojote» *(package),* y en este envoltorio se encuentran las tres culturas que forman las tradiciones y la historia venezolana. La hallaca es una mezcla de carnes de res, de cerdo y de pollo, aceitunas *(olives)* y pasas *(raisins),* que son los ingredientes que traen los españoles a América, colocada dentro de una masa de maíz, que es el principal ingrediente indígena. Todo esto va envuelto en hoja de plátano, que es uno de los ingredientes que usan los africanos y los indígenas para envolver sus comidas. La tradición es que todas las personas en la familia se reúnen a mediados de diciembre y ayudan a hacer las hallacas, que es un proceso largo y muy delicado. Las hallacas se comen del mes de diciembre hasta al 6 de enero, el Día de los Reyes Magos.

¿Existe la tradición de preparar una comida particular durante una fecha especial en tu familia? ¿Cocina la familia junta?

Oficios y ocupaciones Desde 1936, Arturo Úslar Pietri, escritor venezolano comienza a usar la expresión «Sembrar *(to sow, to spread)* petróleo» en Venezuela, lo que significa invertir el dinero de la exportación petrolera en la educación, en la salud, en el campo, en la infraestructura y en la seguridad personal del país. Venezuela es el quinto país que más produce petróleo y la empresa estatal PDVSA trabaja en la extracción y producción de petróleo. En Venezuela, el precio de la gasolina está controlado por el gobierno; desde 2005, el país no produce más gasolina con plomo *(lead),* para mejorar el ambiente. Venezuela exporta el 90% de su producción petrolera. El gobierno venezolano es propietario de la compañía de petróleo Citgo en los Estados Unidos, de Ruhr Oil en Alemania y de la compañía Nynas en Suecia. Un 87% de la población venezolana trabaja en servicios y en la industria petrolera y solamente un 13% trabaja sembrando *(sowing)* el campo.

¿Qué significa «sembrar petróleo»? ¿Conoces la gasolinera Citgo? ¿Qué opinas de ella?

Dulces abrillantados

Arte y artesanía En la región de los Andes venezolanos existe una gran variedad de artesanos que preparan una gran diversidad de dulces, como dulces abrillantados *(sugar-encrusted, sweet milk candies),* dulces de leche *(milk candy)* y mermeladas de guayaba *(guava),* fresa *(strawberry)* y mora *(blackberry).* La tradición de los dulces comienza en el siglo XVI cuando llegan a Mérida las hermanas *(nuns)* del Convento de las Clarisas que se dedican a hacer dulces muy pequeños y delicados. Estos dulces se exportan a Cartagena, Colombia, y a las islas del Caribe. Más tarde las hermanas les enseñan el arte de los dulces a las mujeres de la sociedad andina, quienes hoy en día mantienen esta tradición.

¿Te gusta cocinar postres? ¿Preparas algún dulce o postre especial? ¿Cuándo y para quién lo preparas?

Ritmos y música La música venezolana tiene una variedad de ritmos, dependiendo de las regiones geográficas. En el oeste del país, en la ciudad de Maracaibo, la gaita es la música tradicional de las navidades. Los instrumentos principales son los tambores, la flauta, el cuatro, una guitarra pequeña con cuatro cuerdas *(strings)* y las maracas de influencia africana. La música moderna tiene mucha influencia del rock argentino, mexicano y estadounidense.

El cuatro

 Uno de los mejores grupos de gaitas es Maracaibo 15. Vas a escuchar su canción «Amparito» del álbum *Super Éxitos de Maracaibo 15.* En la letra de la canción se puede notar cómo no hay fronteras físicas o musicales entre Colombia y Venezuela en la región del oeste del país. *Access the iTunes playlist on the **Plazas** website.*

¿Conoces el cuatro como instrumento musical? ¿Tocas algún instrumento? ¿Te gusta este tipo de música? See the *Lab Manual,* **Capítulo 6, Ritmos y música** for activities.

¡Busquen en la Red de información!

www.thomsonedu.com/spanish/plazas

1. Personalidades ilustres: Armando Scannone
2. Lugares mágicos: El Salto Ángel
3. Costumbres: Las hallacas
4. Oficios y ocupaciones: PDVSA
5. Arte y artesanía: Dulces criollos
6. Ritmos y música: La gaita venezolana, Maracaibo 15

En el restaurante El Mesón en Caracas In this section, you will learn vocabulary and expressions associated with eating in a restaurant.

Adjetivos

caliente hot (temperature)
fresco(a) fresh
ligero(a) light (meal, food)
pesado(a) heavy (meal, food)
rico(a) delicious

Verbos

cocinar to cook
dejar una (buena) propina
  to leave a (good) tip
desear to wish; to want
pedir (i) to order (food)
picar to eat appetizers; to nibble
preparar to prepare
recomendar (ie) to recommend

Expresiones idiomáticas

¡Buen provecho! Enjoy your meal!
¡Cómo no! Of course!
Estoy a dieta. I'm on a diet.
Estoy satisfecho(a). I'm satisfied.
La cuenta, por favor. The check, please.
No puedo más. I can't (eat) any more.
¿Qué desean/quieren comer (beber)?
  What would you like to eat (to drink)?
¡Salud! Cheers!
Te invito. It's on me (my treat).
Yo quisiera... I would like . . .
¿Qué les gustaría? What would you like?

> **¿Nos entendemos?**
>
> It is customary in Spanish-speaking countries to say **¡Buen provecho!** when others begin to eat. To decline second helpings of food, Spanish speakers say **Estoy satisfecho(a)** *(I am satisfied)* rather than *I'm full*, which would be considered rude in many Spanish-speaking countries.

¡A practicar!

6-14 | Impresiones de Pepe Pepe, el mesero, siempre les sirve a don Fernando y a doña Olga cuando ellos vienen a comer al restaurante El Mesón. Completa el párrafo siguiente sobre sus impresiones de la pareja. Usa las siguientes frases, palabras y expresiones.

yo te invito	ensalada	agua mineral
¿qué desean?	propina	algo ligero
picar	menú	piden
está a dieta		

Hola. Yo llevo muchos años trabajando aquí en El Mesón. Conozco bien a don Fernando y a doña Olga: son clientes muy buenos. Siempre les pregunto a ellos: 1. «_____» Don Fernando siempre pide ver el 2. _____. Él siempre pide una cerveza Polar muy fría y 3. _____ para 4. _____. Les gustan mucho los mariscos: casi siempre 5. _____ langosta o pescado. Claro, ¡don Paco tiene el mejor pescado de Caracas! Como doña Olga es un poco gorda, siempre 6. _____. Por eso, normalmente ella pide 7. _____ para beber y una 8. _____ para comer con su plato principal. Realmente son unas personas especiales y muy románticas. Después de comer, don Fernando siempre le dice de broma (jokingly) a su esposa: 9. «_____ cariño». Ellos siempre dejan una buena 10. _____.

6-15 | Un mesero algo (a bit) confundido
Pepe, el mesero del restaurante de don Paco, está un poco confundido. Ayúdalo a poner en orden lógico las frases que les dice a los clientes.

_____ Traigo la cuenta ahora mismo.
_____ ¿Qué quieren comer?
_____ De postre hay fruta, torta de chocolate o quesillo.
_____ ¿Y para beber?
_____ ¿Dos para cenar?
_____ Les recomiendo los mariscos.
_____ ¡Buenas noches!
_____ ¡Buen provecho!
_____ ¿Desean algo más?
_____ Gracias señores, y muy buenas noches.
_____ Aquí tienen el menú.

📖	Capítulo 6	🌐	Capítulo 6
💿	Capítulo 6	📝💻	iLrn: Heinle Learning Center, Capítulo 6

¡A conversar!

6-16 | Preguntas al (a la) mesero(a) Usando las siguientes palabras, hazle preguntas a un(a) compañero(a) de clase. Tu compañero(a) tiene que contestar adecuadamente. Recuerda que los meseros y los clientes normalmente usan la forma de Ud. para conversar.

> **Modelo** el menú
> E1: *¿Puedo ver el menú?*
> E2: *Aquí está el menú.*

1. la especialidad de la casa
2. recomendar
3. refrescos
4. postre
5. la cuenta

¿Nos entendemos?

La carta and **la lista** are other words for **el menú**.

6-17 | Trabajen en grupos para presentar las siguientes escenas en el restaurante:

1. Unos amigos van al Restaurante Esmeralda para celebrar el fin del semestre. Quieren empezar con algo para picar y después quieren varios platos, postres y bebidas. Una mujer es un poco quisquillosa *(finicky),* pero en general les gusta mucho la comida y se divierten en el restaurante.

2. Los señores Villafranca cenan en el Restaurante Esmeralda todos los viernes. Conocen al mesero Luis muy bien y casi siempre *(almost always)* piden la especialidad de la casa. Esta noche el señor Villafranca quiere pedir algo diferente, pero no puede decidir qué quiere. Por fin él toma una decisión y le gusta mucho el nuevo plato.

3. La familia Martín va a cenar en el Restaurante Esmeralda. La señora y sus hijos esperan al señor Martín, quien no llega a tiempo. Los niños se ponen impacientes pero cuando comen algo, están más contentos y la familia lo pasa bien *(has a good time).*

¿Nos entendemos?

Here are some other expressions to talk about food: **¡Qué delicioso!** *(How delicious!)* and **¡Qué sabroso!** *(How tasty!)* While **caliente** means *hot,* it refers to the temperature of something. **Picante** means *hot,* as in *spicy:* **¡Qué picante!** *(How spicy!)*

6-18 | Entrevista Trabaja con un(a) compañero(a). Háganse las siguientes preguntas. Después, compartan la información con la clase.

1. Si vas a celebrar un día especial, ¿a qué restaurante prefieres ir? ¿Por qué?
2. Si sales a comer con un grupo de amigos y no tienes mucho dinero, ¿adónde vas? ¿Por qué?
3. ¿Cuál es el restaurante más elegante que conoces? Describe el restaurante, la comida y el servicio.
4. ¿Qué restaurante recomiendas para el desayuno? ¿el almuerzo? ¿la cena? ¿Cuáles son los mejores platos que cada restaurante sirve?
5. ¿Qué restaurante sirve comida muy fresca? ¿comida rica? ¿comida ligera? ¿comida pesada?
6. ¿Trabajas en un restaurante? ¿Tus amigos trabajan en restaurantes? ¿Te gusta el trabajo en un restaurante? ¿Por qué sí o por qué no?

6-19 | Repaso Empleando el cuadro y trabajando con varios compañeros de clase, vas a repasar y discutir el vocabulario nuevo. Tienes que encontrar a un(a) estudiante diferente para identificar cada elemento del cuadro. La persona que identifica un elemento escribe su nombre en ese espacio y comenta sobre el elemento. Responde a los comentarios.

Modelo E1: *¿Puedes nombrar las tres comidas del día?*
E2: *Sí, el desayuno, el almuerzo y la cena. Prefiero un almuerzo grande y una cena ligera.*
E1: *Pues yo prefiero una cena muy grande. Me gusta comer un desayuno grande, pero generalmente no tengo tiempo.*

Las tres comidas del día	Tres carnes	Tres condimentos	Lo opuesto de «ligero»
Dos palabras que describen la temperatura de la comida	Tres postres	Tres bebidas	Tres categorías en un menú
Lo que dice una persona cuando quiere pagar	Lo que dice una persona que quiere pagar la comida de su amigo(a)	Lo que dice una persona cuando todos empiezan a comer	Lo que dice una persona antes de tomar una copa de vino u otra bebida alcohólica
Frase sinónima de «¿Qué desean comer?»	Dinero que el (la) cliente le da al (a la) mesero(a)	Lo que dice una persona que no quiere comer más	Lo que dice una persona que quiere perder peso *(weight)*

Estructura II

Describing past events

Spanish-speakers use the preterite tense to describe what occurred in the past.

Regular verbs in the preterite

* To form the preterite for most Spanish verbs, add the following endings to the verb stem.

	hablar	comer	vivir
yo	hablé	comí	viví
tú	hablaste	comiste	viviste
Ud., él/ella	habló	comió	vivió
nosotros(as)	hablamos	comimos	vivimos
vosotros(as)	hablasteis	comisteis	vivisteis
Uds., ellos(as)	hablaron	comieron	vivieron

Note the identical endings for **-er** and **-ir** verbs.

Mis padres **hablaron** en español con el mesero.

My parents spoke in Spanish with the waiter.

Ella **comió** mucho ayer.

She ate a lot yesterday.

* **-Ar** and **-er** stem-changing verbs in the present tense have no stem change in the preterite; use the same verb stem as you would for the **nosotros(as)** form.

	pensar	volver
yo	pensé	volví
tú	pensaste	volviste
Ud., él/ella	pensó	volvió
nosotros(as)	pensamos	volvimos
vosotros(as)	pensasteis	volvisteis
Uds., ellos(as)	pensaron	volvieron

Yo **pensé** mucho en doña Margarita.

I thought a lot about doña Margarita.

Volvió a casa a la 1:00.

She returned home at 1:00.

Verbs with spelling changes in the preterite

* Verbs ending in **-car, -gar,** and **-zar** have a spelling change in the **yo** form of the preterite tense.

c changes to qu	g changes to gu	z changes to c
tocar → to**qu**é	llegar → lle**gu**é	comenzar → comen**c**é

Yo **llegué** a las 2:00 y **almorcé** con su familia.

I arrived at 2:00 and had lunch with his family.

Toqué la guitarra y **saqué** unas fotos.

I played the guitar and took some photos.

Jugué a las cartas con toda la familia.

I played cards with the family.

sacar

Regular verbs and verbs with spelling changes in the preterite

- Verbs ending in **-er** and **-ir** that have a vowel before the infinitive ending require the following change in the **Ud./él/ella** and **Uds./ellos/ellas** forms of the preterite tense: the **e** or **i** between the two vowels changes to **y.**

	creer _creí_	leer	oír
Ud., él/ella	creyó	leyó	oyó
Uds., ellos(as)	creyeron	leyeron	oyeron

Margarita y su esposo Jorge **leyeron** un poco.	*Margarita and her husband Jorge read a bit.*
Jorge **oyó** algo raro en la calle.	*Jorge heard something strange in the street.*
Nadie le **creyó** su cuento.	*Nobody believed his story.*

Uses of the preterite

Spanish speakers use the preterite tense to express the beginning and completion of past actions, conditions, and events. Basically, the preterite is used to tell what did or did not happen or to tell what someone did or did not do. Observe the use of the preterite in the following examples.

Ayer Jorge **se despertó** un poco tarde porque no **oyó** el despertador.	*Yesterday, Jorge woke up a little late because he didn't hear the alarm clock.*
Margarita **llamó** a su esposo dos veces y finalmente él **se levantó.**	*Margarita called her husband two times and finally he got up.*
Luego Jorge **se duchó** y **desayunó** con sus dos hijas, Matilde y Elena.	*Then, Jorge showered and ate breakfast with his two daughters, Matilde and Elena.*

Here are some common expressions used to refer to the past:

anoche	*last night*
anteayer	*the day before yesterday*
ayer	*yesterday*
la semana pasada	*last week*
el mes pasado	*last month*
el año pasado	*last year*

¡A practicar!

6-20 | Cómo preparamos las arepas Doña Olga explica cómo ella, su esposo Fernando y sus tres hijos, Alberto, Pedro y Óscar prepararon las arepas ayer. Escribe su historia con la siguiente información.

Modelo   nosotros / entrar / a la cocina / para preparar arepas
Nosotros entramos a la cocina para preparar arepas.

1. mi esposo Fernando / leer / la receta
2. yo / comenzar / a buscar los ingredientes   *yo comenzé*
3. mi hijo Óscar / mezclar *(to mix)* / la harina de maíz con agua
4. mis hijos Pedro y Alberto / formar / las arepas
5. nosotros / meter *(to put)* / las arepas / en el horno
6. Fernando / limpiar / la cocina
7. yo / sacar / todas las arepas
8. Óscar, Pedro y Alberto / comer / las arepas / rápidamente

6-21 | Mi esposo y yo... Doña Margarita recuerda unos momentos especiales para ella y su esposo. Ayúdala a contar estos momentos al completar las siguientes oraciones con las formas adecuadas en el pretérito.

1. yo / conocer / a Jorge en 1978
2. nosotros / comenzar a / salir inmediatamente
3. él / invitarme / a cenar en un restaurante elegante
4. después, nosotros / ver una película
5. él / decidir estudiar / ingeniería de sistemas en la Universidad Simón Bolívar
6. yo / tomar / varias clases sobre negocios en la Universidad Metropolitana de Caracas y clases de cocina en la escuela de comida griega de Eduardo Castro
7. nosotros / casarse / en 1980
8. los padres de Jorge / comprar / un restaurante para nosotros
9. el restaurante / costar / mucho dinero
10. Jorge y yo / abrir / el restaurante en el verano del 2005

6-22 | Un secreto Alberto, el hijo mayor de doña Olga y don Fernando, está secretamente enamorado de Matilde, la hija de doña Margarita. Una noche, él va con sus hermanos a la casa de Matilde y le dan una serenata. Usando los verbos de la lista, completa el siguiente párrafo en que Matilde describe lo que pasó.

creer	oír	llegar	cantar
apagar	volver	invitar	despertarse
cerrar	leer	recibir	acostarse
llamar			

Anoche, yo 1. _____ un poco antes de dormir. A las 11:00, yo 2. _____ la luz y 3. _____. ¡Siempre estoy cansada después de trabajar en el restaurante con mamá! Una hora después, a las 12:00, 4. _____. Mi hermana Elena y yo 5. _____ algo fuera de la casa. Cuando yo 6. _____ a la ventana para mirar, ¡no lo 7. _____!

¡Óscar, Alberto y Pedro! Bueno. La semana pasada, yo 8. _____ un mensaje electrónico de Alberto en que él me hablaba de su amor por mí. Y ayer, él me 9. _____ por teléfono y me 10. _____ a cenar con él. ¡Ay, ay, ay! ¡Yo no quiero ser la novia de Alberto! Pero anoche, él y sus dos hermanos me 11. _____ una canción de amor. Elena y yo 12. _____ la ventana y 13. _____ a acostarnos. ¡Esos muchachos!

Capítulo 6

Capítulo 6

Capítulo 6

iLrn: Heinle Learning Center, **Capítulo 6**

Preterite and **Imperfect**

¡A conversar!

6-23 | **Lo que yo hice** Dile a otro(a) compañero(a) de clase lo que tú hiciste *(you did)* la semana pasada. A continuación hay varias posibilidades que puedes usar si las necesitas. Luego comparte con la clase la información que tienes de tu compañero(a).

> **Modelo** levantarse tarde
> *Yo me levanté tarde.*

1. **En el trabajo...**
   - a. no trabajar mucho
   - b. recibir un cheque
   - c. hablar con mi jefe(a)
   - d. conocer a otro(a) empleado(a)
   - e. ¿...?

2. **En la universidad...**
   - a. jugar a un deporte
   - b. comer en la cafetería
   - c. aprender mucho español
   - d. tomar un examen difícil
   - e. ¿...?

3. **En el restaurante...**
   - a. decidir pedir algo para picar
   - b. beber agua mineral
   - c. comer pescado frito
   - d. pagar la cuenta
   - e. ¿...?

6-24 | **Ayer yo...** ¿Qué comió tu compañero(a) ayer? Pregúntale qué comió y después cuéntale lo que tú comiste. Pide muchos detalles; no sólo de lo que comió, sino también con quién comió, cuánto, a qué hora, dónde, si lo preparó él/ella, etcétera.

> **Modelo** el desayuno
> —*¿Qué comiste para el desayuno?*
> —*Comí cereal con leche.*

1. el desayuno
2. el almuerzo
3. la cena

6-25 | **¿Quién... ?** Tienes dos minutos para buscar a alguien de tu clase que haya hecho *(has done)* las siguientes cosas. Después de encontrar a alguien para cada categoría, pídele que firme *(sign)* el espacio en blanco después de cada actividad. Al final, cuéntales a tus compañeros(as) de clase lo que acabas de saber.

> **Modelo** comer camarones ayer
> Tú: *Bonnie, ¿comiste camarones ayer?*
> Bonnie: *Sí, comí camarones ayer.* (Bonnie signs next to the activity.)
> o *No, no comí camarones ayer.* (Bonnie doesn't sign and you look for someone else.)
> Al final: *Bonnie comió camarones ayer...*

1. comer una hamburguesa anteayer: _____
2. oír música venezolana alguna vez: _____
3. leer una receta en Internet la semana pasada: _____
4. tocar la guitarra anoche: _____
5. llegar tarde a clase el mes pasado: _____
6. pagar la cuenta en un restaurante ayer: _____
7. comenzar a leer sobre las Cataratas del Salto Ángel la semana pasada: _____
8. preparar la receta de las arepas venezolanas: _____

Cultura

James Angel, a North American pilot, saw the Salto Ángel in Canaima, Venezuela in 1935, and reported the news for the first time to the authorities. This waterfall is the highest in the world with 979 meters in height; it is fifteen times higher than the Niagara Falls.

Spanish -**ir** verbs that have a stem change in the present tense also have a stem change in the third-person-singular and -plural forms (**Ud./él/ella** and **Uds./ellos[as]**) of the preterite. In these cases, **e** becomes **i**, and **o** becomes **u**. Remember, stem-changing -**ar** and -**er** verbs do not show stem changes in the preterite.

servir *(to serve)*

Present (i)		Preterite (i)	
sirvo	servimos	serví	servimos
sirves	servís	serviste	servisteis
sirve	sirven	sirvió	sirvieron

e →i
o →u

divertirse *(to have fun)*

Present (ie)		Preterite (i)	
me divierto	nos divertimos	me divertí	nos divertimos
te diviertes	os divertís	te divertiste	os divertisteis
se divierte	se divierten	se divirtió	se divirtieron

¡A practicar!

Capítulo 6
Capítulo 6
Capítulo 6
iLrn: Heinle Learning Center, **Capítulo 6**
Preterite and **Imperfect**

6-26 | Unas vacaciones para Julio Julio es el gerente *(manager)* del Restaurante del Lago en Maracaibo y normalmente va de vacaciones a Caracas, la capital. Él nos cuenta qué pasa en su viaje. Cambia las oraciones del presente al pasado para indicar lo que pasó en su último viaje.

> **Modelo** Yo consigo un boleto *(ticket)* de avión para Caracas.
> *Conseguí un boleto de avión para Caracas.*

1. Cuando llego al aeropuerto, los agentes me piden el boleto.
2. Al llegar a Caracas, prefiero ir a la Casa de Bolívar y al Capitolio Nacional primero.
3. Varias personas me sugieren unas discotecas en el distrito Las Mercedes.
4. Me visto con chaqueta, pero sin corbata para ir a las discotecas.
5. Me siento cansado cuando vuelvo a mi hotel.
6. Me duermo muy rápido.

6-27 | Una pequeña fiesta de doña Margarita y Jorge El sábado pasado doña Margarita y don Jorge hicieron una fiesta *(gave a party)* en su apartamento de Altamira en Caracas para celebrar su aniversario con unos amigos. Doña Margarita describe los preparativos y lo que pasó en la fiesta.

> **Cultura**
>
> Apartments in Altamira are very nice because of their proximity to the Cerro of El Ávila. This hill protects the city of Caracas from the winds.

El sábado durante el día, nosotros 1. _____ (empezar) a prepararnos para la fiesta. Yo fui (I went) a hacer las compras para la comida.

A las 7:00, Jorge y yo nos duchamos y luego 2. _____ (vestirse). Yo 3. _____ (vestirse) con un vestido largo y Jorge también. 4. _____ (vestirse) elegantemente. A las 9:30 de la noche llegaron los primeros invitados. Yo 5. _____ (servir) unas empanadas de carne y unas arepas de queso. Todos 6. _____ (divertirse) mucho en la fiesta.

Verbs with stem changes in the preterite

dormir *(to sleep)*

Present (ue)		Preterite (u)	
duermo	dormimos	dormí	dormimos
duermes	dormís	dormiste	dormisteis
duerme	duermen	durmió	durmieron

Here are other **-ir** stem-changing verbs that exhibit the same changes as the three verbs shown above. Many of these you have already learned. Note below that the first vowel(s) in the parentheses indicate(s) the stem change in the present tense, and the second vowel indicates the stem change in the preterite.

conseguir (i, i) to get, obtain
despedir(se) (i, i) (de) to say good-bye (to)
dormirse (ue, u) to fall asleep
morir(se) (ue, u) to die
pedir (i, i) to request, order; to ask for
preferir (ie, i) to prefer

reírse (i, i) to laugh
sentirse (ie, i) to feel
sonreír (i, i) to smile
sugerir (ie, i) to suggest
vestirse (i, i) to get dressed

The third-person forms of **reírse** undergo the following spelling simplification ri-ió → rió; ri-ieron → rieron. The third-person forms of **sonreír** are simplified in the same manner as **reírse**.

¡A conversar!

6-28 | Un restaurante nuevo Trabajen en grupos de tres o cuatro estudiantes para crear y presentar una escena sobre la primera noche en un restaurante. Escojan a diferentes personas del grupo para hacer las siguientes actividades. Dramaticen la escena mientras varias personas del grupo se turnan para describir lo que pasó. ¡Claro que la narración tiene que ser en el pretérito!

Los primeros clientes: llegar, sentarse
El mesero: sonreír, sugerir algo para picar
Los clientes: pedir bebidas y entremeses
El mesero: conseguir las bebidas y los entremeses; servir a los clientes
Un(a) cliente: beber mucho; sentirse mal
Otro(a) cliente: dormirse; dejar caer *(to drop)* su bebida en el traje del mesero

El mesero: reírse; vestirse en ropa limpia; servir el plato principal
Los clientes: no preferir un postre; pedir y pagar la cuenta; despedirse; divertirse al fin y al cabo *(after all)*

6-29 | Una cena memorable en un restaurante inovidable Pregúntale a un(a) compañero(a) de clase sobre una cena especial. Luego descríbele a la clase las experiencias de tu compañero(a).

1. ¿Dónde comiste? ¿Quiénes comieron contigo? ¿Qué pediste tú y qué pidieron las otras personas?

2. ¿Comiste en un restaurante comercial o en un restaurante pequeño? ¿A qué hora llegaste (llegaron Uds.) a tu (su) destino? ¿Se divirtieron tú y tus amigos? ¿Se rieron mucho durante la comida? ¿Pediste algo especial de postre?

3. ¿Después de cuánto tiempo volviste a casa? ¿A qué hora te acostaste cuando llegaste a casa? ¿Te sentiste contento(a) después de la cena? ¿Por qué sí o por qué no? ¿Te dormiste inmediatamente o no?

Comparisons of inequality

- Use **más** or **menos** before an adjective, an adverb, or a noun, and **que** after it.
- Use **más que** or **menos que** after a verb form.
- Irregular comparatives

mejor(es)	peor(es)
mayor(es)	menor(es)

¡A recordar! What preposition is used before a number in a comparison of inequality?

Comparisons of equality

- Use **tan** before an adjective or an adverb and **como** after it.
- Use **tanto(o)** or **tantos(as)** before a noun, and **como** after it.

¡A recordar! How can one change a comparison of equality to one of inequality? When would one use **tanto(s)/tanta(s)** without **como**?

Superlative statements

Superlatives are formed by using a definite article before the person or thing being compared + **más** or **menos** + an adjective. To introduce the group to which the person or thing is being compared, the preposition **de** + noun is used.

¡A recordar! What are the four irregular superlative forms?

Verbs regular in the preterite

To form the preterite for most Spanish verbs, add the following endings to the verb stem.

	hablar	comer	vivir
yo	hablé	comí	viví
tú	hablaste	comiste	viviste
Ud., él, ella	habló	comió	vivió
nosotros(as)	hablamos	comimos	vivimos
vosotros(as)	hablasteis	comisteis	vivisteis
Uds., ellos(as)	hablaron	comieron	vivieron

¡A recordar! Do -**ar** and -**er** stem-changing verbs in the present tense have stem changes in the preterite? What spelling change in the **yo** form do preterite tense verbs ending in -**car**, -**gar**, and -**zar** have? For verbs ending in -**ir** and -**er** that have a vowel before the infinitive ending, what changes are required in the **usted/él/ella** and **ustedes/ellos/ellas** forms of the preterite tense?

Verbs with stem changes in the preterite

Spanish -**ir** verbs that have a stem change in the present tense also have a stem change in the third-person singular and plural forms (**Ud./él/ella** and **Uds./ellos[as]**) of the preterite. In these cases **e** becomes **i**, and **o** becomes **u**.

¡A recordar! How many Spanish -**ir** verbs can you think of that have stem changes in the third-person singular and plural forms of the preterite?

¡A repasar!

Actividad 1 | Unas comparaciones Completa las frases para comparar las siguientes comidas y bebidas. (10 pts.)

1. las bananas +, las manzanas : Matilde cree que las bananas son _____ deliciosas _____ las manzanas.
2. el jugo = la leche: Pablo dice que el jugo es _____ importante _____ la leche.
3. las papas fritas –, la lechuga : La médica insiste que las papas fritas son _____ nutritivas _____ la lechuga.
4. el bistec = la langosta: En este restaurante, el bistec es _____ caro _____ la langosta.
5. ensaladas = postres: En el menú, hay _____ ensaladas _____ postres.

Actividad 2 | ¡A emparejar! Escoge la frase más apropiada de la segunda columna para cada comparación de la primera columna. (5 pts.)

_____ 1. El mesero Raúl tiene 23 años y el mesero Gabriel tiene 21 años. Raúl es…

_____ 2. Este restaurante es malo pero el otro es terrible. El otro es…

_____ 3. *El Criollito* tiene 5 estrellas, *Tarzilandia* tiene 4 y *Las palmas* tiene 3. *El Criollito* es…

_____ 4. Gabriel tiene 21 años y su hermano tiene 25. Gabriel es…

_____ 5. Las arepas de *El Criollito* son riquísimas. Son…

a. el mejor.
b. mayor.
c. menor.
d. las mejores de la ciudad.
e. peor que éste.

Actividad 3 | Una noche en el restaurante Cambia cada verbo al pretérito para narrar la historia de una cena memorable. (15 pts.)

Mi familia *come* 1. _____ en Tarzilandia. Mi madre *empieza* 2. _____ con unas arepas y vino tinto, mi padre *bebe* 3. _____ una cerveza y mis hermanos menores *toman* 4. _____ jugo. *Decido* 5. _____ probar un mojito. El cocinero *prepara* 6. _____ un plato especial para nuestra familia y a todos nos *gusta* 7. _____ mucho. *Hablamos* 8. _____ mucho y *comemos* 9. _____ toda la comida. Sólo mi padre *come* 10. _____ un postre. *Camino* 11. _____ al apartamento de mi amigo después pero los otros *vuelven* 12. _____ a casa en coche. Mi amigo y yo *bailamos* 13. _____ en la discoteca por varias horas. *Llego* 14. _____ a casa muy tarde y *entro* 15. _____ sin ruido *(without noise)* para no despertar a mis padres y mis hermanos.

Actividad 4 | **¿Qué pasó?** Escoge la respuesta correcta para cada oración para saber qué pasó en la fiesta. Presta atención al contexto para escoger el verbo lógico y la forma apropiada. (5 pts.)

_____ 1. Yo _____ unas decoraciones muy bonitas para la fiesta
    a. conseguí   b. consiguió   c. sonreíste   d. sonreí

_____ 2. Mi amiga Verónica preparó y _____ comida muy rica.
    a. serví   b. sirvió   c. se sintió   d. se sintieron

_____ 3. Pablo contó chistes *(jokes)* pero tú no _____. ¿Por qué?
    a. sugerí   b. sugirió   c. se rió   d. te reíste

_____ 4. Muchas personas comieron su plato de comida y _____ más.
    a. pidieron   b. pedí   c. se despidieron d. se despidió

_____ 5. Una persona _____ en el sofá, pero se despertó un poco después.
    a. se vistió   b. me vestí   c. se durmió   d. te dormiste

Actividad 5 | **Un día en Caracas** Llena los espacios con la forma correcta de cada verbo en el pretérito para completar el correo electrónico. (15 pts.)

Refrán

_____ *(Stomach)* lleno,
_____ *(heart)* contento.
Bonus! 2 pts.

Enviar | Guardar | Archivos

Mis amigos y yo 1. _____ (pasar) un día estupendo ayer. Yo 2. _____ (despertar) a mi compañera de cuarto a las ocho y ella 3. _____ rápidamente. Ella 4. _____ (pasar) la aspiradora y nosotras 5. _____ (limpiar) toda la casa. A las diez mi primo Arturo 6. _____ (llegar) de Valencia. Él 7. _____ a los otros residentes de la casa y todos nosotros 8. _____ (hablar) de muchas cosas diferentes. Más tarde nosotros 9. _____ (salir) para el centro de Caracas. En un café algunas personas 10. _____ (pedir) arepas. Varias personas 11. _____ (beber) café pero yo 12. _____ (pedir) un refresco. Arturo 13. _____ (divertirse) mucho hasta que él 14. _____ (despedirse) de nosotros a la medianoche. ¿15. _____ (divertirse) tú ayer? Espero que sí. Hasta pronto.

¡A ver!

En este segmento del video, Valeria decide sorprender a los muchachos con una cena especial. Desafortunadamente, no tiene los resultados deseados.

Expresiones útiles

The following are some new expressions you will hear in the video.

A ver	*Let's see*
Yo ¿qué sé?	*What do I know?*
Se hace lo que se puede	*One does what one can*

Antes de ver

Paso 1 ¿Qué pasó la última vez que preparaste una cena especial para un(a) amigo(a) o pariente? ¿Te salió bien o mal? ¿A tu amigo(a) o pariente le gustó la sorpresa? Describe la experiencia a un(a) compañero(a).

Paso 2 ¿Te gusta cocinar? ¿Por qué? ¿Qué platos sabes preparar? ¿Prefieres las recetas con muchos ingredientes o pocos ingredientes? ¿Cocinas con frecuencia? Comparte tus respuestas con las de un(a) compañero(a). ¿Tienen mucho en común?

Después de ver

Paso 1 En **Antes de ver, Paso 1,** hablaste de la última vez que tú sorprendiste a un(a) amigo(a) o pariente con una cena especial. Ahora, según lo que acabas de ver en el video, completa el siguiente párrafo con el pretérito de los verbos apropiados de la lista para contar lo que pasó cuando Valeria intentó preparar algo típico mexicano para sorprender a Antonio.

comer	comprar	decidir	empezar	encontrar
leer	volver	quemarse	salir	

Un día, Valeria 1. _____ sorprender a los muchachos con una cena típica mexicana. Alejandra y Valeria 2. _____ libros de recetas y Alejandra 3. _____ una receta para chiles rellenos al horno. Las chicas 4. _____ los ingredientes en el mercado, 5. _____ a la Hacienda Vista Alegre y Valeria 6. _____ a cocinar. Desafortunada-mente, ¡Valeria no es muy buena cocinera! Los chiles 7. _____ y la cena fue *(was)* un desastre. Antonio 8. _____ un poco, pero al final todos 9. _____ a un restaurante.

Paso 2 En **Antes de ver, Paso 2,** hablaste con tu compañero(a) sobre los platos que sabes preparar. Ahora piensa en el plato que Valeria preparó en el video. ¿Cuáles son los ingredientes que usó? Mira la siguiente lista y pon una «X» para indicar los ingredientes que mencionó. Compara tus respuestas con las de un(a) compañero(a). ¿Se acordaron de todo?

Ingredientes para chiles rellenos al horno

_____ chiles poblanos

_____ camarones

_____ aceite

_____ arroz blanco guisado

_____ crema

_____ vinagre

_____ cebollitas de cambray

_____ champiñones

_____ sal

_____ jamón

_____ caldillo de jitomate

_____ queso añejo

¿Qué opinas tú?

Paso 1 Con un(a) compañero(a), planea una cena sorpresa para un(a) amigo(a) especial. ¿Qué platos van a preparar? ¿Qué ingredientes van a tener que comprar? ¿Qué van a hacer para asegurar que no tengan _(don't have)_ el mismo resultado que Valeria?

Paso 2 Ahora te toca a ti. _(Now it's your turn.)_ ¿Cuál es tu cena ideal? Imagina que puedes pedir cualquier cosa _(anything)_ sin preocuparte por el precio o la preparación. ¿Tienes un restaurante favorito a dónde quieres ir o prefieres que alguien cocine algo en casa? ¿Pides algo para empezar? ¿Tienes un postre favorito? ¿Qué quieres beber? Comparte tu menú ideal con un(a) compañero(a) de clase.

See the _Lab Manual,_ **Capítulo 6, ¡A ver!** for additional activities.

¡A leer!

Antes de leer

Improving your reading efficiency: Organizational features of a passage and skimming

Reading efficiently involves a bit of guessing. By considering the organizational features of a passage, you can often make intelligent guesses as to the content of a passage before reading it. You should use all of the information available to you—titles, subtitles (if present), and pictures. You should also skim through the passage before closely reading it in order to ascertain the gist of the reading.

Identify the organizational features of the reading selection to answer the following questions.

1. What is the title of this selection?
2. What do you see in the photo? What type of person can you describe from the photo?
3. What would you guess this selection to be about?

Now, skim the passage to answer these questions.

4. Who is the selection about?
5. What is the purpose of the selection?

¡A leer!

Doña Bárbara

Primera parte: Capítulo VI: El recuerdo de Asdrúbal

… doña Bárbara acaba de sentarse a la mesa…

… Doña Bárbara come acompañada de Balbino Paiba, persona con quien [Melquíades] no simpatiza. Trata [Melquíades] de revolverse *(tries to turn around)*, a tiempo que ella le dice:

—Entra, Melquíades.

—Yo vuelvo más tarde. Siga comiendo tranquila.

Y Balbino, con sorna *(irony, sarcasm)* y a la vez que se enjuga *(wipes away)* a manotadas los gruesos bigotes impregnados del caldo grasiento *(greasy broth)* de las sopas, dice:

—Entre Melquíades. No tenga miedo, que aquí no hay perros.

[…]

[Melquíades] saca varias monedas de oro *(gold coins)*, que luego pone apiladas en la mesa diciendo:

—Cuente a ver si está completo.

Balbino las mira de soslayo *(sideways)*, y aludiendo a la costumbre de doña Bárbara de enterrar *(to bury)* todo el oro que le caía *(would fall into)* en las manos, exclama:

—¿Morocotas? *(gold coins)* ¡Ojos que te vieron!

Y sigue masticando *(chewing)* el trozo de carne que le llena la boca; pero sin apartar de las monedas la codiciosa *(greedy)* mirada.

Fragmento de la novela *Doña Bárbara* (1929) de Rómulo Gallegos (pp. 55–56).

Después de leer

A escoger. Lee el fragmento de la novela nuevamente para responder las siguientes preguntas.

1. Doña Bárbara acaba de...
   a. pensar en Melquíades
   b. conversar con Balbino
   c. sentarse a la mesa
2. La comida principal en este fragmento está compuesta de:
   a. sopa y pollo
   b. sopa y carne
   c. sopa y pescado
3. Melquíades tiene...
   a. tanto miedo como Balbino de doña Bárbara
   b. más miedo que Balbino de doña Bárbara
   c. menos miedo que Balbino de doña Bárbara
4. Doña Bárbara esconde *(hides)* sus morocotas o monedas de oro en...
   a. la tierra
   b. el banco
   c. la cama

¿Cierto o falso? Indica si las siguientes oraciones son **ciertas** *(true)* o **falsas** *(false)*. Corrige las oraciones falsas.

1. _____ *C* Melquíades respeta y no quiere molestar a doña Bárbara en el momento de la comida en la mesa.

2. _____ *C* Balbino se limpió la grasa del caldo de sopa de los bigotes.

3. _____ *F* Melquíades saca varias monedas de oro y luego cuenta las monedas enfrente de doña Bárbara.

4. _____ *F* Balbino deja de ver las morocotas y sigue comiendo la carne tranquilamente.

Análisis. Con un compañero(a) de clase discutan las siguientes preguntas.

1. ¿Cuándo se usa el título **doña**? Si no recuerdan, miren el **Comentario cultural** del **Capítulo 3**.
2. ¿Por qué Melquíades no quiere molestar a doña Bárbara?
3. ¿Por qué Melquíades quiere que doña Bárbara cuente *(counts)* las morocotas de oro?
4. ¿Qué actitud muestra doña Bárbara al enterrar sus morocotas de oro en la tierra?
5. Después de leer este fragmento ¿qué idea tienen de doña Bárbara?

¡A escribir!

Strategy: Adding details to a paragraph

In **Capítulo 4,** you learned how to write a topic sentence for a paragraph. The other sentences in the paragraph should contain details that develop the main idea stated in the topic sentence. The following procedure will help you develop a well-written paragraph in Spanish.

1. Write a topic sentence about a specific subject.
2. List some details that develop your topic sentence.
3. Cross out any details that are unrelated to the topic.
4. Number the remaining details in a clear, logical order.
5. Write the first draft of a paragraph based on your work.
6. Cross out any ideas that do not contribute to the topic.
7. Write the second draft of your paragraph as clearly as possible.

Paso 1 Lee la oración principal que sigue. Después, indica si cada oración de la lista de detalles está relacionada o no con la oración principal.

Oración principal: Mi restaurante favorito es Chez Claude.

Detalles:	¿Oración relacionada?	
El restaurante Chez Claude sirve comida francesa.	Sí	No
Mis amigos y yo comemos en casa a veces.	Sí	No
Chez Claude tiene muchos tipos de refrescos.	Sí	No
Los precios son altos, pero la comida es deliciosa.	Sí	No

Paso 2 Lee el párrafo siguiente. Vas a ver que el párrafo contiene unas ideas que no están relacionadas con la idea de la oración principal. Elimina la información que no sea importante. Para hacer el párrafo más corto, puedes combinar unas oraciones.

Mi restaurante favorito es Freddie's. Es un restaurante pequeño que sirve comida norteamericana. Mi madre siempre prepara la cena en casa a las 6:00. En Freddie's me gusta pedir sándwiches de jamón y queso. Las papas fritas siempre están muy ricas. A veces yo pido papas fritas en otros restaurantes también. Freddie's tiene muchos tipos de refrescos, licuados y otras bebidas deliciosas. La gente que trabaja en el restaurante es muy simpática y el servicio es muy bueno. Hay una tienda de ropa muy cerca a la que me gusta ir de compras. Por lo general, creo que Freddie's es un restaurante muy interesante. ¡Me gusta comer allí!

Task: Writing a restaurant review

You will now write a brief review of your favorite restaurant, being careful to include only pertinent details. Use the strategies you have practiced and follow the directions below.

Paso 1 ¿Cuál es tu restaurante favorito? Sigue estos pasos para escribir un párrafo en español sobre este restaurante:

1. Write a topic sentence about a specific subject.

_____

_____

2. List some details that develop your topic sentence.

_____

_____

_____

_____

_____

_____

3. Cross out any details that are unrelated to the topic.
4. Number the remaining details in a clear, logical order.
5. Write the first draft of a paragraph based on your work.
6. Cross out any ideas that do not contribute to the topic.
7. Write the second draft of your paragraph as clearly as possible.

Paso 2 Ahora trabaja con un(a) compañero(a) de clase. Uds. deben...

- eliminar los detalles que no estén relacionados con la oración principal.
- añadir *(add)* unos detalles, si es necesario.
- corregir los errores de vocabulario, de gramática o de ortografía *(spelling)*.

Paso 3 Intercambia papeles con otros compañeros de clase. Lee los párrafos de varios otros estudiantes e identifica algunos restaurantes que quieras visitar.

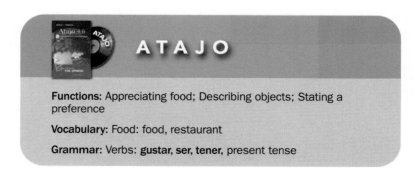

ATAJO

Functions: Appreciating food; Describing objects; Stating a preference

Vocabulary: Food: food, restaurant

Grammar: Verbs: **gustar, ser, tener,** present tense

Vocabulario esencial

Las comidas — *Meals*

el almuerzo	lunch
la cena	dinner
el desayuno	breakfast

(handwritten: la comida)

Los platos principales — *Main dishes*

el bistec	steak
los calamares (fritos)	(fried) squid
los camarones	shrimp
la carne (de res)	meat (beef)
la chuleta (de cerdo)	(pork) chop
la hamburguesa	hamburger
el jamón	ham
la langosta	lobster
los mariscos	shellfish, seafood
el pavo	turkey
el pescado	fish
el pollo (asado)	(roasted) chicken
el queso	cheese
el sándwich	sandwich

(handwritten: el pez)

Las frutas y los vegetales/las verduras — *Fruits and vegetables*

la banana	banana
los champiñones	mushrooms
la lechuga	lettuce
la manzana	apple
la naranja	orange
las papas (fritas)	(french fried) potatoes
el tomate	tomato

Los entremeses y otras comidas — *Appetizers and other foods*

las arepas	cornmeal pockets
el arroz	rice
la ensalada	salad
el huevo duro	hard-boiled egg
el pan (tostado)	(toasted) bread
la sopa	soup

Los postres — *Desserts*

el flan (casero)	(homemade) caramel custard
el helado	ice cream

Las bebidas — *Beverages*

el agua (f.) mineral con/ sin gas	carbonated/ noncarbonated mineral water
el café	coffee
la cerveza	beer
el jugo de fruta	fruit juice
la leche	milk
el refresco	soft drink
el té (helado)	(iced) tea
el vino (blanco, tinto)	(white, red) wine

Los condimentos — *Condiments*

el aceite	oil
el azúcar	sugar
la mantequilla	butter
la pimienta	pepper
la sal	salt
la salsa	sauce
el vinagre	vinegar

El restaurante — *The restaurant*

el (la) camarero(a)	waiter (waitress)
la cuenta	check, bill
la especialidad de la casa	house specialty
el menú	menu
el (la) mesero(a)	waiter (waitress)

Adjetivos

caliente	hot (temperature)
fresco(a)	fresh
ligero(a)	light (meal, food)
pesado(a)	heavy (meal, food)
rico(a)	delicious

Verbos

almorzar (ue)	to have (eat) lunch
cenar	to have (eat) supper (dinner)
cocinar	to cook
dejar una (buena) propina	to leave a (good) tip
desayunar	to have (eat) breakfast
desear	to wish; to want
pedir (i,i)	to order (food)
picar	to eat appetizers; to nibble
preparar	to prepare
recomendar (ie)	to recommend

Expresiones idiomáticas

¡Buen provecho!	Enjoy your meal!
¡Cómo no!	Of course!
Estoy a dieta.	I'm on a diet.
Estoy satisfecho(a).	I'm satisfied I'm full.
La cuenta, por favor.	The check, please.
No puedo (comer) más.	I can't (eat) any more.
¿Qué desean/ quieren comer (beber)?	What would you like to eat (to drink)?
¡Salud!	Cheers!
Te invito.	It's on me (my treat).
Yo quisiera...	I would like . . .

Comparativos irregulares *(p. 196)*

Superlativos irregulares *(p. 197)*

Expresiones adverbiales de tiempo *(p. 207)*

De compras | Argentina | 7

CHAPTER OBJECTIVES

Communicative goals

In this chapter, you will learn how to . . .

- Talk about shopping for clothing
- Make emphatic statements about possession
- Talk about singular and/or completed events in the past
- Make selections and talk about sizes and other shopping preferences
- Describe ongoing and habitual actions in the past

Structures

- Stressed possessives
- Verbs irregular in the preterite
- Direct object pronouns
- Imperfect tense

Personal Tutor

¡Bienvenidos a Argentina!

DVD

1 | ¿Dónde está Argentina?

2 | ¿Cómo es Buenos Aires y cuál es su apodo (nickname)?

3 | ¿Qué es el tango?

4 | Según el video, ¿en qué aspecto es el campo muy distinto de la ciudad? ¿Quién es el «gaucho», cuál es su trabajo y qué representa?

5 | Si vas a Argentina, ¿adónde te gustaría ir? ¿a la ciudad o al campo? ¿Por qué?

Vocabulario   La ropa

La ropa de última moda en Buenos Aires In this section, you will learn how to talk about clothing and related accessories. What kinds of clothing are fashionable for people today? Do you think fashions in Spanish-speaking countries are ahead of or behind styles currently popular in the United States?

¿Nos entendemos?

In Argentina, a skirt is called **la pollera** instead of **la falda**; a jacket is called **la campera** instead of **la chaqueta**; and **las camisetas** are called **las remeras**. Another term for **la cartera** in Argentina is **la billetera** or for a coin purse **el monedero**; and a woman's purse is sometimes referred to as **la cartera**. **Los lentes** and **los anteojos** are synonyms for **las gafas**.

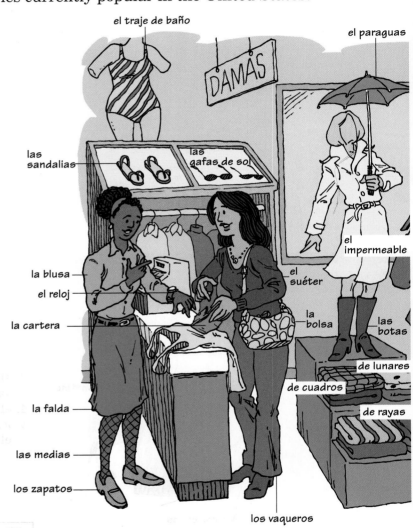

el traje de baño

el paraguas

las sandalias

las gafas de sol

el impermeable

la blusa

el reloj

el suéter

la cartera

la bolsa

las botas

de lunares

de cuadros

de rayas

la falda

las medias

los zapatos

los vaqueros

Palabras útiles

el bolsillo pocket	**estar de...** to be made of . . .
el botón button *los botónes*	**algodón** cotton
el cierre / la cremallera zipper	**cuero** leather
la prenda article of clothing	**lana** wool
el smoking tuxedo	**seda** silk
las yuntas / los gemelos cufflinks	**llevar** to wear
los zapatos de tacón (alto) (high) heels	

¿Nos entendemos?

In Spain and Argentina, people say **a cuadros** as well as **a lunares** and **a rayas**.

Palabras útiles are presented to help you enrich your personal vocabulary. The words here will help you talk about clothing and accessories.

el sombrero

la bufanda

el abrigo

la camisa

los guantes

el traje

la corbata

el chaleco

el cinturón

la gorra
de béisbol

la camiseta

los guantes

los aretes

el collar

la pulsera

la chaqueta

el vestido

los pantalones
cortos

los pantalones

los zapatos
de tenis

los calcetines

CABALLEROS

La última moda

¡A practicar!

7-1 | **¿Para hombres o mujeres?** Decide si los siguientes artículos se asocian más con los hombres, las mujeres o ambos *(both):* los hombres y las mujeres. Luego, trata de encontrar a una persona en la clase que lleve los mismos artículos de ropa.

> **Modelo** la bufanda
> *Es para los hombres y las mujeres.*
> *Soledad lleva* (wears) *una bufanda.*

1. la blusa
2. la camisa
3. las botas
4. los pantalones de lana
5. la mini-falda
6. los guantes
7. los calcetines
8. las medias
9. los aretes
10. la corbata

7-2 | **Asociaciones** ¿Cuál es la palabra que no va con las otras? Explica por qué.

1. la cartera, la bolsa, el abrigo, el anillo
2. la chaqueta, los pantalones cortos, la camiseta, el suéter
3. el sombrero, las medias, los zapatos, las sandalias
4. el traje, el vestido, el cinturón, la corbata
5. los guantes, el traje de baño, el impermeable, el abrigo

Capítulo 7

Capítulo 7

Capítulo 7

iLrn: Heinle Learning Center, **Capítulo 7**

¡A conversar

7-3 | Tus preferencias Habla con un(a) compañero(a) acerca de sus preferencias. Después de contestar tus preguntas, él/ella va a preguntarte sobre tus preferencias.

Modelo   botas negras de cuero / zapatos de tenis
   E1: *¿Qué prefieres tú, unas botas negras de cuero o unos zapatos de tenis?*
   E2: *Mmm, yo prefiero unas botas negras. No me gustan mucho los zapatos de tenis. ¿Y tú? ...*

1. bufanda de cuadros / bufanda de lana
2. sombrero de cowboy / gorra de béisbol
3. mini-falda / falda larga
4. guantes de seda / guantes de algodón
5. abrigo de lana / chaqueta de esquiar
6. pantalones de cuero / los vaqueros
7. traje o vestido formal / ropa cómoda *(comfortable)*
8. pantalones cortos / pantalones largos

> ### Cultura
> October is generally a month of pleasant weather in Buenos Aires since it is springtime in the southern hemisphere. In Buenos Aires and other cities of Latin America, attire is less casual than it is in most U.S. cities.

7-4 | La ropa y el clima Pregúntale a otro(a) compañero(a) sobre qué ropa se necesita para las siguientes situaciones. ¿Están de acuerdo?

1. Es octubre, hace sol y no hace viento. Tú y dos amigos quieren caminar por la ciudad de Buenos Aires. ¿Qué ropa van a ponerse?
2. Tú y tu mejor amigo(a) piensan ir de vacaciones a Mar del Plata por dos semanas en enero cuando hace buen tiempo allí. ¿Qué ropa van a llevar?
3. Una amiga te invita a esquiar en Bariloche por cinco días. Tú aceptas la invitación y ahora tienes que decidir qué ropa vas a llevar.

> ### Cultura
> Mar del Plata is a beachside resort about 250 miles south of Buenos Aires. It is one of Argentina's largest tourist attractions and receives over 6 million visitors each year.

7-5 | Estoy pensando en una persona Un(a) estudiante va a pensar en otro(a) estudiante sin revelar quién es. Los otros estudiantes tienen que averiguar *(find out)* la identidad de la persona, haciendo preguntas de tipo **sí** o **no.**

> ### Cultura
> San Carlos de Bariloche is known as the **Suiza de las Américas** *(Switzerland of the Americas)* as it is a mountain town rich with European influences and winter attractions, especially skiing.

Modelo   E1: *¿Lleva esta persona botas de cuero?*
   E2: *No, no lleva botas de cuero.*
   E3: *¿Lleva esta persona zapatos de tenis?*
   E2: *Sí, esta persona lleva zapatos de tenis.*
   E3: *¿Es Raymond?*
   E2: *Sí, es él.*

7-6 | ¿Qué llevan? Trabaja con un(a) compañero(a) para hablar de la ropa, el tiempo y las situaciones. Para cada dibujo, discutan lo siguiente:

1. Describe la ropa que lleva(n) la(s) persona(s).
2. Describe el tiempo o la situación.
3. Indica las situaciones cuando tú llevas ese tipo de ropa.

Modelo *El hombre lleva un traje, una camisa, una corbata y zapatos. Está nublado y posiblemente va a llover (is going to rain). Por eso tiene el paraguas y el impermeable. No llevo un traje frecuentemente, solamente cuando es absolutamente necesario.*

1.

_____
_____

3.

_____
_____

2.

_____
_____

4.

_____
_____

7-7 | Un desfile de modas (A fashion show) Trabajen en grupos de cinco o seis personas. Cada grupo va a preparar un desfile de modas para presentarlo a la clase. Necesitan un mínimo de cuatro modelos y un(a) anunciador(a). Preparen descripciones de la ropa de los modelos, incluyendo por lo menos cuatro artículos por modelo. Incluyan los colores de los artículos y otros aspectos. ¡Deben ser creativos! Practiquen la presentación varias veces. Después, todos los grupos presentan a sus modelos y la clase puede votar para dar premios *(prizes)* en categorías como la ropa más bonita, la más fea, la más tradicional, la más atrevida *(daring),* la más extravagante y la más barata. ¡Inventen otras categorías apropiadas para su desfile!

Hoy es sábado, 18 de diciembre. Julio y Silvia Sepúlveda y su hijo están en un almacén en la calle Florida en Buenos Aires. Silvia **está probándose** un vestido que quiere llevar para una fiesta que ella y su esposo van a dar la semana que viene. Julio está esperándola con su hijo Juan Carlos.

Silvia: ¿Qué te parece este vestido, Julio? **¿Cómo me queda?**

Julio: ¡Me gusta mucho! **Te queda muy bien.** Vos estás muy elegante.

✳ **Comentario cultural** La calle Florida is a pedestrian-only street that features many boutiques and shops. It is the most frequented shopping zone in the city of Buenos Aires and features high-end boutiques. "Factory" stores on the **calle Florida,** unlike factory outlet stores in the U.S., offer the highest quality of locally made products, including cashmere and leather goods.

Silvia: Gracias. Me gusta este color porque va bien con las joyas.

Julio: Pero, ¿qué joyas?

Silvia: Las **mías.** Las que me diste para mi cumpleaños. Creo que el vestido va a ser perfecto para nuestra fiesta, ¿verdad?

✳ **Comentario cultural** Unlike other countries that are known for jewels or precious metals, Argentina does not enjoy international recognition in this area. Nevertheless, silver is mined in Argentina, as are most kinds of gemstones. The pink "rodochrosita" is a semi-precious stone found only in Argentina.

Julio: ¡Claro que sí! ¿Te acordás la fiesta tan estupenda que **dieron** Jorge y Hortensia el año pasado cuando **hacía tanto frío y llovía?**

Silvia: Nunca voy a **olvidarla.** ¡Cómo nos divertimos! ¿No? Comimos tantas cosas ricas y conocimos a tanta gente, y vos bailando con todo el mundo.

✳ **Comentario cultural** In Argentina, and on a limited basis in southern Mexico, Central America, and northwestern South America, **vos** is used in lieu of **tú.**

Expresiones en contexto

aguantar *to put up with*
el almacén tienda
buscar *to look for*
cariño *my dear*
esperar *to wait for*
ir bien con *to go well with*
las joyas *jewelry / jewels*
las que *the ones that*

Voy a pagar el vestido. *I am going to pay for the dress.*
Yo voy a pagar 100 pesos por el vestido. *I am going to pay 100 pesos for the dress. (The inclusion of the preposition depends on whether or not there is mention of the price.)*

¿Nos entendemos?

When **vos** is used with present tense verbs, it is conjugated differently: for -ar verbs, add -**ás**: Vos **hablás** español como un argentino(a); for -er verbs, add -**és**: Vos **comés** parrillada argentina todos los fines de semana; and for -ir verbs, add -**ís**: ¿Vos **decidís** estudiar en Buenos Aires o en Córdoba? The irregular verb **ser** has an irregular form for **vos** also: Vos **sós** muy inteligente.

Julio: Sí, sí. La fiesta **fue** fabulosa. Bueno, ahora voy a **pagar** el vestido con mi **tarjeta de crédito.** ¿Cuánto **cuesta,** Silvia?

Silvia: Menos de 100 pesos. Es un buen precio, ¿no crees, Julio?

Julio: Creo que sí... che. Oí, Silvia, tenemos que volver a la zapatería para **cambiar** estos zapatos que le compramos a Juan Carlos la semana pasada. **Le quedan un poco grandes.**

Juan Carlos: ¡No quiero ir a otra tienda! ¡Tengo hambre!

Silvia: Bueno. Y después vamos a casa porque Juan Carlos tiene hambre y estoy cansada de tanta actividad.

Julio: Como no, cariño. Juan Carlos, tenés que aguantar un poco más.

✳ **Comentario cultural** In 2007, the Argentine peso was worth 32 U.S. cents. Argentina's economy is still recovering from a crisis in 2002, caused by a national debt default. The situation was made worse when panicked citizens rushed to the banks to withdraw their money. The acclaimed film *Nueve Reinas* derives its context from this crisis. Today, Argentina appears to be stabilizing economically.

✳ **Comentario cultural** Although Argentina is world-renowned for its beef, its high-quality leather goods are still undervalued. Especially attractive to foreigner shoppers are articles made of soft, spotted, velvety suede. This leather comes from **carpincho** (*capibarra*), which is the largest rodent in the world.

✳ **Comentario cultural** In Argentina, the **siesta** is observed typically between 1:00 p.m. and 4:00 p.m. In some regions of Argentina, the **siesta** affects business hours; stores and businesses are usually open from 8:00 to 12:00 and from 4:00 to 8:00. In bigger cities, such as Buenos Aires, businesses have adopted the U.S. standard of 9:00 to 5:00.

¿Comprendiste? Contesta las siguientes preguntas basándote en el diálogo.

1. ¿Qué están haciendo los Sepúlveda en este momento?
2. ¿Qué van a hacer después?
3. ¿Dónde va a ser la fiesta?
4. ¿Son los zapatos de Juan Carlos viejos o nuevos?

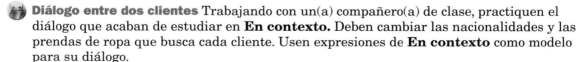 **Diálogo entre dos clientes** Trabajando con un(a) compañero(a) de clase, practiquen el diálogo que acaban de estudiar en **En contexto.** Deben cambiar las nacionalidades y las prendas de ropa que busca cada cliente. Usen expresiones de **En contexto** como modelo para su diálogo.

Así se dice

Possessives are used to express ownership. In **Capítulo 2,** you learned how to indicate posses-sion by using **de** (El vestido es *de* Silvia) and by using unstressed possessive adjectives: **mi(s), tu(s), su(s), nuestro(a)(s), vuestro(a)(s), su(s).** In English, we place emphasis on the posses-sive by using intonation *(This is **my** dress)* or by using the forms *of mine, of his, of hers*, etc. In Spanish, emphasis is placed on the possessive by using the stressed forms identified below:

mío(a)(s)	*my, (of) mine*
tuyo(a)(s)	*your*(informal), *(of) yours*
suyo(a)(s)	*your*(informal), *(of) yours; his, (of) his; her, (of) hers; its, (of) its*
nuestro(a)(s)	*our, (of) ours*
vuestro(a)(s)	*your*(informal), *(of) yours*
suyo(a)(s)	*your*(informal), *(of) yours; their, (of) theirs*

Stressed possessive adjectives

The stressed possessive adjective must come after the noun and, like most other adjectives, agree in number and gender.

Unstressed:	Éstos son mis guantes.	*These are my gloves.*
Stressed:	Estos guantes son **míos.** /	*These are my gloves.* /
	Son **míos.**	*These gloves are mine.*

¡A practicar!

	Capítulo 7
	Capítulo 7
	Capítulo 7
	iLrn: Heinle Learning Center, Capítulo 7

7-8 | **¿A quién le pertenece** *(belong)***?** Llena los espacios con la forma correcta del pronombre posesivo enfático.

Modelo Es mi falda. *Es mía.*

1. Son los zapatos de Tamara. Son _____
2. Es la corbata de Sebastián. Es _Suya_____
3. Son tus pantalones. Son _____
4. Es mi chaqueta. Es _____
5. Son las sandalias de Mauricio. Son _____
6. Son nuestros trajes. Son _nuestros_____

7-9 | **Confusión en la lavandería** Dos chicos acaban de lavar la ropa y tienen que separar las prendas *(articles)* de ropa. Utiliza la forma correcta del adjetivo o del pronombre posesivo entre paréntesis.

Daniel: Esos pantalones no son _____ *(mine)*; son _suyos_____ *(yours)*.

Tomás: ¡Imposible! Son muy grandes. Son de Óscar. Son _suyos_____ *(his)*.

Daniel: Y esa camiseta, ¿también es _____*(his)*?

Tomás: No, esa camiseta es _____ *(mine)*.

Daniel: ¡Ay! Me olvidé de separar estos vaqueros de la blusa blanca de mi hermana. ¡Mira la blusa _____ *(hers)*!

Tomás: No importa. Mi hermana le puede prestar _suya_____ *(hers)* para la fiesta esta noche.

Stressed possessive adjectives and pronouns

Unstressed:	Es su blusa.		*It's her blouse.*
Stressed:	Es una blusa **suya.** /		*It's her blouse.* /
	Es **suya.**		*It's a blouse of hers.*

Stressed possessive pronouns

Stressed possessives often function as pronouns, substituting the omitted noun. When used as a pronoun, stressed possessives are preceded by a definite or indefinite article.

Silvia no tiene chaqueta.	*Silvia doesn't have a jacket.*
Le doy **la mía.**	*I'll give her mine.*
Mi camiseta está sucia.	*My shirt is dirty.*
Préstame **una tuya.**	*Lend me one of yours.*

Note that with **ser** the article is omitted unless there is a choice between items.

Este sombrero **es mío.**

but

Este sombrero **es el mío** y ése **es el tuyo.**

¡A conversar!

7-10 | ¿De quién son... ? Con un(a) compañero(a) de clase, contesten las siguientes preguntas sobre de quién son estas cosas que encontramos en nuestro salón de clase en un día de invierno. En sus respuestas usen el pronombre posesivo correcto.

Modelo E1: ¿Son éstos mis guantes?
E2: *Sí, son los tuyos.*
o   E2: *No, no son los tuyos. Son los míos.*

1. ¿Es éste mi libro? 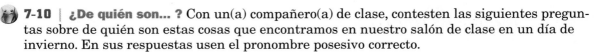 Si, es mio los lapices es
2. ¿Son éstos nuestros lápices? no, es mios
3. ¿Son éstos nuestros cuadernos?
4. ¿Son éstos sus abrigos (de ellos)?
5. ¿Son éstas sus gafas de sol (de Uds.)?
6. ¿Es ésta mi bufanda? no, la bufanda es ~~tuyo~~ suya.
7. ¿Es éste tu impermeable? 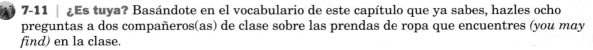 Si, el impermeable es mio
8. ¿Es éste su sombrero (de él)?

7-11 | ¿Es tuya? Basándote en el vocabulario de este capítulo que ya sabes, hazles ocho preguntas a dos compañeros(as) de clase sobre las prendas de ropa que encuentres *(you may find)* en la clase.

Modelo E1: *Jason, ese abrigo, ¿es tuyo?*
E2: *No, no es mío. Es de mi compañero de cuarto. Es un abrigo suyo.*

Estructura I

Talking about singular and/or completed events in the past

As you know, Spanish speakers use the preterite tense to express the beginning and ending/completion of past actions, conditions and events. Some Spanish verbs have irregular verb stems in the preterite and their endings have no accent marks.

[handwritten: To give]

dar:	di, diste, dio, dimos, disteis, dieron
hacer:	hice, hiciste, hizo, hicimos, hicisteis, hicieron
ir:	fui, fuiste, fue, fuimos, fuisteis, fueron
poder:	pude, pudiste, pudo, pudimos, pudisteis, pudieron
poner:	puse, pusiste, puso, pusimos, pusisteis, pusieron
saber:	supe, supiste, supo, supimos, supisteis, supieron
querer:	quise, quisiste, quiso, quisimos, quisisteis, quisieron
venir:	vine, viniste, vino, vinimos, vinisteis, vinieron
estar:	estuve, estuviste, estuvo, estuvimos, estuvisteis, estuvieron
tener:	tuve, tuviste, tuvo, tuvimos, tuvisteis, tuvieron
decir:	dije, dijiste, dijo, dijimos, dijisteis, dijeron
traer:	traje, trajiste, trajo, trajimos, trajisteis, trajeron
ser:	fui, fuiste, fue, fuimos, fuisteis, fueron

Note the spelling change from **c** to **z** in the **Ud./él/ella** form of the verb **hacer**.

Note that the preterite stems of **decir** and **traer** end in **-j**. With these two verbs, the **-i** is dropped in the **Uds./ellos/ellas** form to become **dijeron** and **trajeron**, respectively.

[handwritten: Ser: was, were]

[handwritten: yo: hube]

[handwritten: Donde pusiste mi tarea.]
[handwritten: Ella vino a su cuarto despues clase]
[handwritten: • Ella hizo su cama en la mañana]

📖	Capítulo 7	www	Capítulo 7
💿	Capítulo 7	🌐	iLrn: Heinle Learning Center, Capítulo 7

¡A practicar!

7-12 | De compras Silvia fue de compras un sábado con su amiga Andrea. Conjuga los verbos entre paréntesis para saber adónde fue de compras Silvia. Silvia se levantó temprano...

1. Ella ___tuvo___ (tener) que ir de compras para buscarle un regalo de cumpleaños a su esposo.
2. Ella le ___dijo___ (decir) a su esposo que iba *(she was going)* a visitar a una amiga.
3. Silvia y su amiga Andrea _____ (ir) a la calle Florida.
4. Silvia _____ (traer) las tarjetas de crédito para hacer las compras.
5. Las dos amigas ___fueron___ (ir) a la tienda más lujosa de Buenos Aires.
6. Ellas ___tuvieron___ (tener) mucha suerte porque todas las prendas estaban rebajadas.
7. Las dos ___puso___ (ponerse) muy emocionadas.
8. Las dependientes _____ (ser) muy simpáticas con ellas.
9. Silvia _____ (poder) pagar con su tarjeta de crédito.
10. Silvia _____ (tener) que mostrar otra tarjeta de crédito para confirmar su identidad.

Verbs irregular in the preterite

- Note that the preterite forms for **ir** and **ser** are identical; context clarifies their meaning in a sentence.

  Fui dependiente por un día.　　　*I was a salesclerk for a day.*

  Fui a la tienda de ropa ayer.　　*I went to the clothing store yesterday.*

- Also note that **poder, poner, saber, querer, venir, estar,** and **tener** share the same endings:

poder:	pud-	
poner:	pus-	-e
saber:	sup-	-iste
querer:	quis-	-o
venir:	vin-	-imos
estar:	estuv-	-isteis
tener:	tuv-	-ieron

* Hay → There is
* Hubo → There was

> **Andar** also follows this pattern: anduve, anduviste, anduvo, anduvimos, anduvisteis, anduvieron.

- The preterite of **hay** is **hubo.**

  —**Hubo** un robo hoy en esta tienda.　　*There was a robbery today in that store.*

  —¿Qué pasó?　　*What happened?*

  —No sé, pero **hubo** policías para hacer la investigación.　　*I don't know, but there were police officers to conduct the investigation.*

7-13 | ¡Qué generoso es Julio! Julio, el esposo de Silvia, se enteró de *(found out about)* las compras de su esposa aquella misma noche. Él nos cuenta cómo lo supo y qué le regaló Silvia a él. Completa el siguiente párrafo con la forma correcta del pretérito de los infinitivos entre paréntesis.

Ayer por la noche yo me 1. _____ (dar) cuenta que mi esposa Silvia había ido de compras con su amiga Andrea. Por la mañana, ella no me 2. _dijo_____ (decir) lo de las compras. Ella salió a las 9:00 de la mañana. Primero, ella y Andrea 3. _____ (ir) a la calle Florida, donde las dos compraron zapatos nuevos. Después, ellas tomaron un café en la Recoleta. En la Recoleta, ellas entraron a muchas tiendas muy caras y encontraron un regalo de cumpleaños para mí y vestidos nuevos y regalos para su familia. Menos mal que Silvia usó su tarjeta de crédito para esas compras. Cuando ella 4. _____ (venir) a casa anoche, me contó lo de sus compras: «Lo siento, Julio, pero 5.¡ _____ (haber) unas rebajas fantásticas en la Recoleta, y Andrea y yo no 6. _pudimos____ (poder) resistir la tentación de comprar!» Ella me 7. _hizo____ (hacer) un regalo muy bonito: ¡una cartera de cuero! Yo le 8. _____ (dar) un beso muy fuerte a mi esposa. Nosotros 9. _____ (tener) una cena deliciosa de pizza a la piedra con nuestro hijo Juan Carlos. La noche 10. _____ (ser) muy buena. Todos nos acostamos contentos a las 10:00 de la noche.

> **Cultura**
>
> **Pizza a la piedra** is a very popular dish in Buenos Aires. The pizza is cooked with the crust directly on a stone surface over a wood fire, which makes the crust have a more crispy consistency than when baked on a pan. A famous **pizzería** in the center of Buenos Aires is called **Los Inmortales.**

¡A conversar!

7-14 | Entrevista: Una fiesta estupenda Quieres saber más sobre tu compañero(a) de clase. Forma preguntas con los verbos que están entre paréntesis para hacérselas a tu compañero(a) sobre varios detalles de una fiesta especial. ¿Tienen muchos de los detalles en común?

Modelo   cuándo (ir)
   E1: *¿Cuándo fuiste a una fiesta estupenda?*
   E2: *Fui el fin de semana pasado.*

1. tipo de celebración (ser) (fiesta de cumpleaños, etc.)   *Mi celebración fue un*
2. dónde (ser)   *Dónde fuiste ayer?*
3. hora de la llegada de los invitados (ir)   *qué hora fue*
4. tu llegada (llegar)
5. cuántos invitados (estar)
6. regalos (dar)   *give gifts*   *Quien diste regalos a.*
7. nuevos amigos (poder conocer)   *to know*   *Como se llama a nuevo amigo?*
8. actividades (hacer)
9. una sorpresa (haber)   *surprise*
10. impresión (hacerte)   *make*

7-15 | De compras... (*Shopping . . .*) Descríbele a un(a) compañero(a) de clase una experiencia que ocurrió cuando fuiste al centro comercial Alto Palermo en la Avenida Santa Fe de Buenos Aires. Considera las siguientes preguntas en tu historia. ¡Sé creativo(a)!

- ¿Adónde y con quién fuiste?   *yo took carry*
- ¿Llevaste las tarjetas de crédito?
- ¿Qué compraste? ¿Por qué compraste eso?
- ¿Cuánto costó (costaron)?
- ¿Pudiste encontrar alguna oferta o ganga *(bargain)?*   *S$ a mi me gusta las gangas.*
- ¿Hiciste algún regalo con lo que compraste?   *did anyone gift what you bought*
- ¿Qué más hiciste allí?
- ¿Estuviste contento(a) con tus compras?
- ¿Hablaste de tus compras con tus padres / tu novio(a) / tu esposo(a)?

hacer
yo acabo de mi tarea
yo hice mi tarea.

7-16 | La fiesta grande La clase dio una fiesta grande y cada persona hizo un papel diferente. Lo que hicieron los miembros de la clase está en la lista y el (la) profesor(a) va a determinar quién hizo cada actividad, ¡pero sólo el (la) profesor(a) sabe la información! Tú y tus compañeros de clase tienen que hacer preguntas a todas las personas de la clase para determinar quién hizo cada actividad. Al descubrir quién hizo una actividad, escribe su nombre al lado de la actividad en la lista y sigue haciendo preguntas para completar la lista de nombres.

Modelo   E1: *Nick, ¿limpiaste la casa?*
E2: *No, no limpié la casa.*
E1: *¿Invitaste a la profesora?*
E2: *Sí, invité a la profesora.* (E1 writes the name of E2 next to the activity.)

1. escribir las invitaciones   _____
2. hacer las decoraciones   _____
3. limpiar la casa   _____
4. poner la mesa   _____
5. comprar las bebidas   _____
6. invitar al (a la) profesor(a)   _____
7. llegar (muy) temprano   _____
8. sacar muchas fotos   _____
9. traer muchos discos compactos   _____
10. tocar la guitarra   _____
11. no querer bailar   _____
12. comer mucha pizza   _____
13. llevar zapatos rojos   _____
14. servir la comida   _____
15. dormirse en el sofá   _____
16. perder las llaves del coche   _____
17. dar lecciones de tango y salsa   _____
18. llamar a la policía   _____
19. tener que salir de la fiesta temprano   _____
20. no poder participar   _____

Encuentro cultural

¿Qué recuerdan de...

 ...Bienvenidos a Argentina?

1. ¿Cuál es la capital de Argentina?
2. Describan las diferencias entre la ciudad y el campo.
3. ¿Qué es el tango?

Población: 39.921.833

Área: 2.779.221 km², cuatro veces el tamaño de Texas

Capital: Buenos Aires, 13.349.000

Ciudades principales: Córdoba, 1.4 millones; Rosario, 1.2 millones; Mendoza, 988,600; Mar del Plata, 683,700

Moneda: el peso

Lenguas: el español (oficial), inglés, italiano, alemán y francés

See the *Workbook*, **Capítulo 7, Bienvenidos a Argentina** for additional activities.

Personalidades ilustres La influencia europea de españoles, italianos, alemanes y franceses durante los siglos XIX y XX está muy presente en la cultura de Argentina hoy en día. Esta influencia se puede notar *(can be noted)* entre sus diseñadores de moda y sus supermodelos internacionales. Entre los diseñadores están Bettina Andersen, Adriana Costantini, Laura Driz, Susana Ortiz, Teresa Calandra, Rubén González y Claudio Cosano. Entre las supermodelos internacionales están Valeria Mazza, Camila Díaz, Luján Fernández y María Inés Rivero, quienes modelan para *Glamour, Marie Claire, Mirabella y Sports Illustrated*.

¿Te gusta ir de compras para estar a la moda? ¿Quiénes son tus diseñadores(as) favoritos(as)?

Historia Eva Duarte de Perón fue una activista política que favoreció a la gente más pobre de Argentina durante la presidencia de su esposo Juan Domingo Perón (1946–1955). Evita organizó la huelga *(strike)* de los trabajadores para liberar a su esposo de la prisión en octubre de 1945. Ella también organizó la «Fundación Social Eva Perón» para dar ayuda económica a los pobres, a las mujeres y a los trabajadores. En el período en que su esposo gobernó, Evita demostró que una mujer de pocos recursos económicos puede llegar a tener mucho poder social y puede llegar a ser sofisticada y cosmopolita con sus prendas de vestir y accesorios.

¿Conoces al personaje de Evita? ¿Viste la película Evita (1996) con Madonna como Evita y Antonio Banderas como Che Guevara? ¿Conoces a otra persona en la política que influya o influyó en la moda de tu país?

Lugares mágicos En el barrio San Pedro Telmo, todos los domingos en la Plaza Dorrego funciona la Feria de Antigüedades, una feria muy particular. Esta feria comenzó en 1970 cuando se reunió por primera vez un grupo de vecinos en la Plaza Dorrego para vender sus cosas viejas o sus antigüedades. Hoy en día se reúnen en esta plaza 270 vendedores, cada uno con su pequeño puesto *(stand)*. Esta plaza es un lugar muy especial para ir a conversar y discutir sobre la familia y sobre política con los amigos, así como también para mirar y comprar objetos que representan la cultura de la capital, Buenos Aires.

 Visit it live on Google Earth!

¿Qué tipo de ferias hay en tu ciudad o en tu estado? ¿Qué productos o qué objetos se producen en tu estado o en tu comunidad?

Oficios y ocupaciones Uno de los oficios más difíciles, pero uno de los más nobles es el trabajo de los gauchos. El gaucho, que tiene su equivalente en los Estados Unidos en el *cowboy,* es el símbolo del nacionalismo argentino; es la persona honesta, fuerte, valiente y defensora de su tierra y de sus animales. La ropa del gaucho consiste en un **poncho** y unos pantalones muy anchos llamados **bombachas.** El estilo de estas prendas de vestir influye en la moda en los Estados Unidos. Por ejemplo, los pantalones Capri o gauchos de pierna ancha que son parecidos a las bombachas del gaucho, así como *(as well as)* los ponchos y las botas que se usan en el invierno y en la primavera.

Los gauchos argentinos

¿Hay una relación entre el gaucho argentino y el cowboy norteamericano? ¿Te gusta la moda al estilo gaucho? ¿Por qué sí o por qué no?

Arte y artesanía El trabajo que hacen los artesanos argentinos con la piel o el cuero *(leather)* está reconocido por todo el mundo. Los artesanos hacen cinturones, zapatos, chaquetas, bolsos y faldas de cuero. Además, hacen hebillas *(buckles)* para los cinturones y yuntas *(cufflinks)* para las camisas en plata. En Buenos Aires, muchas de las tiendas de cuero están situadas en las fábricas *(factories),* así que la gente puede comprar los artículos de cuero, del color, del tamaño o del estilo que desean, o pueden comprarlos hechos a la medida *(made to order)* en solamente uno o dos días.

¿Te gustaría (Would you like) comprar una prenda de vestir de cuero? ¿Qué prenda deseas comprar?

Ritmos y música Es difícil hablar de Argentina sin mencionar el tango. Al comienzo, el tango se cantó en los bares de los arrabales o barrios bajos del puerto de Buenos Aires y de Montevideo, Uruguay, pero para 1924 todos los círculos sociales cantaban y bailaban al ritmo del tango.

♪ Uno de los grupos famosos de música electrónica, Gotan Project, reinventa la música del tango para los jóvenes, y por eso combina los elementos tradicionales de este ritmo con los elementos electrónicos. El nombre del grupo es Gotan que significa *Tango,* con las dos sílabas al revés. La canción «Santa María (del buen ayre)» del CD *La Revancha del Tango* aparece en la película *Shall We Dance?* (2004) con Jennifer López y Richard Gere y es un buen ejemplo del tango electrónico. *Access the iTunes playlist on the **Plazas** website.*

¿Te gusta la canción? ¿Te gusta escuchar el tango electrónico? ¿Te parece interesante el sonido?

See the *Lab Manual,* **Capítulo 7**, **Ritmos y música** for activities.

¡Busquen en la Red de información!

www.thomsonedu.com/spanish/plazas

1. Personalidades ilustres: Diseñadores y modelos argentinos
2. Historia: Eva Duarte de Perón
3. Lugares mágicos: Plaza Dorrego, San Pedro Telmo
4. Oficios y ocupaciones: Los gauchos
5. Arte y artesanía: Cuero y plata argentinos
6. Ritmos y música: Tango, Gotan Project

Vocabulario

En las tiendas de la Recoleta In this section, you will practice vocabulary and expressions for shopping by learning more about one of the most famous shopping areas in Buenos Aires.

Expresiones idiomáticas

¿Cómo me queda? How does it look/fit me?
¿Cuánto le debo? How much do I owe you?
¡Es una ganga! It's a bargain!
¡Está de (última) moda! It's the (latest) style!
¡Me quedan muy pequeños! They're too small!

Sustantivos

el cheque check
el (la) dependiente salesclerk
el descuento discount
el efectivo cash
la liquidación sale (Lat. Am.), reduction (in price)
el número shoe size
la oferta sale (Lat. Am.)
el... por ciento percent
la rebaja sale (Spain), reduction (in price)
la talla size (clothing)
la tarjeta de crédito credit card

Adjetivos

barato(a) inexpensive, cheap
caro(a) expensive
grande big
pequeño(a) small

Verbos

cambiar to change, exchange
costar (ue) to cost
gastar to spend (money)
hacer juego con to match
ir (bien) con to go (well) with
llevar to wear; to carry
mostrar (ue) to show
pagar to pay (for)
ponerse to put on
probarse (ue) to try on
quedarle (a uno) to fit (someone)
rebajar to reduce (in price)
usar to wear; to use

BUENAS TARDES, SEÑORITA. ¿EN QUÉ PUEDO SERVIRLE?

BUENAS TARDES. ¿PUEDO **PROBARME** ESTA BLUSA DE SEDA?

¡CLARO QUE SÍ! ¡PRUÉBESELA! ES PRECIOSA Y **HACE JUEGO** CON SUS OJOS AZULES.

¿**CÓMO ME QUEDA?** NO SÉ SI ES MI **TALLA.** YO USO LA 36.

¡AY! **LE QUEDA DIVINAMENTE. Y CON ESA FALDA DE CUADROS ESTÁ DE ÚLTIMA MODA.**

¿CUÁNTO LE DEBO?

SON 50 PESOS. ¿QUIERE **PAGAR EN EFECTIVO** O CON **TARJETA DE CRÉDITO?**

PAGO CON VISA.

¿PUEDO **PROBARME** ESTOS ZAPATOS ROJOS? USO EL **NÚMERO** 39.

¿ÉSTOS CON TACÓN?

¡CLARO QUE SÍ!

> **¿Nos entendemos?**
>
> Spanish sometimes "borrows" words from English. For example, in Buenos Aires another way to say **Está de moda** is to say **Está fashion.**

¡A practicar!

7-17 | ¡Es una ganga! A Silvia le fue muy bien en las tiendas de la Recoleta. Termina los siguientes párrafos con las palabras de cada lista.

hace juego	por ciento	descuentos	ofertas	queda
talla	probarse	cara	de última moda	

Cuando Silvia vio unas 1. _____ en su tienda favorita, no pudo resistir y entró. ¡Había (There were) 2. _____ de hasta el 20 3. _____! Silvia decidió 4. _____ una blusa 5. _____.

La dependiente le dijo «Es su 6. _____, señora. La blusa le 7. _____ divinamente. Además, la blusa 8. _____ con los pantalones que lleva.»

«Me gusta mucho,» dijo Silvia. «¿Es muy 9. _____?»

Cuánto le debo	efectivo	tarjeta de crédito	rebajamos
cuesta	gastar	estilos	

La dependiente le respondió, «No. Hoy nosotros 10. _____ todas las prendas que ve en esta sección. La blusa le 11. _____ 30 pesos. Tenemos otros 12. _____, pero son más caros.»

Entonces Silvia le dijo: «No puedo 13. _____ más de 30 pesos. Voy a llevarme la blusa.»

«¿Algo más?», le preguntó la dependiente.

«No», dijo Silvia. «¿14. _____ por la blusa?»

La dependiente pensó un segundo y luego añadió, «Si usted paga en 15. _____, le puedo bajar el precio un poquito más.»

«Lo siento», dijo Silvia. «Creo que tengo que pagar con 16. _____. No tengo suficiente en efectivo.»

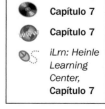

Capítulo 7

Capítulo 7

Capítulo 7

iLrn: Heinle Learning Center, Capítulo 7

¡A conversar!

7-18 | ¡Me encanta esta chaqueta anaranjada! Estás de compras con Rolanda, una persona de muy mal gusto. Ella te sugiere muchas cosas y tú tienes que decirle a ella (¡sin insultarla!) que no te gustan. Usa excusas como **es demasiado caro(a), me queda grande/pequeño/mal, no es mi color, no está de moda, no hace juego con mi...** ¡Trata de usar una excusa diferente cada vez! Tu compañero(a) hace el papel de Rolanda.

> **Modelo** una chaqueta anaranjada
> Rolanda: *¿Por qué no compras esta chaqueta anaranjada?*
> Tú: *Bueno, realmente no es mi color.*

1. unas gafas de sol rojas
2. unos zapatos verdes
3. un traje morado de poliéster talla 60
4. una camisa roja y amarilla
5. un sombrero de cowboy
6. una mini-falda muy corta

7-19 | La tienda de los tesoros Trabaja con un(a) compañero(a). Busquen las palabras escondidas en la tabla. Las definiciones te pueden ayudar. Cuando un(a) estudiante descubre una palabra, él/ella tiene que expresar una opinión personal con la palabra.

Horizontal

persona que trabaja en una tienda
dos formas de pagar las compras (sin usar efectivo)
un hombre la lleva con una camisa y un traje
artículo útil cuando llueve
similares a los calcetines, generalmente para mujeres

Vertical

cuando el precio es más bajo
puede ser pesos, dólares, euros, etcétera
grande, mediano, pequeño
un precio muy bueno
algo para los ojos, útiles cuando hace sol
características que individualizan una prenda

Diagonal

pantalones o falda con una chaqueta
artículo frecuentemente usado por mujeres

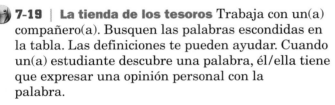

A	D	P	E	L	A	C	C	E	S	O	R	I	O	S	L	P	G
C	E	R	F	O	D	E	P	E	N	D	I	E	N	T	E	E	A
J	S	Y	E	V	U	N	R	S	T	E	B	A	N	T	O	N	F
A	C	L	C	H	E	Q	U	E	L	R	C	O	R	B	A	T	A
D	U	E	T	A	R	S	V	S	B	P	A	R	A	G	U	A	S
M	E	D	I	A	S	G	T	T	U	A	Y	J	L	A	P	E	D
N	N	A	V	T	R	A	T	I	L	A	J	K	E	L	O	N	E
O	T	S	O	C	J	N	L	L	D	A	Z	A	J	L	A	T	S
R	O	R	I	M	N	G	A	O	E	O	V	R	O	A	H	E	O
T	A	R	J	E	T	A	D	E	C	R	É	D	I	T	O	X	L

LAS TALLAS DE ROPA

DAMAS

Vestidos / Trajes

Sistema norteamericano	6	8	10	12	14	16	18	20
Sistema europeo	34	36	38	40	42	44	46	48

Calcetines / Pantimedias

Sistema norteamericano	8	8½	9	9½	10	10½
Sistema europeo	0	1	2	3	4	5

Zapatos

Sistema norteamericano	6	6½	7	8	8½	9
Sistema europeo	36	37	38	38½	39	40

CABALLEROS

Trajes / Abrigos

Sistema norteamericano	36	38	40	42	44	46
Sistema europeo	46	48	50	52	54	56

Camisas

Sistema norteamericano	14	14½	15	15½	16	16½	17	17½	18
Sistema europeo	36	37	38	39	41	42	43	44	45

Zapatos

Sistema norteamericano	5	6	7	8	8½	9	9½	10	11
Sistema europeo	37½	38	39½	40	41	42	43	44	46

 7-20 | En una tienda de ropa Habla con otro(a) compañero(a): una persona es el (la) dependiente y la otra persona es el (la) cliente.

Dependiente	**Cliente**
1. Greet your customer.	2. Answer appropriately.
3. Ask how you can help.	4. Say what you want to try on.
5. Inquire about size(s) using the chart above.	6. Respond to the question(s).
7. Find the correct size(s).	8. Decide whether or not to buy.
9. Ask about form of payment.	10. State method of payment.
11. End the conversation.	12. Respond appropriately.

 7-21 | Situaciones difíciles Interpreta con un(a) compañero(a) las siguientes situaciones. Intenten usar expresiones que estudiaron en esta sección.

ESTUDIANTE 1: Vas a una fiesta formal con uno(a) de tus mejores(as) amigos(as). Quieres vestirte formalmente porque te gusta la ropa elegante y quieres dar una buena impresión en la fiesta. Llama a tu amigo(a) para convencerlo(la) que él/ella necesita vestirse tan elegantemente como tú.

ESTUDIANTE 2: Eres una persona relajada e informal. Te gusta vestirte siempre cómodamente y no te gusta gastar mucho dinero, especialmente en ropa de última moda. Comunícale estos sentimientos a tu amigo(a) cuando te llame por teléfono.

ESTUDIANTE 1: Tu amigo(a) está probándose un traje o vestido horrible para la ceremonia de graduación de la universidad. Quieres ser cortés, pero necesitas convencerlo(la) que él/ella no debe comprarlo. Usa muchos argumentos.

ESTUDIANTE 2: Vas a comprar un traje o un vestido para la ceremonia de graduación de la universidad. Tienes gustos excéntricos y por fin encontraste algo de lunares que te encanta. Vas a comprarlo a pesar de *(in spite of)* lo que piensan otras personas.

In this section, you will learn how to simplify expressions by substituting direct objects with direct object pronouns.

Direct object pronouns

All sentences have a subject and a verb. Many sentences also have an object that receives the action of the verb. For example, in the sentence below, the direct object (**la blusa**) receives the action of the verb (**compró**) performed by the subject (**Silvia**).

Subject	Verb	Direct Object
↓	↓	↓ ↓
Silvia	compró	la blusa.

The direct object of a sentence is usually a person or a thing and it answers the questions *whom?* or *what?* in relation to the sentence's subject and verb.

Julio llamó a **su mamá.**	*Whom did he call?* (his mom)
Silvia compró **la blusa.**	*What did she buy?* (a blouse)

In Spanish, as in English, a direct object pronoun may be used in place of a direct object noun. The direct object pronoun will reflect the number and the gender of the direct object noun that it replaces.

Singular	Plural
me *me*	**nos** *us*
te *you* (informal)	**os** *you* (informal)
lo *you* (formal); *him; it* (masculine)	**los** *you* (formal); *them* (masculine)
la *you* (formal); *her; it* (feminine)	**las** *you* (formal); *them* (feminine)

Julio llamó a **su mamá.**	Él **la** llamó.
Silvia compró **las blusas.**	Ella **las** compró.

In the preceding sentences, the direct object pronouns **la** and **las** replace the direct object nouns **mamá** and **las blusas,** respectively.

¡A practicar!

7-22 | El asistente de Julio Julio está trabajando en la tienda con su nuevo asistente, Rogelio. Están discutiendo dónde poner la nueva ropa que acaba de llegar. Completa las conversaciones con los pronombres **lo, la, los** o **las.**

1. —Julio, ¿usted vendió la última blusa de seda?
   —Sí, _____ vendí ayer.
2. —Rogelio, ¿terminó con las cuentas de ayer?
   —Pues... no, Julio. Yo estoy haciéndo _las_ ahora.
3. —Julio, ¿encontró los nuevos suéteres de algodón?
   —No, todavía estoy buscándo _los_ .
4. —Julio, mañana tengo que llevar a mi hermano al hospital. No puedo venir a trabajar hasta mediodía.
   —¡Yo no _lo_ creo! ¡Ud. no tiene hermanos!

📖	Capítulo 7
💿	Capítulo 7
🌐	Capítulo 7
💿	*iLrn: Heinle Learning Center,* **Capítulo 7**

Direct object pronouns

Placement of the direct object pronouns

- Place the pronoun in front of the conjugated verb.

—¿Cambiaste los pantalones, Julio?	*Did you exchange the pants, Julio?*
—Sí, **los cambié** anoche.	*Yes, I exchanged them last night.*

- In negative sentences, place the **no** in front of the pronoun.

—¿Me llamaste, Silvia?	*Did you call me, Silvia?*
—No, Julio. No **te** llamé.	*No, Julio. I did not call you.*

- When the direct object pronoun is used with an infinitive or a present participle, place it either before the conjugated verb or attach it to the infinitive or the present participle. (A written accent is needed to retain the stressed vowel of a present participle when a direct object pronoun is attached to it.)

Lo voy a llamar mañana.	*I'm going to call him tomorrow.*	Affirmative commands also require that the direct object pronoun be attached to the verb. You will learn more about commands and placement of pronouns in **Capítulo 9.**
Voy a llamarlo mañana.		
Lo estoy llamando ahora.	*I'm calling him now.*	
Estoy llamándolo ahora.		

- With reflexive verbs in the infinitive form, the direct object pronoun is placed after the reflexive pronoun at the end of the verb.

Voy a probarme el suéter.	*I'm going to try on the sweater.*
Voy a probármelo.	*I'm going to try it on.*

Note that the direct object pronoun **lo** can be used to stand for actions or ideas in general.

—Julio, compré tres blusas nuevas.	*Julio, I bought three new blouses.*
—¡No puedo creerlo!	*I can't believe it! (it = the fact that the speaker bought three new blouses)*

7-23 | **Conversaciones domésticas** Completa los siguientes diálogos con el pronombre correcto.

En casa

Silvia:	¿Conoces a Ramón Sarmiento, Julio?
Julio:	Pues... sí, __lo__ conozco un poco. ¿Por qué?
Silvia:	Porque Ramón y su esposa __nos__ (a nosotros) invitaron a una fiesta.
Julio:	Mmm... __nos__ conocimos el año pasado, ¿no?
Silvia:	Sí, en una fiesta, pero nunca __nos__ visitamos. ¿Vamos a la fiesta?
Julio:	Sí, cómo no. Vamos.

En la fiesta

Silvia:	Gracias por tu invitación, Ramón. __lo__ recibimos la semana pasada.
Ramón:	De nada, Silvia. ¿Conocen ustedes a mis hijas? Bueno, ésta es Angelina y ésta es Berta.
Berta:	Mucho gusto.
Silvia:	Berta, ¿no __te__ recuerdas? Soy la señora Sepúlveda. __Te__ conocí hace un año.
Berta:	Ah, sí, señora Sepúlveda. Ahora _____ recuerdo. ¿Cómo está?

¡A conversar!

7-24 | ¿Qué quieres? Tu compañero(a) va a ofrecerte las siguientes cosas. Responde indicando si quieres comprar el objeto o no, sustituyendo el sustantivo *(noun)* por el pronombre *(pronoun)* correcto. ¿Tienen mucho en común?

Modelo las camisetas
  E1: *¿Quieres comprar las camisetas?*
  E2: *Sí, las quiero comprar.*
  o E2: *Sí, quiero comprarlas.*
  o E2: *No, no las quiero comprar.*
  o E2: *No, no quiero comprarlas.*

overcoat 1. el abrigo
necktie 2. las corbatas de seda
jacket 3. la chaqueta de cuero
sweater 4. el suéter de algodón
stockings 5. las medias de seda
sunglasses 6. las gafas de sol negras
shoes 7. los zapatos de tenis Adidas
blouse 8. la blusa Versace

7-25 | ¿Qué vas a comprar? Julio y Silvia están en su tienda favorita, pero no pueden decidir qué quieren comprar. Trabajando en parejas, hagan y contesten las preguntas que ellos hacen, empleando los elementos de la lista. Empieza con un verbo y escoge un artículo de ropa para formar la pregunta. La otra persona contesta, empleando el pronombre apropiado.

Modelo E1: *¿Compras la blusa?*
  E2: *No, no la compro.*
  E1: *¿Compras los pantalones?*
  E2: *Sí, los compro.*

Verbos:

comprar	necesitar
desear	querer

Artículos

abrigo	guantes
blusa(s)	impermeable
bota(s)	jeans
bufanda(s)	pantalones
calcetines	pantalones cortos
camisa(s)	sandalias
camiseta(s)	sombrero
chaleco(s)	traje
chaqueta(s)	suéter(es)
cinturón (cinturones)	traje(s) de baño
corbata(s)	vestido(s)
falda(s)	zapatos (de tenis)

7-26 | Nuestras preferencias Trabaja con un(a) compañero(a) para discutir qué artículos Uds. quieren comprar de la tienda Marisol. Emplea pronombres en las respuestas y discute las características de los artículos.

Modelo   E1: *¿Quieres comprar los pantalones? Son muy bonitos.*
E2: *No, no quiero comprarlos. Y tú, ¿quieres comprarlos? (o: No, no los quiero comprar. Y tú, ¿los quieres comprar?)*
o   E2: *Sí, los quiero comprar. (o: Sí, quiero comprarlos.) Me gustan mucho.*

7-27 | En la tienda Primero la clase se divide en dos grupos grandes. Un grupo consiste en dependientes que trabjan en una tienda de ropa y en el otro hay personas que van de viaje y necesitan comprar ropa apropiada. Sigan Uds. estos pasos para completar la actividad.

Paso 1: La preparación

A. Las personas que necesitan comprar ropa se dividen en grupos de tres o cuatro personas. Las personas de cada grupo identifican una parte de Argentina que van a visitar y deciden en qué mes van a viajar. Hagan una lista de la ropa que necesitan para el viaje. Cada grupo pequeño debe escoger un lugar diferente para su viaje y debe prestar atención a las condiciones climatológicas de ese lugar en el mes que escogieron para su viaje.

B. Los dependientes trabajan en grupos de tres o cuatro personas. Las personas de cada grupo seleccionan un nombre para su tienda y los artículos de ropa que van a vender. También escogen una manera para mostrar su ropa. Pueden usar fotos y dibujos de este libro, hacer ilustraciones de los artículos, convertirse en modelos y usar su ropa o usar fotos de revistas, del Internet, etcétera. Preparen descripciones de los artículos.

Paso 2: Las compras

Los viajeros van de compras en las tiendas de sus compañeros de clase. En cada tienda, los dependientes les muestran la ropa y todos hacen y contestan preguntas. Los viajeros y los vendedores deben usar los pronombres de objeto directo, tanto como sea posible. Los viajeros deciden qué quieren comprar y escriben una lista de los artículos y las tiendas donde los compran.

Paso 3: La discusión

Toda la clase discute las compras. Los dependientes explican qué vendieron y los viajeros explican qué compraron y por qué.

Estructura III

Spanish-speakers use the imperfect tense to describe past actions, conditions, and events that were in progress or that occurred habitually or repeatedly.

To form the imperfect, add the following endings to the verb stem. Note the identical endings for **-er** and **-ir** verbs.

	jugar	hacer	divertirse
yo	jugaba	hacía	me divertía
tú	jugabas	hacías	te divertías
Ud., él/ella	jugaba	hacía	se divertía
nosotros(as)	jugábamos	hacíamos	nos divertíamos
vosotros(as)	jugabais	hacíais	os divertíais
Uds., ellos(as)	jugaban	hacían	se divertían

Note that only three Spanish verbs are irregular in the imperfect:

	ir	ser	ver
yo	iba	era	veía
tú	ibas	eras	veías
Ud., él/ella	iba	era	veía
nosotros(as)	íbamos	éramos	veíamos
vosotros(as)	ibais	erais	veíais
Uds., ellos(as)	iban	eran	veían

—¿**Ibas** de compras mucho cuando **eras** niña?

Did you use to go shopping a lot when you were a little girl?

—Sí, y mi familia y yo **comprábamos** mucha ropa.

Yes, and my family and I used to buy lots of clothes.

The imperfect tense of **hay** is **había.**

—¿**Había** muchas personas enfrente del Palacio del Congreso?

Were there a lot of people in front of the Palacio del Congreso?

—Sí, Silvia. **Había** mucha gente.

Yes, Silvia. There were many people.

Cultura

The **Palacio del Congreso** is a majestic structure located in the **Plaza del Congreso.** The palace was completed in 1906 and is a major tourist attraction for those visiting Buenos Aires. It was built using Carrara marble, which was imported from Italy.

The imperfect tense

Talking about the past: the preterite and the imperfect

The preterite

You have learned that Spanish speakers use the preterite tense to describe the beginning or completion of past actions, conditions, and events. For example, notice how Silvia uses the preterite to tell what happened at her home this morning.

> Esta mañana mi despertador **sonó** a las 7:00 como siempre. **Me levanté, fui** al baño, **me duché** y **me vestí.** Luego **desperté** a Juan Carlos y **preparé** el desayuno. Después de desayunar, **nos cepillamos** los dientes y **salimos** de casa. **Fuimos** en colectivo al centro.

> *This morning my alarm went off at 7:00 as always. I got up, went to the bathroom, showered, and got dressed. Then, I woke up Juan Carlos and prepared breakfast. After we ate breakfast, we brushed our teeth and left the house. We went downtown by bus.*

> **Cultura**
>
> The easiest and most common way of getting around Buenos Aires is by buses called **colectivos,** or by subway, called **el subte.**

The imperfect

- Spanish speakers use the imperfect tense to express actions, conditions, and events that were in progress at some focused point in the past. For example, notice how Silvia uses the imperfect tense to tell what was going on when she got off the bus with her son.

> Cuando nos bajamos del colectivo, **hacía** un poco de frío y **llovía.** Juan Carlos no **quería** ir de compras conmigo porque todavía **estaba** cansado.

> *When we got off the bus, it was a little cold and it was raining. Juan Carlos didn't want to go shopping with me because he was still tired.*

- Spanish speakers also use the imperfect to describe actions, conditions, and events that occurred habitually or repeatedly in the past. Notice how Silvia uses the imperfect to describe how her life was when she was a girl.

> Cuando **era** niña, todo **era** diferente de lo que es ahora. Yo **tenía** menos responsabilidades. Todos los sábados **me levantaba** tarde porque no **había** mucho que hacer en casa. Luego **iba** a la cocina, me **servía** un vaso de leche y **miraba** la tele. Por la tarde mis amigas y yo **jugábamos** juntas.

> *When I was a child, everything was different from what it is now. I had fewer responsibilities. Every Saturday I would get up late because there wasn't much to do at home. Then, I would go to the kitchen, I would serve myself a glass of milk, and I would watch TV. In the afternoon my friends and I would play together.*

- Note that the imperfect tense can be translated in different ways, depending on the context. For example, read the following paragraph and notice the English meaning of the forms in parentheses.

> De niña yo **vivía** *(I lived)* en un pueblo cerca de Buenos Aires. Los sábados mi mamá y yo **íbamos** *(used to go)* de compras a la calle Florida donde **mirábamos** *(we would look at)* muchas cosas en las tiendas. Todos los domingos, cuando **caminábamos** *(we were walking)* por el barrio de San Pedro, **veíamos** *(we used to see)* la feria de antigüedades en la Plaza Dorrego.

¡A practicar!

7-28 | **Querido abuelo** Cambia los verbos de la siguiente lista al imperfecto para completar el primer párrafo de una carta que Silvia le escribió a su abuelo.

ir	estar	llamar	tener
escribir	querer	trabajar	

¿Cómo estás, abuelito? Yo 1. _____ escribirte antes pero no lo pude hacer porque 2. _____ tantos quehaceres aquí en casa para prepararnos para la fiesta. Julio, Juan Carlos y mi trabajo me ocupan casi todo el tiempo. Ayer Julio 3. _____ preguntándome sobre ti y le dije que 4. _____ a escribirte muy pronto. Recuerdo que te 5. _____ cartas y que te 6. _____ por teléfono más frecuentemente cuando no 7. _____ tanto como ahora.

7-29 | **Silvia de niña** Silvia está contándole a Juan Carlos algunas cosas que ella hacía de niña. ¿Qué le dice a su hijo?

Modelo   yo / jugar con mis amigos
Yo jugaba con mis amigos.

Just change ⟶ *Verb keep sentence*

1. mi familia y yo / vivir en una estancia veinte kilómetros al norte de Buenos Aires
2. (nosotros) no / tener auto, pero / tener muchos caballos
3. tu abuelo / ser agricultor; también / comprar y / vender caballos
4. mis dos hermanos y yo / divertirse mucho / andar en bicicleta / montar a caballo e / ir a jugar en diferentes lugares
5. (nosotros) nunca / aburrirse porque / haber muchas cosas que hacer
6. antes de acostarnos por la noche mi mamá nos leer o / nos contar historias sobre cuando ella / ser niña
7. a veces, mi papá / tocar el acordeón y nos / cantar tangos y viejas canciones italianas
8. yo / querer mucho a mis padres y muchas veces les / decir que (yo) no / poder vivir sin ellos

> **Cultura**
>
> An **estancia** is a farm or ranch in Argentina. Cattle ranching is very common in the center of the country; sheep ranching is more common in the south. Horses are very important animals on many ranches.

> **Cultura**
>
> Around the turn of the twentieth century, many Italians immigrated to Argentina. People of Italian descent still make up a large portion of the Argentine population.

7-30 | **¿Pretérito o imperfecto?** Julio está conversando con Juan Carlos en la sala sobre cómo llegaron a vivir en Buenos Aires. Completa su conversación, indicando los verbos correctos entre paréntesis.

Juan Carlos: Papá, ¿dónde (vivieron / vivían) tú y mamá después de casarse?

Julio: (Vivimos / Vivíamos) por un año y medio con mis padres cerca de Buenos Aires porque no (tuvimos / teníamos) mucho dinero.

Juan Carlos: ¿Qué tipo de trabajo (hiciste / hacías), papi?

Julio: (Trabajé / Trabajaba) como dependiente en un almacén. (Vendí / Vendía) zapatos allí. Nosotros (ganamos / ganábamos) poco dinero, pero (fue / era) suficiente para vivir.

Juan Carlos: ¿Cuándo (vinieron / venían) ustedes a vivir aquí en Buenos Aires?

Julio: Dos meses después de que (naciste / nacías), hijo.

Juan Carlos: ¿(Fue / Era) en diciembre?

Julio: Sí. Luego, tú, mamá y yo (pasamos / pasábamos) la Navidad (*Christmas*) juntos en esta casa. ¿Recuerdas eso?

Juan Carlos: ¿Cómo voy a recordar si solamente (tuve / tenía) cuatro meses?

Capítulo 7	Capítulo 7
Capítulo 7	iLrn: Heinle Learning Center, Capítulo 7
Preterite and Imperfect	

¡A conversar!

7-31 | ¿Qué hacías? Dile a un(a) compañero(a) las actividades que tú hacías cuando eras más joven. ¿Hacían Uds. las mismas cosas?

> **Modelo** Cuando vivía en... yo...
> *Cuando vivía en Vermont, yo compraba ropa para esquiar.*

1. Cuando estudiaba en..., yo...
2. Vivía en... cuando mis hermano(a)(s)...
3. Compraba ropa... cuando nosotros(as)...
4. Me gustaba... cuando tenía...

7-32 | Cuando yo tenía diez años... Trabajando con un(a) compañero(a) de clase, terminen las siguientes oraciones con la información adecuada sobre su niñez *(childhood)*. Luego, comparen sus respuestas con las de otros compañeros. ¿Tienen mucho en común?

1. Cuando yo tenía diez años, mi familia y yo vivíamos en...
2. Nuestra casa (apartamento) era...
3. Mi papá trabajaba en... y mi mamá...
4. En general, mis padres...
5. Yo me divertía mucho. Por ejemplo...
6. Yo tenía un(a) amigo(a), que se llamaba...
7. A veces, él/ella y yo...
8. También nosotros(as)...

7-33 | Entrevista Hazle estas preguntas a un(a) compañero(a) de clase.

1. **La familia:** ¿Dónde y con quién vivías cuando tenías seis años? ¿Cuántos hermanos tenías? ¿Quién era el menor? ¿y el mayor? ¿Qué tipo de trabajo hacía tu papá? ¿y tu mamá? ¿Dónde? ¿Cuándo visitabas a tus tíos y a tus abuelos? ¿Qué otras cosas hacías con tu familia?

2. **Las posesiones:** De niño(a), ¿tenías una bicicleta? (¿Sí? ¿De qué color era?) ¿Tenías un perro o un gato? (¿Sí? ¿Cómo se llamaba?) ¿Qué otras cosas tenías? ¿Qué era la cosa más importante que tenías?

3. **Los amigos:** ¿Tenías muchos o pocos amigos en la escuela primaria? ¿Cómo te divertías con ellos? ¿Cómo se llamaba tu mejor amigo(a) en la escuela secundaria? ¿Dónde vivía? ¿Qué hacían ustedes juntos(as)? ¿Tenías novio(a)? (¿Sí? ¿Cómo se llamaba? ¿Cómo era él/ella?)

4. **Los pasatiempos:** De adolescente, ¿cómo pasabas el tiempo cuando no estudiabas o trabajabas? ¿Practicabas algún deporte? ¿Cuál? ¿Con qué frecuencia ibas al cine? ¿Qué tipo de películas veías? ¿Qué programas de televisión mirabas? ¿Qué otras cosas hacías para divertirte?

Stressed possessive adjectives and pronouns

In Spanish, emphasis is placed on the possessive by using the following stressed forms:

mío(a)(s)	nuestro(a)(s)
tuyo(a)(s)	vuestro(a)(s)
suyo(a)(s)	suyo(a)(s)

The stressed possessive adjective must come after the noun and, like most other adjectives, agree in number and gender. The stressed possessives often function as pronouns, substituting the omitted noun.

¡A recordar! When stressed possessive adjectives are used as pronouns, how are they modified?

Verbs irregular in the preterite

As you know, some Spanish verbs have irregular verb stems in the preterite. Furthermore, their endings have no accent marks.

dar	ir	querer	tener
decir	poder	saber	traer
estar	poner	ser	venir
hacer			

¡A recordar! When conjugating andar in the preterite, which verb listed above has the same pattern of endings? How are the preterite stems of decir and traer similar? Are there any verbs that have identical forms in the preterite? What is the preterite of hay?

Direct object pronouns

In Spanish, as in English, a direct object pronoun may be used in place of a direct object noun.

Singular:	me, te, lo, la
Plural:	nos, os, los, las

Note that the direct object pronoun lo can be used to stand for actions or ideas in general.

¡A recordar! How is the stressed vowel of a present participle marked when a direct object pronoun is attached to it?

The Imperfect tense

Spanish speakers use the imperfect tense to describe past actions, conditions, and events that were in progress or that occurred habitually or repeatedly. To form the imperfect, add the following endings to the verb stem.

	jugar	hacer	divertirse
yo	jugaba	hacía	me divertía
tú	jugabas	hacías	te divertías
Ud., él, ella	jugaba	hacía	se divertía
nosotros(as)	jugábamos	hacíamos	nos divertíamos
vosotros(as)	jugabais	hacíais	os divertíais
Uds., ellos(as)	jugaban	hacían	se divertían

¡A recordar! Which three verbs are irregular in the imperfect? How are they conjugated?

¡A repasar!

Actividad 1 | ¡A emparejar! Escoge la oración más apropiada de la segunda columna para cada oración de la primera columna. En la primera columna, el sujeto de cada oración es el (la) dueño(a) (owner) de cada artículo. (10 pts.)

_____ 1. Tengo las botas.
_____ 2. Juan José tiene las camisas.
_____ 3. Mis padres tienen la tarjeta de crédito.
_____ 4. Isabel tiene el anillo.
_____ 5. Los abuelos tienen los calcetines.
_____ 6. Tienes el suéter.
_____ 7. Alicia y yo tenemos los cinturones.
_____ 8. Tienes la bolsa.
_____ 9. Raúl y yo tenemos el paraguas.
_____ 10. Tengo los vaqueros.

a. Son suyos.
b. Es tuya.
c. Son mías
d. Son míos.
e. Son nuestros.
f. Es suya.
g. Es nuestro.
h. Son suyas.
i. Es suyo.
j. Es tuyo.

Actividad 2 | Una fiesta Escoge la respuesta correcta para cada frase. (6 pts.)

_____ 1. Manolo y yo _____ una fiesta.
    a. dijimos   c. dimos
    b. dijeron   d. dieron

_____ 2. Remi no _____ asistir.
    a. puso   c. pude
    b. puse   d. pudo

_____ 3. Julieta _____ a dos fiestas esa noche.
    a. fui   c. hice
    b. fue   d. hizo

_____ 4. Todos _____ comida riquísima.
    a. trajo   c. estuvo
    b. trajeron   d. estuvieron

_____ 5. _____ una noche memorable para todos.
    a. Fue   c. Tuvo
    b. Fuimos   d. Tuvimos

_____ 6. Y tú, ¿por qué no _____ asistir?
    a. quiso   c. hiciste
    b. quisiste   d. hice

Actividad 3 | Un día de compras Escribe la forma correcta de cada verbo en el pretérito para narrar la historia de unas compras en la calle Florida en Buenos Aires. (12 pts.)

El sábado pasado mi amiga Eva 1. _____ (venir) a mi casa a las diez de la mañana y nosotras 2. _____ (ir) de compras. Yo 3. _____ (querer) ir a la calle Florida para comprar unos regalos. Eva 4. _____ (tener) que pasar por el banco primero porque se le 5. _____ (olvidar) *(she forgot)* traer tarjeta de crédito. Al llegar a la calle Florida nosotras 6. _____ (ver) a muchas personas e inmediatamente 7. _____ (saber) que ese día 8. _____ (haber) ventas especiales. Yo 9. _____ (poder) comprar tres regalos a precios excelentes y yo me 10. _____ (poner) contenta. Después de varias horas de compras, yo le 11. _____ (decir) adiós a Eva y 12. _____ (volver) a casa.

Actividad 4 | Preguntas Contesta cada pregunta, cambiando los objetos directos a pronombres. Incluye el verbo y el pronombre en la respuesta. (12 pts.)

1. —¿Tienes el reloj? —Sí, yo _____.
2. —¿Tiene las sandalias Sara? —Sí, ella _____.
3. —¿Estás comprando las gafas de sol? —Sí, yo _____.
4. —¿Quiere los guantes tu papá? —No, él no _____.
5. —¿Lleva las sandalias la abuela? —No, ella no _____.
6. —¿Va a usar el impermeable Paquito? —No, él no _____.

Actividad 5 | La vida en Mendoza, Argentina Completa el párrafo en el imperfecto para saber de la vida de un joven en Mendoza. Escoge cada verbo apropiado y escribe la forma correcta. (10 pts.)

divertirse	ser	venir
esquiar	tener	ver
estar	trabajar	vivir
ir		

Refrán

ZAPATERÍA TANGO

"_____ *(Shoemaker)* remendón, ya en el oficio lleva el «don»."

Bonus! 1 pt.

Cuando yo 1. _____ joven, mi familia y yo 2. _____ en Mendoza, en el oeste de Argentina. Nosotros 3. _____ una finca pequeña pero mi padre 4. _____ en un banco también. Yo 5. _____ a mis abuelos mucho porque ellos 6. _____ a Mendoza a visitarnos mucho y yo siempre 7. _____ a su casa durante las vacaciones de la escuela. Mis amigos y yo 8. _____ en las montañas mucho y siempre 9. _____. Todos nosotros 10. _____ contentos.

¡A ver!

En este segmento del video, Sofía y Alejandra hablan de la moda mientras se preparan para un día en la playa y Antonio y Javier se visten en ropa especial. También, vas a ver escenas de todos los compañeros de casa vestidos de varias maneras.

Expresiones útiles

The following are some new expressions you will hear in the video.

Desde que salí del colegio	*Since I graduated from high school*
Ya pasó de moda	*It's out of style*
Playeras de algodón	*Cotton t-shirts*
Como digas	*Whatever you say*

Antes de ver

Paso 1 ¿Qué tipo de ropa crees que tiene la mayoría de las mujeres? ¿Y la mayoría de los hombres? Nombra todo tipo de ropa que pueda llevar una mujer y un hombre y luego compara tus listas con las de un(a) compañero(a). ¿Están de acuerdo?

Paso 2 ¿Cuál es tu estilo personal en cuanto a *(with regard to)* la moda? ¿Te consideras tradicional o moderno(a)? ¿Te gusta llevar ropa de última moda? Compara tus respuestas con las de un(a) compañero(a). ¿Tienen el mismo estilo de vestirse o son diferentes?

Después de ver

Paso 1 En **Antes de ver, Paso 1,** nombraste los diferentes artículos de ropa que puede llevar un hombre y una mujer. Ahora, mira las fotos y describe con mucho detalle lo que lleva cada uno de los compañeros de casa. ¿Llevan algo que no tienes en tus listas de **Antes de ver, Paso 1?**

Valeria lleva

_____

Sofía y Javier llevan

_____

_____

Alejandra lleva

_____

_____

Antonio lleva

_____

_____

Paso 2 En **Antes de ver, Paso 2,** tu compañero(a) y tú hablaron de su estilo personal en cuanto a la moda. Ahora, según lo que viste en el video describe el estilo personal de las tres compañeras en la Hacienda Vista Alegre: Alejandra, Sofía, y Valeria. Luego compara tus descripciones con las de un(a) compañero(a). ¿Están de acuerdo?

Sofía: _____

Alejandra: _____

Valeria: _____

¿Qué opinas tú?

Paso 1 En el video, Alejandra dijo que Sofía tenía que ir de compras. ¿Y tú? ¿Qué ropa nueva quieres y/o necesitas comprar? ¡No te preocupes por el dinero! Luego compara tu lista con la de un(a) compañero(a). ¿Necesitan las mismas cosas?

Paso 2 En cuanto al estilo personal y la ropa que usas, ¿a quién te pareces más? ¿a Valeria? ¿a Antonio? ¿a cuál de los compañeros del video? Comparte con la clase tu respuesta y justifícala. ¿Cuál es el estilo personal más popular en tu clase?

See the *Lab Manual,* **Capítulo 7, ¡A ver!** for additional activities.

¡A leer!

Antes de leer

Using background knowledge to anticipate content

The better you can anticipate what the topic of a reading selection will be, the more easily you will understand the main ideas of the passage. In addition to looking at the visuals, the title, and the subtitles of a selection, you should also think about what you already know about the topic.

Before reading the selection, consider the following:

1. the visuals
   a. Who are the individuals pictured?
   b. What are they wearing?
   c. For which season is this collection appropriate?
2. the title
   a. What do you associate with the season that the title mentions?
   b. What type of clothing and which colors are typical for this season?
3. previous knowledge
   a. What do you know about today's fashion in terms of the popular styles and fabrics?
   b. What are the trendy colors?
   c. In your opinion, what clothing stores are the most popular?

¡A leer!

Cognados. Identifica cinco cognados y sus significados.

A completar. Mientras lees el texto, completa el siguiente cuadro para describir las prendas de vestir para cada ocasión.

los trajes de baño	los jeans	los pantalones	la moda de noche	los accesorios
dibujos multicolores [animal prints]				

Adriana Costantini

ADRIANA COSTANTINI CELEBRA SUS 20 AÑOS DE TRAYECTORIA CON UNA COLECCIÓN DE VERANO DE GRAN ESPÍRITU DE VIAJE

Como nunca, la marca **ADRIANA COSTANTINI** en esta oportunidad reafirma su liderazgo mediante trajes de baño de dibujos multicolores o «animal prints» que transportan a playas tropicales.

Los ultra de moda «jeans» rotos contrastan con lujosos toques metálicos y fulgurantes, al mismo tiempo que combinan con el maximalismo del brillo *(shine)* y también con bordados *(embroidery)* realizados a mano para personalizar y convertir en «únicas» a las prendas.

El blanco se hace omnipresente en las texturas naturales como el encaje de algodón y las puntillas que evocan a las playas y el «Safari». El «African Look» con sus tonos sepias y beiges se transforman en el núcleo de la colección al combinarse con colores especiados como los amarillos y naranjas en estampados florales y tribales.

La sastrería desestructurada se combina con las reaparecidas faldas e igualmente con los nuevos largos modulares *(versions)* de pantalones, shorts, bermudas y los ya implantados «Capris».

Después de leer

A escoger. Después de leer el texto, contesta las siguientes preguntas.

1. ¿En qué materiales se usa el color blanco?
   a. en algodón
   b. en cuero
   c. en lana

2. ¿Cómo se usan los pantalones?
   a. largos
   b. cortos
   c. largos y cortos

3. ¿Qué inspira la moda de noche de Adriana Costantini?
   a. los años veinte y treinta
   b. los veinte años que la diseñadora ha trabajado
   c. los treinta años que la diseñadora ha trabajado

4. La moda que presenta Costantini desea evocar o recordar...
   a. las playas tropicales y el safari africano.
   b. las playas lujosas y con brillo.
   c. las playas de Bermudas y de Capri.

A conversar. Discute con tus compañeros de clase los siguientes temas.

1. Las semejanzas y diferencias entre la moda argentina y la moda estadounidense en relación a:

   ■ los colores
   ■ los materiales
   ■ las prendas de vestir
   ■ los accesorios

2. ¿Es importante o no para ustedes estar a la moda?

3. Después de discutir sobre la moda, preparen un plan para un desfile de modas: ¿Qué prendas de vestir son importantes? ¿Qué prendas no son importantes? ¿Qué materiales son necesarios/innecesarios? ¿Qué accesorios son requeridos en el estado donde ustedes viven?

La noche se convierte en el gran festejo de los 20 años de **ADRIANA COSTANTINI.** Brilla el blanco lleno de reflejos de cristales y de las muselinas, las gasas *(gauzes)* plisadas, los brocados plateados y los «shantungs» bordados.

La gran novedad de la temporada es el lanzamiento de la colección de anteojos para sol y recetados *(prescription glasses)* hechos con materiales italianos y comercializados en las ópticas más importantes del país.

¡A escribir!

Strategy: Editing your writing

Editing your written work is an important skill to master when learning a foreign language. You should plan on editing what you write several times. When checking your compositions, consider the following areas.

1. **Content**
   a. Is the title of your composition captivating? Would it cause readers to want to read further?
   b. Is the information you wrote pertinent to the established topic?
   c. Is your composition interesting? Does it capture the reader's interest?
2. **Organization**
   a. Does each paragraph in the composition have a clearly identifiable main idea?
   b. Do the details in each paragraph relate to a single idea?
   c. Are the sentences in the paragraph ordered in a logical sequence?
   d. Is the order of the paragraphs correct in your composition?
3. **Cohesion and style**
   a. Does your composition as a whole communicate what you are trying to convey?
   b. Does your composition "flow" easily and smoothly from beginning to end?
   c. Are there transitions between the different paragraphs you included in your composition?
4. **Style and accuracy**
   a. Have you chosen the precise vocabulary words you need to express your ideas?
   b. Are there grammatical errors in your composition (i.e., subject-verb agreement, adjective-noun agreement, errors with verb forms or irregular verbs, etc.)?
   c. Are there spelling errors in your composition (including capitalization, accentuation, and punctuation)?

If you consider these factors as you edit your written work, the overall quality of your compositions can increase drastically!

Now read the following composition. Evaluate it according to the categories above: 1) content, 2) organization, 3) cohesion and style, and 4) style and accuracy. Note specific examples of adherence to the guidelines and any deviations that may be present.

Un día memorable

El sábado pasado fue el cumpleaños de mi madre. Esa mañana fui de compras con mi tía Lilia, la hermana de mi madre. Fuimos a la calle Florida. En la primera tienda, vi una blusa de seda, de color rosado, el color favorito de mi madre. La compré con un descuento del 20%. Después fuimos a una tienda de antigüedades. Allí vimos unos aretes de perlas, muy semejantes (similar) a un collar de mi madre. Lilia habló con el dependiente y recibió un descuento del 30%. ¡Nos pusimos muy contentas!

Cuando salimos de la tienda, vimos a mi tío Gerardo, el esposo de Lilia. Él nos invitó a un almuerzo estupendo en el Café Tortoni. Comimos bien y nos divertimos mucho.

Esa noche celebramos el cumpleaños de mi madre con toda la familia. Mi madre se puso muy emocionada cuando recibió sus regalos bonitos. Realmente fue un día memorable.

You should be able to write a composition of similar length and complexity.

Task: Simple reporting in the past

Simple reporting in the past occurs in a variety of contexts and focuses on the narration of a series of events. You may encounter this sort of reporting in brief newspaper or magazine articles and in informal as well as more formal correspondence. You will now prepare a short report about a recent shopping trip following the steps below and focusing on completed actions such as where you went and what you did during your outing.

Paso 1 Antes de escribir, piensa en la última vez que fuiste de compras para buscar ropa. Contesta las siguientes preguntas.

¿Adónde fuiste de compras? (¿Cómo se llama el centro comercial o cómo se llaman las tiendas?)

_____

¿Fuiste solo(a) o con otra persona?

_____

¿A qué hora llegaste a la primera tienda?

_____

¿Fuiste a otras tiendas?

_____

¿Qué artículo(s) de ropa compraste? ¿Dónde compraste el artículo o los artículos?

_____

¿Cuánto dinero gastaste en las compras que hiciste?

_____

¿Cuánto tiempo pasaste en las compras?

_____

¿Qué hiciste después?

_____

Paso 2 Ahora escribe una composición breve (de dos o tres párrafos) sobre esta excursión. En tu composición, incluye la información que usaste para contestar las preguntas en **Paso 1.**

Paso 3 Ahora tienes que corregir tu composición. Usa las preguntas de la sección anterior (partes 1, 2, 3 y 4 de *Editing your writing*) como guía de corrección.

 Paso 4 Intercambia papeles con un(a) compañero(a) de clase. Cada persona debe usar la sección anterior para evaluar la composición de su compañero(a). Si hay partes de las composiciones que necesiten corrección, cada persona debe hacer los cambios necesarios.

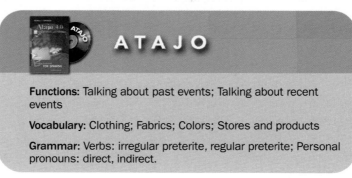

ATAJO

Functions: Talking about past events; Talking about recent events

Vocabulary: Clothing; Fabrics; Colors; Stores and products

Grammar: Verbs: irregular preterite, regular preterite; Personal pronouns: direct, indirect.

Vocabulario esencial

CD 1, Track 17

La ropa — *Clothing*

el abrigo	overcoat
la blusa	blouse
las botas	boots
la bufanda	scarf
los calcetines	socks
la camisa	shirt
la camiseta	T-shirt
el chaleco	vest
la chaqueta	jacket
el cinturón	belt
la corbata	necktie
la falda	skirt
los guantes	gloves
el impermeable	raincoat
las medias	stockings
los pantalones (cortos)	pants (shorts)
las sandalias	sandals
el suéter	sweater
el traje	suit
el traje de baño	swimsuit
los vaqueros	jeans
el vestido	dress
los zapatos (de tenis)	(tennis) shoes

not comm (handwritten)

vaquero → cowboy (handwritten)

Los accesorios — *Accessories*

el anillo	ring
los aretes	earrings
la bolsa	purse, bag
la cartera	wallet, purse
el collar	necklace
las gafas de sol	sunglasses
la gorra de béisbol	baseball cap
el paraguas	umbrella
la pulsera	bracelet
el reloj	watch
el sombrero	hat

Estilos y telas — *Styles and fabrics*

de (a) cuadros	plaid
de (a) lunares	polka-dotted
de (a) rayas	striped

Expresiones idiomáticas

¿Cómo me queda?	How does it look/fit me?
¿Cuánto le debo?	How much do I owe you?
¡Es una ganga!	It's a bargain!
¡Está de (última) moda!	It's (the latest) style!
ir de compras	to go shopping
¡Me quedan muy pequeños!	They're too small!
pagar	to pay
en efectivo	in cash
con cheque	by check
un par de...	a pair of . . .
Vamos a ver.	Let's see.

De compras — *Shopping*

el cheque	check
el (la) dependiente	salesclerk
el descuento	discount
el efectivo	cash
la liquidación	sale (Lat. Am.), reduction (in price)
el número	shoe size
la oferta	sale (Lat. Am.)
el... por ciento	percent
la rebaja	sale (Spain), reduction (in price)
la talla	size (clothing)
la tarjeta de crédito	credit card

Adjetivos

barato(a)	inexpensive, cheap
caro(a)	expensive
grande	big, large
pequeño(a)	small

Verbos

cambiar	to change, exchange
costar (ue)	to cost
gastar	to spend (money)
hacer juego con	to match
ir (bien) con	to go (well) with
llevar	to wear; to carry
mostrar (ue)	to show
pagar	to pay (for)
ponerse	to put on
probarse (ue)	to try on
quedarle (a uno)	to fit (someone)
rebajar	to reduce (in price)
usar	to wear; to use

Plaza Mayor, Ciudad de Guatemala,
Guatemala
Visit it live on Google Earth!

Fiestas y vacaciones
Guatemala y El Salvador

8

CHAPTER OBJECTIVES

Communicative Goals

In this chapter, you will learn how to . . .

- Talk about holidays, events, and activities at the beach and in the countryside
- Describe changes in emotion
- Inquire and provide information about people and events
- Narrate in the past
- State indefinite ideas and quantities
- Talk about periods of time since an event took place

Structures.

- Interrogative words
- Preterite vs. imperfect
- Affirmative and negative expressions
- **Hace** and **hace que**

Personal Tutor

¡Bienvenidos a Guatemala!

DVD

1 | ¿Dónde está Guatemala y cómo es la naturaleza del país?

2 | Describan los contrastes que existen en Guatemala.

3 | Según el video, ¿cuál es el papel (role) de Guatemala en la cultura maya?

4 | ¿Cómo celebran los guatemaltecos las fiestas religiosas? ¿Cómo se disfrazan?

5 | ¿Te gustaría visitar Guatemala? ¿Por qué sí o por qué no?

257

Celebrando el Día de Santo Tomás en Chichicastenango, Guatemala In this section, you will learn how to talk about parties and celebrations while learning about the festivities surrounding a Mayan holiday in a small, mountain town.

Expresiones idiomáticas

¡Felicitaciones! Congratulations!
Me pongo contento(a)/avergonzado(a)/molesto(a)
  I become happy/embarrassed/annoyed

Sustantivos

el cumpleaños birthday
el día feriado holiday

Verbos

cumplir años to have a birthday
dar (hacer) una fiesta to give a party
olvidar to forget
pasarlo bien (mal) to have a good (bad) time
ponerse + adjective to become, (to get) + adjective
portarse bien (mal) to behave well (poorly)
reaccionar to react
recordar (ue) to remember
reunirse con to get together with

¿Nos entendemos?

Generally, when people toast in Spanish they say **¡Salud!** In Spain, however, it is common to say **¡Salud, dinero y amor, y tiempo para gozarlos!** *(Health, love, and money, and time to enjoy them!)*

¿Nos entendemos?

Un(a) fiestero(a) is *a partygoing person* while **un(a) aguafiestas** is a *party pooper*. Note also that the word **desfile** is most often used for a political or social parade, while the word **procesión** is used for a religious parade or celebration.

UNA FIESTA (DE SORPRESA)

Cultura

The people of Santo Tomás de Chichicastenango combine ancient Mayan beliefs with a Christian ideology in their celebration of the Winter Solstice, the shortest day of the year. In the Northern Hemisphere, this event takes place on December 21. In this small Guatemalan village, the inhabitants celebrate the day of their patron saint and the Sun god who is honored in order that he continue to bless the town with light and warmth.

Cultura

Semana Santa is Guatemala's largest celebration, featuring processions and events throughout the country.

Palabras útiles

Días festivos *(Official Holidays)* del mundo hispano

el Cinco de Mayo Cinco de Mayo
el Día de la Raza Columbus Day
el Día de los Muertos
  Day of the Dead
el Día de los Reyes Magos
  Day of the Magi (Three Kings)
el Día de Todos los Santos
  All Saints' Day (November 2)
el Día del Santo Saint's Day (the saint after whom one is named)

la Pascua Easter, Passover
la Navidad Christmas
la Noche Vieja
  New Year's Eve
la Nochebuena
  Christmas Eve
la Semana Santa Holy Week

Palabras útiles are presented to help you enrich your personal vocabulary. The terms provided here will help you talk about holidays and celebrations.

¡A practicar!

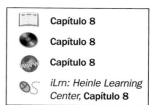
8-1 | Un cumpleaños Selecciona la palabra adecuada/lógica para completar las siguientes oraciones.

1. Ayer fue el (disfraz / cumpleaños) de Tomás.
2. Hubo una (fiesta de sorpresa / anfitriona) con todos sus amigos y parientes.
3. Vinieron muchos (brindis / invitados) a la fiesta.
4. Sus parientes le dieron (regalos / velas).
5. Su esposa le preparó un (día feriado / pastel de cumpleaños) muy grande con muchas (velas / celebraciones).
6. Su esposa Marta fue (la anfitriona / las procesiones) de la fiesta.
7. La hermana de Tomás, Claudia, les ofreció (cohetes / entremeses) a los invitados que tenían hambre.
8. Los niños pequeños (se portaron / recordaron) bien durante la fiesta.
9. Todos los invitados (lo pasaron bien / lo pasaron mal) en esa (máscara / celebración).

8-2 | ¡Una fiesta sorpresa para Tomás! Este año Tomás cumplió treinta años. Describe los preparativos *(preparations)* que hizo su esposa para la fiesta sorpresa. No te olvides usar los verbos en el pretérito donde sea necesario.

llorar	hacer un brindis	reunirse
disfrazarse	cumplir años	reaccionar
asustarse	dar una fiesta	recordar
celebrar	divertirse	gritar

Este año mi esposa Marta 1. _____ para mi cumpleaños. Todos mis amigos 2. _____ afuera de mi casa y me 3. _____, «¡Feliz cumpleaños!» Después, encendieron unos cohetes, una tradición de Guatemala. Una niña 4. _____ por el ruido y 5. _____. Más tarde, mi mejor amigo Rodrigo 6. _____ y luego nos contó la «Leyenda de la niña flor». Mi esposa Marta 7. _____ de una manera muy sentimental: ella 8. _____ su quinceañera, un cumpleaños muy especial para ella. A las 12:00 de la noche, mi amigo Rodrigo y su esposa Claudia 9. _____ de un matrimonio muy viejo para hacernos imaginar nuestra vida del futuro. Después, mi esposa sirvió un pastel con velas. Mis amigos me obligaron a comer un poquito antes de servirlo. Normalmente, no me gusta mucho 10. _____, pero este año nosotros 11. _____ con mucho entusiasmo y todos nosotros 12. _____ muchísimo.

LA PROCESIÓN

la máscara

asustarse

el disfraz
disfrazarse

LA CELEBRACIÓN/ CELEBRAR

Cultura

Guatemala has a strong oral tradition, and it is not uncommon for stories to be shared at family gatherings. **La leyenda de la niña flor** is a Mayan legend that Miguel Ángel Asturias included in his *Leyendas de Guatemala.*

Cultura

The **quinceañera**—a girl's 15th birthday—marks a girl's passage into womanhood. Though this tradition is more commonly associated with Mexico, it is also an important ritual in Guatemala.

¡A conversar!

8-3 | Mi día feriado favorito Habla con un(a) compañero(a) de clase sobre su día feriado favorito. Luego, compartan esta información con la clase. ¿Cuál es el día feriado favorito para la clase?

1. ¿Cuál es tu día feriado favorito? ¿Por qué?
2. ¿Cómo celebras esta ocasión especial? ¿Das una fiesta en tu casa? ¿Vas a algún lugar por la noche?
3. ¿Preparas una comida o bebida especial?
4. ¿Te emocionas con esta fiesta especial?
5. ¿Qué hiciste el año pasado para celebrar ese día? ¿Recibiste algunos regalos ese día? ¿Diste algunos regalos?

8-4 | Una mujer cínica Esperanza, una amiga de Marta, es muy cínica con respecto a *(with regard to)* las fiestas de familia. Habla con dos compañeros(as) de clase para ver si están de acuerdo *(if you agree)* con las opiniones de ella.

Modelo Es mejor acostarse temprano en la Noche Vieja.
E1: *No es cierto. Nosotros siempre nos acostamos tarde en la Noche Vieja.*
E2: *Es cierto. Mi familia se acuesta antes de la medianoche.*
E3: *En mi familia, depende del año. Este año nos acostamos tarde pero el año pasado nos acostamos temprano.*

1. Siempre recibo regalos raros o inútiles.
2. La época de la Navidad puede ser un poco deprimente *(depressing)*.
3. No me gusta ir de compras en las tiendas antes de las fiestas de diciembre.
4. Recibo cartas de personas que quieren decirme mucho sobre el éxito de todos los miembros de su familia durante las Navidades.
5. Las fiestas son una invención de Hallmark para ganar dinero.
6. Hay demasiados días festivos.
7. No recuerdo un cumpleaños divertido.
8. Mis amigos nunca reaccionan como quiero cuando abren mis regalos.

8-5 | ¿Cómo te pones? Dile a un(a) compañero(a) de clase cómo reaccionas en las siguientes situaciones.

Modelo Estás en una fiesta y tu novio(a) está bailando con otra persona.
Me pongo furioso(a) con él (ella).

1. Das una fiesta y los invitados comen toda la comida en media hora.
2. Es tu cumpleaños y tus amigos te hacen una fiesta sorpresa.
3. Estás en una fiesta y los invitados no se ríen, no se sonríen y hablan muy poco.
4. Estás en una fiesta y te cae una bebida en tu camisa/vestido.
5. No recuerdas que hoy es el cumpleaños de tu mejor amigo(a).
6. Estás en una fiesta hablando y conversando y alguien apaga las luces.

8-6 | ¡Vamos a hacer una fiesta! Trabajen en grupos de tres o cuatro personas para planear una fiesta. Discutan la siguiente información:

- El motivo *(reason)* de la fiesta
- Cuándo y dónde va a ser
- A quiénes van a invitar
- Quién(es) tiene(n) la responsabilidad de cada cosa y qué tiene(n) que hacer:
  - las invitaciones
  - las decoraciones
  - la comida
  - las bebidas
  - la música

Después de hacer los planes, compartan la información con la clase.

8-7 | Bingo Hazles preguntas a tus compañeros(as) de clase para encontrar el número de personas indicado en cada categoría. Deben firmar. La primera persona que complete cuatro cuadros en forma horizontal, vertical o diagonal gana.

Encuentra a:

dos personas que cumplen años en el invierno	tres personas que fueron a la Florida para las vacaciones de primavera el año pasado	una persona a quien le gusta decorar el árbol de Navidad	una persona que escribió una carta a *Santa Claus* de niño(a)
una persona que pasó la Navidad en un país extranjero	una persona que no recordó una vez el Día del Padre o de la Madre	dos personas que piensan que un trébol *(shamrock)* trae buena suerte	dos personas que siempre celebran la Navidad o la Jánuca o Ramadán en familia
una persona que recibió un regalo o flores el Día de San Valentín	una persona a quien no le gusta la Noche Vieja	una persona que celebra una fiesta religiosa	una persona que sabe qué día es el Día de la Raza
dos personas con nombres religiosos	una persona que vio una procesión	una persona que no come pavo el Día de Acción de Gracias	una persona que va a llevar un disfraz el próximo Día de las Brujas

En contexto

Tomás y Marta viven en Chichicastenango. Pilar, la madre de Tomás, decidió visitar a su hijo y a su esposa sin avisar. Ella vino para verlos a ellos y para asistir al festival de la Cofradía de Santo Tomás, que tiene lugar en diciembre en Chichicastenango.

Ayer fue domingo, 20 de diciembre. **Eran** las 11:40 de la mañana; la temperatura en Chichicastenango **estaba** a 14 grados centígrados y **llovía.** Marta **estaba duchándose** y Tomás **se estaba vistiendo** porque muy pronto **iban a ir** a la iglesia.

De repente, **sonó el teléfono** y Tomás **fue a contestarlo.**

Tomás: ¿Bueno?

Pilar: ¡Hola, hijo! Habla tu mamá.

Tomás: Mamá, ¿cómo estás?

Pilar: Bien, bien. Acabo de llegar de Quezaltenango. Estoy aquí en la parada de autobuses.

Tomás: ¡Mamá! ¿Estás aquí en Chichicastenango?

Pilar: Sí, hijo. Decidí venir a última hora. **Hace seis meses que** no los veo y, además, me encanta la Cofradía de Santo Tomás.

Tomás: ¡Qué bueno, mamá! Voy a recogerte...

Pilar: No, mi hijo. Puedo ir a tu casa en taxi o en autobús porque vives muy lejos y tengo mucho equipaje.

Tomás: Bueno, pero insisto en que vengas en taxi. Yo te lo pago. Entonces te esperamos aquí en casa, ¿eh?

Pilar: Sí, sí. Nos vemos pronto. Hasta luego, hijo.

Tomás: Hasta luego, mamá.

✳ **Comentario cultural** Chichicastenango is a small town with a long history as a major center of commerce. With red tile roofs and cobblestone streets, it offers a colorful spectacle for tourists, especially on market days, which occur twice weekly. The **K'iche' Maya** of the surrounding region, as well as other indigenous groups from all over Guatemala, such as **Mam, Ixil,** and **Kaqchikel,** bring the marketplace to life by selling their wares and shopping.

✳ **Comentario cultural** Quezaltenango is the second-largest city of Guatemala and is located west of Guatemala City in the mountainous region of the country. It serves as an excellent base for tourists wishing to travel to nearby villages, which are noted for their handicrafts and hot springs.

✳ **Comentario cultural** A popular means of travel in Guatemala are the so-called "chicken buses." These retired U.S. school buses are privately owned and offer inexpensive transportation to many of the smaller towns and villages. The colorfully decorated buses are modified for use in Guatemala with powerful engines, special transmissions, air brakes, longer seats, and a roof rack.

Expresiones en contexto

a última hora *at the last minute*
casi *almost*
chocó con *crashed into*
Cofradía *Brotherhood*
de repente *suddenly*
insisto que vengas en taxi *I insist that you come by cab*
pararon *stopped*

¡Qué susto me dio el taxista! *What a scare the cab driver gave me!*
se subió *she got in (a vehicle)*
sin avisar *without prior notice*
te lo pago *I'll pay for it (the cab) for you*
tengo mucho equipaje *I have a lot of luggage*
voy a recogerte *I am going to pick you up*

Pilar **encontró** un taxi en la plaza central y **se subió.** Luego ella le **dio** al taxista la dirección de la casa de Marta y Tomás.

Mientras Pilar y el taxista **iban** a la casa, **conversaban** sobre el mal tiempo, pero el taxista **estaba tan cansado** que casi **se durmió** dos veces.

De repente, ¡pum! El taxi **chocó** con un autobús de turistas que **venían** de ver una procesión de la Cofradía de Santo Tomás en otra calle y los dos vehículos pararon inmediatamente. El taxista **estaba tan cansado** que **no vio** el autobús. Afortunadamente, **nadie se lastimó,** pero Pilar **estaba** nerviosa.

Dos horas más tarde, el taxi **llegó** finalmente a la casa de Marta y Tomás, quienes **esperaban** a Pilar en la puerta. Ella **salió** del taxi y todos **se saludaron** con abrazos y besos. Pilar **estaba** muy asustada y nerviosa, pero cuando vio a Marta y a Tomás **se puso** muy contenta.

Pilar: ¡Qué susto me **dio** el taxista!

✳ **Comentario cultural** La Fiesta de **Santo Tomás** is celebrated between December 14 and 21. This celebration is of special interest to tourists who come to see the **palo volador,** a ritual in which locals—often dressed as monkeys—ascend a tall pole and descend by swinging from a rope that is attached to the top of the pole and wrapped around their bodies.

✳ **Comentario cultural** The most important festival of Chichicastenango is the **Fiesta de Santo Tomás,** which honors the patron saint of the town. On December 21, the saint's image is carried in procession through the streets by the **Cofradía de Santo Tomás** (*Brotherhood of Saint Thomas*). Participants carry staffs and march to the beat of a drum in this colorful celebration.

✳ **Comentario cultural** The specialty of Chichicastenango's market are the Chichicastenango **huipiles**—traditional, square-shaped shirts made from brightly colored fabric. Also of note are the sashes, the carved and painted boxes, and the masks that often depict animals and are typically used in the fesitivals. Crafts from all over the highlands are brought to town for the benefit of tourists.

¿Comprendiste? Indica si las siguientes oraciones son **ciertas** o **falsas.** Si la oración es falsa, ¡corrígela!

1. Hacía mal tiempo el día en que llegó Pilar.
2. Pilar causó el accidente entre el taxi y el autobús.
3. Pilar llegó rápidamente a la casa de su hijo.
4. Ella llegó en verano.
5. La madre de Tomás no tenía miedo de nada.
6. Tomás se puso triste cuando su mamá lo llamó.

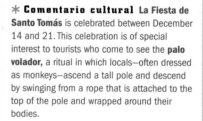 **Recuerdos de una visita inesperada** Trabaja con un(a) compañero(a) de clase. Túrnense para narrar una visita de sorpresa, usando verbos en el pretérito y en el imperfecto. Usen expresiones de **En contexto** como modelo para su diálogo.

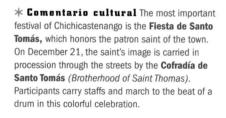

Así se dice

Throughout **Plazas** you have been using interrogative words to ask for information about people and events. Below is a summary of interrogative words and examples of their uses.

1. To ask *Where* someone is going, use **¿Adónde?** If you are asking about the location of something, a person, or a place, use **¿Dónde?** If you are asking where someone is from, use **¿De dónde?**

¿Adónde? *Where (to)?*	**¿Adónde** vas? *Where are you going?*
¿Dónde? *Where?*	**¿Dónde** está el centro del pueblo? *Where is the center of town?*
¿De dónde? *From where?*	**¿De dónde** eres tú? *Where are you from?*

2. To ask *What* a person or thing is like, or *How* something is done, use **¿Cómo?**

¿Cómo es Miguel? *What is Miguel like?*	**¿Cómo** lo hiciste? *How did you do it?*

3. To ask *When* something is taking place, use **¿Cuándo?** To ask specifically at what time an event takes place, use **¿A qué hora?**

¿Cuándo es la fiesta? *When is the party?*	**¿A qué hora** es la fiesta? *What time is the party?*

4. To ask *How much?* or *How many?*, use a form of **¿Cuánto?** When a form of **¿Cuánto?** precedes a noun, it must agree in number and in gender.

¿Cuántos entremeses sirvieron? *How many hors d'oeuvres did they serve?*	**¿Cuántas personas** vienen a la fiesta? *How many people are coming to the party?*

¡A practicar!

📖	Capítulo 8	🌐	Capítulo 8
💿	Capítulo 8	💾	iLrn: Heinle Learning Center, Capítulo 8

8-8 | Preguntas de un turista Dos turistas están hablando sobre lugares en o cerca del centro histórico de la Ciudad de Guatemala. Un turista le hace muchas preguntas al otro. Indica la palabra interrogativa correcta para completar cada pregunta.

1. ¿De dónde / Dónde está el mejor hotel en la Ciudad de Guatemala?
   —Está en el centro histórico y es el Hotel Pan American.
2. ¿Cómo / Cuándo son los cuartos en ese hotel?
   —Son grandes. También hay unas suites.
3. ¿Cuánto / Cuántas cuesta el alojamiento *(lodging)* en el hotel?
   —Un cuarto cuesta alrededor de 100 dólares por noche.
4. ¿Qué / Quiénes van con nosotros a la discoteca Casbah esta noche?
   —Mis nuevos amigos que conocí en el Parque Central van con nosotros.
5. ¿Dónde / Quién es tu amiga que sabe tanto sobre marimba?
   —Mi amiga Luisa es experta en marimba.
6. ¿Cuál / Qué es tu monumento favorito en la Ciudad de Guatemala?
   —El monumento que más me gusta es la Catedral Metropolitana.

> **Cultura**
> The Casbah is a popular destination for young people in the old part of Guatemala City.

> **Cultura**
> The **marimba** is the national instrument of Guatemala and has indigenous origins. It resembles a large xylophone with pipes of varying lengths under the keys.

Interrogative words

5. To ask *Who* does something, use **¿Quién?** if you are asking about one person or **¿Quiénes?** if you are asking about more than one person. To ask *Whose?* use **¿De quién?** or **¿De quiénes?** if you are asking about more than one person.

> **¿Quién** es ella? *Who is she?*   **¿De quién** es la fiesta? *Whose party is it?*

6. To ask *Why?*, use **¿Por qué?** To ask *What for?*, use **¿Para qué?**

> **¿Por qué** quieres ir a las montañas?   **¿Para qué** tienes los cohetes?
> *Why do you want to go to the mountains?*   *Why do you have the rockets?*

7. To ask *What?* or *Which?*, use **¿Qué?** or **¿Cuál?**

> **¿Qué** quieres comer?   **¿Cuál** es tu plato favorito?
> *What do you want to eat?*   *What is your favorite dish?*

Note that **¿Cuál(es)?** is used much more frequently than the English *Which?* and can mean both *What?* and *Which?* **¿Cuál(es)?** cannot be used when the next word in the question is a noun. In such cases, **¿Qué?** must be used.

¿Qué libro quieres?	*Which book do you want?*
¿Cuál de los dos libros quieres?	*Which of the two books would you like?*
¿Cuál es la fecha?	*What is the date?*

As you can see, the choice of whether to use **¿Qué?** or **¿Cuál?** depends on the syntax of the question. Use **¿Qué?** before a verb to ask for a definition or explanation.

¿Qué quieres?	*What do you want?*
¿Qué es el *Popol Vuh*?	*What is the Popol Vuh?*

> **Cultura**
>
> The *Popol Vuh* is the holy book of the **K'iche'**, a kingdom in the post-classic Maya civilization of Guatemala. The scripture tells of the creation of humans from corn.

¡A conversar!

8-9 | ¿Qué o cuál(es)? Selecciona la palabra correcta y luego hazle la pregunta a un(a) compañero(a) de clase.

1. ¿ _____ es el amor?
2. ¿ _____ es tu grupo de música favorito?
3. ¿ _____ clase tienes después de esta clase?
4. ¿ _____ son los videos más recientes que viste en las últimas tres semanas?
5. ¿ _____ es el Internet?
6. ¿ _____ es tu número de teléfono?
7. ¿ _____ es la capital de El Salvador?
8. ¿ _____ ciudad es la capital de Guatemala?

8-10 | ¿Cuándo es la fiesta? Habla con un(a) compañero(a) de clase. Una persona va a inventar detalles sobre una fiesta y la otra persona va a hacerle todas las preguntas posibles sobre esa fiesta.

Estructura I

Narrating in the past

The preterite vs. the imperfect tense

The choice of using the preterite tense or imperfect tense is not arbitrary. The choice depends on how a speaker or writer views the past actions, conditions, and events that he/she describes.

The following parameters may be used to distinguish between the use of the preterite and imperfect tenses:

Preterite

- single, completed action (what someone did or didn't do)

  Marta **dio** una fiesta de sorpresa para su marido con amigos especiales.
  Marta gave a surprise party for her husband with special friends.

- highlighted, main action

  Tomás **llegó** a casa y **entró**.
  Tomás arrived at home and went in.

- beginning or conclusion of an event

  A las 11:00 de la noche **empezó** a llover.
  At 11:00 at night, it began to rain.

- action that interrupts another action or event

  Cuando Tomás **entró** en la sala...
  When Tomás entered the room . . .

- with verbs associated with time expressions, such as *ayer, anteayer, anoche, una vez, dos veces, el mes pasado,* and *de repente* (suddenly).
  El mes pasado, fuimos a Guatemala.
  Last month we went to Guatemala.

Imperfect

- habitual action or event (expresses the idea in English of something you *used to do* or *would always do* in the past)
  Tomás y Marta siempre **celebraban** los cumpleaños.
  Tomás and Marta always celebrated (used to celebrate) birthdays.

- background action or description that sets the stage for main action (including time, location, age, weather, and physical and emotional states)
  La noche de la fiesta **hacía** buen tiempo y Marta **estaba** muy contenta.
  The night of the party the weather was nice and Marta was very happy.

- middle of an event or emphasis on indefinite continuation of event
  En la fiesta algunos de los invitados **hablaban** mientras otros **comían**.
  At the party, some of the guests were talking while others were eating.

- ongoing event or action in the past that is interrupted
  ...los invitados **cantaban**.
  . . . the guests were singing.

- past actions, conditions, and events that were anticipated or planned
  Queríamos quedarnos un día más en Guatemala pero no **teníamos** dinero.
  We wanted to stay another day in Guatemala but we didn't have the money.

- with time expressions such as *todos los días, cada semana, siempre, frecuentemente, de niño(a),* and *de joven.*
  Todos los veranos mi esposa y yo **íbamos** de vacaciones a un país extranjero.
  Every summer my wife and I would go on vacation to a foreign country.

To describe two simultaneous actions that were occurring in the past, Spanish speakers often use **mientras** *(while)* to join the two clauses in the imperfect tense.

To describe an ongoing action in the imperfect that is interrupted by an event in the preterite, Spanish speakers often use the word **cuando** to introduce the preterite action.

When the verb **ir a +** infinitive is used in the imperfect, it translates as *was/were going to do something.* The implication is usually that something happened that prevented the intended action from taking place. For example, **Yo iba a mirar la tele, pero un amigo me llamó pidiéndome ayuda.** *(I was going to watch TV, but a friend called asking for help.)*

266 Capítulo 8
doscientos sesenta y seis

The preterite vs. the imperfect

Verbs that refer to states or conditions

Verbs that normally refer to states or conditions (**saber, querer, tener, poder**) take on a special meaning in the preterite.

Preterite		Imperfect	
supe	*I found out*	sabía	*I knew*
quise	*I wanted to* (and did)	quería	*I wanted to* (outcome undetermined)
pude	*I was able to* (and did)	podía	*I was able to* (outcome undetermined)
tuve que	*I had to* (and did)	tenía que	*I had to* (outcome undetermined)
tuve	*I got, received*	tenía	*I had* (in my possession)

The preterite and imperfect tenses together

Spanish speakers often use the preterite and imperfect together to describe past experiences within the framework of the time they occurred. The following paragraph exemplifies many of the uses of the two tenses in the context of a single paragraph.

El segundo día de las vacaciones en El Salvador, **eran** las 2:15 de la tarde: Antonio e Isabela **tenían** mucha hambre. Por eso, **fueron** al restaurante Torremolinos. Isabela le **preguntó** a su marido si ellos **podían** sentarse en la terraza como lo **hacían** siempre cuando **almorzaban** allí. Antonio le **dijo** al camarero que su esposa **quería** sentarse en la terraza porque a ella **le gustaba** el papagayo que **tenían** allí. Antonio e Isabela **hablaban** sobre los acontecimientos de aquel día cuando **vino** el camarero con los entremeses.

On the second day of the trip in El Salvador, it **was** 2:15 in the afternoon: Antonio and Isabela **were** very hungry. So, they **went** to the restaurant Torremolinos. Isabela **asked** her husband if they **could** sit on the terrace as they always **used to** when they **ate** lunch there. Antonio **told** the waiter that his wife **wanted** to sit on the terrace because she **liked** the parrot they **had** out there. Antonio and Isabela **were talking** about the events of that day when the waiter **came** with the appetizers.

Cultura

El Salvador is a small country that borders Guatemala and is one of its major trading partners. It boasts a varied landscape including beaches on the Pacific coast, mountains and volcanoes in the center and north, and the famous **Bosque El Imposible** (*Impossible Forest*). Salvadorians refer to themselves as **guanacos**.

¡A practicar!

8-11 | La fiesta de mamá Decide si las siguientes oraciones en inglés requieren *(require)* el pretérito, el imperfecto o ambos *(both)* para describir las fiestas de cumpleaños en casa. Explica por qué es necesario usar cada forma que selecciones.

1. Our family used to celebrate all our birthdays together.
2. My mother would always make a cake for our birthdays.
3. When I was ten, my Aunt Jeanie had a big party for my mother.
4. It was a nice day, and we were all very excited.
5. We were all having a good time when my aunt brought in a large birthday cake.
6. My mom began to cry.
7. It was a wonderful party.

8-12 | La primera cita de Antonio e Isabela Lee el siguiente párrafo una vez y luego selecciona el pretérito o el imperfecto, según el contexto.

Isabela 1. estaba / estuvo leyendo un libro en su apartamento cuando Antonio la 2. llamaba / llamó por teléfono. Antonio le 3. preguntaba / preguntó si 4. quería / quiso ir al parque cerca de la Plaza San Salvador con él. Isabela le 5. decía / dijo que sí, aunque 6. tenía / tuvo mucho que leer para la semana próxima.

> **Cultura**
>
> The Plaza San Salvador was built in honor of Dr. José Matias Delgado, the father of Independence in Central America.

Antonio 7. venía / vino a las 3:00 y los dos 8. salían / salieron juntos al parque. Mientras ellos 9. caminaban / caminaron, los dos se 10. hablaban / hablaron cariñosamente. Los dos 11. se sentían / se sintieron muy contentos porque 12. hacía / hizo buen tiempo y 13. era / fue sábado. ¡No 14. tenían / tuvieron que levantarse temprano el día siguiente! En el parque ellos 15. se sentaban / se sentaron en un banco y 16. miraban / miraron a la gente por un rato. Cuando ellos 17. observaban / observaron a una pareja vieja en otro banco, un señor se les 18. acercaba / acercó con unos globos grandísimos. El señor les 19. explicaba / explicó que él los 20. vendió / vendía en el parque todos los sábados. Antonio le 21. compraba / compró uno a Isabela y los dos 22. se reían / se rieron.

Ahora contesta las siguientes preguntas sobre la primera cita de Antonio e Isabela.

1. ¿Qué hacía Isabela cuando Antonio la llamó?
2. ¿Qué le preguntó Antonio?
3. ¿Qué tenía que hacer Isabela para la semana próxima?
4. ¿A qué hora fue Antonio al apartamento?
5. ¿Por qué se sentían contentos Antonio e Isabela en el parque?
6. ¿Qué hicieron ellos en el parque?
7. ¿Por qué se les acercó un señor en el parque?

8-13 | Preparativos para una fiesta de cumpleaños Decide qué tiempo verbal —pretérito o imperfecto— es necesario para completar las siguientes oraciones. Después, pon el verbo en la forma correcta. Recuerda que los verbos **tener, saber, querer** y **poder** tienen significados diferentes en el pretérito y el imperfecto.

> **Modelo**   Ayer, cuando Tomás llegó a casa, él ___*supo*___ (saber) que había una fiesta para su cumpleaños.

1. Ayer, antes de la fiesta, yo _____ (tener) que limpiar la casa. Lo hice. Yo _____ (saber) que _____ (ir) a tener muchos invitados.
2. Ayer por la tarde nosotros _____ (saber) que los primos de Tomás _____ (querer) venir a la fiesta pero no _____ (poder).
3. El año pasado, nosotros _____ (tener) que hacer planes con más tiempo porque _____ (querer) tener mucha gente para la celebración.

Capítulo 8

Capítulo 8

Capítulo 8

iLrn: Heinle Learning Center, Capítulo 8

Preterite and **Imperfect**

¡A conversar!

8-14 | Ocasiones memorables Hazle las siguientes preguntas a un(a) compañero(a) de clase y luego comparen sus respuestas. ¿Tienen mucho en común?

1. ¿Cuándo fue la primera vez que le enviaste una tarjeta *(card)* a una persona para el Día de San Valentín? ¿Cómo reaccionó la persona? ¿Cómo te sentías en aquel momento? ¿Recibiste alguna vez flores de otra persona?
2. Cuando eras joven, ¿qué hacías para celebrar el Día de Acción de Gracias *(Thanksgiving)*? ¿Comías mucho pavo?
3. ¿Cuál fue el cumpleaños más memorable para ti? ¿Con quién lo celebraste? ¿Recibiste algunos regalos especiales? ¿Lo pasaste muy bien?
4. ¿Ibas a la iglesia para la Pascua cuando eras joven?
5. ¿Gritaste «¡Feliz año nuevo!» el año pasado a la medianoche de la Noche Vieja? ¿Qué hacías cuando el reloj dio las 12:00?

8-15 | Entrevista: La niñez y la juventud Hazle a otro(a) compañero(a) las siguientes preguntas sobre experiencias y relaciones de la juventud.

1. **Su niñez:** ¿De dónde eres originalmente? ¿Por cuánto tiempo viviste allí? ¿Te gustaba vivir allí? ¿Por qué? ¿Qué cosas no te gustaban allí? ¿Vivías en una casa o en un apartamento? ¿Cómo era? ¿Tenías pocos o muchos amigos? ¿Cómo eran? ¿Cuántos años tenías cuando asististe *(attended)* a la escuela por primera vez? ¿Tenías miedo? ¿Cómo se llamaba la escuela? ¿Cómo celebrabas tus cumpleaños cuando eras niño(a)? Durante tu niñez, ¿qué actividades hacías?

2. **Su adolescencia:** ¿Cuántos años tenías cuando comenzaste clases de la secundaria? ¿Cómo se llamaba la escuela y dónde estaba? ¿Dónde vivías? ¿Tenías novio(a) cuando eras adolescente? (¿Sí? Háblame de él/ella, por favor.) ¿Te llevabas bien con tus hermanos en esta época? Cuando eras adolescente, ¿qué hacías los fines de semana? ¿Adónde iban de vacaciones tú y tu familia? ¿Veías mucho a tus abuelos?

> ### Cultura
> **Las Fiestas Agostinas** take place in San Salvador, El Salvador, August 1–6 each year in celebration of the patron saint, **el Divino Salvador del Mundo** *(the Divine Savior of the World)*. Activities include parades, sporting events, amusement park rides, and enjoyment of holiday foods.

8-16 | Las Fiestas Agostinas en El Salvador Trabaja con un(a) amigo(a) para contar *(tell)* qué pasó en las Fiestas Agostinas el año pasado. Incluye información sobre qué tiempo hacía, cómo se sentía la gente, qué tipo de ropa llevaban algunas personas y las actividades que varias personas hicieron.

Encuentro cultural

¿Qué recuerdan de...

 ...Bienvenidos a Guatemala?

1. ¿Cuál es la capital de Guatemala?
2. ¿Qué contrastes existen en Guatemala?
3. Describe la civilización maya.

Población: 12.728.111
Área: 108.890 km², un poco más pequeña que Tennessee
Capital: Guatemala, 3.7 millones
Moneda: el quetzal
Lenguas: el español y más de veinte lenguas indígenas

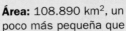

Población: 6.948.073
Área: 21.040 km², casi el tamaño de Massachusetts
Capital: San Salvador, 2.2 millones
Moneda: el colón y el dólar estadounidense
Lenguas: el español y el nahua

See the *Workbook,* **Capítulo 8, Bienvenidos a Guatemala** for additional activities.

Personalidades ilustres El Arzobispo *(archbishop)* Óscar Arnulfo Romero luchó por los derechos humanos *(human rights)* en El Salvador. El Arzobispo Romero fue asesinado el 24 de marzo de 1979 en San Salvador en la capilla del hospital cuando decía la misa. La muerte del Arzobispo Romero dio comienzo al conflicto social en El Salvador que duró *(lasted)* del año 1980 al 1992 y que se transformó en una guerra civil entre los ciudadanos oprimidos por el gobierno y las fuerzas militares. El asesinato *(murder)* del Arzobispo Romero se recuerda cada 24 de marzo.

Nombra una persona ilustre que luchó por los derechos humanos en el pasado. ¿Qué persona famosa lucha por estos derechos hoy en día?

Historia El pueblo maya se encuentra al sur de México y al norte de América Central especialmente en lo que hoy se conoce como Guatemala, El Salvador, Honduras y Belice. Hoy en día, hay seis millones de mayas que viven en estas regiones y hablan uno de los 26 idiomas mayas. Los mayas construyeron ciudades como Tikal, Palenque, Copán y Calakmul. Comerciaban con otros pueblos artículos como cacao, sal y obsidiana *(black or green volcanic mineral)*. Todas las ciudades mayas mencionadas se pueden visitar hoy en día, y hay una gran variedad de viajes planeados disponibles para observar pájaros y plantas o simplemente para aprender sobre las costumbres, la religión, el arte y la arquitectura del pueblo maya.

¿Qué tipo de vacaciones te gustan tener: vacaciones para aprender sobre la historia, los pájaros y las plantas, o la arquitectura?

Lugares mágicos Tikal (originalmente Yax Mutal) es la ciudad antigua más grande de la cultura maya. Está situada en El Petén, Guatemala. Esta civilización prosperó de los años 200 d.C. a 850 d.C., y tenía una población de 100.00 a 200.000 habitantes. Después de Tikal no se construyeron monumentos tan importantes. Todavía los visitantes pueden observar seis grandes templos en forma de pirámides, el palacio real, pirámides más pequeñas, palacios más pequeños que el palacio real, residencias y piedras talladas. Tikal significa «Lugar de las Voces» o «Lugar de las Lenguas» en maya.

¿Te gusta estudiar las civilizaciones antiguas? ¿Te gustaría visitar alguna ciudad maya?

Visit it live on Google Earth!

Oficios y ocupaciones Una de las expresiones más originales de la población guatemalteca son sus bordados *(embroidery)* y tejidos *(weavings)*. El arte de tejer pasa de generación a generación; podemos ver cómo las abuelas les enseñan a sus hijas y a sus nietas este arte. Las comunidades mayas que se encuentran en las montañas trabajan en la producción de textiles que van desde los tradicionales huipiles *(shawls)* y cortes *(skirts)*, hasta los bolsos modernos, mochilas, bufandas, colchas, manteles, etcétera. Los lugares perfectos para ver estas maravillas son los mercados. El mejor mercado donde se combinan las tradiciones indígenas con las tradiciones coloniales es el mercado de Santo Tomás Chichicastenango, en el altiplano guatemalteco, que se puede visitar los jueves y domingos.

Cortes mayas

¿Te gustaría tener un oficio más artesanal? ¿Qué tipo de ocupación te gustaría tener?

Arte y artesanía Ilobasco es un pequeño pueblo en El Salvador conocido internacionalmente por sus pequeñísimas figuras de cerámica. Las figuras no pasan de dos pulgadas de alto y representan los trabajos, los oficios y las escenas de la vida diaria salvadoreña. Otra versión de las miniaturas son las «sorpresas» que son escenas escondidas *(hidden)* bajo otra pieza pequeñita que puede ser una fruta, un huevo o una casa, y cuando esta pieza se quita, se puede ver la escena escondida. Estas famosas figuritas se pueden observar y comprar todos los días en las exposiciones permanentes en el pueblo de Ilobasco o en la exposición permanente que está en la Sala de la Miniatura en la Colonia Centroamérica en San Salvador.

¿Te gustaría visitar el pueblo de Ilobasco? ¿Te gusta la artesanía de Ilobasco? ¿Qué tipo de artesanía te gusta?

Ritmos y música En Guatemala, en El Salvador y en los demás países centroamericanos la marimba *(xylophone)* es el instrumento principal de la música folclórica. En los manuscritos mayas aparecen descripciones de la marimba y de sus músicos, antes de la llegada de los conquistadores. La música centroamericana es una mezcla de la música maya, de la española y de la del oeste de África.

La marimba

En Guatemala, el cantante y autor (cantautor) más famoso hoy en día es Ricardo Arjona, quien combina temas amorosos con temas sociales y políticos. Entre sus temas políticos están «Mojado», «Noticiero» y «Si el norte fuera el sur». En esta oportunidad, vamos a escuchar la canción «Mojado» en la que el cantautor describe los sentimientos y los problemas que los inmigrantes sufren al cruzar la frontera de los Estados Unidos. *Access the iTunes playlist on the **Plazas** website.*

¿Te gustan las canciones con temas políticos o románticos? ¿Qué piensas de esta canción?

See the *Lab Manual,* **Capítulo 8**, **Ritmos y música** for activities.

¡Busquen en la Red de información!

www.thomsonedu.com/spanish/plazas

1. Personalidades ilustres: Arzobispo Óscar Arnulfo Romero
2. Historia: La cultura maya en América Central
3. Lugares mágicos: Tikal, Guatemala
4. Oficios y ocupaciones: Bordados y tejidos guatemaltecos, Huipiles guatemaltecos
5. Arte y artesanía: Ilobasco, El Salvador
6. Ritmos y música: La marimba, Ricardo Arjona

Vocabulario   La playa y el campo

De vacaciones... In this section, you will learn vocabulary and expressions to talk about outdoor activities at the beach and in the countryside.

¡A practicar!

| Capítulo 8 | | Capítulo 8 |
| Capítulo 8 | | iLrn: Heinle Learning Center, Capítulo 8 |

8-17 | **¿Qué hace esta gente?** Mira los siguientes dibujos y describe lo que estas personas hacen en la playa o en el campo. Usa el vocabulario que acabas de aprender.

1. Tomás

2. nosotros

3. José Carlos y Eva

4. tú

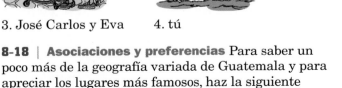

8-18 | **Asociaciones y preferencias** Para saber un poco más de la geografía variada de Guatemala y para apreciar los lugares más famosos, haz la siguiente actividad. Puedes consultar un mapa del país si quieres.

Paso 1 Selecciona la palabra que no vaya con el resto del grupo y explica por qué.

1. el océano Pacífico, las montañas (o el volcán Tajumulco), el Río Dulce, el Lago de Izabal
2. hacer camping en Tikal, hacer una parrillada, caminar por las montañas, bucear en la costa del Caribe
3. el balneario, la playa del Puerto de San José, caminar por las montañas, la costa
4. pasear en canoa, broncearse, tomar el sol en la playa, la crema bronceadora

> **Cultura**
> Guatemala has 27 active volcanos. Tajumulco is the highest volcano in all of Central America.

Paso 2 Selecciona, de entre cada grupo de palabras de arriba, la palabra o expresión que te interesa más y explica por qué.

Paso 3 Ahora, según las respuestas en las secciones anteriores, dile a un(a) compañero(a) de clase lo que harías tú si fueras *(if you went)* de vacaciones a Guatemala.

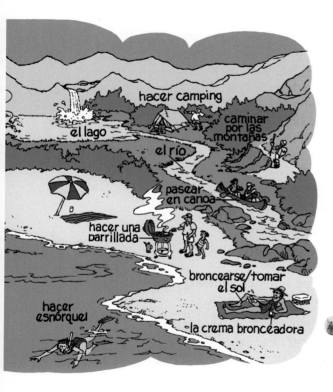

¿Nos entendemos?

Hacer esnórquel is also known as **el buceo de superficie** in some Spanish-speaking countries. In some countries, like Puerto Rico, **el balneario** means *public beach* instead of *beach resort*.

¡A conversar!

8-19 | Problemas y soluciones Conversa con otro(a) compañero(a). El estudiante 1 es un(a) cliente en el balneario Hotel Playa de Tesoro en El Salvador y el estudiante 2 es el (la) director(a) de actividades para el balneario. El (La) director(a) debe ofrecer una solución lógica a los problemas del (de la) cliente. Luego, cambien de papel y hagan otra conversación.

> **Modelo** E1: No me gusta nadar en el mar.
> E2: *Usted puede nadar en nuestra piscina.*

1. Quiero ir a la playa, pero no tengo traje de baño.
2. Tengo hambre y quiero comer pupusas.
3. No sé bucear, pero quiero ver cómo es por debajo del mar.
4. Quiero aprender a bucear, pero no sé adónde ir.
5. Siempre tengo miedo de broncearme mucho cuando voy a la playa.
6. Me gusta pasear en canoa, pero no quiero ir solo(a).
7. Quiero jugar al vólibol en la playa, pero no tengo una pelota ni conozco a nadie aquí.

> **Cultura**
>
> **Pupusa** is a typical food from El Salvador. **Pupusas** are thick corn tortillas stuffed with cheese, beans, and any type of meat, fish or vegetable. **Chicharrón** (fried pork rind) is particularly popular as a filling.

8-20 | ¡A pasarlo bien! Trabaja con otro(a) compañero(a). Ustedes van a pasar un fin de semana en un balneario o en el campo. Primero, hagan una lista de las actividades que ustedes van a hacer en ese lugar el sábado y el domingo. Luego hagan una lista de todo lo que ustedes van a llevar. Usen el vocabulario de este capítulo y del **Capítulo 3.** Al terminar, explíquenle el itinerario a la clase.

Modelo	**Actividades**	**Cosas para llevar**
	sacar fotos	*una cámara*
	tomar el sol	*un traje de baño*
	comer mariscos	*200 dólares*

> **Cultura**
>
> The beach of **Puerto de San José** is located 108 miles from Guatemala City in the town of Escuintla. The beaches of the Pacific coast are of black sand and open directly to the ocean, making them ideal for surfers.

> **Cultura**
>
> Both **el Río dulce** and **el Lago de Izabal** are popular tourist destinations. **El Lago de Izabal** is the country's largest lake.

algo *something, anything*	**nada** *nothing, not anything at all*
alguien *somebody, anybody*	**nadie** *nobody, no one*
algún, alguno(a) *some, any*	**ningún, ninguno(a)** *none, not any*
o... o *either . . . or*	**ni... ni** *neither . . . nor*
siempre *always*	**nunca** *never*
también *also, too*	**tampoco** *neither, not either*

Below are some useful affirmative and negative expressions.
In Spanish, a negative sentence always has at least one negative word before the conjugated verb. Sometimes there are several negative words in one sentence.

—¿Quieres beber **algo** antes de ir a las ruinas de Tazumal?

> *Do you want to drink something before going to the ruins of Tazumal?*

—**No, no** quiero **nada,** gracias.

> *No, thanks. I don't want anything.*

—¿Hay **alguien** en la oficina de turismo ahora?

> *Is there someone in the tourist office now?*

—**No, no** hay **nadie, ni** en la oficina **ni** en el autobús ahora.

> *No, there's no one in the office nor on the bus now.*

- If a negative word precedes the conjugated verb, the negative word **no** is omitted.

no + *verb* + *negative word*
No viene nadie conmigo a nadar.
Nobody is coming with me to swim.

negative word + *verb*
Nadie viene conmigo a nadar.

no + *verb* + *negative word*
No voy nunca al gimnasio.
I never go to the gym.

negative word + *verb*
Nunca voy al gimnasio.

- Express *neither / not either* with a subject pronoun (**yo, tú, usted, él, ella,** etc.) + **tampoco.**

—Nunca voy al gimnasio.

> *I never go to the gym.*

—Yo **tampoco.**

> *Me neither.*

- Place **ni** before a noun or a verb to express the idea of *neither . . . nor.*

—¿Quieres ir a correr o a levantar pesas?

> *Do you want to go running or lift weights?*

—No quiero **ni** ir a correr **ni** a levantar pesas.

> *I want neither to go running nor to lift weights.*

Affirmative and negative expressions

The words **algún, alguno, alguna, algunos,** and **algunas** are adjectives; use **algún** before a masculine singular noun.

—Hay **alguna** excursión al Volcán de Izalco hoy?

Is there any excursion to Izalco Volcano today?

—No, pero hay **algunas** excursiones al Lago del Ilopango.

No, but there are some excursions to Ilopango Lake.

—¿Hay **algún** restaurante cerca del lago?

Is there any restaurant near the lake?

—Hay **algunos** restaurantes en el área, pero no muy cerca del lago.

There are some restaurants in the area but not very near the lake.

—¿Hay **algún** café pequeño?

Is there a small café?

Cultura

El Volcán de Izalco has erupted at least 51 times, was active from 1945 to 1965, and still smolders today. **El Lago de Ilopango** is a large scenic volcanic lake in central El Salvador. It is the largest lake in the country.

Note that the plural forms **ningunos** and **ningunas** are not used often; instead, use the singular form, and use **ningún** before a masculine singular noun.

—¿Cuántos campos de fútbol hay aquí?

How many soccer fields are there here?

—No hay **ningún** campo de fútbol aquí.

There aren't any soccer fields here.

—¿A qué hora viene mi entrenador?

What time is my trainer coming?

—No tengo **ninguna** idea sobre esto, Tomás.

I have no idea about this matter, Tomás.

—¿Cuántas piscinas tiene el balneario?

How many swimming pools does the resort have?

—No tiene **ninguna.**

It doesn't have any.

¿Nos entendemos?

Spanish speakers will often say **No tengo la menor idea/ni idea** *(I don't have the slightest idea)* to emphatically express that they don't know the answer.

Ningunos and **ningunas** are used only with nouns that always come in pairs or plural. For example: **¿Hay algunos zapatos de tenis para mí? No, no hay ningunos.** *(Are there any tennis shoes for me? No, there aren't any).* Other nouns that always come in pairs or are always plural are **guantes, calcetines, medias, pantalones,** and **vacaciones.**

¡A practicar!

8-21 | Ideas opuestas Forma una oración con el significado opuesto sustituyendo las palabras afirmativas con palabras negativas.

Modelo   Yo siempre voy con mi familia de vacaciones.
Yo nunca voy con mi familia de vacaciones.

1. Hay algunos libros sobre turismo en El Salvador en la tienda del hotel.
2. Alguien en el balneario sabe correr las olas.
3. Tomás quiere bucear también.
4. Marta tiene algo para su esposo en la playa.
5. Rita quiere bucear o hacer esnórquel.
6. Siempre es divertido pasear en velero.

8-22 | Entre esposos en el balneario Completa las dos conversaciones siguientes, usando **algo, nada, alguien, nadie, o... o, ni... ni, también, tampoco, siempre** y **nunca.**

—Tomás, voy al supermercado porque no hay casi 1. _____ en el refrigerador en nuestra habitación. ¿Quieres comer 2. _____ especial esta noche?

—No, gracias, Marta. No quiero comer 3. _____ porque comí mucho en el almuerzo.

—Pero, ¿qué te pasa, Tomás?

—4. _____. Es que no tengo hambre, Marta.

—Bueno. Hasta luego.

(Más tarde...)

—¡Hola, Tomás! Conocí a 5. _____ en el supermercado cerca del balneario. Y 6. _____ es una persona que te conoce a ti.

—Ah, ¿sí? Debe ser 7. _____ un amigo 8. _____ un compañero de trabajo. ¿Quién es?

—Bueno, no es 9. _____ un amigo 10. _____ un compañero tuyo. Se llama Lucía.

—¿Cómo? ¿Lucía? No conozco a 11. _____ con ese nombre, ni tengo muchas amigas 12. _____.

—¿No? Pues, ella me dijo que fue tu novia.

—¿Mi novia? Marta, 13. _____ estás inventando cosas.

—Yo 14. _____ invento historias sobre tu vida. ¿No recuerdas a Lucía? Era tu novia cuando ella tenía catorce años.

—Ah sí, ahora recuerdo, era muy amable conmigo y con mi mamá.

8-23 | Enfrente del hotel Playa de Tesoro Completa la siguiente conversación, usando **algún, alguna, algunos, algunas, ningún, ninguna** y **ninguno.**

—Perdón, estoy buscando la piscina pública.

—¿Cómo? No hay 1. _____ por aquí, señor.

—2. _____ amigos me dijeron que hay una piscina pública cerca de un mercado.

—No. No hay 3. _____ mercado por aquí. Hay una piscina, pero es privada. La piscina pública está lejos.

—¿Está abierta o cerrada?

—No tengo 4. _____ idea sobre eso, señor.

—¿Hay 5. _____ teléfono aquí que funcione?

—No, aquí no hay 6. _____.

—Muchas gracias.

—De nada.

📖	Capítulo 8
⬤	Capítulo 8
🌐	Capítulo 8
💿	*iLrn: Heinle Learning Center,* **Capítulo 8**

¡A conversar!

8-24 | De mal humor Tú estás de mal humor hoy y, por eso, siempre le contestas negativamente a tu compañero(a) que te hace preguntas con los siguientes elementos. **¡Ojo!** Tu compañero(a) necesita añadir palabras para formar una pregunta completa.

> Modelo ¿ir con alguien al cine esta noche? (nadie)
> E1: *¿Quieres ir con alguien al cine esta noche?*
> E2: *No, no quiero ir con nadie al cine esta noche.*

1. ¿hacer la tarea?
2. ¿estudiar con otra persona en la clase?
3. ¿correr las olas o esquiar en el agua?
4. ¿hacer ejercicio?
5. ¿hacer algo hoy?
6. ¿nadar en la piscina?

8-25 | De vacaciones Hazle las siguientes preguntas a un(a) compañero(a) de clase.

1. ¿Celebran algunos amigos tuyos el Cinco de Mayo? ¿Hay alguna otra fiesta latina que prefieras celebrar?
2. ¿Prefieres ir a una fiesta con alguien? Generalmente, ¿llevas alguna cosa a la fiesta?
3. ¿Quieres ir a Guatemala algún día? ¿Hay algún lugar en Guatemala que prefieras visitar?
4. ¿Quieres ir a El Salvador algún día? ¿Qué deseas hacer allí?
5. ¿Prefieres viajar a la playa o a las montañas, cuando no tienes nada que hacer para tus clases? Cuando tienes algo que hacer, ¿prefieres ir a algún sitio especial? ¿Lees tú algunos libros cuando estás de vacaciones?

Playa Sunzal en El Salvador

Así se dice

Talking about periods of time since an event took place

Hace + period of time + *que*

The verb construction **hace** + period of time + **que** is used to talk about how long an event or condition has been taking place or how long it has been since an event or condition took place.

- **Hace** + period of time + **que** + present tense

  To indicate how long something has been happening, Spanish-speakers use the construction **hace** + period of time + **que** + present tense.

  Hace seis años que vivo en San Salvador.   *I've been living in San Salvador for six years.*

- **Hace** + period of time + **que** + preterite tense

  To express how long ago something occurred, Spanish-speakers use the verb form **hace** + period of time + **que** + preterite tense.

  Hace un año que se mudaron.   *They moved a year ago.*
  (Se mudaron hace un año.)

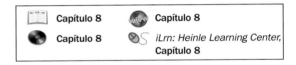

	Capítulo 8		Capítulo 8
	Capítulo 8		iLrn: Heinle Learning Center, Capítulo 8

¡A practicar!

8-26 | ¿Cuánto tiempo hace que... ? Completa las siguientes oraciones con el período de tiempo adecuado y la conjugación correcta del verbo en el presente.

> **Modelo**   Hace *un año* que yo *estudio* (estudiar) español.

1. Hace _____ que mi compañero(a) de cuarto y yo _____ (vivir) juntos.
2. Hace _____ que yo no _____ (vivir) con mis padres.
3. Hace _____ que el (la) profesor(a) _____ (enseñar) en esta universidad.
4. Hace _____ que nosotros _____ (practicar) español en esta sala.
5. Hace _____ que esta universidad _____ (ofrecer) clases.
6. Hace _____ que yo _____ (leer) novelas.

8-27 | Hechos memorables ¿Cuánto tiempo hace que los siguientes acontecimientos *(events)* ocurrieron en el pasado?

> **Modelo**   yo / ir a la universidad por primera vez
> *Hace tres años que yo fui a la universidad por primera vez.*

1. yo / conocer a mi mejor amigo(a)
2. mis amigos(as) / invitarme a una fiesta
3. el nuevo milenio / empezar
4. mis amigos(as) y yo / disfrazarse para una celebración
5. mi novio(a) / comprarme un regalo de cumpleaños
6. yo / venir a la universidad para estudiar
7. mis amigos(as) y yo / ponernos ropa elegante para una fiesta
8. mis padres / ir de vacaciones

Hace and *hace que*

¿Cuánto tiempo hace que... ?

Note that in order to ask about either (1) a period of time that continues into the present or (2) the amount of time since an event took place, you need to use the following model: **¿Cuánto tiempo hace que...?** The only feature that distinguishes the first scenario from the second is the choice of the present tense versus the past tense. Note the different implications for the following questions:

—**¿Cuánto tiempo hace que estudias** medicina?	*How long have you been studying medicine?* (You continue to study or be a student.)
—**Hace tres años que estudio** medicina.	*I have been studying medicine for three years.*
—**¿Cuánto tiempo hace que estudiaste** medicina?	*How long has it been since you studied medicine?* (You are no longer studying medicine.)
—**Hace dos años que estudié** medicina.	*It has been two years since I studied medicine.*

¡A conversar!

8-28 | ¿Hace cuánto tiempo que... ? Pregúntale a un(a) compañero(a) de clase desde hace cuánto tiempo que hace o que hizo las siguientes cosas. Luego comparen sus respuestas. ¿Tienen mucho en común?

> **Modelo** estar con tu novio(a)
> E1: *¿Hace cuánto tiempo que estás con tu novio(a)?*
> E2: *Hace seis meses que estoy con mi novio(a).*
> o E1: *¿Hace cuánto tiempo que estuviste con tu novio(a)?*
> E2: *Hace dos semanas que estuve con mi novio(a). Nosotros dejamos de salir.* (We broke up.)

1. vivir en esta ciudad
2. conocer a tu mejor amigo(a)
3. visitar otro país
4. ir a un balneario
5. estudiar español
6. ir a la biblioteca

8-29 | Entrevista Forma preguntas para hacerle a otro(a) compañero(a), usando **¿Cuánto tiempo hace que... ?** para pedir información sobre las siguientes actividades. Debes hacer dos preguntas adicionales sobre cada actividad. Luego comparen sus respuestas. ¿Tienen mucho en común?

> **Modelo** hacer esnórquel
> —*¿Cuánto tiempo hace que hiciste esnórquel? ¿Dónde lo hiciste? ¿Te divertiste?*
> —*Hace tres años que yo hice esnórquel. Lo hice en Florida y me gustó mucho.*

1. dar una fiesta
2. asustarse
3. llorar
4. caminar por las montañas
5. pasarlo bien
6. hacer una parrillada

Interrogative words

To ask...

about the location of person or place → *¿dónde?*
where someone is going → *¿adónde?*
where someone is from → *¿de dónde?*
what a person or thing is like or *how* something
is done → *¿cómo?*
when something is taking place → *¿cuándo?*
at what time an event is taking place → *¿a qué hora?*
how much or *how many* → a form of *¿cuánto?*
who does something → *¿quién?* or *¿quiénes?*
whose → *¿de quién?* or *¿de quiénes?*
what or *which* → *¿qué?* or *¿cuál?*

¡A recordar! When should **¿qué?** be used instead of **¿cuál?**

Preterite vs. imperfect

Preterite	Imperfect
single, completed action	habitual action or event
highlighted, main action	background action
beginning or end of an event	middle of an event
action that interrupts another	ongoing event or action

¡A recordar! Which time expressions indicate the use of the preterite tense? Which indicate the use of the imperfect tense?

Affirmative and negative expressions

algo	nada
alguien	nadie
algún, alguno(a)	ningún, ninguno(a)
o... o	ni... ni
siempre	nunca
también	tampoco

¡A recordar! When a negative word precedes the conjugated verb, is **no** omitted? When are the plural forms of **ningunos** and **ningunas** used?

Actividad 1 | Información sobre un festival

Indica la palabra o la expresión interrogativa apropiada para cada pregunta. (12 pts.)

1. —¿_____ es el festival?
   —Es mañana.
2. —¿_____ es?
   —Es en el centro de la ciudad.
3. —¿_____ hora empieza?
   —Empieza a las dos de la tarde.
4. —¿_____ es el nombre del festival?
   —Es La fiesta del pueblo.
5. —¿_____ se llama la directora del festival?
   —Se llama Adela Gómez León.
6. —¿_____ es ella?
   —Es de Antigua pero ahora vive en Ciudad de Guatemala.
7. —¿_____ es el supervisor de la música?
   —Es Alejandro Samoza.
8. —¿_____ son los músicos?
   —Son Rafael Moreno y sus tres primos.
9. —¿_____ cuestan las bebidas?
   —Son baratas. Cuestan sólo 5 quetzales.
10. —¿_____ comida hay?
    —¡Muchísima! Puedes comer toda la noche.
11. —¿_____ personas van al festival?
    —Alrededor de *(around)* 200 personas.
12. —¿_____ festivales hay cada año?
    —Hay muchos pero éste es el mejor de todos.

Actividad 2 | ¿Qué pasó?

Escoge la respuesta correcta para cada oración para saber qué pasó con unos amigos anoche. Presta atención al contexto para escoger las formas correctas de los verbos. (6 pts.)

_____ 1. Yo _____ un libro cuando Roberto me _____ anoche.
   a. leí / llamó   c. leía / llamaba
   b. leía / llamó   d. leí / llamaba

_____ 2. Él me _____ que muchas personas _____ en la casa de Victoria, bailando y divirtiéndose.
   a. dije / estuvieron   c. decía / estaban
   b. decía / estuvieron   d. dijo / estaban

_____ 3. Roberto me _____ a la casa de Victoria pero yo _____ cansada.
   a. invité / estuve   c. invitaba / estaba
   b. invitaba / estuve   d. invitó / estaba

_____ 4. Mi compañera de cuarto _____ ir porque ella no _____ ocupada.
   a. decidió / estaba   c. decidía / estuvo
   b. decidía / estaba   d. decidió / estuvo

_____ 5. Muchas personas _____ cuando ella _____.
   a. bailaron / llegó   c. bailaban / llegaba
   b. bailaban / llegó   d. bailaron / llegaba

_____ 6. Ella _____ por dos horas y entonces _____ a nuestra residencia estudiantil.
   a. bailó / volvió   c. bailaba / volvía
   b. bailaba / volvió   d. bailaba / volvió

Actividad 3 | Una carta de Guatemala Completa el correo electrónico que David le manda a su madre el segundo día de sus vacaciones en Ciudad de Guatemala. Escoge el pretérito o el imperfecto según el contexto. (20 pts.)

¡Hola, Mamá!

Yo 1. _____ (llegar) a la capital ayer. 2. _____ (Hacer) buen tiempo pero yo 3. _____ (ir) directamente al hotel y 4. _____ (descansar) por dos horas porque 5. _____ (estar) cansado.

A las tres, mi amigo Manny me 6. _____ (llamar) por teléfono y me 7. _____ (decir) que él 8. _____ (estar) en el centro en un festival. Yo 9. _____ (caminar) al centro e inmediatamente 10. _____ (ver) a Manny, ¡bailando en la calle! Muchas personas 11. _____ (estar) bailando, comiendo y divirtiéndose. Las mujeres 12. _____ (llevar) vestidos tradicionales y los músicos 13. _____ (tocar) música folclórica. Manny y su amiga Daniela me 14. _____ (enseñar) unos bailes y nosotros 15. _____ (bailar) dos horas. Después, nosotros 16. _____ (comer) y 17. _____ (beber) mucho porque 18. _____ hambre y sed y la comida 19. _____ (estar) deliciosa. Yo 20. _____ (volver) al hotel muy tarde, cansado pero alegre después de una experiencia memorable.

¡Escríbeme pronto!

Actividad 4 | Un día en el balneario Dos amigos están hablando durante sus vacaciones. Escoge la palabra correcta para terminar las oraciones de una manera lógica. (12 pts.)

a. algo   c. alguna   e. nadie   g. ni / ni   i. o   k. también
b. alguien   d. nada   f. ninguna   h. nunca   j. siempre   l. tampoco

1. —¿Quieres comer _____?
   —No, no quiero comer _____, gracias.
2. —No veo a _____ en el océano.
   —Mira allí, _____ está nadando.
3. —¿Conoces _____ playa muy buena para correr las olas?
   —No, no conozco _____ playa buena cerca de aquí.
4. —¿_____ tomas el sol en la playa?
   —No, ¡_____ tomo el sol! ¡El sol es malo para la piel!
5. —¿Quieres esquiar _____ hacer esnórquel?
   —No, no quiero _____ esquiar _____ hacer esnórquel. Prefiero pescar o pasear en velero.
6. —Me gusta la playa mucho. Me gustan las montañas _____ pero no quiero ir a las montañas ahora porque estoy contento aquí.
   —No quiero ir a las montañas _____. Estoy bien aquí.

Refrán

"_____ (Not any) persona ganó fama, quedándose (remaining) hasta las doce en la cama."
Bonus! 1 pt.

¡A ver!

En este segmento del video, vas a ver un flashback y aprender más del día de la lección de baile. ¿Recuerdas aquel día? Fue un día muy especial para Valeria que estaba muy triste al principio porque todos sus amigos se olvidaron de su cumpleaños.

Expresiones útiles

The following are some new expressions you will hear in the video.

No lo tomes tan a pecho	*Don't take it so hard*
Un bizcocho	*A cake*
Ni tan siquiera	*Not even*

Antes de ver

Paso 1 Normalmente, ¿qué hace la gente para celebrar un cumpleaños? ¿Tiene una fiesta? ¿Qué comida se sirve típicamente? Habla con un(a) compañero(a) de clase sobre los diferentes tipos de celebraciones de cumpleaños.

Paso 2 Algunas veces, hay ciertas circunstancias y los cumpleaños no resultan en días felices. ¿Conoces a alguien que se puso triste el día de su cumpleaños? ¿Qué pasó? ¿Cambió su estado de ánimo a lo largo del día? ¿Por qué sí o por qué no? Cuéntale este acontecimiento a un(a) compañero(a).

Después de ver

Paso 1 En **Antes de ver, Paso 1,** hablaste con un(a) compañero(a) sobre las diferentes maneras en que la gente celebra el cumpleaños. En el video, Valeria y Alejandra también hablaron de cómo celebraban el cumpleaños cuando eran niñas y parece que tenían experiencias diferentes. Lee los siguientes recuerdos y conjuga el verbo en el imperfecto. Luego indica si el comentario corresponde a Valeria o a Alejandra.

Valeria   Alejandra

_____   _____ Mis padres siempre me _____ (**hacer**) una fiesta muy grande.

_____   _____ Mi mamá me _____ (**celebrar**) una fiesta de cumpleaños con mis compañeros de escuela.

_____   _____ Mi mamá me _____ (**traer**) un bizcocho de cumpleaños, refrescos y helados a la escuela.

_____   _____ Mi papá siempre me _____ (**llevar**) un ramo de flores a mi cuarto.

_____   _____ Mi mamá me _____ (**preparar**) mi comida favorita.

Paso 2 En **Antes de ver, Paso 2,** tu compañero(a) y tú hablaron de personas que no tuvieron buenas experiencias durante su cumpleaños. Según el video, al principio Valeria no está feliz tampoco el día de su cumpleaños. Pero, ¿cambió su estado de ánimo al final? ¿Cómo? Lee las siguientes oraciones sobre el cumpleaños de Valeria e indica si son **ciertas** o **falsas.** Corrige las oraciones falsas.

- Muchos amigos la llamaron.

  _____

- No recibió ningún correo electrónico. _____
- No tenía pastel de cumpleaños. _____
- Cumplió 26 años. _____
- Habló con Sofía sobre las fiestas de cumpleaños que tenía cuando era niña.

  _____

- Se puso feliz mientras bailaba con Antonio, Javier y Sofía. _____
- Los compañeros de casa la sorprendieron con un regalo de cumpleaños después del baile. _____
- Alejandra le entregó un disco compacto de música cubana. _____

  _____

- Javier le regaló un ramo de flores. _____
- Sofía le invitó a cenar. _____
- Al final Valeria se divirtió mucho el día de su cumpleaños. _____

¿Qué opinas tú?

 Paso 1 ¿Cuál fue el mejor día de cumpleaños que has tenido? ¿Cómo lo celebraste? ¿Con quiénes? ¿Hiciste alguna actividad especial? Piensa en todos los detalles. Describe este cumpleaños tan especial a un(a) compañero(a) y escucha mientras te describe su mejor cumpleaños. ¿Son similares sus experiencias?

 Paso 2 ¿Qué tipo de cosa puede afectar el estado de ánimo de una persona durante una situación festiva? ¿La enfermedad de un pariente? ¿Unas noticias muy buenas o malas? Trabaja con un(a) compañero(a) y nombren al menos cinco cosas (positivas y negativas) que puedan afectar y cambiar el estado de ánimo durante un día especial.

See the *Lab Manual,* **Capítulo 8,** **¡A ver!** for additional activities.

¡A leer!

Antes de leer

Guessing meaning from word roots (raíces)

Thus far, you have learned a large number of new Spanish words and are able to recognize a large number of cognates, even if they are new to you. You have also used prefixes and suffixes to create new words and understand their meanings. Using this knowledge, you can guess the meaning of even more new Spanish words if you know the meaning of their roots. For example, in this chapter you learned the word **sorpresa;** based on your knowledge of this word, what would you guess that the verb **sorprender** means? If you answer *to surprise* or *to cause wonder,* you are correct!

Words like **sorpresa, sorprender,** and **sorprendido(a)** that have the same root (e.g., **sorpr-**) are called "word families"; such words are closely related to one another.

Before reading the selection, respond to the following questions.

1. What do you see in the photos?
2. What is the title of the piece?
3. What type of literary composition is the piece?
4. What do you know about El Salvador up to this point (think back to the chapter activities and the **Encuentro cultural**)?

¡A leer!

Cognados. Escribe cinco cognados y sus significados.

Word roots. Completa el siguiente cuadro para aumentar tu vocabulario. Puedes buscar palabras en este texto y también en los capítulos anteriores. ¿Qué significan estas palabras?

memorizar	X
inventar	el/la inventor(a)
el rugido	X
la baba	X
morir	
traicionar	
el cuento	

Claribel Alegría

FLORES DEL VOLCÁN

Catorce volcanes se levantan
en mi país memoria
en mi país mito
que día a día invento.
Catorce volcanes de follaje *(foliage)* y piedra *(stone)*
donde nubes *(clouds)* extrañas se detienen
y a veces el chillido *(screech)*
de un pájaro extraviado *(lost bird).*
¿Quién dijo que era verde mi país?
es más rojo
es más gris
es más violento:
el Izalco que ruge *(roars)*
exigiendo *(demanding)* más vidas.

Después de leer

¿Cierto o falso? Indica si las siguientes oraciones son **ciertas** *(true)* o **falsas** *(false)*. Corrige las oraciones falsas.

1. _____ En el país de la escritora hay 15 volcanes.

2. _____ La escritora describe su país como un lugar muy verde y pacífico.

3. _____ La escritora describe el volcán como una montaña violenta, que pide vidas humanas como el chacmol.

4. _____ La escritora describe a los niños como huérfanos y tristes.

5. _____ En este país mueren muchas personas.

A conversar. Con cuatro de sus compañeros de clase discutan las siguientes preguntas:

1. ¿Por qué compara Alegría el volcán con la guerra?
2. ¿Cómo utiliza los colores Alegría? ¿Qué significan los colores?
3. ¿Cómo describe Alegría a los niños, a los guerrilleros y a las demás personas?
4. ¿Por qué creen ustedes que el volcán tiene flores todavía?

La pluma es suya. En su grupo escriban un «cinquant», que es un poema de cinco líneas. En este poema ustedes van a hacer la descripción de algún aspecto de la naturaleza en su estado o región que es muy importante para ustedes. Sigan las reglas del próximo ejemplo.

_____
[Sustantivo *(noun)*]

_____, _____
[2 adjetivos *(adjectives)*, palabras descriptivas]

_____, _____, _____
[3 verbos *(verbs)*, acciones]

_____
(Frase para describir el sustantivo)

_____
[Sustantivo *(noun)*]

Después de terminar, compartan su poema con la clase. ¿Qué opinan de los poemas de los otros grupos?

Los eternos chacmol
que recogen la sangre
y los que beben sangre *(blood)*
del chacmol
y los huérfanos *(orphans)* grises
y el volcán babeando *(slobbering)*
toda esa lava incandescente
y el guerrillero muerto
y los mil rostros *(faces)* traicionados
y los niños que miran para contar
la historia.

¡A escribir!

Strategy: Writing a summary

A good summary tells the reader the most important information about an event. The following is a list of important data that one should include in a summary.

- An interesting title or topic sentence
- Description of the setting: when and where the action took place, who was involved, any special conditions that were in existence
- What made the situation interesting or unique
- What actions took place, expected or unexpected
- How the event or situation ended or was resolved

Lee el siguiente resumen de una celebración memorable. Después, indica si la narración contiene los elementos importantes para un resumen.

> El 21 de diciembre fue un día memorable para mí el año pasado. Estaba en Guatemala, pasando unos días con mis primos que vivían en la capital. La mañana del 21 decidimos ir al pueblo de Chichicastenango para la celebración del Día de Santo Tomás, el santo patrón del pueblo. Eran las diez de la mañana cuando salimos de la capital en el coche de mi primo. Cuando llegamos a Chichicastenango, mucha gente estaba en las calles. Vimos a una amiga de mi primo y pudimos ayudarla con los últimos preparativos para la procesión. La procesión empezó unos minutos después y me puse muy contenta cuando vi a los adultos y los niños que lo pasaban maravillosamente bien en esta celebración. Más tarde comimos mucha comida típica de la región y bailamos por muchas horas. Tuvimos que volver a la capital antes del fin de la gran celebración y me sentía un poco triste pero también estaba contenta porque había participado (had participated) en una de las celebraciones más importantes de ese país.

¿Tiene la narración...

	Sí	No
un título o una oración introductoria?	——	——
información sobre dónde y cuándo ocurrió la acción?	——	——
información sobre los participantes?	——	——
explicación de elementos únicos de la situación?	——	——
información sobre lo que las personas hicieron?	——	——
una conclusión o una resolución?	——	——

Task: Writing a summary of an important event

Summaries of past events occur in a variety of contexts such as in newspapers or magazines or in letters written by participants to friends and family who may be interested in the event. The writer must present sufficient detail to capture and keep the interest of the reader but must not overwhelm the reader with unnecessary information. Follow the steps outlined below to prepare a summary of an important event in which you took part.

Paso 1 Piensa en una celebración que quieres describir en forma escrita. Trata de recordar detalles importantes, como el día o la fecha de la celebración, las preparaciones, las personas, las actividades, los problemas (si había algunos) y la conclusión de la celebración.

la fecha	
las preparaciones	
las personas	
las actividades	
los problemas	
la conclusión	

Paso 2 Escribe un resumen de la celebración, contestando las siguientes preguntas.

1. ¿Qué día era o cuál era la fecha? ¿Qué hora era?
2. ¿Qué tiempo hacía?
3. ¿Dónde estabas tú? ¿Dónde estaban las otras personas? ¿Qué hacían todos?
4. ¿Cómo estaban las personas? ¿Por qué?
5. ¿Qué pasó en la celebración? ¿Qué hizo una persona o qué hicieron varias personas? ¿Qué hiciste tú? Menciona varias actividades y, si puedes, incluye información sobre cuándo ocurrieron.
6. ¿Ocurrió algo especialmente interesante?
7. ¿Cómo y cuándo terminó la celebración?
8. ¿Lo pasaste bien? Explica.

Paso 3 Lee la información que acabas de escribir y prepara un título o una oración de introducción para el resumen. Después, lee el resumen otra vez y haz las correcciones necesarias en el contenido, la organización, la gramática y la ortografía *(spelling)*.

 Paso 4 Intercambia papeles con un(a) compañero(a) de clase. Lee el resumen de él/ella y después hazle preguntas sobre su resumen y contesta las preguntas que tenga *(may have)* sobre el tuyo.

ATAJO

Functions: Writing about past events; Writing about theme, plot, or scene

Vocabulary: Family members; Religious holidays; Time expressions

Grammar: Verbs: Preterite & Imperfect

Vocabulario esencial

Fiestas y celebraciones	*Holidays and celebrations*
el anfitrión	host
la anfitriona	hostess
el brindis	toast
la celebración	celebration
los cohetes	rockets
el cumpleaños	birthday
el día feriado	holiday
el disfraz	costume
los entremeses	hors d'oeuvres
la fiesta (sorpresa)	(surprise) party
el (la) invitado(a)	guest
la máscara	mask
el pastel	cake
la procesión	religious parade
los regalos	gifts
las velas	candles

Expresiones idiomáticas

¡Felicitaciones!	Congratulations!
Me pongo contento/ avergonzado/ molesto	I get happy/ embarrassed/ annoyed

La playa y el campo	*The beach and the country*
el balneario	beach resort
la costa	coast
la crema bronceadora	suntan lotion
el lago	lake
el mar	sea
las montañas	mountains
el océano	ocean
el río	river

Expresiones negativas

nada	nothing, not anything at all
nadie	nobody, no one
ningún, ninguno(a)(s)	none, not any
ni... ni	neither . . . nor
nunca	never
tampoco	neither, not either

Palabras interrogativas *p. 264*

Verbos

asustarse	to get frightened
celebrar	to celebrate
cumplir años	to have a birthday
dar (hacer) una fiesta	to give a party
disfrazarse	to wear a costume
gritar	to shout
hacer un brindis	to make a toast
llorar	to cry
olvidar	to forget
pasarlo bien (mal)	to have a good (bad) time
ponerse + *adjective*	to become (get) + adjective
portarse bien (mal)	to behave well (poorly)
reaccionar	to react
recordar (ue)	to remember
reunirse con	to get together with

Pasatiempos *Pastimes*

broncearse	to get a suntan
tomar el sol	to sunbathe
bucear	to scuba dive
caminar por las montañas	to hike in the mountains
correr las olas	to surf
hacer camping	to go camping
hacer esnórquel	to snorkel
hacer una parrillada	to have a cookout
pasear en canoa/velero	to go canoeing/sailing
pescar	to fish

Expresiones afirmativas

algo	something, anything
alguien	somebody, anybody
algún, alguno(a)(s)	some, any
o... o	either . . . or
siempre	always
también	also, too

Plaza de la Catedral, La Habana, Cuba
Visit it live on Google Earth!

De viaje por el Caribe
La República Dominicana, Cuba y Puerto Rico

9

CHAPTER OBJECTIVES

Communicative Goals

In this chapter, you will learn how to . . .

- Talk about air travel, other types of transportation, and lodging
- Simplify expressions with indirect and double object pronouns
- Talk about getting around in the city
- Give directions and express desires
- Make informal requests

Structures

- Indirect object pronouns
- Double object pronouns
- Prepositions and adverbs of location
- Formal and negative **tú** commands

Personal Tutor

DVD

¡Bienvenidos a Cuba!

1 | ¿Dónde está Cuba? Y, ¿cuál es su capital?

2 | ¿Cuáles son algunos de los cultivos principales de Cuba?

3 | ¿Qué sabes del gobierno cubano? ¿Sabes quién es el líder de Cuba?

4 | ¿Cómo es La Habana? ¿Qué medios de transporte emplean (use) los habaneros? ¿Cuáles son las zonas turísticas más populares de la ciudad?

5 | ¿Te gustaría visitar Cuba? ¿Por qué sí o por qué no?

289

Vocabulario

Viajar en avión

En el aeropuerto las Américas In this section, you will learn vocabulary and expressions used for traveling by airplane. The drawing below represents a typical scene in main airports like the one in the Dominican Republic.

Verbos

bajar(se) (de) to get off
hacer escala (en) to make a stop (on a flight) (in)
ir en avión to go by plane
pasar por to go through
viajar to travel

Sustantivos

el boleto (billete) de ida one-way ticket
el boleto (billete) de ida y vuelta round-trip ticket
el viaje trip
el vuelo (sin escala) (nonstop) flight

Expresiones idiomáticas

¡Bienvenido(a)! Welcome!
¡Buen viaje!/¡Feliz viaje! Have a nice trip!

¿Nos entendemos?

In Latin America, the words **boleto** and **billete** are used to talk about an airplane ticket. In Spain, it is more common to use **el pasaje.**

Palabras útiles

abrocharse el cinturón de seguridad to buckle the seatbelt
la aerolínea airline
aterrizar to land
la cabina cabin
con destino a departing for
la demora delay
despegar to take off
el (la) piloto pilot
procedente de arriving from
la salida de emergencia emergency exit

Palabras útiles are presented to help you enrich your personal vocabulary. The words here will help you talk about air travel.

el boleto (el billete) · el horario · facturar la maleta · LA SALIDA · PUERTAS 1–4 · el control de seguridad · la maleta · hacer la maleta · AG

¡BIENVENIDOS A LA REPÚBLICA DOMINICANA! · la inmigración · la aduana · PUERTA 5 · LA LLEGADA · el equipaje (de mano) · recoger el equipaje

la ventanilla · la pasajera · la asistente de vuelo · EL AVIÓN · ¡BUEN VIAJE! · el asiento · el pasillo · abordar · el pasaporte

¡A practicar!

9-1 | Definiciones Lee cada frase y luego identifica su definición.

1. el lugar en que se aborda el avión _____ **6**
2. el documento para poder entrar en otro país _____ **1.**
3. el asiento desde el cual se puede ver hacia afuera _____ **4**
4. el equipaje que se factura _____ **2**
5. el lugar donde se mira lo que hay en las maletas _____ **3**
6. el boleto que se compra cuando uno no quiere volver _____

6 a. de ida
5 b. la aduana
1. c. la puerta de la salida
4 d. las maletas
2 e. el pasaporte
3 f. el asiento de ventanilla

9-2 | Un viaje en avión a Santo Domingo Teresita, una mujer puertorriqueña, hizo un viaje a Santo Domingo para visitar a unos familiares el verano pasado. Pon sus acciones en un orden lógico.

_**5**_ Facturó el equipaje.
_**7**_ Abordó el avión con destino a Santo Domingo.
_**2**_ Fue a la agencia de viajes.
_**3**_ Compró un boleto de ida y vuelta.
_**4**_ Hizo las maletas.
_**1**_ Recibió una invitación de sus parientes en Santo Domingo.
_**6**_ Pasó por el control de seguridad.

9-3 | Nuestra luna de miel Teresita y su esposo, Manny, fueron a La Habana para pasar su luna de miel. Completa el párrafo usando las siguientes palabras.

agente de viajes	salida	viaje
equipaje de mano	asiento de pasillo	hacer escala
inmigración	vuelo sin escalas	ir en avión
llegada	agente de la aerolínea	Bienvenidos

El mes pasado, Manny y yo fuimos a La Habana, Cuba, para nuestra luna de miel. No queríamos ir en barco, preferíamos 1. _____. Nuestro 2. _____ nos reservó un 3. _____ en la aerolínea Cubana. Yo estaba contenta porque a mí no me gusta 4. _____. Tampoco me gusta mirar afuera del avión cuando vuelo, así que yo pedí el 5. _____ . Antes de la 6. _____ del vuelo, le enseñamos el pasaporte y el boleto a un 7. _____. No teníamos muchas maletas, pero Manny llevó 8. _____ con las cosas más necesarias. Durante el vuelo, esperamos con mucha emoción la 9. _____ a Cuba. Al llegar a La Habana, el piloto anunció "¡10. _____ a Cuba!" Tuvimos que pasar por la 11. _____, pero fue fácil. Total, nuestra luna de miel en La Habana fue el mejor 12. _____ de mi vida.

la agencia de viajes

la agente de viajes

¿Nos entendemos?

While a *passenger* is un(a) **pasajero(a)**, a *traveler* is un(a) **viajero(a)**.

¿Nos entendemos?

In addition to **el (la) asistente de vuelo**, the word **la azafata** is also used to refer to a female flight attendant.

Cultura

Cubana: Empresa Consolidada de Aviación is the national airline of Cuba.

Cultura

Travel from the U.S. to Cuba has been restricted for more than four decades. Official government travel and travel by professional journalists, researchers, and educators is allowed with required visas.

 Capítulo 9   Capítulo 9

Capítulo 9   iLrn: Heinle Learning Center, Capítulo 9

¡A conversar!

9-4 | ¿Qué opinas? Léele las siguientes oraciones a un(a) compañero(a), que debe decirte si está de acuerdo o no, y por qué. ¿Tienen mucho en común?

> **Modelo** E1: Es mejor pedir un vuelo sin escalas que uno con escalas.
> E2: *Estoy de acuerdo.*
> E1: *¿Por qué?*
> E2: *Porque los pasajeros llegan más rápidamente.*

1. Es mejor sentarse en la ventanilla que en el pasillo de un avión.
2. Es difícil viajar en avión con un bebé o con un niño pequeño.
3. Es buena idea llevar poco equipaje cuando se viaja en avión.
4. Es preferible pagar un boleto de avión antes de viajar que después de viajar.
5. Es importante sentarse cerca de una puerta de emergencia en el avión.
6. Es más interesante sentarse en la sección de clase turística que en primera clase.

9-5 | Entrevista Pregúntale a un(a) compañero(a) lo siguiente sobre sus hábitos y preferencias de viaje. Luego, añadan *(add)* sus propias preguntas, usando el vocabulario nuevo. Prepárense para compartir esta información con la clase.

1. ¿Tienes pasaporte? ¿Sí? ¿Cuándo sacaste tu pasaporte? o ¿No? ¿Piensas sacar un pasaporte algún día? ¿Por qué?
2. ¿A qué países viajaste en los últimos cuatro años? ¿Cuál es tu país favorito? ¿Qué países quieres visitar algún día? ¿Por qué?
3. Normalmente, ¿llevas mucho o poco equipaje cuando viajas?
4. ¿Cuándo fue la última vez que viajaste en avión? ¿Adónde fuiste? ¿Por qué fuiste a ese lugar?
5. ¿Prefieres sentarte en el pasillo o al lado de la ventanilla cuando viajas en avión? ¿Por qué?

9-6 | En el aeropuerto Haz esta actividad con otros(as) dos compañeros(as). Dos personas son pasajeros en el aeropuerto y la otra persona es el (la) agente de la aerolínea.

Agente

1. Greet your passengers.
3. Find out where they are going.
5. Ask for their tickets and passport.
7. Ask their seating preference (window/aisle).
9. Answer the question, then check in their luggage.
11. Respond, then say where they should board the airplane.
13. Explain, then return their travel documents.
15. Respond, then wish them a good trip.
17. Say good-bye.

Pasajeros

2. Respond appropriately.
4. Answer the question.
6. Do what the agent asks and say something appropriate.
8. Answer, then ask if your plane will leave on time.
10. Ask how the weather is at your destination.
12. Ask for directions to your departure gate.
14. Ask what time it is. Express appreciation.
16. Express your appreciation.
18. Answer appropriately.

9-7 | ¡Vamos a Santo Domingo! Tienes la oportunidad de viajar de Nueva York a Santo Domingo, República Dominicana. El (La) agente de viajes recomienda un itinerario pero no estás contento(a) con los detalles. Trabaja con un(a) compañero(a) para discutir el itinerario y pedir *(request)* cambios. Discutan ustedes las fechas, las horas, el precio, el número de pasajeros y cualquier otra *(any other)* información. El (La) viajero(a) debe pedir todos los cambios que quiere y el (la) agente puede aceptarlos o no.

Modelo   E1: El (La) agente de viajes: *El vuelo es el miércoles, quince de noviembre.*
E2: El (La) viajero(a): *No es muy bueno. Prefiero el jueves, dieciséis de noviembre.*
¿Es posible cambiar?
E1: El (La) agente de viajes: *Sí, es posible, pero el precio es mejor el miércoles.*

Por favor revisa y confirma tu selección

Itinerario

Salida	07:40 mié, 15-Nov	Nueva York - JFK (John F Kennedy Intl Airport)	Estados Unidos	e	Sin escala
Llegada	12:20 mié, 15-Nov	Santo Domingo - SDQ (Las Américas)	República Dominicana		Clase: Turista

Salida	13:30 jue, 30-Nov	Santo Domingo - SDQ (Las Américas)	República Dominicana	e	Sin escala
Llegada	16:15 jue, 30-Nov	Nueva York - JFK (John F Kennedy Intl Airport)	Estados Unidos		Clase: Turista

Presupuesto

Precio Total*: $374,44
Tasas y Gastos incluídos

Número de Pasajeros: 1
* El precio total incluye los Gastos de Servicio de $12,00 por pasajero y trayecto.

Revisa con atención los detalles de los vuelos que has seleccionado. Por favor verifica las fechas, aeropuertos de salida y llegada, horarios, número de pasajeros y precio. El precio indicado incluye gastos de servicio, y es el precio total de tu compra. Tu billete se emitirá en formato de billete electrónico o E-ticket (no se te enviará ningún billete físico a tu domicilio, sino que se te enviará por email el localizador de tu reserva).

☑ Estoy de acuerdo con todos los datos y quiero iniciar la compra del eTicket.

Sharon y su amiga Kate son estudiantes de la Universidad Internacional de la Florida en Miami, donde hace tres años que estudian español. Ahora ellas están de vacaciones en Santo Domingo, visitando la Ciudad Colonial. Lo que sigue es una parte del diario que grabó Sharon en su iPod.

27 de junio. Kate y yo estamos en el Hotel Montesinos. Cuando llegamos aquí anoche, estábamos tan cansadas que nos acostamos inmediatamente. Esta mañana caminamos por la ciudad colonial y vimos algunas plazas e iglesias coloniales.

✳ **Comentario cultural** The old section of Santo Domingo, in the seaport district, served as the first capital of the new territories discovered by Christopher Columbus. Santo Domingo was also the first city in the New World to establish a university, a cathedral, a fort, a monastery, a hospital, and a palace.

En una librería **cerca de** La Plaza de la Cultura compramos tarjetas postales para **mandarles a nuestros padres y amigos.** Luego tomamos un autobús a la Fortaleza de Ozama, desde donde vimos el Río Ozama.

✳ **Comentario cultural** Fort Ozama is the oldest military fortress in the New World. It was built on the banks of the Ozama River in 1502 to protect the city of Santo Domingo from pirate attacks. "Ozama" means "navegable waters" to the Taíno people, the first inhabitants of the island.

Yo saqué una foto de Kate **enfrente de** la fortaleza y **se la mandé** por correo electrónico a un amigo que tenemos, llamado Rodrigo Enrique. Después, Kate me dijo otra vez. «**No te olvides** de **enviarles la foto a los miembros** de mi familia también». Yo le respondí: «**¡No me pidas** más este favor si no puedes recordar las direcciones del correo electrónico!»

Expresiones en contexto

antes de irse *before leaving*	**hacer algunas compras** *to purchase a few things*
charlamos *we chatted*	**mercado de artesanías** *arts and crafts market*
desde donde *from where*	**no deberíamos haber llevado** *we shouldn't have worn*

En la Plaza de la Hispanidad conocí a Eduardo Pérez, a su esposa Gabriela y a sus dos hijas. Ellos son amigos íntimos de nuestro profesor en la Universidad Internacional de la Florida. **Se los presenté a Kate** cuando ella volvió de la Plaza España de hacer algunas compras. Ellos nos invitaron a su casa para cenar.

28 de junio. Esta mañana visitamos muchas iglesias, como la Capilla de Nuestra Señora de los Remedios. ¡No deberíamos haber llevado ropa tan informal a las iglesias!

Por la tarde, fuimos al mercado de artesanías en el Parque Colón para comprar algunos recuerdos. Yo compré un anillo y unos aretes, y **se los di a Kate.** Luego, ella **me compró un sombrero** y una camiseta muy bonita.

Allí en el parque conocimos a Juan Ochoa Valderrama y a José Hernández Lillo, que son empleados del Museo Casas Reales. Juan tiene veintitrés años y José tiene veinte. Ellos nos invitaron a tomar café en un pequeño restaurante, donde charlamos por dos horas. Antes de irse, Juan nos invitó a una fiesta en su casa.

Hemos estado en Santo Domingo solamente dos días y ya tenemos seis amigos. ¡Qué simpáticos son los dominicanos!

✳ **Comentario cultural** The Plaza de la Hispanidad in Santo Domingo features a statue commemorating Columbus's arrival on the island of Hispaniola on his first voyage to the Americas in December of 1492. Hispaniola is the second-largest island in the Antilles.

✳ **Comentario cultural** Most churches and other holy monuments in Latin America and Spain have strict dress codes. Their policies often prohibit shorts, sandals, bare shoulders, and hats.

✳ **Comentario cultural** The **Museo Casa Reales** provides a unique understanding of Santo Domingo's colonial heritage through exhibitions of artifacts dating from 1492 through 1821.

¿Comprendiste? Contesta las siguientes preguntas, basándote en la lectura.

1. Según **En contexto,** ¿cuáles son algunos sitios de interés turístico que ofrece Santo Domingo?
2. ¿Cuáles son los lugares que Sharon y Kate visitaron durante su visita en Santo Domingo y las actividades que ellas hicieron allí? Haz una lista.
3. ¿Por qué se puso Sharon un poco enojada con Kate?
4. Imagínate que tú estás en Santo Domingo ahora. De las cosas que Sharon y Kate vieron e hicieron en esta isla, ¿cuáles te gustaría ver y hacer?

 **Narración de un viaje inolvidable** Trabajando con un(a) compañero(a) de clase, túrnense para relatar experiencias sobre un viaje imaginario, parecidas a las descripciones que acaban de escuchar en **En contexto.** Deben cambiar las nacionalidades y los destinos. Usen expresiones de **En contexto** como modelo.

Estructura I

Simplifying expressions

The concept of indirect objects

All sentences have a subject and a verb. As you learned in **Capítulo 7,** many sentences also have a direct object or a pronoun that replaces the direct object (the direct object pronoun).

Subject	Verb	Direct Object	Subject	D.O.P.	Verb
↓	↓	↓	↓	↓	↓
Manny	compró	**un boleto.**	Manny	**lo**	compró.
Manny	*bought*	*a ticket.*	*Manny bought it.*		

Note below that some sentences also have an indirect object.

Subject	Indirect Object Pronoun	Verb	Direct Object	Indirect Object
↓	↓	↓	↓	↓
Manny	**le**	compró	un boleto	**a su esposa.**
Manny		*bought*	*a ticket*	*for his wife.*

Indirect objects (and their respective pronouns) refer to people already mentioned as indirect objects; that is, the pronoun tells *to whom* or *for whom* the action of the verb is performed.

To whom did he give the tickets?

Manny **le** dio los boletos **a su esposa.**   *Manny gave the tickets to his wife.*
Él **le** dio los boletos.   *He gave the tickets to her.*

For whom did he buy the souvenirs?

Manny **les** compró recuerdos **a sus hermanos.**   *Manny bought souvenirs for his brothers.*
Él **les** compró los recuerdos.   *He bought the souvenirs for them.*

Indirect object pronouns

In the sentences above, the indirect object pronouns **le** and **les** replace the indirect object nouns **esposa** and **hermanos,** respectively.

Singular		Plural	
me	*to/for me*	nos	*to/for us*
te	*to/for you* (informal)	os	*to/for you* (informal in Spain)
le	*to/for you* (formal), *him, her*	les	*to/for you* (formal in Spain), *them*

Note that indirect object pronouns are placed in the same positions as direct object pronouns.

1. Place the pronoun in front of the conjugated verb.

—¿Marta **te dio** esa maleta?   *Did Marta give you that suitcase?*
—Sí. También **me compró** estos sombreros.   *Yes. She also bought me these hats.*

Indirect object pronouns

2. In negative sentences, place the **no** in front of the pronoun.

—Le di el boleto a mi esposo.	*I gave my husband the ticket.*
—¿Por qué **no nos** diste uno?	*Why didn't you give us one?*

3. When the pronoun is used with an infinitive, a present participle, or an affirmative command, either place it before the conjugated verb or attach it to the infinitive, the present participle, or the command.

Le voy a escribir. ⎱	*I'm going to write to him.*
Voy a escribir**le**. ⎰	

Le estoy escribiendo ahora. ⎱	*I'm writing to him now.*
Estoy escribiénd**ole** ahora. ⎰	

¡Escríbe**le** ahora!	*Write to him now!*

> A written accent is needed to mark the stressed vowel of a present participle or an affirmative command when an indirect object pronoun is attached to it.

Also note that since **le** and **les** can have different meanings, you may add the expressions **a él, a ella, a usted, a ellos, a ellas,** or **a ustedes** to the sentence for clarification or emphasis.

For clarification

—¿**Le** prometiste el viaje **a él o a ella**?	*Did you promise the trip to him or her?*
—**Le** prometí el viaje **a ella**.	*I promised the trip to her.*

For emphasis

—¿A quién **le** está comprando este recuerdo?	*For whom are you buying this souvenir?*
—Estoy comprándo**le** este recuerdo **a usted**.	*I'm buying this souvenir for you.*

Indirect object pronouns are normally used with the verbs **dar** *(to give)* and **decir** *(to say; to tell)*. Other verbs that frequently employ indirect object pronouns are:

escribir *to write*
explicar *to explain*
hablar *to speak*
mandar *to send*
ofrecer (zc) *to offer*
pedir (i, i) *to request; to ask for*
preguntar *to ask a question*
prestar *to lend*
prometer *to promise*
recomendar (ie) *to recommend*
regalar *to give (as a gift)*
servir (i, i) *to serve*

> The **yo** form of **ofrecer** is **ofrezco**.

¡A practicar!

9-8 | De viaje por el Caribe Imagínate que vas de viaje por las islas del Caribe y quieres describir lo que haces allá. Llena los espacios en blanco, usando el pronombre de objeto indirecto correcto.

> **Modelo** Yo _les_ escribo postales del Caribe. (a mis padres)

1. Yo _____ hago muchas preguntas al agente de viajes sobre Santo Domingo. (a él)
2. Él _____ recomienda visitar la Fortaleza Ozama que fue la primera construcción militar de América. (a mí)
3. Yo _____ prometo comprar cosas típicas como guayaberas dominicanas, cubanas y puertorriqueñas. (a ti)
4. Los padres de mis compañeros de viaje _____ piden fotos de La Habana. (a sus hijos)
5. En Cuba, el botones del hotel _____ recomienda comer helado en el Café Coppelia en La Habana. (a nosotros)
6. Yo _____ ofrezco ayuda con sus planes para visitar San Felipe del Morro, la fortaleza famosa de Puerto Rico. (a mis amigos)

9-9 | En una tienda en el aeropuerto Teri y Manny deciden a última hora comprarle un recuerdo de Cuba al hermano de Teri. Llena los espacios en blanco, conjugando los verbos entre paréntesis (si es necesario) y colocando *(placing)* el pronombre de objeto indirecto en el lugar correcto.

> **Modelo** **Dependiente:** ¿Puedo _ayudarles_ (ayudar/les)?

Dependiente: Hola, ¿en qué puedo 1. _____ (servir/les)?

Teri: Queremos 2. _____ (comprar/le) un regalo a mi hermano.

Dependiente: Bien. ¿Qué tipo de regalo 3. _____ (buscar/le)?

Teri: Pues, a mi hermano y a mí 4. _____ (gustar/nos) mucho la ropa.

Dependiente: ¿Ropa? ¿Qué tipo de ropa 5. _____ (gustar/les) a Uds., por ejemplo?

Teri: Bueno, el año pasado él 6. _____ (regalar/me) un sombrero típico de Perú y ahora quiero 7. _____ (dar/le) a él un sombrero típico cubano.

Dependiente: Bueno, ¿a Ud. 12. _____ (gustar/le) éste?

Teri: ¡Sí! Él 13. _____ (ir a decir/nos), «¡Muchas gracias!» ¿Puedo 14. _____ (probar/me) el sombrero? Mi esposo puede 15. _____ (regalar/me) uno también.

Manny: Y tú 16. _____ (poder/me) regalar una guayabera, ¿no?

9-10 | ¡Ayúdanos! Teri y Manny están muy cansados después de su luna de miel y te piden ayuda. Explica lo que tú haces por ellos, y lo que ellos hacen por ti, usando el pronombre de objeto indirecto correcto.

> **Modelo** (a ellos) hacer las reservas para el vuelo
> *Les hago las reservas para el vuelo.*

1. (a Teri) bajar las maletas
2. (a ellos) llamar un taxi
3. (al agente) preguntar el horario
4. (a Teri y Manny) prometer escribir una carta
5. (a mí) Manny y Teri regalar un recuerdo de La Habana
6. (a nosotros) Teri dar un beso
7. (a Manny) decir "Buen viaje"
8. (a mí) Manny y Teri dar una guayabera cubana por mi ayuda

📖 Capítulo 9

💿 Capítulo 9

🌐 Capítulo 9

💿 iLrn: Heinle Learning Center, **Capítulo 9**

¡A conversar!

9-11 | Un esposo ansioso En el aeropuerto Manny está preocupado con todos los detalles *(details)* del viaje, pero Teri le explica que ella ya *(already)* hizo varias cosas. Así que Manny puede estar más tranquilo. ¿Cómo responde Teri a las preocupaciones de Manny? Túrnense haciendo los papeles de Teri y Manny.

> **Modelo** —¿Les compramos los regalos a nuestros amigos?
> —*Ya les compramos regalos ayer. Les compramos los dibujos. ¿No te acuerdas?*

1. ¡Ay! Me olvidé de confirmarles el vuelo a nuestros amigos.
2. ¡Caramba! Yo quería comprarme una camiseta de Cuba.
3. También quería comprarme una caja de puros *(cigars)* de aquí.
4. ¿Le preguntaste al agente si está a tiempo el vuelo?
5. Tenemos que mandarle una tarjeta postal a mi abuelo.
6. Tenemos que explicarle al agente de vuelos que llevamos mucho equipaje.

9-12 | Escenas en la clase Vamos a describir las actividades de las personas en nuestra clase. Por eso, con un(a) compañero(a), haz preguntas sobre estas actividades, usando pronombres de objeto indirecto. ¡Sea *(Be)* creativo!

> **Modelo** la profesora
> E1: *¿Qué le dice la profesora a Juan?*
> E2: *Le dice que no debe llegar tarde a la clase.*

Verbos útiles: contestar, decir, escribir, explicar, hacer, ofrecer, pedir, preguntar

1. el (la) profesor(a)	3. ellos	5. él
2. nosotros	4. tú	6. ella

9-13 | Preguntas personales Hazle las siguientes preguntas sobre su vida personal a uno(a) de tus compañeros. Túrnense contestándose las preguntas.

Tus amigos ¿Les hablas a tus amigos sobre tu vida personal? ¿Te ayudan tus amigos con algunos problemas? ¿Les ayudas a ellos con sus problemas? ¿Cuándo fue la última vez que un amigo te hizo un favor? ¿Les prestas dinero a tus amigos? ¿Por qué sí o por qué no?

Tus padres ¿Les haces muchos favores a tus padres? ¿Ellos te hacen favores a ti? ¿Qué tipo de favores? ¿Te escriben cartas o correos electrónicos de vez en cuando? ¿Les escribes a ellos? ¿Te hicieron una visita de sorpresa alguna vez? ¿Qué pasó?

Estructura II

Simplifying expressions

Sometimes you may want to use both direct and indirect object pronouns together in the same sentence. In this case, note that indirect object pronouns always precede direct object pronouns.

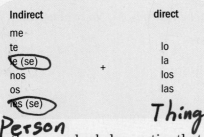

Indirect		direct
me		
te		lo
le (se)	+	la
nos		los
os		las
les (se)		

Person   *Thing*

In the examples below, notice that the indirect object pronouns **le** and **les** always change to **se** when they are used together with the direct object pronouns **lo, la, los,** and **las.**

Teri **le** compró **un regalo a su hermano.**   *Teri bought a gift for her brother.*

Se lo compró ayer en el aeropuerto.   *She bought it for him yesterday in the airport.*

¡A practicar!

9-14 | **¿Qué hicieron Manny y Teri en Cuba?** Para saber lo que hicieron Manny y Teri en Cuba, lee las siguientes preguntas. Subraya el objeto directo y haz un círculo alrededor del objeto indirecto. Después, sustitúyelos con los pronombres de objeto directo e indirecto necesarios para hacer la oración más corta.

> **Modelo**   ¿Les venden los agentes de viaje *los boletos* a los turistas?
> Sí, *se los* venden.

1. ¿Le explicó Manny a Teri los detalles del viaje?
   Sí, _____ _____ explicó.
2. ¿Les trajo Teri los famosos puros *(cigars)* de Cuba a sus hermanos?
   No, no _____ _____ trajo.
3. ¿Le compró Teri una guayabera cubana a Manny?
   Sí, _____ _____ compró.
4. ¿Teri y Manny nos trajeron un recuerdo a nosotros?
   Sí, _____ _____ trajeron.
5. ¿Les trajo Manny dos botellas de ron a sus amigos?
   Sí, _____ _____ trajo.
6. ¿Manny va a prestarte a ti su nueva guayabera?
   No, no _____ _____ va a prestar.

9-15 | **La mandona (bossy one)** Teri está muy nerviosa con los preparativos de su viaje, y por eso se pone muy mandona con Manny. Para cada situación, cambia el verbo a un mandato *(command)* de **tú.** Sustituye los objetos directos e indirectos con los pronombres necesarios.

> **Modelo**   mandar la carta a mi mamá   *¡Mándasela!*

1. plancharme la blusa
2. servirnos el desayuno
3. mandar el dinero a Visa
4. prepararte las maletas
5. dar comida a los perros
6. comprar una maleta nueva para mí

📖	Capítulo 9
💿	Capítulo 9
🌐	Capítulo 9
💿	iLrn: Heinle Learning Center, **Capítulo 9**

Double object pronouns

También **le** compró **una camiseta a su madre.**	*She also bought a shirt for her mother.*
Teri **se la** compró en una tienda en el centro.	*Teri bought it for her in a store downtown.*

Also note that in a sentence with an infinitive or a present participle, pronouns may be placed before conjugated verbs or attached to the infinitive or present participle.

Teri quiere comprar**le** un sombrero a Humberto.	*Teri wants to buy Humberto a hat.*
Se lo va a comprar hoy. Va a comprár**selo** hoy.	*She's going to buy it for him today.*
Se lo está comprando ahora. Está comprándo**selo** ahora.	*She is buying it for him now.*

In the case of affirmative commands, the pronouns must be attached to the command form. Note that when two pronouns are attached, an accent mark is written over the stressed vowel.

Teri, cómpra**selo** en esa tienda.	*Teri, buy it for him in that store.*

¡A conversar!

9-16 | Preguntas y preguntas... La madre de Manny le hace preguntas sobre el viaje. Una persona va a leer las preguntas de la madre y la otra persona va a indicar cómo responde Manny a las preguntas, usando pronombres de objeto directo e indirecto. ¡Sé *(Be)* creativo(a) con las explicaciones!

Modelo ¿Compraste un regalo para tu padre?
Sí, mamá, se lo compré porque... o *No, mamá, no se lo compré porque...*

1. ¿Trajiste las fotos de La Habana para mí?
2. ¿Le diste las gracias al recepcionista del hotel?
3. ¿Nos hiciste una reserva en el hotel para nosotros para el año que viene?
4. ¿Le regalaste las guayaberas a la familia de Teri?
5. ¿Tienes un recuerdo del viaje para mí?
6. ¿Te trajo Teri tu pasaporte?

9-17 | Entrevista Hazle las siguientes preguntas a un(a) compañero(a). Intenta usar pronombres de objeto directo e indirecto cuando sea posible.

1. Cuando necesitas dinero para un viaje, ¿a quiénes se lo pides? (¿Y te lo dan?) Y tus padres, ¿te dan mucho o poco dinero? ¿Se lo pides con mucha o con poca frecuencia?
2. Cuando vas de viaje, ¿a quiénes les compras regalos? ¿Qué cosas les compras? ¿A quiénes les compraste regalos la última vez que viajaste?
3. ¿Te gusta escribirles cartas a tus amigos si estás de viaje? ¿Mandas cartas o tarjetas postales? ¿Alguien te escribe a ti? ¿Cuándo fue la última vez que escribiste una tarjeta postal? ¿A quién se la escribiste y por qué?

Encuentro cultural

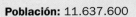

¿Qué recuerdan de...

 ...Bienvenidos a Cuba?

1. ¿Cuál es la capital de Cuba?
2. ¿Qué son las «muñequitas»?
   ¿Qué son las «guayaberas»?
   ¿Qué es el «malecón»?
3. ¿Cómo es La Habana?

See the *Workbook,* **Capítulo 9, Bienvenidos a Cuba** for additional activities.

Población: 11.637.600
Área: 110.992 km², casi el tamaño de Pennsylvania
Capital: La Habana, 2.312.100
Moneda: el peso cubano
Lengua: el español

Población: 9.183.984
Área: 48.582.477 km², el tamaño de New Hampshire y Vermont juntos

Población: 3.927.188
Área: 8.897 km², casi tres veces el tamaño de Rhode Island
Capital: San Juan, 434.374
Moneda: el dólar estadounidense
Lenguas: el español y el inglés

Capital: Santo Domingo, 2.252.400
Moneda: el peso dominicano
Lengua: el español

Personalidades ilustres Entre los años 1956 y 2006, 360 jugadores de origen dominicano han jugado en las Grandes Ligas de Béisbol de los Estados Unidos y de estos jugadores más de 30 son de un pequeño pueblo llamado San Pedro de Macorís. Algunos de estos jugadores importantes son: Tony Fernández (Milwaukee Brewers y los Toronto Blue Jays 2001), José Valverde (Arizona Diamondbacks 2003–2006) y Sammy Sosa (Baltimore Orioles 2005). Sammy Sosa comenzó a jugar a los catorce años. Como *(Since)* era muy pobre para comprar equipo de béisbol, él y sus amigos jugaban con palos *(sticks)* de los árboles y con calcetines doblados en forma de pelota. Hoy en día, Sosa es uno de los mejores jugadores de béisbol y gana alrededor de 25 millones de dólares al año.

¿Te gusta jugar al béisbol o te gusta ver los partidos de béisbol? ¿Quiénes son tus jugadores favoritos?

Historia Desde 1952 Puerto Rico mantiene el estatus de Estado Libre Asociado *(territory with commonwealth status)* con respecto a los Estados Unidos. Esto significa que los puertorriqueños son ciudadanos de los Estados Unidos con los mismos derechos y deberes de los ciudadanos estadounidenses, excepto que tienen que residir en los EE.UU. para poder votar en las elecciones presidenciales. Los puertorriqueños en la isla de Puerto Rico votan para elegir a su gobernador(a) cada cuatro años.

Capitolio Viejo, San Juan, Puerto Rico

¿Qué piensas del estatus de la isla de Puerto Rico con respecto a los EE.UU.?

Visit it live on Google Earth!

Lugares mágicos Santo Domingo fue fundada *(it was founded)* entre 1494 y 1498 por Bartolomé Colón, hermano de Cristóbal Colón. En el sector colonial, los edificios más importantes son: la fortaleza Ozama, que fue la primera construcción militar del Nuevo Mundo; el hospital de San Nicolás de Bari, que fue el primer hospital y el Monasterio de San Francisco. En 1521 se construyó la primera catedral y en 1538 se fundó la primera universidad de las Américas con el nombre de Santo Tomás de Aquino. Esta universidad fue un centro intelectual muy importante que le dio a Santo Domingo el nombre de Atenas del Nuevo Mundo.

¿Te gustaría conocer la ciudad de Santo Domingo? ¿Qué lugar te gustaría conocer más? ¿Por qué?

Creencias y Costumbres La fiesta de los Tres Reyes Magos *(Three Wise Men)* se celebra en Puerto Rico el 6 de enero. Los Tres Reyes Magos, Melchor, Gaspar y Baltasar, vinieron de Oriente para conocer y adorar al Niño Jesús en Belén; también le llevaron de regalos. Por esto, los niños y los adultos reciben sus regalos este día, no en la Navidad. En preparación al seis de enero, los niños les ponen hierba *(grass)* a los caballos de

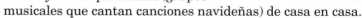

los Tres Reyes, para comer y así tener fuerza para seguir repartiendo regalos por todas las casas del vecindario. En Puerto Rico se sigue celebrando la Navidad una semana después del 6 de enero y los amigos se visitan por las tardes y llevan parrandas (grupos musicales que cantan canciones navideñas) de casa en casa.

¿Cuál es la fiesta más importante que celebras con tu familia? ¿Cómo celebran ustedes esta fiesta?

Arte y Artesanía A la llegada de Cristóbal Colón a Cuba, las comunidades indígenas se caracterizaban por utilizar caracoles *(sea snails)* y conchas de mar *(seashells)* en cuchillos, vasijas, collares y en la ropa de uso diario y de uso ceremonial. Además trabajaban la cerámica y la madera. La cultura africana también se encuentra presente en el arte y la artesanía cubanos con todos los trabajos hechos de semillas y en cerámica. Hoy en día se destacan como artesanos en cuero y madera Julio César Garrido y Carlos Espinosa, como ceramista Alfredo Sosabravo. En la pintura se destacan Wilfredo Lam (1902–1982), Amelia Peláez (1896–1968) y los más contemporáneos Francisco (Pancho) Varela (1945–), Águedo Alonso (1938–), Amarilis Véliz (1957–), Iris Leyva (1950–) y Alejandro Montesinos (1949–). Estos pintores son reconocidos nacional e internacionalmente.

¿Qué tipo de arte o artesanía te gusta? ¿Cuáles son tus artesanos o pintores favoritos?

Ritmos y música La música caribeña de las islas de Cuba, Puerto Rico y la República Dominicana tiene un aire común y familiar. Los comienzos de la música se encuentran *(are found)* en los instrumentos de percusión de los indígenas. Más tarde llegan los conquistadores con los instrumentos de cuerda, como la guitarra y el violín, además de las trompetas y las panderetas *(tambourines)*. A estos instrumentos se unen los ritmos e instrumentos africanos, finalmente resultan los ritmos caribeños y latinoamericanos como el merengue, la bachata, la rumba, el son y la samba.

Juan Luis Guerra es uno de los más famosos cantantes dominicanos en los últimos veinte años. Por medio de su música, los ritmos de la bachata y del merengue se hicieron famosos en el mundo. La siguiente selección musical *Guavaberry* es un ejemplo del merengue. En esta canción se puede notar la influencia del inglés, y también que la ciudad que menciona es San Pedro de Macorís. *Access the iTunes playlist on the **Plazas** website.*

¿Cuál es el tema de esta canción? ¿Te gusta el ritmo del merengue?

See the *Lab Manual,* **Capítulo 9, Ritmos y música** for activities.

¡Busquen en la Red de información!

www.thomsonedu.com/spanish/plazas

1. Personalidades ilustres: Jugadores dominicanos de béisbol, Sammy Sosa
2. Historia: Puerto Rico, «Estado Libre Asociado»
3. Lugares mágicos: Santo Domingo, República Dominicana
4. Creencias y costumbres: Los Tres Reyes Magos, Puerto Rico
5. Arte y artesanía: Artesanos en Cuba
6. Ritmos y música: Ritmos caribeños, Juan Luis Guerra

Vocabulario　El hotel

En el Hotel Nacional de Cuba, La Habana In this section, you will learn vocabulary and expressions associated with lodging by observing scenes from Teri and Manny's honeymoon in La Habana.

Sustantivos

la **cama sencilla (doble)** single (double) bed
la **recepción** front desk
la **reserva** reservation

Adjetivos

arreglado(a) neat, tidy
cómodo(a) comfortable
limpio(a) clean
privado(a) private
sucio(a) dirty

Verbos

quedarse to stay
quejarse (de) to complain (about)
registrarse to register

¿Nos entendemos?

In Latin America, one asks for **un cuarto** in a hotel. In Spain it is more common to call a hotel room **una habitación.**

Cultura

Two forms of currency exist in Cuba, the Cuban peso or **moneda nacional** used by Cubans and the convertible **peso** or CUC used by citizens of other countries. The official exchange rate of the CUC for U.S. dollars is 1.08 U.S. dollars to 1 CUC but an added fee yields a cost of $1.12 for 1 CUC. The U.S. dollar was widely accepted in Cuba until 2004, when the CUC was introduced.

Palabras útiles

la caja fuerte security box
el centro de negocios business center
las comodidades amenities, features

la sala de conferencias / para banquetes conference/banquet room
el servicio de (habitación) cuarto room service

Palabras útiles are presented to help you enrich your personal vocabulary. The words here will help you talk about visits to hotels.

¡A practicar!

9-18 | **¿Cierto o falso?** Según lo que aprendiste del viaje de Teri y Manny, indica si las siguientes oraciones son **ciertas** o **falsas.** Si la oración es falsa, corrígela para que sea cierta.

> **Modelo** Teri y Manny piden dos cuartos para dos personas.
> *Es falso. Piden un cuarto para dos personas.*

1. Teri y Manny no necesitan un baño privado.
2. El cuarto tiene aire acondicionado porque es un hotel de cuatro estrellas.
3. El cuarto cuesta 100 dólares al día.
4. Hay otro cuarto más barato en el segundo piso.
5. Para llegar a su cuarto, Teri y Manny tienen que subir la escalera.
6. El cuarto no estaba arreglado cuando Teri y Manny entraron.

9-19 | **Definiciones** Busca las palabras del vocabulario que corresponden con las definiciones que están a continuación. Luego compara tu lista con la de un(a) compañero(a) de clase. ¿Están de acuerdo?

> **Modelo** Nosotros dormimos en esta cosa.
> *la cama*

1. Es una cama para una persona.
2. Entramos en esto para subir o bajar.
3. En este lugar uno se registra.
4. Es un baño que no hay que compartir con otros.
5. Es una máquina que enfría el cuarto.
6. Es un hotel muy lujoso *(luxurious)*.
7. Es un objeto de metal que abre la puerta.
8. Cuando nadie limpia el cuarto, el cuarto está...

	Capítulo 9		Capítulo 9
	Capítulo 9		iLrn: Heinle Learning Center, Capítulo 9

¡A conversar!

9-20 | ¡Bienvenido a La Habana! Habla con un(a) compañero(a) de clase. Imagínense que una persona es el (la) cliente que busca una habitación en un hotel y la otra es el (la) recepcionista.

Cliente

1. Greet the receptionist.
3. Ask for a single room with a private bath.
5. Find out how much the room costs.

7. Ask about the hotel amenities.
9. Describe the kind of room you want.

11. Express your appreciation.

Recepcionista

2. Return the greeting.
4. Ask how many days he/she is going to stay.
6. Inform your guest about your various room rates.
8. Answer your guest's questions.
10. Respond, then say the number and floor of the room.
12. Respond, then say something to make your guest feel welcome.

9-21 | Situaciones Lee cada problema. Luego habla con un(a) compañero(a) de clase sobre la mejor solución para resolverlo. Luego compartan su solución con la clase. ¿Cuál es la solución más común en la clase?

1. Tú y tu amigo(a) acaban de llegar al aeropuerto de José Martí en La Habana, Cuba. Ustedes hablan con un agente de viajes para que les ayude a encontrar un cuarto barato en la ciudad. El agente les informa que el cuarto más barato cuesta 40 dólares al día, pero ustedes no quieren pagar más de 25 dólares. Son las 10:00 de la noche y ustedes están muy cansados.

2. Después de entrar a su cuarto de hotel, ustedes se duchan, miran las noticias de la televisión y luego se acuestan. A las 3:00 de la mañana un ruido tremendo los despierta. Una pareja en otro cuarto comienza a hablar muy alto y ustedes no pueden dormir.

9-22 | Una visita al Apartahotel Morasol Lee la información sobre el Apartahotel Morasol que está en la página 307, y luego trabaja con un(a) compañero(a) para presentar una escena en un hotel. Una persona es el (la) recepcionista y la otra es el (la) cliente. Refiriéndose a la información sobre el hotel, presenten una conversación de 8 a 10 preguntas y respuestas. Si prefieren trabajar en un grupo de tres, dos personas pueden ser los clientes.

9-23 | Planes para un viaje Basándote en la información sobre el Apartahotel Morasol, decide si quieres planear unas vacaciones allí. Explícale a un(a) compañero(a) por qué quieres visitarlo o por qué no, y pregúntale a él/ella si quiere ir o no. Ustedes deben discutir tantas características de este hotel como sea posible.

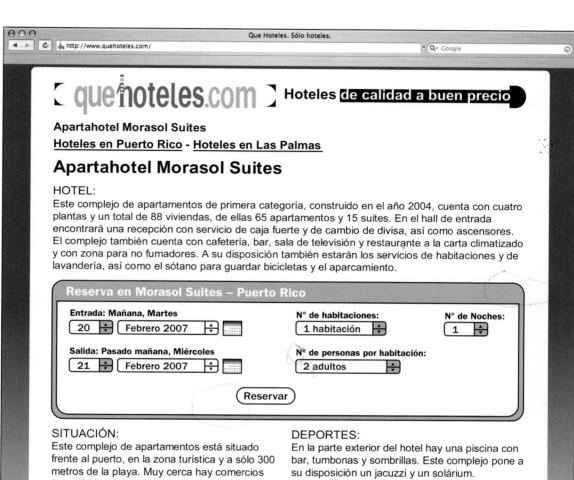

[quėhoteles.com] Hoteles **de calidad a buen precio**

Apartahotel Morasol Suites

Hoteles en Puerto Rico - **Hoteles en Las Palmas**

Apartahotel Morasol Suites

HOTEL:

Este complejo de apartamentos de primera categoría, construido en el año 2004, cuenta con cuatro plantas y un total de 88 viviendas, de ellas 65 apartamentos y 15 suites. En el hall de entrada encontrará una recepción con servicio de caja fuerte y de cambio de divisa, así como ascensores. El complejo también cuenta con cafetería, bar, sala de televisión y restaurante a la carta climatizado y con zona para no fumadores. A su disposición también estarán los servicios de habitaciones y de lavandería, así como el sótano para guardar bicicletas y el aparcamiento.

Reserva en Morasol Suites – Puerto Rico

Entrada: Mañana, Martes
`20` `Febrero 2007`

Salida: Pasado mañana, Miércoles
`21` `Febrero 2007`

Nº de habitaciones:
`1 habitación`

Nº de personas por habitación:
`2 adultos`

Nº de Noches:
`1`

(Reservar)

SITUACIÓN:

Este complejo de apartamentos está situado frente al puerto, en la zona turística y a sólo 300 metros de la playa. Muy cerca hay comercios (unos 300 metros), bares, restaurantes y discotecas (a 100 metros), así como una parada de transporte público.

HABITACIÓN:

Los confortables apartamentos tienen salón-dormitorio, baño, secador de pelo, teléfono de línea directa, TV vía satélite o por cable, cocina americana, nevera, cama doble, calefacción central y caja fuerte. Los apartamentos tienen además un dormitorio aparte. El personal se encarga de la limpieza al final de cada estancia.

DEPORTES:

En la parte exterior del hotel hay una piscina con bar, tumbonas y sombrillas. Este complejo pone a su disposición un jacuzzi y un solárium.

OTRAS:

Se ofrece todas las mañanas desayuno. El desayuno y el almuerzo se ofrecen en forma de bufet. A mediodía podrá elegir, además, entre menú o menú a la carta, y a la hora de la cena a la carta. El cliente también puede encargar comida dietética y platos especiales.

DIRECCIÓN:

Morasol Suites
Puerto Base s/n
35135 Puerto Rico

Así se dice

Giving directions

In this section, you will learn how to ask for and give street directions. Look at the map below and read the accompanying description of El Viejo San Juan in Puerto Rico with the prepositions of place highlighted.

El mapa

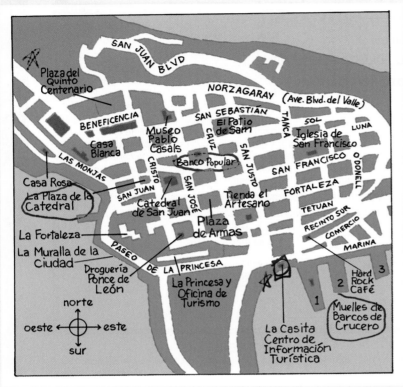

La Plaza de Armas está en el centro de la ciudad. **Hacia** (*Toward*) el **sur** de la ciudad el Paseo de la Princesa está **detrás de** (*behind*) la Muralla de la Ciudad (*City Wall*). En el **norte** de la ciudad el restaurante el Patio de Sam está **entre** (*between*) las calles San Justo y Cruz. Los Muelles de Barcos de Crucero están **enfrente de** (*across from*) la calle Marina. La Plaza de la Catedral está **a la izquierda de** (*on the left of*) la Catedral de San Juan. La Catedral de San Juan está **a la derecha de** (*on the right of*) la Plaza de la Catedral. El mar está **al lado de** (*next to*) los Muelles de Barcos de Crucero. El Museo Pablo Casals está **cerca del** (*near the*) Patio de Sam. San Juan Bulevar está **delante de** (*in front of*) la Calle Norzagaray. El aeropuerto está **lejos de** (*far from*) la ciudad.

> **¿Nos entendemos?**
> There are two ways to say *map* in Spanish: **el plano** and **el mapa**.

¡A practicar!

📖	Capítulo 9	🌐	Capítulo 9
💿	Capítulo 9	🔵	*iLrn: Heinle Learning Center,* Capítulo 9

9-24 | ¿Cierto o falso? Mira el mapa y lee las oraciones para ver si son **ciertas** o **falsas**. Si una oración es falsa, corrígela.

1. La Plaza de la Catedral está a la derecha de la Catedral de San Juan.
2. Los Muelles de Barcos de Crucero están lejos de la Casa Rosa.
3. El Banco Popular está al norte de la ciudad.
4. La Casita Centro de Información Turística está cerca de la Plaza del Quinto Centenario.
5. La calle San Justo está entre la calle Cruz y la calle Tanca.
6. La Plaza de la Catedral está al oeste de la Iglesia de San Francisco.

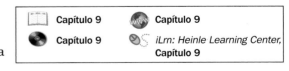

Prepositions of location, adverbs, and relevant expressions

Asking for directions

In the following dialogue, Manny asks for directions from the Plaza de Armas to the Casa Blanca.

Manny:	**Perdón,** ¿dónde está la Casa Blanca?	*Excuse me, where is the Casa Blanca?*
Señor:	Está en la calle Monjas. **Suba tres cuadras** en la calle San José. **Doble** en la calle Sol, **cruce** la calle y **siga derecho.**	*It's on Monjas Street. Go up three blocks on San José Street. Turn on Sol Street, cross the street, and continue straight ahead.*
Manny:	¿Eso es **hacia** el **este,** verdad?	*That is going toward the east, right?*
Señor:	No, es **hacia** el **oeste.**	*No, it's toward the west.*
Manny:	Muchísimas gracias.	*Thank you very much.*

Suba, doble, cruce, and **siga** are formal commands that you will be learning later in this chapter.

> **¿Nos entendemos?**
>
> In Spain, it is more common to say **recto** (*straight ahead*), whereas in Latin America, **derecho** is more commonly used. Likewise in Spain, it is more common to say **la manzana,** instead of **la cuadra,** for *block.*

The following are additional words and phrases related to talking about location and giving directions:

Otros lugares

la estación de trenes train station
el puerto port
la terminal de autobuses bus station

Adverbio

demasiado too much

Verbos

cruzar to cross
doblar to turn
parar(se) to stop
seguir (i, i) to continue
subir(se) (a) to go up

Modos de transporte

a pie on foot
en autobús by bus
en barco by boat
en bicicleta by bike
en coche by car
en metro by subway
en taxi by taxi
en tren by train

> **¿Nos entendemos?**
>
> In Puerto Rico, buses are called **las guaguas;** in Argentina and El Salvador, **los colectivos;** in Mexico, **los camiones;** and in other countries like Cuba, the terms **el ómnibus** and **el microbús** are common. In some countries the terms **el trolebús** and **el tranvía** are still used. **Un camello** (*camel*) is what Cubans call a bus that is mounted on the bed of a truck and used as public transportation.

9-25 | Lugares y transporte Usa una palabra del vocabulario para completar las siguientes oraciones. Luego compara tus respuestas con las de un(a) compañero(a). ¿Están de acuerdo?

1. Tengo mucha prisa; no quiero tomar el autobús y no tengo tiempo para ir a pie. Voy a pedir un _____.
2. Compré ayer un boleto para el tren que sale a las 5:00. ¿Dónde está la _____?
3. No sé dónde está la estación, pero tengo aquí un _____ de la ciudad. Podemos mirarlo, si quieres.
4. Voy del Viejo San Juan a Ponce en autobús. Pero no sé dónde está la _____.
5. Uy, hay mucho tráfico. Yo quiero cruzar la ciudad bajo de tierra. Voy _____.

> **Cultura**
>
> Ponce is the second-largest city in Puerto Rico and is a popular tourist destination.

¡A conversar!

9-26 | ¿Dónde está? Trabajas en una oficina de turismo en el Viejo San Juan y tienes que indicarle a un(a) compañero(a) de clase dónde están los siguientes lugares en el mapa de la página 308. Usa **al lado de, cerca de, delante de, detrás de, enfrente de, entre** y **lejos de.**

> **Modelo** el aeropuerto
> *El aeropuerto está lejos del centro de la ciudad.*

1. la Plaza del Quinto
2. el Patio de Sam
3. el Banco Popular
4. la droguería Ponce
5. la Catedral de San Juan
6. la Calle San Francisco
7. el Museo Pablo Casals
8. la Fortaleza

9-27 | En esta ciudad Pregúntale a un(a) compañero(a) dónde están varios lugares en la ciudad o pueblo donde estudias.

> **Modelo** ¿Dónde está la Iglesia Gobin?
> *Está al lado de East College, en la Calle Locust.*

9-28 | Una conversación Trabaja con un(a) compañero(a) para presentar la siguiente conversación entre amigos. Una persona es turista en San Juan, Puerto Rico y la otra persona es su amigo(a), quien vive en la ciudad. El (La) turista piensa pasar un día solo(a) explorando El Viejo San Juan pero necesita ayuda antes de salir.

1. Tell your friend you want to explore the city alone today but need some help.
2. Ask him/her what he/she wants to know.
3. Tell him/her you want to go to **El Viejo San Juan.**
4. Tell him/her that he/she should take the bus to the **Plaza del Quinto Centenario** and get off there.
5. Ask where the **Catedral de San Juan** is in relation to plaza.
6. Tell him/her that he/she must turn right on **calle Cristo** and walk three blocks. It is on the left. Tell him/her that he/she must see the **Museo Pablo Casals** also.
7. Ask if it is far from the cathedral. Ask if you can walk or if you need a taxi.
8. Answer that it is not far, just four blocks away on **calle San José.**
9. Tell him/her you need to exchange money. Ask where the bank is.
10. Say that it is between the cathedral and the museum, on **calle Sol.**
11. Say that you want to eat lunch also. Ask where the Hard Rock Café is located.
12. Say that it is a little far away, about ten blocks from the museum.
13. Ask if there are other restaurants closer to the museum and cathedral.
14. Say that there are many small cafés. Ask if he/she wants to see the **Fortaleza El Morro.**
15. Say that you want to see it and ask where it is.
16. Say that it is only four blocks from the cathedral and he/she should visit it.
17. Thank your friend very much and say good-bye.
18. Tell your friend that he/she is welcome and say good-bye.

9-29 | ¿Te gusta el hotel? Vas a hacer un viaje con un(a) amigo(a) y quieres recomendarle un hotel. Tienes un dibujo de un cuarto, pero hablas con el (la) amigo(a) por teléfono y él/ella no puede verlo. Trabaja con un(a) compañero(a) para decidir si les gusta el cuarto o no. Una persona mira el dibujo del cuarto, pero el otro no lo ve. La primera persona tiene que decirle a la otra dónde están las cosas y la segunda persona tiene que dibujar el cuarto. Al terminar la descripción, compara el dibujo con el dibujo original. Indica dónde están las siguientes cosas e incluye tanta información como sea posible.

> **Modelo** la lámpara
> *La lámpara está en la mesa de noche, entre las camas, a la izquierda del teléfono.*

las camas
la mesa y las sillas
el teléfono
la mesa de noche
el cuadro
el baño

9-30 | Una comparación Piensa en el cuarto de hotel ideal para ti y compáralo con el cuarto del dibujo. Habla con un(a) compañero(a) e indica dónde están las cosas importantes en cada cuarto. Explícale dónde está tu cuarto favorito diciendo, por ejemplo, si está cerca de la playa, lejos de la universidad, al norte o al sur de donde vives ahora, etcétera.

Estructura III

In **Capítulo 4,** you learned how to form informal affirmative commands. In this section, you will learn how to form affirmative and negative formal commands and negative **tú** commands.

I. Formal commands

When we give advice to others or ask them to do something, we often use commands, such as *Take bus No. 25* and *Give me your address.* Spanish speakers use formal commands when they address people as **usted** or **ustedes.**

To form formal commands for most Spanish verbs, drop the **-o** ending from the present tense **yo** form and add the following endings to the verb stem:

-e/-en for **-ar** verbs
-a/-an for **-er** and **-ir** verbs

To form the negative, simply place **no** before the verb.

	Infinitive	Present-tense *yo* form	usted	ustedes
-ar verbs	hablar	hablo	(no) hable	(no) hablen
-er verbs	volver	vuelvo	(no) vuelva	(no) vuelvan
-ir verbs	venir	vengo	(no) venga	(no) vengan

Vengan a San Juan a visitarme pronto.　　*Come to San Juan to visit me soon.*
No olvide mi dirección.　　*Don't forget my address.*

- Note that verbs ending in **-car, -gar,** and **-zar** have a spelling change: the **c** changes to **qu, g** changes to **gu,** and **z** changes to **c,** respectively.

Infinitive	Present-tense *yo* form	usted	ustedes
sacar	saco	saque	saquen
llegar	llego	llegue	lleguen
comenzar	comienzo	comience	comiencen

Saque una foto del parque.　　*Take a picture of the park.*
Lleguen a tiempo, por favor.　　*Arrive on time, please.*
No comience a caminar todavía.　　*Don't start walking yet.*

- There are several irregular verbs:

Infinitive	usted	ustedes
dar	dé	den
estar	esté	estén
ir	vaya	vayan
saber	sepa	sepan
ser	sea	sean

Sean buenos estudiantes.　　*Be good students.*
Vaya al banco.　　*Go to the bank.*

Formal commands and negative *tú* commands

In affirmative commands, attach reflexive and object pronouns to the end of the command, thus forming one word. If the command has three or more syllables, write an accent mark over the stressed vowel. In negative commands, place the pronouns separately in front of the verb.

Póngase el abrigo.	*Put on your overcoat.*
No se lo ponga.	*Don't put it on.*
Cómprelo ahora.	*Buy it now.*
No lo compre mañana.	*Don't buy it tomorrow.*

II. Negative *tú* commands

To form negative informal commands, you'll be using the same strategy as you would to form either affirmative or negative formal commands.

As you recall from the previous section, to form both affirmative and negative formal commands for most Spanish verbs, you drop the **-o** ending from the present-tense **yo** form and add the following endings to the verb stem: **-e/-en** for **-ar** verbs and **-a/-an** for **-er** and **-ir** verbs. Negative informal commands drop the **-o** ending from the present-tense **yo** form and add the following endings to the stem: **-es/-éis** for **-ar** verbs and **-as/-áis** for **-er** and **-ir** verbs. Remember that there are also spelling changes for verbs ending in **-car**, **-gar**, and **-zar** and that there are irregular verbs such as **dar, estar, ir, saber,** and **ser.**

The chart below, graphically illustrates the similarities among the negative informal command forms and all the formal command forms.

Infinitive	Informal command (*tú/vosotros*)		Formal command (*usted/ustedes*)	
	(+)	(–)	(+)	(–)
hablar	habla	no hables	hable	no hable
	hablad	no habléis	hablen	no hablen
comer	come	no comas	coma	no coma
	comed	no comáis	coman	no coman
vivir	vive	no vivas	viva	no viva
	vivid	no viváis	vivan	no vivan
dormir	duerme	no duermas	duerma	no duerma
	dormid	no durmáis	duerman	no duerman
ir	ve	no vayas	vaya	no vaya
	id	no vayáis	vayan	no vayan

As you can see from the chart above, only the affirmative informal commands (**habla/hablad, come/comed, vive/vivid, duerme/dormid,** and **ve/id**) deviate from the endings used in the remaining command forms.

Note that as with negative formal commands, place reflexive or object pronouns before the negated verb.

—No **te** olvides de escribirme.	*Don't forget to write me.*
—No **le** hables.	*Don't talk to him.*
—¿Debo llamarte?	*Should I call you?*
—No, no **me** llames.	*No, don't call me.*

¡A practicar!

9-31 | Consejos para el hermano de Manny El hermano de Manny va a San Juan para visitar a la pareja. Con el infinitivo dado, forma mandatos negativos informales que Manny le ofrece a su hermano.

1. No _____ **(decir)** tonterías *(silly things)* en la aduana.
2. No _____ **(hablar)** demasiado con la azafata en el avión.
3. No _____ **(comer)** en el aeropuerto.
4. No _____ **(dormirte)** en el autobús.
5. No _____ **(contestar)** el teléfono en inglés.
6. No _____ **(hacer)** muchas preguntas sobre la habitación en el hotel.

9-32 | Anuncios en el aeropuerto Completa las oraciones para saber qué avisa el personal del aeropuerto. Emplea mandatos formales plurales.

1. Señores y señoras, _____ **(pasar)** por la puerta principal y _____ **(caminar)** a la derecha para encontrar el mostrador.
2. _____ **(Mostrar)** el pasaporte y el boleto o itinerario electrónico.
3. Si tienen equipaje para facturar, _____ **(poner)** las maletas en el lugar indicado.
4. _____ **(Escribir)** el nombre claramente en cada maleta.
5. No _____ **(fumar)** dentro del aeropuerto.
6. _____ **(Apagar)** los aparatos electrónicos antes de pasar por el control de seguridad.
7. _____ **(Quitarse)** los zapatos y _____ **(sacar)** las cosas de metal del bolsillo.
8. _____ **(Abrir)** todo el equipaje de mano para mostrar *(show)* las cosas que están adentro.
9. _____ **(Reclamar)** sus artículos después de pasar por el control de seguridad.
10. _____ **(Pedir)** ayuda si la necesitan.

9-33 | Consejos para turistas en Santo Domingo Completa los mandatos de un guía de turistas en la ciudad de Santo Domingo, usando mandatos formales o informales, según lo indicado.

Modelos (ustedes) caminar para ver todo lo que ofrece la ciudad
Caminen para ver todo lo que ofrece la ciudad.

(tú) caminar para ver todo lo que ofrece la ciudad
Camina para ver todo lo que ofrece la ciudad.

1. (tú) salir temprano del hotel
2. (usted) ir a un mercado cercano
3. (tú) no sacar fotos sin pedir permiso
4. (tú) descansar un poco por la tarde
5. (ustedes) no subirse a un autobús sin saber la ruta
6. (usted) no andar en bicicleta; es muy peligroso
7. (tú) pararse para las procesiones
8. (usted) no cruzar las calles sin mirar en las dos direcciones
9. (ustedes) ser buenos con la gente de la ciudad, y ellos los van a tratar bien a Uds.

📖	**Capítulo 9**	🌐	**Capítulo 9**
💿	**Capítulo 9**	📀	*iLrn: Heinle Learning Center,* **Capítulo 9**

¡A conversar!

9-34 | Sugerencias Manny y Teri te explican cómo se sienten. Dales sugerencias en forma de mandatos. Primero haz el ejercicio con mandatos informales para cada situación. Luego compara tus sugerencias con las de otro(a) compañero(a). ¿Tienen mucho en común? Luego, hazlo otra vez, usando las formas de **Ud.** o **Uds.**

> Modelo   Yo estoy cansado de caminar y tomar el autobús.
> *¡Toma un taxi entonces!*
> o   *¡Tome Ud. un taxi entonces!*

1. Yo tengo muchas ganas de comer comida china.
2. Queremos quedarnos en un hotel lujoso.
3. Necesito cambiar dinero. ¿Dónde está el banco?
4. Tengo ganas de beber algo.
5. Necesito comprar regalos para mi familia.
6. Necesitamos confirmar nuestro vuelo.
7. No sabemos cómo agradecerle a Ud.

9-35 | Un agente de turismo Trabajen en grupos de tres personas. Una persona es un(a) agente de turismo. Los otros estudiantes van a presentarle una situación que contiene una necesidad o un problema que tienen. El (La) agente entonces va a ofrecerles consejos en forma de mandatos. Hagan el ejercicio primero, usando mandatos formales y luego repítanlo con mandatos informales.

> Modelo   E1: *No puedo descansar* (to rest) *en mi habitación.*
> E2: *Busque/Busca otro hotel.*
> E3: *Mi compañero de cuarto y yo nunca podemos desayunar antes de salir por la mañana.*
> E2: *Levántense más temprano.*

¿Nos entendemos?

You can soften commands to make them sound more like requests than demands, by using **usted** or **ustedes** after the command form or by adding **por favor: Pasen ustedes por aquí,** or **Pasen por aquí, por favor.** *(Come this way, please.)* **No hable usted tan rápido.** or **No hable tan rápido, por favor.** *(Don't speak so fast, please.)* When you want people to do something, but you wish to say so tactfully, ask a question or make a simple statement with reference to your wish rather than using a direct command. For example, suppose you are a dinner guest at a friend's house. The dining room is uncomfortably hot, and you want a window opened or the air conditioner turned on. You might say **Hace un poco de calor, ¿no?**

Indirect object pronouns

Indirect object pronouns replace indirect objects; they indicate *to whom* or *for whom* the action of the verb is performed.

me	nos
te	os
le	les

¡A recordar! Where in relation to the verb are indirect object pronouns placed? Which verbs normally require the use of indirect object pronouns?

Double object pronouns

Indirect object pronouns always precede direct object pronouns. The indirect object pronouns **le** and **les** change to **se** when they are used together with the direct object pronouns **lo, la, los,** and **las.**

me		
te		lo
le (se)	+	la
nos		los
os		las
les (se)		

¡A recordar! Where are pronouns placed in relation to the verb of a sentence?

Prepositions of location

a la derecha de	a la izquierda de
cerca de	lejos de
delante de	detrás de
el norte	el sur
el este	el oeste
al lado de	enfrente de
entre	hacia

Adverbs

cerca	lejos
demasiado	

¡A recordar! How many modes of transportation can you recall from the chapter?

Formal commands and negative *tú* commands

To form formal commands for most Spanish verbs, drop the -o ending from the present tense **yo** form and add the following endings to the verb stem: **-e/-en** for **-ar** verbs; **-a/-an** for **-er** and **-ir** verbs.

The following have irregular formal command forms:

Infinitive	usted	ustedes
dar	dé	den
estar	esté	estén
ir	vaya	vayan
saber	sepa	sepan
ser	sea	sean

To form negative informal commands, use the same strategy as you would to form either affirmative or negative formal commands, yet add **-es/-éis** for **-ar** verbs and **-as/-áis** for **-er** and **-ir** verbs. Remember that there are also spelling changes for verbs ending in **-car, -gar,** and **-zar** and that there are irregular verbs such as **dar, estar, ir, saber,** and **ser.**

¡A recordar! Where are pronouns placed with affirmative commands? Where are pronouns placed with negative commands?

¡A repasar!

Actividad 1 | **Un viaje a San Juan** Escribe el pronombre de objeto indirecto apropiado para completar cada oración. (10 pts.)

1. El agente de viajes _____ recomendó un viaje a San Juan a mí.
2. Yo _____ hice muchas preguntas a él.
3. Los padres de mi amiga Luisa _____ dieron a ella un boleto de avión para la Navidad.
4. Yo _____ pedí a mis padres una maleta nueva como regalo de Navidad.
5. Salimos el dos de enero. En el avión los asistentes de vuelo _____ sirvieron bebidas a nosotros.
6. En San Juan fui de compras y _____ compré un regalito a ti.
7. Luisa _____ escribió un mensaje de texto a su madre cada día.
8. Hacía mucho calor en San Juan. Una joven simpática _____ ofreció una botella de agua a mí.
9. En El Morro la guía _____ explicó a Luisa y a mí la historia de ese lugar famoso.
10. Ella _____ recomienda a los visitantes visitar El Morro dos o más veces.

Actividad 2 | **En un viaje** Escoge la respuesta correcta para cada oración para indicar qué hacen varias personas en sus viajes. (6 pts.)

_____ 1. Les compro regalos a mis amigos cuando viajo. → _____ compro.
    a. Se las b. Se los c. Me las d. Me los

_____ 2. Mi hermano me presta dinero a veces. → Mi hermano _____ presta.
    a. se lo b. se la c. me lo d. me la

_____ 3. En una excursión, le hacemos preguntas al guía. → _____ hacemos.
    a. Nos las b. Nos la c. Se las d. Se la

_____ 4. Les escribimos cartas a nuestros abuelos. → _____ escribimos.
    a. Nos los b. Nos las c. Se los d. Se las

_____ 5. ¿Estás preparándonos el itinerario? → ¿Estás _____?
    a. preparándonoslos c. preparándoselos
    b. preparándonoslo d. preparándoselo

_____ 6. Te voy a dar la información pronto. → _____ voy a dar.
    a. Te la b. Te las c. Se la d. Se las

Actividad 3 | **¿Dónde está?** Completa cada oración de la primera columna con la palabra apropiada de la segunda columna. (10 pts.)

_____ 1. Puerto Rico no está lejos de la República Dominicana, está _____.
_____ 2. La República Dominicana no está al oeste de Cuba, está al _____.
_____ 3. México no está al sur de Guatemala, está al _____.
_____ 4. Colombia no está al este de Venezuela, está al _____.
_____ 5. Argentina no está al norte de Bolivia, está al _____.
_____ 6. España no está cerca de Chile, está _____.
_____ 7. En el mapa, Portugal no está a la derecha de España, está a la _____.
_____ 8. El Océano Atlántico está _____ Europa y Las Américas.
_____ 9. En el mapa, Uruguay no está a la izquierda de Argentina, está a la _____.
_____ 10. Cuando nuestro(a) profesor(a) presenta la lección de geografía, no está detrás de la clase, está _____ de la clase.

a. izquierda
b. norte
c. entre
d. delante
e. cerca
f. lejos
g. este
h. derecha
i. oeste
j. sur

Actividad 4 | **Instrucciones para los viajeros** Llena los espacios en blanco con los mandatos formales plurales (la forma de *Uds.*). Escoge el verbo lógico de la lista y escribe el mandato apropiado. (12 pts.)

| comer | dormir | ir | llegar | ponerse |
| presentar | quitarse | seguir | subir | tener |

1. Señores, _____ al aeropuerto dos horas antes del vuelo.
2. _____ el boleto y el pasaporte al agente.
3. _____ las instrucciones de los agentes.
4. _____ los zapatos antes de pasar por el control de seguridad.
5. _____ los zapatos otra vez al salir del control de seguridad.
6. _____ a la puerta de su vuelo.
7. _____ algo porque no sirven comida en el avión.
8. _____ paciencia.
9. _____ al avión cuidadosamente *(carefully)*.
10. _____ la siesta en el avión si pueden.

Refrán

Para mañana
Ø

Para hacer hoy
☑ Reservar carro de alquiler
☑ Confirmar vuelo
☑ Llamar al hotel
☐ Hacer las maletas

" No _____ *(leave)* para mañana, lo que _____ *(you can)* hacer hoy." Bonus! 2 pts.

Actividad 5 | **Consejos para todos** Escribe los mandatos correctos para saber qué dice la guía a los turistas. Escoge la forma correcta (singular o plural, formal o informal) para cada mandato. (12 pts.)

1. Señorita Alonso, no _____ (acostarse) muy tarde.
2. Rique, no _____ (tocar) nada en el museo.
3. Señor Baez, no _____ (hacer) ejercicio en el calor tropical.
4. Mariana, no _____ (correr) en el centro comercial.
5. Señores Montoya, no _____ (ir) al restaurante sin hacer una reserva.
6. Susi, no _____ (cruzar) la calle.
7. Doctora Salgado, no _____ (conducir) muy rápido en la zona turística.
8. Señores Pino, no _____ (pedir) la llave en la recepción; yo la tengo.
9. Señorita Calderón, no _____ (salir) sola por la noche.
10. Pepe, no _____ (nadar) solo.
11. Señor Fernal, no _____ (quedarse) en el hotel todo el día. ¡Hay mucho que hacer!
12. Señores, no _____ (olvidar) los documentos importantes.

¡A ver!

En este segmento del video, Valeria, Antonio, y Javier están en la ciudad de San Juan. Valeria va de compras mientras Javier y Antonio visitan una agencia de viajes.

Expresiones útiles

Las siguientes son expresiones nuevas que vas a escuchar en el video.

Me doy cuenta de	*I realize*
Será que le duele la mano	*Her hand probably hurts*
Algo no salió bien	*Something didn't go well*

Antes de ver

Paso 1 ¿Te gusta viajar? ¿Quieres visitar muchos lugares exóticos? Haz una lista de los lugares que quieres visitar en los próximos cinco años. Incluye el modo de transporte que vas a usar para esos viajes. Luego compara tu lista con la lista de un(a) compañero(a). ¿Tienen mucho en común?

> **Modelo** *Primero quiero volar en avión al norte de España...*

Paso 2 ¿Qué pasó la última vez que te perdiste en una ciudad o en otro lugar desconocido? Cuéntale a un(a) compañero(a) exactamente lo que pasó. ¿Quién te ayudó? ¿Qué hizo para ayudarte? ¿Te explicó cómo llegar a un lugar específico? ¿Cómo llegaste?

Después de ver

Paso 1 En **Antes de ver, Paso 1,** tu compañero(a) y tú hablaron de los viajes que van a hacer en el futuro. En el video, Javier también habló de sus planes para un viaje. Lee las siguientes oraciones y pon el número apropiado en el espacio para indicar el orden cronológico de los planes de Javier.

_____ Pienso recorrer la costa pacífica de Costa Rica en bicicleta.

_____ Voy a visitar Belice, Honduras y Costa Rica.

_____ Voy a tomar un tren a Machu Picchu.

_____ Voy a tomar un avión a Centroamérica.

_____ Voy a tomar un avión a Cusco.

Paso 2 En **Antes de ver, Paso 2**, tu compañero(a) y tú hablaron de lo que pasó la última vez que se perdieron. En el video viste que Valeria se perdió también en San Juan mientras iba de compras y tuvo que pedirle ayuda a una señora. Ahora imagínate que tú eres la persona que la está ayudando. Completa tu conversación con Valeria al poner los verbos en la forma correcta del mandato formal.

Valeria: Señora, ¿qué hago para llegar a la Plaza de la Rogativa?

La señora: No 1. _____ **(preocuparse),** es muy fácil. De esta esquina, 2. _____ **(caminar)** tres cuadras. De allí, 3. _____ **(doblar)** a la izquierda y 4. _____ **(seguir)** tres cuadras más.

Valeria: Gracias.

¿Qué opinas tú?

Paso 1 Ahora, escoge uno de los viajes que describiste en **Antes de ver, Paso 1.** Imagínate que estás en una agencia de viajes, tal como Javier lo hizo, y que tu compañero(a) es el (la) agente. Hazle preguntas al (a la) agente sobre el itinerario, modo de transporte, alojamiento, etc. Luego, presenta tu itinerario a la clase.

Paso 2 Como ya sabes, no es una buena experiencia perderse en un lugar desconocido. ¿Cómo puedes ayudar a los nuevos estudiantes para que ellos no se pierdan cuando llegan a tu universidad? Trabaja con dos compañeros(as) de clase y preparen una guía para que los nuevos estudiantes de tu universidad no se pierdan *(don't get lost)*. Su guía debe incluir cinco mandatos sobre lo que uno debe hacer para no perderse y cinco mandatos sobre lo que uno no debe hacer cuando se pierda *(when he/she gets lost)*.

See the *Lab Manual,* **Capítulo 9, ¡A ver!** for additional activities.

¡A leer!

Antes de leer

Using format clues

Printed material often contains different kinds of cues that can help you skim, scan, and guess meaning. For example, some words and phrases appear in large, boldface, or italic print to attract the reader's attention; some words are repeated several times to persuade the reader; and other words appear together with a graphic design to help the reader remember a particular concept.

Before reading the selection, consider and discuss the following:

1. What is the title of the selection? Which headings stand out the most?
2. What words are repeated?
3. What do the photographs show?
4. The selection presents information in two sections; what are these sections?

¡A leer!

Cognados. Escribe cinco cognados y sus significados.

Detalles. A medida que lees las secciones, responde a las siguientes preguntas.

1. ¿Cuál es el país que se menciona en la lectura?
2. ¿Quién es el escritor estadounidense famoso que se menciona?
3. ¿Cuál es el tema principal de la lectura?
4. ¿Para qué tipo de lectores *(readers)* está dirigida la lectura?

¿ERNEST HEMINGWAY VIVIÓ EN CUBA?

¿QUÉ COMÍA Y QUÉ BEBÍA HEMINGWAY EN CUBA?

¿ADÓNDE PODEMOS IR A ALMORZAR?

A LA BODEGUITA DEL MEDIO...

Existen varios lugares en la Vieja Habana que los visitantes tienen que ver y experimentar... Si es la hora del almuerzo y ustedes tienen hambre y sed, deben entrar a la Bodeguita del Medio como lo hacía el escritor estadounidense Ernest Hemingway cuando vivía en Cuba. Aquí ustedes pueden comer los famosos frijoles negros, el cerdo asado, los tostones *(fried plantains)*, la ensalada de la estación, las frituras de yuca *(fried cassava)* y por supuesto el famoso Mojito, una mezcla de ron, hierbabuena *(mint)* y limón, bebida que Hemingway hizo muy famosa por todo el mundo. Mientras almuerzan, van a escuchar diferentes grupos musicales cubanos, y así van a disfrutar de un gran almuerzo en un lugar lleno de cuentos, en un ambiente muy sencillo y confortable.

¿DÓNDE CENABA ERNEST HEMINGWAY CUANDO VIVÍA EN LA HABANA?

¿ADÓNDE PODEMOS IR A CENAR?

AL FLORIDITA

Si están visitando la Vieja Habana y desean cenar en un lugar muy elegante y con mucha historia, entren al Floridita, donde van a encontrar una estatua de tamaño natural del escritor Ernest Hemingway. En el Floridita se originó el daiquirí, una bebida hecha con ron, limón, marrasquino *(cherry liquor)* y azúcar, que Hemingway bebía cuando visitaba el restaurante. Hemingway visitó muchas veces este lugar, ya que vivió en la isla por períodos de muchos meses durante veinte años. El restaurante ofrece muchos platos de langosta, mariscos y pescados frescos en honor a Hemingway y a su esposa Mary, además de 400 diferentes tipos de cócteles preparados con el famoso ron cubano.

Después de leer

A escoger. Después de leer el texto, contesta las siguientes preguntas.

1. ¿Dónde en Cuba se puede comer muy bien según la lectura?
   a. en Varadero
   b. en La Habana
   c. en La Habana Vieja
2. ¿Qué tipo de comida se puede comer en La Bodeguita del Medio?
   a. langosta y mariscos
   b. frijoles negros, cerdo y plátanos
   c. pescados frescos y plátanos
3. ¿Por qué bebida es muy famoso el Restaurante El Floridita?
   a. por el daiquirí
   b. por el mojito
   c. por la cerveza cubana
4. ¿Cómo es el ambiente del Restaurante El Floridita?
   a. elegante y con mucha historia
   b. sencillo y lleno de cuentos
   c. cómodo y con muchas historias

¿Cierto o falso? Indica si las siguientes oraciones son **ciertas** *(true)* o **falsas** *(false)*. Corrige las oraciones falsas.

1. _____ Ernest Hemingway almorzaba en La Bodeguita del Medio cuando vivía en Cuba.
2. _____ A Ernest Hemingway no le gustaba cenar en el Restaurante El Floridita.
3. _____ En El Floridita hay una estatua de tamaño natural del escritor estadounidense.
4. _____ En el Restaurante La Bodeguita del Medio se sirven pescados y mariscos en honor al escritor y a su esposa.
5. _____ Hemingway vivió en Cuba veinte años seguidos.

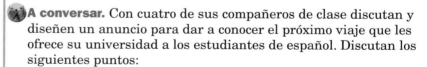 **A conversar.** Con cuatro de sus compañeros de clase discutan y diseñen un anuncio para dar a conocer el próximo viaje que les ofrece su universidad a los estudiantes de español. Discutan los siguientes puntos:

- Línea aérea
- Tipo y precio del boleto
- Tipo y cantidad de equipaje
- Tipo y precio del hotel
- Tipo de habitación
- Atracciones turísticas
- Restaurantes

El anuncio debe ser muy bonito y original para atraer la atención de los estudiantes. Ustedes pueden mencionar que los precios del viaje que son muy económicos, que los lugares que van a visitar son totalmente increíbles o que las clases de lenguas son las más activas y dinámicas del país. Preséntenle el anuncio a toda la clase. Los estudiantes van a decidir el lugar que quieren visitar.

La Bodeguita del Medio

El Floridita

¡A escribir!

Strategy: Using commands to give directions

If you're traveling in a Spanish-speaking country or city, chances are you might need to ask for directions. In addition, you might even have to give directions! The most important element of explaining to someone how to get from one place to another is accuracy. If you explain your directions clearly and concisely, people will be able to follow them easily.

Here are six basic requirements for giving directions to a place:

1. Choose the easiest route.

2. Be very clear in your directions.

3. Give the directions in chronological order.

4. Use linking expressions such as

   Primero...
   Luego...
   Después de eso...
   Entonces...
   Usted debe...
   Después...
   Finalmente...

5. Identify clearly visible landmarks such as:

la avenida avenue	**el cruce de caminos** intersection
el bulevar boulevard	**el edificio** building
la calle street	**el letrero** sign
el camino road	**el puente** bridge
la colina hill	**el semáforo** traffic light

6. When possible, include a sketch of the route.

Modelo   *Para llegar a mi casa desde el aeropuerto, siga estas indicaciones. Primero, siga la calle del aeropuerto hasta la salida. Doble a la derecha y siga por el Bulevar Glenwood dos kilómetros hasta el primer semáforo, donde hay un cruce de caminos. Entonces, doble a la izquierda y siga por el Camino Parkers Mill dos kilómetros (pasando debajo de un puente) hasta la calle Lane Allen. En esa calle, doble a la derecha y siga otros dos kilómetros hasta el segundo semáforo. Después, doble a la izquierda en el Camino Beacon Hill y siga derecho medio kilómetro hasta el Camino Normandy. Doble a la izquierda y vaya a la cuarta casa a la derecha. Allí vivo yo, y ¡allí tiene su casa!*

Task: Giving directions from the airport to your house or a hotel

Paso 1 Vas a escribir una composición en que le explicas a un viajero hispanohablante cómo ir del aeropuerto de tu ciudad hasta tu residencia o hasta un hotel de tu ciudad. Antes de empezar, vuelve a leer los seis puntos y el párrafo anterior.

Paso 2 Dibuja un mapa de la ruta para usar, mientras escribes las direcciones.

Paso 3 Escribe un párrafo siguiendo el modelo anterior e incluyendo los seis puntos. Emplea mandatos formales.

_____
_____
_____
_____
_____
_____
_____
_____
_____
_____

Paso 4 Repasa y corrige tu composición. Puedes consultar la siguiente lista:

_____ easiest route

_____ correct punctuation

_____ linking expressions

_____ visible landmarks

_____ chronological order

_____ correct spelling

_____ clear directions

_____ correct grammar

Paso 5 Trabaja con un(a) compañero(a) de clase. Intercambien sus composiciones, pero no compartan los mapas que dibujaron. Cada persona debe leer la composición de la otra persona y dibujar un mapa de la ruta explicada. Si ustedes encuentran errores o problemas en las composiciones, hagan las correcciones y después hablen sobre los cambios.

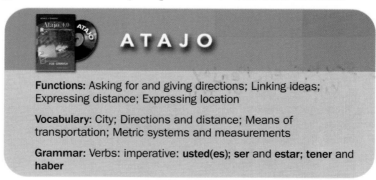

A T A J O

Functions: Asking for and giving directions; Linking ideas; Expressing distance; Expressing location

Vocabulary: City; Directions and distance; Means of transportation; Metric systems and measurements

Grammar: Verbs: imperative: **usted(es)**; **ser** and **estar**; **tener** and **haber**

Vocabulario esencial

Viajar en avión *Airplane travel*

Sustantivos

la aduana	customs
la agencia de viajes	travel agency
el (la) agente de la aerolínea	airline agent
el (la) agente de viajes	travel agent
el asiento	seat
el (la) asistente de vuelo	flight attendant *Aeromosa*
el avión	plane
el boleto (billete) de ida	one-way ticket
el boleto (billete) de ida y vuelta	round-trip ticket
el control de seguridad	security
el equipaje (de mano)	(carry-on) baggage, luggage
el horario	schedule
la inmigración	Immigration; passport control
la llegada	arrival
la maleta	suitcase
el (la) pasajero(a)	passenger
el pasaporte	passport
el pasillo	aisle
la puerta	gate
la salida	departure
la ventanilla	airplane window
el viaje	trip
el vuelo (sin escala)	(nonstop) flight

Verbos

abordar	to board
bajar(se) (de)	to get off
facturar el equipaje	to check the luggage
hacer escala (en)	~~to make a stop in (on a flight)~~ *laye over.*
hacer la(s) maleta(s)	to pack one's suitcase(s)
ir en avión	to go by plane
pasar por	to go through
recoger	to pick up, claim
viajar	to travel

Expresiones idiomáticas

¡Bienvenido(a)!	Welcome!
¡Buen viaje!	Have a nice trip!
Perdón.	Excuse me.

Dis Srutar el viaje → to enjoy ur trip

El hotel *The hotel*

Sustantivos

el aire acondicionado	air-conditioning
el ascensor	elevator
la cama sencilla (doble)	single (double) bed
el cuarto	room
el hotel de cuatro estrellas	four-star hotel
la llave	key
la recepción	front desk
el (la) recepcionista	receptionist
la reserva	reservation

Adjetivos

arreglado(a)	neat, tidy
cómodo(a)	comfortable
limpio(a)	clean
privado(a)	private
sucio(a)	dirty

Verbos

registrarse	to register
quedarse	to stay
quejarse (de)	to complain (about)

Preposiciones de lugar y adverbios

a la derecha de	to the right of
a la izquierda de	to the left of
al lado de	next to
cerca de	near
delante de	in front of
demasiado	too much
derecho	straight
detrás de	behind
enfrente de	across from
entre	between
el este	east
hacia	toward
lejos de	far from
el norte	north
el oeste	west
el sur	south

Verbos

cruzar	to cross
doblar	to turn
parar(se)	to stop
seguir (i, i)	to continue
subir	to go up

Otros lugares de la ciudad y el transporte *Other places in the city and transportation*

Otros lugares

la estación de trenes	train station
el puerto	port
la terminal de autobuses	bus station

Modos de transporte

ir...	to go . . .
a pie	on foot
en autobús	by bus
en barco	by boat
en bicicleta	by bike
en coche	by car
en metro	by subway
en taxi	by taxi
en tren	by train

La Iglesia de la Virgen de Dolores, Tegucigalpa, Honduras
Visit it live on Google Earth!

Las relaciones sentimentales
Honduras y Nicaragua

10

CHAPTER OBJECTIVES

Communicative Goals

In this chapter, you will learn how to . . .

- Talk about relationships and courtship
- Talk about receptions and banquets
- Describe recent actions, events, and conditions
- Describe reciprocal actions
- Qualify actions

Structures

- Present perfect
- Reciprocal constructions with **se, nos,** and **os**
- Adverbs and adverbial expressions of time and sequencing of events
- Relative pronouns

Personal Tutor

DVD

¡Bienvenidos a Nicaragua!

1 | ¿Dónde está Nicaragua y cuál es su capital?

2 | ¿Cuál es el centro intelectual de Nicaragua y quién fue Rubén Darío?

3 | ¿Qué sabes de la ciudad de Managua?

4 | ¿Qué pasó en Nicaragua durante los años setenta?

5 | ¿Qué parte de Nicaragua te gustaría conocer más? ¿Por qué?

Las relaciones sentimentales

El noviazgo de Francisco Morazán y Celia Herrera In this section, you will learn vocabulary associated with courtship and marriage. You will then learn how to talk about intimate relationships by following an imagined version of the courtship of Francisco Morazán and his wife, Celia Herrera de Morazán.

Cuando se conocieron, fue **el amor a primera vista.**

Se llevaron bien durante **la primera cita.**

Un año después de **enamorarse,** decidieron **casarse.**

En **la boda los novios se besaban** mientras las madres **se abrazaban** y los padres **se daban la mano.**

Sustantivos

la amistad friendship
el cariño affection
el compromiso engagement
el divorcio divorce
la flor flower
el matrimonio marriage
el noviazgo courtship
el ramo bouquet
la separación separation
la vida life

Verbos

amar to love
divorciarse (de) to get divorced (from)
querer to love
romper (con) to break up (with)
salir (con) to go out (with)
separarse (de) to separate (from)

¡A practicar!

10-1 | Etapas de un amor fracasado (failed) No todas las parejas tienen el mismo éxito que Francisco y Celia. Pon los siguientes eventos de un amor fracasado en un orden lógico.

_____ el compromiso   _____ la amistad
_____ el divorcio   _____ el matrimonio
_____ la separación   _____ el noviazgo

10-2 | Definiciones Busca la palabra de la lista a la derecha que vaya con la definición a la izquierda. Luego compara tus definiciones con las de un(a) compañero(a) de clase. ¿Están de acuerdo?

1. _____ cuando dos personas empiezan a quererse
2. _____ tener una boda
3. _____ hacer planes con otra persona para salir o hacer algo
4. _____ cuando dos personas se enamoran la primera vez que se ven
5. _____ tener mucho amor por alguien es como tenerle mucho _____
6. _____ una muestra de amor con los labios
7. _____ una muestra de amor con los brazos
8. _____ cuando dos personas siempre se pelean y no les gusta estar juntas
9. _____ cuando las personas de una pareja deciden no seguir juntas
10. _____ dos verbos que indican el amor
11. _____ una manera de saludar a una persona con la mano

a. casarse
b. darse la mano
c. amar
d. romper con alguien
e. querer
f. abrazarse
g. besarse
h. llevarse mal
i. enamorarse
j. el amor a primera vista
k. la cita
l. cariño

10-3 | Preparaciones para una boda Completa el párrafo con las palabras o las frases adecuadas de la lista. Luego compara tu párrafo con el de un(a) compañero(a). ¿Están de acuerdo?

flores   luna de miel   novia   recién casados   boda   ramo   novio

_Normalmente, las preparaciones para una 1. _____ consumen mucho tiempo y mucha energía. Primero, la 2. _____ tiene que comprar su vestido. También ella pide las 3. _____ a una florería, así como el 4. _____ que ella va a llevar al altar de la iglesia. El 5. _____ compra un traje nuevo o puede alquilar un smoking (tuxedo). Finalmente, los novios planean la 6. _____, según el dinero que tengan (may have). A veces, los 7. _____ van a otro país, pero frecuentemente lo pasan bien cerca de su ciudad o pueblo._

Se declararon **su amor.**

Los invitados **tiraron** arroz cuando **los recién casados** salieron de la iglesia para **su luna de miel.**

📖	Capítulo 10
💿	Capítulo 10
🌐	Capítulo 10
💿	iLrn: Heinle Learning Center, **Capítulo 10**

¡A conversar!

10-4 | Una boda memorable Descríbele a un(a) compañero(a) de clase una boda memorable a la que tú asististe. En tu descripción, debes contestar las siguientes preguntas.

1. ¿Cómo se llamaban los novios?
2. ¿Cuándo y dónde fue la boda?
3. ¿Qué tiempo hacía ese día?
4. ¿Quiénes estuvieron allí?
5. ¿Con quién fuiste tú a la boda?
6. ¿A qué hora comenzó la ceremonia?
7. ¿Qué pasó después de esa ceremonia?
8. ¿Qué comieron los novios y sus invitados?
9. ¿Qué cosa interesante pasó en la recepción?
10. ¿Dónde pasaron los novios su luna de miel?

10-5 | Entrevista Hazle a otro(a) compañero(a) las siguientes preguntas sobre el matrimonio y comparen sus respuestas para ver si tienen mucho en común.

1. ¿Eres soltero(a) o estás casado(a)?
2. Si eres soltero(a), ¿tienes novio(a) ahora? Si estás casado(a), ¿cuándo y dónde te casaste?
3. Para ti, ¿es importante casarse? ¿Por qué?
4. Para ti, ¿qué es una familia? En tu opinión, ¿qué futuro tiene la familia en nuestra sociedad?
5. ¿Por qué hay tanto divorcio?
6. ¿Qué se puede hacer para tener éxito en el matrimonio?
7. Para ti, ¿cuál es el lugar ideal para casarse?
8. ¿Cuál es el lugar ideal para pasar una luna de miel?

> **¿Nos entendemos?**
>
> **El (La) amigo(a)** and **el (la) novio(a)** are two Spanish words that do not have an exact English equivalent. **Amigo(a)** is used for *friend*. **Novio(a)** is used for *boyfriend* or *girlfriend,* and is also used when two people are very close to getting married. **Prometido(a)** is *fiancé/fiancée.* The verb **comprometerse** is used to indicate that two people have promised to marry each other. In Chile, the word **el (la) pololo(a)** can be used to say *boyfriend/girlfriend,* as can the word **el (la) enamorado(a)** in Ecuador.

10-6 | Encuesta (Survey)... Busca a una persona en tu clase para cada una de las siguientes descripciones. Pon la firma *(signature)* de las personas en el lugar indicado. Al final, comparte tus respuestas con las de los otros compañeros de clase para ver cuál es el resultado y qué es lo que cree la mayoría *(majority)* de tu clase.

Modelo Estoy casado(a).
E1: *¿Estás casada?*
E2: *Sí, estoy casada. Y tú, ¿estás casado?*
E1: *No, no estoy casado.* (E2 signs E1's paper.)

Firma

1. Estoy casado(a). _____
2. Tengo novio(a). _____
3. No quiero casarme nunca. _____
4. Me gusta salir, pero no tengo ganas de tener una relación seria. _____
5. No creo en el matrimonio. _____
6. No creo en el divorcio. _____
7. Pienso que la idea de la familia está cambiando en los Estados Unidos. _____
8. Quiero (Tuve) una boda grande. _____

Resultados: *La mayoría de los estudiantes de la clase...*

10-7 | ¿Parejas? Trabajando en grupos de dos o tres, lean los anuncios y escojan a dos personas que van a tener una cita. Preparen una narración breve (de cuatro a seis oraciones) sobre lo que estas personas hacen en la cita, cómo se sienten y por qué. Luego, indiquen qué pasa después de la cita: ¿se enamoran? ¿se llevan bien? ¿se casan?

Categoría:	Personales
Subcategoría:	Mujer busca hombre
Tipo de Anuncio:	Contacto
Título:	**Mujer romántica y sentimental**
Contenido:	Soy una chica de 29 años de edad, educada, romántica, sentimental, con buenos sentimientos. Busco un hombre sin importar la edad; romántico, sentimental y apasionado para empezar a conocernos.

Categoría:	Personales
Subcategoría:	Hombre busca mujer
Tipo de Anuncio:	Amar
Título:	**Buscando mi alma gemela**
Contenido:	Busco mi alma gemela. ¿Te gustan los niños, los animales y la vida en pareja? Sé que estás en algún lugar y deseo tenerte a mi lado. Si eres esa mujer dulce y alegre, escríbeme. Besos, Alex.

Categoría:	Personales
Subcategoría:	Hombre busca mujer
Tipo de Anuncio:	Contacto
Título:	**Hola... Soy un estudiante de diseño gráfico, en busca de una mujer.**
Contenido:	Hola... Soy un estudiante de diseño gráfico, en busca de una mujer no mayor de 30 años, que le guste mucho bailar, salir a hacer deportes extremos y otras cosas muy divertidas. ¿Te interesa? Escríbeme... quiero salir contigo... este fin de semana.

Categoría:	Personales
Subcategoría:	Mujer busca hombre
Tipo de Anuncio:	Contacto
Título:	**Mujer amante del teatro, la poesía y la danza contemporánea busca hombre**
Contenido:	Soy una mujer de 22 años, muy culta, preciosa... (eso me dicen todos). Quiero conocer a un hombre muy especial, caballeroso, que no me muestre su dinero, sino su corazón... eso es lo principal. Escríbeme si buscas una joven alta, esbelta, de cabello rojizo natural y ojos verdes.

Fuente: **CONTACTO.COM**

10-8 | Y tú, ¿qué buscas? Prepara un anuncio personal para expresar lo que tú buscas en una pareja o, si prefieres, prepara un anuncio para un personaje famoso. Sigue el modelo de los anuncios en CONTACTO.COM. Trabaja con un(a) compañero(a) para leer los anuncios y compartir comentarios sobre ellos. Después, formen grupos más grandes y sigan compartiendo.

El 14 de marzo Claudia Ortega, **la novia** de Jorge Ramírez, recibió una invitación de su amigo Felipe. La invitación llegó a su casa en Managua, Nicaragua. Claudia estaba muy emocionada y llamó por teléfono a Jorge para comunicarle las buenas noticias.

Jorge: Aló.

Claudia: Hola, Jorge, ¿cómo estás?

Jorge: Bien, mi **amor**. ¿Qué tal?

Claudia: Muy bien. Oye, Jorge, ¿sabes qué? **He recibido** muy buenas noticias de mi amigo Felipe Vega. **Se va a casar** el próximo mes con Marisol Flores.

Jorge: ¡No me digas! ¿Es la chica **con quien** estuvo Felipe en la discoteca O.M. la semana pasada?

✳ **Comentario cultural** Aló **Nicaragua** is the country's largest wireless provider. Like young people in the United States, communication via cell phone (including text messaging) is the preferred form of communication for young people in Nicaragua who can afford it. **Aló** is also used as an expression to answer the phone, favored slightly over other expressions, such as **sí**, **bueno,** and **diga**, used in other Spanish-speaking countries.

✳ **Comentario cultural** During the Sandinista regime, from 1979 until 1990, the communist doctrine of the party was at odds with the Catholic Church. During that time, civil ceremonies were common. Since the end of the regime in 1990, couples have returned to the Church for weddings in growing numbers.

✳ **Comentario cultural** Fancy nightclubs, such as O.M. in Managua, are becoming increasingly popular among Nicaraguans in big cities. These clubs, featuring European or American accents, such as red-carpet entrances, are relatively new to Nicaragua and are only affordable to the upper class or foreigners.

Expresiones en contexto

con quien *with whom*	**locamente** *wildly*
felicitarlo *congratulate him*	**mi amor** *my love*
la misma *the same one*	**pasarlo bien** *have a good time*
llevan un año de novios *they have been engaged for one year*	**Yo te lo explico todo.** *I'll explain everything to you.*

¿Nos entendemos?

In addition to **mi amor**, Spanish speakers use many terms of endearment, for example, **mi amorcito, mi vida, mi cariño, mi negrito(a), viejo(a), querido(a), cielo, corazón, corazoncito.**

Claudia: Sí, la misma. Él me **ha hablado** mucho de ella. Parece muy simpática. Llevan un año de novios y, según él, ellos **se quieren** locamente.

Jorge: ¿Un año de novios? No es mucho tiempo. Para mí, dos años, como mínimo...

Claudia: Sí, mi amor, ya sabemos lo que piensas tú.

✳ **Comentario cultural** Nicaraguans, like other peoples of Latin America, view marriage as a very serious commitment. When two Nicaraguans are identified as **novios—novio y novia** (fiancé/fiancée)—, they intend to marry. Typically, couples will declare themselves **novios** for at least a year, often longer, before they are married. Despite maintaining a longer engagement period, the divorce rate in Nicaragua continues to rise. By the end of the 1980s, when unilateral divorce was legalized, 20% of marriages ended in divorce; that said, this percentage still remains lower than that in the United States.

Jorge: ¿Cuándo es **la boda**?

Claudia: **Han decidido** casarse el 16 de abril en la Catedral de Managua. La recepción será en el Hotel Crowne Plaza. Los padres de ella deben ser muy ricos. ¿Quieres ir a la boda conmigo?

✳ **Comentario Cultural** After the end of the Sandinista period in Nicaragua in 1990, the Catholic Church reaffirmed its position in Nicaragua by building a massive modern cathedral with money donated by the United States. To be married in this cathedral is a sign of wealth and status in Managua.

Jorge: Pues, claro que sí, Claudia. ¡Muchas gracias! Pero, ¿sabes qué? Nunca **he asistido** a una boda.

Claudia: No importa. Yo te lo explico todo. Vamos a pasarlo bien. Bueno, ahora voy a llamar a Felipe para felicitarlo. Chao, Jorge.

Jorge: Chao, Claudia.

¿Comprendiste? Contesta las siguientes preguntas en oraciones completas.

1. ¿Cuál es el tema principal de este diálogo?
2. ¿Por qué llamó Claudia a su novio?
3. ¿Por qué conoce Jorge a Marisol?
4. ¿Por qué quieren casarse Felipe y Marisol?
5. ¿Piensas que Jorge quiere casarse ahora con Claudia?
6. ¿Cuál es un título adecuado para el diálogo?

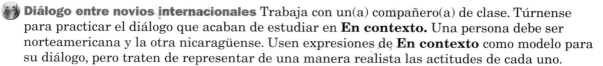 **Diálogo entre novios internacionales** Trabaja con un(a) compañero(a) de clase. Túrnense para practicar el diálogo que acaban de estudiar en **En contexto.** Una persona debe ser norteamericana y la otra nicaragüense. Usen expresiones de **En contexto** como modelo para su diálogo, pero traten de representar de una manera realista las actitudes de cada uno.

Estructura I

Describing recent actions, events, and conditions

Spanish speakers use the present perfect indicative tense to describe what has and has not happened recently. Unlike the preterite tense, which is used to make time-specific references to either the beginning or end of an action or event in the past, the present perfect merely establishes the fact that an action has taken place sometime in the past before the present. The emphasis is placed on the fact that the action took place, not *when* it took place. Consider the following examples:

Present perfect	Yo **he comido.**	*I have eaten.* (past action with no specific reference to time)
Preterite	Yo **comí** a las 7:00.	*I ate at 7:00.* (past action with specific reference to time)

How to form the present perfect

Use the present-tense forms of the auxiliary verb **haber** *(to have)* with the past participle of a verb.

	Present of *haber*	+	past participle
yo	**he** *I have*		
tú	**has** *you* (inf.) *have*		
Ud., él/ella	**ha** *you* (form.) *have, he/she has*		**hablado** *spoken*
nosotros(as)	**hemos** *we have*		**comido** *eaten*
vosotros(as)	**habéis** *you* (inf.) *have*		**vivido** *lived*
Uds., ellos(as)	**han** *you* (form.) *have, they have*		

📖 Capítulo 10		🌐 Capítulo 10	
💿 Capítulo 10		💽 iLrn: Heinle Learning Center, Capítulo 10	

¡A practicar!

10-9 | En una terraza en las Islas de la Bahía, Honduras Completa la siguiente conversación durante la luna de miel de Francisco y Celia con la forma correcta de **haber: he, has, ha, hemos** o **han.**

Camarero: ¿1. __han__ estado Uds. en estas islas antes?

Celia: Sí, señor. Nosotros 2. __hemos__ venido aquí antes.

Camarero: Oiga, señora, ¿3. __hemos__ / __has ha__ visto nuestras flores en la terraza?

Celia: Sí, sí. Yo las 4. __he__ visto. Y nosotros 5. __hemos__ decidido pasar la tarde entre las flores.

Francisco: Mejor dicho, tú 6. __has__ decidido venir aquí, Celia.

Cultura

Las Islas de la Bahía of the Caribbean coast of Honduras are a popular tourist destination. The beautiful coral reefs make the area very appealing to scuba divers and the lovely beaches attract tourists from all over the world. Hurricane Mitch seriously damaged the area in 1998 but development has been rapid since that time and visitors now find an ample supply of hotels, restaurants, and recreational activities. Visit http://roatanet.com for more information.

The present perfect tense

- **Regular past participles**

Add **-ado** to the stem of **-ar** verbs, and **-ido** to the stem of **-er** and **-ir** verbs.

-ar verb habl-	stem + -ado hablado	-er/-ir verb com-	stem + -ido comido

—¿**Has hablado** con el novio de Ana? *Have you spoken to Ana's boyfriend?*

—No, pero ellos **han ido** a la *No, but they have come to my*
casa de mi hermano antes. *brother's house before.*

Note that several **-er** and **-ir** verbs have an accent mark on the **í** of their past participles.

leer	→	leído *read*	traer	→	traído *brought*
creer	→	creído *believed*	reír	→	reído *laughed*

—Te **he traído** un regalo, Celia. *I've brought a gift for you, Celia.*

—¿Qué me **has traído**, mi amor? *What have you brought me, my love?*

- **Irregular past participles**

Other verbs have irregular past participles. Here are some of the most common ones.

abrir	→	**abierto** *opened*	morir	→	**muerto** *died*
decir	→	**dicho** *said; told*	poner	→	**puesto** *put*
escribir	→	**escrito** *written*	ver	→	**visto** *seen*
hacer	→	**hecho** *done; made*	volver	→	**vuelto** *returned*

—¿Qué **han hecho** ustedes hoy? *What have you done today?*

—**Hemos visto** una película. *We have seen a movie.*

[handwritten: 100 % Chance of them on Test.]

10-10 | Mis queridos amigos... Celia está escribiéndoles a sus amigos sobre algunas actividades que Francisco y ella han hecho en las Islas de la Bahía. ¿Qué les dice en su carta?

Modelo Yo *he hecho* (hacer) mucho ejercicio aquí.

Yo 1. _he nadado_ (nadar) en la piscina del hotel y 2. _he jugado_ (jugar) al tenis con Francisco. Él 3. _ha montado_ (montar) en bicicleta dos veces esta semana. Francisco y yo 4. _hemos divertido_ (divertirse) mucho. Esta tarde 5. _hemos almorzado_ (almorzar) en un buen restaurante y 6. _hen pasado_ (pasar) toda la tarde en una terraza magnífica. El camarero nos 7. _hemos traído_ (traer) mucha comida. Pienso que él 8. _ha creído_ (creer) que teníamos mucha hambre. Nosotros 9. _hemos reído_ (reírse) mucho. En total, lo 10. _hemos pasado_ (pasar) muy bien aquí en esta isla maravillosa. Nosotros 11. _hemos hecho_ (hacer) muchas actividades diferentes y 12. _hemos visto_ (ver) unos paisajes (landscapes) muy bonitos.

¡A conversar!

10-11 | Recientemente... Basándote en *(Based on)* las siguientes situaciones, debes componer preguntas para hacérselas a un(a) compañero(a) de clase. Tú y tu compañero(a), ¿tienen mucho en común?

> **Modelo** tu clase de español / tu profesor(a)
> E1: *¿Qué ha hecho recientemente tu profesor(a) en la clase de español?*
> E2: *El (la) profesor(a) (no) nos ha dado un examen.*

1. tus clases / tú
2. la residencia / tus amigos y tú
3. la biblioteca / tu mejor amigo y su novia
4. tu casa / tú y los miembros de tu familia
5. tu trabajo / tus compañeros de trabajo

10-12 | ¿Qué has hecho? Trabajen en parejas haciendo y contestando las siguientes preguntas. Comparen sus respuestas y compartan *(share)* la información que ya saben sobre los temas.

1. ¿Has visto fotos de Managua, la capital de Nicaragua? ¿Has visto fotos de Tegucigalpa, la capital hondureña? ¿Has visto fotos de las capitales de otros países hispanos? ¿Has visitado la capital de un país hispano?

2. ¿Has leído la poesía de Rubén Darío, Ernesto Cardenal, Gioconda Belli o de otro poeta nicaragüense? ¿Has escrito poesía?

3. ¿Has comido muchos bananos de Honduras y Nicaragua? ¿Has bebido mucho café?

4. ¿Qué has aprendido de la civilización maya? ¿Qué has aprendido de las ruinas de Copán, un sitio maya que está en el oeste de Honduras?

10-13 | ¡Adivinen Uds.! Cada estudiante de tu clase de español va a escribir en un papel una acción que él/ella ha hecho recientemente. Luego van a formar grupos de cinco o seis personas. Mientras cada persona muestra *(shows)* con gestos (pantomima) lo que escribió una persona del grupo, los otros compañeros del grupo tratan de *(try to)* adivinarlo; luego esa persona dice si los otros lo adivinaron bien o no.

> **Modelo** E1: [Student pretends to read a newspaper.]
> E2: *¿Has leído un periódico?*
> E1: *¡Sí! ¡Excelente!*

Cultura

Managua and Tegucigalpa are both cities of just over 1 million inhabitants. Managua is located in the lowlands of western Nicaragua, on the southern shore of Lake Managua. Tegucigalpa is located in a valley at an altitude of about 3,000 feet, giving it an ideal climate.

Cultura

Nicaragua is known as **"la tierra de los poetas"** because it has produced an impressive number of outstanding poets such as Rubén Darío from the late 19th and early 20th centuries and the contemporary poets Ernesto Cardenal and Gioconda Belli.

Cultura

Bananas have been cultivated in Central America since the 19th century and are a principal product of the region. The term **bananos** is typically used in lieu of **bananas**.

Cultura

The Mayan civilization, dating from 1500 BC and flourishing between 600 and 900 AD, was located in the present-day countries of Mexico, Guatemala, Belize, and Honduras. It was known for achievements in mathematics, astronomy, and architecture.

10-14 | ¿Qué han hecho? José Luis y Raquel están en Roatán, las Islas de la Bahía, Honduras, para su luna de miel. Es el cuarto día de su viaje y han hecho muchas actividades pero hay varias cosas que todavía no han hecho. Formen oraciones para expresar lo que han hecho y lo que no han hecho hasta ahora.

Lo que han hecho:

nadar mucho
practicar el buceo
tomar el sol
comer mucho pescado
bailar todas las noches
caminar en la playa
hablar con su familia por teléfono
ir de compras
¿?

Lo que no han hecho:

correr en las olas
hacer una parrillada
pescar
escribir muchas cartas
hacer camping
correr en la playa
comprar regalos para todos sus parientes
pasear en canoa
¿?

10-15 | Unas vacaciones ideales Trabajando en grupos de tres o cuatro, identifiquen un lugar ideal donde ustedes hayan estado *(have been)* de vacaciones y preparen un correo electrónico para sus amigos que no han hecho el viaje. Incluyan un mínimo de seis actividades que hayan hecho *(have done)* y tres que no hayan hecho, pero que quieren hacer. Preséntenle el correo electrónico a la clase y si los estudiantes de la clase tienen preguntas, contéstenles las preguntas. Si es posible, muestren una foto del lugar que visitaron como parte de la presentación.

Así se dice

Spanish speakers express the idea of *each other* or *one another* with the plural reflexive pronouns **se, nos,** and **os.** Verbs that are not normally reflexive are frequently used to express reciprocal actions. Consider the following examples:

The phrase **el uno al otro** (*each other*) is sometimes added to reciprocal actions for emphasis.

Osvaldo y Lola **se miran** el uno al otro.
Osvaldo and Lola look at each other.

Mi novio y yo **nos besamos.**
My boyfriend and I kiss each other.

¿**Os habláis** mucho por teléfono?
Do you all talk to each other on the phone a lot?

¡A practicar!

Capítulo 10

Capítulo 10

Capítulo 10

iLrn: Heinle
Learning Center,
Capítulo 10

10-16 | Amor a primera vista... Forma oraciones para saber la historia de amor entre Alicia y Emilio. Ojo con el uso del pretérito.

> **Modelo** Alicia y Emilio / conocerse / en un café
> *Alicia y Emilio se conocieron en un café.*

1. Alicia y Emilio / verse / una tarde de julio en un café
2. no hablarse / pero / ellos mirarse profundamente
3. inmediatamente / la muchacha y el muchacho / enamorarse
4. ellos / abrazarse / y / besarse / aquella tarde
5. Pronto Alicia explicó a sus padres: «Emilio y yo / enamorarse» ...Fue un amor a primera vista...

10-17 | ¿La pareja ideal? Indica si estás de acuerdo con las siguientes cualidades de la pareja ideal. Si no estás de acuerdo, explica por qué. Luego compara tu razonamiento (*reasoning*) con el de un(a) compañero(a) de clase. ¿Piensan igual?

> **Modelo** Ellos nunca se miran a los ojos cuando se hablan.
> *No es una cualidad de la pareja ideal, porque dos personas de una pareja ideal siempre se miran cuando se hablan.*

1. Ellos se comunican todas sus ideas y opiniones.
2. Ellos se ayudan con problemas difíciles.
3. Ellos siempre se dicen la verdad.
4. Ellos no se contradicen (*contradict one another*) con frecuencia.
5. A veces se besan en público.
6. Se enamoraron a primera vista.
7. Nunca se separan cuando van juntos a una fiesta.
8. Se casan después de un noviazgo largo.

Reciprocal constructions with
se, nos, and *os*

Verbs that are often reflexive can also be used in this way but only in the plural form and with the meaning of *each other* or *one another* rather than *oneself, yourselves, themselves, ourselves,* and the like. Note the following example:

Los esposos **se cuidan** cuando están enfermos.
The husband and wife take care of each other when they are sick.

Context will allow you to determine if a sentence that includes **se, nos,** or **os** and a plural verb is reflexive or reciprocal. You can see the differences in these examples:

Los niños **se miran** en el espejo cuando se peinan.
The children look at themselves in the mirror when they comb their hair.

Los novios **se miran** cariñosamente cuando hablan de su amor.
The sweethearts look at one another affectionately when they talk about their love.

¡A conversar!

10-18 | Mis relaciones sentimentales Forma preguntas con los siguientes elementos para hacérselas a un(a) compañero(a) de clase sobre sus relaciones sentimentales.

Modelo tú y tus amigos / verse frecuentemente
E1: *¿Se ven tú y tus amigos frecuentemente?*
E2: *Sí, nos vemos frecuentemente los fines de semana.*

1. tú y tus padres / hablarse por teléfono una vez a la semana
2. tú y tu mejor amigo(a) / escribirse durante las vacaciones
3. tú y tus abuelos / conocerse muy bien; respetarse
4. tú y tus hermanos / ayudarse con problemas económicos
5. tú y tu compañero(a) de cuarto / hablarse sinceramente
6. tú y tu novio(a) / mirarse cariñosamente; quererse
7. tú y tus compañeros de clase / darse la mano en clase
8. ¿...?

10-19 | ¿Qué hacen? Trabaja con un(a) compañero(a) para describir las siguientes relaciones familiares y sociales. Hablen de las actividades que las personas hacen y de las que no hacen.

Modelo *Los buenos amigos se hablan mucho por teléfono.*

Relaciones: los buenos amigos, los parientes, los esposos, los padres y los niños, los profesores y los estudiantes, los estudiantes de una clase, los jefes *(bosses)* y los empleados, los compañeros de cuarto o de casa, los atletas en un equipo de deportes

Actividades: (no) escribirse, (no) hablarse (por teléfono), (no) verse, (no) darse regalos, (no) ayudarse, (no) abrazarse, (no) besarse, (no) decirse la verdad, (no) gritarse

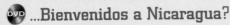

¿Qué recuerdan de...

 ...Bienvenidos a Nicaragua?

1 ¿Cuál es la capital de Nicaragua?
2 Describe la ciudad de León, el centro intelectual y la ciudad de Managua, el centro económico.
3. ¿Qué pasó en la política en Nicaragua durante los años sesenta?

See the *Workbook,* **Capítulo 10, Bienvenidos a Nicaragua** for additional activities.

Población: 7.483.763
Área: 112.090 km², un poco más grande que el estado de Tennessee
Capital: Tegucigalpa, 1.300.000
Moneda: la lempira
Lenguas: el español y varias lenguas indígenas

Población: 5.675.356
Área: 129.494 km², un poco más grande que el estado de Nueva York
Capital: Managua, 1.098.000
Moneda: el córdoba oro
Lenguas: el español y varias lenguas indígenas

Personalidades ilustres Rubén Darío (1867–1916) es de Nicaragua y se le conoce por toda Latinoamérica como el «Príncipe de las letras hispanas». Sus poemas son una mezcla de elementos románticos y simbolistas. Su poesía trata del amor y del arte, con símbolos y metáforas muy delicados. La siguiente es una estrofa *(stanza)* de uno de los poemas de Darío titulado «Amo, amas».

Amar, amar, amar, amar siempre, con todo
el ser y con la tierra y con el cielo,
con lo claro del sol y lo oscuro del lodo *(mud)*:
amar por toda ciencia y amar por todo anhelo *(wish, desire)*.

¿Qué piensas de esta estrofa? ¿Qué es el amor para ti? ¿Te gusta leer o escribir poesía?

Historia Las ruinas mayas de Copán en Honduras son de gran importancia histórica para toda la región. La ciudad de Copán era el centro de la civilización, donde se usaban la escritura jeroglífica *(hieroglyphic),* un calendario avanzado y una astronomía compleja. La división social era muy definida; la mujer tenía un puesto inferior al hombre. La mujer hacía los trabajos de la casa, como la limpieza, el cuidado de los niños y de los animales; además, estaba encargada de *(in charge of)* cultivar y hacer la comida. La civilización desapareció debido a la sobrepoblación *(overpopulation),* a la contaminación del agua, a las luchas políticas y a la guerra. Hoy en día, se puede visitar el Museo de Escultura de Copán, construido por el gobierno de Honduras en 1996. El museo está dentro del Parque Nacional de Copán. Además tiene árboles nativos de la zona para que el visitante pueda experimentar la manera en que vivían los mayas.

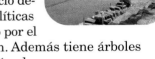

¿Te gustaría conocer las Ruinas de Copán? ¿Qué te parece la idea de construir un museo dentro de la zona arqueológica?

Lugares mágicos Las Islas de la Bahía en Honduras están compuestas de tres islas principales: Roatán, Guanaja y Utila. Roatán es la isla más grande de las tres y tiene representación del gobierno. Roatán les ofrece a los visitantes las playas más románticas y hermosas de Centro América. Además, allí se puede bucear en 35 lugares diferentes y ver el segundo sistema de coral más grande del mundo. La segunda isla más grande y la más alta es la isla de Guanaja, donde se encuentran los hoteles más románticos y más costosos de las tres islas. La tercera isla es la de Utila, que es la más pequeña y la que está más cerca del territorio hondureño. Esta isla es muy famosa porque es el lugar más económico del mundo para obtener una licencia de buceo.

Visit it live on Google Earth! *¿Te gustaría bucear en las Islas de la Bahía en Honduras? ¿Te gustaría visitar las islas con tu novio(a) o tu pareja?*

Oficios y ocupaciones Honduras y Nicaragua son importantes productores y exportadores del banano para los Estados Unidos, principalmente. A principios del siglo XX, se comenzó a usar el término «Repúblicas Bananeras» en forma despectiva para referirse a los países de Centro América y Sur América que tenían dictadores en el gobierno y cuya economía estaba basada en la agricultura. Tanto en Honduras como en Nicaragua la «United Fruit Company» y la «Standard Fruit Company» dominaron la producción y exportación de los bananos, así como el transporte de las frutas a los Estados Unidos. Desde 1947 se comenzó a usar el nombre de Chiquita como marca registrada y luego en 1990 la compañía cambió su nombre a «Chiquita Brands International». En 1992 la compañía firmó el contrato de «Responsabilidad Corporativa», en el que promete cumplir con importantes estándares sociales, ambientales y éticos por parte de la compañía respecto a *(regarding)* los países que producen bananos. Desde el año 2005, el 100% de las plantaciones de bananos están certificadas en los estándares.

¿Sabías que los bananos que comes todos los días podrían ser (could be) de Honduras y Nicaragua? ¿Qué significa el término «Repúblicas Bananeras»? ¿Por qué crees que hay tiendas de ropa con el nombre «Banana Republic»?

Arte y artesanía Masaya es la ciudad capital del departamento de Masaya en Nicaragua. Su nombre significa «ciudad de las flores» y está situada a 17 kilómetros al sur de la ciudad de Managua. La ciudad se conoce por la producción de zapatos, ropa y hamacas. Las hamacas son suaves, flexibles y cómodas, ya que no tienen barras *(sticks)* de madera como las hamacas comunes. El negocio de las hamacas es frecuentemente un negocio familiar y se hacen en frente o dentro de la casa de la familia. Muchas veces las personas que quieren comprar hamacas pueden entrar a la propia casa de la familia y observar el proceso de producción. Estas hamacas se pueden usar dentro o fuera de la casa y están hechas de colores y estilos diferentes.

¿Has descansado alguna vez en una hamaca? ¿Conoces algún negocio familiar en tu ciudad?

Ritmos y música La música y la danza nicaragüenses son una mezcla de los elementos españoles e indígenas de la región. La música es una parte muy importante en las celebraciones nicaragüenses. Los instrumentos que se usan son la marimba, la guitarra, la flauta y las maracas.

♪ Uno de los grupos folclóricos de Nicaragua es el grupo Nicaragua Libre que en esta oportunidad presenta una selección instrumental, usando la marimba como instrumento principal. La canción se llama «La danza del cielo». *Access the iTunes playlist on the **Plazas** website.*

¿Te gusta el sonido de la marimba? ¿Has escuchado el sonido de la marimba en otro tipo de música? ¿Cuál?

See the *Lab Manual*, **Capítulo 10**, **Ritmos y música** for activities.

¡Busquen en la Red de información!

www.thomsonedu.com/spanish/plazas

1. Personalidades ilustres: Rubén Darío, Nicaragua
2. Historia: Copán, Honduras
3. Lugares mágicos: Las Islas de la Bahía, Honduras
4. Oficios y ocupaciones: Plantaciones bananeras en Honduras y Nicaragua, Chiquita
5. Arte y artesanía: Artesanos (hamacas), Masaya, Nicaragua
6. Ritmos y música: Marimba, Nicaragua Libre

Vocabulario
La recepción

La recepción de Rubén y Rafaela In this section, you will practice vocabulary used to describe receptions and banquets.

Carolina, a historian and a true romantic, decided to investigate the event. While she was reading, she started to imagine what happened. Below are the scenes she imagined from the wedding reception of Rubén Darío, Nicaragua's most famous literary talent, and his bride, Rafaela Contreras, in the National Palace in Managua in 1890.

¡A practicar!

10-20 | ¿En qué palabra estoy pensando?
Busca la palabra adecuada del nuevo vocabulario que vaya con cada definición a continuación.

1. dos palabras que se refieren a la fiesta que se da después de una boda
2. un grupo de dos personas
3. el grupo musical que toca en fiestas o en conciertos
4. con ropa elegante
5. Los _____ se refiere a la gente que va a una boda o a otro evento.

10-21 | La perspectiva de un músico Félix, un miembro de la orquesta que tocó para los recién casados, narra la historia de la recepción. Usa los siguientes verbos para terminar su relato, escogiendo entre el pretérito o el imperfecto.

terminar   asistir a   felicitar   tener lugar
aplaudir   acompañar agarrar

Más de 300 personas 1. _____ la recepción de Rubén y Rafaela. La celebración 2. _____ en el elegante Palacio Nacional. Nosotros, los músicos, 3. _____ a un cantante en una canción de amor cuando los novios entraron. Todos los invitados 4. _____ con alegría. El presidente los 5. _____ con un brindis. Una chica joven 6. _____ el ramo de flores que Rafaela tiró. La fiesta 7. _____ bruscamente cuando Rubén y Rafaela se fueron de la recepción.

Todas las personas importantes de Managua **asistieron a la recepción** de Rubén y Rafaela.

Los invitados felicitaban a **la pareja** mientras entraban a la sala. Más tarde el presidente del país les hizo un brindis especial.

El banquete era elegante con todos los invitados **vestidos de gala. La orquesta** de la ciudad tocó para la celebración.

Rafaela tiró el ramo de flores y una chica de veinte años lo **agarró.** Todos **aplaudieron.**

📖 Capítulo 10	🌐 Capítulo 10
💿 Capítulo 10	🔵 iLrn: Heinle Learning Center, Capítulo 10

La recepción de **la pareja tuvo lugar** en una sala en el Palacio Nacional.

Rubén tenía celos de un viejo amigo de Rafaela que la **acompañaba** durante una buena parte de la noche. Cuando Rafaela bailaba con su amigo, Rubén les interrumpió y así **terminó** la celebración.

¡A conversar!

10-22 | Planes, planes y planes Felipe y Gabriela están organizando la recepción para su boda y siempre hay un poquitín de desacuerdo. Trabaja con un(a) compañero(a). Hagan los papeles de Felipe y Gabriela y hablen de los planes para la fiesta. Hagan preguntas con la información dada. ¡Sean creativos!

> **Modelo** Fecha
>
> Felipe: *¿Cuándo quieres tener la recepción?*
>
> o *Para ti, ¿cuál es la fecha ideal para la recepción?*
>
> Gabriela: *Yo quiero tener la recepción el día de la boda por la noche.*
>
> Felipe: *¡Ay que no, mi amor! Yo prefiero tenerla por la tarde.*

Preguntas de Felipe	Respuestas de Gabriela	Desacuerdo de Felipe
el lugar	sala de baile, Palacio Nacional	....
el número de invitados	50 personas	....
la cena	cena de cinco platos	....
el tipo de ropa	ropa muy formal	....
el tipo de música	merengue	....
su primer baile	¡Baile!	....
tirar arroz	no tirar arroz	....

10-23 | Entrevista Con un(a) compañero(a) de clase, contesta las siguientes preguntas sobre las bodas para ver si tienen mucho en común.

1. ¿Estás casado(a)? Si no, ¿piensas casarte algún día? ¿Cómo vas a celebrar? Si estás casado(a), ¿cómo celebraste la boda? ¿Hubo una fiesta grande? ¿Quién fue a tu boda? ¿Qué llevaste tú? ¿Qué visitaron los invitados?

2. ¿Fuiste a una boda alguna vez? ¿De quién? ¿Lo pasaste bien? ¿Hubo mucha gente? ¿Qué tipo de ropa vistieron los invitados? ¿Dónde se celebró la boda?

3. ¿Fuiste alguna vez a una recepción o un banquete para celebrar una boda? ¿Hubo una orquesta? ¿Bailaron juntos los novios? ¿Cómo trataron los invitados a los novios? ¿Les tiraron mucho arroz?

Así se dice

Adverbs

An adverb is a word that modifies a verb, an adjective, or another adverb. It may describe *how, when, where, why,* or *how much.* You already know many adverbs such as **muy, poco, siempre, después, mucho, bien, mal, tarde, temprano, mejor,** and **peor.**

- To form most Spanish adverbs, add **-mente** *(-ly)* to an adjective.

natural	**naturalmente**	*naturally*
frecuente	**frecuentemente**	*frequently*

- If an adjective ends in **-o,** change the **-o** to **-a,** then add **-mente.**

perfecto	**perfectamente**	*perfectly*

- If an adjective has an accent mark, the adverb retains it.

fácil	**fácilmente**	*easily*
rápido	**rápidamente**	*rapidly*

Note that adverbs modifying a verb are generally placed immediately after the verb, whereas adverbs modifying adjectives or other adverbs are placed directly before them.

Ellos salieron **rápidamente** de la sala.	*They left the room quickly.*
Rubén estaba **muy** enojado.	*Rubén was very mad.*

¡A practicar!

10-24 | Más impresiones de la recepción Vamos a describir lo que vimos en la celebración imaginada por Carolina, y para darle más énfasis a las siguientes impresiones, convierte el adjetivo en adverbio y luego incorpóralo en la oración.

> **Modelo** fabuloso / Rafaela se vestía
> *fabulosamente / Rafaela se vestía fabulosamente.*

1. puntual / El carruaje nupcial llegó a la recepción
2. fácil / La chica agarró el ramo de flores
3. constante / La orquesta tocaba
4. estupendo / Rafaela y su amigo bailaban
5. total / Los invitados estaban sorprendidos
6. rápido / La recepción terminó

Capítulo 10
Capítulo 10
Capítulo 10
iLrn: Heinle Learning Center, Capítulo 10

10-25 | Hablar del amor Completa las siguientes oraciones con el adverbio apropiado.

nunca	muchas veces	una vez	dos veces	a veces
siempre	cada	otra vez	solamente	todos los días (años)

1. Me gusta mucho ser soltero(a). Yo no quiero casarme _____.
2. Algunas personas famosas se han casado _____.
3. El matrimonio puede ser muy aburrido. Las parejas hablan de lo mismo _____ y van de vacaciones al mismo lugar _____.
4. Mi amiga todavía quiere a su viejo novio. Le habla _____ día por teléfono.

Adverbs and adverbial expressions
of time and sequencing of events

Adverbial expressions of time and sequencing of events

In previous chapters, you learned many of the following adverbs and adverbial expressions with their English equivalents.

- Use the following adverbs to express how often something is done.

cada día (semana, mes, etc.) *each day (week, month, etc.)*	**a veces** *sometimes*
	nunca *never*
todos los años (días, meses, etc.) *every year (day, month, etc.)*	**(casi) siempre** *(almost) always*
	otra vez *again*
dos (tres, etc.) veces *twice (three times, etc.)*	**solamente** *only, just*
	una vez *once*
	muchas veces *very often*

—Hablo con mi novio **todos los días.**   *I talk to my boyfriend every day.*

—**Siempre** voy con él al cine los fines   *I always go to the movies with him on*
de semana.   *the weekend.*

- Use the following adverbs to express the order of events.

primero *first*	**luego** *then*	**finalmente** *finally*
entonces *then; so*	**después** *afterward*	**por fin** *at last, finally*

—¿Adónde vamos **primero,** mi amor?   *Where are we going first, my love?*

—Al cine. **Luego** a la discoteca.   *To the movies. Then to the disco.*

—¿Y **después**?   *And afterward?*

—Volvemos a casa.   *We're going back home.*

5. Mi novio es muy celoso. Cuando él me ve a mí hablando con otros hombres, él _____ se pone furioso.
6. ¿Qué tal la primera cita con Carolina? ¿Quieres salir con ella _____?
7. Si salgo con alguien _____ una vez, generalmente no conozco bien a la persona.
8. ¿Es el amor una cosa que ocurre solamente _____ en la vida?
9. _____ es posible enamorarse de alguna persona al conocerla, pero no es muy probable.
10. _____ es importante decirle a la persona que uno la quiere, que es maravillosa.

10-26 | **Un fracaso amoroso** Luis Eduardo nos cuenta de una relación amorosa que terminó mal para él. Pon el relato en orden. Después, vuelve a contar la historia y añade palabras como **primero, un día, entonces, luego, después, finalmente** y **por fin** para hacerla más completa.

_____ Me fui corriendo de su casa. Me puse muy triste. ¡Yo quería casarme con esta chica!
_____ ¡La encontré en los brazos de mi hermano, Raúl!
_____ La invité a cenar conmigo.
_____ Después de salir con ella por algunas semanas, yo me enamoré seriamente de ella.
_____ Un día, salí temprano del trabajo y me paré en su casa para sorprenderla.
_____ Conocí a Raquel, la mujer más guapa del mundo, el año pasado.
_____ Después de comer, fuimos a tomar un café y hablamos toda la noche.
_____ Decidí romper con ella para siempre.
_____ Empezamos a salir todas las noches.

¡A conversar!

10-27 | ¿Cómo haces esas cosas? Con un(a) compañero(a), busca el adverbio que corresponda con las siguientes palabras para describir cómo hacen Uds. las siguientes cosas. **¡Ojo!** Algunas de las palabras no requieren cambios: ya son adverbios.

> **Modelo** jugar con niños pequeños
> E1: *¿Cómo juegas con niños pequeños?*
> E2: *Juego pacientemente con niños pequeños. ¿Y tú?*
> E1: *Yo juego mal con niños pequeños; no me gustan los niños.*

natural	paciente	mejor	bien	tarde	peor
frecuente	mal	fácil	perfecto	rápido	

1. hablar con gente del sexo opuesto
2. conducir
3. hablar español
4. estudiar para mis clases
5. tocar el piano
6. bailar

10-28 | Un día perfecto ¿Cómo es un día perfecto para ti? Prepara una lista de actividades que quieres hacer si puedes planear un día absolutamente perfecto. Empieza con la primera actividad del día y prepara una lista cronológica con un mínimo de seis actividades. Trabaja con un(a) compañero(a) para explicar el día perfecto, incluyendo palabras y expresiones apropiadas de la lista. Puedes usar una palabra más de una vez. Después de presentar sus listas, comparen Uds. sus opiniones sobre lo que constituye un día perfecto.

primero	luego	después
entonces	finalmente	por fin

10-29 | Combinaciones Formen grupos de cuatro o seis estudiantes. Cada estudiante va a escribir tantas oraciones como sea posible en dos minutos. Cada oración tiene que incluir un elemento de cada categoría y ¡tiene que ser lógica! Después de pasar los dos minutos, un(a) estudiante lee sus oraciones y los otros las comparan con las que han escrito. El (La) primer(a) estudiante recibe un punto por cada oración en su lista que aparece en la lista de otro(a) estudiante. Para continuar el juego, cada persona escribe tantas oraciones nuevas como sea posible en dos minutos y otro(a) estudiante presenta su lista, ganando un punto por cada oración suya que aparece en la lista de otro(a) estudiante.

¿Quién(es)?	¿Qué hace(n)?	¿Con qué frecuencia?
mi papá	venir a visitarme	a veces
mi mamá	escribirme un correo electrónico	todos los días
mi hermano	llamarme por teléfono	todas las semanas
mis hermanos	darme regalos	una vez al día
mi hermana	ir de compras	una vez a la semana
mis hermanas	preparar la comida	una vez al mes
mi esposo	jugar al fútbol	una vez al año
mi esposa	jugar al golf	dos veces a la semana

¿Quién(es)?	¿Qué hace(n)?	¿Con qué frecuencia?
mi novio	nadar	dos veces al mes
mi novia	escuchar música	dos veces al año
mi mejor amigo	mirar la tele	varias veces a la semana
mi mejor amiga	tocar el piano	varias veces al mes
mis amigos	cantar	varias veces al año
mis abuelos	sacar fotos	todos los fines de semana
mis primos	lavar la ropa	frecuentemente

10-30 | **La boda de Carolina** Eres reportero(a) y tu reportaje para el programa *¡Hoy!* en la tele es sobre la boda de Carolina Mendoza, hija de una familia prominente en su pueblo. Refiérete a la foto de la boda, y empezando desde ese momento cuando la novia y su familia caminan a la iglesia, prepara un reportaje de siete a diez oraciones sobre la boda y la recepción. Explica qué hacen la novia y el novio, sus parientes y los invitados cronológicamente e incluye tantos elementos de las listas como sea posible.

> **¿Nos entendemos?**
>
> Married couples are referred to as **el matrimonio**. Some Spanish-speaking countries also use the word **el matrimonio**, rather than the more common words **la boda** or **el casamiento**, for *wedding*.

¿Qué hacen?

caminar	felicitar
llegar	tirar
entrar	hablar
mirar(se)	comer
abrazar(se)	bailar
besar(se)	salir

¿Cómo lo hacen?

alegremente	totalmente
rápidamente	elegantemente
cariñosamente	sinceramente
perfectamente	cortésmente
puntualmente	constantemente
pacientemente	inmediatamente

Using the Spanish equivalents of
who, whom, that, and *which*

Relative pronouns are used in joining two clauses together. There are four primary relative pronouns in English: *who, whom, that,* and *which.* Their Spanish equivalents are words you already know.

que	refers to people and things
quien	refers only to people
lo que	refers to an entire idea, concept, or situation

¿Quién es el hombre **que** hablaba contigo?
   ↑   ↑
(first clause)   **(second clause)**

Who is the man who was talking with you?

Ella es la mujer **con quien** yo bailaba.
   ↑   ↑
(first clause)   **(second clause)**

She is the woman with whom I was dancing.

No sabemos **lo que** él hizo en la fiesta.
   ↑   ↑
(first clause)   **(second clause)**

We don't know what he did at the party.

¡A practicar!

📖	Capítulo 10	🌐	Capítulo 10
💿	Capítulo 10	💿	iLrn: Heinle Learning Center, Capítulo 10

10-31 | Una mujer misteriosa Usa el pronombre relativo adecuado para completar las siguientes oraciones.

1. ¿Quién es la mujer _____ *que* _____ lleva el vestido azul?
2. Creo que es la mujer con _____ *quien* _____ Ramón hablaba el otro día.
3. Dicen que es la mujer _____ *quien que* _____ se divorció de Juan Medellín porque él no era muy fiel.
4. No debes creer _____ *lo que* _____ dice la gente. Otras personas dicen que Juan salía con una chica _____ *que* _____ era la amiga de esa mujer.
5. ¿ _____ *lo que* _____ dices? Él me dijo que siempre le fue fiel a la mujer con _____ *que* _____ se casó.

10-32 | La civilización maya Usa el pronombre relativo adecuado para completar el siguiente párrafo que describe la civilización de los mayas.

La civilización maya, _____ se desarrolló en México, Guatemala, Belice y Honduras, era una civilización muy avanzada. Esta civilización tuvo su mayor desarrollo en los años 300 a 900 después de Cristo. _____ _____ distinguió a esta civilización fue su arquitectura. Construyeron pirámides de piedra _____ servían para celebraciones religiosas, templos y esculturas. Además, los mayas fueron grandes matemáticos y astrólogos _____ explicaron sus descubrimientos con su escritura de símbolos o jeroglíficos. En el siglo XVI, los españoles conquistaron esta civilización y, hoy en día, los descendientes (descendants) de los mayas _____ viven en estos países todavía conservan algunas de sus tradiciones culturales.

Relative pronouns

- Note that in distinguishing between the use of the relative pronouns **que** or **quien,** both of which can be used to refer to people, Spanish speakers use **quien** *(who/whom)* only when it is preceded by a preposition or when it functions as an indirect object of the sentence. Compare the following examples:

Es una mujer **que** tiene muchos amigos.	*She is a woman who has many friends.*
Es la mujer **con quien** yo bailaba. (**quien** preceded by the preposition **con**)	*She is the woman with whom I was dancing.*
Es la mujer **a quien** yo le di el regalo. (**quien** as the indirect object pronoun in this sentence)	*She is the woman to whom I gave the gift.*

- Also notice that the relative pronouns **que** and **quien** carry accents when they are used in interrogative or exclamatory sentences.

¿Con **quién** sales ahora?	*Whom are you going out with now?*
¡**Qué** mujer tan interesante!	*What an interesting woman!*

- **Lo que** at the beginning of a sentence translates into English as *what* or *the thing that.*

Lo que me gusta de la clase es la cultura.	*What (The thing that) I like about the class is the culture.*

¡A conversar!

10-33 | **Lo que necesitamos es amor** Completa las siguientes preguntas con **que, lo que** o **quien.** Después, contéstalas con un(a) compañero(a) de clase para expresar sus opiniones personales. ¿Tienen mucho en común?

> Modelo   E1: ¿Tu mejor amiga es la persona ____*que*____ sabe más de ti?
> E2: *Sí, mi mejor amiga sabe todos mis secretos.*
> o   E2: *No, yo le cuento más a mi mamá que a mi mejor amiga.*

1. ¿Es el matrimonio _____ da felicidad en la vida?
2. ¿Es el divorcio _____ está destruyendo nuestra sociedad?
3. ¿Quieres casarte con una persona _____ tiene los mismos gustos que tú?
4. ¿Con _____ quieres compartir tus secretos más íntimos?
5. ¿ _____ es la persona que menos quieres en el mundo? ¿Por qué?

10-34 | **La pareja ideal** ¿Cómo es la pareja ideal? Con un(a) compañero(a) de clase, completen las siguientes oraciones para describir la pareja ideal.

> Modelo   Dos personas que...
> *Dos personas que se comunican mucho son la pareja ideal.*

1. El amor que...
2. El matrimonio es lo que...
3. La persona con quien...
4. El amor a primera vista es lo que...
5. La amistad que...
6. La pareja ideal que...

Present perfect tense

Use the present-tense forms of the auxiliary verb **haber** (to have) with the past participle of a verb.

yo	he		
tú	has		hablado
Ud., él, ella	ha	+	comido
nosotros(as)	hemos		vivido
vosotros(as)	habéis		
Uds., ellos(as)	han		

¡A recordar! Which -**er** and -**ir** verbs have an accent mark on the **í** of their past participles? What are eight common irregular past participles?

Reciprocal constructions with *se, nos* and *os*.

Spanish speakers express the idea of *each other* or *one another* with the plural reflexive pronouns **se, nos,** and **os**. Verbs that are not normally reflexive are frequently used to express reciprocal actions.

¡A recordar! Why is the phrase **el uno al otro** sometimes added to reciprocal expressions?

Adverbial expressions of time and sequencing of events

To form most Spanish adverbs, add -**mente** to an adjective.

frecuente	frecuentemente

If an adjective ends in -**o**, change the -**o** to -**a**, then add -**mente**.

perfecto	perfectamente

If an adjective has an accent mark, the adverb retains it.

fácil	fácilmente

Use the following adverbs to express how often something is done.

a veces	una vez
dos (tres, etc.) veces	muchas veces
solamente	otra vez
(casi) siempre	nunca
cada día (semana, mes, etc.)	
todos los años (días, meses, etc.)	

Use the following adverbs to express the order of events.

primero	entonces	finalmente
luego	después	por fin

¡A recordar! What determines where an adverb is placed in a sentence?

Relative pronouns

Relative pronouns are used to join two clauses together. There are four primary relative pronouns in English: *who, whom, that,* and *which.* Their Spanish equivalents are words you already know: **que** refers to people and things; **quien** refers only to people; and **lo que** refers to an entire idea, concept or situation.

¡A recordar! How do you distinguish between the use of **que** or **quien**? In which cases do **que** and **quien** carry accents? How do you express the idea of *What* or *The thing that* at the beginning of a sentence in Spanish?

¡A repasar!

Actividad 1 | La luna de miel Completa la tarjeta postal que Ceci les escribe a sus padres durante su luna de miel en Roatán, Honduras. Emplea el presente perfecto. (14 pts.)

¡Hola, papis!

Nuestra luna de miel 1. _____ (ser) estupenda. Fernando y yo 2. _____ (divertirse) mucho. Nosotros 3. _____ (jugar) al tenis y 4. _____ (nadar) cada día. Yo 5. _____ (caminar) en la playa mucho y Fernando 6. _____ (correr) varias veces. Nuestros amigos nuevos Gerardo y Carolina nos 7. _____ (enseñar) a hacer esnórquel. Nosotros 8. _____ (ver) peces bonitos y otras cosas increíbles. Estoy cansada porque 9. _____ (acostarse) tarde pero estoy contenta porque Fernando y yo 10. _____ (bailar) cada noche. ¿Qué 11. _____ (hacer) Uds. esta semana? Papi, ¿12. _____ (trabajar) en tu jardín? Mami, ¿13. _____ (terminar) el libro que leías? Estamos en un café y el mesero nos 14. _____ (traer) la comida. ¡Hasta pronto!

Actividad 2 | ¿Qué hacen estas personas? Forma oraciones con los elementos dados, incluyendo la forma recíproca de los verbos. (12 pts.)

1. Ana y Sole / decirse / secretos
2. Mi primo y yo / escribirse / correos electrónicos
3. Mis padres / besarse / cada día
4. Muchos amigos / ayudarse / con los problemas
5. Mi esposa y yo / llamarse / mucho por teléfono
6. Mis amigos y yo / verse / en la biblioteca

Actividad 3 | ¿Cómo lo hacen? Cambia los adjetivos a adverbios y escribe el adverbio apropiado para completar cada oración. (10 pts.)

alegre	inmediato	puntual	regular
constante	paciente	rápido	triste
fácil	perfecto		

1. Estela corre una milla en menos de seis minutos. Corre _____.
2. Nosotros siempre llegamos a clase a tiempo. Llegamos _____.
3. David estudia español todos los días a la misma hora. Estudia _____.
4. La clase no es difícil para Horacio. Hace la tarea _____.

5. Ana María vuelve a casa a las tres y empieza la tarea a las tres y un minuto. Empieza la tarea _____ .

6. Luis siempre recibe 100% en su examen. Completa los exámenes _____ .

7. Estoy contento en la clase y me gusta participar. Participo _____ .

8. La profesora tiene mucha paciencia. Contesta nuestras preguntas _____ .

9. No me gusta el fin del semestre. Digo adiós a mis amigos _____ .

10. Marcos escucha música todo el día y toda la noche. La escucha _____ .

Actividad 4 | **La historia de una relación** Pon las siguientes etapas *(stages)* de una relación en su orden lógico. (8 pts.)

_____ Hablan con la directora de la boda cada semana.

_____ Después de muchas citas, ellos deciden casarse.

_____ Primero Virginia y Daniel se conocen en la universidad.

_____ Siempre se divierten en las citas.

_____ Finalmente se casan y tienen una boda tradicional.

_____ Entonces se hablan por teléfono y deciden salir juntos.

_____ Ellos salen muchas veces en los siguientes meses.

_____ Se divierten en la primera cita.

Actividad 5 | **Hagamos planes** Escoge la(s) palabra(s) correcta(s) para completar cada oración. (6 pts.)

_____ 1. Conozco un lugar _____ es perfecto para la luna de miel.
   a. que
   b. quien
   c. quienes
   d. lo que

_____ 2. Mi amigo Carlos, _____ viaja conmigo, lo recomienda también.
   a. quienes
   b. quién
   c. quien
   d. quiénes

_____ 3. ¿_____ tipo de clima prefieres, tropical o más templado?
   a. Que
   b. Qué
   c. Quien
   d. Lo que

_____ 4. _____ más me gusta del lugar es la tranquilidad.
   a. Que
   b. Quien
   c. Lo que
   d. Quienes

_____ 5. Ramón es la persona _____ le recomendé el lugar el año pasado. Le gustó mucho.
   a. quién
   b. quien
   c. de quien
   d. a quien

_____ 6. ¿_____ paga el viaje? ¿Tu novio?
   a. Quién
   b. Quien
   c. Quiénes
   d. Qué

Refrán

Los _____ *(newlyweds)* casa quieren.   Bonus! 1 pt.

¡A ver!

En este segmento del video, Valeria y Antonio hablan sobre las relaciones sentimentales. Los dos han tenido malas experiencias amorosas y parece que se sienten mejor al compartir esta información. A ver si los buenos amigos pueden llegar a ser algo más...

Expresiones útiles

Las siguientes son expresiones nuevas que vas a escuchar en el video.

Es el colmo	*It's an outrage*
Puedo hacerte compañía	*I can keep you company*

Antes de ver

Paso 1 Trabaja con un(a) compañero(a) para expresar su opinión sobre lo siguiente: ¿Creen que los hombres y las mujeres pueden ser amigos? ¿De qué hablan los amigos del sexo opuesto? ¿Hablan de las relaciones sentimentales que han tenido? ¿Creen que los amigos pueden llegar a ser novios? ¿Por qué sí o por qué no?

Paso 2 Las relaciones sentimentales no son fáciles y a veces se rompen. Haz una lista de varias posibles causas del fracaso *(failure)* de una relación sentimental. Compara tu lista con la de un(a) compañero(a). ¿Piensan igual *(Do you think alike)*?

Después de ver

Paso 1 En **Antes de ver, Paso 1,** tu compañero(a) y tú expresaron opiniones sobre las relaciones sentimentales. En el video, viste también los principios de una relación sentimental entre Valeria y Antonio. Pon las siguientes oraciones en orden cronológico para contar exactamente lo que pasó. Luego no te olvides añadir en el espacio previsto las expresiones adverbiales apropiadas: **después, entonces, finalmente, luego, primero.**

_____ _____, los dos decidieron cenar juntos y pasear por la playa.

_____ _____, Antonio preguntó si se sentía bien y Valeria explicó por qué la relación con César terminó.

_____ _____, Valeria dijo que se sentía muy sola y Antonio respondió que no debía sentirse así y ofreció acompañarla esa noche.

_____ _____, Valeria estaba hablando con su ex-novio César por teléfono cuando descubrió que Antonio estaba escuchando la conversación. Colgó con César y empezó a gritar a Antonio.

_____ _____, Antonio contó lo que pasó con su ex-novia Raquel y cómo ella se enamoró de su mejor amigo Rubén. A pesar de eso, Antonio perdonó a los dos.

Paso 2 Piensa en el comportamiento de Antonio y Valeria durante este segmento del video e indica si las siguientes oraciones son **ciertas** o **falsas.** No te olvides corregir las oraciones falsas.

- Antonio y Valeria se miran mientras se hablan sobre sus ex-novios.

  _____

- Se besan apasionadamente en la playa.

  _____

- Se escuchan mientras caminan en la playa.

  _____

- Se abrazan en la playa.

  _____

¿Qué opinas tú?

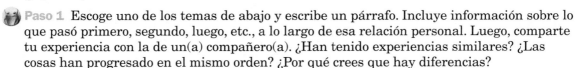 **Paso 1** Escoge uno de los temas de abajo y escribe un párrafo. Incluye información sobre lo que pasó primero, segundo, luego, etc., a lo largo de esa relación personal. Luego, comparte tu experiencia con la de un(a) compañero(a). ¿Han tenido experiencias similares? ¿Las cosas han progresado en el mismo orden? ¿Por qué crees que hay diferencias?

- Cuando conocí a mi mejor amigo(a)
- Cuando conocí a mi novio(a) / esposo(a)

Paso 2 Cada persona es bien distinta en cuanto a las relaciones sentimentales. ¿Cómo eres tú? ¿Cuáles son algunas de las actividades que has hecho a lo largo de tus relaciones? ¿Has hablado por teléfono mucho con tu novio(a)? ¿Has planeado un fin de semana romántico? ¿Qué es lo que no has hecho? Haz una lista de tres cosas que has hecho y tres cosas que no has hecho y luego compara tu lista con la de un(a) compañero(a). ¿Tienen mucho en común?

¡A leer!

Antes de leer

Summarizing a reading passage

Summarizing in English a reading passage that you have read in Spanish can help you synthesize its most important ideas. Some guidelines for writing this type of summary are as follows:

- Underline the main ideas in the reading passage.
- Circle the key words and expressions in the passage.
- Write the summary of the passage in your own words.
- Do not include your personal reactions to the selection.

You should make every effort to avoid the following common errors in writing a summary: first, the summary should not be longer than the original selection; second, express the main ideas without mentioning too many details; and finally, note the key terms or expressions and use these to check the validity of the main ideas that you point out.

Working with a partner, apply this strategy to the passage on Ernesto Cardenal on this page.

1. Underline the main ideas in the reading passage.
2. Circle the key words and phrases in the passage.

Now, complete the **¡A leer!** section, which focuses on a poem by Cardenal.

¡A leer!

La selección de Ernesto Cardenal es un poema en forma de epigrama. Un epigrama es una composición poética corta que expresa con precisión un solo pensamiento principal que puede ser un pensamiento alegre o satírico. Ahora lee el poema y emplea las estrategias que están a continuación.

1. Lee el poema y subraya la idea principal.
2. Lee el poema una vez más y haz un círculo alrededor de las palabras claves.
3. Escribe en tus propias palabras la idea principal.

Ernesto Cardenal (1925–) Nació en Granada, Nicaragua, y es hoy en día uno de los poetas más reconocidos y más importantes del siglo XX. Estudió el bachillerato en Granada, Nicaragua y al terminar sus estudios de secundaria viajó a México donde estudió en la Facultad de Filosofía y Letras de la Universidad Nacional Autónoma de México. De 1947 a 1949 estudió en la Universidad de Columbia en Nueva York. Entre 1949 y 1950 viajó por España, París e Italia y en 1950 cuando regresó a Nicaragua comenzó a escribir poemas históricos, poemas amorosos y poemas políticos en contra de la dictadura de la familia Somoza que gobernó al país por cuarenta y tres años. En 1956 decidió hacerse *(to become)* sacerdote y así comenzó a escribir poemas religiosos. En 1966 fundó una comunidad política, social y religiosa para los campesinos nicaragüenses en una de las islas de Solentiname en el Lago de Nicaragua. En 1979 cuando triunfó la Revolución Sandinista en contra de Somoza, Cardenal fue nombrado ministro de Cultura.

Ernesto Cardenal ha recibido premios y reconocimientos importantes de diferentes países como Alemania, Colombia, Chile, España, Francia, Italia, México, Noruega, la Unión Soviética y Venezuela. Cardenal ha sido un hombre muy polémico dentro de la Iglesia Católica, ya que ha sido político, revolucionario, poeta y sacerdote al mismo tiempo.

Después de leer

A escoger. Después de leer el epigrama, contesta las siguientes preguntas.

1. ¿Qué tipo de epigrama es?
   a. alegre y satírico
   b. triste y satírico
   c. pesimista y satírico
2. ¿Quién(es) perdió/perdieron en esta relación que se ha terminado?
   a. el poeta
   b. la mujer
   c. el poeta y la mujer
3. ¿Quién(es) tiene(n) la esperanza *(hope)* de volver a amar?
   a. el poeta
   b. la mujer
   c. el poeta y la mujer
4. ¿Quién(es) en esta relación ha(n) perdido más, según el autor?
   a. el poeta
   b. la mujer
   c. el poeta y la mujer

¿Cierto o falso? Indica si las siguientes oraciones son **ciertas** o **falsas.** Corrige las oraciones falsas.

1. _____ Al terminar esta relación, el hombre y la mujer no han perdido nada en el amor.

2. _____ El hombre y la mujer se amaban mucho.

3. _____ El hombre va a amar a otras mujeres como amaba a esta mujer.

4. _____ La mujer va a encontrar a otra persona que la ame como este hombre la amó.

A conversar. Con sus compañeros de clase discutan los siguientes temas.

1. **Las diferencias entre lo que piensa el poeta sobre la mujer** —que no va encontrar a nadie que la ame tanto como él— y lo que ustedes piensan que ella cree. ¿Qué nos implica la actitud del poeta sobre su personalidad? ¿Cómo es el poeta? ¿Es una persona sencilla, arrogante, confiada, etcétera?
2. **La respuesta de la mujer.** Escriban otro epigrama contestándole al poeta lo que ustedes piensan que la mujer le va a contestar al poeta.
3. **El amor ideal.** Escriban un anuncio romántico para el sitio web www.novios.com para buscar el amor ideal. Preséntenle el anuncio a toda la clase. ¿Están de acuerdo todos con la descripción del amor ideal? ¿Qué anuncio es el mejor?

Epigrama V

Al perderte yo a ti tú y yo hemos perdido:
yo porque tú eras lo que yo más amaba
Y tú porque yo era el que te amaba más.
Pero de nosotros dos tú pierdes más que yo:
porque yo podré amar a otras como te amaba a ti
pero a ti no te amarán como te amaba yo.

¡A escribir!

Strategy: Using expressions of frequency in descriptions of activities

Descriptive paragraphs occur in many contexts. They are often found in works of fiction such as novels and short stories but they also appear in newspaper articles, advertising materials, educational publications, and personal letters. A descriptive paragraph contains sentences that describe people, places, things, and/or events. In this chapter, we will focus on describing events. To express how often events take place or how often you or others do something, you can use adverbs of frequency such as the following:

a veces	*sometimes*
cada año	*each year*
dos veces a la semana	*twice a week*
muchas veces	*often*
nunca	*never*
raras veces	*rarely, infrequently*
siempre	*always*
todos los días	*every day*
una vez al mes	*once a month*

Remember that you can also modify these expressions to describe a wide variety of time frames: **dos veces al mes, tres veces a la semana, cada mes,** and so on.

Read the following paragraph and circle those adverbs that describe the frequency of an activity.

Mi esposo Antonio y yo nos queremos mucho y tratamos de pasar mucho tiempo juntos. Cada día de la semana desayunamos juntos antes de ir al trabajo. No podemos cenar juntos todas las noches a causa del trabajo, pero una vez a la semana salimos a un restaurante para comer y para charlar. Muchas veces vamos a un restaurante cerca de nuestra casa, pero una vez condujimos a la playa y cenamos allí. Tenemos que limpiar la casa y hacer otros quehaceres durante el fin de semana, pero siempre pasamos un poco de tiempo juntos divirtiéndonos. Cada año planeamos un viaje especial para celebrar nuestro aniversario. Nunca quiero olvidar la importancia del tiempo que pasamos juntos.

Task: Writing a descriptive paragraph

Paso 1 Ahora, vas a escribir un párrafo para describir unas actividades que tú haces con tu familia o con otras personas importantes en tu vida. Para empezar, identifica a las personas que vas a incluir en la composición. Después, escribe una lista de actividades que tú haces con esas personas. Incluye un mínimo de ocho actividades.

Paso 2 Indica con qué frecuencia haces cada actividad en la lista. Puedes referirte a la lista de palabras y expresiones anterior.

_____

_____

_____

_____

_____

_____

Paso 3 Escribe un párrafo bien planeado en el cual describas las actividades que haces, las personas con quienes las haces y la frecuencia de cada actividad. Puedes organizar el párrafo basándote en las actividades o en las personas que hacen las actividades contigo.

_____

_____

_____

_____

_____

_____

_____

Paso 4 Intercambia papeles con un(a) compañero(a) de clase. Lee el párrafo de la otra persona para ver si ha incluido la información necesaria en su composición. Si es necesario hacer algunos cambios, hazlos.

Paso 5 Habla con tu compañero(a) sobre las actividades que cada persona ha incluido en su composición y la frecuencia identificada para cada actividad. Comparen y contrasten Uds. las actividades que hacen y la frecuencia con que las hacen.

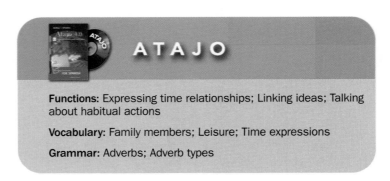

ATAJO

Functions: Expressing time relationships; Linking ideas; Talking about habitual actions

Vocabulary: Family members; Leisure; Time expressions

Grammar: Adverbs; Adverb types

Vocabulario esencial

CD 2,
Track 7

Las relaciones sentimentales — *Relationships*

Sustantivos

la amistad	friendship
el amor	love
la boda	wedding
el cariño	affection
la cita	date *(social)*
el compromiso	engagement
el divorcio	divorce
la flor	flower
la luna de miel	honeymoon
el matrimonio	marriage
el noviazgo	courtship
la novia	bride
el novio	groom
el ramo	bouquet
los recién casados	newlyweds
la separación	separation
la vida	life

Verbos

abrazar(se)	to hug (each other)
amar	to love
besar(se)	to kiss (each other)
casarse (con)	to get married, marry
darse la mano	to shake hands
divorciarse (de)	to get divorced (from)
enamorarse (de)	to fall in love (with)
llevarse bien (mal) (con)	to get along well (poorly) (with)
querer	to love
romper (con)	to break up (with)
salir (con)	to go out (with)
separarse (de)	to separate (from)
tirar	to throw

La recepción

Sustantivos

el banquete	banquet
los invitados	guests
la orquesta	band
la pareja	couple

Verbos

acompañar	to accompany
agarrar	to catch
aplaudir	to applaud
asistir (a)	to attend *(a function)*
felicitar	to congratulate
hacer un brindis	to make a toast
tener lugar	to take place
terminar	to end

Expresiones idiomáticas

a primera vista	at first sight
vestido(a) de gala	dressed elegantly

Participios pasados   *p. 332*

Adverbios   *p. 342*

La Avenida Balboa, Ciudad de
Panamá, Panamá
Visit it live on Google Earth!

El mundo del trabajo
Panamá

11

CHAPTER OBJECTIVES

Communicative Goals

In this chapter, you will learn how to . . .

- Talk about professions, the office, and work-related activities
- Describe the job hunt, benefits, and personal finances
- Make statements about motives, intentions, and periods of time
- Express subjectivity and uncertainty
- Express desires and intentions

Structures

- **Por** and **para**
- Subjunctive mood and impersonal expressions with the subjunctive
- Formation of the present subjunctive and statements of volition

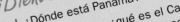
Personal Tutor

DVD

¡Bienvenidos a Panamá!

1 | ¿Dónde está Panamá?

2 | Según el video, ¿qué es el Canal de Panamá y por qué es conocido internacionalmente?

3 | ¿Cuáles son algunos otros atractivos que ofrece al mundo el país de Panamá?

4 | Según el video, ¿cómo se llama la fiesta que todo panameño espera con anticipación? ¿en qué consiste?

5 | ¿Te gustaría hacer un viaje a Panamá? ¿Por qué sí o por qué no?

En una oficina de Panamá In this section, you will learn to talk about professions in the working world.

Más profesiones

el (la) **abogado(a)** lawyer	el (la) **maestro(a)** teacher
el (la) **arquitecto(a)** architect	el (la) **obrero(a)** worker, laborer
el (la) **carpintero(a)** carpenter	el (la) **periodista** journalist
el (la) **contador(a)** accountant	el (la) **programador(a)** programmer
el (la) **empleado(a)** employee	el (la) **sicólogo(a)** psychologist
el (la) **gerente** manager	el (la) **traductor(a)** translator
el (la) **jefe** boss	el (la) **vendedor(a)** salesperson

la cocinera

el banquero

el dentista

la peluquera

el policía

el plomero

Cultura

Panama is one of the most strategically located countries in Central America. As early as the sixteenth century, the idea of building a canal in Panama to connect the Atlantic and Pacific oceans was debated. After declaring its independence from Spain in 1821, Panama became part of **la Gran Colombia**, a territory comprised of what is today known as Ecuador, Colombia, and Venezuela. Motivated by interest in ratifying a treaty that would allow the Panama Canal to be built, the United States helped Panama gain its independence from Colombia in 1903.

¿Nos entendemos?

The Spanish language is constantly changing to accommodate the entrance of women into professions previously dominated by men. Some job titles are modified by **la mujer**; for example, **la mujer policía**. Note that while it was once acceptable, in some places, to change **el presidente** into **la presidenta**, many feminists insisted on keeping the original form of the word **presidente** and modifying it only with the feminine article **la**: for example, **el (la) presidente, el (la) médico** or **el (la) jefe.**

Palabras útiles

el (la) **accionista** stockbroker	el (la) **intérprete** interpreter
el (la) **analista de sistemas** systems analyst	el (la) **mecánico(a)** mechanic
el (la) **bombero(a)** firefighter	el (la) **niñero(a)** nanny
el (la) **cajero(a)** cashier	el (la) **reportero(a)** reporter
el (la) **comerciante** merchant	el (la mujer) **soldado** soldier
el (la) **criado(a)** servant; maid	el (la) **técnico** technician
el (la) **electricista** electrician	el (la) **veterinario(a)** veterinarian

Palabras útiles are presented to help you enrich your personal vocabulary. The words here will help you talk about jobs and professions.

¡A practicar!

11-1 | ¿A quién vas a llamar? Tú trabajas para una agencia de empleos en la Ciudad de Panamá y estás tratando de identificar las profesiones que tus clientes buscan. Lee las siguientes descripciones y decide cuál de las profesiones mejor corresponde a cada situación.

> **Modelo** hombre / preparar comida en el Restaurante Las Tinajas *un cocinero*

1. mujer / enseñar a chicas activas en el Colegio María Inmaculada
2. mujer / sacar fotos de la boda de nuestra querida hija, Alejandra
3. hombre o mujer / escribir documentos legales
4. mujer / recibir y contar dinero de nuestros clientes en el Banco Nacional
5. hombre / ayudar en el diseño *(design)* de un nuevo centro comercial
6. mujer / ayudar a nuestros clientes con problemas emocionales
7. mujer / escribir artículos cortos sobre la moda para *La Prensa*
8. mujer / supervisar un departamento de una compañía
9. hombre / ayudar con las finanzas de una gran corporación
10. mujer / construir un nuevo cuarto en una residencia personal

11-2 | ¡Una niñera *(nanny)* desesperada! Tu amiga Dora está cuidando a los dos hijos de su hermana Susana. Te llama pidiendo consejos para las siguientes situaciones. ¿A quién debe llamar Dora?

1. ¡El lavabo de la cocina está atascado *(clogged)* y hay agua por todos lados!
2. ¡Miguelito acaba de romperse dos dientes!
3. ¡Tomás me cortó el pelo cuando me dormí en el sofá!
4. ¡Miguelito le dio una patada *(kicked)* a la computadora y ahora no funciona!
5. ¡Tomás se robó unos juguetes de una tienda y el gerente está aquí y está muy enojado!
6. ¡Las instrucciones para el televisor solamente están en francés!

el ingeniero

la fotógrafa

la mujer de negocios

el siquiatra

¿Nos entendemos?

In Panama, the term **fregador** is used in lieu of **lavabo**.

Cultura

Created in 1980, *La Prensa* is the largest newspaper in Panama with an average daily readership of 230,000. The World Association of Newspapers awarded *La Prensa* a Young Reader Prize for a sticker album it created and inserted in the Sunday edition of the newspaper. Designed to address a lack of quality textbooks for young students, the **Mi Panamá** sticker album included photographs and information from the newspaper in a format accessible to young readers.

📖 Capítulo 11		🌐 Capítulo 11	
💿 Capítulo 11		📀 *iLrn: Heinle Learning Center,* Capítulo 11	

¡A conversar!

11-3 | Impresiones del mundo del trabajo Explícale tus impresiones de las siguientes profesiones a un(a) compañero(a) de clase, escogiendo de la lista de adjetivos que está a continuación. Explica tu respuesta. Puedes modificar los adjetivos con adverbios como **muy, un poco** y **demasiado.** ¿Tienes mucho en común con tu compañero(a)?

> **Modelo** el hombre (la mujer) de negocios
> E1: *Yo creo que ser hombre (mujer) de negocios es aburrido.*
> E2: *Pues, yo pienso que ser hombre (mujer) de negocios es interesante. Los hombres (Las mujeres) de negocios siempre viajan y ganan mucho dinero. Yo quiero ser hombre (mujer) de negocios algún día.*

interesante/aburrido	creativo/rutinario
peligroso/seguro	variado/monótono
flexible/rígido	divertido/aburrido
exigente/fácil	prestigioso/ordinario

1. el (la) contador(a)
2. el (la) obrero(a)
3. el (la) peluquero(a)
4. el (la) periodista
5. el (la) maestro(a)
6. el (la) abogado(a)

11-4 | Entrevista Trabaja con dos compañeros(as) de clase. Háganse las siguientes preguntas sobre las profesiones.

1. ¿Tienes un trabajo ahora? ¿Qué haces? ¿Cuántas horas a la semana trabajas?
2. Cuando te gradúes de la universidad, ¿qué quieres hacer? ¿Por qué? ¿Qué clases te preparan para tus planes en el futuro?
3. ¿Cuáles son las profesiones más populares entre tus amigos?
4. ¿Cuáles son las carreras de mayor prestigio en nuestra sociedad? ¿de menor prestigio? ¿Hay alguna profesión que te guste pero que no vas a hacer porque no es prestigiosa?
5. Pensando en los miembros de tu clase, ¿cuáles son las profesiones más adecuadas para algunos de ellos?

11-5 | Encuesta En grupos de cuatro o cinco personas, háganse las siguientes preguntas. Comparen sus respuestas para después compartirlas con toda la clase.

> **Modelo** *En nuestro grupo, hay dos personas que quieren ser abogados, una que quiere ser ingeniera y una que quiere ser mujer de negocios. Tres de nosotros queremos trabajar en una compañía pequeña, y una persona quiere trabajar por su cuenta (for him/herself). Pensamos que la profesión más peligrosa es la de policía. La profesión más aburrida para nosotros es la de contador(a). A todos nosotros nos importa ganar mucho dinero. El trabajo más lucrativo es el de abogado(a).*

1. ¿Qué profesión te interesa para después de la universidad?
2. ¿Quieres trabajar en una compañía pequeña, una compañía grande, por tu cuenta, para el gobierno, o... ?
3. ¿Qué trabajo te parece el más peligroso de todos?
4. ¿Qué trabajo te parece el más aburrido de todos?
5. ¿Te importa ganar mucho dinero en el trabajo? En tu opinión, ¿cuál es el trabajo más lucrativo?

11-6 | ¿Buscas trabajo? Trabaja con un(a) compañero(a) para leer los anuncios clasificados y discutir los puestos ofrecidos. Para cada puesto, discute lo siguiente:

- ¿Te interesa? ¿Por qué sí o por qué no?
- ¿Eres buen(a) candidato(a) para el puesto? ¿Por qué sí o por qué no?
- ¿Conoces a otra persona que puedas (you can) recomendar para el puesto? Explica por qué es buen(a) candidato(a).

Se Necesita ingeniero civil con mínimo de 3 años de experiencia en construcción. Debe tener carro, hablar inglés, leer planos y saber usar programas de computadora.

CONTADOR: Experiencia 2 años, dominio del ciclo completo de contabilidad, computadora, buena presencia. Enviar currículum reciente.

EMPRESA de Letrero y Publicidad necesita traductor. Enviar currículum.

AGENCIA de promociones solicita demostradoras para supermercados. Buena presencia, estudios secundarios.

VENDEDOR: Experiencia en ventas de plomería. Honradez, excelentes relaciones públicas. Para hacer rutas de ventas. Enviar currículum con foto.

busca gerente de tienda para perfumería, buena presencia, manejo de personal, salario + comisiones, enviar c.v.

CÍA automotriz requiere mecánicos automotrices, con experiencia.

Note that **currículum** or **c.v.** means *résumé*. It is presented with other words and phrases related to a job search on page 370.

11-7 | Trabajos para todos Trabajen en grupos de cuatro o cinco estudiantes. Cada estudiante debe escoger una profesión para un anuncio clasificado y completar el anuncio que sigue con la información pedida.

¿Nos entendemos?

Notice that it is legal to request a C.V. with a picture.

Se solicita:_____. Responsabilidades incluyen:_____ y _____. Atributos necesarios:_____ y _____. Experiencia:_____.

Cada miembro del grupo recibe el anuncio de otro miembro y lo presenta explicando si él o ella quiere solicitar el puesto y por qué sí o por qué no. Si no lo quiere, ¿a quién recomienda para el puesto? Si ningún miembro del grupo quiere el puesto, traten de identificar a otro(a) estudiante de la clase que debe solicitarlo.

En contexto

CD 2,
Track 8

Julián Darío **está solicitando un puesto** en un bufete de abogados en la Ciudad de Panamá. Julián estudió derecho internacional en la Universidad de Florida en los Estados Unidos. Desde joven, siempre ha querido trabajar en un ambiente internacional. Lo que sigue es parte de la entrevista con Licenciado Carlos Infante Garrido, el jefe de la empresa.

Carlos: Buenos días, Julián. Siéntate.

Julián: Gracias, Sr. Garrido. Usted es muy amable.

✴ **Comentario cultural** The Panama Canal, an 82-kilometer-long (51 miles) shipping channel, which connects the Caribbean Sea and the Pacific ocean by way of the Isthmus of Panama, was begun under French direction in 1881 and completed by the United States in 1914. Ever since its conception, the canal has shaped the legal, political, and economic realities of the country. The control of the canal was handed over to Panama on December 31 of 1999.

Carlos: Gracias a ti, Julián, por venir a charlar con nosotros. Tienes un currículum fabuloso **para un hombre tan joven.** Veo que estudiaste en los Estados Unidos en la Universidad de Florida.

✴ **Comentario cultural** Since the 1900s, the United States government has shown an intense interest in Panama and its canal. The canal, by virtue of connecting the Caribbean Sea to the Pacific Ocean, has great economic and military value. As a result of Panama's long history with the United States, Panamanian legal firms and other businesses place a premium on job applicants who have had either an education or work experience in the United States.

Julián: Pues, no me puedo quejar, la verdad es que me ha ido bien.

Carlos: No seas tan modesto. Tienes todas las cualidades que esperamos de un abogado que trabaja para nosotros. ¿Te gustaría trabajar para nosotros?

✴ **Comentario cultural** Mireya Moscoso, a self-proclaimed populist, was the first female president of Panama; she received 44.8% of the people's vote. Moscoso served from 1999-2004. Although her presidency was overshadowed by allegations of corruption, she is known for her campaigns against poverty and illiteracy. During her time in office, Moscoso achieved a number of goals: she renovated the **Hospital Santo Tomás,** the oldest and most important hospital in the country; she reinforced security to make Panama City a safer place to live; and she financed the **Puente Centenario,** which unites Panama City with the rest of the country.

Expresiones en contexto

bufete de abogados *law office*
con respecto a *with regard to*
cumplo con *I meet/complete*
Gracias por venir. *Thanks for coming.*
¡No me digas más! *Say no more!*

no me puedo quejar *I can't complain*
¡No te preocupes! *Don't worry!*
no tendrá quejas *you won't have complaints*
puede contar conmigo *you can count on me*
puedo aportar mucho *I can bring a lot*

Julián: ¡Sí, señor! **Espero que Uds. me ofrezcan** el puesto, ya que soy bilingüe y puedo aportar mucho a la empresa con mi experiencia de trabajo en el exterior.

Carlos: ¡No te preocupes, Julián! La verdad es que todavía no hemos encontrado a la persona adecuada. **Queremos que nuestros abogados tengan** suficientes responsabilidades y **que sean** dedicados, honestos y, sobre todo, muy profesionales con los clientes. Como sabes, la mayoría de nuestros clientes son de los Estados Unidos.

✳ **Comentario cultural** Panama has a U.S. dollar-based economy, which ensures that no currency devaluation affects business. U.S. investment in Panama is high and will likely increase in the future as 75 percent of Panama's economy is based on service industries.

Julián: Soy muy trabajador y cumplo con mis obligaciones lo mejor que puedo. Soy puntual y sigo indicaciones muy bien. Ud. no tendrá quejas de mí.

✳ **Comentario cultural** Panama's labor force of 1.1 million is attractive to international businesses which tend to characterize Panamanians as possessing a strong work ethic and high technical capabilities while maintaining low absenteeism.

Carlos: Ya lo sé, Julián. Tu currículum lo dice todo. ¡No me digas más! El puesto es tuyo.

Julián: Claro que acepto la oferta con mucho entusiasmo. Gracias, Sr. Garrido. Usted puede contar conmigo.

¿Comprendiste? Contesta las siguientes preguntas en oraciones completas.

1. ¿Por qué está tan impresionado el jefe, Carlos, con Julián?
2. ¿Por qué piensa Carlos que Julián es modesto?
3. ¿Hay otros candidatos que Carlos está considerando?
4. Para Carlos, ¿qué atributos son importantes para los abogados que trabajan en su bufete de abogados?
5. ¿Cómo termina la entrevista? ¿Recibe Julián el puesto?
6. ¿Qué otras preguntas debe hacerle Carlos a Julián? ¿Y Julián a Carlos?

Entrevista Trabaja con un(a) compañero(a) de clase. Túrnense para practicar el diálogo que acaban de estudiar en **En contexto.** Deben cambiar las nacionalidades y las situaciones de los hablantes. Usen expresiones de **En contexto** como modelo para su diálogo.

Making statements about motives, intentions, and periods of time

Uses of *por*

You may have noticed that the prepositions **por** and **para** have different uses and meanings. The preposition **por** has a wider range of uses than **para.** In general, **por** conveys the underlying idea of a cause, reason, or source behind an action.

1. **Duration of time** *(for, in, during)*

   —¿**Por** cuánto tiempo viviste en Panamá?

   (For) How long did you live in Panama?

   —Viví allí **por** más de tres años.

   I lived there for more than three years.

   —¿Trabajas en la clínica todo el día?

   Do you work in the clinic all day?

   —Sí, **por** la mañana y **por** la tarde.

   Yes, during the morning and during the afternoon.

2. **Motion** *(through, along)*

   —¿Quieres caminar conmigo **por** la oficina para conocer a la gente?

   Would you like to walk through the office with me to meet the people?

3. **General area** *(around)*

   —Perdón, ¿hay una fotocopiadora **por** aquí?

   Excuse me, is there a copy machine around here?

   —Sí, señora. Hay una **por** allí.

   Yes, ma'am. There is one over there.

4. **In exchange** *(for)*

   —¿Desea cambiar esta máquina de escribir?

   Would you like to exchange this typewriter?

   —Sí, **por** una computadora, por favor.

   Yes, for a computer, please.

5. **Value or cost** *(for)*

   —¿Cuánto pagaste **por** los servicios del abogado?

   How much did you pay for the lawyer's services?

   —Le pagué $500 **por** su tiempo.

   I paid him $500 for his time.

6. **In place of** *(for)*

   —Yo no sabía que trabajas aquí, Tomás.

   I didn't know you work here, Tomás.

   —Trabajo **por** Juan, que está muy enfermo.

   I'm working for (substituting for) Juan, who is very ill.

7. **Gratitude** *(for)*

   —Gracias **por** su ayuda, Sr. Navarro.

   Thanks for your help, Mr. Navarro.

   —De nada. ¡Buena suerte con el proyecto!

   You're welcome. Good luck with the project!

8. **On behalf of** *(for)*

   —Hola, Miguel. Vengo a verte **por** parte de mis hijos.

   Hello, Miguel. I've come to see you on behalf of my kids.

9. **Mistaken identity** *(for)*

   —En Panamá me tomaron **por** canadiense.

   In Panama, they took me for a Canadian.

   —¿Sabes qué? ¡Me tomaron **por** mexicana!

   You know what? They took me for a Mexican!

Por vs. para

10. **Unit of measurement** *(by, per)*
    —La secretaria escribe más de sesenta palabras **por** minuto.

    The secretary writes more than sixty words per minute.

11. **Reason** *(because of)*
    —¡Hombre, viniste muy tarde a la oficina!

    Wow, you arrived late at the office!

    —Llegué tarde **por** el tráfico tan tremendo.

    I arrived late because of all the terrible traffic.

12. **Purpose** *(for, after)* followed by noun
    —¿Vas a la oficina **por** tu cheque?

    Are you going to the office for your check?

    —Sí, y después voy a la tienda **por** comida.

    Yes, and afterward I'm going to the store for some food.

13. **Idiomatic expressions**

    Por casualidad... *By the way* . . .
    ¡Por Dios! *¡Oh my God!*
    Por ejemplo *For example*

    Por eso... *That's why* . . .
    Por favor. *Please.*
    ¡Por supuesto! *Of course!*

Uses of *para*

In general, **para** conveys the underlying idea of purpose (goal), use, and destination.

1. **Recipient** *(for)*
   —Estos papeles son **para** la jefe.

   These papers are for the boss.

2. **Employment** *(for)*
   —¿**Para** quién trabajas ahora?

   For whom do you work now?

   —Trabajo **para** mi papá en su oficina.

   I work for my father in his office.

3. **Specific time** *(by, for)*
   —¿**Para** cuándo necesita el dinero, señora?

   (By) When do you need the money, ma'am?

   —Lo necesito **para** el próximo sábado.

   I need it by (for) next Saturday.

4. **Destination** *(to, for)*
   —¿**Para** dónde sales mañana por la tarde?

   (To) Where are you going tomorrow afternoon?

   —Salgo **para** la costa.

   I'm leaving for the coast.

5. **Purpose** *(in order to)* + infinitive
   —¿Por qué estudias español?

   Why do you study Spanish?

   —Lo estudio **para** hablar con mis clientes.

   I study it in order to speak with my clients.

6. **Member of a group** *(for)*
   —**Para** ser un chico de diez años, él es muy responsable.

   For being a ten-year-old, he is very responsible.

7. **To show one's opinion** *(for)*
   —**Para** Elena, es mejor trabajar por la mañana.

   For Elena, it is better to work in the morning.

   —**Para** mí, el peluquero tiene un trabajo fascinante.

   For me (In my opinion), the hairstylist has a fascinating job.

¡A practicar!

11-8 | ¿Por o para? Escoge entre **por** o **para** para completar las siguientes oraciones y explica por qué. Luego, hazle las preguntas a un(a) compañero(a) de clase.

1. ¿Vives por / para trabajar o trabajas por / para vivir?
2. ¿Prefieres trabajar por / para la mañana o por / para la tarde?
3. ¿Pasas por / para el campus universitario todos los días?
4. ¿Vas a trabajar por / para una compañía multinacional o por / para una compañía pequeña?
5. Por / Para ti, ¿cuál es la profesión menos agradable?
6. ¿Trabajaste alguna vez por / para una persona que estuviera (was) enferma?
7. ¿Por / Para cuánto tiempo has estudiado en esta universidad?
8. ¿Cuánto pagaste por / para tus libros este semestre?
9. ¿Por / Para dónde vas al final del semestre?
10. ¿Por / Para cuándo necesitas entregar tu próximo trabajo escrito?

11-9 | ¿Qué sabes de los kuna? Escoge entre **por** o **para,** a fin de (in order to) completar la siguiente narración sobre un grupo indígena de Panamá.

1. Los kuna han vivido en la isla de San Blas por / para varios siglos.
2. Ellos hacen tapices llamados «molas» por / para vender. Estos tapices son hechos por las mujeres.
3. Los kuna tienen canciones por / para curar enfermedades de la mente.
4. Los kuna usan la naturaleza por / para explicar los fenómenos positivos o negativos relacionados con el ser humano.

11-10 | Una encuesta Elena va al Banco Nacional. Una empleada le hace algunas preguntas. Completa la conversación con un(a) compañero(a), usando las preposiciones **por** o **para** en el diálogo. Luego, interpreten (act out) la escena para la clase.

Empleada

1. ¿_____ qué prefiere Ud. este banco, señora?
3. ¿_____ qué decidió Ud. venir aquí ahora por la mañana?
5. Generalmente, ¿cuándo viene aquí _____ usar nuestros servicios?
7. ¿Cuánto paga _____ los servicios de este banco?
9. ¿Le parece razonable?
11. ¡Muy bien! _____ casualidad, ¿conoce Ud. a nuestra cajera, Susana?
13. ¡Ah! _____ eso se parecen tanto. Permítame una última pregunta, _____ favor: ¿Qué impresión tiene Ud. del Banco Nacional?
15. Gracias _____ su cooperación.

Elena

2. _____ su servicio rápido y porque es muy conveniente.
4. _____ depositar dinero.
6. Los sábados _____ la mañana.
8. Quince balboas _____ mes.
10. Sí, _____ mí está muy bien. Y voy a abrir otra cuenta (account) _____ mi hija en un año.
12. Sí, alguien me tomó _____ ella el otro día. ¡Ja, ja! Ella es mi hermana.
14. _____ mí, es un banco fabuloso.
16. De nada, señora.

> **Cultura**
>
> The **balboa** is the monetary unit of Panama, but it exists only as coins. The U.S. dollar is used for larger amounts. The value of the **balboa** is tied directly to the U.S. dollar, demonstrating the close economic ties between the nations.

Capítulo 11
Capítulo 11
Capítulo 11
Por and Para
iLrn: Heinle Learning Center, **Capítulo 11**

¡A conversar!

11-11 | ¿Qué sabes tú de Panamá? Con otro(a) estudiante, conversa sobre la siguiente información. El/La estudiante 1 tiene unas preguntas sobre Panamá. El/La estudiante 2 tiene una lista de información sobre Panamá, y tiene que responder a las preguntas del (de la) estudiante 1. Noten el uso de **por** y **para** en las preguntas y en las respuestas.

Cultura

El Canal de Panamá, or the Panama Canal, opened in 1914. Because the U.S. funded completion of the canal after efforts by the French were unsuccessful, the U.S. controlled the canal until December 31, 1999. At that time, control was transferred to the government of Panama.

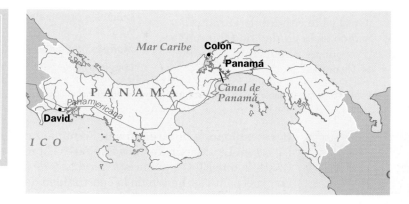

Cultura

La Panamericana, or the Pan-American Highway, begins in Alaska and continues almost without interruption to the southern tip of South America. The only stretch of land that cannot accommodate a highway—because of political and economic concerns as well as topography—is the Darien Gap, located between the town of Yaviza in eastern Darien Province and the Colombian border.

Cultura

La Zona Libre de Colón is a free-trade zone in Colón, a city of approximately 200,000 people at the Caribbean end of the Panama Canal. In this commercial park many companies import and export goods on a wholesale level, resulting in substantial savings. The city is known for its beaches, colonial architecture, and excellent shopping.

Estudiante 1

1. ¿Hay que pasar **por** otros países **para** llegar de los Estados Unidos a Panamá?
2. ¿Hay un sitio **por** donde los barcos pueden pasar del Mar Caribe al Océano Pacífico en Panamá?
3. **Para** los turistas, ¿hay playas bonitas en Panamá?
4. ¿Hay algún lugar especial **para** hacer compras?
5. ¿Se puede viajar **por** Panamá en autobús?
6. ¿Pasa la Panamericana **por** Panamá?

Estudiante 2

a. El Canal de Panamá es el único sitio **por** donde los barcos pueden pasar del Mar Caribe al Pacífico.
b. **Para** llegar de los Estados Unidos a Panamá, hay que pasar **por** México y **por** toda Centroamérica.
c. La Panamericana cruza casi todo el país de Panamá, excepto **por** 150 kilómetros de la región de Darién, donde es imposible construir carreteras.
d. La Zona Libre de Colón es un lugar especial **para** mayoristas (*wholesalers*) donde no hay impuestos de importación.
e. Panamá tiene un sistema bastante bueno de autobuses **para** viajar alrededor del país.
f. La Isla de Taboga es un lugar histórico de Panamá que tiene una playa muy bonita. Hay varias playas en el país, y también muchos lugares históricos.

Encuentro cultural

¿Qué recuerdan de...

...Bienvenidos a Panamá?

1 ¿Cuál es la capital de Panamá?
2 ¿Cómo es la ciudad de Panamá?
3 ¿Por qué es importante el Canal de Panamá?

Población: 3.191.319

Área: 41.283.560 km², más o menos el tamaño de Nevada

Capital: Panamá, 1.490.700

Ciudades principales: San Miguelito, 309.500; Colón, 204.000; David, 138.241

Moneda: el balboa y el dólar estadounidense

Lenguas: el español

See the *Workbook*, **Capítulo 11, Bienvenidos a Panamá** for additional activities.

Personalidades ilustres Vivian Fernández de Torrijos es la primera dama de Panamá. Su esposo, el Lic. Martín Torrijos Espino es el presidente de la República de Panamá (2004–2009). Ella es publicista *(publicist)* de profesión, y por haber acompañado a su esposo en giras políticas, ha tenido la oportunidad de ver las necesidades de la población panameña. Es por eso que ha podido planificar acciones para mejorar la situación económica y social de los grupos sociales con más necesidades. En el 2001, la Sra. Fernández de Torrijos fundó la Agencia de Ayuda Conjunta para el Desarrollo (ACDE) que ofrece apoyo *(support)* económico y técnico, además de motivar liderazgo entre los muchachos jóvenes, trabajo en equipo y autoayuda en la comunidad. La Sra. Fernández de Torrijos ayuda a los jóvenes (que es uno de los grupos más necesitados), a las mujeres y a las personas incapacitadas de su país.

¿Crees que la esposa del presidente debe tener su propia fundación para ayudar a la gente más necesitada de su país o piensas que la esposa no se debería participar en asuntos políticos?

Historia Santa María la Antigua del Darién fue la primera ciudad fundada por los españoles en la Tierra Firme de América Central, en la región de Darién, entre lo que hoy se conoce como Panamá y Colombia. La ciudad fue fundada por Vasco Núñez de Balboa en 1510. La importancia de la ciudad se debe a que fue el primer centro de poder de la iglesia católica en el continente y la capital del territorio de América Central. Fue además el punto de partida para la fundación de otras ciudades en el resto del continente durante la década de 1510.

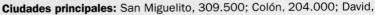

¿Qué ciudad o ciudades has visitado que haya(n) tenido (have had) anteriormente gran importancia política y social en los Estados Unidos?

Lugares mágicos El Archipiélago de Bocas del Toro está localizado en la costa noroeste de Panamá, cerca de Costa Rica. Ha sido una parte importante del desarrollo comercial y económico de la región. A principios del siglo XIX, los barcos ingleses que venían de Jamaica, comerciaban con

carey *(tortoiseshell)*, tortugas vivas, cacao y madera de caoba. Luego, en 1880 comenzó la historia de la producción del banano con las compañías Zinder Company y la United Fruit Company. En 1934, la economía de la región bajó debido a una plaga *(plague)* que apareció en las plantaciones de banano. Hoy en día, la mayor economía del lugar es el turismo marino. Bocas del Toro consiste en un gran número de cayos, *(keys)*, arrecifes de corales *(coral reefs)*, playas blancas y aguas de color turquesa.

Visit it live on Google Earth!

¿Te gustaría visitar el Archipiélago de Bocas del Toro? ¿Qué te parece la idea de hacer turismo ecológico (o sea, hacer turismo cuidando los lugares que visitas)? ¿Te gustaría trabajar promoviendo el turismo en tu región? ¿Qué lugares puedes promover para el turismo?

Mar Caribe — Colón — San Miguelito — Ciudad de Panamá

PANAMÁ

Panamericana — David

Canal de Panamá

Golfo de Panamá

Oficios y ocupaciones La primera persona que pensó en abrir un paso por el Istmo de Panamá para unir el Océano Atlántico con el Mar Caribe fue Vasco Núñez de Balboa en 1513. Cuatro siglos más tarde, en 1914, el primer barco de carga estadounidense de nombre *SS Ancon* cruzó el canal. Años después, el 62% de la población panameña trabajaba en instituciones e industrias de servicio asociados con el canal. En 1977, el presidente de los Estados Unidos, Jimmy Carter, y el presidente de Panamá, Omar Torrijos, padre del actual presidente, firmaron el acuerdo «Torrijos-Carter», según el gobierno estadounidense le daría los derechos de la administración del canal al gobierno panameño en diciembre de 1999. Desde entonces el gobierno cumple con sus responsabilidades administrativas a través de una entidad gubernamental, llamada la Autoridad del Canal de Panamá (ACP).

¿Te gustaría visitar el Canal de Panamá? ¿Te parece buena idea de que Panamá controle su propio canal? ¿Por qué sí o por qué no?

Arte y artesanía Además de los kuna, los indígenas de la región del Darién son los emberá y los waounán. Los emberá y los waounán luchan por mantener su cultura y sus costumbres al mismo tiempo que tratan de desarrollar ideas que los ayuden económicamente. Las mujeres waounán son famosas por sus cestas *(woven baskets)* y por sus tallas en madera, al igual que las mujeres emberá. Las cestas están hechas de una fibra llamada «chunga» y están tan bien tejidas que pueden llevar agua de un lugar a otro. Las cestas varían en tamaño y en color. Algunas de las cestas de mayor tamaño pueden tomar hasta seis meses para hacer y se pueden vender a coleccionistas por más de 1.000 dólares. La mayoría de las mujeres hacen cestas más pequeñas para venderlas a los visitantes de la zona.

¿Te gusta trabajar con las manos? ¿Haces algún trabajo manual que puedas vender al público?

Ritmos y música Hay tres importantes géneros musicales típicos panameños: el tamborito, la mejorana y la cumbia. El tamborito es la danza nacional de Panamá que depende de tres tambores distintos y de voces humanas. En cuanto a la música contemporánea, Panamá es conocido también por su música de salsa. Entre los músicos de salsa más conocidos están Rubén Blades, Machito, Mongo Santamaría y Rómulo Castro.

Rubén Blades es uno de los personajes más importantes en el mundo artístico y político panameño. Vas a escuchar la canción «Pablo Pueblo» del álbum *Bohemio y poeta* donde con el ritmo de salsa denuncia las mentiras y las falsas promesas de los políticos antes de las elecciones del gobierno. *Access the iTunes playlist on the **Plazas** website.*

Danza panameña

¿Te gusta la música que se denomina salsa? ¿Puedes relacionar el mensaje de esta canción con los asuntos políticos en tu estado?

See the *Lab Manual,* **Capítulo 11, Ritmos y música** for activities.

¡Busquen en la Red de información!

www.thomsonedu.com/spanish/plazas

1. Personalidades ilustres: Vivian Fernández de Torrijos
2. Historia: Santa María Antigua del Darién
3. Lugares mágicos: Bocas del Toro, Turismo en Panamá
4. Oficios y ocupaciones: Canal de Panamá
5. Arte y artesanía: Artesanía indígena, los emberá y los waounán
6. Ritmos y música: Música panameña, Música salsa en Panamá, Rubén Blades

Vocabulario

Un puesto en el bufete de Infante Garrido y Garrido In this section, you will learn how to talk about a typical office environment and work-related activities. You will also learn words and expressions related to the job search.

Sustantivos

los beneficios benefits
la empresa corporation; business
la entrevista interview
el puesto job, position
el salario/sueldo salary
la solicitud application (form)

Verbos

contratar to hire
dejar to quit
despedir (i, i) to fire
imprimir to print
jubilarse to retire
llenar to fill out (a form)
renunciar to resign
reunirse to meet

Expresiones idiomáticas

de tiempo completo/parcial full-time/part-time
llamar por teléfono to make a phone call
pedir un aumento to ask for a raise
solicitar un puesto to apply for a job

el informe
la sala de conferencias
el candidato
INFANTE GARRIDO Y GARRIDO
EL PROYECTO
la reunión
el currículum
la fotocopiadora
COPIABUENA
el fax
la computadora
el correo electrónico
la impresora
la papelera

¿Nos entendemos?

The following words can be useful when filling out a job application in Spanish: **la letra de molde** *(print)*, or **letra de imprenta** *(print, in Panama)*, **el estado civil** *(marital status)*, **actual** *(current, present)*, **el sueldo mensual** *(monthly salary)*.

Palabras útiles

el plan de retiro retirement plan	**el seguro médico** medical insurance

Palabras útiles are presented to help you enrich your personal vocabulary. The words here will help you talk about a job search.

¡A practicar!

11-12 | Emparejar Empareja la definición con la palabra o frase que mejor corresponda a cada una de las palabras o frases a la izquierda.

1. _____ jubilarse
2. _____ de tiempo completo
3. _____ la solicitud
4. _____ solicitar un puesto
5. _____ la impresora
6. _____ imprimir
7. _____ despedir

a. trabajar desde las 8:00 hasta las 5:00 todos los días
b. producir un documento escrito de una computadora
c. algo que se conecta con la computadora
d. dejar de trabajar después de muchos años
e. el formulario que entregas con el currículum
f. eliminar una persona de la empresa
g. buscar un trabajo nuevo

11-13 | Un día en la vida de Sofía Sofía es la secretaria del bufete de Infante Garrido y Garrido. Completa la siguiente historia con las palabras de la lista para describir un día en su trabajo. En algunos casos vas a tener que conjugar los verbos.

imprimir	pedir un aumento	beneficios
reunirse	puesto	candidato
llenar	sala de conferencias	fax
correo electrónico	renunciar	
llamar por teléfono	tiempo parcial	

Yo tengo un 1. _____ en el bufete de Infante Garrido y Garrido. Aunque el sueldo no es muy alto, los 2. _____ que me dan son buenos. ¡El problema es que me dan demasiado que hacer! Tengo que contestar cuando alguien 3. _____. Paso mucho tiempo trabajando con el 4. _____ cuando la gente manda documentos urgentes. También, yo tengo que contestar los mensajes que vienen en la computadora por 5. _____. A veces necesito 6. _____ los mensajes para mi jefe porque él no sabe usar la computadora. A veces, me hacen 7. _____ formularios muy importantes, y me pongo nerviosa. Estoy cansada de trabajar tanto; estoy pensando 8. _____ si no encuentran a alguien para ayudarme. Ellos buscan un 9. _____ para un puesto de 10. _____ para ayudarme por la mañana. Además, los jefes de la oficina van a 11. _____ en la 12. _____ para hablar de mí esta tarde. Yo les acabo de 13. _____ de sueldo. ¡A ver qué pasa!

el archivo

el fichero

Capítulo 11

Capítulo 11

Capítulo 11

iLrn: Heinle Learning Center, Capítulo 11

¡A conversar!

11-14 | Adivinanzas Túrnate con un(a) compañero(a), para definir las palabras en la lista. Tu compañero(a) tiene que adivinar *(guess)* la palabra que estás describiendo.

> **Modelo:** el currículum
> E1: *Es un papel en que un(a) candidato(a) escribe todos los trabajos que él o ella ha tenido. Un(a) candidato(a) les da este papel a las compañías donde quiere trabajar.*
> E2: *¿Es el currículum?*
> E1: *¡Sí!*

E1	**E2**
los beneficios	despedir
la fotocopiadora	un trabajo de tiempo completo
el fax	pedir un aumento
la sala de conferencias	la entrevista

11-15 | Para solicitar un puesto Con un(a) compañero(a) de clase habla de lo que se necesita para conseguir un trabajo. Después, hagan una lista de los pasos *(steps)*. Usen las siguientes sugerencias para obtener ideas. **¡OJO!** Las sugerencias no están en orden —es necesario cambiarlas un poco para tu lista.

> **Modelo:** 1. *Es necesario preparar un currículum para describir tu experiencia previa de trabajo.*
> 2. *Hay que buscar una compañía interesante para ti.*
> 3. *Tienes que escribirle una carta al (a la) jefe de la compañía.*
> 4. ...

- preparar el currículum
- hacer preguntas sobre la empresa, el puesto y el sueldo
- contestar un anuncio en el periódico
- celebrar
- ir a la oficina
- llenar una solicitud

- pedir cartas de recomendación y referencias personales
- comprar un traje/vestido nuevo
- conocer a los otros empleados
- presentarse al (a la) jefe y contestar preguntas
- levantarse temprano y vestirse cuidadosamente

11-16 | La entrevista Con un(a) compañero(a), haz una entrevista de trabajo entre un(a) candidato(a) y el (la) jefe de Infante Garrido y Garrido. Hay una lista de información para el (la) candidato(a). Después de esta lista hay información para el (la) jefe. Formen preguntas y respuestas con la información.

El (La) candidato(a)

Información sobre ti:
Tienes mucha experiencia.
Has trabajado tres años en una oficina.
Nunca vienes tarde al trabajo.
Nunca pides días de vacaciones.
¿ ?

Tú quieres saber si la compañía...
ofrece un buen sueldo.
es una compañía con buena reputación.
ofrece beneficios.
tiene un puesto disponible *(available)* de tiempo completo.

El final de la entrevista:
Decide si el trabajo te interesa o no.
Explícale al (a la) jefe tus razones.

El (La) jefe

Quieres saber si el (la) candidato(a)...
tiene experiencia.
tiene más de dos años de experiencia.
es responsable, confiable.
necesita mucho tiempo libre.
¿ ?

Información sobre la compañía/el puesto:
El puesto paga $800 al mes.
La compañía tiene más de cuarenta años de experiencia.
La compañía tiene un buen plan de seguro médico.
El puesto es de tiempo parcial.

El final de la entrevista:
Decide si el (la) candidato(a) te interesa o no.
Ofrécele el trabajo si quieres, o explícale por qué no le quieres ofrecer el trabajo.

Estructura II
Expressing subjectivity and uncertainty

Thus far in **Plazas,** you have been learning the indicative mood of the present and past tenses. The indicative mood is used to state facts and ask questions objectively. A second mood exists in Spanish called the subjunctive mood.

The subjunctive is used to express more subjective concepts as well as to make statements about wishes, wants, and emotions. The subjunctive is also used to express doubt, uncertainty, or negation. You will learn more about the subjunctive mood in **Estructura III** of **Capítulo 11.**

The formation of the subjunctive follows the same procedure as that of formal commands. For now, you should at least be able to recognize the subjunctive mood and have a basic understanding of why the subjunctive is used.

Capítulo 11	Capítulo 11
Capítulo 11	iLrn: Heinle Learning Center, Capítulo 11
Subjunctive Mood	

¡A practicar!

11-17 | Reconocer el subjuntivo Mira las siguientes oraciones y explica por qué usan el subjuntivo *(volition, emotion, doubt, or negation)*. Subraya el verbo en subjuntivo en cada oración.

1. Estoy contento de que tengamos que vivir en Panamá.
2. Me alegro de que hagamos muchos viajes por el país.
3. Quiero que tú y yo vayamos a las playas en el Mar Caribe y en el Océano Pacífico.
4. Dudo que en la ciudad de Darién haga más fresco que en la ciudad de Panamá.
5. No es que la ciudad de Colón no me guste, sino que prefiero las montañas en Bambito.
6. No creo que los turistas no quieran pasear por el canal.
7. Mis padres desean que nosotros visitemos las esclusas *(locks)* del Canal de Panamá.
8. El gobierno estadounidense desea que el gobierno panameño administre muy bien el canal.

11-18 | Recomendaciones para una candidata Escoge la forma correcta del verbo para completar cada oración e indica por qué la escogiste.

Modelo   Recomiendo que llegas/llegues a tiempo a la entrevista.
Recomiendo que <u>llegues</u> a tiempo a la entrevista.
The sentence expresses volition or influence.

1. Me alegro de que encuentras/encuentres muchos puestos en el periódico y en el Internet.
2. Quiero que hablas/hables con muchas personas.
3. No es cierto que el proceso es/sea fácil.
4. Muchos jefes desean que los candidatos obtienen/obtengan información sobre la compañía antes de la entrevista.
5. Los jefes también quieren que un candidato o una candidata siempre dice/diga la verdad.
6. Dudo que otros candidatos están/estén más entusiasmados que tú.

The subjunctive mood

Here are a few examples of the subjunctive mood and the contexts that require it:

volition/influence	Yo quiero que tú **vayas** a la reunión. *I want you to go to the meeting.*
emotion	Siento que el empleado no **reciba** un aumento. *I'm sorry the employee does not receive a raise.*
doubt	Ella duda que Ramón **termine** el proyecto hoy. *She doubts that Ramon will finish the project today.*
negation/denial	No es cierto que Pedro **sepa** usar el fax. *It's not certain that Pedro knows how to use the fax.*

¡A conversar!

11-19 | Consejos para Javier Javier ha aceptado un nuevo puesto y sus amigos le ofrecen muchos consejos *(advice)*. Lee las siguientes oraciones e indica si estás de acuerdo *(you agree)* o no con los consejos.

> **Modelo:** Es importante que un(a) nuevo(a) empleado(a) llegue a la oficina temprano.
> *Estoy de acuerdo. Es importante que un(a) nuevo(a) empleado(a) llegue a la oficina temprano.*
>
> o *No estoy de acuerdo. No es importante que un(a) nuevo(a) empleado(a) llegue a la oficina temprano. Es importante que llegue a tiempo.*

1. Recomiendo que un(a) nuevo(a) empleado(a) conozca a muchas personas en el lugar donde trabaja.
2. Es necesario que todas las personas sepan usar la computadora.
3. No es probable que una persona reciba un aumento después de sólo un mes.
4. Es importante que un(a) jefe hable con sus empleados regularmente.
5. Dudo que el (la) jefe recuerde los nombres de todos los empleados. Debes presentarte más de una vez.
6. Unos empleados desean que los nuevos empleados no hablen mucho.
7. Es necesario que termines los proyectos a tiempo.
8. No es cierto que los empleados puedan hacer llamadas telefónicas personales en el trabajo.

11-20 | La entrevista Trabaja en parejas. Presenten una entrevista entre un(a) candidato(a) para un puesto y un(a) jefe. Una persona lee las preguntas del (de la) jefe y la otra persona contesta. Entonces, cambien de papel. Presenten una de las entrevistas a la clase.

1. ¿Puedes empezar inmediatamente o es necesario que dejes otro puesto?
2. ¿Necesitas entrenamiento *(training)* formal? Dudo que aprendas en el trabajo.
3. ¿Quieres que tu supervisor(a) hable contigo frecuentemente o prefieres comunicarte por el correo electrónico?
4. ¿Deseas que el puesto incluya seguro médico o un plan de retiro? No es posible incluir los dos.
5. Me alegro de que te guste trabajar solo(a). También quiero que participes en proyectos con otros empleados.
6. ¿Es probable que aceptes el puesto si te lo ofrezco?

Vocabulario

Las finanzas personales

En el Banco Nacional de Panamá In this section, you will learn how to talk about your personal finances.

¡A practicar!

11-21 | Definiciones Empareja cada una de las palabras a continuación con su definición.

a. pagar en efectivo
b. pagar a plazos
c. depositar
d. pedir dinero prestado
e. el cajero automático
f. pagar las facturas
g. el cheque
h. ahorrar
i. préstamo
j. la tarjeta de crédito

1. _____ Es un papel pequeño que usas para pagar algo. No es dinero, pero representa dinero de tu cuenta corriente.
2. _____ Es cuando tú no gastas tu dinero, sino que *(but rather)* lo pones en el banco para usar otro día.
3. _____ Es algo plástico que usas para pagar en tiendas y restaurantes. Si no pagas la factura cada mes, tienes que pagar mucho interés.
4. _____ Es el acto de poner dinero en el banco.
5. _____ Cada mes mandas cheques por correo para pagar la electricidad, tus tarjetas de crédito, el gas, etc.
6. _____ Eso es lo que haces si pagas poco a poco por algo, por ejemplo, si compras una bicicleta y pagas $50 por mes durante seis meses en vez de pagar $300 inmediatamente.
7. _____ Es una máquina del banco que puedes usar para sacar dinero de tu cuenta las veinticuatro horas del día.
8. _____ Muchos estudiantes tienen que pedir uno para estudiar.
9. _____ Eso es cuando no usas crédito o un cheque para pagar, sino dólares, balboas, pesos, etc.
10. _____ Si tienes una deuda y no tienes cómo pagarla, puedes ___.

Sustantivos

la cuenta corriente checking account
la cuenta de ahorros savings account
el préstamo loan

¿Nos entendemos?

Another way to say **la factura** (*bill*) is **la cuenta**. Note that **la factura** is also used for *invoice*.

 Capítulo 11   Capítulo 11

 Capítulo 11   iLrn: Heinle Learning Center, Capítulo 11

¡A conversar!

11-22 | Entrevista Habla con un(a) compañero(a) de clase sobre las siguientes preguntas. ¿Quién tiene más éxito con las finanzas personales?

1. ¿Les prestas dinero a tus amigos con frecuencia? ¿Cuánto dinero le(s) prestaste la última vez? ¿La persona te devolvió el dinero? Cuando sales con tus amigos(as), ¿quién paga la cuenta generalmente?

2. ¿Tienes un presupuesto mensual *(monthly)*? ¿Tienes dinero suficiente al final del mes? ¿Cuánto dinero necesitas para actividades de diversión todas las semanas?

3. ¿Tienes un trabajo? ¿Quieren tus padres que pagues parte de la matrícula de la universidad? ¿Pediste algunos préstamos?

4. ¿Tienes algunas tarjetas de crédito? ¿Usas las tarjetas solamente para urgencias o con más frecuencia? ¿Cuándo fue la última vez que pagaste con tarjeta de crédito?

11-23 | Situaciones en el banco Trabajando con un(a) compañero(a) de clase, inventa un diálogo para una de las siguientes situaciones. Usen el nuevo vocabulario de este capítulo. ¡Sean creativos!

1. Quieres abrir una cuenta corriente en el banco, pero solamente tienes $20 para abrirla.

2. Según el banco, tienes $100 menos de lo que tú pensabas en tu cuenta de ahorros. Crees que es un error por parte del banco.

3. Perdiste tu tarjeta de cajero automático. Quieres saber si alguien la usó para sacar dinero de tu cuenta.

Verbos

ahorrar to save
pagar to pay
 a plazos in installments
 en efectivo in cash
prestar to loan
rebotar to bounce (a check)

Palabras útiles	
el cargo charge	**la tarjeta de cajero**
el cheque de viajero	**automático** ATM card
traveler's check	**la tarjeta de cheque**
el gasto expense	check card
la hipoteca mortgage	**transferir (ie, i) (fondos)**
el recibo receipt	to transfer (funds)

Palabras útiles are presented to help you enrich your personal vocabulary. The words here will help you talk about your personal finances.

In **Estructura II,** you learned that the present tense has both an indicative mood and a subjunctive mood. Thus far, you have used the present indicative to state facts, describe conditions, express actions, and ask questions. In this section, you will learn more about the subjunctive mood and how Spanish speakers use it to express what they want others to do.

As you recall, the most common use of the subjunctive mood is for influence—in the form of wanting, hoping, demanding, preferring, recommending, and prohibiting: the first subject/verb combination (clause) of a sentence influences the second subject/verb combination (clause). Note that, with few exceptions, the subjunctive appears only in dependent clauses.

> Carlos **quiere que José trabaje** más.   *Carlos wants José to work more.*

In the example above, the first clause **(Carlos quiere...)** causes the subjunctive in the second (dependent) clause **(...que José trabaje)** because the first clause is a statement of *causing* or *volition*. This is the type of subjunctive situation you'll be practicing later in this section.

The present subjunctive verb forms

To form the present subjunctive of most verbs, drop the **-o** from the present indicative **yo** form, then add the endings shown. Note that it is the same process as that which you follow to form formal and negative informal commands.

	-ar	-er	-ir
	lavarse	hacer	escribir
yo	me lave	haga	escriba
tú	te laves	hagas	escribas
Ud., él, ella	se lave	haga	escriba
nosotros(as)	nos lavemos	hagamos	escribamos
vosotros(as)	os lavéis	hagáis	escribáis
Uds., ellos(as)	se laven	hagan	escriban

Note that the stem of verbs that end in **-car, -gar,** and **-zar** have a spelling change to maintain pronunciation.

sacar (c → qu)	llegar (g → gu)	comenzar (z → c)
saque	llegue	comience
saques	llegues	comiences
saque	llegue	comience
saquemos	lleguemos	comencemos
saquéis	lleguéis	comencéis
saquen	lleguen	comiencen

—¿Quieres que yo **saque** los documentos?   *Do you want me to take out the documents?*

—Sí, recomiendo que **comencemos** ahora.   *Yes, I recommend that we begin now.*

The present subjunctive with statements of volition

Also note that stem-changing verbs that end in **-ar** and **-er** have the same stem changes (**ie, ue**) in the present indicative and in the present subjunctive. Pay special attention to the **nosotros** and **vosotros** forms.

pensar (e → ie)		poder (o → ue)	
Indicative	Subjunctive	Indicative	Subjunctive
pienso	piense	puedo	pueda
piensas	pienses	puedes	puedas
piensa	piense	puede	pueda
pensamos	pensemos	podemos	podamos
pensáis	penséis	podéis	podáis
piensan	piensen	pueden	puedan

—¿Qué te dijo la jefe?   *What did the boss tell you?*

—Ella insiste en que yo **piense** en el proyecto.   *She insists that I think about the project.*

Stem-changing verbs that end in **-ir** have the same stem changes (**ie, ue**) in the present indicative and in the present subjunctive. However, the **nosotros** and **vosotros** forms have a stem change (**e** to **i, o** to **u**) in the present subjunctive.

divertirse (ie)		dormir (ue)	
Indicative	Subjunctive	Indicative	Subjunctive
me divierto	me divierta	duermo	duerma
te diviertes	te diviertas	duermes	duermas
se divierte	se divierta	duerme	duerma
nos divertimos	nos divirtamos	dormimos	durmamos
os divertís	os divirtáis	dormís	durmáis
se divierten	se diviertan	duermen	duerman

—Espero que **te diviertas** en la Isla de Taboga.   *I hope you have fun on Taboga Island.*

The verbs **pedir** and **servir** have the same stem change (**e** to **i**) in the present indicative and in the present subjunctive. The **nosotros** and **vosotros** forms have an additional stem change (**e** to **i**) in the present subjunctive.

pedir (i)		servir (i)	
Indicative	Subjunctive	Indicative	Subjunctive
pido	pida	sirvo	sirva
pides	pidas	sirves	sirvas
pide	pida	sirve	sirva
pedimos	pidamos	servimos	sirvamos
pedís	pidáis	servís	sirváis
piden	pidan	sirven	sirvan

—Deseo que **sirvamos** a los clientes con respeto.   *I want us to serve the clients with respect.*

—¿Quieres que yo **pida** una reunión con los empleados?   *Do you want me to request a meeting with the employees?*

Some verbs have irregular forms in the present subjunctive because their stems are not based on the **yo** form of the present indicative.

dar	estar	ir	saber	ser
dé	esté	vaya	sepa	sea
des	estés	vayas	sepas	seas
dé	esté	vaya	sepa	sea
demos	estemos	vayamos	sepamos	seamos
deis	estéis	vayáis	sepáis	seáis
den	estén	vayan	sepan	sean

—¿Permites que le **dé** yo el número de la oficina en Panamá?   *Do you permit me to give him the number of the office in Panama?*

—Sí. Y quiero que él **sepa** el número en Colón también.   *Yes. And I want him to know the number in Colon also.*

The subjunctive form of **hay** is **haya,** which is invariable.

Espero que **haya** muchos candidatos para el puesto.   *I hope that there are many candidates for the position.*

The use of the present subjunctive with verbs of volition

The examples given in the previous section demonstrate several common verbs of volition that cause the subjunctive to be used in the dependent clause. These verbs include the following:

desear	to wish; to want	**preferir (ie, i)**	to prefer
insistir en	to insist	**prohibir**	to prohibit, forbid
mandar	to command	**querer (ie)**	to want
pedir (i, i)	to request	**recomendar (ie)**	to recommend
permitir	to permit		

A verb of volition is followed by a verb in the subjunctive when the subject of the dependent clause is different from that of the independent clause. The two clauses are linked together by the word **que** (*that*).

In sentences that have no change of subject, an infinitive—not the subjunctive—follows the verb of volition. Compare the following sentences.

No change of subject	Change of subject
José prefiere trabajar ahora.	Carlos prefiere que José **trabaje** ahora.
José prefers to work now.	*Carlos prefers that José work now.*

Place pronouns before conjugated verbs in the present subjunctive.

—Deseamos que **te diviertas.**   *We want you to have fun.*

—Y yo insisto en que **me escribas.**   *And I insist that you write to me.*

—¿Quieres mi dirección?   *Do you want my address?*

—Sí, recomiendo que **me la des** ahora.   *Yes, I recommend that you give it to me now.*

¡A practicar!

11-24 | Marcos y Silvia quieren arreglar sus finanzas personales y consultan con su banquero. Completa cada oración con la forma correcta del verbo para saber qué recomienda el banquero.

1. Primero, quiero que Uds. _____ (depositar) más dinero en la cuenta de ahorros y menos en la cuenta corriente.
2. Marcos, recomiendo que tú no _____ (escribir) tantos cheques.
3. Silvia, insisto que tú no _____ (sacar) dinero del cajero automático tan frecuentemente.
4. Recomiendo que todos mis clientes _____ (hacer) un presupuesto porque es importante que todos _____ (saber) qué hacen con su dinero.
5. También prefiero que mis clientes no _____ (pedir) ningún dinero prestado y no _____ (pagar) nada a plazos.
6. Prohíbo que sus padres les _____ (dar) dinero con frecuencia. Prefiero que Uds. _____ (ser) independientes en el futuro.
7. Espero que Uds. _____ (empezar) el proceso de independencia ahora.
8. Marcos, recomiendo que tú _____ (devolver) la nueva tarjeta de crédito que tienes.
9. Quiero que Uds. _____ (tener) solamente dos tarjetas de crédito, una principal y otra en caso de emergencia.
10. Este mes prefiero que Uds. no _____ (ir) al centro comercial y no _____ (usar) el Internet para hacer compras.
11. Espero que Uds. _____ (poder) hacer los cambios necesarios.
12. Pido que Uds. compren solamente las cosas necesarias, porque quiero que _____ (sentirse) más tranquilos y que _____ (dormir) bien.

11-25 | **¿Qué quiere mi jefe?** ¿Qué dice José sobre lo que quiere el jefe de él y de los otros empleados? Termina cada oración con un verbo adecuado de la lista.

llegue   conteste   dé

Mi jefe quiere que yo...

1. _____ informes mensuales *(monthly)*.
2. _____ a tiempo a la oficina.
3. _____ el correo electrónico.

nos comuniquemos   no hablemos   tengamos   nos vistamos

Mi jefe prefiere que nosotros...

4. _____ reuniones cortas.
5. _____ de una manera profesional.
6. _____ de nuestros proyectos fuera de la oficina.
7. _____ mucho entre nosotros.

imprima   no trabaje   haga

Mi jefe recomienda que Sofía...

8. _____ las fotocopias.
9. _____ todos los documentos antes de las reuniones.
10. _____ durante los fines de semana.

11-26 | Consejos para Dora Dora tiene una hermana, Susana, que trabaja en un banco. Susana le da consejos a su hermana sobre las finanzas personales. Completa la historia con la forma correcta del verbo entre paréntesis.

Dora, yo quiero que tú 1. _____ (abrir) una cuenta de ahorros. No quiero que tú y tu esposo 2. _____ (seguir) con tantos problemas económicos. Insisto en que tú 3. _____ (dejar) de pagar a plazos cuando compras cosas. Prefiero que tú me 4. _____ (pedir) prestado el dinero, o sugiero que no 5. _____ (comprar) cosas tan caras. Te recomiendo que tú 6. _____ (enseñar) a tu hijo a ahorrar más dinero. No queremos que él 7. _____ (tener) problemas luego con el dinero. Espero que todos Uds. 8. _____ (saber) que estas ideas son buenas para Uds.

11-27 | Mi trabajo en la universidad Forma oraciones completas con las siguientes palabras. Nota que a veces tienes que usar el infinitivo en la segunda cláusula.

Modelo: mis padres / prohibir / yo / trabajar / la semana
Mis padres prohíben que yo trabaje durante la semana.

1. el consejero / recomendar / los estudiantes / no hablar por teléfono / sus amigos
2. mi jefe / pedir / yo / no usar / la fotocopiadora / asuntos personales
3. los profesores / esperar / los gerentes / dar / a nosotros / un sueldo bueno
4. yo / querer / aprender / mis experiencias
5. nosotros / preferir / no trabajar / los sábados
6. yo / desear / encontrar / trabajo / tiempo completo

11-28 | La vida estudiantil Los estudiantes reciben muchos consejos: de sus padres, sus profesores y sus amigos. Para expresar los consejos que recibe un(a) estudiante típico(a), forma oraciones usando un elemento de cada columna. Ten cuidado con la selección del subjuntivo o indicativo en la segunda parte de cada oración.

Los padres	recomendar	sus hijos	ahorrar su dinero
Todos los profesores	esperar	yo	pagar las facturas
Algunos profesores	insistir (en)	mis compañeros(as) de clase y yo	asistir a clase
Mi profesor(a) de ___	preferir	mis amigos y yo	hacer la tarea
Mi mejor amigo(a)	querer	los estudiantes	mantenerse en contacto

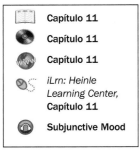

Capítulo 11

Capítulo 11

Capítulo 11

iLrn: Heinle Learning Center, **Capítulo 11**

Subjunctive Mood

¡A conversar!

11-29 | Mamá siempre sabe más Tu mamá te quiere dar muchos consejos sobre tus finanzas personales. Explícale a un(a) compañero(a) lo que tu mamá quiere que hagas, según la siguiente información, usa los verbos de voluntad para comenzar las oraciones: **desear, insistir en, mandar, pedir, permitir, preferir, prohibir, querer, recomendar.**

1. ahorrar más dinero
2. pagar las cuentas a tiempo
3. dejar de comprar a plazos
4. pedir préstamos para la universidad
5. servir comida barata para mis fiestas
6. llegar temprano para mi trabajo
7. dar un poco de dinero a la caridad *(charity)* todas las semanas
8. ir a los cajeros automáticos para sacar dinero
9. saber usar la tarjeta de crédito de una manera responsable
10. ser inteligente con los asuntos de las finanzas personales

11-30 | Aspiraciones ¿Qué aspiraciones tienes en cuanto al dinero? Contesta las siguientes preguntas y después compara tus respuestas con las de un(a) compañero(a) de clase. ¿Tienen mucho en común? Noten que pueden usar las sugerencias que están a continuación o usar otros verbos de voluntad.

1. ¿Quieres mejorar tu posición económica? ¿Cómo quieres hacerlo?
   Yo quiero...
   Espero...

2. ¿Qué consejos les da tu madre a ti y a tus hermanos sobre el dinero?
   Mi mamá quiere que nosotros...
   Ella desea que nosotros...
   Ella no quiere que nosotros...

3. ¿Qué le dices tú a tu novio(a) o esposo(a) sobre el dinero?
   Yo le mando que él/ella...
   Yo le recomiendo que él/ella...
   Yo le prohíbo que él/ella...

4. ¿Qué le dices tú a tu compañero(a) de clase en cuanto a sus finanzas personales?
   Yo deseo que él/ella...
   Yo recomiendo que él/ella...

5. ¿Qué les dice un contador a sus clientes sobre las finanzas personales?
   Él recomienda que ellos...
   Él insiste en que ellos...

11-31 | ¿Qué dices tú? Habla con un(a) compañero(a) de lo que les gusta y de lo que es importante para Uds. en cuanto a *(in terms of)* un puesto de trabajo. Túrnense, recomendando profesiones y explicando por qué.

Modelo: E1: *Me gustan las matemáticas y quiero trabajar con dinero.*
E2: *Recomiendo que seas contador(a) porque los contadores tienen que entender mucho de matemáticas.*

Por vs. Para

■ **Uses of por**

In general, **por** conveys the underlying idea of a cause, reason, or source behind an action.

1. Duration of time	8. On behalf of
2. Motion	9. Mistaken identity
3. General area	10. Unit of measurement
4. In exchange	11. Reason
5. Value or cost	12. Purpose *(noun)*
6. In place of	13. Idiomatic expressions
7. Gratitude	

■ **Uses of para**

In general, **para** conveys the underlying idea of purpose (goal), use, and destination.

1. Recipient	5. Purpose (+ infinitive)
2. Employment	6. Member of a group
3. Specific time	7. To show one's opinion
4. Destination	

¡A recordar! How many idiomatic expressions with **por** can you remember from the chapter?

Subjunctive mood

To form the present subjunctive of most verbs, drop the **-o** from the present indicative **yo** form, then add the endings shown.

	-ar verbs	-er verbs	-ir verbs
yo	me lave	haga	escriba
tú	te laves	hagas	escribas
Ud., él, ella	se lave	haga	escriba
nosotros(as)	nos lav**emos**	hag**amos**	escrib**amos**
vosotros(as)	os lav**éis**	hag**áis**	escrib**áis**
Uds., ellos(as)	se laven	hagan	escriban

The stems of verbs that end in **-car, -gar,** and **-zar** have a spelling change to maintain pronunciation: sacar (c →qu); llegar (g→gu); comenzar (z→c).
Stem-changing verbs that end in **-ar** and **-er** have the same stem changes (ie, ue) in the present indicative and the present subjunctive. Stem-changing verbs that end in **-ir** have the same stem changes (ie, ue) in the present indicative and the present subjunctive, except for the **nosotros** and **vosotros** forms, which have a stem change (e to i, o to u) in the present subjunctive. The verbs **pedir** and **servir** have the same stem change (e to i) in the present indicative and the present subjunctive. The **nosotros** and **vosotros** forms have an additional stem change (e to i) in the present subjunctive.

¡A recordar! Which five verbs from the chapter have irregular subjunctive forms? What is the subjunctive form of **hay**?

Present subjunctive with verbs of volition

The following verbs of volition require the use of the subjunctive in the dependent clause:

desear	pedir (i, i)	prohibir
insistir en	permitir	querer (ie)
mandar	preferir (ie, i)	recomendar (ie)

¡A recordar! In sentences that have no change of subject between the main and the subordinate clause, is the subjunctive used following the verb of volition? Where are pronouns placed in relation to a conjugated verb in the subjunctive?

¡A repasar!

Actividad 1 | El trabajo Escoge **por** o **para** según el contexto para completar cada oración. (12 pts.)

1. Mi amigo Jaime vive _____ trabajar.
2. Trabaja todo el día y frecuentemente _____ la noche también.
3. Trabaja _____ una compañía multinacional.
4. El puesto es perfecto _____ él.
5. Muchas empresas pagan mucho dinero a la compañía de Jaime _____ su ayuda.
6. El único problema es que si él está enfermo, nadie puede trabajar _____ él.
7. Jaime viaja _____ avión mucho.
8. Mañana él sale _____ Nueva York.
9. Va a trabajar allí _____ tres semanas.
10. Tiene que terminar un proyecto grande _____ el próximo mes.
11. Jaime tiene mucho éxito _____ ser un hombre tan joven.
12. Es de Panamá pero habla inglés tan bien que muchas personas en Nueva York lo toman _____ estadounidense.

Actividad 2 | La búsqueda de trabajo Escribe la forma correcta de cada verbo en el presente del subjuntivo para saber qué recomienda esta consejera. (13 pts.)

1. Recomiendo que todos los candidatos _____ (preparar) su currículum.
2. Es necesario que tú _____ (llenar) muchas solicitudes.
3. Espero que tú _____ (tener) muchas entrevistas.
4. Insisto en que Uds. _____ temprano para una entrevista.
5. En la entrevista, es importante que el (la) jefe _____ (explicar) las responsabilidades del trabajo.
6. Recomiendo que un(a) candidato(a) o una candidata _____ (ser) cortés.
7. Espero que Uds. no _____ (estar) nerviosos.
8. Es bueno que algunas empresas _____ (ofrecer) beneficios.
9. Es una lástima que no _____ (haber) suficiente trabajo para todos.
10. Sugiero que tú _____ (vestirse) apropiadamente para la entrevista.
11. Los expertos sugieren que nosotros _____ (saber) usar muchas formas de tecnología.

12. Mi padre siempre recomienda que yo _____ (dormir) un mínimo de ocho horas la noche antes de una entrevista.
13. Espero que mis consejos les _____ (servir) en su búsqueda de trabajo.

Actividad 3 | Un viaje a Panamá Lee cada oración y decide si se debe usar el subjuntivo o no. Escoge la letra de la razón apropiada para cada una. (8 pts.)

a. Volition/influence
b. Emotion
c. Doubt/uncertainty
d. Negation/denial
e. No subjunctive

_____ 1. Me alegro de que mi familia y yo vayamos a Panamá.
_____ 2. Es necesario que yo aprenda mucho sobre el país.
_____ 3. Espero que haga buen tiempo.
_____ 4. Es probable que veamos flora y fauna interesantes.
_____ 5. Es cierto que el Canal de Panamá es impresionante.
_____ 6. Mi madre duda que yo comprenda la ingeniería del canal.
_____ 7. Es imposible que mi hermano menor viaje con nosotros.
_____ 8. Espero divertirme mucho.

Actividad 4 | Recomendaciones de la banquera Completa el párrafo con la forma correcta de cada verbo. Escoge el subjuntivo, el indicativo o el infinitivo según el contexto. (17 pts.)

Recomiendo que Uds. 1. _____ (abrir) una cuenta de ahorros. Penélope, es importante que tú 2. _____ (depositar) dinero cada mes. Rolando, insisto en que tú 3. _____ (oír) lo que te digo: no debes 4. _____ (usar) la tarjeta de crédito. Es necesario que tú no 5. _____ (comprar) más aparatos electrónicos y que 6. _____ (ahorrar) dinero. Siempre prohíbo que mis clientes 7. _____ (tener) tarjetas de crédito. Sugiero que mis clientes 8. _____ (seguir) un presupuesto y que ellos 9. _____ (escribir) todos sus gastos. Permito que Uds. 10. _____ (salir) a comer a veces pero les pido que no 11. _____ (ordenar) el plato más caro del menú. Es necesario que todos nosotros 12. _____ (prestar) atención al dinero y que 13. _____ (tomar) buenas decisiones si vamos a 14. _____ (tener) éxito con las finanzas personales. Pido que Uds. 15. _____ (hacer) una cita para 16. _____ (reunirse) conmigo en un mes. Es preferible que nosotros 17. _____ (hablar) regularmente.

Usa el vocabulario de las profesiones y los oficios que aprendiste en este capítulo para contestar las siguientes preguntas:

1. ¿Qué profesiones forman parte de una industria?

2. ¿Qué profesiones pueden usar la pluma, el lápiz o el bolígrafo como emblema?

3. ¿Qué profesión puede usar la espada como emblema?

4. ¿Qué quiere decir "estrella", algo positivo o algo negativo?

5. ¿Qué sucede en una industria, en una universidad, o en la policía si no hay orden, estructura y un poco de buena suerte?

Refrán

"Industria, pluma y espada, si no hay estrella, no son nada."

Bonus! 5 pts.

En este segmento del video, Sofía y Javier hablan sobre sus carreras futuras. Sofía tiene un secreto que comparte con Javier que lo inspira a realizar sus propios planes.

Expresiones útiles

Las siguientes son expresiones nuevas que vas a escuchar en el video.

se me ocurrió	*it occurred to me*
vida cotidiana	*daily life*
no me atrevo	*I don't dare*
ya veremos	*we'll see*

Antes de ver

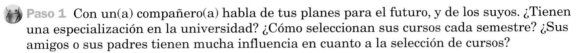

Paso 1 Con un(a) compañero(a) habla de tus planes para el futuro, y de los suyos. ¿Tienen una especialización en la universidad? ¿Cómo seleccionan sus cursos cada semestre? ¿Sus amigos o sus padres tienen mucha influencia en cuanto a la selección de cursos?

Paso 2 Expresa con un(a) compañero(a) tu opinión y la suya sobre lo siguiente: ¿Creen que es necesario planear cada aspecto de su vida o es mejor ser espontáneo? ¿Creen que las cosas buenas pasan sin esfuerzo ninguno o hay que intervenir? Justifiquen sus respuestas. ¿Tienen mucho en común?

Después de ver

Paso 1 En **Antes de ver, Paso 1,** tu compañero(a) y tú hablaron de sus planes futuros. Ahora, para contar lo que pasa en la vida de Sofía y de Javier y sus planes, completa el siguiente párrafo con la forma apropiada de los verbos entre paréntesis. ¡Ojo con el uso del presente del subjuntivo!

Sofía busca un apartamento porque desea _____ **(quedarse)** en Puerto Rico más tiempo. Quiere _____ **(escribir)** un libro sobre la cultura, el arte, la historia y la vida cotidiana en Puerto Rico. Le pide a Javier que no _____ **(decir)** su secreto a nadie. Javier también tiene un sueño para su futuro. Él quiere _____ **(tener)** su propia agencia de ecoturismo y deportes de aventura, pero su padre manda que _____ **(ser)** un médico. Sofía le recomienda que Javier no _____ **(abandonar)** su deseo. Le sugiere que _____ **(hacer)** un plan muy preciso y que se lo _____ **(presentar)** a su padre.

Paso 2 En **Antes de ver, Paso 2,** tu compañero(a) y tú hablaron de la necesidad o no de hacer planes. Para Sofía y Javier, es muy importante planear bien. Completa el siguiente párrafo con **por** o **para** para contar qué piensan hacer Sofía y Javier.

Sofía quiere vivir en Puerto Rico _____ un año. Si quiere pagar _____ un apartamento, necesita encontrar un trabajo muy pronto. _____ eso, piensa que puede trabajar _____ la universidad y dar clases de literatura o de gramática. Javier no quiere estudiar medicina y lo hace solamente _____ su padre. Después de hablar con Sofía, decide luchar _____ su propio sueño de tener una agencia de deportes de aventura _____ los turistas. _____ lograr esa meta, tiene que decidir adónde quiere ir y lo que va a hacer exactamente. Al saber todos los detalles,_____ supuesto, tiene que hablar con su padre _____ explicarle la situación.

¿Qué opinas tú?

Paso 1 Sofía tiene un plan muy difícil, pero ha decidido luchar por ello. Javier tiene un sueño pero está en conflicto con el de su padre. ¿Con quién te identificas más: con Javier, con Sofía o con ninguno de los dos? Habla con un(a) compañero(a) y explícale tus respuestas.

Paso 2 Habla con un(a) compañero(a) sobre lo que necesitas hacer o no hacer para realizar tus sueños futuros. Justifiquen sus planes e ideas.

See the *Lab Manual,* **Capítulo 11, ¡A ver!** for additional activities.

¡A leer!

Antes de leer

Guessing unfamiliar words and phrases

When you read a passage in English and come to an unfamiliar word or phrase, you probably try to guess its meaning from context or skip over it and continue reading. As a learner of Spanish, when you read literature in Spanish, you will likely encounter a number of unfamiliar vocabulary items. If you can replicate the afore-mentioned ability to guess meaning from context when reading texts in Spanish, your reading comprehension will improve significantly, as will your reading speed.

Before doing a close read, take few moments to peruse the passage. In doing so, try to incorporate the reading strategies that you have learned up to this point, such as:

- identifying cognates, skimming, and scanning
- relying on background knowledge
- clustering words to get the gist of a sentence
- looking at images and headlines
- looking for affixes (**mono**polio, gener**oso**)
- guessing meaning from word roots (**financiar, el centro financiero, finanzas**)
- using format clues (<u>underlined words and phrases</u>).

Use these questions to guide your work with the selection:

1. What is the title of the selection?
2. What is the main topic?
3. What do you see in the photo?
4. What rules do you associate with business in the United States?
5. What does the term "etiquette" mean? What does it mean in a social setting, in an academic setting, and in a business setting?

¡A leer!

Cognados. Identifca cinco cognados y escribe sus significados.

Adivina. Lee las reglas de etiqueta mencionadas en el artículo y adivina lo que significan las siguientes palabras y oraciones, según el contexto:

1. En los Estados Unidos, la gente llama a sus clientes por el primer nombre; esto no pasa en el mundo hispano porque se puede interpretar como **una falta de respeto.**
2. Si alguien no se toma el tiempo suficiente para hacer preguntas sobre la salud de la persona con quien habla, sobre su familia, sus viajes y sus amigos y comienza a hablar de negocios rápidamente se le considera como una persona **ruda** y de mala educación.

La etiqueta de los negocios en el mundo hispanoamericano...

- Las interacciones personales entre los hispanos en los negocios son más formales que las interacciones en los Estados Unidos. Muchas veces en los Estados Unidos, la gente llama a sus clientes por el primer nombre; esto no pasa en el mundo hispano porque se puede interpretar como una falta de respeto. Es más común llamar a los colegas y clientes por su título (Señor, Señora, Doctor, Doctora, Licenciado[a], Profesor[a]) y apellido como por ejemplo: Doctor Peraza, Licenciado Torrijos, Profesora Luna.
- Generalmente los saludos al comienzo de una conversación son largos y la gente se pregunta cómo está de la salud, cómo están la familia y los amigos, etc. Si alguien no se toma el tiempo suficiente para hacer estas preguntas y comienza a hablar de negocios rápidamente se le considera como una persona ruda y de mala educación.
- La distancia al hablar que la gente hispana mantiene entre sí (*between themselves*) es menor que la distancia que se mantiene entre la gente de los Estados Unidos. Muchas veces una persona le puede tocar levemente el brazo a la otra persona mientras conversan. Esto no se considera un abuso o un mal gesto.
- La puntualidad es muy importante en las reuniones de negocios, especialmente si uno(a) es extranjero(a) o está de visita en el país. Por el contrario, si lo (la) invitan a una fiesta o a una cena, no tiene que llegar a tiempo, puede llegar de media hora a una hora más tarde. Siempre lléveles a los anfitriones algo como un ramo de flores, chocolates, una buena botella de vino o un libro de su país si es usted extranjero(a).
- Si visita Panamá, por ejemplo, estudie la cultura, la historia del país y la historia del Canal de Panamá. No discuta el hecho de que la sociedad panameña está muy «americanizada» y no se refiera a los estadounidenses como «americanos(as)» ya que todos los (las) ciudadanos(as) del Norte, Centro y Sur América son americanos(as).

¡Ojalá que sus viajes a los países hispanos sean muy provechosos y divertidos!

---

3. Muchas veces en una conversación una persona le puede tocar **levemente** el brazo a la otra persona mientras conversan. Esto no se considera **un abuso** o un mal gesto.
4. **La puntualidad** es muy importante en **las reuniones de negocios** especialmente si uno(a) es **extranjero(a)** o está de visita en el país.

Después de leer

A escoger. Después de leer el texto, contesta las siguientes preguntas.

1. ¿Cómo debe dirigirse *(address)* la gente a los clientes en el mundo hispanoamericano?
   a. por sus nombres
   b. por sus títulos y nombres
   c. por sus títulos y apellidos
2. Al comienzo de una conversación, la gente debe...
   a. hablar sobre su trabajo y sus negocios.
   b. hablar sobre sus reuniones de negocios.
   c. hablar sobre su salud y la familia.
3. ¿Cómo es la distancia entre los hispanos cuando hablan entre sí?
   a. Es menor que la distancia entre los estadounidenses.
   b. Es igual que la de entre los estadounidenses.
   c. Es mayor que la de entre los estadounidenses.
4. ¿A qué hora se debe llegar a una fiesta o a una cena en una casa hispana?
   a. a la hora en punto de la invitación
   b. de media hora a una hora después de la invitación
   c. tres horas después de la invitación

¿Cierto o falso? Indica si las siguientes oraciones son **ciertas** o **falsas.** Corrige las oraciones falsas.

1. _____ Generalmente, los hispanos no preguntan sobre la salud, la familia o los amigos cuando comienzan una conversación de negocios.
2. _____ Muchas veces en una conversación una persona le puede tocar levemente el brazo a la otra persona.
3. _____ La puntualidad en las reuniones de negocios no es importante o requerida en el mundo hispano.
4. _____ Si visita Panamá discuta el hecho de que la vida panameña está muy americanizada.
5. _____ Es bueno llevarles algún regalo a los anfitriones cuando lo invitan a su casa a cenar.

A conversar. Discute con tres de tus compañeros los siguientes temas.

1. Las semejanzas y diferencias entre la etiqueta de los negocios en los Estados Unidos y en el mundo hispanoamericano en relación a:

   - la puntualidad
   - los temas de conversación
   - la distancia física entre la gente

2. Escriban ahora una guía con cuatro puntos importantes sobre la etiqueta en el mundo de los negocios en los Estados Unidos, para dársela a sus amigos extranjeros.

¡A escribir!

Strategy: Writing from an idea map

An idea map is a tool for organizing your ideas before you begin developing them in a composition. In this section you are going to write a job description with the aid of an idea map. You may write a description of your dream job or you may write a job description such as the ones that appear in newspapers or on job-search websites. Using an idea map will help you organize your thoughts about this topic before you write about it.

Paso 1 Escribe el nombre de la profesión o del oficio que vas a describir. Dibuja un círculo alrededor de esta(s) palabra(s).

Paso 2 Escribe unas palabras o ideas relacionadas con este tema. Estas ideas son los detalles que apoyan *(support)* la idea principal, en este caso la profesión que vas a describir. Dibuja unos círculos alrededor de estas ideas y escribe líneas para conectar los círculos de una manera que te parece lógica. Puedes seguir el siguiente modelo:

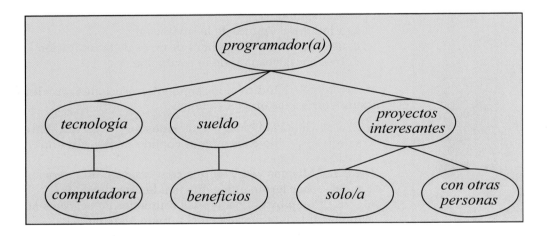

Paso 3 Basándote en el mapa que has dibujado, haz una lista de oraciones sobre el tema principal que puedas incluir en un párrafo. Al escribir las frases, debes considerar las siguientes preguntas.

1. ¿Le va a interesar al lector la información?
2. ¿Tienes bastante información para un párrafo?
3. ¿Puedes limitar la información a sólo un párrafo?

Task: Writing a job description

Paso 1 Ahora vas a escribir una descripción de un puesto. Tienes que decidir si quieres describir el empleo de tus sueños o si quieres hacer una descripción de un puesto para publicar en un periódico o en la red. Después de tomar una decisión, escribe la primera oración de tu descripción.

Paso 2 Refiérete al mapa que has dibujado para desarrollar las ideas necesarias para el resto de tu descripción. Escribe unas siete u ocho oraciones en que describas claramente las responsabilidades del puesto y el salario que la persona que hace el trabajo va a recibir. Usa el tiempo presente para describir el empleo.

Se busca programador(a) para trabajar en una empresa financiera. El candidato (La candidata) debe tener un título en computación o un mínimo de cinco años de experiencia como programador(a) profesional. Para tener éxito en este puesto, es esencial conocer la tecnología más reciente. El puesto es de tiempo completo y es necesario trabajar por la noche de vez en cuando. La persona debe tener la habilidad de trabajar solo(a) en algunos proyectos y de colaborar con nuestros otros programadores en algunos proyectos muy grandes. Es recomendable que tenga experiencia en el entrenamiento y la supervisión de nuevos empleados. Se ofrece buen salario y buenos beneficios, los cuales se pueden discutir en la entrevista con la directora de la empresa. Las personas que tengan interés en este puesto deben enviar el currículum por fax al 507-224-8256.

Paso 3 Intercambia papeles con un(a) compañero(a) de clase. Lee su párrafo para ver si ha incluido la información necesaria. Si ha omitido algo, infórmaselo. Entonces, habla con él/ella sobre el puesto que ha descrito. Indica si te interesa o no te interesa y explica por qué sí o por qué no.

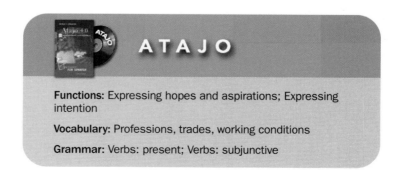

ATAJO

Functions: Expressing hopes and aspirations; Expressing intention

Vocabulary: Professions, trades, working conditions

Grammar: Verbs: present; Verbs: subjunctive

Vocabulario esencial

 CD 2, Track 9

Las profesiones y los oficios — *Professions and jobs*

Sustantivos

el (la) abogado(a)	lawyer
el (la) arquitecto(a)	architect
el (la) banquero(a)	banker
el (la) carpintero(a)	carpenter
el (la) cocinero(a)	cook, chef
el (la) contador(a)	accountant
el (la) dentista	dentist
el (la) empleado(a)	employee
el (la) fotógrafo(a)	photographer
el (la) gerente	manager
el hombre (la mujer) de negocios	businessperson
el (la) ingeniero(a)	engineer
el (la) jefe	boss
el (la) maestro(a)	teacher
el (la) obrero(a)	worker; laborer
el (la) peluquero(a)	hairstylist
el (la) periodista	journalist
el (la) plomero(a)	plumber
el policía (la mujer policía)	police officer
el (la) programador(a)	programmer
el (la) sicólogo	psychologist
el (la) siquiatra	psychiatrist
el (la) traductor(a)	translator
el (la) vendedor(a)	salesperson

La oficina, el trabajo y la búsqueda de trabajo — *The office, work, and the job hunt*

Sustantivos

los beneficios	benefits
el (la) candidato(a)	candidate, applicant
la computadora	computer
el correo electrónico	e-mail
el currículum	résumé
la empresa	corporation; business
la entrevista	interview
el fax	fax machine
la fotocopiadora	photocopier
la impresora	printer
el informe	report
el proyecto	project
el puesto	job, position
la reunión	meeting
la sala de conferencias	conference room
el salario /el sueldo	salary
la solicitud	application (form)

Verbos

contratar	to hire
dejar	to quit
despedir (i, i)	to fire
imprimir	to print
jubilarse	to retire
llenar	to fill out (a form)
renunciar	to resign
reunirse	to meet

Expresiones idiomáticas

de tiempo completo	full-time
de tiempo parcial	part-time
llamar por teléfono	to make a phone call
pedir un aumento	to ask for a raise
solicitar un puesto	to apply for a job

Las finanzas personales — *Personal finances*

Sustantivos

el cajero automático	ATM
el cheque	check
la cuenta corriente	checking account
la cuenta de ahorros	savings account
la factura	bill; invoice
el préstamo	loan
el presupuesto	budget
la tarjeta de crédito	credit card

Verbos

ahorrar	to save
depositar	to deposit (money)
pagar a plazos	to pay in installments
pagar en efectivo	to pay in cash
pedir prestado	to borrow
prestar	to loan
rebotar	to bounce (a check)
sacar	to withdraw (money)

Una plaza en el Parque Nacional
Volcán Poás, Costa Rica
Visit it live on Google Earth!

El medio ambiente
Costa Rica

12

CHAPTER OBJECTIVES

Communicative goals

*In this chapter, you will learn
how to . . .*

■ Talk about rural and urban
locales and associated activities

■ Express emotion and opinions

■ Talk about the conservation
and exploitation of natural
resources

■ Hypothesize and express
doubts and uncertainty

Structures

■ Subjunctive
following verbs
of emotion,
impersonal
expressions, and
ojalá

■ Subjunctive to state
uncertain, doubtful, or
hypothetical situations

Personal Tutor

DVD

¡Bienvenidos a Costa Rica!

1 | ¿Cómo es la naturaleza de Costa Rica?
¿Cuáles son algunos de los atractivos
naturales del país?

2 | Según el video ¿qué hacen los
costarricenses para proteger la
naturaleza?

3 | ¿Por qué tradición cultural es conocido el
pueblo de Sarchí? ¿Qué sabes de esta
tradición?

4 | ¿Qué es la Finca de Mariposas? ¿Qué
se puede hacer allí?

5 | ¿Te gustaría ayudar a proteger la riqueza
natural de Costa Rica u otra parte del
mundo? ¿Por qué sí o por qué no?

393

Vocabulario   La geografía rural y urbana

Golfito y San José, Costa Rica In this section, you will learn how to talk about rural and urban areas and the associated activities and problems.

Sustantivos

la naturaleza nature
la sobrepoblación overpopulation
el transporte público
  public transportation

Verbos

cultivar to cultivate, grow (plants)
llevar una vida tranquila to lead a
  peaceful life
regar (ie) to irrigate; to water
sembrar (ie) to plant

Adjetivos

acelerado(a) accelerated
bello(a) beautiful
denso(a) dense
tranquilo(a) tranquil, peaceful

la selva
la colina
el bosque
la catarata
el campesino
el arroyo
la finca
la tierra
el agricultor

¿Nos entendemos?

La cascada is another word for a small **catarata**.

¿Nos entendemos?

While **la finca** is understood throughout most of the Spanish-speaking world to mean *farm*, some regions use other terms. In Mexico, **el rancho** is used to mean *ranch* or *farm*. **La hacienda** is also used in Mexico and in other Latin American countries to mean *farm*, usually with an estate manor on it; it is also called **la estancia** in Argentina. **La granja** is commonly used in Spain to refer to small family farms, while **la chacra** is used in countries such as Costa Rica.

Palabras útiles

el árbol tree	**el llano** plain
la frontera border	**el valle** valley
el paisaje landscape	**el volcán** volcano

Palabras útiles are presented to help you enrich your personal vocabulary. The words here will help you talk about rural geography.

¡A practicar!

12-1 | Asociaciones

¿Con qué se asocian las siguientes palabras? Empareja cada palabra o frase de la primera columna con la palabra o frase más lógica de la segunda columna.

1. _____ el bosque
2. _____ las cataratas
3. _____ denso
4. _____ sembrar, cultivar
5. _____ el transporte público
6. _____ la selva
7. _____ tranquilo

a. con muchas plantas y vegetación
b. Johnny Appleseed
c. pacífico, sin ruido
d. Caperucita Roja (*Little Red Riding Hood*)
e. el autobús, el tren, el metro
f. Niágara, Iguazú, el Salto Ángel
g. Tarzán

el rascacielos
la fábrica
la metrópolis
el tráfico
la carretera
la congestión
el ruido
la basura

12-2 | La llegada a San José

Termina la historia de Mario escogiendo la palabra adecuada.

1. Cuando Mario llegó a (la metrópolis / el arroyo) de San José, se dio cuenta de que la vida era mucho más (tranquila / acelerada) de lo que él había experimentado (*had experienced*) en el campo.
2. Había mucho (arroyo / tráfico) en las (carreteras / colinas) y no estaba acostumbrado al ruido causado por los carros.
3. Miró los grandes (campesinos / rascacielos) y pensó en los hermosos árboles del bosque que él había abandonado (*had abandoned*).
4. Miró la (basura / finca) en las calles y el humo (*smoke*) de las fábricas, y pensó en la tierra limpia y pura de su finca.

12-3 | Érase una vez...

Completa la siguiente historia sobre la vida rural de Mario, un campesino tico, usando las palabras de la lista.

regar   cultivaba   llevaba una vida tranquila
agricultor   finca

Érase una vez un 1. _____ joven y trabajador. El hombre industrioso se llamaba Mario y 2. _____ muchos plátanos todos los años. No tenía que 3. _____ las plantas porque llovía muchísimo en aquella región. Había un lago en su 4. _____ donde él pescaba durante los fines de semana. Mario 5. _____ y exitosa.

	Capítulo 12		Capítulo 12
	Capítulo 12		iLrn: Heinle Learning Center, Capítulo 12

¡A conversar!

12-4 | Opiniones Completa las siguientes oraciones con el vocabulario de esta sección para expresarle tus opiniones a un(a) compañero(a) de clase.

Modelo Trabajar en una finca (no) es fácil porque... *es necesario levantarse muy temprano todos los días. Hay mucho trabajo físico y uno se cansa fácilmente.*

1. (No) Me gusta vivir en la ciudad porque...
2. La vida rural (no) es atractiva para mí porque...
3. Lo que más me impresiona de la metrópolis es/son...
4. Cuando voy al campo, prefiero estar en... porque...
5. La última vez que estuve en una ciudad grande vi...
6. La última vez que estuve en un parque natural había...

12-5 | Los problemas de mi pueblo Trabaja con un(a) compañero(a) de clase. Pongan los temas en orden de mayor a menor importancia con referencia al pueblo donde Uds. viven. Después de establecer los problemas más importantes, indiquen lo que recomiendan para resolver tres de ellos. ¿Cuáles son los temas que no son problemáticos en su pueblo?

Modelo el tráfico
El tráfico en nuestra ciudad es un problema muy grande. Recomendamos que más gente camine o ande en bicicleta en vez de ir en carro. También sugerimos que las personas vayan juntas (together) al trabajo en vez de una sola persona en cada carro.

1. el transporte público
2. el ruido
3. la basura
4. la sobrepoblación
5. las fábricas
6. la congestión
7. los rascacielos

> **¿Nos entendemos?**
>
> Note that in English, the word *people* is plural, while its Spanish equivalent, **la gente**, is singular. When you want to express *people* in the sense of *nation* or *national group*, use the term **el pueblo**.

> **Cultura**
>
> To reduce traffic and conserve fuel, driving in downtown San José during rush hour is restricted based on vehicle license plate numbers. For example, vehicles with license plate numbers ending in 1 or 2 are prohibited from driving on Mondays, and other numbers are prevented from driving on other weekdays. This type of restriction also exists in Mexico City with the goal of reducing air pollution.

12-6 | Entrevista Trabaja con un(a) compañero(a) de clase. Háganse preguntas sobre los siguientes temas. Luego, compartan su información con la clase. ¿Tienen Uds. mucho en común?

1. ¿Has pasado tiempo en una ciudad grande? ¿Cuándo? ¿Qué ciudad? ¿Te gustó? ¿Qué hiciste allá? ¿Cómo se compara esa ciudad con el lugar donde vives?

2. ¿Has pasado tiempo en el campo? ¿Cuándo? ¿Con quién? ¿Te gustó? ¿Es muy diferente del lugar donde vives? ¿Qué hiciste allá?

3. ¿Cómo es el lugar donde vives tú? ¿Es rural o urbano? ¿Quieres vivir en una ciudad grande algún día? ¿O prefieres el campo o un pueblo pequeño? ¿Cuáles son las ventajas *(advantages)* de vivir en una ciudad grande? ¿Cuáles son las ventajas de vivir en el campo?

12-7 | ¡Vamos al parque nacional! Tienes la oportunidad de visitar un parque nacional de Costa Rica. Trabaja con un(a) compañero(a) para discutir las cosas que Uds. esperan ver y las actividades que quieren hacer. Empiecen por describir la foto del parque y continúen la conversación con información sobre sus deseos para la visita.

Un parque nacional en Costa Rica

12-8 | La ciudad y el campo Usando la información en la tabla, haz preguntas a varias personas de la clase. Cuando alguien contesta afirmativamente, debes escribir el nombre de esta persona en el espacio. Cuando tienes cuatro nombres distintos en una línea (horizontal, vertical o diagonal), di **¡BINGO!** Entonces, comparte la información que tienes con la clase. La actividad continúa con más preguntas y respuestas.

preferir vivir en una metrópolis	preferir vivir en un lugar rural	querer trabajar en una finca	usar el transporte público
querer vivir o trabajar en un rascacielos	pensar que el ruido de la ciudad es molestoso	desear llevar una vida acelerada	preferir llevar una vida tranquila
conocer una catarata bella	pasar mucho tiempo en tráfico	cultivar plantas	querer ser agricultor(a)
caminar en el bosque a veces	vivir cerca de una carretera	querer visitar una selva	vivir cerca de un arroyo

Rona y Luis Grandinetti son hermanos pero tienen ideas muy diferentes sobre el lugar ideal donde quieren vivir en el futuro. Rona tiene veintiún años y su hermano, veintidós. Los dos son de San José, Costa Rica.

Rona: Luis, ¿no te molesta **el tráfico** de San José? No entiendo por qué te gusta tanto esta ciudad.

✳ Comentario cultural Although Costa Rica is often viewed as the last frontier in a world facing a growing environmental crisis, the capital city of San José is not a model for environmental conservation. The city is often choked with heavy traffic and a heavy brown cloud, resulting from old diesel buses that lack emission controls.

Luis: No me molesta para nada. **Me gusta que las calles estén llenas** de gente y de actividad.

Rona: Pues, te digo que **prefiero que vivamos** en otro lugar. Quiero vivir en un pueblo pequeño cerca del mar, **un lugar que tenga aire puro** y un medio ambiente sano.

✳ Comentario cultural Golfito is a pristine gateway to the country's booming ecotourism industry, providing access to several natural reserves. The town itself is environmentally friendly. It boasts the newly constructed Eco-Lodges, which blend into the natural surroundings and strive to minimize the negative impact on the environment.

Luis: La vida del campo es bella, pero no tiene ni las oportunidades ni los servicios de una ciudad grande. Con tu afán de ir al cine todos los fines de semana, **yo dudo que la vida rural sea tan atractiva** como piensas tú.

Rona: ¿Y cómo sabes tú? No has pasado mucho tiempo en el campo. Hiciste camping una vez, ¿y ya eres experto? Y no tengo que ir al cine todos los fines de semana.

✳ Comentario cultural Although difficult to reach, true nature enthusiasts will love camping in Corcovado Park located in southern Costa Rica on the Osa peninsula. The park offers rustic, yet well-maintained camping facilities on the beach. The park itself occupies over 100,000 acres of land and 5,000 acres of marine habitat. It is home to 116 species of amphibians and reptiles, 139 species of mammals, and more than 400 bird species.

Expresiones en contexto

afán *desire*

así que... *so . . .*

estabas convencida de que... *you were convinced that . . .*

fuera de... *outside of . . .*

No me molesta para nada. *It doesn't bother me in the least.*

Tú no puedes imaginarte... *You can't imagine . . .*

razonable *sensible*

Luis: Así que, ¿quieres ser **campesina**? ¿Quieres vivir con los **monos** y los insectos? ¿Y si ves una **culebra**?

Rona: ¡Ay! **Ojalá que fueras más razonable.** No quiero vivir en **la selva.** Solamente quiero **llevar una vida tranquila.** Necesito vivir en **un sitio donde no haya tanto ruido,** ni **contaminación,** ni **rascacielos,** ni **carreteras.**

Luis: Pues, **es importante que decidas** de una vez. El mes pasado estabas convencida de que querías vivir en Tokio, y ahora empiezas con estas fantasías de la vida rural.

Rona: Es mejor tener ilusiones. Tú no puedes imaginarte la vida fuera de tu cuarto.

✳ **Comentario cultural** Costa Rica is a snake-lover's paradise, hosting over 130 different species. Some of these are among the world's deadliest, such as the coral snake or the even more lethal fer-de-lance, known to Costa Ricans as **el terciopelo.** Effective antidotes exist to treat bites from both of these species.

✳ **Comentario cultural** Costa Rica holds a unique position in the world as over 20% of its national territory is designated as national parks, wildlife refuges, and forest reserves. According to some estimates, Costa Rica hosts over 5% of the world's species. A growing sense of pride is developing among young Costa Ricans who hope to preserve the country's potential to be a model for environmental preservation.

¿Comprendiste? Contesta las siguientes preguntas en oraciones completas.

1. ¿Por qué no está contenta Rona?
2. Según Luis, ¿cuáles son algunas ventajas *(advantages)* de vivir en la ciudad?
3. ¿Por qué no sabe Luis mucho de la vida rural?
4. Según Rona, ¿cuál es el lugar ideal para ella?
5. ¿Por qué sospechamos *(do we suspect)* que Rona es un poco indecisa?

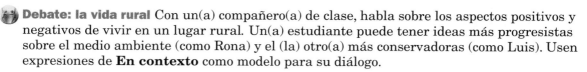 **Debate: la vida rural** Con un(a) compañero(a) de clase, habla sobre los aspectos positivos y negativos de vivir en un lugar rural. Un(a) estudiante puede tener ideas más progresistas sobre el medio ambiente (como Rona) y el (la) otro(a) más conservadoras (como Luis). Usen expresiones de **En contexto** como modelo para su diálogo.

Estructura I

In the previous chapter, you learned how to use the present subjunctive to express wishes, intentions, preferences, advice, suggestions, and recommendations. Spanish speakers also use verbs of emotion with the subjunctive to express their emotions and opinions.

Verbs of emotion and impersonal expressions

The lists below contain verbs of emotion for conveying feelings and impersonal expressions for conveying opinions.

Verbs of emotion	Impersonal expressions
alegrarse (de) to be glad	**es bueno (malo)** it's good (bad)
esperar to hope	**es importante** it's important
gustar to like	**es (im)posible** it's (im)possible
molestar to bother	**es lógico** it's logical
preocuparse de/por to worry about	**es mejor** it's better
quejarse (de) to complain (about)	**es necesario** it's necessary
sentir (ie) to be sorry	**es ridículo** it's ridiculous
sorprender to surprise	**es una lástima** it's a shame
tener miedo de to be afraid of	

The impersonal expressions **es obvio que, es cierto que, es seguro que,** and **es verdad que** do not require the subjunctive in the dependent clause because of their strong affirmative meanings: *Es obvio* que **Mario** *tiene* mejores oportunidades en la ciudad.

Use the verbs and impersonal expressions listed above exactly as you used the verb **querer** and other verbs of volition. Remember the requisite change of subject.

Capítulo 12 | Capítulo 12 | Capítulo 12 | iLrn: Heinle Learning Center, Capítulo 12 | Subjunctive Mood

¡A practicar!

12-9 | Entre hermanos Completa la siguiente conversación entre Rona y Luis Grandinetti, dos jóvenes de la ciudad, usando la forma correcta del verbo entre paréntesis.

Rona: Es una lástima que no te 1. (gustar / guste) pasar más tiempo al aire libre.

Luis: No me gusta que 2. (criticarme / me critiques) por lo que hago en mi tiempo libre. ¿Necesito 3. (decirte / te diga) lo que tú debes hacer? Siento que no me 4. (comprender / comprendas), Rona.

Rona: Te comprendo perfectamente. Es lógico que no te 5. (gustar / guste) la naturaleza. Siempre estás mirando la tele.

12-10 | Dos hermanos Completa las siguientes oraciones para conocer un poco mejor a Rona y a Luis.

1. A Rona no le gusta ver los programas deportivos. Es posible que ella _____ (no ser deportista / no practicar ningún deporte / preferir escuchar discos compactos).
2. Rona es una estudiante excelente en el colegio, donde tiene muchos amigos. Es bueno que ella _____ (estudiar todos los días / tener muchos amigos).
3. A veces, Luis y su hermana Rona tienen conflictos. Es lógico que ellos _____ (no siempre estar de acuerdo / discutir mucho en casa / darse consejos con cariño).

Subjunctive following verbs of emotion, impersonal expressions, and *ojalá*

One subject

Mario **espera encontrar** una vida mejor.
Mario hopes to find a better life.

Es importante tener un trabajo bueno.
It's important to have a good job.

Change of subject

Mario **espera que la ciudad ofrezca** una vida mejor.
Mario hopes that the city offers a better life.

Es importante que Mario tenga un trabajo bueno.
It's important that Mario have a good job.

Ojalá

You have learned that one way to express your desires and hopes is to use verbs like **querer, desear,** and **esperar.** Another way to express those feelings is to use the expression **ojalá (que)** with the subjunctive. This expression has several English equivalents including *let's hope that, I hope that,* and *if only,* all of which refer to some pending, unrealized action in the future. Note that **ojalá (que)** is always followed by the subjunctive, whether there is a change of subject or only one subject. The word **que** is often used after **ojalá** in writing, but it is usually omitted in conversation.

Ojalá lo pases bien en Costa Rica.   *I hope you have a good time in Costa Rica.*
Ojalá haga buen tiempo allá.   *Let's hope the weather is good there.*
Ojalá que recibas esta carta.   *I hope you receive this letter.*

12-11 | Ojalá que en Costa Rica... Haz oraciones completas usando la información de Costa Rica con la forma correcta del verbo en el subjuntivo.

1. ojalá que / el volcán activo Irazú nunca hacer erupción

2. ojalá que / el río San Juan, / que separa Costa Rica de Nicaragua por el norte, / no estar contaminado

3. ojalá que / llover mucho en la estación de lluvias / de mayo a diciembre

4. ojalá que / la gente / poder ver / las tortugas en la playa Parismina

5. ojalá que / el gobierno costarricense / cuidar / la fauna y la flora / por medio de reservas y parques naturales

¡A conversar!

12-12 | **¡Ojalá!** Escribe una lista de diez deseos que quieres realizar dentro de cinco años, usando las categorías como una guía. Expresa tus deseos a un(a) compañero(a) usando la expresión **ojalá.** Luego, cambien de papel.

> **Modelo** E1: *Ojalá que yo encuentre trabajo.*
> E2: *Ojalá que yo pueda vivir en Hawai'i.*

estudios   familia   viajes

trabajo   amigos   ayudar al mundo

vida diaria

12-13 | **¿Qué te parece?** Primero, escribe tus opiniones positivas y negativas sobre la posibilidad de vivir en una ciudad grande. Luego léele tus opiniones a un(a) compañero(a), que debe reaccionar positiva o negativamente.

> **Modelo** E1: *Es mejor que vivas en la ciudad porque hay más oportunidades culturales.*
> E2: *No estoy de acuerdo. Solamente los ricos tienen acceso a los eventos culturales.*

Opiniones positivas

1. Me alegro de (que)...
2. Es bueno (que)...
3. Es mejor (que)...
4. No es malo (que)...
5. Me gusta (que)...
6. Es importante (que)...
7. Espero (que)...

Opiniones negativas

8. No me gusta (que)...
9. Me molesta (que)...
10. Es malo (que)...
11. Es ridículo (que)...
12. Es terrible (que)...
13. Es una lástima (que)...

12-14 | **Tus opiniones** Escribe tus reacciones ante los siguientes temas. Luego forma un grupo con dos o tres compañeros y comparte tus opiniones con ellos.

> **Modelo** En la ciudad: la sobrepoblación
> E1: *Es necesario que tengamos familias más pequeñas.*
> E2: *No estoy de acuerdo. Ojalá que los padres tengan la libertad de tener familias grandes.*

1. En la ciudad: el tráfico
2. En el campo: las tierras para cultivar
3. En la ciudad: las oportunidades
4. En el campo: la tranquilidad
5. En la ciudad: muchos servicios
6. En el campo: poca gente, nada que hacer como diversión
7. En la ciudad: eventos culturales
8. En el campo: la naturaleza, los animales y las plantas

12-15 | Un debate Trabajen en grupos de cuatro estudiantes. Dos estudiantes deben escribir las ventajas y las desventajas de vivir en una ciudad. Los otros dos tienen que escribir en su tabla las ventajas y las desventajas de vivir en el campo. Después, hagan un debate entre las dos parejas del grupo.

La ciudad		El campo	
Ventajas	Desventajas	Ventajas	Desventajas

12-16 | Opiniones Trabajando con un(a) compañero(a), forma oraciones para expresar opiniones sobre la vida y el trabajo de la gente en varias profesiones. Escoge un elemento de cada columna y añade otros elementos para formar oraciones lógicas.

Modelo   *Es bueno que muchos médicos vivan y trabajen en las metrópolis pero es necesario que algunos vivan y trabajen en los lugares rurales. Todas las personas necesitan acceso a la medicina.*

Es bueno que	médico(a)(s)	vivir	lugar(es) rural(es)
Es importante que	agricultor(a)(es)(as)	trabajar	metrópolis
Es posible que	obrero(a)(s)	hacer su trabajo	rascacielos
Es imposible que	maestro(a)(s)	ayudar	finca(s)
Es lógico que	abogado(a)(s)	pasar tiempo	parque(s)
Es necesario que	ingeniero(a)(s)	viajar	reserva(s) biológica(s)
Es ridículo que	banquero(a)(s)	participar	escuela(s)
¿?	¿?	¿?	¿?

Encuentro cultural

¿Qué recuerdan de...

📀 ...Bienvenidos a Costa Rica?

1. ¿Cuál es la capital de Costa Rica?
2. ¿Cómo es la naturaleza de Costa Rica? ¿Cómo protege Costa Rica su naturaleza?
3. Describe la tradición de las carretas de Costa Rica.

See the *Workbook*, **Capítulo 12, Bienvenidos a Costa Rica** for additional activities.

Población: 4.075.261

Área: 51.000 km², un poco más pequeña que el estado de West Virginia

Capital: San José, 1.864.500

Ciudades principales: Alajuela, 173.000; Puntarenas, 102.000; Limón, 389.600

Moneda: el colón costarricense

Lenguas: el español

Personalidades ilustres Óscar Arias Sánchez es el actual presidente de Costa Rica y también fue presidente del país en el período de 1986 a 1990 cuando la región centroamericana vivía un período de conflicto armado, guerra civil y tensiones en las fronteras de Nicaragua, Guatemala, El Salvador y Honduras. Arias decidió trabajar por la paz en Centroamérica y por este trabajo recibió el Premio Nóbel de la Paz en 1987. Con este premio, el presidente Arias instituyó *(founded)* la «Fundación Arias para la Paz y el Progreso Humano». La Fundación apoya la igualdad de oportunidades para la mujer en todos los sectores de la sociedad centroamericana, ayuda a distribuir la asistencia económica que reciben los países centroamericanos y trabaja por la desmilitarización y la resolución de conflictos en países con problemas económicos y políticos.

¿Qué te parecen los objetivos de la Fundación Arias para la Paz y el Progreso Humano? Te gustaría trabajar para una fundación en tu país o en el mundo? ¿Cuál?

Historia En la historia de Costa Rica del siglo XX, hay dos grandes eventos, uno político y otro ambiental. El primer suceso fue un golpe militar dirigido por José Figueres Ferrer en 1948. Figueres Ferrer formó un gobierno provisional que al final disolvió *(dissolved, abolished)* al ejército militar. Debido a esto, Costa Rica se convirtió en el primer país del mundo en abolir la guerra como mecanismo de resolución de conflictos y la primera república del mundo en abolir las fuerzas militares. El segundo evento fue en 1970 cuando el gobierno costarricense estableció el Servicio de Parques Nacionales. Gracias al trabajo del Servicio de Parques Nacionales, hoy en día el 28 por ciento del país se encuentra protegido contra la destrucción de los ecosistemas. Los esfuerzos del gobierno han logrado que el ecoturismo sea ahora una fuente de ingreso muy importante para el país.

¿Cuál de estos dos eventos —disolver la fuerza militar o establecer el Servicio de Parques Nacionales— te parece más importante? ¿Por qué?

Lugares mágicos En 1954, la doctora estadounidense Leslie Holdridge estableció un parque para experimentar con plantas y estudiar el uso de los recursos naturales en la Estación Biológica La Selva. En 1968, la Organización de Estudios Tropicales adquirió la estación como un centro de estudios y de investigación científica. Las 1.534 hectáreas de la Estación Biológica La Selva constituyen tierras biológicas cubiertas principalmente por bosques y pantanos *(swamps)*, en los cuales hay más de 500 especies de aves, 100 especies de mamíferos, 2.000 especies de plantas y 800 especies de árboles. Sus sistemas de senderos *(trails)* de casi 50 km pueden visitarse en caminatas guiadas, haciendo las reservas con previa anticipación *(with reservations)*.

Visit it live on Google Earth!

¿Te gustaría visitar La Estación Biológica La Selva? ¿Hay algunos lugares protegidos por el Sistema de Parques Nacionales en tu estado?

Oficios y ocupaciones La economía costarricense depende principalmente del turismo, de las exportaciones de circuitos electrónicos y de la agricultura. La pobreza en Costa Rica se ha reducido notablemente en los últimos quince años y existe una seguridad social en todo el país. A los inversionistas extranjeros les gusta la estabilidad política del país. El bajo precio de los bananos y del café hace que Costa Rica abra su economía a las compañías electrónicas como Intel, que desde 1998 tiene una planta con más de 2.200 trabajadores. Costa Rica es sede de otras compañías electrónicas como Motorola, Microsoft, Ericsson y Lucent Technologies, además de compañías biomédicas, de alimentos y de turismo.

¿Te gustaría trabajar en Costa Rica? ¿En qué industria te gustaría trabajar: en la industria del turismo, de la electrónica, de la agricultura, de la medicina, etcétera?

Arte y artesanía El pequeño pueblo de Sarchí es famoso por sus muebles y carretas hechas de madera por los artesanos del pueblo. Las carretas de Sarchí tienen una gran importancia dentro de la historia del país. A mediados *(Toward the middle)* del siglo XIX, cuando se comenzó a cultivar el café en el campo, la única manera de transportar el producto de las montañas a la costa para exportarlo a otros países era usando estas carretas. En muchos casos, las carretas eran el único medio de transporte de las familias, y muchas veces eran símbolo del estatus social. Por eso, se comenzó la tradición de pintar las carretas. Cada región del país tenía sus propios dibujos y colores que los distinguían. Así, la gente podía saber de dónde era el conductor de la carreta al mirar los dibujos en las ruedas de la carreta. Hoy en día, estas carretas son el símbolo que representa la vida del campo en Costa Rica.

¿Te gustaría visitar el pueblo de Sarchí? ¿Te gustaría visitar las fábricas donde se hacen a mano estas carretas? ¿Cuál es el símbolo que representa la vida del campo en tu país o región?

Ritmos y música En el campo de la música, Costa Rica se reconoce en las Américas por las interpretaciones de la Orquesta Sinfónica Nacional de Costa Rica, fundada hace más de sesenta años. A los ticos también les gustan los ritmos del Caribe como la salsa, el merengue y el reguetón.

El grupo Malpaís es una banda que comenzó en 1999 en el área de Guanacaste. El nombre Malpaís viene del nombre de una playa muy bonita en el área de Guanacaste. Los músicos del grupo pensaron que este nombre reflejaba la contradicción del nombre del país mismo: "Costa Rica". El país tiene muy poco oro. La siguiente selección musical se llama *Muchacha y luna* y pertenece a su primera producción musical de 2003 "Uno". *Access the iTunes playlist on the **Plazas** website.*

¿Qué tipo de música te gusta escuchar? ¿Te gusta la canción Muchacha y luna? ¿Qué tipo de música es?

See the *Lab Manual*, **Capítulo 12**, **Ritmos y música** for activities.

¡Busquen en la Red de información!

www.thomsonedu.com/spanish/plazas

1. Personalidades ilustres: Óscar Arias Sánchez
2. Historia: Abolición del ejército en Costa Rica por José Figueres Ferrer, Servicio de Parques Nacionales de Costa Rica
3. Lugares mágicos: Estación Biológica La Selva, Costa Rica
4. Oficios y ocupaciones: Ecoturismo en Costa Rica, Agricultura en Costa Rica, Intel de Costa Rica
5. Arte y artesanía: Carretas de Sarchí, Costa Rica
6. Ritmos y música: Música clásica de Costa Rica, Grupo Malpaís

Vocabulario

La destrucción y la conservación del medio ambiente

In this section, you will learn how to talk about the destruction and the conservation of the environment.

la contaminación

el desperdicio

la destrucción

el desarrollo

construir

proteger

el aire

los recursos naturales

la energía solar

reciclar

conservar

Sustantivos

la capa de ozono ozone layer
la ecología ecology
la escasez lack, shortage
las especies species
el medio ambiente environment
la naturaleza nature
el petróleo petroleum

Verbos

acabar to run out
contaminar to pollute
desarrollar to develop
destruir to destroy
estar en peligro de extinción to be endangered
explotar to exploit
recoger to pick up
reforestar to reforest
resolver (ue) to solve, resolve

Adjetivos

contaminado(a) polluted
destruido(a) destroyed
puro(a) pure

Expresión idiomática

¡No arroje basura! Don't litter!

¡A practicar!

12-17 | Definiciones Empareja cada palabra o frase con su definición.

1. _____ acabar
2. _____ resolver
3. _____ explotar
4. _____ el aire
5. _____ la capa de ozono
6. _____ el desarrollo
7. _____ puro

a. encontrar la solución de un problema
b. no contaminado
c. construcción de nuevos edificios
d. usar todo lo que hay de algo
e. sacar utilidad de algo en provecho propio *(for one's own good)*
f. una parte de la atmósfera
g. lo que respiramos

12-18 | Un chico muy malcriado Jorge, un niño muy malcriado *(spoiled)*, no entiende nada de la preocupación con el medio ambiente. Él habla de sus opiniones sobre la ecología. Escoge las palabras que están a continuación para completar sus pensamientos.

| destruir | naturaleza | conservar | petróleo | energía solar |
| contaminación | reciclar | arrojar | ecología | recursos naturales |

Yo no comprendo nada de las preocupaciones sobre la 1. _____. Yo sé que yo no debo 2. _____ basura en el suelo, pero a veces no hay dónde ponerla. No veo por qué necesitamos 3. _____ el papel y otras cosas. Tampoco me gusta la idea de usar la energía del sol o la 4. _____ para las casas. Yo no creo que vayamos a 5. _____ el medio ambiente. La 6. _____ siempre ha existido. Tenemos muchos 7. _____ como el aire, el agua y el 8. _____. No tengo ganas de 9. _____ nada. Yo sé que el mundo puede sobrevivir. ¿Para qué preocuparme por la 10. _____?

12-19 | ¿Dónde viven los animales? En grupos de tres o cuatro, hablen de dónde viven los siguientes animales: en el agua, los árboles, la tierra o el aire. Más de una respuesta puede ser correcta.

1. la culebra
2. el mono
3. el pájaro
4. el jaguar
5. el cocodrilo
6. la mariposa

12-20 | Consejos... Termina los siguientes consejos que tus padres o familiares te dan con respecto a los problemas del medio ambiente. Luego compara tus respuestas con las de tu compañero(a). ¿Tienen mucho en común?

> **Modelo**   la naturaleza: Es recomendable que...
> *Es recomendable que conservemos la naturaleza.*

1. el agua: Es necesario que...
2. las latas *(cans)* de aluminio: Es mejor que...
3. la basura: Es importante que...
4. los periódicos *(newspapers):* Es lógico que...
5. la capa de ozono: Es importante que...
6. los animales: Es necesario que...

Los animales

la culebra snake
el cocodrilo crocodile
el jaguar jaguar
la mariposa butterfly
el mono monkey
el pájaro bird
la rana frog
la tortuga turtle

Otras palabras

el (la) guardaparques park ranger
el (la) naturalista naturalist

📖	Capítulo 12
💿	Capítulo 12
www	Capítulo 12
🔵	iLrn: Heinle Learning Center, **Capítulo 12**

¡A conversar!

12-21 | ¿Por el bien o mal del medio ambiente? A continuación hay una lista de palabras asociadas con el medio ambiente. Trabajen en grupos de tres o cuatro estudiantes. Dividan la lista en dos columnas: la primera columna debe tener las palabras que se asocian con los problemas del medio ambiente y la segunda columna debe incorporar palabras que sugieren modos de ayudar el medio ambiente. Luego, miren las dos columnas. Hablen de por qué clasificaron las palabras así.

Modelo   E1: *La deforestación es mala para el medio ambiente porque significa la destrucción de selvas y bosques.*
   E2: *Mi grupo seleccionó reforestar como algo bueno para el medio ambiente porque puede salvar bosques y selvas.*

1. recoger basura
2. reforestar
3. el desperdicio
4. la destrucción
5. el petróleo
6. la escasez de los recursos naturales
7. reciclar aluminio
8. conservar
9. proteger
10. el desarrollo
11. la energía solar
12. la contaminación

12-22 | Prioridades Imagínate que eres el (la) presidente de los Estados Unidos y tus consejeros te dan una lista de medidas *(measures)* posibles que tienes que evaluar. Indica la urgencia de cada situación con las siguientes letras: necesidad (**N**), prioridad (**P**), importante pero no urgente (**I**), no es importante (**NI**). Puedes marcar solamente tres cosas como **necesidades.** Luego, explícales tus decisiones a dos de tus consejeros (miembros de tu clase). Ellos deben persuadirte de que cambies de opinión si no están de acuerdo.

Modelo   prohibir el uso de coches privados
   (P) Yo creo que es necesario que prohibamos el uso de coches privados. Pienso que todo el mundo debe usar el transporte público para evitar la contaminación.

1. poner multas *(fines)* a los individuos que arrojan basura en las carreteras
2. acabar con la destrucción de la capa de ozono
3. reducir los desperdicios de los centros urbanos
4. desarrollar la energía solar
5. controlar mejor la contaminación de los ríos
6. evitar *(to avoid)* el consumo de los recursos naturales
7. sembrar más árboles en los centros urbanos
8. hacer leyes *(laws)* más estrictas para proteger la ecología de las selvas tropicales

12-23 | Entrevista Hazle las siguientes preguntas a un(a) compañero(a) de clase y después comparen sus respuestas. ¿Tienen mucho en común?

1. En tu opinión, ¿cuál es el problema ecológico más grave que tenemos ahora? ¿Es posible que encontremos una solución para este problema? ¿Haces algo para aliviar este problema?
2. ¿Qué haces para conservar nuestros recursos naturales? ¿Reciclas? ¿Andas en bicicleta o vas a pie para gastar menos petróleo? ¿Bajas el termostato en el invierno o usas menos el aire acondicionado en el verano?
3. ¿Depende nuestra sociedad demasiado del petróleo? ¿Es posible tener desarrollo económico y conservar energía a la vez? ¿En qué sentido es la crisis ecológica un problema de dimensiones internacionales? ¿Qué debemos enseñarles a nuestros hijos para que no tengan los mismos problemas que nosotros?

12-24 | Yo estoy pensando en un animal... Un miembro de la clase va a escoger un animal de la lista de vocabulario. Los otros estudiantes solamente pueden hacer preguntas de tipo **sí** o **no** para adivinar el animal. La persona que adivine correctamente toma el siguiente turno.

Modelo   E1: *¿Vive en el agua?*
E2: *No. Pero a veces se encuentra en el agua.*
E1: *¿Es un animal peligroso?*
E2: *Sí. Puede ser muy peligroso.*
E1: *¿Es una culebra?*
E2: *¡Sí!*

12-25 | Ecoturistas Trabaja con un(a) compañero(a) para discutir la siguiente información sobre el ecoturismo. Hablen de los aspectos importantes de esta forma de turismo y las experiencias que Uds. han tenido o que quieren tener como ecoturistas. Discutan sus ideas sobre el valor de este tipo de turismo.

Ecotur.com

Aquí tienes una guía de ecoturismo en Áreas Naturales Protegidas (ANP) de varias partes de Latinoamérica. Al participar en el ecoturismo, puedes ayudar a la conservación de estas áreas y contribuir al desarrollo de las comunidades locales. Promovemos un turismo responsable, incluyendo:

Minimización del impacto del turista con control de la basura, reciclaje de tantos productos como nos es posible y respeto a la naturaleza

Fomentación del medio ambiente puro al evitar el uso de petróleo

Protección de la flora y la fauna, en particular las especies en peligro de extinción

Conservación de los recursos naturales con el uso de la energía solar

Promoción de programas de reforestación

Nuestra organización hace conexiones entre las organizaciones que ofrecen servicios de ecoturismo y personas por todo el mundo que quieren explorar el planeta sin destruirlo. Contáctanos en nuestro sitio de web o en nuestra oficina en el centro de San José. Con la ayuda de los ciudadanos responsables, podemos preservar el medio ambiente para las generaciones futuras.

Estructura II

Present subjunctive following verbs and expressions of doubt or uncertainty

Spanish speakers also use the subjunctive mood to express doubt, uncertainty, disbelief, nonexistence, and indefiniteness. You can use the following verbs and expressions to communicate uncertainty; they are used like those shown in **Estructura I** (page 400).

dudar *to doubt*

Dudo que Rona **conserve** energía.	*I doubt that Rona conserves energy.*

es dudoso *it's doubtful*

Es dudoso que **haya** mucha agua pura.	*It's doubtful that there is much pure water.*

no creer *not to believe*

No creo que **salvemos** el planeta.	*I don't believe that we will save the planet.*

no es cierto *it's uncertain*

No es cierto que **tengamos** suficientes recursos naturales.	*It's not true that we have enough natural resources.*

no estar seguro(a) (de) *to be uncertain*

No estoy seguro(a) de que **ayude** el reciclaje.	*I'm not sure that recycling helps.*

no pensar *to not think*

No pienso que **debamos seguir** así.	*I don't think that we should continue like this.*

The subjunctive is not used in sentences that express certainty nor is it used when the speaker believes that he/she is stating the truth. For this reason, the verbs **creer** and **pensar** do not require subjunctive when they are used in the affirmative. The same remains true of certain impersonal expressions. Consider the following examples.

Es cierto que muchas especies **están** en peligro de extinción.	*It is certain that many species are in danger of extinction.*
No es dudoso que los naturalistas **trabajan** para proteger estas especies.	*It is not doubtful that the naturalists are working to protect these species.*
Creo que **podemos** hacer los cambios necesarios para mejorar la situación.	*I believe we can make the necessary changes to improve the situation.*
Pienso que todos **tenemos** que participar en la conservación.	*I think we all have to participate in conservation.*

The subjunctive with verbs or expressions of doubt and uncertainty and adjective clauses

Present subjuntive following adjective clauses that express hypothetical situations

Spanish speakers use the indicative mood after **que** to refer to people and things they are *certain about* and *believe to be true*. Consider the following example.

> Me llamo Rona Grandinetti. Vivo en San José, una ciudad grande. **Sé** que el aire **está** contaminado aquí. **Creo** que **hay** demasiados autos que contaminan el aire. **No dudo** que **necesitamos** más transporte público.

> Rona tells us that she lives in San José, a large city. She also knows that the air is polluted there, caused by too many cars in the city. She has no doubt that San José needs more public transportation.

Since the speaker in the example knows these facts or feels certain about them, she uses verbs in the indicative after **que.**

Spanish speakers use the subjunctive mood after **que** when they describe hypothetical people, places, things, or conditions, or when they do not believe that they exist at all. These types of structures are called *adjective clauses* because they qualify the preceding noun.

In the following example, **una ciudad** is qualified by the clause **que sea tan bonita como Golfito.** Note that this particular use of the indicative or the subjunctive does not depend on the concept conveyed by the verb in the independent clause.

> Quiero vivir en una ciudad **que sea** tan bonita como Golfito. **Busco una ciudad que no tenga** mucha gente y **que esté** cerca del mar.

> Now Rona tells us about an idealized city that she is searching for. The city must have certain qualifications such as being in a beautiful location, not having a lot of people, and being near the sea. Since it is indefinite or uncertain that Rona will find such a city, she uses the subjunctive after que.

Note that the **a personal** is used before a direct object that refers to a specific person (when the indicative is used). If the person referred to is not specified, however, the **a personal** is not used, except before **alguien, nadie, alguno,** and **ninguno.** Consider the following examples.

> ¿Conoces **a alguien** que trabaje en la reserva?
>
> (**a + alguien**)
>
> Conozco **a una estudiante, María Cristina Reyes,** que trabaja allí en los veranos.
>
> (**a** + *specific person*)
>
> Buscan **un naturalista** que pueda trabajar todo el año.
>
> (omit **a** + *nonspecific person*)

¡A practicar!

12-26 | Una conversación entre Luis y Rona

Luis y Rona quieren ir con su familia a un parque nacional durante sus vacaciones. Usando el verbo adecuado entre paréntesis, completa la siguiente conversación para saber qué parque escogen.

1	Parque Nacional Santa Rosa
2	Parque Nacional Guanacaste
3	Parque Nacional Marino Las Baulas y Refugio de Vida Silvestre Tamarindo
13	Parque Nacional Corcovado
16	Parque Nacional Tortuguero
17	Refugio Nacional de Vida Silvestre Barra del Colorado
26	InterParque Nacional Chirripó
29	Refugio Nacional de Vida Silvestre Golfito
34	Parque Nacional Isla del Coco (Patrimonio de la Humanidad)
35	Reserva Biológica Bosque Nuboso Monteverde

Rona: Creo que 1. (debemos / debamos) visitar el Parque Nacional Tortuguero.

Luis: Pues, sé que se 2. (encuentra / encuentre) en la costa caribeña al norte de nuestro país, pero no estoy seguro (de) que ese parque 3. (tiene / tenga) flora y fauna especialmente interesantes.

Rona: ¿Dudas que las tortugas verdes 4. (son / sean) interesantes? Seis de las ocho especies marinas de tortugas del mundo viven en Tortuguero.

Luis: ¿De veras? Ahora pienso que 5. (podemos / podamos) aprender mucho si vamos allá. ¿Cuándo salimos para ese parque?

Rona: Espera un momentito. Mi profesor de biología piensa que la Reserva Biológica Bosque Nuboso Monteverde 6. (es / sea) el lugar natural más interesante de Costa Rica. Él dice que las orquídeas son bellísimas y los jaguares son muy impresionantes. ¿Crees que este parque 7. (merece / merezca) consideración?

Luis: Pues, claro que sí. Pero dudo que 8. (podemos / podamos) visitar dos parques este año.

> **Cultura**
>
> In addition to marine turtles, manatees and crocodiles live under protection in Tortuguero.

12-27 | Unas vacaciones ecológicas

El año pasado Rona y Luis fueron a Golfito para participar en un proyecto de conservación ecológica en el Parque Nacional Piedras Blancas. Se quedaron en un hotel donde se quejaron un poco de algunas cosas que encontraron. ¿Qué le dijeron al recepcionista?

> **Cultura**
>
> Monteverde is a privately funded park that includes more than 100 species of mammals, 400 species of birds, 120 species of reptiles and amphibians, and more than 2,500 species of plants.

Modelo ¿hay un cuarto / tener dos camas?
E1: *¿Hay un cuarto que tenga dos camas?*
E2: *Sí, hay un cuarto que tiene dos camas.*
o *No, no hay un cuarto que tenga dos camas.*

Antes de ver el cuarto

1. ¿no tiene Ud. otros cuartos / costar un poco menos?
2. ¿puede Ud. darnos un cuarto / estar en el tercer piso?
3. ¿hay alguien / poder ayudarnos con las maletas?

Después de ver el cuarto

4. deseamos un cuarto / no ser tan feo como ése
5. buscamos un empleado / poder darnos más paños (toallas, in Costa Rica)
6. queremos otro cuarto con una ducha / funcionar mejor

> **Cultura**
>
> The Piedras Blancas National Park was established in 1991 in an effort to preserve one of the last unprotected lowland tropical rainforests on the Pacific coast of Central America. Before the declaration of the park, deforestation was taking place, causing irreversible damage to the Esquinas Forest.

	Capítulo 12		Capítulo 12
	Capítulo 12		iLrn: Heinle Learning Center, Capítulo 12
	Subjunctive Mood		

¡A conversar!

12-28 | Dos amigos Trabaja con un(a) compañero(a). Completen las siguientes conversaciones entre Luis y su amigo Jorge. Sigan el modelo.

> **Modelo** Luis: mis padres creen / (yo) reciclar mucho
> Jorge: ¿Cómo? no creo / (tú) reciclar mucho porque...
> Luis: *Mis padres creen que reciclo mucho.*
> Jorge: *¿Cómo? No creo que recicles mucho porque eres perezoso.*

1. Jorge: creo / ir (yo) a participar en el proyecto de conservación
   Luis: dudo / (tú) participar porque...
   Jorge: no creo / (tú) tienes razón porque...
2. Jorge: quiero / tú y yo volver a Golfito en mayo
   Luis: es dudoso / (nosotros) volver porque...
3. Jorge: mis padres creen / (yo) ser perezoso
   Luis: no dudo / (tú) ser perezoso porque...
4. Luis: Rona no está segura / sus amigos querer participar en el proyecto
   Jorge: no hay duda / ellos querer participar porque...

12-29 | La ciudad ideal Descríbele a un(a) compañero(a) de clase cinco atributos de tu ciudad ideal, utilizando el vocabulario de este capítulo.

> **Modelo** *Quiero vivir en una ciudad donde no haya contaminación, que tenga un buen sistema de transporte público y que sea bonita.*

12-30 | ¿Qué crees tú? Descríbele tus ideas sobre los siguientes temas a un(a) compañero(a) y hablen de sus respuestas. Expresen sus creencias con las siguientes frases: **Creo que..., Dudo que..., No creo que..., Es dudoso que..., Estoy seguro(a) de que..., Es obvio que...,** etcétera.

> **Modelo** la ecología
> *Creo que la ecología es muy importante.*
> o *No creo que la ecología sea importante.*

1. el aire y el agua en San José, Costa Rica
2. el reciclaje en el campus de tu universidad
3. los recursos naturales
4. la deforestación de las selvas tropicales en Costa Rica
5. la capa de ozono
6. el ecoturismo
7. la construcción de carreteras grandes en los EE.UU.
8. ¿ ?

12-31 | El futuro incierto No hay nada más incierto que el futuro, pero es importante hacer planes. Habla con un(a) compañero(a) de clase sobre tus ambiciones. ¿Tienen mucho en común?

> **Modelo** *Algún día quiero vivir en un lugar que esté cerca del mar...*

1. Algún día quiero vivir en un lugar que...
2. Para vivir allí sé que..., pero dudo que...
3. No estoy seguro(a) de que... en ese lugar, pero creo que...
4. En ese lugar, hay...
5. Por eso, estoy seguro(a) de que...

Subjunctive following verbs of emotion, impersonal expressions, and *ojalá*

Spanish speakers often use the subjunctive mood when expressing emotion or an opinion. The following verbs convey emotions and the expressions offer an opinion.

Verbs of emotion	Impersonal expressions
alegrarse (de)	es bueno (malo)
esperar	es importante
gustar	es (im)posible
molestar	es lógico
preocuparse de/por	es mejor
quejarse (de)	es necesario
sentir (ie)	es ridículo
sorprender	es una lástima
tener miedo de	

Ojalá (que) is always followed by the subjunctive, whether there is a change of subject or only one subject. The word **que** is often used after **ojalá** in writing, but it is usually omitted in conversation.

¡A recordar! Which impersonal expressions, due to their strong affirmative meanings, do not require the subjunctive?

Subjunctive following verbs and expressions of uncertainty

Spanish speakers also use the subjunctive mood to express doubt, uncertainty, disbelief, nonexistence, and indefiniteness. The following verbs and expressions communicate these sentiments.

dudar	no es cierto
es dudoso	no estar seguro(a) (de)
no creer	no pensar

¡A recordar! Which of the above listed verbs and impersonal expressions do not require the subjunctive when used in the affirmative?

Subjunctive following adjective clauses that express hypothetical situations

Spanish speakers use the subjunctive mood in adjective clauses when they describe hypothetical or non-existent people, places, things, or conditions.

¡A recordar! When is the **a personal** used in an adjective clause?

¡A repasar!

Actividad 1 | La vida en la metrópolis Escoge la respuesta correcta para cada oración. (8 pts.)

_____ 1. Me alegro de que _____ usar el transporte público en la metrópolis.
    a. podamos
    b. podemos
    c. puedo
    d. pueda

_____ 2. Esperamos que muchas personas _____ plantas.
    a. cultiven
    b. cultivan
    c. cultivemos
    d. cultivamos

_____ 3. Es bueno que las personas no _____ basura en la calle.
    a. arroje
    b. arroja
    c. arrojen
    d. arrojan

_____ 4. Tenemos miedo de que las fábricas _____ contaminación.
    a. producen
    b. produzcan
    c. producimos
    d. produzcamos

_____ 5. ¿Te molesta que _____ mucho tráfico en la carretera?
    a. hay
    b. haya
    c. ha
    d. hayas

_____ 6. Creo que el rascacielos _____ bonito.
    a. es
    b. son
    c. sea
    d. sean

_____ 7. Espero _____ en un rascacielos algún día.
    a. vivo
    b. viva
    c. vivir
    d. vivido

_____ 8. Ojalá que el gobierno _____ el problema de la contaminación en la metrópolis.
    a. resuelve
    b. resuelves
    c. resolvamos
    d. resuelva

Actividad 2 | **El parque nacional** Escribe oraciones usando los elementos dados. Ten cuidado con el uso del subjuntivo, del indicativo y del infinitivo. (10 pts.)

1. El guardaparques / alegrarse de / que / el gobierno / proteger / el medio ambiente
2. Los turistas / esperar / que / la naturaleza / ser / bello
3. Yo / preocuparse de / que / los animales / estar / en peligro de extinción
4. Mi amigo / querer / trabajar en una reserva biológica
5. Algunas personas / quejarse de / que / el parque / ser / pequeño

Actividad 3 | **¡Vamos a reciclar!** Escribe la forma correcta de cada verbo. Escoge el subjuntivo, el indicativo o el infinitivo según el contexto. (14 pts.)

1. Es bueno que nosotros _____ (reciclar) el papel y otras cosas.
2. Es lógico que las compañías _____ (hacer) productos nuevos con cosas viejas.
3. Es importante que yo _____ (participar) en el reciclaje.
4. Es malo que unas personas no _____ (comprender) la importancia del reciclaje.
5. Es cierto que el futuro del planeta _____ (depender) de la conservación de los recursos naturales.
6. Es necesario que tú _____ (empezar) a reciclar.
7. Es probable que nosotros _____ (conservar) los recursos naturales.
8. Es imposible que nosotros _____ (seguir) con la destrucción del medio ambiente.
9. Es una lástima que los bosques _____ (estar) en peligro.
10. Es mejor que tú _____ (explicar) esto a tus amigos.
11. Es ridículo que _____ (ser) necesario explicárselo.
12. Es evidente que unas personas _____ (necesitar) oírlo.
13. Ojalá que todo el mundo _____ (escuchar) bien.
14. Es verdad que nosotros _____ (poder) cambiar el mundo.

Actividad 4 | **¿Qué buscas?** Empareja cada elemento de la primera columna con el elemento apropiado de la segunda columna. (4 pts.)

_____ 1. Busco un lugar que…
_____ 2. Conozco un parque que…
_____ 3. Visito muchos lugares que…
_____ 4. Prefiero visitar ciudades que …

a. tiene cataratas bellas.
b. tengan transporte público.
c. tenga una naturaleza impresionante.
d. tienen flora y fauna interesantes.

Actividad 5 | **Un viaje a Costa Rica** Completa la selección con la forma correcta de cada verbo. Escoge el subjuntivo, el indicativo o el infinitivo según el contexto. (14 pts.)

¡Me alegro de que mis amigos y yo 1. _____ (ir) a Costa Rica! Espero que 2. _____ (hacer) buen tiempo porque quiero 3. _____ (visitar) muchas partes del país. Me sorprende que 4. _____ (haber) tanta tierra protegida allí pero me gusta que el gobierno 5. _____ (proteger) la flora y la fauna. Es posible que nosotros 6. _____ (ver) mariposas bellísimas. Prefiero 7. _____ (visitar) un lugar que 8. _____ (tener) vegetación densa y es cierto que Costa Rica la 9. _____ (tener). Y tú, ¿buscas un sitio que 10. _____ (ofrecer) naturaleza bella o prefieres 11. _____ (ir) a una metrópolis? Siento que tú no 12. _____ (poder) ir a Costa Rica con nosotros. Es una lástima que tú 13. _____ tanto. Ojalá que tú 14. _____ a Costa Rica algún día.

Refrán

"Dios perdona *(forgives)* siempre, los humanos a veces, _____ *(nature)* nunca."

Bonus! 1 pt.

¡A ver!

En este segmento del video, el grupo participa en una actividad en el mar que es muy popular para los turistas. Sin embargo, a pesar de su popularidad, no se disfrutan todos los compañeros de esta actividad.

Expresiones útiles

Las siguientes son expresiones nuevas que vas a escuchar en el video.

zarpar — *to cast off*
chiquilla — *little one*

Antes de ver

Paso 1 Haz con un(a) compañero(a) una lista de actividades que los turistas pueden hacer en Puerto Rico. Luego elijan las actividades que les gustan más.

Paso 2 Responde con un(a) compañero(a) a las siguientes preguntas para ver quién de Uds. conoce más gente que disfruta de las actividades del mar.

- ¿Quién conoce a alguien que no sepa nadar?
- ¿Quién conoce a alguien que haga esnórquel con frecuencia?
- ¿Quién conoce a alguien que sepa bucear?
- ¿Quién conoce a alguien a quien le guste pescar en el mar?

Después de ver

Paso 1 En **Antes de ver, Paso 1,** tu compañero(a) y tú hicieron una lista de las actividades que los turistas pueden hacer en Puerto Rico. En el video, viste que los compañeros hicieron esnórquel. Completa el siguiente párrafo con la forma apropiada del presente del indicativo o del subjuntivo de los verbos que están entre paréntesis para contar algunos de los detalles de esta experiencia de los compañeros de casa.

En general, Javier se alegra de que todos los compañeros _____ **(hacer)** esnórquel en Puerto Rico. Cuando llegan a la marina, todos abordan el bote y se preparan para la actividad. El guía les da el equipo e insiste en que _____ **(agarrar)** las máscaras cuando brinquen del bote. Valeria no participa porque no sabe nadar y tiene miedo del agua. Alejandra se preocupa porque no _____ **(poder)** respirar bien con la máscara al principio. Sin embargo, luego se acostumbra. Sofía no vive cerca del mar, y por eso es lógico que no _____ **(estar)** acostumbrada a estar en un barco. Antonio dice que el esnórquel _____ **(ser)** una experiencia que nunca va a olvidar y los otros compañeros están de acuerdo.

Paso 2 En **Antes de ver, Paso 2,** tu compañero(a) y tú hablaron de gente conocida que hace actividades del mar. Ahora, piensa en los compañeros y sus actividades en este segmento del video. Completa las siguientes oraciones con la forma apropiada del presente del indicativo o del subjuntivo de los verbos entre paréntesis. Luego decide si las oraciones son **ciertas** o **falsas.** Corrige las oraciones falsas.

- Hay una persona en el grupo que no _____ (**saber**) nadar.
  _____

- No hay nadie que no _____ (**hacer**) esnórquel. _____

- Hay dos personas que _____ (**brincar**) de cabeza *(dive head first)* del bote.
  _____

- Hay cuatro personas que _____ (**divertirse**) mucho en la playa.
  _____

¿Qué opinas tú?

Paso 1 A Valeria no le gustó la idea de hacer esnórquel en el segmento del video porque no sabe nadar y tiene miedo al agua. Trabaja con un(a) compañero(a) y planea otra actividad al aire libre en Puerto Rico que creen que todos los compañeros (incluso Valeria) van a disfrutar. Justifiquen la selección de la actividad que proponen a la clase.

Paso 2 Quieres saber qué tipo de actividades acuáticas son muy populares en tu clase. Habla con tus compañeros de clase para poder responder a las siguientes preguntas:

¿Hay alguien en la clase que...

- sepa bucear?
- no pueda nadar?
- haga esnórquel con frecuencia?
- practique la pesca en el mar?
- ¿ ?

Luego usa las siguientes oraciones para presentar los resultados de tu encuesta a la clase:

Hay _____ personas que _____, y _____ personas que _____.
No hay nadie que _____.
En mi clase, parece que una actividad acuática bien popular es la de _____.

See the *Lab Manual,* **Capítulo 12, ¡A ver!** for additional activities.

¡A leer!

Antes de leer

Understanding the writer's perspective

In many cases, you can use information you know about the author—his/her professional affiliations, his/her personal background, or his/her previous work—to provide some perspective on the reading. This information can often be useful in interpreting themes or teasing out the underlying messages in a political, economic, or social essay or in a literary work, such as a novel or a collection of short stories or poems. Fortunately, many newspapers and literary works offer an introduction that reveals some or all of this information about the author; you can gain some insight into the author's piece by reading it.

Use this strategy to gain a better understanding of the editorial essay from *Noticias Aliadas* about the "ecological debt" (**deuda ecológica**) vs. the "foreign debt" (**deuda externa**).

Before reading the selection, consider the introduction.

Noticia Aliadas / Latinoamérica Press   **¿Quiénes somos?**

Noticias Aliadas es una organización no gubernamental sin fines de lucro *(not for profit)* especializada en informar y analizar lo que les pasa a las personas más vulnerables y menos favorecidas en América Latina y en El Caribe. Esta organización está situada en Lima, Perú. En el año 2008 cumplimos cuarenta y cuatro años de estar produciendo información independiente y confiable, ya que contamos con una red de periodistas en toda la región.

Having read the introduction, think about the following:

- ¿Qué tipo de organización es Noticias Aliadas / Latinoamérica Press?
- ¿Ustedes piensan que el reportaje va a ser objetivo o no? ¿Por qué?
- ¿Qué ideas asocias con el título del ensayo o del editorial: «¿Quién paga la deuda ecológica?»

¡A leer!

Cognados. Escribe cinco cognados y sus significados.

Discusión. Antes de leer el texto, observa y discute lo siguiente.

1. ¿Cuál crees que sea el tema principal de la lectura en relación al título?
2. ¿Qué sabes de la deuda ecológica y de la deuda externa?

¿Quién paga la deuda ecológica?

Algunos economistas dicen que la deuda externa regional ya está cancelada o pagada por la «deuda ecológica» de los acreedores *(creditors)*.

Ante la contaminación ambiental causada por desastres mineros y derrames de petróleo por parte de los países industrializados, los ambientalistas de la región latinoamericana piensan que soluciones tales como los canjes *(exchanges)* de deuda por naturaleza ya están pagados por parte de los países menos industrializados. Los ambientalistas piensan que los países industrializados tienen una «deuda ecológica» con los mismos países que sufren enormes deudas externas. En efecto, dicen que el monto que se les debe a los países latinoamericanos por daño ambiental y por el uso de recursos naturales paga la deuda externa de la región. Aunque las cuentas no están en los libros de ninguna empresa o nación, los ambientalistas dicen que estas cuentas deberían estar en los libros para demostrar que el daño ambiental tiene un costo real.

El concepto de pagar la deuda externa con la naturaleza empieza a discutirse en la política costarricense a finales de los años setenta. Costa Rica quería usar sus bosques de manera más sostenible.

Primero se redujo *(lowered)* el impuesto para empresas y grandes haciendas *(farms)* y hacendados *(farmers)* para que sembraran árboles en sus propiedades. Luego, se creó un incentivo directo pagado por reforestación a pequeños agricultores.

Ahora los propietarios de las tierras pueden recibir compensación por los «servicios» que prestan sus bosques: reducir las emisiones de gas, proteger el agua y la diversidad biológica, así como los ecosistemas para propósitos turísticos y científicos. Un tercio de los impuestos va a los propietarios de bosques, que pueden invertirlo en reforestación y manejo o protección de bosques. El impuesto es una manera de asegurar que el contaminador ayude a pagar los daños.

Esperamos que la deuda ecológica ayude a los habitantes y a los gobiernos a tomar conciencia del gran problema que es la contaminación ambiental.

Después de leer

A escoger. Después de leer el artículo, contesta las siguientes preguntas.

1. Según los ambientalistas, los países menos industrializados ya pagaron sus deudas externas debido a...
   a. que han pagado sus deudas con las exportaciones del país.
   b. los desastres mineros o derrames de petróleo que han tenido los países industrializados.
2. Según los ambientalistas, el precio de los desastres humanos a la naturaleza debe...
   a. estar en los libros para demostrar el precio del daño por parte de los países industrializados.
   b. pagarse al país donde ocurre el desastre por los países industrializados.
3. A finales de los años setenta, Costa Rica quería...
   a. usar de una manera más sostenible sus bosques.
   b. renegociar su deuda externa.
4. La política de Costa Rica es reducirles los impuestos a las empresas y a los hacendados para...
   a. crear un fondo económico para los agricultores.
   b. ayudar a la reforestación de los bosques.

¿Cierto o falso? Indica si las siguientes oraciones son **ciertas** o **falsas.** Corrige las oraciones falsas.

1. _____ Los ambientalistas piensan que los países menos industrializados tienen una «deuda ecológica» con los países industrializados.
2. _____ Costa Rica creó un incentivo directo pagado por reforestación a pequeños agricultores.
3. _____ Hoy en día, los propietarios de tierras no reciben ninguna compensación por los servicios que prestan sus bosques.
4. _____ Los bosques ayudan a reducir las emisiones de gas, a proteger el agua y la diversidad biológica, así como los ecosistemas para propósitos turísticos y científicos.

Perspectivas. Después de leer el artículo nuevamente, contesta las siguientes preguntas.

1. ¿Cuál es la opinión del editorial? ¿Está a favor o en contra de la «deuda ecológica»?
2. Según el editorial, ¿quién debe pagarle a quién la deuda ecológica?

A conversar. Con sus compañeros de clase discutan e investiguen los siguientes temas.

1. La idea de que el contaminador pague un impuesto para ayudar a pagar los daños que le ha hecho a la naturaleza.
2. Derrames o desastres mineros en los Estados Unidos o en América Latina: Guyana (Sur América) en 1995, El río Pilcomayo en Bolivia en 1996, Ecuador 2006.

¡A escribir!

Strategy: Making your writing persuasive

Writers often try to convince readers to understand or adopt particular points of view. Persuasive writing is used by writers of editorials, by political figures, and often by professionals such as attorneys, medical personnel, educators, and reviewers or critics. In this section, you will write an essay in which you try to convince your reader of your point of view regarding a particular environmental issue. The following words and phrases will allow you to connect your ideas in this type of composition.

To express opinions . . .
creo que *I believe*
pienso que *I think*
en mi opinión *in my opinion*

To support opinions . . .
primero *first*
una razón *one reason*
por ejemplo *for example*

To show contrast . . .
pero *but*
aunque *although*
por otro lado *on the other hand*

To summarize . . .
por eso *therefore*
finalmente *finally*
en conclusión *in conclusion*

Task: Writing a persuasive essay

Paso 1 Formula tu opinión sobre uno de los siguientes temas.

- El mejor lugar para vivir (en el campo, en la ciudad, etcétera)
- El mejor medio de transporte (el coche, la bicicleta, el autobús, el tren, etcétera)
- El problema global más grave (la contaminación del aire, la sobrepoblación, la destrucción de las selvas tropicales, etcétera)
- La mejor manera de resolver los problemas del medio ambiente (controlar la contaminación de los ríos, reciclar, desarrollar energía solar, etcétera)
- El mejor lugar para los animales (en estado silvestre *(in the wild)* o en un refugio natural)

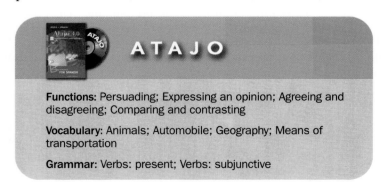

ATAJO

Functions: Persuading; Expressing an opinion; Agreeing and disagreeing; Comparing and contrasting

Vocabulary: Animals; Automobile; Geography; Means of transportation

Grammar: Verbs: present; Verbs: subjunctive

Paso 2 Escribe un ensayo en el cual das tu opinión sobre el tema que has escogido. Debes mencionar dos razones con detalles que apoyan tu posición. Al final, escribe una conclusión. Tu ensayo debe tener cuatro párrafos. Puedes seguir el esbozo *(outline)* y el modelo que siguen, los cuales tratan de este tema: **El mejor medio de transporte.**

I. Introducción (tu opinión sobre el tema)
El mejor medio de transporte es el autobús.

II. Primera razón a favor de tu opinión
Hay menos coches en la carretera cuando la gente viaja en autobús.
Viajar en autobús ayuda a reducir la contaminación del aire.

III. Segunda razón a favor de tu opinión
Una persona puede leer y descansar mientras viaja en autobús.
El autobús reduce el estrés de los pasajeros.

IV. Conclusión
Todos deben viajar en autobús.

Modelo:

> Creo que el mejor medio de transporte es el autobús. El autobús tiene varios aspectos positivos.
>
> Una razón es que el autobús nos ayuda a conservar el medio ambiente. Cuando la gente viaja en autobús, no tiene que usar el coche. Si hay menos coches en la carretera, hay menos contaminación del aire. Por eso, el autobús no contamina el medio ambiente tanto como los coches.
>
> Otra razón es que el autobús es mejor para el bienestar de las personas. Por ejemplo, una persona puede leer y descansar mientras viaja en autobús. Esto reduce el estrés de los pasajeros.
>
> En conclusión, pienso que el autobús es el mejor medio de transporte. Es bueno para el medio ambiente y para los pasajeros.

Paso 3 Intercambia papeles con un(a) compañero(a) de clase. Lee su ensayo para ver si tiene los elementos necesarios y para ver si presenta la opinión claramente. Si tu compañero(a) necesita hacer algunos cambios, habla con él/ella sobre los cambios que recomiendas. También dile si estás de acuerdo o no con su opinión.

Vocabulario esencial

CD 2,
Track 11

La geografía rural y urbana — *Rural and urban geography*

Sustantivos

el (la) agricultor(a)	farmer
el arroyo	stream
la basura	trash
el bosque	forest
el (la) campesino(a)	farm worker
la carretera	highway
la catarata	waterfall
la colina	hill
la fábrica	factory
la finca	farm
la metrópolis	metropolis
el rascacielos	skyscraper
el ruido	noise
la selva	jungle
la sobrepoblación	overpopulation
la tierra	land, earth
el tráfico	traffic
el transporte público	public transportation

Verbos

cultivar	to cultivate; to grow (plants)
llevar una vida tranquila	to lead a peaceful life
regar (ie)	to irrigate; to water
sembrar (ie)	to plant

Adjetivos

acelerado(a)	accelerated
bello(a)	beautiful
denso(a)	dense
tranquilo(a)	tranquil, peaceful

Conservación y explotación — *Conservation and exploitation*

Sustantivos

el aire	air
la capa de ozono	ozone layer
la contaminación	pollution
el desarrollo	development
el desperdicio	waste
la destrucción	destruction
la ecología	ecology
la energía solar	solar energy
la escasez	lack, shortage
las especies	species
el medio ambiente	environment
la naturaleza	nature
el petróleo (la gasolina)	petroleum
los recursos naturales	natural resources

Verbos

acabar	to run out
conservar	to conserve
construir	to construct
contaminar	to pollute
desarrollar	to develop
destruir	to destroy
estar en peligro de extinción	to be endangered
explotar	to exploit
proteger	to protect
reciclar	to recycle
recoger	to pick up
reforestar	to reforest
resolver (ue)	to solve, resolve

Adjetivos

contaminado(a)	polluted
destruido(a)	destroyed
puro(a)	pure

Los animales — *Animals*

el cocodrilo	crocodile
la culebra	snake
el jaguar	jaguar
la mariposa	butterfly
el mono	monkey
el pájaro	bird
la rana	frog
la tortuga	turtle

Otras palabras — *Other terms*

el guardaparques	park ranger
el (la) naturalista	naturalist

Expresiones idiomáticas

¡No arroje basura!	Don't litter!

El mundo del espectáculo
Perú y Ecuador

13

Plaza de Armas, Cusco, Perú
Visit it live on Google Earth!

CHAPTER OBJECTIVES

Communicative goals

In this chapter, you will learn how to . . .

- Talk about television and other forms of popular culture
- Talk about anticipated actions
- Talk about the arts and the vocations of artists
- Talk about unplanned or accidental occurrences
- Describe completed actions and resulting conditions

Structures

- Subjunctive with purpose and time clauses
- **Se** for unplanned occurrences (No-fault **se**)
- Past participle (as adjective)

Personal Tutor

DVD

¡Bienvenidos a Perú!

1 | ¿Dónde está Perú y cuál es su capital?

2 | ¿Qué sabes de los incas? ¿Cuál es su historia? ¿Cuáles son algunas de sus obras más famosas?

3 | ¿Cómo viven los indígenas de hoy? ¿Qué producen los artesanos indígenas?

4 | ¿Por qué es importante el Río Amazonas?

5 | ¿Crees que la cultura occidental ha tenido una gran influencia en Perú de hoy en día? ¿Por qué?

Cartelera de programación In this section, you will learn to talk about television and movies.

Sustantivos

el **anuncio** commercial
el **canal** (TV) channel
el **cine** movies; movie theater
la **película** movie, film
  clásica classic film
  extranjera foreign film
  fantástica fantasy film
  romántica romantic film
la **película de acción** action film
  de terror horror film
  de suspenso (misterio) mystery film
el **programa deportivo** sports program
el **pronóstico del tiempo** weather
  report (forecast)

Verbos

aburrir to bore
apreciar to appreciate
dejar to leave; to let, allow
molestar to bother
poner to turn on (TV); to show (a movie)

RECOMENDAMOS

EL DIBUJO ANIMADO

RECOMENDAMOS

2 Las tortugas de las Galápagos

EL DOCUMENTAL

RECOMENDAMOS

LA FUNCIÓN MUSICAL

RECOMENDAMOS

LAS NOTICIAS

RECOMENDAMOS

Pedro   Elisa   Jaime

EL PROGRAMA DE CONCURSOS

RECOMENDAMOS

LA PELÍCULA DE CIENCIA FICCIÓN

RECOMENDAMOS

LA COMEDIA

RECOMENDAMOS

LA TELENOVELA

¿Nos entendemos?

La función musical may also be
referred to as **el musical**.

13-1 | Películas y programas La siguiente lista contiene títulos de películas y programas producidos en los Estados Unidos que ahora se pasan en la televisión. Clasifica cada película o programa y luego, di si te gusta o no te gusta. Sigue el modelo.

Modelo *"Ugly Betty"*
Es una comedia, pero tiene elementos de telenovela. Betty trabaja mucho, pero sufre porque no es bonita. ¡Creo que América Ferrera es excelente!

Título de película o programa:

1. "Grey's Anatomy"
2. "The Office"
3. "Dora, the Explorer"
4. "Heroes"
5. "Cristina"
6. "Days of Our Lives"
7. "SportsCenter"
8. "American Idol"
9. "The Weather Update"
10. *Evita*
11. *Pirates of the Caribbean*
12. *Buena Vista Social Club*
13. *El laberinto del Fauno*
14. *¿Quién es el señor López?*
15. *Volver*

13-2 | ¡Adivina! Éstos son los títulos de algunos programas y películas estadounidenses traducidos al español. Adivina qué programas son en inglés. Si no sabes, pregúntaselo a tu profesor(a). Después, decide qué tipo de película o programa es y compara tus respuestas con las de un(a) compañero(a) de clase. ¿Están de acuerdo?

Cultura

El laberinto del Fauno, or *Pan's Labyrinth* in English, won Academy Awards in 2007 for Achievement in Cinematography, Makeup, and Art Direction and received almost universal critical acclaim. In the film, fantasy is intertwined with the reality of Spain under Franco's rule in 1944.

Cultura

¿Quién es el señor López? is a 2006 documentary by the Mexican director Luis Mandoki about presidential candidate Andrés Manuel López Obrador and the Mexican general election of 2006. The documentary is a series of interviews between the director and the candidate as well as contributions from journalists, politicians, and political analysts.

Cultura

Volver is a 2006 film by the acclaimed Spanish director Pedro Almodóvar, whose films *All About My Mother* and *Talk to Her* won Academy Awards in 1999 and 2002, respectively. In *Volver*, Penélope Cruz stars as a working-class woman facing problems with her husband and the unexpected reappearance of her mother, who was supposed to have died in a fire years before. Penélope Cruz was nominated for an Academy Award in 2007 for her excellence in this role.

Películas

1. *Lo que el viento se llevó*
2. *El mago de Oz*
3. *Hércules*
4. *La guerra de las galaxias*
5. *Un tranvía llamado deseo*

Programas de televisión

6. «Buffy la cazavampiros»
7. «La rueda de la fortuna»
8. «Padre de la familia»
9. «El mundo según Jim»
10. «The OC: vidas ajenas»

¡A conversar!

13-3 | Los premios Uds. son críticos que van a seleccionar los mejores programas y películas para un premio prestigioso. Trabajen en grupos y decidan cuál es el mejor ejemplo en cada categoría. Después, digan los resultados a la clase y justifiquen sus selecciones.

> **Modelo** programa de entrevistas
> *En la categoría de mejor programa de entrevistas, le damos el premio a «El Show de Laura Bozo» porque Laura es muy talentosa y los invitados siempre son interesantes.*

Categorías

dibujos animados	película de terror	programa de entrevistas
telenovela	documental	película de acción

13-4 | Entrevista Quieres saber un poco más de tu compañero(a) de clase. Hazle las siguientes preguntas sobre la televisión y el cine. Prepárate para compartir esta información con la clase.

La televisión

1. ¿Cuántos televisores tienes en casa? ¿Con qué frecuencia ves la televisión?
2. ¿Cuál es tu programa favorito? ¿Por qué te gusta tanto?
3. Para ti, ¿qué programa de televisión es ridículo? ¿Por qué crees eso?
4. ¿Te gustan los anuncios? ¿Qué opinas del número de anuncios que ponen: hay demasiado?

> **¿Nos entendemos?**
> Spanish speakers use **el televisor** for *television set* and **la televisión** for *television programming*. The same applies to **el radio** (the radio itself) and **la radio** (what you listen to), which is short for **la radiodifusión.**

El cine

1. ¿Con qué frecuencia vas al cine?
2. Normalmente, ¿con quién vas al cine?
3. ¿Quién es tu actor favorito y por qué te gusta? ¿Quién es tu actriz favorita y por qué te gusta?
4. ¿Viste una película buena recientemente? ¿Cuál fue?

13-5 | Encuentra a alguien que... Encuentra a alguien para quien sean *(are)* ciertas las siguientes oraciones. Después de encontrar a cada persona, pídele que firme tu libro (o papel). Al final, cuéntale a la clase lo que has aprendido.

> **¿Nos entendemos?**
> You will notice in everyday speech that it is common to use **la tele** when talking about watching TV. For example, **Voy a ver la tele** is similar to an English speaker saying *I'm going to watch TV* as opposed to saying *I'm going to watch television,* which sounds a little more formal.

> **Modelo** Veo la tele más de dos horas al día.
> E1: *¿Helen, ves la televisión más de dos horas al día?*
> E2: *¡Dios mío! ¡No tengo tanto tiempo libre! (Look for someone else.)*
> o E2: *Sí, veo tres telenovelas al día. (Ask Helen to sign your book.)*
> **Al final** E1: *Helen ve más de dos horas de televisión al día. Jason nunca va al cine. Michelle prefiere la radio a la tele...*

Nombres

1. Veo la tele más de dos horas al día. _____
2. No tengo televisor. _____
3. Nunca voy al cine. _____
4. Voy al cine todas las semanas. _____
5. Sigo una telenovela. Se llama… _____
6. Prefiero la radio a la tele. _____
7. Siempre veo las noticias. _____
8. A mí me gusta mucho escuchar la radio pública (NPR). _____

13-6 | ¿Qué quieres ver? Trabaja con un(a) compañero(a). Discutan lo que Uds. quieren ver en la tele. Traten de clasificar los programas en las categorías apropiadas. Después, cada persona debe identificar programas que quiere ver y los que no desea ver. Discutan y defiendan sus preferencias. Si no están de acuerdo en lo que quieren ver, cada persona debe tratar de convencerle a la otra que vea su programa preferido.

PROGRAMACIÓN

Del lunes 5 al domingo 11 de marzo							
Hora	Lunes	Martes	Miércoles	Jueves	Viernes	Sábado	Domingo	Hora
00:00	DE PELÍCULA (RR)	LLÁMAME					COCINANDO IDEAS	00:00
00:30								00:30
01:00	THE OC: VIDAS AJENAS							01:00
01:30								01:30
02:00	EL SHOW DE LA RISA							02:00
02:30								02:30
03:00	ROMANCE EN EL PACÍFICO							03:00
03:30								03:30
04:00	MISTERIOS SIN RESOLVER							04:00
04:30								04:30
05:00	MISTERIOS SIN RESOLVER	EL DEPORTIVO (RR)					CNN	05:00
05:30	SAVANNAH							05:30
06:00								06:00
06:30	CANTO ANDINO					ATV NOTICIAS (RR)	POOCHINI	06:30
07:00								07:00
07:30	LO MEJOR DE DÍA D	ATV NOTICIAS (RR)				CANTO ANDINO		07:30
08:00								08:00
08:30								08:30
09:00	QUÉ TAL MAÑANA					CRECIENDO CON TU BEBÉ	EL LAGARTIJO NED	09:00
09:30							TRANSFORM CYBERTRON	09:30
10:00						LOS PADRINOS MÁGICOS		10:00
10:30						LAS AVENTURAS DE JACKIE CHAN		10:30
11:00	CASO CERRADO					QUÉ RARO	DE PELÍCULA	11:00
11:30						MOESHA		11:30
12:00	LA VIDA ES UNA CANCIÓN					STAR GATE		12:00
12:30								12:30
13:00	LO QUE CALLAMOS LAS MUJERES					RECORD GUINNESS		13:00
13:30								13:30
14:00								14:00
14:30	SOÑAR NO CUESTA NADA					HECHICERAS	CINEMA ATV Jóvenes brujas	14:30
15:00								15:00
15:30								15:30
16:00	AMORES COMO EL NUESTRO					CINE ATV El Libro de la Selva 2		16:00
16:30								16:30
17:00	LA EX						CINE DOMINGO Terminator 3	17:00
17:30								17:30
18:00	LA SÉPTIMA PUERTA					RAW SMACKDOWN Lucha Libre		18:00
18:30								18:30
19:00	LA VIUDA DE BLANCO						LA GRAN PREMIERE Sueños de fuga	19:00
19:30								19:30
20:00	PASIONES PROHIBIDAS					CINE SENSACIONAL I Los ángeles de Charlie 2		20:00
20:30								20:30
21:00	NATACHA							21:00
21:30								21:30
22:00	SEÑORA DEL DESTINO					MUJERES ASESINAS	DÍA D	22:00
22:30								22:30
23:00	ATV NOTICIAS							23:00

Source: http:www.atv.com.pe/programacion/programacion_portada.asp

Lima, Perú. Son las 9:30 de una noche de febrero. Un grupo de artistas limeños está esperando el anuncio del ganador de la exposición de arte en **La Galería Miraflores.**

Rosario María Ramos, una artista limeña, espera con ansiedad las noticias. El canal Frecuencia Latina de Perú va a transmitir el programa por televisión.

El comentarista: Señoras y señores, soy Pablo Rivas de Frecuencia Latina, y ahora hemos llegado al momento culminante de esta magnífica exposición de arte limeño. Les pido unos segundos de silencio **para que todos podamos celebrar** este momento triunfante para uno o una de nuestros artistas. En este sobre que tengo en la mano está el nombre del ganador o la ganadora de esta exposición. Señoras y señores... este año la ganadora es una **pintora.** Se llama... ¡Rosario María Ramos!

Rosario: Muchas gracias. Quiero darles las gracias a todos los organizadores de la exposición, al público, a mis amigos y especialmente a mi familia. No puedo pintar **a menos que tenga** el apoyo y la inspiración de mis padres, mis hermanos y de mis colegas internacionales. Éste es un gran honor para mí y para mi familia. Muchas gracias a todos.

El comentarista: Rosario, ¿nos puede explicar algo sobre su estilo? En su **obra** a veces notamos una organización muy abierta, muy espontánea con mucha luz. En otros **cuadros** las imágenes están más **cerradas,** más **controladas y más oscuras.** En estas obras veo la influencia de Fernando de Szyszlo.

✳ **Comentario cultural** Lima offers numerous venues for art exhibition. The most popular galleries include the **Galería de la Municipalidad de Miraflores** and **Forum.** The **Praxis Gallery, Galería Cecilia González,** as well as the **Centro Cultural de la Universidad Católica,** are also well worth visiting. Also of note are the **Museo de Arte de Lima (MALI)** and the prized private art collection of Mr. **Naguib Ciurlizza,** which features both colonial and post-colonial masterpieces, including works by Picasso, Miró, Matta, Henry Moore, Marino Marini, and Pontremoli.

✳ **Comentario cultural** In 1932, José Sabogal founded the indigenous movement at the Fine Arts School of Lima. After his resignation in 1943, the art scene gravitated toward more universal and international styles. Beginning in the 1960s, the internationally driven movement of abstract art began to dominate painting in Peru.

✳ **Comentario cultural** Fernando de Szyszlo, an internationally recognized Peruvian painter, is often credited with introducing abstract art in Latin American. The hallmark of his style is the representation of ancient cultural motifs in a modern, abstract style with intentional contrasts of light and shadows.

Expresiones en contexto

el apoyo *support*	**el (la) ganador(a)** *winner*
cotidiana *daily*	**inesperadas** *unexpected*
darles las gracias *to thank them*	**justo lo que buscaba** *exactly what I was looking for*
dejarla *leave it*	**limeño(a)** *from Lima*
diría *would tell*	**el sobre** *envelope*
en cuanto a *in regard to*	
el espectador *viewer*	

Rosario: Sí, soy una gran admiradora de Szyszlo y mis obras más formales se parecen mucho a los cuadros de él. Y en cuanto a las obras más espontáneas, confieso que a veces ocurren cosas inesperadas, aun accidentales. Por ejemplo, en mi obra *Manchas de café inpiradas por quenas,* yo tomaba un café antes de empezar un cuadro y de repente, porque estaba distraida con un poco de música, **se me cayó la taza.** Y ¡voilá!, tenía justo lo que buscaba para crear una escena de la vida cotidiana.

✳ **Comentario cultural** Quenas and **zampoñas**, flutes and panpipes made of cane tubes, are used to produce the beautiful, sometimes haunting music of the Andean corridor of Peru. These instruments date back to the pre-Columbian period of Peru's history.

El comentarista: **Antes de que revele** todos sus secretos, Rosario, ¿nos diría cuál es su obra favorita?

Rosario: Pues sí, es otro de mis cuadros «accidentales». El cuadro se llama *Espacio en blanco*. Es una obra posmodernista que invita al espectador a terminar la obra. Después de pintarla media hora, **se me acabó la pintura,** y decidí dejarla como estaba. Requiere la colaboración del espectador para completarla.

✳ **Comentario cultural** Although postmodernism is still gaining acceptance in artistic circles in Peru, artists such as Paul Cabezas, born in the city of Puno, Peru, have produced several works that blend abstract and postmodern motifs. The association between postmodernism and kitsch, an inferior and massed-produced imitation of an existing style, has made the acceptance of postmodernism as art problematic.

El comentarista: ¡Gracias a Rosario María Ramos por compartir con nosotros y con la ciudad de Lima su obra tan espléndida! Es un honor para nosotros tener tanto talento artístico aquí en la Galería de la Municipalidad de Miraflores esta noche. Soy Pablo Rivas de Frecuencia Latina y les deseo muy buenas noches a todos los espectadores.

✳ **Comentario cultural** Television stations, such as the Peru-based Frecuencia Latina, are now available via Internet by sponsors such as Jumptv.com (https://www.jumptv.com/en/channel/trtve/)

¿Comprendiste? Indica si las siguientes oraciones son **ciertas** o **falsas.** Si una es falsa, corrígela.

1. La exposición solamente incluye pintores.
2. Son artistas de todo el mundo.
3. Rosario pinta solamente obras «accidentales».
4. Algunos de los cuadros de Rosario requieren la participación del espectador.

Entrevista con un(a) artista Túrnense en parejas para entrevistarse. Una persona es periodista y le hace preguntas a la otra persona, que es el (la) artista. El (la) artista debe explicar algo de su inspiración artística en las respuestas que le da al (a la) periodista. Será útil investigar artistas como Fernando de Szyszlo o Paul Cabezas en Internet antes de hacer esta actividad.

Talking about anticipated actions

In this section, you will learn about using the present subjunctive with purpose and time clauses. Up until now, you have been focusing on the word **que** to link the main and dependent clauses. In this section you will be introduced to other conjunctions that have the same function. Although most of the verbs in the dependent clauses will be in the present subjunctive, you will learn about cases in which the present indicative must be used.

Conjunctions of purpose

a fin de que *so that*	**a menos que** *unless*	**para que** *so (that)*
sin que *without*	**con tal (de) que** *provided (that)*	**en caso (de) que** *in case*

Always use the subjunctive after the six conjunctions listed above.

Independent clause	**Conjunction**	**Dependent clause**
Voy al cine	con tal (de) que	vayas conmigo.
I'm going to the cinema	*provided (that)*	*you go with me.*

Note that when expressing an idea with the conjunction **aunque** *(although, even though)*, you can follow it with the indicative to state certainty or with the subjunctive to imply uncertainty.

- **certainty (indicative)**
  Aunque el concierto **es** en abril, no puedo ir.   *Although the concert is in April, I can't go.*
- **uncertainty (subjunctive)**
  Aunque el concierto **sea** en abril, no puedo ir.   *Although the concert may be in April, I can't go.*

¡A practicar!

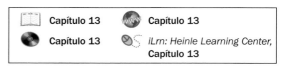

📖	Capítulo 13	🌐 Capítulo 13
💿	Capítulo 13	📀 iLrn: Heinle Learning Center, Capítulo 13

13-7 | El documental Completa la siguiente información presentada por el director de un documental sobre la civilización de los incas, subrayando la forma correcta de cada verbo.

Vamos a hacer un documental sobre los incas, la civilización que controló gran parte de Sudamérica hasta la conquista española. Pienso empezar muy pronto, con tal que los fotógrafos no 1. (tienen / tengan) otro proyecto. Comenzamos el documental en Machu Picchu, a menos que 2. (hace / haga) mal tiempo. Es importante que no llueva durante la filmación para que 3. (podemos / podamos) ver bien la ciudad escondida *(hidden)* de Machu Picchu. Vamos a sacar muchas fotos allí para que las personas que miren el documental 4. (pueden / puedan) ver su esplendor. En realidad, es tan hermoso *(beautiful)* que nadie puede apreciarlo a menos que 5. (viaja / viaje) allí. Hasta que todos lo 6. (ven / vean) en persona es importante documentarlo. Siempre quiero conocer el lugar muy bien cuando 7. (hago / haga) un documental, y por eso he pasado mucho tiempo en Machu Picchu. Pensamos pasar tiempo en Cusco después de que el equipo 8. (termina / termine) su trabajo en Machu Picchu. Tan pronto como 9. (llegamos / lleguemos) a Cusco, vamos a sacar fotos de Sacsahuaman, una fortaleza enorme que ha durado más de quinientos años. Los espectadores van a comprender el talento de los constructores incaicos tan pronto como 10. (miran / miren) las fotos de esta estructura. Tenemos que trabajar con mucha dedicación y terminar el documental antes de que 11. (empieza / empiece) el invierno porque hace mucho frío en las montañas de Perú en el invierno.

Subjunctive with purpose and time clauses

Conjunctions of time

antes (de) que *before*	tan pronto como *as soon as*	en cuanto *as soon as*
después (de) que *after*	cuando *when*	hasta que *until*

With one exception, the conjunctions listed above may be followed by a verb in either the subjunctive or the indicative mood (see the note below for information on the exception). When an action, condition, or event has not yet taken place, use the subjunctive in the dependent clause. But when referring to habitual or completed actions, use the indicative in the dependent clause.

- **pending action (subjunctive)**

  Los músicos van a aplaudir **cuando llegue** el director.

  The musicians are going to applaud when the conductor arrives.

- **habitual action (indicative)**

  Los músicos siempre aplauden **cuando llega** el director.

  The musicians always applaud when the conductor arrives.

- **completed action (indicative)**

  Los músicos aplaudieron **cuando llegó** el director.

  The musicians applauded when the conductor arrived.

Note that there is one exception: Always use the subjunctive after **antes (de) que.**

Los invitados van a la recepción **antes de que lleguen** los artistas.

The guests go to the reception before the artists arrive.

13-8 | **Malas noticias para Mateo** Completa la siguiente conversación entre dos actores de la telenovela «¡No puedo más!» Usa las conjunciones adecuadas de la lista. Cada una se usa una sola vez.

aunque	a menos que	después de que	cuando	antes de que	con tal de que

Laura: Oye, Mateo. Tengo malas noticias, 1. _____ no vas a creerme.

Mateo: ¿Malas noticias? Por Dios, ¿qué pasó, Laura?

Laura: 2. _____ te lo diga, tienes que prometerme que no vas a estar enojado conmigo.

Mateo: No, mujer. Dime, ¿qué pasó?

Laura: ¿Recuerdas a María Cristina, la cantante peruana?

Mateo: Claro. La conocí en Lima, 3. _____ llegamos al hotel Bolívar.

Laura: Sí, sí. Pues, ella se va a casar el próximo mes.

Mateo: ¡No me digas! Pero... ¿con quién?

Laura: Te lo digo 4. _____ te calmes, Mateo.

Mateo: Estoy calmado. Dime más.

Laura: Bueno, María Cristina va a casarse con Gregorio Vega, su novio, el que viste en Lima. Le dije a mi amiga Clara: 5. _____ le diga a Mateo que María Cristina se casa en abril, va a estar triste.

Mateo: Pues sí, pero no puedo hacer nada 6. _____ los novios decidan no casarse.

¡A conversar!

13-9 | Un secreto de Mateo Mateo está secretamente enamorado de María Cristina, la novia de Gregorio. Él no quiere que ellos se casen. ¿Qué le dice a María Cristina para que no se case con Gregorio?

1. Voy a hablar con María Cristina inmediatamente para que...
2. Ella siempre quiere saber la verdad cuando...
3. Tengo que verla antes de que...
4. Debo buscarla ahora en caso de que...
5. No puedo permitir que se case sin que...
6. Tengo que decirle la verdad aunque...
7. Es posible que no se case cuando...
8. No puedo estar tranquilo hasta que...

13-10 | Planes para el fin de semana Trabaja con un(a) compañero(a) de clase. Terminen las siguientes oraciones de una manera relevante para Uds.

> **Modelo**   No voy al cine a menos que...
> No voy al cine a menos que *tú me pagues la entrada.*
> o   No voy al cine a menos que *haya alguna película interesante.*

1. Voy a ver una película este fin de semana con tal de que...
2. (No) Voy a mirar un programa deportivo a menos que...
3. Espero ver _____ con tal de que...
4. Mis amigos y yo no podemos ver _____ sin que...
5. Quiero ver _____ después de que...

13-11 | Entrevista Primero hazle a otro(a) compañero(a) las siguientes preguntas sobre el futuro. Luego comparte la información con la clase para ver cuáles son las respuestas más populares entre tus compañeros.

1. ¿Qué vas a hacer cuando termines tus estudios?
2. ¿Qué tienes que hacer antes de terminarlos?
3. ¿Piensas casarte algún día? (¿Sí? ¿Cuándo piensas casarte? ¿Con quién?)
   (¿No? ¿Prefieres vivir solo[a] o con otra persona?)
4. ¿Qué vas a hacer tan pronto como consigas un buen trabajo?
5. ¿Vas a tener una familia grande con tal de que la puedas mantener?
6. ¿Hasta qué edad piensas trabajar? ¿Qué vas a hacer después de que te jubiles?

13-12 | Mis preferencias Trabaja con un(a) compañero(a) para expresar tus preferencias sobre los programas de la tele. Escojan un elemento de cada categoría para formar una oración. ¿Tienen Uds. preferencias semejantes o muy diferentes? ¡OJO! Presten atención al subjuntivo y el indicativo en la segunda cláusula de cada oración.

Modelo: *No miro una telenovela, a menos que mi compañero(a) de cuarto la mire conmigo.*

(No)	mirar una telenovela	a menos que	mi compañero(a) de cuarto	mirarlo(a)(s)
	ver las noticias	con tal (de) que		querer verlo(a)(s)
	escuchar el pronóstico del tiempo	sin que	mi(s) hermano(a)(s)	desear escucharlo(a)(s)
	preferir una comedia	cuando	mi(s) padre(s)	recomendarlo(a)(s)
	gustar los dibujos animados	después (de) que	mi madre	insistir en mirarlo(a)(s)
	mirar un documental		mi profesor(a)	ponerlo(a)(s)

13-13 | Un programa de entrevistas Dos personas trabajan para presentarle un programa de entrevistas a la clase. Una persona hace el papel de un personaje de la tele o del cine, la otra persona es el (la) entrevistador(a). Empiecen con las preguntas que están a continuación y hagan un mínimo de otras dos preguntas. En la presentación de la entrevista a la clase, no deben revelar la identidad de la persona famosa. ¡Los estudiantes de la clase tienen que adivinar *(figure out)* quién es!

1. ¿Cómo está Ud. hoy? ¿Por qué?
2. ¿En qué proyecto trabaja ahora y con quién(es)?
3. ¿Qué piensa hacer cuando este proyecto se acabe *(is over)*?
4. ¿Tiene otras ideas en caso de que el prómixo proyecto no sea posible?
5. En general, ¿qué hace Ud. cuando termina un proyecto largo? ¿Toma vacaciones o prefiere volver a trabajar tan pronto como sea posible?
6. En su opinión, ¿qué características son necesarias para que un actor o una actriz tenga éxito?
7. ¿Con qué otros actores quiere trabajar Ud. antes de que se jubile?
8. ¿?

Encuentro cultural

¿Qué recuerdan de...

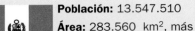

Bienvenidos a Perú?

1. ¿Cuál es la capital de Perú?
2. ¿Cómo es la geografía de Perú?
3. ¿Por qué son importantes los incas dentro de la cultura andina?

See the *Workbook*, **Capítulo 13, Bienvenidos a Perú** for additional activities.

Población: 28.302.603
Área: 1.285.215 km², casi el tamaño de Alaska
Capital: Lima, 15.209.928
Moneda: el nuevo sol
Lenguas: el español, el quechua y el aymara (oficiales) y otras lenguas amazónicas

Población: 13.547.510
Área: 283.560 km², más o menos el tamaño de Nevada
Capital: Quito, 3.224.600
Moneda: el dólar estadounidense
Lenguas: el español, el quichua y otras lenguas indígenas

El director Francisco Lombardi, con Tatiana Angelica Astengo y Paul Vega durante la presentación del film *Ojos que no ven*

Personalidades ilustres Francisco José Lombardi (1947–) es uno de los directores del cine peruano más importantes dentro del mundo cinematográfico peruano y latinoamericano. Estudió en la Universidad de Lima. Sus películas se caracterizan por ser realistas, ya que la acción se lleva a cabo *(takes place)* en la ciudad. Sus películas también se caracterizan por ser adaptaciones de obras literarias de escritores peruanos. Lombardi ha ganado premios nacionales e internacionales en los diferentes festivales de cine en varios países como España, Cuba y Francia.

¿Conoces el cine latinoamericano o español? ¿Qué películas has visto?

Historia Las ruinas de la ciudad incaica Machu Picchu están situadas en las montañas de los Andes cerca de Cusco, Perú. Estas ruinas permanecieron abandonadas por más de tres siglos, hasta que el explorador y educador estadounidense Hiram Bingham (1875–1956) las descubrió en 1911. La ciudad no aparece descrita en ninguno de los documentos españoles, por lo que Bingham piensa que Machu Picchu fue el último lugar adonde escaparon los incas de Cusco a la llegada de los españoles. Las ruinas de Machu Picchu han inspirado, tanto a famosos directores de cine, como al director brasileño Walter Salles Jr. en la película *Diarios de Motocicleta,* como a directores aspirantes de cine cuyos cortos podemos ver en YouTube.

¿Por qué crees que los incas construyeron la ciudad de Machu Picchu? ¿Has visto fotografías del lugar? ¿Qué te parece el lugar?

Visit it live on Google Earth!

Lugares mágicos Las islas Galápagos o el Archipiélago de Colón se encuentran en el Océano Pacífico a 1.050 kilómetros (650 millas) de la costa de Ecuador. El archipiélago está compuesto por trece islas importantes y muchas islas pequeñas situadas muy cerca de la línea del ecuador. Las islas Galápagos se conocen por su variedad de animales, incluyendo 85 tipos de pájaros, reptiles y seis especies de tortugas gigantes o galápagos, de donde viene el nombre de las islas. La Organización de las Naciones Unidas para la Educación, la Ciencia y la Cultura (UNESCO por sus siglas en inglés) declaró las Islas Galápagos «Patrimonio de la Humanidad» en 1978. En junio del 2007 UNESCO las declaró Patrimonio en Peligro debido al aumento del turismo, la pesca y la amenaza *(threat)* de especies foráneas *(foreign, non-native)*.

¿Crees que es necesario conservar las especies animales en nuestro mundo? ¿Cómo te gustaría ayudar en la conservación de las tortugas? ¿Qué podrías hacer por la conservación?

Oficios y ocupaciones Por más de 5.000 años, los habitantes de los Andes han cuidado y criado *(have raised)* el ganado de alpacas y han trabajado con la lana *(wool)* de estos animales. Cuando llegaron los conquistadores a Perú (1531), quisieron exterminar las alpacas, ya que las consideraban competencia para los rebaños de ovejas *(flocks of sheep)* que habían traído de España. Por esta razón, los incas recogieron sus rebaños de alpacas y se los llevaron a las alturas de las montañas de los Andes. A mediados de 1800, Sir Titus Salt de Londres descubrió los beneficios de la fibra de la lana de alpaca y la introdujo en las casas de modas europeas. Hoy en día, hay más de tres millones de alpacas; un 98% está en Perú, Bolivia y Chile. Todavía los indígenas usan la fibra de alpaca para hacer suéteres, bufandas, guantes, calcetines, gorros, ponchos, alfombras y cojines para la casa.

¿Tienes alguna prenda de vestir hecha de lana de alpaca? ¿Te gustaría criar animales como alpacas, caballos, avestruces (ostriches) o cerdos?

Arte y artesanía El pintor y escultor ecuatoriano Oswaldo Guayasamín (1919–1999) comenzó a dibujar y a pintar a los siete años. Guayasamín se dedicó a buscar la identidad del ser humano en el continente americano. Su obra es un canto a los que sufren, a los inocentes, a los desamparados *(defenseless people)*. En sus últimos años, Guayasamín pintó retratos de figuras públicas como Rigoberta Menchú, líder indígena guatemalteca, y Mercedes Sosa, cantautora argentina.

¿Conoces la obra de Oswaldo Guayasamín? ¿Crees que las obras de arte deben usarse para denunciar la realidad social de los pueblos? ¿Por qué sí o por qué no?

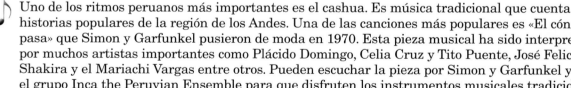

Ritmos y música La música peruana es muy diversa, ya que tiene influencias de la música de los Andes, de la música española y de la música africana. Los instrumentos musicales andinos son la quena, que es una flauta de aire, la antara que es varias flautas juntas, y la tinya, una especie de tambor de mano.

Uno de los ritmos peruanos más importantes es el cashua. Es música tradicional que cuenta historias populares de la región de los Andes. Una de las canciones más populares es «El cóndor pasa» que Simon y Garfunkel pusieron de moda en 1970. Esta pieza musical ha sido interpretada por muchos artistas importantes como Plácido Domingo, Celia Cruz y Tito Puente, José Feliciano, Shakira y el Mariachi Vargas entre otros. Pueden escuchar la pieza por Simon y Garfunkel y por el grupo Inca the Peruvian Ensemble para que disfruten los instrumentos musicales tradicionales. *Access the iTunes playlist on the* **Plazas** *website.*

¿Cuáles son las diferencias musicales que escuchas entre las dos versiones: la versión de Simon y Garfunkel y la versión del grupo Inca the Peruvian Ensemble?

See the *Lab Manual,* **Capítulo 13,** **Ritmos y música** for activities.

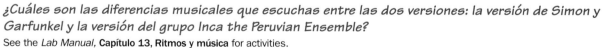

¡Busquen en la Red de información!   www.thomsonedu.com/spanish/plazas

1. Personalidades ilustres: Francisco José Lombardi
2. Historia: La ciudad de Machu Picchu, Cusco, Perú
3. Lugares mágicos: Las Islas Galápagos o el Archipiélago de Colón, Tortugas galápagos
4. Oficios y ocupaciones: El cuidado de la alpaca, La lana
5. Arte y artesanía: El arte de Oswaldo Guayasamín
6. Ritmos y música: Música andina, Inca the Peruvian Ensemble

Vocabulario

Escenas del Festival de Arte, Ecuador In this section, you will learn how to talk about performing and visual arts and literature.

Sustantivos

la **arquitectura** architecture
el **concierto** concert
la **escultura** sculpture
la **fotografía** photography
la **música** music
la **obra (de arte)** work (of art)
la **obra (de teatro)** play

la **ópera** opera
el **papel** role
la **pintura** painting
la **poesía** poetry
el **retrato** portrait
el **teatro** theater

Los artistas Artists

el (la) **arquitecto(a)** architect
el (la) **autor(a)** author
el (la) **escritor(a) (de teatro)** writer
  (playwright)

el (la) **escultor(a)** sculptor
el (la) **fotógrafo(a)** photographer
el (la) **poeta** poet

Verbos

dirigir to direct
esculpir/hacer escultura to sculpt
interpretar to play a role

Adjetivos

clásico(a) classical
moderno(a) modern

folclórico(a) folkloric
popular popular

la cantante
el músico
el cuadro
el pintor
el compositor
la canción

Cultura

The cities of Quito, Guayaquil, Cuenca, and Manta represent the hubs of professional and semiprofessional theatrical and artistic activity in Ecuador. Each of the cities plays host to a variety of festivals focused on the visual arts and the performance arts.

Palabras útiles

el **escenario** stage
el **guión** script
el (la) **guionista** scriptwriter
la **obra maestra** masterpiece

Palabras útiles are presented to help you enrich your personal vocabulary. The words here will help you talk about performing and visual arts and literature.

¡A practicar!

13-14 | Asociaciones Identifica una o dos palabras de la lista del vocabulario que se relacione(n) con las siguientes vocaciones. Luego intenta formar una oración con las palabras.

> **Modelo** el escritor de teatro
> *la obra de teatro, el director, dirigir*
> *El escritor de teatro escribió la obra de teatro que el director está dirigiendo.*

1. el poeta
2. la bailarina
3. el pintor
4. la cantante
5. el compositor
6. el músico
7. la actriz
8. el escultor

13-15 | Mis sueños En los cuatro párrafos que están a continuación cuatro jóvenes hablan de sus esperanzas profesionales y artísticas. Completa las historias con las siguientes palabras.

ballet	escritora	poesía	papel	pintura	canción
cuadros	concierto	escultura	clásica	músico	
director	danza	teatro	ópera	obra de arte	

Carlos Manuel: Yo soy Carlos y quiero ser 1. _____ en una orquesta grande algún día. Me fascina la idea de tocar en un 2. _____ muy importante. Prefiero la música moderna, pero también me gusta la música 3. _____, sobre todo la 4. _____. Mi 5. _____ favorita es «El majo» del compositor español Enrique Granados.

Micaela: A mí me gusta el teatro. El 6. _____ para mí es el mejor arte para explorar la condición humana. El 7. _____ de la nueva obra teatral *Arte* va a darme el 8. _____ principal. ¡Estoy muy contenta! La 9. _____ de *Arte* es una mujer muy talentosa. Ella también es poeta. Escribe 10. _____ en su tiempo libre.

José Eduardo: Hola, yo soy José y me encanta pintar. Tengo una colección de 11. _____ que pinté yo mismo. Como no soy muy buen escultor, no quiero hacer 12. _____. Mi medio preferido es la 13. _____. Mi 14. _____ favorita es *La jungla* de Wilfredo Lam.

Tere Carmen: Yo me llamo Tere y me encanta bailar. Yo creo que la 15. _____ es la mejor manera de expresar las emociones con el cuerpo. Aunque me gusta la danza moderna, prefiero el 16. _____, porque requiere mucha disciplina.

13-16 | Obras famosas Trabaja en grupos de cuatro personas. Indiquen qué tipo de arte representan las siguientes obras y den cualquier información que tengan sobre cada una. Pregúntenle al (a la) profesor(a) o busquen en Internet si no saben algo.

1. los retratos de Frida Kahlo
2. *Carmen*
3. *La vida es sueño*
4. la obra de Rubén Darío
5. *Guernica*
6. las estatuas de Botero

la bailarina
la danza
el director
el ballet
la escritora de teatro
la actriz
el actor

Capítulo 13
Capítulo 13
Capítulo 13
iLrn: Heinle Learning Center, **Capítulo 13**

¡A conversar!

13-17 | Actividades artísticas Escoge cuatro de las siguientes actividades artísticas que sean importantes para ti y luego explícaselas a un(a) compañero(a) de clase. Debes mencionar con qué frecuencia las haces y si tienes un papel en la producción de un proyecto específico. Luego comparte esta información con la clase. ¿Qué actividades son las más populares entre los estudiantes de tu clase?

> **Modelo** la poesía
>
> *Me gusta la poesía. Escribo poemas de vez en cuando. El semestre pasado escribí cinco poemas sobre mis experiencias en Bolivia. Voy a publicarlos en la revista estudiantil.*

1. el teatro
2. el baile
3. la pintura
4. la música
5. la escultura
6. la fotografía
7. la televisión
8. la arquitectura
9. ¿ ?

13-18 | Reacciones Hazles preguntas a dos compañeros(as) de clase sobre las siguientes actividades. ¿Tienen gustos en común? Puedes usar los verbos de la lista para formar tus preguntas.

apreciar   aburrir   gustar   preferir   encantar   interesar   molestar   fascinar

> **Modelo** ir a un museo de arte moderno
>
> E1: *¿Les interesa ir a un museo de arte moderno?*
> E2: *No. A mí no me gusta el arte moderno.*
> E3: *Sí. Prefiero el arte moderno. Me encantan los cuadros de Picasso.*

1. ver programas de la televisión pública
2. ir a una galería de escultura
3. asistir a funciones teatrales
4. hablar con artistas sobre su obra
5. aprender sobre las obras maestras de la pintura clásica
6. ver un espectáculo de baile folclórico
7. ir a un ballet clásico
8. visitar el taller de un(a) artista
9. escuchar música clásica
10. ver una ópera

13-19 | Entrevista Primero hazle las siguientes preguntas a un(a) compañero(a) de clase. Luego comparte la información con la clase. ¿Tienen todos los estudiantes mucho en común?

1. ¿Eres una persona a la que le gusta el arte? ¿Por qué (no) es importante el arte en tu vida? ¿Has hecho algo artístico recientemente? ¿Quieres ser artista algún día? ¿Has hablado con un(a) artista profesional? ¿Es famosa esta persona?

2. ¿Te identificas con un(a) artista en particular? ¿Por qué te atrae *(attract)* el estilo o la obra de esa persona? ¿Piensas que es difícil ser artista? ¿Tiene que sufrir el artista para producir una buena obra?

3. ¿Qué piensas del arte popular? En tu opinión, ¿tiene algún mérito o importancia? ¿Es demasiado comercializado el arte de hoy? ¿Qué efecto va a tener la tecnología sobre el arte en el futuro?

13-20 | ¿Qué ven Trabajen en parejas para discutir el cuadro *El día es un atenuado* por Roberto Matta, un pintor chileno. Empiecen por hacer y contestar las siguientes preguntas; después ofrezcan sus propias ideas sobre el cuadro.

El día es un atenuado, Roberto Matta

1. ¿Cuáles son los colores principales del cuadro?
2. ¿Qué emociones evocan los colores?
3. ¿Ven algunos animales en el cuadro? Expliquen.
4. ¿Qué otras figuras ven?
5. Describan el movimiento que ven en el cuadro.
6. ¿Qué hace el artista para dar la impresión de movimiento?
7. ¿Qué mensaje quiere comunicar el artista?
8. ¿Pueden comparar este cuadro con otro que conocen?
9. En general, ¿qué piensan del cuadro?

13-21 | «Picassitos» El artista famoso Pablo Picasso (1881–1973) se conoce, junto con Georges Braque, como el co-fundador del cubismo. Una forma sencilla del cubismo incluye representación de personas y objetos por medio de figuras geométricas: un círculo es la cabeza de una persona, un triángulo es el cuerpo y unos rectángulos son los brazos y las piernas. Trabaja con un(a) compañero(a) para dibujar y explicar unos cuadros cubistas que representen elementos de su vida. Dibujen, por ejemplo, a los miembros de su familia y a sus amigos, a sus mascotas, su casa, su bicicleta o coche, y otras cosas que consideren importantes. Pueden usar una variedad de colores o pueden usar solamente el blanco, el negro y el gris como ha hecho Picasso en el cuadro *Guernica*.

Estructura II

Talking about unplanned or accidental occurrences

In addition to using **se** for reflexive constructions, impersonal expressions, and reciprocal actions, Spanish speakers also use **se** to mark events in which a person is subjected to an occurrence outside of his/her control. Rather than accepting responsibility for, say, losing one's keys, Spanish speakers have the option of portraying themselves as "unwitting victims" of the action. Consider the following:

Responsible for action

Yo perdí las llaves de mi casa.   *I lost the keys to my house.*

Victim of action

Se me perdieron las llaves de mi casa.   *The keys to my house were (got) lost.*

Forming the no-fault **se** construction

In order to portray someone as a victim of circumstance, an indirect object (**me, te, le, nos, os, les**) is used to identify the person(s) to whom the event occurred. The indirect object pronoun immediately follows the **se** that begins all constructions of this type.

a + *noun* or *pronoun*	se	*indirect object pronoun*	*verb*	*subject*
A mí	se	me	olvidaron	las gafas.
A Juan	se	le	cayó	el vaso.
A nosotros	se	nos	acabó	el tiempo.

Note that the verb is always conjugated in either the third-person singular or third-person plural and normally in the preterite tense, although the verb can occur in other tenses as well. In the examples above, **el vaso, las gafas,** and **el tiempo** serve as the grammatical subjects of the sentences and require third-person conjugations of the verbs.

¡A practicar!

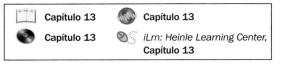

	Capítulo 13		Capítulo 13
	Capítulo 13		iLrn: Heinle Learning Center, Capítulo 13

13-22 | En el taller del pintor Imagínate que Beto es un asistente incompetente que trabaja en el taller *(workshop)* de un artista famoso de Quito. Convierte las siguientes oraciones a construcciones con el *no-fault* **se,** según el modelo.

Modelo Beto perdió las llaves del taller. (perder)
A Beto se le perdieron las llaves del taller.

1. Beto no llamó a los clientes. (olvidar)
2. Beto no compró la pintura suficiente para el proyecto. (olvidar)
3. Beto dejó caer los pinceles *(brushes)*. (caer)
4. Beto rompió los jarrones *(jars)* que pintaba el maestro. (romper)
5. Beto no puede encontrar los atriles *(easels)*. (perder)
6. Beto dejó escapar al gato favorito del pintor. (escapar)

No-fault *se* construction

Verbs used in no-fault *se* constructions

Some commonly used verbs in the no-fault **se** constructions are:

acabar	to finish, run out
caer	to fall
escapar	to escape
olvidar	to forget
perder (ie)	to lose
quedar	to remain, be left
romper	to break

It may be helpful to think of these verbs as functioning like the verbs **gustar, molestar,** and **encantar.** The only difference is that an extra **se** is added before the indirect object pronoun to stress the accidental or unintentional nature of the event. In effect, **se** makes the verb passive.

13-23 | **¡Yo también quiero ser asistente!** Ahora imagínate que Carmela busca un nuevo trabajo. Ella también quiere trabajar en el taller del pintor famoso. Ella sabe que el actual asistente Beto tiene muchos problemas en el taller y que ella podría *(she could)* hacer el trabajo mejor que él. Termina su historia con el *no-fault* **se. ¡Ojo!** Es necesario usar verbos en el presente y en el pasado.

Yo soy Carmela, y quiero ser asistente del gran pintor. A mí nunca 1. _____ (caer) la pintura al suelo y nunca 2. _____ (romper) las cosas frágiles; yo siempre tengo mucho cuidado. Cuando era niña, yo tenía un gato que 3. _____ (escapar) de la casa, pero ahora soy más responsable que antes. Tengo muy buena memoria. A mí nunca 4. _____ (olvidar) las fechas importantes. Siempre sé dónde está todo: tampoco 5. _____ (perder) las cosas importantes, como las llaves del taller. Ay, ¡caramba! Quería dejarle al pintor mi currículum, pero 6. _____ (quedar) en casa. Tengo que irme, porque tengo una cita en cinco minutos; 7. _____ (acabar) el tiempo. ¡Hasta luego!

¡A conversar!

13-24 | Un día desastroso para el pintor Un pintor bien conocido acaba de tener un día difícil. Primero, forma una oración de tipo *no-fault* **se** para explicar los eventos desafortunados que les ocurrieron a él y a su asistente. Segundo, incorpora otros detalles del día antes de narrarle toda la historia a un(a) compañero(a) de clase.

13-25 | ¡A mí nunca! Tú quieres convencer a tu compañero(a) de clase de que eres una persona muy responsable, pero claro, ¡todos somos humanos y hacemos errores de vez en cuando! Habla con él/ella sobre las siguientes preguntas, contestándolas de una manera honesta.

1. ¿Se te perdió algo alguna vez?
2. ¿Se te olvidó alguna vez una cita importante?
3. ¿A ti nunca se te rompió una cerámica o algo frágil?
4. ¿Se te perdió alguna vez algo de mucho valor?
5. ¿Nunca se te cayó un florero *(vase)* o algo parecido?
6. ¿Se te acabó alguna vez el dinero en una situación importante?

13-26 | No es culpa mía Siguiendo el modelo, trabaja con un(a) compañero(a) para completar el cuadro de acuerdo con cada dibujo. Después, conversen Uds. sobre las situaciones ilustradas, indicando si estas situaciones u otras semejantes les han pasado a Uds. o a otras personas que conocen.

	A + pronombre o nombre	se	pronombre de objeto indirecto	verbo	sujeto
Patricia	A Patricia	se	le	acabó	el petróleo.
1. Paloma					
2. Yo					
3. Nosotros					
4. Ellos					
5. El músico					

Así se dice

Describing completed actions and resulting conditions

In **Capítulo 10,** you learned how to form the past participle of verbs in order to generate the present perfect tense. The past participle can also be used as an adjective to modify a noun. When used as an adjective, the past participle must agree in number and in gender with the noun that it modifies.

Voy a escuchar **canciones escritas** en español.	*I'm going to listen to songs written in Spanish.*
Ramón tiene dos **cuadros pintados** en Ecuador.	*Ramón has two paintings painted in Ecuador.*

Remember that the following verbs have irregular past participle forms:

abrir	**abierto**	descubrir	**descubierto**	morir	**muerto**	romper	**roto**
cubrir	**cubierto**	escribir	**escrito**	poner	**puesto**	ver	**visto**
decir	**dicho**	hacer	**hecho**	resolver	**resuelto**	volver	**vuelto**

¡A practicar!

Capítulo 13　　Capítulo 13
Capítulo 13　　iLrn: Heinle Learning Center, Capítulo 13

13-27 | ¿Cómo está la clase? Indica si las siguientes oraciones son **ciertas** o **falsas** para tu clase en este momento.

1. Las ventanas están abiertas.
2. Todos los libros de los estudiantes están cerrados.
3. Las luces están apagadas.
4. El (La) profesor(a) está sentado(a).
5. Hay algunas palabras escritas en la pizarra.
6. Todos los estudiantes tienen los zapatos puestos.
7. Algo en la clase está roto.
8. Las persianas *(blinds)* están cerradas.
9. Los estudiantes están muertos de hambre.
10. Mi tarea para hoy ya está hecha.

13-28 | ¿Quién lo hizo? Convierte las siguientes oraciones en oraciones que contengan el verbo **ser** + participio pasado y también indica quién hizo las acciones con **por** + agente.

Modelo Julia puso la mochila del instructor debajo de la mesa.
La mochila del instructor fue puesta debajo de la mesa por Julia.

1. Cindy resolvió los problemas con la luz.
2. Anne descubrió el secreto de un artista famoso.
3. Tim vio los cuadros en la exposición antes de clase.
4. Un ladrón *(thief)* rompió las ventanas del taller.
5. Keith puso los pinceles en el escritorio del instructor.
6. Tony le hizo un anuncio a la clase.
7. Silvia dijo la verdad sobre unos cuadros misteriosos.

13-29 | Las islas Galápagos Contesta las siguientes preguntas, usando la construcción **ser** + el participio pasado.

Modelo ¿Quién escribió *El origen de las especies,* basándose en los animales que existían en las islas Galápagos en Ecuador? (Charles Darwin).
El origen de las especies *fue escrito por Charles Darwin en 1859.*

1. ¿Quién recomendó a Charles Darwin como naturalista para viajar en el barco *Beagle* y llegar hasta las islas Galápagos? (el naturalista inglés John Stevens Henslow)
2. ¿Qué animales habitaban las islas? (tortugas gigantes llamadas galápagos, iguanas y lagartijas)
3. ¿Quiénes visitaron las islas en el siglo XVIII y el siglo XIX? (en el siglo XVIII, piratas ingleses; en el siglo XIX, barcos balleneros *(whaling vessels)* estadounidenses e ingleses)
4. ¿Cuándo fueron las islas anexadas *(annexed)* a Ecuador? (en 1832)
5. ¿Cuándo fueron las islas declaradas Parque Nacional por el gobierno de Ecuador? (en 1959)

Use of the past participle as adjective

The past participle is also frequently used with the verbs **estar** and **ser.** When used with the verb **estar,** the emphasis is placed on the result of an action of the verb, as opposed to the action itself. When a past participle is used with the verb **ser,** the emphasis is placed on the action rather than the result of the action; Spanish speakers often use the preposition **por** with this agent of the action.

Compare the following examples:

Result of an action

La puerta **está cerrada.** *The door is closed.*

Emphasis on the action itself

La puerta **fue cerrada por el dueño** de la casa. *The door was closed by the owner of the house.*

¡A conversar!

13-30 | Preguntas del maestro Imagínate que eres Beto, el asistente de un pintor bien conocido. Contesta las siguientes preguntas, indicando que todo su trabajo ya está hecho. Si hubo algún accidente, échale la culpa al gato del pintor utilizando **ser** + el participio pasado.

Modelos ¿Has cerrado las ventanas del taller?
Sí. Todas las ventanas están cerradas.

¿Comiste la manzana que dejé en la mesa?
No, la manzana fue comida por el gato.

1. ¿Vendiste los dos cuadros?
2. ¿Has sacado la basura?
3. ¿Rompiste este pincel?
4. ¿Devolviste todos los recibos *(receipts)* del mes al banco?
5. ¿Has escrito todas las cartas?
6. ¿Descubriste aquel ratón que estaba debajo de mi escritorio?
7. ¿Abriste tú la ventana aunque hacía tanto frío?
8. ¿Cubriste los cuadros que terminé ayer con las sábanas *(sheets)*?
9. ¿Preparaste las pinturas para hoy?
10. ¿Pusiste el periódico encima de las pinturas?

13-31 | Accidentes memorables e inventados Cuéntale a un(a) compañero(a) de clase tres accidentes memorables. Primero describe la situación antes de que ocurriera el accidente y luego indica lo que pasó.

Modelo *Una taza de café estaba puesta encima de algunos libros en mi escritorio.*
Luego se me cayó la taza sobre mi proyecto final para la clase de español.

Subjunctive with purpose and time clauses

A conjunction links groups of words: for example, an independent clause and a dependent clause. Always use the subjunctive after the following six conjunctions:

Conjunctions of purpose

a fin de que	a menos que
sin que	con tal (de) que
para que	en caso (de) que

When expressing an idea with the conjunction **aunque** follow it with the indicative to state certainty, and the subjunctive to imply uncertainty.

The six conjunctions listed below may be followed by a verb in either the subjunctive or the indicative mood.

Conjunctions of time

antes (de) que	tan pronto como
después (de) que	cuando
en cuanto	hasta que

¡A recordar! When do you use the subjunctive mood with conjunctions of time? When do you use the indicative mood? What is the one exception to the optional use of subjunctive or indicative after conjunctions of time?

No-fault *se*

In order to mark events in which a person is subjected to an occurrence outside of his/her control, an indirect object pronoun (**me, te, le, nos, os, les**) is used to identify the person(s) to whom the event occurred. The indirect object pronoun immediately follows the **se** that begins all constructions of this type. The verb is always conjugated in either the third-person singular or third-person plural and normally in the preterite tense, although the verb can occur in other tenses as well.

¡A recordar! Which verbs from the chapter are commonly used with no-fault *se* constructions?

Other uses of the past participle

The past participle is used frequently as an adjective with the verbs **estar** and **ser**. When used with the verb **estar**, the emphasis is placed on the result of an action, as opposed to the action itself. When a past participle is used with the verb **ser**, the emphasis is placed on the action, rather than the result of the action.
The following verbs have irregular past participle forms:

abrir **abierto**	morir **muerto**
cubrir **cubierto**	poner **puesto**
decir **dicho**	resolver **resuelto**
descubrir **descubierto**	romper **roto**
escribir **escrito**	ver **visto**
hacer **hecho**	volver **vuelto**

¡A recordar! Which preposition is commonly used with the verb **ser** to express the agent of the action?

¡A repasar!

Actividad 1 | Las artes Escoge la palabra correcta para completar cada oración. (10 pts.)

1. Podemos ir al museo mañana con tal de que tú no tienes / tengas que trabajar.
2. Los guías explican las obras para que las comprendemos / comprendamos mejor.
3. Siempre voy a las exposiciones especiales cuando el museo las presenta / presente.
4. Me gusta ir con mi tío, quien es artista, a fin de que él me puede / pueda explicar las técnicas.
5. Quiero tomar una clase de arte después de que termina / termine mi clase de baile.
6. En general, me gusta empezar una clase nueva tan pronto como yo termino / termine algo.
7. Debemos comprar entradas para el concierto en cuanto ellos empiezan / empiecen a venderlas.
8. No quiero ir al concierto sin que tú y otros amigos me acompañan / acompañen.
9. Podemos ir juntos en autobús a menos que algunas personas prefieren / prefieran conducir sus coches.
10. Pienso comprar dos entradas en caso de que mi hermana decide / decida ir con nosotros.

Actividad 2 | Un programa de tele Completa la historia con la forma correcta de cada verbo. Escoge el subjuntivo, el indicativo o el infinitivo según el contexto. (10 pts.)

Elena no ve la tele a menos que su compañera de cuarto la 1. _____ (poner). Pero hoy en la noche, después de que 2. _____ (terminar) su tarea, Elena quiere ver «Misterios sin resolver». El detective del programa dice que no puede resolver un misterio sin que el público lo 3. _____ (ayudar). En general, Elena no presta mucha atención cuando 4. _____ (ver) este tipo de programa pero esta noche es diferente. Ella escucha bien la introducción en caso de que 5. _____ (haber) algo interesante y resulta que oye algo increíble. Antes de que el detective 6. _____ (presentar) el caso, muestra fotos de un pueblo. ¡Es el pueblo de los abuelos de Elena! Cada año, Elena visita ese pueblo tan pronto como 7. _____ (terminar) sus clases y exámenes y siempre se queda hasta que 8. _____ (tener) que empezar el nuevo semestre. El detective muestra fotos de la casa de los abuelos de Elena. Elena llama a sus abuelos por teléfono para que ellos 9. _____ (saber) qué pasa. Ellos ponen el programa. En cuanto 10. _____ (terminar) el programa, la abuela llama el número indicado por el detective y decide revelar el gran secreto de la familia…

Actividad 3 | **Un día muy malo** Empareja cada elemento de la primera columna con el elemento apropiado de la segunda columna. (6 pts.)

_____ 1. A Tomás _____ el gato.   a. se me perdieron
_____ 2. A mí _____ las llaves.   b. se nos olvidó
_____ 3. A ti _____ los platos   c. se le escapó
_____ 4. A mis amigos _____ el petróleo.   d. se le cayeron
_____ 5. A mi hermano y a mí _____ la fiesta.   e. se les acabó
_____ 6. A Ud. _____ los libros.   f. se te rompieron

Actividad 4 | **La clase de arte** Completa cada oración con la forma correcta del verbo **estar** y el participio pasado apropiado para describir la condición de varias cosas y personas en la clase. (12 pts.)

abrir	cerrar	poner
cansar	hacer	sentar

1. Las ventanas _____ _____ porque hay aire acondicionado.
2. Los libros _____ _____ en la página 447.
3. Las fotos _____ _____ en la cartelera porque las necesitamos ver bien.
4. Algunos estudiantes _____ _____ en sus sillas.
5. Una estudiante _____ _____ porque no durmió bien anoche.
6. La tarea para hoy _____ _____.

Actividad 5 | **¿Quién lo hizo?** Forma oraciones para indicar **por** quiénes fueron hechas las siguientes obras. Usa el pretérito del verbo **ser** y el participio pasado del verbo indicado. (12 pts.)

1. El cuadro / *Las meninas* / pintar / Diego Velázquez
2. La novela / *Don Quijote de la Mancha* / escribir / Miguel de Cervantes
3. La canción / *Hips Don't Lie* / cantar / Shakira y Wyclef Jean
4. Las películas *Volver* y *Hable con ella* / hacer / Pedro Almodóvar
5. El papel de Raimunda en la película *Volver* / desempeñar / Penélope Cruz
6. El concierto de la orquesta sinfónica de Santa Bárbara, California / dirigir / la uruguaya Gisele Ben-Dor

Refrán

"De _____ (*musician*), _____ (*poet*) y _____ (*fool*), todos tenemos un poco." Bonus! 3 pts.

En este segmento del video, Sofía y Valeria hablan de la música folclórica. La conversación ocurre el día del cumpleaños de Valeria cuando ella está un poco deprimida, obstinada y agresiva. Sin embargo, al final Valeria cambia de opinión sobre el baile folclórico.

Expresiones útiles

Las siguientes son expresiones nuevas que vas a escuchar en el video.

el folclor	*folklore*
la cátedra de música	*the music lecture*
me pasé	*I went too far*

Antes de ver

Paso 1 ¿Te gusta la música? ¿Qué tipo de música te gusta escuchar? ¿Te gusta bailar? ¿Qué tipo de música prefieres para bailar? Compara tus respuestas con las de un(a) compañero(a). ¿Tienen mucho en común?

Paso 2 ¿Conoces algunos bailes folclóricos de tu región? Y ¿de tu país? ¿Conoces bailes folclóricos de otros países? ¿Conoces a alguien que sepa un baile folclórico? Compara tus respuestas con las de un(a) compañero(a). ¿Tienen algo en común?

Después de ver

Paso 1 En **Antes de ver, Paso 1,** tu compañero(a) y tú compararon sus gustos musicales. Ahora, completa las siguientes oraciones con el infinitivo o con la forma correcta del presente del indicativo o del subjuntivo del verbo que está entre paréntesis. Luego indica si las oraciones son **ciertas** o **falsas** según el video y corrige las oraciones falsas.

- Aunque Sofía no _____ **(saber)** bailar, está muy emocionada con las noticias de que el grupo va a aprender un baile típico puertorriqueño. _____
- Sofía quiere aprender el baile tan pronto como _____ **(poder)**, porque no sabe bailar. _____

- Alejandra dice que puede ayudar a Sofía con el baile, con tal de que no _____ **(ser)** un baile muy difícil. _____
- Valeria no escucha música folclórica a menos que _____ **(venir)** de los Estados Unidos. _____

- Valeria cambia su opinión sobre el baile folclórico después de _____ **(aprender)** cómo bailarlo. _____

¿Dónde se nota el cambio en la actitud hacia la música folclórica de Valeria? Justifica tu respuesta.

_____

_____

Paso 2: Según el video, Alejandra, Sofía y Valeria tienen opiniones distintas al principio del video. Describe la actitud de cada compañera hacia el baile folclórico.

Alejandra: _____

_____.

Sofía: _____

_____.

Valeria: _____

_____.

¿Qué opinas tú?

Paso 1 Con un(a) compañero(a) planeen un baile para su clase de español. Deben incluir en sus planes el tipo de música que van a tocar, el tipo de comida que van a servir, etc. Tienen que justificar sus selecciones.

Paso 2 En **Después de ver, Paso 2,** hablaste de la opinión que cada una de las compañeras tenía hacia los bailes y la música folclóricos. ¿Con quién te identificas más? ¿con Sofía, con Valeria o con Alejandra? Justifica tu respuesta a un(a) compañero(a) y escucha su respuesta. ¿Eligieron la misma persona?

See the *Lab Manual,* **Capítulo 13, ¡A ver!** for additional activities.

¡A leer!

Antes de leer

Following a chronology

Diaries, travelogues, novels, short stories, and epic poems usually contain a series of interrelated actions and events, along with the writer's opinions. These kinds of narrative descriptions require the reader to follow a chronology. The central questions implicit in most selections are:

- What happened / will happen?
- Where, when, and how did it / will it happen?
- To whom did it / will it occur, why, and for how long?
- What else was / is going on at the same time?

Before reading this selection, consider the following questions:

1. What is the title of the selection?
2. To whom would you say: **"¡Por favor, no hable más!"**? Would you address a friend in this manner?

¡A leer!

Cognados. Escribe cinco cognados y sus significados.

Discusión. Antes de leer el texto, observa y discute lo siguiente.

1. Describe la foto.
2. En tu opinión, ¿quién dice «¡Por favor, no hable más!»? Explica por qué.

Lutgarda Reyes Álvarez Es una pintora de profesión que también escribe versos y ha escrito prosa sobre la tradición arquitectónica de los pueblos prehispánicos en Trujillo (al norte de Perú). Ella ha sido la directora del Instituto Nacional de Cultura, en el Departamento de La Libertad en Trujillo, Perú.

¡POR FAVOR, NO HABLE MÁS! (fragmento)
A toda la juventud que emerge a la vida

¡No nos dé más lecciones,
señorita profesora!
¡Por favor, no hable más!
Tengo ansias *(long for)* de salir,
tengo ganas de correr,
contra el viento, junto al sol;
recostarme sobre el pasto *(grass)*
¡empezar a vivir!

No nos dé más lecciones
señorita profesora!
Mientras usted llena
la pizarra de pilas,
acumuladores y fórmulas,
la FÍSICA se estrella *(to crash)* en mis pensamientos
y siguen bullendo *(bubbling)* dentro de mí
ansias locas de divagar *(to ramble)*.

Señorita profesora,
no se enoje por favor,
parece que hay algo
que nos incita a ser sinceros
a contar nuestros secretos
a gritar nuestras angustias.

Después de leer

A escoger. Después de leer el poema, contesta las siguientes preguntas.

1. Según el poema, el (la) estudiante le pide a la profesora que «no dé más lecciones», después de que la profesora ha explicado:
   a. conceptos de ciencias.
   b. conceptos de física.
   c. conceptos de psicología.

2. Al mismo tiempo que la profesora explica la lección, el (la) estudiante quiere...
   a. divagar.   b. correr.   c. recostarse.

3. Antes de enojarse con el (la) estudiante, la profesora debe...
   a. llenar la pizarra con más explicaciones.
   b. explicarles más formulas a los estudiantes.
   c. escuchar los secretos de los estudiantes.

4. Debido a que el (la) estudiante tiene quince años, a él/ella...
   a. le gusta divagar.
   b. le gusta rebelarse.
   c. le gusta limpiar la casa.

¿Cierto o falso? Indica si las siguientes oraciones son **ciertas** o **falsas**. Busca las líneas en el poema que prueban que algunas de las siguientes oraciones son falsas.

1. _____ El (La) estudiante quiere estar dentro del salón de clase.

2. _____ Las explicaciones de física de la señorita profesora se rompen contra los pensamientos libres de los estudiantes.

3. _____ El (La) estudiante no tiene confianza con la señorita profesora para contarle sus secretos.

4. _____ Después de rebelarse el (la) estudiante promete estudiar y aprendérselo todo.

Cronología. Después de leer el poema, coloca en orden las cosas que quiere hacer el (la) estudiante.

_____ aprendérselo todo   _____ estudiar
_____ recostarse sobre el pasto   _____ rebelarse
_____ divagar   _____ ¡empezar a vivir!
_____ gritar sus angustias

A conversar. Con sus compañeros de clase discutan los siguientes temas.

1. Describan lo que ustedes querían hacer cuando tenían quince años. ¿Se rebelaron alguna vez contra sus maestros, padres, amigos? ¿Cómo se rebelaron? ¿Qué hicieron?

2. Escríbanles cuatro consejos a sus profesores para hacer las tareas más interesantes. Escriban sus consejos en la pizarra o en un afiche y discútanlos con el resto de la clase.

Muchacha en el salón de clase. Los Andes, Perú.

¡Por favor, no hable más!

Deje que mis quince años

se rebelen sólo esta vez

le prometo estudiar

pilas, acumuladores y fórmulas

le prometo aprenderlo bien.

¡No nos dé más lecciones,

señorita profesora!

Le prometo estudiar

aprendérmelo todo...

¡Pero por favor no hable más!

¡A escribir!

Strategy: Identifying elements of a critical essay

Every day we evaluate many conditions, situations, and people. Sometimes, for personal or professional reasons, we write down our comments and opinions about them. Critical essays often appear in newspapers, magazines, and other similar publications and frequently deal with topics discussed in this chapter such as art, literature, film, and television. When beginning to write a critical essay, the following guidelines will help you get started.

1. Choose a subject or topic that interests you.
2. Write a brief introduction about the subject you choose.
3. List three or four things that you like about your subject.
4. Think of one or two things that could be done realistically to improve your subject and write these ideas down.
5. Come to a conclusion about your subject.

Paso 1 Ahora lee el siguiente ensayo que una estudiante escribió sobre el museo de historia y arte en su ciudad. Piensa en los elementos mencionados anteriormente *(before)* para ver si ella los ha incluido en su ensayo.

El Museo de Historia y Arte de mi ciudad es muy interesante. Me gustan las exposiciones de arte por artistas locales. Todos los martes a las 12:15 de la tarde, hay un evento especial en el museo. Por ejemplo, la semana pasada un señor presentó una charla interesante sobre el arte de Egipto y en dos semanas hay un taller para pintores. En verano el museo tiene conciertos de música clásica. Me gusta comer o beber algo y escuchar música. No cuesta nada entrar al museo y eso me gusta mucho. Pero también hay algo que no me gusta mucho: no cambia con suficiente frecuencia algunas de las exposiciones; duran por tres o cuatro meses. En general, creo que el Museo de Historia y Arte es muy bueno y me gusta visitarlo. Aprendo mucho allí y me divierto al mismo tiempo. Recomiendo que todos visiten este museo.

Paso 2 Trabaja con un(a) compañero(a) de clase. Comenten sobre la inclusión de los elementos designados en el ensayo de la estudiante. Citen ejemplos específicos y noten la inclusión o la falta de inclusión de cada elemento.

_____

_____

_____

_____

_____

Task: Writing a critical essay

Paso 1 Vas a escribir un ensayo crítico, teniendo en cuenta las ideas descritas en la sección anterior. Elige un tema para tu ensayo de la siguiente lista de ideas:

- una pintura famosa
- un poema
- un cuento corto
- una novela
- una obra de teatro
- una película
- un programa de televisión
- un museo de arte en tu ciudad

Paso 2 Escribe el ensayo, incluyendo todos los elementos necesarios. Si necesitas ayuda con la inclusión de detalles adecuados, puedes referirte a la sección **¡A escribir!** de **Capítulo 6,** *Adding details to a paragraph.*

_____

_____

_____

_____

_____

_____

 Paso 3 Intercambia papeles con un(a) compañero(a) de clase. Lee su ensayo y trata de averiguar si tiene todos los elementos necesarios. Si le falta algún elemento, infórmale a tu compañero(a).

Paso 4 Si conoces el lugar o la obra tratados *(treated)* en el ensayo de tu compañero(a), presenta tu opinión sobre ellos. Si no los conoces, hazle algunas preguntas a tu compañero(a) de clase para saber más sobre ellos.

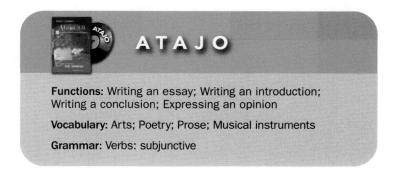

Functions: Writing an essay; Writing an introduction; Writing a conclusion; Expressing an opinion

Vocabulary: Arts; Poetry; Prose; Musical instruments

Grammar: Verbs: subjunctive

Vocabulario esencial

CD 2, Track 13

Programas y películas	**Programs and movies**
Sustantivos	
el anuncio	commercial
el canal	(TV) channel
el cine	movies; movie theater
la comedia	comedy
los dibujos animados	cartoon
el documental	documentary
la función musical	musical (play)
las noticias	news
la película...	movie, film
...clásica	classic film
...de acción	action film
...de ciencia ficción	science-fiction film
...de terror	horror film
...de suspenso (misterio)	mystery film
...extranjera	foreign film
...fantástica	fantasy film
...romántica	romantic film
el programa de concursos	game show
el programa de entrevistas	talk show
el programa deportivo	sports program
el programa de realidad	reality (TV) show
el pronóstico del tiempo	weather report (forecast)
la telenovela	soap opera
Verbos	
aburrir	to bore
apreciar	to appreciate
dejar	to leave; to let, allow
molestar	to bother
poner	to turn on (TV); to show (a movie)

Las artes	**The arts**
la arquitectura	architecture
el ballet	ballet
la canción	song
el concierto	concert
el cuadro	painting
la danza	dance
la escultura	sculpture
la fotografía	photography
la música	music
la obra (de arte)	work (of art)
(de teatro)	(play)
la ópera	opera
el papel	role
la pintura	painting
la poesía	poetry
el retrato	portrait
el teatro	theater
Adjetivos	
clásico(a)	classical
folclórico(a)	folkloric
moderno(a)	modern
popular	popular

Conjunciones	**Conjunctions**
a fin de que	so that
a menos que	unless
antes (de) que	before
aunque	although, even though
con tal (de) que	provided (that)
cuando	when
después (de) que	after
en caso (de) que	in case
en cuanto	as soon as
hasta que	until
para que	so (that)
tan pronto como	as soon as
sin que	without

Los artistas	**Artists**
Sustantivos	
el actor	actor
la actriz	actress
el (la) arquitecto(a)	architect
el (la) autor(a)	author
el bailarín	dancer
la bailarina	dancer
el (la) cantante	singer
el (la) compositor(a)	composer
el (la) director(a)	director
el (la) escritor(a) (de teatro)	writer (playwright)
el (la) escultor(a)	sculptor
el (la) fotógrafo(a)	photographer
el (la) músico(a)	musician
el (la) pintor(a)	painter
el (la) poeta	poet
Verbos	
dirigir	to direct
esculpir / hacer escultura	to sculpt
interpretar	to play a role

Plaza Sotomayor, Valparaíso, Chile
Visit it live on Google Earth!

La vida pública | Chile | 14

CHAPTER OBJECTIVES

Communicative goals

In this chapter, you will learn how to . . .

- Talk about politics and elections
- Talk about future events
- Talk about political issues and the media
- Express conjecture or probability

Structures

- The future tense
- The conditional
- Present perfect subjunctive

Personal Tutor

DVD

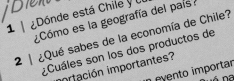

¡Bienvenidos a Chile!

1 | ¿Dónde está Chile y cuál es su capital? ¿Cómo es la geografía del país?

2 | ¿Qué sabes de la economía de Chile? ¿Cuáles son los dos productos de exportación importantes?

3 | ¿Puedes nombrar un evento importante en la historia política de Chile? ¿Qué pasó?

4 | Según el video, ¿qué problemas políticos ha sufrido el país en los últimos años?

5 | ¿Qué opinas de la situación política actual de Chile comparada con los años de la dictadura de Pinochet? ¿Crees que funciona mejor un sistema de gobierno liberal o un sistema conservador?

El proceso político en la Plaza de Armas In this section, you will learn how to talk about politics and elections.

Sustantivos

el congreso congress	**la dictadura** dictatorship	**la paz** peace
el debate debate	**el ejército** army	**el poder** power
el deber duty	**el gobierno** government	**el (la) presidente** president
la democracia democracy	**la guerra** war	**la reforma** reform
el (la) dictador(a) dictator	**la ley** law	

Verbos

apoyar to support	**discutir** to argue, discuss	**gobernar (ie)** to govern
aprobar (ue) to approve; to pass	**elegir (i, i)** to elect	**oponer** to oppose
defender (ie) to defend	**firmar** to sign	**votar** to vote

Adjetivos

conservador(a) conservative	**liberal** liberal
demócrata democratic	**republicano(a)** republican

¿Nos entendemos?

Note that the verb **discutir** has two slightly different meanings in Spanish. In addition to meaning *to discuss, talk about,* it can also mean *to argue.* The verb *to support* in English translates into several different meanings in Spanish. To indicate the idea of economic, moral, or ideological support, Spanish speakers use the verb **apoyar.** The verb **soportar** in Spanish means *to tolerate, put up with.* The idea of supporting someone physically is **sostener.**

el político

el discurso

el ciudadano

Palabras útiles

el (la) alcalde(sa) mayor	**los guerrilleros** guerrillas
la cámara de representantes (diputados) house of representatives	**la ideología** ideology
	el (la) ministro(a) minister
la constitución constitution	**la monarquía** monarchy
el (la) diputado(a) representative	**el senado** senate
el (la) gobernador(a) governor	**el (la) senador(a)** senator
los grupos paramilitares paramilitary groups	

Palabras útiles are presented to help you enrich your personal vocabulary. The terms provided here will help you talk about politics and politicians.

¡A practicar!

14-1 | La vida de Salvador Allende Gossens Pon los siguientes eventos en un orden lógico para organizar la historia de este líder chileno.

_____ Dio algunos discursos radicales mientras asistía a la escuela de medicina en la Universidad de Chile.

_____ Organizó el partido socialista de Chile y fue apoyado por el proletariado de Chile.

_____ Los ciudadanos que lo apoyaban dijeron que fue asesinado.

_____ Firmó varias leyes para la reforma de tierras.

_____ Nació el 26 de julio de 1908.

_____ El gobierno de Allende defendió los derechos *(rights)* de los mineros de cobre *(copper miners)*.

_____ En 1973 perdió el control del gobierno a manos de Augusto Pinochet, un general conservador que tenía el apoyo del ejército.

_____ Fue elegido presidente de Chile en 1970.

14-2 | Definiciones Empareja las palabras de la primera columna izquierda con la definición correcta de la segunda columna.

1. _____ aprobar
2. _____ el congreso
3. _____ la dictadura
4. _____ el gobierno
5. _____ los políticos
6. _____ el ejército
7. _____ las elecciones
8. _____ democrático

a. el cuerpo político que gobierna un país o un estado

b. un tipo de gobierno conservador que cuenta con el apoyo del ejército

c. un cuerpo armado que defiende el país

d. el proceso en que se determina quién va a gobernar en el futuro

e. una división del gobierno

f. una orientación política que refleja el apoyo y los intereses de los ciudadanos

g. permitir que algo se realice

h. las personas que gobiernan el país

14-3 | Oraciones Forma seis oraciones completas, combinando los elementos de las tres columnas.

> **Modelo** *El dictador aprobó el uso del poder militar para controlar el país.*

los partidos políticos	apoyar	el candidato
el presidente	elegir	el poder
el ejército	firmar	las leyes
el ciudadano	votar	las elecciones
el gobierno	gobernar	la reforma
el dictador	defender	la paz
el grupo conservador	aprobar	la dictadura

¡A conversar!

14-4 | Ideas y reacciones Después de leer las siguientes opiniones, usa las frases que están a continuación para formular una respuesta. ¡Tengan cuidado con el subjuntivo! Luego compara tus reacciones con las de un(a) compañero(a) de clase. ¿Tienen mucho en común?

> **Modelo** Sin un ejército, un país no puede tener poder internacional.
> *No es evidente que sin un ejército un país no pueda tener poder internacional.*
> *Costa Rica tiene mucho poder internacional sin tener ejército.*

(No) Estoy de acuerdo en que...	Es una lástima que...
(No) Dudo que...	Es (im)posible que...
(No) Es evidente que...	Es bueno (malo) que...

1. A veces hay que defender la paz con el ejército.
2. Los ciudadanos generalmente no apoyan las dictaduras.
3. Los políticos siempre mienten *(lie)*.
4. Nuestro gobierno es demasiado conservador.
5. Nuestros partidos políticos representan las opiniones de todos los ciudadanos.
6. El congreso y el senado mantienen el equilibrio de poder en este país.
7. Los ciudadanos participan en las elecciones.
8. Los candidatos tienen agendas políticas llenas de promesas.
9. No hay corrupción en la política.
10. Los jóvenes son muy activos políticamente.

14-5 | ¿Eres activo(a) en la política? Completa la siguiente encuesta. Después, en grupos de cuatro personas, comparen sus respuestas. Hablen de por qué participan activamente o no en la política.

casi nunca = 0   a veces = 1   frecuentemente = 2   siempre = 3

_____ Voto.

_____ Participo en discusiones políticas.

_____ Miro los debates entre los candidatos en la tele.

_____ Escribo cartas a un(a) político(a).

_____ Me identifico con un partido político.

_____ Hago un esfuerzo para informarme sobre los candidatos antes de las elecciones.

_____ Trabajo para un(a) candidato(a) o para un(a) político(a).

_____ Las acciones del presidente de este país me afectan.

_____ Sé lo que está pasando en otros países con respecto a la política.

Interpretaciones

0–7   Debes matricularte en una clase de ciencias políticas.
8–15   Debes aprender más sobre el proceso político.
16–21   Tienes mucho conocimiento político.
22–27   ¡Vas a tener un puesto como político algún día!

14-6 | **¡Ahora te toca a ti (it's your turn)!** Tú y un(a) compañero(a) son candidatos(as) para la presidencia. Uno de Uds. (Estudiante 1) es liberal, el (la) otro(a) (Estudiante 2), conservador(a). Sigan los puntos de vista que están indicados a continuación y hablen de sus diferentes puntos de vista según la información.

Estudiante 1: liberal

1. La educación en las universidades debe ser gratis.
2. Cuidar a los pobres es el deber del gobierno.
3. Debemos pagar más impuestos (taxes) y tener seguro médico (health insurance) del gobierno.
4. Es importante controlar la industria y sus efectos en el medio ambiente.

Estudiante 2: conservador(a)

1. La universidad es un privilegio. El gobierno no debe pagar estos estudios.
2. Los pobres deben buscar trabajo si quieren casa y comida.
3. No debemos pagar más impuestos. El seguro médico es un negocio y el gobierno no debe pagarlo.
4. El gobierno no tiene nada que ver con la industria o el medio ambiente.

14-7 | **El voto en Chile y los Estados Unidos** Trabaja con un(a) compañero(a) para leer y discutir la información sobre el voto en Chile. Consideren Uds. las siguientes preguntas. Pueden usar el Internet para buscar información sobre las leyes de los Estados Unidos si es necesario.

¡Su voto cuenta!

Chile necesita su participación en el proceso electoral.

¿Quién puede votar? Tienen el derecho a votar los chilenos quienes:

- han cumplido dieciocho años de edad
- no han sido condenados a una pena superior a tres años de cárcel y
- tienen nacionalidad chilena o han sido extranjeros residentes por más de cinco años (lo cual se comprueba (is verified) con un certificado remitido por el respectivo gobernador provincial).

Para participar en las elecciones se requiere:

- estar previamente inscrito en los registros electorales y
- presentar la cédula de identidad.

El proceso de inscripción en los registros electorales es voluntario, pero después de haberse inscrito, el elector está obligado a votar en todas las elecciones. Sólo puede excusarse por:

- razones de salud o
- estar ubicado a más de 300 kilómetros de distancia del local de votación.

> **Cultura**
>
> **La cédula de identidad** is a national identity card used in Chile and many other countries. The size and format are similar to a driver's license in the United States. Each card has a number that identifies the citizen on a national registry.

---

1. ¿Cuántos años debe tener una persona para votar en Chile? ¿Es igual o diferente en los Estados Unidos?
2. ¿Pueden votar las personas encarceladas (in prison) en Chile? ¿Y en los Estados Unidos?
3. ¿Cuáles son los requisitos de ciudadanía para votar en Chile? ¿Cómo se compara con los Estados Unidos?
4. ¿En cuál de los dos países es obligatorio participar en las elecciones, si la persona se ha inscrito en el registro electoral? ¿Dónde no es obligatorio?
5. ¿Qué opinan de las leyes en Chile y en los Estados Unidos con respecto al proceso electoral?
6. ¿Han tenido Uds. la experiencia de estar en otro país en tiempo de elecciones? Expliquen.

Son las tres de la tarde en la Plaza de Armas en Santiago, Chile. Allí, Marina, una estudiante ecuatoriana, reconoce a un chico que vio en la recepción de su hotel por la mañana.

Marina: Perdona. Creo que te vi esta mañana en el hotel.

Óscar ¡Sí, es cierto! Soy Óscar.

Marina: Mucho gusto, Óscar. Soy Marina.

Óscar: Encantado. Espero que **hayas venido** para **la manifestación.**

Marina: ¡Ah! Por eso hay tanta gente aquí. Bueno, la verdad es que quería sacar unas fotos de la plaza, pero **aprovecharé** la ocasión y **sacaré** unas fotos de la manifestación.

Óscar: Mira, no es un espectáculo. **Protestaremos** contra la violación de los derechos humanos en nuestro país. Estamos aquí por razones bien serias.

Marina: Lo siento, Óscar. No sabía que **sería** algo tan importante.

Óscar: Está bien. No eres de aquí, ¿verdad?

✳ **Comentario cultural** In the heart of Chile's capital city, the **Plaza de Armas** is a frequent location for student protests. In July of 2006, thousands of students and teachers filled the plaza during French President Jacques Chirac's visit. Many of the protesters were urging action from Chile's newly elected president, Michelle Bachelet, to bring needed reforms to an educational system that has not seen change since the time of Augusto Pinochet's regime, a dictatorship that ended in 1990.

✳ **Comentario cultural** Throughout Latin America human rights organizations, such as **El Centro de Derechos Humanos** (CDH) of the University of Chile, are appealing to international volunteers to come join their causes as they work to achieve justice. Human rights observers help considerably in leveraging local authorities and large, multinational organizations to respect human rights. They are also central to documenting abuses of human rights through photo journalism.

✳ **Comentario cultural** Chileans are very invested in remembering the human rights violations suffered by nearly every Chilean during Augusto Pinochet's dictatorship from 1973 to 1990. It is estimated that over 3,000 people were executed for political reasons during Pinochet's regime. As Chile has experienced a period of economic boom since Pinochet's fall, citizens are careful to remember the horrors of human rights violations, so as to not repeat past mistakes.

Expresiones en contexto

actuales *current*
al día *up to date*
¿Qué te parece? *What do you think?*
si la estudiaras *if you were to study it*

si no estuviera tan metido *if I weren't so involved*
tiene mucho que ver con *it has a lot to do with*
¡Trato hecho! *It's a deal!*

Cultura

A surgeon, pediatrician, and epidemiologist, President Bachelet is a member of the Socialist party and served as Minister of Health in the cabinet of her predecessor Ricardo Lagos. Read more about her in the **Encuentro cultural** on page 470.

Marina: Soy de Quito, Ecuador. Vine aquí para una conferencia sobre filosofía y para hacer algo de turismo.

Óscar: ¿Filosofía? Me **interesaría** si no estuviera tan metido en los asuntos actuales de nuestro país.

Marina: Si la estudiaras, **entenderías** que tiene mucho que ver con la política. Pero, yo tengo que confesarte que no estoy muy al día con lo que **pasará** aquí, por ejemplo, con el transporte público, pero sí sé lo que **pasará** en Quito y en mi propio país.

Óscar: Si quieres yo te informo de lo que **pasará** aquí y tú me informas de lo que **pasará** en Ecuador. ¿Qué te parece?

Marina: ¡Trato hecho!

Óscar: Es bueno que nosotros **nos hayamos conocido.** ¡Así los dos **aprenderemos** algo nuevo!

✶ **Comentario cultural** The relatively strong and stable economy of Chile has been regarded as an economic miracle, given the economic hardships of neighboring countries in South America. Although Chile nationalized its copper industry in 1971, large multinational corporations still receive approximately 70% of the profit. Critics of this situation insist that this money, which likely exceeds 10 billion dollars annually, should be helping Chile's poor and middle class.

✶ **Comentario cultural** The popularity and support of Chile's president, Michelle Bachelet, has been tested by delays and malfunctions of the city's new urban transportation network, Transantiago. Citizens were angered by the delays and problems because Santiago has an acute air pollution problem caused by vehicular emissions. Four of Bachelet's ministers were fired because of the situation and her popularity has suffered.

✶ **Comentario cultural** Ernesto Guevara de la Serna, more commonly known as Che Guevara, was an Argentine Marxist revolutionary leader, who also was a doctor. As a leader of Cuban guerrillas, Che's image is popular among young student activists around the globe. Che Guevara's life was recently documented in the film *Motorcycle Diaries*.

¿Comprendiste? Contesta las siguientes preguntas en oraciones completas.

1. ¿Por qué fue Marina a la Plaza de Armas?
2. ¿Por qué está Óscar en la plaza?
3. ¿Por qué se enoja Óscar?
4. ¿Hay alguna relación entre la política y la filosofía?
5. ¿De dónde son los dos y qué planean hacer juntos?

Debate sobre asuntos políticos Trabaja con un(a) compañero(a) de clase. Túrnense para practicar un debate entre dos personas con ideas diferentes sobre una cuestión política. Deben investigar manifestaciones estudiantiles en Internet para buscar ideas. Usen expresiones de **En contexto** como modelo para su diálogo.

Estructura I

Talking about future events

In **Capítulo 3,** you learned to use the present indicative forms of **ir a** + *infinitive* to express actions, conditions, and events that are going to take place, for example, **Voy a viajar a Chile este verano.** *(I'm going to travel to Chile this summer.)* Spanish speakers use this construction frequently in everyday conversation. Another way to express these ideas in Spanish is to use the future tense.

Formation of the future tense

To form the future tense of regular verbs, add these personal endings to the infinitive: **é, ás, á, emos, éis, án.**

Some verbs have irregular future stems.

viajar	volver	vivir	irse
viajaré	volveré	viviré	me iré
viajarás	volverás	vivirás	te irás
viajará	volverá	vivirá	se irá
viajaremos	volveremos	viviremos	nos iremos
viajaréis	volveréis	viviréis	os iréis
viajarán	volverán	vivirán	se irán

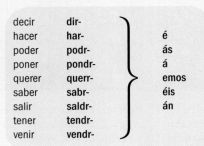

decir	dir-	
hacer	har-	é
poder	podr-	ás
poner	pondr-	á
querer	querr-	emos
saber	sabr-	éis
salir	saldr-	án
tener	tendr-	
venir	vendr-	

Note that the future tense of **hay** is **habrá** *(there will be).*

—¿**Habrá** unas elecciones este año?   *Will there be an election this year?*

—Sí. **Tendremos** unas para nuestro club de estudiantes internacionales en marzo.   *Yes. We'll have one for our international students' club in March.*

—¿Qué **harán** los candidatos?   *What will the candidates do?*

—**Darán** un discurso de diez minutos.   *They'll give a ten-minute speech.*

¡A practicar!

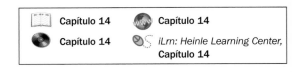

	Capítulo 14		Capítulo 14
	Capítulo 14		*iLrn: Heinle Learning Center,* Capítulo 14

14-8 | **¿Qué pasará?** ¿Qué hará Óscar después de participar en la manifestación en Santiago? Completa las siguientes oraciones usando los verbos indicados.

Él 1. _____ (viajar) por Chile para conocer mejor su país. En la zona central 2. _____ (ver) el río Bío-Bío y el área donde vivían los mapuches, un grupo indígena de Chile. De norte a sur 3. _____ (admirar) los Andes, las montañas que definen su país. No 4. _____ (poder) subir al Aconcagua, el pico más alto del hemisferio, pero 5. _____ (tener) la oportunidad de hablar con varias personas que lo han hecho. Óscar 6. _____ (reunirse) con su amigo Gabriel y los dos 7. _____ (pescar) en uno de los muchos lagos de Chile. Ellos también 8. _____ (bañarse) en las aguas termales que son abundantes en la región de los lagos. Óscar 9. _____ (leer) poesía de Pablo Neruda y Gabriela Mistral, dos poetas chilenos que han ganado el Premio Nóbel de Literatura.

The future tense

Uses of the future tense

Spanish speakers use the future tense to express actions, conditions, and events that will take place in the future.

Los candidatos **llegarán** a Santiago a las 11:00 de la mañana el 24 de julio. Al día siguiente, **se subirán** al autobús y **saldrán** para las otras ciudades.	*The candidates will arrive in Santiago at 11:00 in the morning on July 24. The next day, they will get on the bus and they will leave for the other cities.*

Spanish speakers also use the future tense to speculate about actions, conditions, and events that are probably taking place at the moment or will most likely occur sometime in the future. If the future of probability is expressed in a question, it carries the meaning of *I wonder* in English; if it is expressed in a statement, it means *probably*.

—¿Qué tiempo **hará** en Santiago?	*I wonder how the weather is in Santiago.*
—**Estará** a 35 grados.	*It's probably 35 degrees (centigrade).*
—Siempre hace calor allí.	*It's always hot there.*
—**Será** por la humedad.	*It's probably due to the humidity.*

14-9 | Planes para el futuro ¿Qué harán las siguientes personas el próximo año? Forma oraciones usando la información indicada. Conjuga los verbos en el futuro.

1. Marina: terminar sus estudios universitarios / poder encontrar un buen trabajo / vivir en un apartamento en Quito / estar muy contenta / mirar sus fotos de Chile / recordar sus experiencias con Óscar
2. Óscar y su novia: casarse en Santiago / vivir en Valparaíso / hacer muchos amigos / visitar a sus amigos en Tierra del Fuego / pescar en el mar
3. nosotros: poder ir a Santiago / visitar la Chascona / viajar a Punta Arenas / ver una manifestación política en la Plaza Italia de Santiago
4. tú: terminar los estudios / salir del país / conocer al jefe del grupo ecologista *Greenpeace* / participar en una campaña mundial para mejorar el medio ambiente

14-10 | Cinco predicciones Escribe cinco acciones, condiciones o eventos interesantes que pasarán en tu vida dentro de los próximos cinco años. Luego comparte tus predicciones con un(a) compañero(a). ¿Tienen mucho en común?

> **Cultura**
>
> **La Chascona**, a Chilean word meaning *messy-haired woman*, is also the name of a famous house in the artsy neighborhood of Bella Vista. The house La Chascona was built by Pablo Neruda, the 1973 winner of the Nobel Prize for Literature.

> **Cultura**
>
> **Punta Arenas** is located in the far south of Chile. Its economy is based principally on agricultural production and fisheries, but tourism is steadily increasing.

¡A conversar!

14-11 | **¿Qué serán?** Mira las fotos e inventa respuestas para contestar las preguntas. Después, con un(a) compañero(a) de clase hagan sus propias preguntas.

¿Quiénes serán estas personas?

¿Dónde estarán?

¿Cómo estarán? ¿Por qué?

¿Qué querrán?

¿Qué harán después?

¿Quién será esta mujer?

¿A quiénes les estará hablando?

¿Cuál será el tema del discurso?

¿Qué pensarán estas personas?

¿Qué pasará después?

14-12 | **Plan de vacaciones** Usando las preguntas que están a continuación, piensa en un plan para tus próximas vacaciones. Trabaja con un(a) compañero(a) de clase. Háganse preguntas sobre sus planes.

Modelo E1: ¿Adónde vas a ir para tus vacaciones?
E2: *Iré a Valparaíso. Y tú, ¿adónde irás?*
E1: *Mi esposa y yo iremos a Viña del Mar.*

1. ¿Adónde vas a ir?
2. ¿Por qué quieres ir allá?
3. ¿Cuánto tiempo vas a estar allá?
4. ¿Quién va a ir contigo?
5. ¿Qué día vas a irte?
6. ¿A qué hora vas a salir?
7. ¿Dónde vas a quedarte?
8. ¿Qué vas a hacer allá?
9. ¿Cuánto va a costar el viaje?
10. ¿Qué vas a comprar en el viaje?
11. ¿Cómo vas a pagarlo?
12. ¿Cuándo vas a volver?

14-13 | ¿Qué haremos? Forma un grupo pequeño con tres o cuatro compañeros. Una persona comienza diciendo una actividad que hará en el futuro. Entonces, otro(a) compañero(a) repite lo que dijo la primera persona y luego dice lo que él/ella hará en el futuro. Continúen de la misma forma.

> **Modelo** E1: *Buscaré otro trabajo.*
> E2: *Pete buscará otro trabajo y yo daré una fiesta.*
> E3: *Pete buscará otro trabajo, Camilla dará una fiesta y yo haré un viaje.*

14-14 | ¡Advinar el futuro! Los estudiantes de la clase harán cosas muy interesantes en el futuro. Sin embargo, solamente el (la) profesor(a) sabe lo que hará cada estudiante y se lo revelará a cada uno(a) individualmente. Para saberlo tú, habla con tantas personas como sea posible, haciéndoles preguntas sobre las actividades de la lista, para determinar quién(es) hará(n) cada actividad. Escribe los nombres de los estudiantes apropiados al lado de las actividades, y al terminar, repórtale la información a la clase.

> **Modelo** dirigir una película
> E1: *Mark, ¿dirigirás una película?*
> E2: *No, no dirigiré una película pero sé que Suzanne dirigirá una.*
> (E1 writes Suzanne's name next to **dirigir una película.**)

1. ser actor (actriz)
2. hacer esculturas
3. tocar en una orquesta
4. ser candidato(a) para presidente
5. participar en una campaña
6. llevar una vida tranquila
7. cultivar plantas
8. conservar los recursos naturales
9. ser abogado(a)
10. trabajar como fotógrafo(a)
11. ser maestro(a)
12. aparecer en un programa de entrevistas
13. ganar mucho dinero en un programa de concursos
14. tener una familia muy grande
15. enamorarse muchas veces

Vocabulario

In this section, you will learn how to talk about political topics and civic concerns, such as those expressed in protests that have taken place in the **Plaza Italia** in Santiago, Chile.

Las preocupaciones cívicas

el aborto abortion
el (an)alfabetismo (il)literacy
la defensa defense
los derechos humanos (civiles) human (civil) rights
la (des)igualdad (in)equality
la huelga strike
la inflación inflation
la inmigración immigration
la libertad de prensa freedom of the press
la política internacional international policy

Los medios de comunicación

el Internet Internet
el noticiero newscast
el periódico newspaper
la prensa press
el reportaje report
la revista magazine

Verbos

aumentar to increase
eliminar to eliminate
informar to inform
investigar to investigate
protestar to protest
reducir to reduce

Cultura

In Chile, **La Plaza Italia** is a public place where many political protests take place. It lies just off Bernardo O'Higgins, an avenue that runs from one end of Santiago to the other.

Una manifestación en la Plaza Italia

¡A practicar!

14-15 | Definiciones Empareja las palabras que están a continuación con su definición.

1. _____ el terrorismo
2. _____ la desigualdad
3. _____ el aborto
4. _____ el desempleo
5. _____ la guerra
6. _____ la huelga

a. un conflicto entre dos fuerzas armadas
b. el término de un embarazo *(pregnancy)*
c. una protesta de los trabajadores
d. actos violentos de protesta
e. injusticias entre gente o grupos de gente
f. la falta de trabajo para todos

14-16 | Los medios de comunicación Escoge la palabra adecuada de la siguiente lista para completar las oraciones.

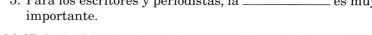

| Internet | periódico | reportaje |
| revista | noticiero | libertad de prensa |

1. Yo soy Mario y escribo en una _____ que sale cada mes.
2. Emilio y Maruja son reporteros para un programa de noticias de Valparaíso. Esta noche en el _____ ellos van a hacer un _____ sobre la manifestación en la Plaza Italia.
3. *La Prensa* es el nombre de un _____ que sale todas las mañanas en Santiago de Chile.
4. Cibercentro.com tiene enlaces a *(links to)* información sobre el mundo latino, el pronóstico de tiempo y los deportes en _____ .
5. Para los escritores y periodistas, la _____ es muy importante.

14-17 | ¿Qué hará esta gente para mejorar *(to improve)* el mundo? Las siguientes personas harán su parte para mejorar el mundo. Completa las oraciones con la forma correcta del verbo en el futuro para especular *(to speculate)* sobre sus posibles planes.

1. los periodistas / investigar / la corrupción en el gobierno
2. ellos / informar / al público sobre los problemas en la política internacional
3. el ministro de Defensa / aumentar / el presupuesto de la defensa nacional
4. nosotros, los estudiantes, / protestar en contra del alto costo de la vivienda / en una manifestación en la Plaza Italia
5. el grupo Amnistía Internacional / proteger / los derechos humanos en todo el mundo
6. la guardia civil / reducir / el crimen
7. la educación sobre la salud / reducir / la drogadicción entre los jóvenes del país
8. el ministro del Interior / crear nuevas leyes / de inmigración para el país

 Capítulo 14

 Capítulo 14

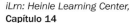 Capítulo 14

iLrn: Heinle Learning Center, Capítulo 14

¡A conversar!

14-18 | ¿Cuestión nacional o internacional? Ahora, vuelve a los temas de la actividad 14-15. Imagínate que eres consejero(a) del presidente y que tienes que decidir si estas cuestiones tienen más relevancia al nivel *(level)* nacional o internacional. Para cada tema, explica tu decisión. En grupos de tres, comparen sus respuestas.

> **Modelo**   los derechos humanos
> *Es un asunto internacional. Ahora no tenemos problemas con esta cuestión en los Estados Unidos, pero sí es un problema en otros países.*

14-19 | Entrevista con el (la) presidente Imagínate que eres presidente de un país y que tu compañero(a) de clase es un(a) reportero(a) que quiere hacerte algunas preguntas sobre tu visión política. El (La) periodista puede usar las siguientes preguntas y luego inventar cinco más.

1. ¿Qué ha hecho Ud. recientemente para controlar el terrorismo en este país? ¿Hay mayor seguridad en los aeropuertos y en las fronteras *(borders)*? ¿Qué podemos hacer para reducir el riesgo *(risk)* en las escuelas?
2. ¿Piensa Ud. que necesitamos controlar mejor el Internet para los menores de dieciocho años? ¿Sería una cuestión de la libertad de prensa?
3. Algunos de sus críticos dicen que Ud. debe prestar más atención a los problemas internos, en vez de los asuntos internacionales. ¿Qué ha hecho Ud. recientemente con respecto a cuestiones como la vivienda para los pobres y el seguro médico *(medical insurance)* para los ancianos?
4. Para Ud., ¿cuál es el problema más grave que tenemos ahora en este país? ¿Qué hará para resolverlo?

> **¿Nos entendemos?**
>
> To refer to the elderly, Spanish speakers use the term **ancianos** without conveying the literal translation of *ancient ones*. It is also common to refer to seniors as **personas de la tercera edad** o **personas mayores**.

14-20 | Un debate Trabaja con un(a) compañero(a) de clase. Preparen argumentos para un debate político. Una persona debe representar una perspectiva liberal y, la otra, una posición conservadora. Cada persona tendrá dos minutos para presentar sus ideas sobre el tema. Luego, la otra persona puede reaccionar ante las ideas del (de la) otro(a) candidato(a). Intenten usar el vocabulario de esta sección.

> **Modelo**   la inmigración ilegal a los Estados Unidos
> E1: *Yo creo que el gobierno de los Estados Unidos es demasiado duro* (strict) *con los inmigrantes ilegales. Estos inmigrantes son trabajadores muy importantes para nuestra economía. Además, sus hijos tienen derecho a una educación en las escuelas públicas y todos deben recibir atención médica si la necesitan.*
>
> E2: *Yo no estoy de acuerdo contigo. Yo pienso que el gobierno de los Estados Unidos necesita limitar el número de inmigrantes en este país. Los inmigrantes que vienen aquí hacen que aumente el crimen y no deben tener derecho a la asistencia pública. Además, ellos toman los trabajos de la gente de este país. Es un problema grave.*

TEMAS

1. los impuestos
2. el aborto
3. la educación
4. la defensa
5. las relaciones con los países hispánicos
6. la inflación
7. las huelgas de los trabajadores descontentos *(dissatisfied)*
8. la libertad de prensa

14-21 | **¡Vamos a la manifestación!** Trabaja en grupos de cuatro o cinco. Dramaticen una escena de la manifestación. Cada estudiante debe escoger uno o dos de los temas que aparecen en el folleto y que más le importen a él/ella. Debe explicarles a los otros por qué sus temas preferidos merecen *(deserve)* más atención que los otros.

¡MANIFESTACIÓN!

CONTRA LA CORRUPCIÓN, LA INFLACIÓN Y EL AUMENTO DE IMPUESTOS

NO A LA REPRESIÓN DE LOS DERECHOS HUMANOS

NO A LA DESIGUALDAD Y AL ANALFABETISMO

MÁS DINERO PARA LA EDUCACIÓN, LA VIVIENDA Y LA INVESTIGACIÓN DE CRÍMENES

MÁS DINERO PARA PROGRAMAS CONTRA LA DROGADICCIÓN

¡AHORA Y SIEMPRE RESISTENCIA A LOS ABUSOS!

Sábado, 3 de marzo, 12 horas

PLAZA DE ARMAS

14-22 | **Júntese con nosotros** Trabaja con un(a) compañero(a) para planear una manifestación y escribir un cartel en el que la anuncien. Escoge un tema y prepara un cartel para presentárselo a la clase, explicando los detalles más importantes. Cuando cada pareja le presente su cartel a la clase, los otros estudiantes deben hacer preguntas sobre el contenido. Al final de las presentaciones, todos pueden discutir las manifestaciones que más les interesen.

Encuentro cultural

¿Qué recuerdan de...

 ...Bienvenidos a Chile?

1. ¿Cuál es la capital de Chile?
2. ¿Qué productos exporta Chile?
3. Describe un evento importante en la historia política de Chile.

See the *Workbook*, **Capitulo 14, Bienvenidos a Chile** for additional activities.

Población: 16.432.674

Área: 748.800 km², casi dos veces el tamaño de Montana

Capital: Santiago, 5.333.100

Ciudades principales: Viña del Mar, 303.100; Valparaíso, 274.100; Talcahuano, 252.800; Temuco, 247.200; Concepción, 217.600

Moneda: el peso chileno

Lenguas: el español y lenguas indígenas como aymara, mapuche y rapa nui

Personalidades ilustres La primera mujer elegida presidente de un país sudamericano es Michelle Bachelet Jeria, quien comenzó su período presidencial en marzo del 2006 y gobernará hasta diciembre del 2009. Bachelet es cirujana *(surgeon)* y pediatra *(pediatrician)*. Sirvió como ministra de Salud y luego como ministra de Defensa bajo el gobierno de Ricardo Lagos (2001–2005). Ella habla cinco idiomas: alemán, español, francés, inglés y portugués. Durante la dictadura de Augusto Pinochet (1973–1990), Bachelet y su familia fueron arrestados y torturados: su padre murió en la prisión. Su familia fue obligada a vivir en exilio hasta mediados de los años ochenta. La idea de la nueva presidente es aumentar el número de mujeres que trabajan para el gobierno chileno y disminuir la brecha *(gap)* económica que existe entre los pobres y los ricos en su país.

¿Qué te parece la idea de tener una mujer presidente en tu país?

Historia Cuando los conquistadores se encontraron con los Araucanos por primera vez, éstos vivían en pequeños pueblos donde cultivaban maíz y papas principalmente, pescaban y cazaban. Los Araucanos fueron políticamente los indígenas más fuertes y valientes de Sur América, los españoles no pudieron conquistarlos ni dominarlos por más de doscientos años. La guerra contra los españoles fue inmortalizada en un famoso poema épico llamado *La Araucana* (1569–1589), escrito por un soldado español, Alonso de Ercilla y Zúñiga. Hoy en día muchos de los indígenas son dueños de sus propias tierras y se ocupan de cultivar la tierra y de cuidar el ganado *(cattle)*.

¿Conoces algún grupo indígena que haya sido tan fuerte políticamente en tu país como los Araucanos han sido en Chile? ¿Qué han hecho estos grupos?

Lugares mágicos La región más famosa de Chile es la región de la Patagonia porque ofrece los paisajes más dramáticos, desde islas de hielo y glaciares hasta montañas y valles. La Patagonia, ya que es rica en recursos naturales, está expuesta a la política de la explotación. Por ejemplo, en febrero de 2007, se propuso el Proyecto de Aisén, que planea la construcción de dos presas *(dams)* en cada una de las regiones que atraviesan los ríos Baker y Pascua. Este proyecto, que sería el proyecto hidroeléctrico más grande de Chile, hace que muchos se preocupen por lo que pasaría con los humanos, los animales, las plantas y el agua en estas regiones. Toda la región estaría afectada por este inmenso proyecto que causaría más destrucción que ganancia *(profit)*.

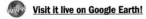
Visit it live on Google Earth!

Imagina que tú eres el (la) alcalde(sa) de una de las comunidades afectadas, ¿qué harías? ¿Sacrificarías el medio ambiente por la electricidad?

Viñedo Concha y Toro, Chile

Oficios y ocupaciones Últimamente, Chile ha logrado reconocimiento mundial por la exportación del famoso vino chileno. Es interesante notar que algunos críticos de vino han hecho un paralelo entre la política de Chile y la calidad de su vino. Cuando Pinochet estuvo en poder (1973–1990), el vino chileno era muy simple y muy tradicional, había solamente una docena de productores. A partir de 1990, cuando la democracia pasó a ser la forma de gobierno chileno, la producción de vino aumentó. Chile se convirtió en uno de los países más dinámicos en la producción de buen vino. En el año 2006, las ventas de vino chileno al exterior superaron los U.S. $1.000 millones, con un crecimiento de 22,5% respecto al año anterior. Los principales mercados para el vino chileno son los Estados Unidos, Gran Bretaña y Canadá.

¿Existen algunos productos que se puedan asociar con la política en los Estados Unidos? ¿Has probado alguna vez el vino chileno? ¿Qué te pareció?

Otra artesanía popular chilena: el tejido Mapuche

Arte y artesanía El tallado en madera *(wood working / carving)* ha sido muy importante en la cultura Rapa Nui de la Isla de Pascua. Los hombres Rapa Nui utilizaban las tallas de madera para contar la historia de los reyes y la creación del mundo. También se encuentra en la Isla de Pascua una colección de esculturas de piedra, conocidas como Moais, de 25 metros de altura. Estas esculturas todavía confunden a los historiadores y a los arqueólogos en cuanto a su origen. Se piensa que fueron talladas por los habitantes polinesios hace quinientos años para representar a sus antepasados difuntos o que quizás sean representaciones de personajes importantes de la sociedad.

¿Qué te parece la idea de inmortalizar a personajes importantes de la sociedad como se hizo con Mt. Rushmore o como lo hicieron con los totems los pueblos indígenas en Norte América?

Ritmos y música La Nueva Canción Chilena aparece en Chile con el fenómeno de Violeta Parra (1917–1967). En cuanto a *(Regarding)* los temas, la Nueva Canción Chilena pretendía cambiar la estructura social, política y económica que había existido *(had existed)* en Chile antes de la elección popular en 1970.

♪ La próxima selección musical, "Me gustan los estudiantes", escrita por Violeta e interpretada por su hijo Ángel Parra, está dedicada a los estudiantes universitarios por ser la semilla de todo cambio social. *Access the iTunes playlist on the* **Plazas** *website.*

¿Conoces algún grupo musical que use su música para denunciar los problemas de la sociedad? ¿Cuál es tu misión en la sociedad? ¿Crees que puedes fomentar (foment) un cambio para una sociedad mejor?

See the *Lab Manual*, **Capítulo 14**, **Ritmos y música** for activities.

¡Busquen en la Red de información!

www.thomsonedu.com/spanish/plazas

1. Personalidades ilustres: Michelle Bachelet
2. Historia: Indígenas Araucanos
3. Lugares mágicos: La Patagonia de Chile, el Proyecto de Aisén
4. Oficios y ocupaciones: La economía agrícola chilena, el vino chileno
5. Arte y artesanía: Las tallas en la Isla de Pascua, Moais
6. Ritmos y música: La Nueva Canción Chilena, Violeta Parra, Ángel Parra

In English, we express hypothetical ideas using the word *would* with a verb (e.g., *I would travel if I had the time and money*). Spanish speakers also express these ideas by using the conditional, which you have already seen in the expression **me gustaría: Me gustaría viajar a Latinoamérica.** *(I would like to travel to Latin America.)*

Forming the conditional

For most verbs, add these personal endings to the infinitive: **ía, ías, ía, íamos, íais, ían.**

viajar	volver	vivir	irse
viajaría	volvería	viviría	me iría
viajarías	volverías	vivirías	te irías
viajaría	volvería	viviría	se iría
viajaríamos	volveríamos	viviríamos	nos iríamos
viajaríais	volveríais	viviríais	os iríais
viajarían	volverían	vivirían	se irían

Add the conditional endings to the irregular stems of these verbs. They are identical to the stems you used to form the future tense.

decir	dir-	
hacer	har-	ía
poder	podr-	ías
poner	pondr-	ía
querer	querr-	íamos
saber	sabr-	íais
salir	saldr-	ían
tener	tendr-	
venir	vendr-	

Note that the conditional of **hay** is **habría** *(there would be).*

—¿A qué hora dijo Marina que **saldría** para Quito?

What time did Marina say she would leave for Quito?

—Dijo que lo **sabría** después de llamar al aeropuerto.

She said that she would know after calling the airport.

The conditional

Uses of the conditional

Spanish speakers use the conditional to express what would happen in a particular situation, given a particular set of circumstances.

—¿Qué **harías** con $1.000?	*What would you do with $1,000?*
—Yo **viajaría** a Latinoamérica.	*I would travel to Latin America.*

Spanish speakers use the conditional with the past subjunctive (*presented in the next chapter*) to express hypothetical or contrary-to-fact statements about what would happen in a particular circumstance or under certain conditions.

Si tuviéramos el dinero, **iríamos** a Santiago.	*If we had the money, we would go to Santiago.*

The conditional is also used to soften a request or to express politeness and/or respect.

¿Podrías ayudarme con la lectura para mañana?	*Could you help me with the reading for tomorrow?*
¿Querría Ud. ir con nosotros al museo del gobierno?	*Would you like to go to the government museum with us?*
Ud. **debería** votar en las próximas elecciones.	*You should vote in the next elections.*

Similar to what you just learned about the future tense, Spanish speakers also use the conditional to speculate about actions, conditions, and events that probably took place *in the past*. As with the usage of the future for speculation about the present, the conditional of probability, when used in a question, also carries the meaning of *I wonder* in English; if it is expressed in a statement, it means *probably*.

—¿Qué tiempo **haría** en Santiago ayer?	*I wonder how the weather was in Santiago yesterday.*
—**Estaría** a 35 grados.	*It was probably 35 degrees (centigrade).*
—Siempre hacía calor allí.	*It was always hot there.*
—**Sería** por la humedad.	*It was probably due to the humidity.*

¡A practicar!

	Capítulo 14		Capítulo 14
	Capítulo 14		iLrn: Heinle Learning Center, Capítulo 14

14-23 | ¡Señora candidata, por favor! Tú y tus amigos están asistiendo a un discurso de Ángela Montero. Uds. quieren hacerle preguntas, pero con amabilidad. Usa **el condicional** para formar tus preguntas.

> **Modelo**   decir a la gente que es necesario respetar a los jóvenes
> *¿Le diría Ud. a la gente que es necesario respetar a los jóvenes?*

1. decir a la policía que necesitamos más libertad en las manifestaciones
2. poner más énfasis en la educación pública
3. haber la posibilidad de darnos mejor empleo después de la universidad
4. salir a los pueblos para animar a la gente a participar en las elecciones
5. querer eliminar el crimen en las ciudades

14-24 | ¿Qué haría esa gente anoche? Tú no sabes qué hacía esa gente anoche. Un amigo te pregunta, y tú tienes que contestar con **el condicional** del verbo que está entre paréntesis para especular sobre qué hacía.

> **Modelo**   ¿Qué haría Ángela Montero anoche? (trabajar en su campaña para la presidencia)
> *Ángela Montero trabajaría en su campaña para la presidencia anoche.*

1. ¿Qué haría el presidente anoche? (prepararse para un debate contra [against] Ángela Montero)
2. ¿Qué harían los estudiantes anoche? (hacer una manifestación en la Plaza Italia)
3. ¿Qué harían los senadores anoche? (ponerse ropa elegante para una cena del congreso)
4. ¿Qué harían los estudiantes anoche? (decir a sus amigos que es necesario votar en las próximas elecciones)

14-25 | Promesas de una candidata Termina las oraciones de Ángela Montero, una mujer que quiere ser la próxima presidente de Chile, conjugando los infinitivos en **el condicional.**

> **Modelo**   como presidente del país / pagarles más a los profesores
> *Como presidente del país, yo les pagaría más a los profesores.*

1. con una lluvia fuerte / todos los pobres tener paraguas
2. con mucho sol / yo les dar sombreros
3. con una mujer como presidente / haber menos guerras
4. con un dictador en el poder / los ciudadanos protestar
5. sin tanta violencia en las ciudades / venir más turistas
6. como presidente / yo saber reducir la inflación

14-26 | Más promesas Termina el discurso de Ángela Montero conjugando los verbos que están entre paréntesis en **el futuro** o **el condicional.**

Si yo fuera (If I were) su presidente, yo 1. _____ (reducir) los impuestos en un diez por ciento. También yo 2. _____ (aumentar) los salarios de los empleados públicos. La semana que viene, el presidente actual y yo 3. _____ (hablar) de los abusos de los derechos humanos de los prisioneros políticos de este país. Yo personalmente 4. _____ (investigar) los casos para asegurar que ellos reciban un trato humano. Si todos nosotros protestáramos, nosotros 5. _____ (poder) cambiar esta injusticia. Si yo fuera presidente, también 6. _____ (hablar) con representantes de otras naciones sobre lo que está ocurriendo en nuestras cortes y cárceles (prisons) para atraer la atención internacional sobre este asunto. Trabajando juntos, nosotros 7. _____ (eliminar) toda la corrupción que hemos sufrido en los últimos años.

¡A conversar!

14-27 | El Plan Chile Compite *("Chile Competes" Plan)* En el año 2006, la Presidente Bachelet de Chile presentó El Plan Chile Compite. Forma oraciones para comprender lo que la presidente dijo que pasaría con el plan. Emplea el condicional y no te olvides de hacer los cambios necesarios y de incluir elementos nuevos apropiadamente.

> **Modelo**   el Plan / estimular / la competitividad / la economía / chileno
> *El Plan estimularía la competitividad de la economía chilena.*

1. el Plan / tener / cuatro pilares: emprendimiento, tecnología y competitividad, mercado de capitales e institucionalidad para el crecimiento
2. las empresas / aumentar / su productividad / y / haber / más empleos
3. las empresas con deudas *(debts)* / poder / reducir / el interés / pagado
4. algunas empresas / recibir / nuevo / créditos
5. el gobierno / promover / el conocimiento / y la transferencia / tecnológico

14-28 | ¿Qué harías tú? ¿Qué harías durante una visita de un mes a Chile? Trabaja con un(a) compañero(a) de clase. Hablen de las siguientes ideas y respondan, según sus gustos. ¿Tienen mucho en común?

> **Modelo**   E1: ¿Irías a Santiago o a una ciudad más pequeña?
> E2: *Iría a Santiago.*
> o   E2: *Iría a una ciudad pequeña en la costa.*

1. ¿Viajarías por avión o en barco?
2. ¿Comprarías muchos recuerdos?
3. ¿Participarías en una manifestación política?
4. ¿Escucharías los discursos de los candidatos?
5. ¿Qué ropa llevarías?

14-29 | ¿Eres una persona tolerante? Dile a un(a) compañero(a) de clase lo que tú harías en las siguientes situaciones y por qué. ¡Sean creativos!

> **Modelo**   Después de clase, tú vuelves a tu cuarto y tu compañero(a) ha dejado el cuarto desarreglado.
> *No haría ni diría nada porque mi cuarto siempre está desarreglado.*
> o   *Yo limpiaría el cuarto porque no podría vivir en un cuarto desarreglado.*

1. Vuelves a la biblioteca y alguien se sienta en el lugar donde estudias.
2. A la 1:00 de la mañana, dos personas en otro cuarto comienzan a hablar tan fuerte que tú te despiertas.
3. Tú estás duchándote cuando suena el teléfono.
4. Tú estás sentado junto a una piscina cuando un niño te echa agua.
5. Tú miras la cuenta en un restaurante y ves que no está correcta.

14-30 | Expresiones de cortesía Forma una oración con **el condicional** para hacerle una pregunta a un(a) compañero(a) de clase en las siguientes situaciones.

> **Modelo**   Necesitas $10 para el fin de semana.
> *¿Podrías prestarme $10 para el fin de semana?*
> o   *¿Me prestarías $10 para el fin de semana?*

1. Necesitas ayuda para un examen de matemáticas.
2. Quieres que tu amigo(a) vaya contigo al cine.
3. Quieres que tú y tu amigo(a) paguen juntos la cuenta en un restaurante.
4. Necesitas que tu amigo(a) te llame esta noche.
5. Quieres que un grupo de estudiantes participe en las elecciones universitarias.

Estructura III
Making references to the present

The present perfect subjunctive is formed with the present subjunctive of the verb **haber** + *past participle*. The present perfect subjunctive is used in the same environments that require the use of the present subjunctive. However, the present perfect subjunctive generally expresses the idea of *having done* something, and it can also mean *did* something.

The conjugation of the verb **haber** in the present subjunctive is:

yo haya
tú hayas
él, ella, Ud. haya
nosotros hayamos
vosotros hayáis
ellos, ellas, Uds. hayan

You may remember from **Capítulo 12** that the invariable form **hay** *(there is, there are)* in the present indicative is **haya** in the present subjunctive.

Consider the usage of the present perfect subjunctive in the examples on the next page.

¡A practicar!

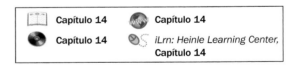

📖	Capítulo 14	🌐	Capítulo 14
💿	Capítulo 14	👁	iLrn: Heinle Learning Center, Capítulo 14

14-31 | En otras palabras Convierte los verbos subrayados al presente perfecto del subjuntivo.

Modelo Tulia está contenta de que <u>vengas</u> con nosotros.
Tulia está contenta de que hayas venido con nosotros.

1. Óscar se alegra de que Marina <u>estudie</u> ciencias políticas.
2. No creo que todos <u>digan</u> la verdad.
3. Es bueno que <u>tengan</u> la oportunidad de informarles a los ciudadanos sobre sus ideas.
4. Es mejor que <u>votemos</u> temprano.
5. Dudo que el presidente <u>pueda</u> gobernar bien.
6. Es interesante que el senador <u>asista</u> a esta conferencia.
7. Me encanta que tú <u>vayas</u> con nosotros a la manifestación.
8. Es imposible que la candidata <u>tenga</u> suficiente dinero para la campaña.

The present perfect subjunctive

Volition:

Es importante que los ciudadanos **hayan apoyado** a la candidata.
It is important that the citizens have supported the candidate.

Emotion:

Me alegro de que **hayas votado** en las elecciones.
I am glad you have voted in the elections.

Doubt:

El presidente duda que nos **hayamos opuesto** a la reforma.
The president doubts that we have opposed the reform.

Denial:

La política niega que el presidente **haya aprobado** el aumento de impuestos.
The politician denies that the president has approved the tax increase.

Anticipated action:

Deben llamarme con los resultados del voto, en caso de que yo no **haya tenido** acceso al Internet.
You must call me with the results of the election in case I have not had Internet access.

14-32 | **Apoyar a una candidata** Claudia está trabajando en la campaña de Ángela Montero. Ella habla de la campaña con su amiga Pía que ha venido para un discurso de Montero. Completa el párrafo con **el presente perfecto del subjuntivo.**

¡Hola, Pía! Me alegro mucho de que tú 1. _____ (venir). Es una lastima que las otras chicas no 2. _____ (poder) asistir al discurso con nosotras. Es una lastima que yo no las 3. _____ (convencer) de la importancia de esta reunión. Estoy buscando a Ángela Montero ahora; espero que ella 4. _____ (llegar). Muchas veces ella viene tarde a estos eventos. Es bueno que nosotros 5. _____ (empezar) a ayudarla con la campaña porque ahora está más organizada. ¡Ven! Tenemos que buscar dónde sentarnos. ¡Ojalá el discurso no 6. _____ (comenzar) sin que llegáramos nosotras!

Ahora, Pía y Claudia están escuchando el discurso de Ángela Montero. Completa el párrafo con el **presente perfecto del indicativo** o **del subjuntivo.**

Yo 7. _____ (conocer) a todos los otros candidatos y no hay ninguno que 8. _____ (tener) tanta experiencia como yo. Mis asistentes y yo 9. _____ (contestar) francamente a todas las preguntas. Nadie duda que nosotros 10. _____ (ser) honestos con la gente. Yo espero que 11. _____ (poder) comunicar claramente mis ideas. Los discursos que nosotros 12. _____ (escuchar) en los últimos días fueron muy ambiguos. Mi padre siempre 13. _____ (decir) «vamos al grano» (let's get to the point). Creo que estas palabras me 14. _____ (servir) bastante bien durante estas elecciones. Si la gente me 15. _____ (elegir), es porque yo les 16. _____ (decir) la verdad.

¡A conversar!

14-33 | ¡Mentiroso! Tu amigo Guzmán puede exagerar a veces cuando está hablando con sus amigos. Indica cuáles de las siguientes afirmaciones son dudosas, respondiendo con una de las expresiones de la primera columna. Si lo crees, responde con una expresión de la segunda columna.

Modelo   Yo he hablado con el presidente de los Estados Unidos.
Es dudoso que hayas hablado con el presidente de los Estados Unidos.

No creo que...   No niego *(deny)* (de) que...
Es imposible...   Estoy seguro(a) que...
Dudo que...   Es verdad...
Es dudoso que...   No hay duda...
Es improbable...

1. Mis padres me han comprado una bicicleta nueva.
2. He visto una película de terror.
3. Mis amigos y yo hemos conocido a un extraterrestre *(alien)*.
4. Mi hermano ha bailado con Shakira.
5. Yo he jugado en un partido profesional de baloncesto.
6. Mi padre ha corrido un maratón.
7. Mi hermano ha comprado un coche nuevo.
8. He estado en el Caribe cinco veces este año.
9. He comido pizza esta tarde.
10. Mis amigos me han dicho que soy mentiroso.

14-34 | Los eventos políticos en tu vida Piensa en la política y cómo la política ha afectado tu vida últimamente. Forma oraciones para expresar tus opiniones sobre lo que ha pasado usando un elemento de cada una de las siguientes columnas. Usa el subjuntivo del presente perfecto cuando sea necesario. Después, explícale tus opiniones a un(a) compañero(a).

Modelo   *Pienso que la nueva presidente ha ayudado a los pobres porque hay menos gente viviendo en la calle hoy.*
o   *Dudo que los ciudadanos de mi país hayan participado en la política. Sólo un 40 por ciento de mi ciudad votó el mes pasado.*
¡Qué lástima!

Me alegro (de) que...	la nueva presidente	eliminar el desempleo
Estoy triste/contento(a) que...	los ciudadanos de mi país	dar muchos discursos
Pienso que...	los senadores	participar en la política
Dudo que...	la policía	ayudar a los pobres
Es probable que...	nosotros (los estudiantes)	disminuir el crimen
Es una lástima que...	los liberales	prohibir el aborto
Es bueno/malo que...	los conservadores	purificar el medio
Es posible que...	el (la) candidato(a) X	ambiente
		controlar la corrupción

14-35 | El fin de la huelga Lee el cartel sobre el fin de la huelga y trabaja con un(a) compañero(a) para completar las oraciones de una manera lógica. Ten cuidado con el subjuntivo. Pueden usar unos verbos de esta lista: **asegurar / discutir / firmar / ganar / intervenir / lograr / mantener / marchar / observar / oponer / organizar / querer / participar / pensar / perder / preparar / protestar / tener / triunfar / votar.**

¡Declaramos el fin de la huelga!

Tras catorce semanas de protestas y negociaciones, hemos logrado nuestras metas.

Los miembros del sindicato* han votado por un nuevo contrato y los dueños y la gerencia lo han firmado.

¿Qué hemos logrado?

- Los obreros han ganado mejores condiciones de trabajo.
- Los dueños de la fábrica han mantenido relaciones positivas con los obreros.
- Las familias se han beneficiado con el aumento de salario.
- Ni las autoridades locales ni la policía han intervenido en las conversaciones entre los trabajadores y la gerencia de la fábrica.
- Los trabajadores y la gerencia han mantenido la calma para llegar a un acuerdo laboral.

La lucha ha sido ardua, pero hemos triunfado y hemos asegurado un futuro mejor para todos.

---

* Union

Modelo Es posible que...
Es posible que muchas personas hayan participado en la huelga.

1. Es probable que...
2. Es bueno que...
3. Es importante que...
4. Es preferible que...
5. Muchas personas se alegran de que...
6. Otras personas lamentan que...
7. La gerencia *(management)* ha insistido en que...
8. Es posible que los obreros...
9. No es cierto que todos los participantes...
10. Los organizadores de la huelga niegan que...

14-36 | ¿Qué has hecho? Habla con un(a) compañero(a) para compartir información sobre lo que Uds. han hecho y reaccionar ante la información. Empiecen por preparar una lista de cinco cosas interesantes que hayan hecho. Luego, una persona presenta información de su lista y la otra reacciona. Después, ésta *(the latter)* presenta algo de su lista.

Modelo E1: He votado en tres elecciones y mi candidato preferido siempre ha ganado.
E2: *Es bueno que hayas votado en tres elecciones y me sorprende que tu candidato preferido siempre haya ganado. No he votado en elecciones porque acabo de cumplir dieciocho años. Votaré en las próximas elecciones.*

The Future Tense

To form the future tense for most verbs, add the following personal endings to the infinitive: **é, ás, á, emos, éis, án.**

viajar	volver	vivir	irse
viajaré	volveré	viviré	me iré
viajarás	volverás	vivirás	te irás
viajará	volverá	vivirá	se irá
viajaremos	volveremos	viviremos	nos iremos
viajaréis	volveréis	viviréis	os iréis
viajarán	volverán	vivirán	se irán

Certain verbs use a stem that differs from the infinitive in the formation of the future tense. Although the stem is different, the personal endings remain the same.

Infinitive	Stem	Ending
decir	dir-	
hacer	har-	
poder	podr-	é
poner	pondr-	ás
querer	querr-	á
saber	sabr-	emos
salir	saldr-	éis
tener	tendr-	án
venir	vendr-	

¡A recordar! What is the future tense of **hay**? How does one convey the idea of *I wonder* in Spanish?

Conditional

For most verbs, add these personal endings to the infinitive: **ía, ías, ía, íamos, íais, ían.**

viajar	volver	vivir	irse
viajaría	volvería	viviría	me iría
viajarías	volverías	vivirías	te irías
viajaría	volvería	viviría	se iría
viajaríamos	volveríamos	viviríamos	nos iríamos
viajaríais	volveríais	viviríais	os iríais
viajarían	volverían	vivirían	se irían

¡A recordar! Which verbs have irregular conditional stems? In which instances would you use the conditional tense?

The Present Perfect in the Subjunctive Mood

The present perfect subjunctive is formed with the present subjunctive of the verb **haber** plus the past participle. The present perfect subjunctive is used in every situation in which the present subjunctive is used. Although it generally expresses the idea of *having done* something, it can also mean *did* something.

¡A recordar! How do you say *I'm glad that you have come* in Spanish?

¡A repasar!

Actividad 1 | Los planes de una candidata Completa el párrafo sobre la candidata chilena Emilia Salinas escribiendo la forma correcta de cada verbo en el futuro. (12 pts.)

La candidata Emilia Salinas 1. _____ (salir) para Concepción mañana y allí ella 2. _____ (dar) un discurso. 3. _____ (Hablar) en la Plaza Central y 4. _____ (tener) que explicar sus ideas sobre la economía. Muchas personas 5. _____ (venir) a oír el discurso y muchos de ellos 6. _____ (querer) hacer preguntas después. Veinte ciudadanos 7. _____ (poder) cenar con la candidata y yo 8. _____ (ser) uno de ellos. Yo 9. _____ (estar) nervioso pero emocionado. Yo le 10. _____ (hacer) una pregunta sobre la inflación. Mi amiga Lidia 11. _____ (ir) también y sé que nosotros 12. _____ (saber) mucho más sobre la candidata después de la cena.

Actividad 2 | Un mundo perfecto Escoge el verbo lógico para completar cada oración sobre un mundo perfecto. Asegúrate de escribir la forma correcta del verbo en el condicional. (10 pts.)

aprobar	ayudar	dar	decir	eliminar
haber	saber	ser	tener	votar

1. Todos los ciudadanos _____ en las elecciones.
2. Nadie _____ hambre.
3. El Congreso _____ leyes justas.
4. No _____ crimen.
5. La prensa siempre nos _____ información correcta.
6. El ejército no _____ necesario.
7. El gobierno _____ a las personas desafortunadas.
8. Todas las personas _____ leer y escribir.
9. La policía _____ el crimen.
10. Nosotros siempre _____ la verdad.

Actividad 3 | La política de Chile Escoge la respuesta correcta para cada oración. (10 pts.)

___ 1. Es interesante que los chilenos _____ elegido a la primera mujer presidente del país.
   a. han   b. hayan   c. hay   d. hayas

___ 2. Es cierto que la Presidente Bachelet _____ sido médica.
   a. ha   b. hayas   c. haya   d. has

___ 3. Es una lástima que ella y muchas personas, _____ sufrido bajo una dictadura.
   a. has   b. hayas   c. hayan   d. ha

___ 4. Los chilenos saben que ella _____ trabajado en el gobierno como ministra de Salud y ministra de Defensa.
   a. haya   b. ha   c. han   d. hayan

___ 5. La economía chilena _____ sido un modelo desde 1990, pero las condiciones del trabajo no son excelentes para todos.
   a. hay   b. haya   c. ha   d. he

___ 6. Es bueno que ella _____ prometido mejorar las condiciones del trabajo para muchas personas.
   a. hay   b. ha   c. haya   d. he

___ 7. Es verdad que Chile _____ exportado productos agrícolas y minerales por muchos años.
   a. ha   b. han   c. hayan   d. haya

___ 8. Se cultivan las uvas en Chile y es lógico que el vino _____ llegado a ser un producto importante para el país.
   a. ha   b. hayas   c. hayan   d. haya

___ 9. Por muchos años los Estados Unidos _____ sido un buen mercado para muchos productos de Chile.
   a. has   b. hayas   c. han   d. hayan

___ 10. No dudo que la Presidente Bachelet y su país _____ recibido mucha atención internacional.
   a. ha   b. haya   c. han   d. hayan

Actividad 4 | ¿Qué piensas? Forma oraciones con los elementos dados. Presta atención al contexto de cada oración para decidir si se requiere el futuro, el condicional, el presente perfecto del indicativo o el presente perfecto del subjuntivo. (14 pts.)

1. En veinte años / el periódico / no existir
2. En un mundo perfecto / no haber / corrupción
3. Es posible que / la policía / haber / reducir / el crimen
4. En las próximas elecciones / muchos ciudadanos / votar
5. Es cierto que / el presidente / haber / firmar / muchos documentos
6. En diez años / el ejército / tener / más tecnología
7. Es bueno que / los políticos / haber / aprobar / muchas leyes

Actividad 5 | ¿Lógico o no? Lee las oraciones y decide si cada una es lógica o no. Escribe **sí** o **no** para indicar si cada oración es o no es lógica. (5 pts.)

___ 1. Los empleados declararán una huelga para protestar los sueldos bajos y las malas condiciones en la fábrica.
___ 2. Es probable que los liberales del congreso estadounidense hayan aprobado más dinero para la defensa.
___ 3. En un mundo perfecto, aumentaríamos el crimen, la corrupción y la inflación.
___ 4. Es cierto que los políticos han dado muchos discursos y han discutido muchos temas.
___ 5. En el futuro los políticos usarán el Internet y YouTube más para informar a los ciudadanos.

Refrán

«La _____ (politics) es el arte de obtener el dinero de los ricos y el _____ (vote) de los pobres con pretexto de proteger a los unos de los otros.» Bonus! 2pts.

¡A ver!

En este segmento del video, los compañeros se preparan para despedirse. Planean una última actividad juntos y también empiezan a hablar sobre sus planes para el futuro después de su tiempo en la Hacienda Vista Alegre.

Expresiones útiles

Las siguientes son expresiones nuevas que vas a escuchar en el video.

el folleto	*the pamphlet*
la portada	*the cover (of a book)*
la contraportada	*the back cover (of a book)*

Antes de ver

Paso 1 ¿Qué piensas que cada compañero(a) hará después de salir de la Hacienda Vista Alegre? Trabaja con un(a) compañero(a) para adivinar sus planes futuros.

Paso 2 ¿Qué emoción sentirá cada compañero(a) a la hora de despedirse de los demás? ¿Quién se pondrá muy triste y quién se pondrá feliz? Habla con un(a) compañero(a) sobre lo que opinas. ¿Están de acuerdo?

Después de ver

Paso 1 En **Antes de ver, Paso 1,** tu compañero(a) y tú adivinaron lo que los compañeros harán al salir de la Hacienda Vista Alegre. ¿Adivinaron bien? Ahora empareja cada compañero con lo que piensa hacer o no hacer según lo que viste en el video. No te olvides de conjugar los verbos en el futuro.

- montar una exposición de fotos de Puerto Rico en el Museo de Arte
- quedarse en Puerto Rico para escribir un libro sobre sus tradiciones
- no volver con su ex-novio César y tal vez visitar a Antonio en Texas
- regresar a la universidad para terminar los estudios
- ir de viaje por Latinoamérica

Valeria _____.

Antonio _____.

Alejandra _____.

Sofía _____.

Javier _____.

Paso 2 En **Antes de ver, Paso 2,** tu compañero(a) y tú adivinaron las reacciones emocionales de los compañeros a la hora de despedirse. Ahora completa las siguientes oraciones para indicar por qué cada uno de los compañeros se siente feliz o triste, según lo que viste en el video. Usa el presente perfecto del subjuntivo.

- Alejandra está contenta de que _____ **(poder)** tomar tantas fotos de Puerto Rico para su exposición.
- Valeria está triste de que _____ **(conocer)** a Antonio y que ahora lo tiene que dejar.
- Javier se alegra de que _____ **(aprender)** tanto de los otros compañeros de casa.
- A Antonio le molesta que no _____ **(descubrirse)** una manera para quedarse con Valeria.
- Sofía se alegra de que _____ **(encontrar)** tanto apoyo en sus amigos.

¿Qué opinas tú?

Paso 1 ¿Cuáles son tus planes para el futuro al terminar tu programa en la universidad? ¿Tienes algo en común con uno(a) de los compañeros de La Hacienda Vista Alegre? ¿Quiénes? Comparte tus planes con la clase. ¿Tienes planes similares a los de tus compañeros de clase?

Paso 2 ¿Cuáles son algunas experiencias en tu vida que te han puesto contento y feliz? ¿Cuáles son algunas experiencias que te han puesto triste? Sigue el modelo y escribe tres experiencias para cada emoción. Luego compara tus experiencias con las de un(a) compañero(a). ¿Tienen algo en común?

Estoy alegre de que haya...

1. _____
2. _____
3. _____

Estoy triste de que haya...

1. _____
2. _____
3. _____

See the *Lab Manual,* **Capítulo 14, ¡A ver!** for additional activities.

¡A leer!

Antes de leer

Reading complex sentences

Determining what is essential and what is nonessential in complex sentences will help you read Spanish more efficiently and effectively. As you have learned in previous reading strategies, it is not essential to understand the meaning of every single word you come across when reading in Spanish; in fact, as a learner of Spanish such an expectation would be unrealistic. Instead, you should try to focus on understanding the overall meaning of a sentence, which will lead you to a general understanding of the passage as a whole. When dealing with a complex sentence, the core of its meaning will come from its subject and its main verb.

Before doing a close read, take a few moments to peruse the selection. In doing so, try to incorporate the reading strategies that you have learned up to this point.

Use these questions to guide your work with the selection:

1. What is the title of the selection?
2. What type of literary composition is this selection?
3. Who is the author of the composition?
4. What do you remember about Chile's politics?

¡A leer!

Cognados Escribe cinco cognados y sus significados.

Discusión Antes de leer el poema, observa y discute lo siguiente.

1. ¿Cuál crees que sea el tema principal del poema en relación con el título? ¿Es **Juan** un nombre muy especial o un nombre común?
2. ¿Qué tipo de gobierno es un gobierno dictatorial? ¿Cómo crees que Pinochet pudo mantenerse en el poder por diecisiete años?

LA TIERRA SE LLAMA JUAN (Fragmento)

1 Detrás de los libertadores estaba Juan
  trabajando, pescando y combatiendo *(fighting)*,
  en su trabajo de carpintería o en su mina mojada *(wet mine)*.
  Sus manos han arado *(have ploughed)* la tierra y han medido
5 *(have measured)* los caminos.
  Sus huesos *(bones)* están en todas las partes.
  Pero vive. Regresó de la tierra. Ha nacido *(has been born)*.

  Ha nacido de nuevo como una planta eterna.
  Toda la noche impura trató de sumergirlo *(to submerge him)*.
10 Y hoy afirma en la aurora sus labios indomables.
  Lo ataron *(tied)*, y es ahora decidido soldado.
  Lo hirieron *(wounded)*, y mantiene su salud de manzana.

  Le cortaron *(cut)* las manos, y hoy golpea *(hit)* con ellas.
  Lo enterraron *(buried)*, y viene cantando con nosotros.
15 Juan, es tuya la puerta y el camino.
  La tierra
  es tuya, pueblo, la verdad *(the truth)* ha nacido
  contigo, de tu sangre.

Después de leer

A escoger. Después de leer el poema, contesta las siguientes preguntas.

1. ¿Quién es Juan?
   a. Es un trabajador.   b. Es un libertador.   c. Es un político.

2. La gente que Juan representa trabaja...
   a. en la tierra, en el campo.
   b. en una oficina de gobierno.
   c. en una oficina como militar.

3. La gente que Juan representa...
   a. está muerta.   b. está callada sin voz.   c. está viva y lucha.

4. ¿De quién es la tierra y la verdad?
   a. de los militares y de los políticos
   b. de Juan y de todo el pueblo
   c. de los libertadores y presidentes

¿Cierto o falso? Indica si las siguientes oraciones son **ciertas** o **falsas.** Busca los versos *(lines)* en el poema que prueban que algunas de las siguientes oraciones son falsas.

1. _____ Los libertadores abrieron el camino para que Juan y todo el pueblo fueran libres.

2. _____ La gente que Juan representa nunca ha trabajado con sus manos.

3. _____ A Juan y al pueblo los mataron y sus ideas ya no están vivas.

4. _____ La nueva tierra y la verdad han nacido con la sangre del pueblo.

A interpretar. Lee el poema una vez más y haz lo siguiente.

1. Subraya las ideas principales.
2. Haz un círculo alrededor de los verbos.
3. ¿Qué idea da el uso de los verbos?
4. ¿Por qué crees que lucha la gente que Juan representa?

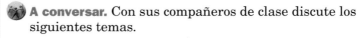 **A conversar.** Con sus compañeros de clase discute los siguientes temas.

1. La violencia está presente o no en Chile o en América Latina. ¿Existe violencia en los Estados Unidos? ¿De qué manera?
2. ¿Conoces a personas como Juan que han luchado o luchan por una sociedad más justa?
3. Las actividades que ustedes hacen diariamente para conservar la libertad en su país o en países vecinos.
4. El pensamiento político de Pablo Neruda. Organicen una presentación de cinco minutos. Prepárense para discutir las ideas de Neruda en la próxima clase.

Pablo Neruda (1904–1973) es uno de los poetas más importantes de la literatura chilena y del mundo hispano. Además de escribir poemas románticos, escribió poesía política y de denuncia. Neruda vivió en España durante la Guerra Civil Española (1936–1939) y describió estas experiencias en sus obras *Residencia en la Tierra* (1933, 1935) y *Canto General* (1950). Igualmente, en esta obra, Neruda exalta a todas las personas que han hecho de América Latina lo que es hoy en día, desde los conquistadores, los pueblos indígenas, los libertadores que lucharon por la independencia de España, hasta los trabajadores de todos los días. El poema anterior pertenece a *Canto General VIII.*

¡A escribir!

Strategy: Writing from diagrams

In this section, you will write a brief report based on information in diagrams. Diagrams present charts, tables, and graphs of specific information that can be readily understood and remembered. Written reports prepared by individuals in business, industry, government and education often include information from diagrams. It is important to learn to interpret diagrams and to express the information they contain in a succinct and clear fashion.

Paso 1 Ya sabemos que el Internet es un medio de comunicación que ha crecido mucho en los últimos años. Tiene la capacidad de facilitar la transmisión de información a una cantidad enorme de ciudadanos a través del mundo. Sin embargo, no todos disfrutan igualmente de los beneficios del Internet. Las siguientes gráficas presentan algunas estadísticas acerca del acceso al Internet que tienen diferentes sectores de la población de España. Vamos a ver que no todas las personas tienen el mismo acceso a este medio de comunicación. Estudia las tres gráficas siguientes. Nota los títulos, los colores y las categorías que aparecen en cada una.

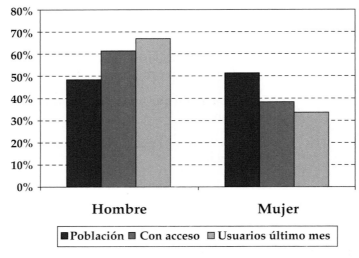

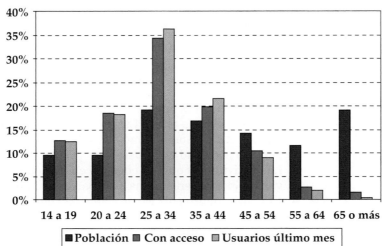

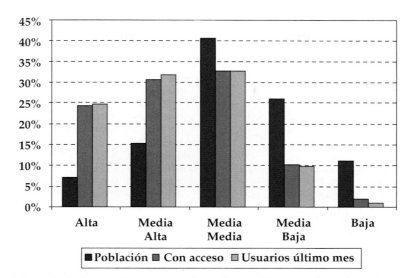

Población ■ Con acceso ■ Usuarios último mes

Paso 2 Basándote en la información presentada en las gráficas, contesta las siguientes preguntas.

1. ¿Cuáles son los tres factores sociales considerados en las gráficas?
2. ¿Quién tiene más acceso al Internet, los hombres o las mujeres?
3. ¿Cuáles son las edades de las personas que tienen el mayor acceso?
4. ¿Cuál de las clases sociales tiene el mayor acceso?

Task: Writing a report based on information from diagrams

Paso 1 Refiriéndote a las gráficas, considera las siguientes preguntas.

- ¿Hay desigualdad en el acceso al Internet?
- ¿Por qué sí o por qué no?

Paso 2 Escribe un informe de un párrafo en el cual respondas a estas preguntas. Debes hacer lo siguiente:

- escribir una oración principal para indicar tu respuesta a la pregunta
- considerar los tres factores sociales
- mencionar algunas estadísticas específicas para apoyar tu posición
- explicar por qué hay desigualdad o no en el acceso al Internet

Paso 3 Intercambia papeles con un(a) compañero(a) de clase. Lee su informe para ver si Uds. han presentado la misma información y la misma conclusión. Si hay alguna diferencia, discútela con tu compañero(a).

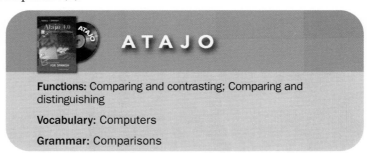

Functions: Comparing and contrasting; Comparing and distinguishing

Vocabulary: Computers

Grammar: Comparisons

Vocabulario esencial

CD 2,
Track 15

La política y el voto

Sustantivos

la campaña	campaign
el (la) candidato(a)	candidate
el (la) ciudadano(a)	citizen
el Congreso	congress
el debate	debate
el deber	duty
la democracia	democracy
el (la) dictador(a)	dictator
la dictadura	dictatorship
el discurso	speech
el ejército	army
las elecciones	elections
el gobierno	government
la ley	law
el partido político	political party
la paz	peace
el poder	power
el (la) político	politician
el (la) presidente	president
la reforma	reform
el voto	vote

Verbos

apoyar	to support
aprobar (ue)	to approve; to pass
defender (ie)	to defend
discutir	to argue, to discuss
elegir (i, i)	to elect
firmar	to sign
gobernar (ie)	to govern
oponer	to oppose
votar	to vote

Adjetivos

conservador(a)	conservative
demócrata	democratic
liberal	liberal
republicano(a)	republican

Las preocupaciones cívicas

Sustantivos

el aborto	abortion
el (an)alfabetismo	(il)literacy
la corrupción	corruption
el crimen	crime
la defensa	defense
los derechos humanos (civiles)	human (civil) rights
el (des)empleo	(un)employment
la (des)igualdad	(in)equality
la drogadicción	drug addiction
la educación	education
la guerra	war
la huelga	strike
los impuestos	taxes
la inflación	inflation
la inmigración	immigration
la libertad de prensa	freedom of the press
la manifestación	demonstration
la política internacional	international policy
el terrorismo	terrorism
la vivienda	housing

Los medios de comunicación

el Internet	Internet
el noticiero	newscast
el periódico	newspaper
la prensa	the press
el reportaje	journalistic report
la revista	magazine

Verbos

aumentar	to increase
eliminar	to eliminate
informar	to inform
investigar	to investigate
protestar	to protest
reducir	to reduce

Los avances tecnológicos
Uruguay

15

CHAPTER OBJECTIVES

Communicative Goals

In this chapter, you will learn how to . . .

- Talk about home electronics and computers
- Make statements in the past with the subjunctive mood
- Talk about hypothetical situations

Structures

- Past (imperfect) subjunctive
- *If* clauses

Personal Tutor

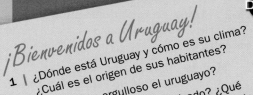

DVD

¡Bienvenidos a Uruguay!

1 | ¿Dónde está Uruguay y cómo es su clima? ¿Cuál es el origen de sus habitantes?

2 | ¿De qué es orgulloso el uruguayo?

3 | ¿Es Uruguay un país urbanizado? ¿Qué sabes de Montevideo y cuál es la principal actividad económica de Uruguay?

4 | ¿Qué nombre le ha dado la UNESCO a la ciudad de Colonia del Sacramento y por qué?

5 | Según el video «Uruguay es un digno representante del mundo hispanoamericano». ¿Estás de acuerdo con ese comentario? Justifica tu respuesta.

489

Vocabulario   Los avances tecnológicos

Una casa del siglo XXI In this section, you will learn about technological innovations that we use in our homes. How many of the items pictured below are in your house?

¡A practicar!

15-1 | Una vida tecnológica La abuela Adelaida habla de la vida de su nieta Minia. Minia es joven y goza de *(enjoys)* las últimas invenciones tecnológicas. Su abuela comenta sobre la vida tan fácil que tiene su nieta. Completa su historia, usando palabras de la siguiente lista y conjugando los verbos en la forma correcta.

prender	apagado(a)	equipo
desenchufar	funcionar	alarma
apagar	desconectar	prendido(a)
encendido(a)	control remoto	enchufado(a)

Mi nieta tiene una vida tan fácil, que a veces no me lo creo. Le encanta ver la tele. Todos los días, cuando se levanta, la 1. _____ y la deja 2. _____ todo el día. A veces yo la 3. _____, pero después de unos minutos está de nuevo 4. _____. Cuando ve la tele, se sienta en el sillón con el 5. _____ en las manos. Un día, yo quiero 6. _____ todo. Voy a 7. _____ todas sus máquinas. Ojalá que deje todo 8. _____ para tener un poco de silencio. Pero nunca va a pasar. Ahora, toda su tecnología 9. _____ muy bien y yo tengo que aguantármela (to put up with it).

15-2 | Tipos de tecnología Indica dos o tres aparatos domésticos que corresponden a cada una de las siguientes categorías.

> **Modelo**   las comunicaciones
> *el teléfono celular, la antena parabólica, el satélite*

1. la diversión
2. la música
3. el trabajo profesional
4. los recuerdos

 Capítulo 15

 Capítulo 15

Capítulo 15

 iLrn: Heinle Learning Center, **Capítulo 15**

el satélite

el teléfono celular

el reproductor de MP3

la cámara digital

el mensaje de texto

PDA (Ayudante Personal Digital)

Verbos

apagar to turn off
(des)conectar to (dis)connect
(des)enchufar to plug in (to unplug)

funcionar to function, work
grabar to record
prender to turn on (TV, stereo)

Adjetivos

apagado(a) off
encendido(a) on

enchufado(a) plugged in
prendido(a) on

¡A conversar!

15-3 | ¿Para qué se usa? Imagínate que tienes que describir la función de los siguientes elementos a una persona del siglo XIX (un[a] compañero[a] de clase). Explica para qué se usa cada cosa y luego cómo usarla. En algunos casos, tendrás mucho que explicarle a tu compañero(a).

1. la videocámara digital
2. el disco compacto
3. la antena parabólica
4. el estéreo
5. el reproductor de MP3
6. el control remoto
7. el satélite
8. el teléfono celular

15-4 | Antes de que salgas de la casa Trabajando con otro(a) compañero(a) de clase, forma siete oraciones con las palabras que están a continuación para hacer algunas sugerencias que le darás a una persona que va a cuidar de tu casa cuando estés de vacaciones. Usa mandatos formales para tus sugerencias. La otra persona debe responder de una manera lógica.

Modelo   el televisor
          E1: *Si prende el televisor, apágelo antes de salir.*
          E2: *Muy bien, pero no miro la tele mucho.*

Verbos	Sustantivos	Adjetivos
(des)conectar	el estéreo	apagado(a)
prender	el contestador	encendido(a)
apagar	automático	enchufado(a)
grabar	el teléfono celular	abierto(a)
(des)enchufar	el control remoto	
llamar	el reproductor de DVD	
usar	el televisor	
asegurarse		

el equipo de estéreo
el televisor
el disco compacto
el control remoto
la videocasetera
el reproductor de DVD
el DVD
el casete de video
la videocámara digital
el contestador automático

Federico y Alejandra, una pareja uruguaya, están abriendo una tienda de **computadoras** en Montevideo, Uruguay, donde viven los padres de Alejandra. Ahora están hablando de sus planes para la gran apertura de su nuevo negocio.

Alejandra: ¡Ay! No sé, Federico. ¿Y si no viene mucha gente?

Federico: No te preocupes, mi amor. No habríamos abierto la tienda **si no hubiera habido** tanta demanda. La gente vendrá.

Alejandra: ¿Y si no podemos pagarles a mis padres el dinero que nos prestaron?

Federico: Tranquila. Estoy seguro de que podremos pagarles dentro de dos meses. No hay problema.

Alejandra: Pero Federico, solamente tenemos la mitad de las computadoras que pedimos. Y **las impresoras** no han llegado todavía.

✳ **Comentario cultural** Beginning in 1999, Uruguay experienced a severe economic recession, further exacerbated by Argentina's economic crisis of 2001. Since then, Uruguay has slowly been recovering. Technology is essential to attracting foreign investments from countries such as Germany, as well as from the neighboring countries that constitute MERCOSUR—the Southern Cone Common Market of Brazil, Argentina, Paraguay, and Uruguay.

✳ **Comentario cultural** In January of 2007, the Inter-American Development Bank (IDB) approved a loan of U.S.$75 million to promote a new technological development program for Uruguay that is expected to place special emphasis on incentives for business innovation in the field of technology.

✳ **Comentario cultural** The U.S. dominated as a supplier of technology to Latin America in the 1960s and 70s. Though it is still the most important supplier to this region, the U.S. is now challenged by Japan, particularly in the area of microelectronics.

¿Nos entendemos?

Similar to Argentina, **vos** is typically used in lieu of **tú** in Uruguay. It is common in spoken Spanish as well as in the media. It should be noted that some Uruguayan speakers combine the pronoun **tú** with the **vos** conjugation (for example, **tú sabés**).

Expresiones en contexto

dentro de dos meses *within two months*
la gran apertura *grand opening*
la mitad *half*
lo sabremos muy pronto *we'll soon find out*

Tenemos que arriesgarnos. *We need to take a risk.*
Tranquilo(a). *Don't worry.*

Federico: Espero que no sigas así, mi amor. Tenemos que ser optimistas. **Si tuviéramos** todo en orden, no habría aventura. Tenemos que arriesgarnos un poco.

Alejandra: Para ti es fácil decir eso. No piensas en los detalles.

✴ **Comentario cultural** In Uruguay, 85% of the land is dedicated to the raising of livestock. Investing in technology, therefore, is still somewhat of a risky proposition.

Federico: Al contrario. Según mi amigo Paco, no hay mejor momento para nuestra tienda. Con tantas personas **navegando la Red**, con los nuevos negocios electrónicos, **la tecnología digital...**

✴ **Comentario cultural** Since the field of technology is forever changing, the lexicon of technology is often populated with words and expressions derived from English. For example, "to blog" has been adapted by some Spanish speakers as **bloggear.** In response, the Real Academia Española has partnered with numerous Latin American language committees in an effort to revise the *Diccionario panhispánico de dudas* to include correct terminology for such terms. A "blog," according to this dictionary, is **ciberbitácora or ciberdiario.**

Alejandra: Tu amigo vive en los Estados Unidos. No creo que sea exactamente lo mismo aquí.

Federico: Bueno, lo sabremos muy pronto, ¿eh?

✴ **Comentario cultural** According to Thomas Friedman in his study of globalization, *The World Is Flat: A Brief History of the Twenty-First Century*, the slow adoption of technological innovation—specifically a convergence of the Internet, fiberoptics, and the PC—in many Latin American countries is becoming an increasing liability for their competitiveness in a global economy. Uruguay, however, thanks to a recent revision of budget allocations, leads Latin America in its level of investment in technology.

¿Comprendiste? Indica si las siguientes oraciones son **ciertas** o **falsas.** Si la oración es **falsa,** ¡corrígela!

1. Alejandra tiene miedo de que la tienda no vaya a tener éxito.
2. Federico ha investigado la demanda para computadoras en Montevideo.
3. La pareja tiene todos los productos que pidieron para la tienda.
4. Federico es un poco pesimista.
5. Alejandra es más realista que Federico.

🗣 **Debate sobre la tecnología** Trabaja con un(a) compañero(a) de clase. Túrnense para practicar un debate entre dos personas. Una persona va a ser optimista en cuanto a la posibilidad de vender artículos tecnológicos en un país latinoamericano. La otra persona será más pesimista. Usen expresiones de **En contexto** como modelo para su diálogo.

Spanish speakers use the past (imperfect) subjunctive to express wishes, emotions, opinions, and uncertainty about the past.

Forming the past subjunctive

For all Spanish verbs, drop the **-ron** ending from the **Uds./ellos(as)** form of the preterite tense, then add the personal endings shown in boldface below.

	hablar	venir	irse
Uds./ellos(as)	habla**ron**	vinie**ron**	se fue**ron**
	habla**ra**	vinie**ra**	me fue**ra**
	habla**ras**	vinie**ras**	te fue**ras**
	habla**ra**	vinie**ra**	se fue**ra**
	hablá**ramos**	vinié**ramos**	nos fué**ramos**
	habla**rais**	vinie**rais**	os fue**rais**
	habla**ran**	vinie**ran**	se fue**ran**

The **nosotros(as)** form always has an accent mark because it is the only form in which the stress falls on the third-from-the-last syllable. Any irregularities in the third-person plural of the preterite will be maintained in the imperfect subjunctive (as demonstrated with the verbs **venir** and **irse**).

The past subjunctive has alternate forms that use **-se** instead of **-ra** endings. For example: **hablase, hablases, hablase, hablásemos, hablaseis, hablasen** and **fuese, fueses, fuese, fuésemos, fueseis, fuesen.** These forms are sometimes used in Spain and in literary works or legal documents.

Uses of the past subjunctive

You have learned to use the present subjunctive to express actions, conditions, and situations that take place in the present or the future. Spanish speakers use the past subjunctive to communicate the same information about the past.

In noun clauses

- To express desires, preferences, suggestions, requests, and recommendations

Federico quería que Alejandra **apoyara** la idea de abrir una tienda de computadoras.

Federico wanted that Alejandra would support the idea of opening a computer store.

- To express happiness, hope, likes, complaints, sorrow, worries, regret, surprise, fear, and other emotions

Federico y Alejandra se alegraron de que su nueva tienda de computadoras **comenzara** bien.

Federico and Alejandra were glad that their new computer store was having a good start.

Past (imperfect) subjunctive

Federico esperaba que **hubiera** muchos clientes el primer día, pero Alejandra tenía miedo de que nadie **viniera** a la tienda.

Federico hoped that there would be lots of customers the first day, but Alejandra was afraid that no one would come to the store.

- To make impersonal statements

Era bueno que **estuvieran** los padres de la pareja para la inauguración de la tienda.

It was good that the couple's parents were there for the opening of the store.

- To express doubt and uncertainty

Alejandra dudó que ellos **pudieran** pagarles a muchos empleados al principio.

Alejandra doubted that they could pay many employees at first.

In adjective clauses
- To express unknown and/or nonexistent conditions

Para la tienda, Federico buscaba un sitio que **tuviera** mucho espacio.

For the store, Federico looked for a site that had lots of space.

In adverbial clauses
- To express purpose and future contingency

Los padres de Federico y Alejandra les prestaron el dinero con tal de que **pudieran** devolvérselo dentro de un año.

Federico and Alejandra's parents lent them the money provided that they could pay it back to them within a year.

In making polite requests or suggestions
- In addition to the conditional tense, Spanish speakers also use the past subjunctive of verbs such as **querer, deber,** and **poder** to soften requests, to make polite suggestions, and to persuade gently in the present.

—¿**Quisieran** Uds. acompañarnos?
Would you like to accompany us?
—Gracias, pero **debiéramos** volver.
Thank you, but we should return.
—Quizás **pudiéramos** ir otra noche.
Maybe we could go another night.

¡A practicar!

15-5 | Los recuerdos del abuelo Ayúdale al abuelo de Federico a contar sus recuerdos al conjugar los verbos entre paréntesis en la forma correcta del imperfecto del subjuntivo.

1. Cuando yo era niño, no teníamos computadoras. Mis padres insistían que yo _____ (estudiar) mucho.
2. Ellos querían que mi hermano y yo _____ (sacar) una beca para asistir a la universidad de Montevideo.
3. Mi padre, tu bisabuelo, trabajaba mucho para que la familia _____ (tener) las cosas básicas.
4. En aquella época no era común que la esposa _____ (trabajar) fuera de la casa.
5. Por esa razón yo empecé a trabajar cuando tenía quince años en caso de que no _____ (recibir) una beca para mis estudios universitarios.
6. Yo quería trabajar en la librería de mi tío. Más gente leía libros entonces, como no existía la televisión o el Internet. Le pedí que él me _____ (dar) un trabajo durante los fines de semana.
7. Mi madre no quería que nosotros _____ (estar) fuera de la casa los domingos, pero era el día más ocupado de la tienda.
8. En aquella época no teníamos Internet, y era importante que los estudiantes _____ (tener) y _____ (leer) todos los libros para las clases.

15-6 | Recuerdos de mi juventud Forma oraciones sobre tu juventud, usando los siguientes elementos.

Cuando yo era joven...

1. mis padres insistían en que yo...
2. yo quería vivir en una casa que...
3. mi abuela me pedía que yo...
4. mi madre se alegraba de que la familia...

aprender a usar la computadora
estar cerca del mar / de las montañas
estudiar mucho
portarse *(to behave)* bien en la clase
no pasar demasiado tiempo al teléfono
ir de vacaciones juntos
ser honesto(a)
estar en la ciudad / en el campo
no gastar todo mi dinero en discos compactos

15-7 | Páginas de mi diario Completa las siguientes oraciones y luego comparte tus experiencias con un(a) compañero(a) de clase. ¿Tienen mucho en común?

MI NIÑEZ

1. Cuando era niño(a), era importante que yo...
2. Mi(s) (papá/mamá/padres) prohibía(n) que...
3. No me gustaba que mi(s) (papá/mamá/padres)... , pero sí me gustaba que (él/ella/ellos)...

MI ADOLESCENCIA

4. De adolescente, no estaba seguro(a) de que...
5. Por ejemplo, dudaba que...
6. A veces, sentía que... ; en otras ocasiones me alegraba de que...

Capítulo 15		Capítulo 15	
Capítulo 15		iLrn: Heinle Learning Center, Capítulo 15	

¡A conversar!

15-8 | Entrevista Hazle las siguientes preguntas a un(a) compañero(a) de clase para saber un poco sobre su niñez.

1. **La familia:** ¿Qué te gustaba que hicieran tus padres cuando eras niño(a)?
2. **La escuela:** ¿Qué te prohibían tus profesores en la escuela primaria? ¿Y en la secundaria?
3. **Los pasatiempos:** ¿Qué deportes practicabas cuando eras niño(a)? ¿En qué deportes te prohibían tus padres que participaras? ¿Por qué?
4. **La tecnología:** ¿Tenías televisor en casa cuando eras niño(a)? ¿Qué programas permitían tus padres que vieras? ¿Qué programas te prohibían que vieras? ¿Por qué? ¿Tenías computadora e Internet en casa? ¿Qué te dejaban hacer con la computadora? ¿Qué te decían que no hicieras con la computadora?

15-9 | Es mejor ser cortés Imagínate que tú y un(a) compañero(a) de clase están de vacaciones en Uruguay en uno de los lugares turísticos más famosos, Punta del Este.

Cultura

The largest and best known of the resort areas in Uruguay is **Punta del Este**, one of South America's most glamorous and exclusive destinations. It is surrounded by yacht and fishing clubs, golf courses, casinos, and beautiful vacation homes. It has excellent beaches, perfect for swimming and sunbathing. Just offshore are **Isla Gorriti**, which has beautiful beaches and the ruins of an 18th-century fortress, and **Isla de Lobos**, a nature reserve that is home to a large sea-lion colony.

Uds. desean ser corteses con los uruguayos y, por eso, usan el imperfecto del subjuntivo de los verbos **querer, deber** y **poder.** ¿Qué les dirían a las siguientes personas?

Modelo Pides que alguien te saque una foto.
¿Pudiera sacarnos una foto?

1. Quieres que un amigo te muestre cómo usar la cámara digital.
2. Un amigo uruguayo usa una palabra que no entiendes. Pídele que te la explique.
3. Llamas a un amigo por teléfono para persuadirle que vaya contigo a la Isla de Lobos para ver los leones marinos mañana.
4. No entiendes a un muchacho que trabaja en los campos de golf de Punta del Este porque habla demasiado rápido.
5. Estás de paseo en la Isla Gorriti, visitando la fortaleza del siglo XVIII, cuando tú conoces a unos muchachos y los invitas a cenar en Punta del Este.
6. Después de la cena, pides permiso para volver al hotel.

Encuentro cultural

¿Qué recuerdan de...

 Bienvenidos a Uruguay?

1. ¿Cuál es la capital de Uruguay?
2. ¿Cuál es el principal producto económico del país?
3. ¿Cómo es la ciudad de Colonia?

See the *Workbook*, **Capítulo 15, Bienvenidos a Uruguay** for additional activities.

Población: 3.447.120

Área: 176.220 km² un poco más pequeña que el estado de Washington

Capital: Montevideo, 1.432.000

Ciudades principales: Salto, 123.120; Rivera, 104.921; Punta del Este, 8.252; Minas, 37.925

Moneda: el peso

Lengua: el español

Personalidades ilustres Eduardo Galeano nació en Uruguay en 1940 y comenzó a escribir artículos para un periódico durante su adolescencia. Aunque su sueño era ser jugador de fútbol profesional, a los veinte años se convirtió en el editor principal del periódico *La Marcha* y luego del periódico *Época*. Cuando tenía treinta y un años escribió su libro más famoso, *Las venas abiertas de América Latina,* en el que Galeano presenta la historia de América, como periodista, historiador, escritor de ficción y analista político. Este libro se convirtió en el libro más importante del siglo XX y fue traducido a más de 20 idiomas. En una de sus últimas entrevistas, Galeano se refirió a que la democracia en América Latina y en el mundo en general tiene un nuevo espacio para movimientos que antes no tenían voces. Este nuevo espacio es el Internet. Galeano vive hoy en día en Uruguay.

¿Crees que el Internet les ha abierto espacio a grupos que no tenían voz anteriormente? Describe estos grupos.

Historia Visitar el centro histórico de Colonia del Sacramento es como volver al pasado, cuando el portugués Manuel de Lobo fundó la ciudad en 1680. Esta ciudad se conoce por sus calles de piedra y sus casas pintadas de diferentes colores que recuerdan el centro histórico de Lisboa, capital de Portugal. Colonia fue el centro de lucha entre los portugueses y los españoles por más de un siglo y por esto el gobierno de la ciudad pasó trece veces de mano de los portugueses a mano de los españoles y viceversa. Hoy en día sigue siendo un puerto, pero ahora es un centro de comercio para una región rica en agricultura y ganadería *(animal husbandry)*, además de ser una ciudad turística para divertirse y descansar. La ciudad ha logrado mantener su sabor colonial, ya que no hay muchos cafés que ofrezcan conexiones con la Red. En 1995, la ciudad fue declarada «Patrimonio de la Humanidad» por la UNESCO (La Organización de las Naciones Unidas para la Educación, las Ciencias y la Cultura).

¿Crees que una ciudad colonial debe tener cafés con conexiones a la Red o que se debe mantener alejada del progreso tecnológico para mantener sus tradiciones?

Lugares mágicos A comienzos del siglo XIX, Punta del Este era un lugar desértico que solamente era visitado por marineros y pescadores. Hoy en día es una ciudad costera que se describe como el San Tropez de Sur América que atrae a más de 300.000 visitantes al año. La península donde se encuentra la ciudad de Punta del Este separa las aguas del Océano Atlántico del Río de La Plata. Enfrente de la península se encuentran las Islas de Gorriti y de los Lobos, donde se encuentran las colonias de leones marinos más grandes del mundo. En Punta del Este se pueden encontrar hoteles con conexiones a la Red, además de casinos y casinos en línea.

Visit it live on Google Earth!

¿Qué zona costera es muy importante en tu país? ¿Qué ofrece esta zona en cuanto a las comodidades tecnológicas?

Oficios y ocupaciones La agricultura ha tenido un papel muy importante dentro de la historia, la identidad y la economía uruguaya. Actualmente, la exportación agrícola de Uruguay se puede clasificar como «natural» o «ecológica». Esta clasificación es especialmente aplicable a la carne de exportación, ya que el ganado se alimenta de pasto *(grass)* natural, sin utilizar sustancias químicas que engordan el ganado. Últimamente, Uruguay ha desarrollado dos nuevas industrias. Una de las nuevas industrias es la creada alrededor del turismo de las estancias, donde se puede observar las tradiciones y costumbres del gaucho, la otra industria es la del desarrollo comercial del uso de la información tecnológica. Uruguay se ha convertido en uno de los exportadores más importantes de programas de informática de Latinoamérica, debido a que el gobierno ha decidido invertir 1% de su Producto Interno Bruto (PIB), o las ganancias económicas del país, en las ciencias y la tecnología.

¿Qué industria te parece la más importante para el desarrollo de un país: la agricultura o la tecnología informática?

Arte y artesanía El MUVA, Museo Virtual de Arte Uruguayo, es un museo dinámico e interactivo que presenta las obras más importantes del arte uruguayo contemporáneo. El MUVA le permite al internauta *(web surfer)* ver y familiarizarse con dibujos, pinturas y esculturas que se encuentran en colecciones privadas o en talleres de difícil acceso, y juntar todas estas obras en un solo espacio. Por medio de este museo virtual, se puede llegar a conocer a muchos artistas, desde los más jóvenes que comienzan su obra, hasta los grandes maestros uruguayos. El MUVA ofrece además una biblioteca y un archivo con toda la bibliografía sobre el arte uruguayo para las personas que quieran saber más sobre el arte uruguayo y el de América Latina. Aquí tienes la dirección cibernética del museo MUVA en Uruguay (http://muva.elpais.com.uy). ¡Disfrútalo!

¿Has visitado algún museo virtual? ¿Qué te parece la idea de los museos virtuales?

Ritmos y música En Uruguay hay ritmos musicales que se comparten con Argentina, como el tango y la milonga. El tango es un estilo musical y una danza de naturaleza urbana, muy sensual y compleja. Las letras de las canciones del tango describen las tristezas del amor.

Uno de los grupos más importantes, dentro del nuevo estilo del tango electrónico es el grupo «Bajofondo Tango Club». Estos músicos le han añadido la parte electrónica a la música tradicional del tango para convertir el tango en una corriente dominante de la actualidad. Su primer proyecto musical salió al mercado en el 2002 con gran éxito; más tarde salió otro proyecto en el 2004 y en el 2005. Del álbum llamado *Café Mundo*, la selección «Mi corazón» es un perfecto ejemplo del tango electrónico. *Access the iTunes playlist on the **Plazas** website.*

Bajofondo Tango Club

¿Recuerdas el ritmo del tango electrónico del grupo argentino Gotan Project (Capítulo 7)? Compara la canción de Gotan Project con la de Bajofondo Tango Club. ¿Te gusta el tango electrónico?

See the *Lab Manual*, **Capítulo 15, Ritmos y música** for activities.

¡Busquen en la Red de información!

www.thomsonedu.com/spanish/plazas

1. Personalidades ilustres: Eduardo Galeano
2. Historia: Colonia del Sacramento
3. Lugares mágicos: Punta del Este
4. Oficios y ocupaciones: La agricultura y la tecnología uruguayas
5. Arte y artesanía: Museo Virtual de Arte Uruguayo (MUVA)
6. Ritmos y música: El tango electrónico, «Bajofondo Tango Club»

Vocabulario   La computadora

En la tienda de Federico y Alejandra In this section, you will learn how to talk about computers and their functions.

Sustantivos

el archivo file
el ciberespacio / el espacio cibernético cyberspace
la conexión connection
el correo electrónico e-mail
el disco duro hard drive
el Internet Internet
el mensaje message
el programa (de CD-ROM) (CD-ROM) program
el salón (la sala) de charla chat room

Verbos

abrir un documento (un programa) to open a document (program)
archivar/guardar to save
estar conectado(a)/(en línea) to be online
hacer click (sobre) to click (on)
imprimir to print
navegar la Red to surf the net
programar to program
quitar el programa to quit the program
teletrabajar to telecommute

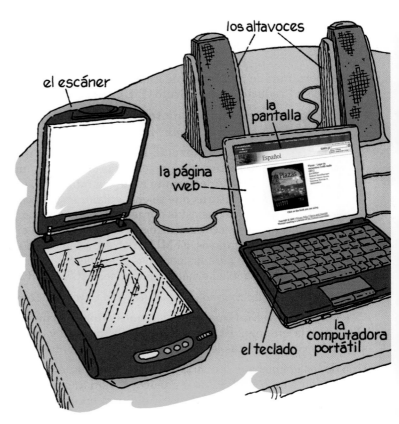

los altavoces
el escáner
la pantalla
la página web
la computadora portátil
el teclado

¿Nos entendemos?

Many terms exist for the Internet and activities associated with it. **El Internet, la Telaraña mundial,** and **la Red** are commonly employed. A person who surfs the web can be called **un(a) cibernauta** or **internauta**. **Navegar la Red** and even **surfear la Red** are used. One may visit a **salón (sala) de charla** and **chatear**. At least three ways to say *click* exist: **hacer click, oprimir,** and **pulsar**.

Palabras 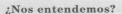 útiles

Localizador Uniforme de Recursos URL
el módem modem
la página de bienvenida (de entrada, de presentación, inicial, principal) home page

la plataforma de operación operating platform (system)
el proveedor de servicios Internet Internet service provider
el servidor server

¿Nos entendemos?

It is common to encounter computer terms from English used in Spanish, such as **el floppy, el laptop, el notebook, el mouse, el scanner,** and **el software. La unidad flash** is a combination of Spanish and English.

Palabras útiles are presented to help you enrich your personal vocabulary. The words here will help you talk about computers and the Internet.

¡A practicar!

15-10 | ¡Socorro! Es la segunda semana en la tienda de Federico y Alejandra. Hoy llaman muchos clientes con problemas. Completa las oraciones con la palabra necesaria de la lista para indicar cuáles son los problemas y algunas de las recomendaciones.

computadora portátil	escáner	hacer click	abrir
Internet	conexión	altavoces	página web

1. **El Sr. Ramírez:** Voy a hacer un viaje a Punta del Este y necesito una computadora para llevar conmigo. ¿Qué me recomienda Ud.?
   Alejandra: Cómprese una 1. _____.
2. **Juan Pablo:** Alejandra, yo quisiera escuchar música de Hugo Fattoruso con mi computadora. ¿Qué necesito?
   Alejandra: Ud. necesita unos 2. _____.
3. **José Eduardo:** ¿Me podría mostrar cómo hacer una 3. _____ con el Internet? Quisiera diseñar una 4. _____ usando mis fotos.
   Alejandra: Mire, José Eduardo, para poner sus fotos en el 5. _____, va a necesitar un 6. _____ si no tiene una cámara digital.
4. **Maruja:** Yo sé cerrar mis documentos, pero no sé cómo 7. _____los.
   Alejandra: Para abrir tus documentos, necesitas 8. _____ con el ratón en el ícono.

15-11 | ¿Qué busca esta gente? Ahora Federico tiene descripciones de lo que sus clientes necesitan. Ayúdale a encontrar las cosas que necesitan.

1. ___ algo para imprimir documentos
2. ___ algo con muchas teclas y letras para escribir en la computadora
3. ___ el objeto que se usa para hacer click
4. ___ la parte de la computadora que tiene memoria

    a. el disco duro
    b. el teclado
    c. la impresora
    d. el ratón

15-12 | ¿Qué necesitas? Indica el equipo y los programas que necesitas para realizar las siguientes funciones en la computadora.

Modelo producir una nueva versión de tu currículum
Necesito el disquete con la versión vieja, una computadora, un programa como Word y una impresora.

1. producir copias de unas fotos
2. escribir una carta
3. buscar información sobre el turismo en Uruguay
4. charlar con alguien por la computadora
5. tomar apuntes *(to take notes)* usando la computadora en la biblioteca o en la clase
6. escuchar música del Internet en tu computadora
7. imprimir copias de tu trabajo escrito para tus amigos

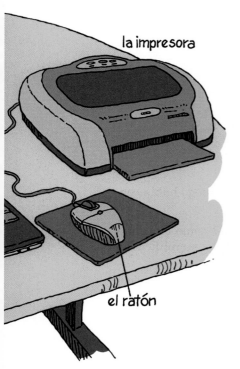

la impresora

el ratón

¡A conversar!

15-13 | ¿Cuánto usas de la tecnología? Hazle las siguientes preguntas a un(a) compañero(a) de clase para determinar cuánto él/ella usa de la tecnología.

nunca = 0   a veces = 1   frecuentemente = 2   todos los días = 3

_____ ¿Te escribes con amigos o familiares por correo electrónico?

_____ ¿Usas la computadora para escribir trabajos escritos para tus clases?

_____ ¿Haces presentaciones con la computadora?

_____ ¿Escribes páginas que aparecen en Internet?

_____ ¿Te comunicas con gente en las salas de charla?

_____ ¿Compras cosas de una tienda virtual?

_____ ¿Navegas la Red para divertirte?

_____ ¿Usas un escáner para modificar fotos?

_____ ¿Imprimes cartas o tarjetas que hiciste en la computadora?

_____ ¿Usas la computadora para programar?

INTERPRETACIONES

0–8   Debes comprarte una computadora.

9–17   Necesitas más práctica con la computadora.

18–24   ¿Quieres una entrevista con Apple?

25–30   Eres un(a) genio(a) con la computadora.

15-14 | Entrevista Hazle las siguientes preguntas a un(a) compañero(a) y luego habla con él/ella sobre sus respuestas.

1. ¿Para qué actividades usas la computadora? ¿Usas la computadora más como un componente de tu trabajo o tus estudios o como una fuente de diversión? ¿Te ha simplificado la vida la computadora o es causa de más estrés para ti?

2. ¿Es la computadora una tecnología privilegiada que se reserva solamente para los ricos? ¿Es un problema que los jóvenes sepan más que la gente mayor con respecto a la tecnología? ¿Será más fácil usar la computadora en el futuro o será tan complicado como ahora? ¿Cómo se puede asegurar que todos tengan acceso a la Red y los servicios que ofrece?

3. ¿Hay suficiente control sobre el contenido de páginas Web? ¿Qué harías si tuvieras un niño de diez años que quisiera navegar la Red? ¿Qué papel debe tener el Internet en las escuelas públicas?

4. En tu opinión, ¿son la mayoría de los programas de CD-ROM educativos o solamente para diversión? ¿Cuáles son algunos programas que te gustaría usar, pero que no has encontrado todavía en las tiendas?

5. ¿Son la computadora y el Internet novedades o representan el medio de comunicación dominante para el futuro? Explica tu respuesta.

15-15 | **¿Qué vamos a comprar?** Tú y un(a) compañero(a) piensan empezar su propia empresa y necesitan comprar una computadora y otra tecnología para su oficina. Prefieren comprar tantos artículos y servicios como sea posible en la tienda **Tecnimundo.** Lean la información sobre **Tecnimundo** y discutan qué quieren comprar. Si necesitan cosas no ofrecidas en **Tecnimundo,** hablen de ellas también e indiquen dónde pueden comprarlas.

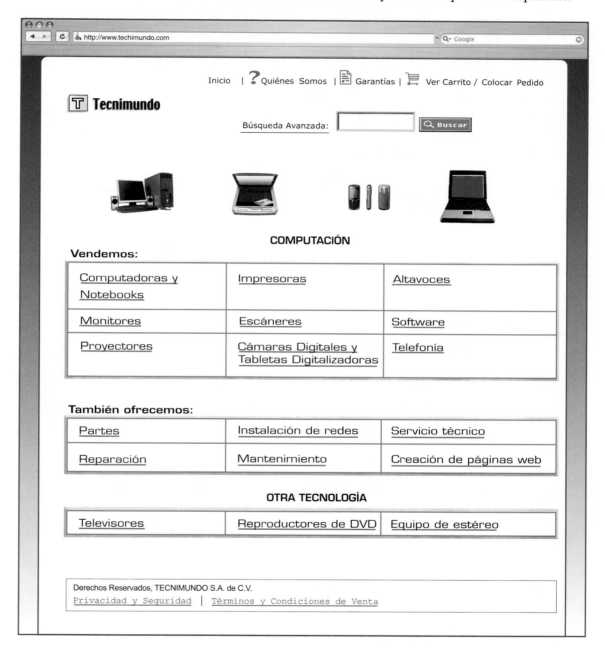

Inicio | **?** Quiénes Somos | Garantías | Ver Carrito / Colocar Pedido

T Tecnimundo

Búsqueda Avanzada: [   ] **Q Buscar**

COMPUTACIÓN

Vendemos:

Computadoras y Notebooks	Impresoras	Altavoces
Monitores	Escáneres	Software
Proyectores	Cámaras Digitales y Tabletas Digitalizadoras	Telefonía

También ofrecemos:

Partes	Instalación de redes	Servicio técnico
Reparación	Mantenimiento	Creación de páginas web

OTRA TECNOLOGÍA

Televisores	Reproductores de DVD	Equipo de estéreo

Derechos Reservados, TECNIMUNDO S.A. de C.V.
Privacidad y Seguridad | Términos y Condiciones de Venta

15-16 | **Una escena en *Tecnimundo*** Trabajen en grupos de tres o cuatro personas para preparar y presentar una escena que puede ocurrir en la tienda **Tecnimundo.** Los miembros del grupo desempeñan los papeles de los dueños de la tienda y unos clientes. Los clientes piden ayuda e información, los dueños contestan las preguntas y tratan de convencer a los clientes que compren muchas cosas. Después de preparar y practicar la escena, preséntenla a la clase.

Estructura II

Talking about hypothetical situations

You have seen the conditional tense used with the past subjunctive to speculate about what would happen under certain conditions (**Si tuviéramos el dinero, iríamos al Ecuador**). Now you will see how to form and use these and other hypothetical statements that are often called *if* clauses.

To imply that a situation is a fact or is likely to occur, however, use **si** *(if)* with a verb form in the indicative in both the *if* (dependent) clause and the conclusion (independent clause).

Factual situation

—Ya he ahorrado más de 2.000 dólares para mis vacaciones.

I've already saved more than $2,000 for my vacation.

—**Si tienes** tanto dinero, **puedes** viajar a Uruguay.

If you have so much money, you can travel to Uruguay.

¡A practicar!

Capítulo 15	Capítulo 15
Capítulo 15	iLrn: Heinle Learning Center, Capítulo 15

15-17 | Si viajara a Uruguay... ¿A ti te gustaría viajar a Uruguay algún día? Haz oraciones completas para expresar tus ideas siguiendo el modelo.

Modelo   si / viajar / Uruguay / ir / con...
Si viajara a Uruguay, iría con mi amigo Bob.

1. si / planear un viaje / Uruguay / buscar información / Internet
2. si / viajar / Uruguay / día / ir / con...
3. si / necesitar / una computadora portátil para el viaje / comprarla / en...
4. si / tener / dinero / alojarme / en Plaza Victoria
5. si / tener / problemas / hotel / hablar / con...
6. si / estar / mercado / comprar / un(a)...

15-18 | El Internet en casa Mario es un estudiante universitario que vive en un apartamento en Montevideo con tres amigos. Completa las oraciones para saber lo que dice sobre su conexión al Internet. Escoge el presente del indicativo o el imperfecto del subjuntivo para cada verbo indicado.

1. Si yo _____ (poder) escoger el servicio de Internet para nuestro apartamento, voy a escoger Tecnet con acceso dedicado.
2. Si una persona _____ (tener) el acceso dedicado, el servicio no ocupa su línea telefónica.
3. Mis compañeros y yo no podríamos sobrevivir si la computadora y el teléfono _____ (ocupar) la misma línea.
4. Con Tecnet, si pagamos 1.039,00 pesos por mes, nosotros _____ (recibir) cinco casillas de correo electrónico en @internet.com.uy.
5. Si nosotros _____ (querer) más casillas y más servicios, tendríamos que pagar más.
6. Si alguien _____ (trabajar) en casa, puede necesitar más servicios pero nosotros no los necesitamos.
7. Pues, claro que si el dinero no _____ un problema para nosotros, escogeríamos el plan con todos los servicios.
8. Pienso usar el Internet todos los días, ¡si mis compañeros me _____ (dejar) usar la computadora!

If clauses

Likely to occur

> **Si ahorro** 200 dólares más, **viajaré** a ese país.

> *If I save 200 dollars more, I will travel to that country.*

To imply that a situation is contrary to fact or is unlikely to occur, use **si** with a past subjunctive verb in the *if* (dependent) clause, and a conditional verb in the conclusion (independent clause).

Contrary to fact

> **Si tuvieras** el dinero, **¿irías** a Uruguay?

> *If you had the money, would you go to Uruguay?*

Unlikely to occur

> **Si** yo **pagara** tu boleto, **¿irías** conmigo?

> *If I paid for your ticket, would you go with me?*

¡A conversar!

15-19 | Oportunidades y decisiones Pregúntale a otro(a) compañero(a) de clase sobre estas posibilidades fantásticas y las decisiones que él/ella tomaría para ver si tienen mucho en común.

1. Si tuvieras el dinero y el tiempo, ¿te gustaría comprar una computadora mejor? ¿Qué tipo comprarías? ¿Para qué la usarías?
2. ¿Harías una página web en Internet si tuvieras la oportunidad? ¿Qué información pondrías? ¿Pondrías una foto tuya en esa página?
3. Si pudieras inventar una máquina, ¿qué inventarías? ¿Por qué inventarías esta cosa?
4. Si vivieras en otro siglo, ¿en qué época querrías vivir y por qué? ¿Qué objetos de la tecnología echarías de menos *(would you miss)*?
5. Si conocieras una persona en un salón de chat, ¿qué le preguntarías?
6. Si tú y tus amigos descubrieran el secreto de la vida eterna, ¿qué harían con esta información?
7. ¿Querrías saber algo de tu vida si pudieras visitar el futuro?
8. ¿Qué haría tu mejor amigo(a) si se ganara la lotería? ¿Compartiría el dinero contigo? ¿Te compraría él/ella un nuevo estéreo u otra cosa parecida?

15-20 | ¿Un mundo ideal? Con un(a) compañero(a) de clase, habla de las consecuencias de las siguientes situaciones y decidan si el mundo realmente sería mejor.

¿Qué pasaría si...

1. todos se cuidaran bien?
2. no hubiera guerras?
3. nadie tuviera problemas emocionales?
4. fuera posible vivir por 200 años?
5. no existieran diferencias de opinión?
6. toda la gente se vistiera de la misma manera?

Past (imperfect) subjunctive

Spanish speakers use the past (imperfect) subjunctive to express wishes, emotions, opinions, uncertainty, and indefiniteness about the past. For all Spanish verbs, drop the **-ron** ending from the **Uds./ellos(as)** form of the preterite tense, then add the personal endings shown in boldface below. Any irregularities in the third-person plural of the preterite will be maintained in the imperfect subjunctive.

Uds., ellos(as)			
	habla**ra**	vinie**ra**	me fue**ra**
	habla**ras**	vinie**ras**	te fue**ras**
	habla**ra**	vinie**ra**	se fue**ra**
	hablá**ramos**	viniéramos	nos fué**ramos**
	habla**rais**	vinie**rais**	os fue**rais**
	habla**ran**	vinie**ran**	se fue**ran**

¡A recordar! Why does the **nosotros(as)** form always have an accent mark? What are the alternate past subjunctive forms and when and where are they used? In which instances is the past subjunctive used to show courtesy?

Forming and using *if* clauses

To imply that a situation is contrary-to-fact or is unlikely to occur, use **si** (*if*) with a past subjunctive verb in the dependent clause (*if* clause), and a conditional verb in the independent clause. To imply that a situation is a fact or is likely to occur, however, use **si** with an indicative verb form in both the *if* clause and the independent clause.

¡A recordar! How would you say *If we had the money, we would go to Uruguay* in Spanish?

Cita

"¿Por qué esta magnífica _____ *(technology)* científica, que ahorra trabajo y nos hace la vida más fácil, nos da tan poca felicidad? La repuesta es simplemente porque aún no hemos aprendido a usarla con tino *(good sense or aim)*."
-Albert Einstein   Bonus! 1pt.

Actividad 1 | **Mi niñez** Completa el párrafo usando la forma correcta de cada verbo en el imperfecto (pasado) del subjuntivo. (10 pts.)

Mis padres querían que mis hermanos y yo 1. _____ (sacar) buenas notas y que 2. _____ (tener) éxito en la escuela. Nos compraron computadoras para que nosotros 3. _____ (poder) hacer la tarea y aprender a usar la tecnología. No permitían que yo 4. _____ (ver) la tele mucho pero les gustaba que mis hermanos 5. _____ (jugar) al fútbol y que yo 6. _____ (correr) mucho. Era bueno que mis padres 7. _____ (hacer) ejercicio también y me alegraba que todos nosotros 8. _____ (ir) al parque los sábados. Trabajábamos mucho pero era importante que nosotros 9. _____ (divertirse). Recientemente mi padre me dijo «Siempre quería que mis hijos 10. _____ (estar) contentos.»

Actividad 2 | **La universidad ahora y en el pasado** Cambia cada verbo en negrilla *(boldface)* del presente del subjuntivo al imperfecto (pasado) del subjuntivo. (7 pts.)

1. Recomiendo que **estudies.** Recomendaba que _____.
2. Dudo que mis amigos **duerman** suficientemente. Dudaba que _____ suficientemente.
3. Los profesores esperan que **comprendamos** las lecciones. Esperaban que las _____.
4. Los médicos sugieren que Ud. **coma** bien. Los médicos sugerían que Ud. _____ bien.
5. Es posible que unas personas no **lean** los libros. Era posible que unas personas no los _____.
6. Es lógico que **usemos** la computadora. Era lógico que la _____.
7. Me alegro de que las clases **sean** interesantes. Me alegraba de que las clases _____ interesantes.

Actividad 3 | **Una tienda nueva** Escoge la respuesta correcta para cada oración para saber más sobre la tienda de Federico y Alejandra. (8 pts.)

_____ 1. Espero que los clientes _____ lo que buscan en nuestra tienda.
   a. encuentran   c. encontraron
   b. encuentren   d. encontraran

_____ 2. Es importante que yo _____ documentación de nuestras ventas.
   a. mantengo   c. mantuve
   b. mantenga   d. mantuviera

_____ 3. Cuando planeábamos la tienda, mi padre recomendó que _____ cuidado.

     a. tenemos   b. tengamos   c. teníamos   d. tuviéramos

_____ 4. Era necesario que él nos _____ dinero.

     a. presta   b. preste   c. prestó   d. prestara

_____ 5. Él estaba seguro de que _____ a tener éxito.

     a. vamos   b. vayamos   c. íbamos   d. fuéramos

_____ 6. Si vendemos los productos más deseados, _____ ganar dinero.

     a. podemos   b. podamos   c. pudimos   d. pudiéramos

_____ 7. Si mis padres no nos _____, sería mucho más difícil.

     a. ayudan   b. ayuden   c. ayudaron   d. ayudaran

_____ 8. Es increíble que tú _____ tantas cosas aquí. ¡Mil gracias!

     a. compras   b. compres   c. comprabas   d. compraras

Actividad 4 | Tecnología para mi casa Escoge el verbo lógico para completar cada oración y escribe la forma correcta. Escoge el imperfecto (pasado) del subjuntivo o el condicional según el contexto. (6 pts.)

estar   navegar   poder   sacar   ser   tener

1. Si yo _____ mucho dinero, compraría mucha tecnología para mi casa.
2. Tendría un televisor enorme si _____ posible.
3. Mis amigos vendrían a mi casa si ellos _____ mirar deportes en una pantalla grande.
4. Si supiera usar la cámara digital, yo _____ fotos de mis amigos.
5. Aprendería mucho si yo _____ el Internet todo el día.
6. _____ muy alegre si toda mi tecnología funcionara bien.

Actividad 5 | Un viaje a Uruguay Forma oraciones con los elementos dados para describir un viaje posible a Uruguay. Emplea el imperfecto del subjuntivo y el condicional apropiadamente. (10 pts.)

1. Si yo / visitar Uruguay, / yo / ir a Montevideo primero. _____
2. Mi hermano / acompañarme / si él / poder _____
3. Yo / pasar tiempo en Punta del Este / si / hacer buen tiempo _____
4. Mi amigo uruguayo Armando / enseñarme mucho / si yo / visitar a su familia

_____

5. Yo / sacar fotos / si mi padre / comprarme / una cámara digital _____

Actividad 6 | ¡A emparejar! Empareja cada elemento de la primera columna con su conclusión lógica. Presta atención a los tiempos de los verbos. (9 pts.)

_____ 1. Recomiendo que tú...
_____ 2. De niño, quería que mis padres...
_____ 3. Es necesario que el estudiante...
_____ 4. Espero que ellos...
_____ 5. Era bueno que tú...
_____ 6. Haría una página Web si yo...
_____ 7. El profesor prohíbe que mis compañeros y yo...
_____ 8. Nuestros padres permitían que nosotros...
_____ 9. Tendría que comprar una computadora nueva si...

a. mi computadora no funcionara.
b. tenga computadora portátil.
c. apagues la computadora cuando hace mal tiempo.
d. jugáramos juegos en la computadora.
e. tengamos los teléfonos celulares encendidos en clase.
f. aprendieras a programar la computadora.
g. me compraran muchos discos compactos.
h. lean el correo electrónico que les mandé.
i. supiera hacerlo.

¡A ver!

En este segmento del video, los compañeros de casa trabajan juntos para pintar un cuadro. Mientras pintan, piensan en las experiencias que han tenido juntos en la Hacienda Vista Alegre.

Expresiones útiles

Las siguientes son expresiones nuevas que vas a escuchar en el video.

un momento clave   *a key moment*
fue como un reto   *it was a drag*

Antes de ver

Paso 1 ¿Cuáles son algunos de los sentimientos que experimenta la gente a la hora de despedirse de un(a) buen(a) amigo(a)? Trabaja con un(a) compañero(a) para hacer una lista de varias posibilidades.

Paso 2 ¿Cuáles son algunas de las cosas que aprendiste de tus amigos? ¿Has tenido amigos que han tenido mucha influencia en tu vida? ¿Por qué han tenido tanto valor algunas amistades? Comparte tus experiencias con un(a) compañero(a). ¿Han tenido experiencias similares?

Después de ver

Paso 1 En **Antes de ver, Paso 1,** tu compañero(a) y tú hablaron de los sentimientos de la gente a la hora de despedirse. En el video, viste cómo se sienten los compañeros. Para dar más detalles sobre los últimos momentos que los compañeros tenían juntos completa el párrafo con el infinitivo o la forma apropiada del imperfecto de subjuntivo o del pretérito de los verbos entre paréntesis.

Sofía estaba un poco triste que _____ (**terminar**) el mes de vivir juntos en la Hacienda Vista Alegre. Era obvio para ella que el mes había sido un momento clave para todo el grupo. Por ejemplo, era bueno que Javier _____ (**venir**) a Puerto Rico y que _____ (**escuchar**) a Sofía cuando planeaba su futuro. Alejandra dudaba que vivir con cuatro personas _____ (**poder**) convertirse en una diversión, pero así pasó. Antonio no esperaba _____ (**olvidar**) la experiencia nunca y Valeria se alegraba de que todos los compañeros _____ (**llegar**) a ser amigos.

Paso 2 En **Antes de ver, Paso 2,** tu compañero(a) y tú hablaron del valor de la amistad y la influencia que los amigos pueden tener en nuestra vida. En la Hacienda Vista Alegre, los compañeros también experimentaron esta amistad fuerte. Si no fuera por esta amistad e influencia, el futuro de cada compañero sería bien diferente. Para explicar un poco el impacto que tenían, completa las siguientes oraciones con el imperfecto de subjuntivo o el condicional de los verbos entre paréntesis.

- Si Javier no _____ **(escuchar)** a Sofía, todavía seguiría su carrera de medicina.
- Si no fuera por Sofía, Valeria no _____ **(apreciar)** la música folclórica.
- Si Valeria no _____ **(conocer)** a Antonio, volvería con su ex-novio César en Venezuela.
- Si no fuera por Alejandra, Sofía no _____ **(tener)** una fotografía para la contraportada de su libro.

¿Qué opinas tú?

Paso 1 ¿Es esto lo que esperabas que pasara a los compañeros? ¿Por qué sí o por qué no? ¿Crees que se escribirán? ¿Se hablarán por teléfono? ¿Quiénes se escribirán por correo electrónico? ¿Quiénes viajarán para visitarse? Compara tus respuestas con las de un(a) compañero(a). ¿Tienen las mismas opiniones?

Paso 2 ¿Qué harías si tú fueras uno de los compañeros? Imagínate que eres uno de los compañeros y completa la siguiente oración:

Si yo fuera _____, yo...

Comparte tu oración con la clase y justifica tu respuesta.

See the *Lab Manual,* **Capítulo 15,** ¡A ver! for additional activities.

¡A leer!

Strategy: Integrating your reading strategies

In previous lessons, you have learned many strategies for becoming a more proficient reader of Spanish. In this section, you will practice integrating several of these reading strategies.

Antes de leer

Before reading the article, consider the title and its implications. You should rely on your personal knowledge to assist you in formulating an educated guess as to the article's topic. Then, take few moments to skim and identify cognates. Also, look for affixes (**tele**comunicaciones, alt**ísima**) and root words (**usar, usuario**) to aid in demystifying unknown terms. As you begin to read the selection, be sure to use format clues (underlined words and phrases) and to actively cluster words to get the gist of a sentence.

Use these questions to guide your work with the selection:

1. Look at the graphic. What Internet site is used the most in Uruguay?

2. Based on the graphic, in your opinion what is the topic of this selection?

3. Read the title and the first paragraph of the selection. Do you have a better idea of the theme of the selection? What is the theme?

4. Basing your prediction on the knowledge that you may have of this topic, what information is likely to be found in this selection?

UN MILLÓN DE INTERNAUTAS
Un millón de gracias

15.03.2007

Ya son más de un millón los internautas en Uruguay, según el último informe sobre el perfil de los usuarios de la Red, que se difundió en la Torre de las Telecomunicaciones. Montevideo COMM es el sitio web uruguayo más visitado.

Datos y cifras.

¿En qué sitios web uruguayos navega usted regularmente? ¿Con qué frecuencia?

Montevideo COMM	9,9%
El País	6,7%
Adinet	4,6%
Uruguay Total	3,7%
Observa	2,8%

*Fuente: Grupo Radar El perfil del internauta uruguayo Cuarta edición

Se trata de una cifra sorprendente para un país con sólo tres millones de habitantes. Uruguay tiene una tasa de conexión a Internet altísima. En esa tasa se suma a quienes se definen como «usuarios de Internet», los cuales llegan a cerca de 1.100.000 personas, según datos de una encuesta realizada por el Grupo Radar, apoyado por Montevideo COMM, Anteldata, la Cámara de Industrias del Uruguay y Netgate.

Es la cuarta edición del estudio llamado «El perfil del internauta uruguayo», que intenta descubrir más a fondo nuestras costumbres online y la identidad de esta comunidad creciente. En conferencia de prensa en el Auditorio del Complejo Torre de las Telecomunicaciones, el grupo presentó sus principales conclusiones.

¿Quiénes son estos internautas? ¿Desde dónde se conectan? ¿Para qué se conectan? ¿Qué usos le dan a la Web? ¿Cuántos clickean los banners, leen medios digitales? ¿Qué casillas de correos tienen? Se intentó responder estas interrogantes durante el evento.

Entre los datos que se brindaron en primera instancia figuran los siguientes: 1.000.000 personas se definen como usuarios de Internet, de los cuales dos tercios se encuentran en Montevideo.

El 58% de los usuarios de Internet son menores de treinta años. Una información importante es el derrumbe de un mito relativo a la edad de quienes utilizan Internet. El usuario no es mayoritariamente adolescente, como se suele creer, ya que la edad promedio es de treinta años.

En cuanto al nivel educativo de quienes acceden a la Red, el 67% tiene por lo menos secundaria completa, y sólo un 5% de los usuarios no tienen más que estudios primarios.

El ciber sigue siendo uno de los más importantes lugares de acceso a Internet, con 550 mil usuarios. La conexión desde el hogar es escogida por el 53% de la población. En dos de cada tres hogares, por otra parte, hay por lo menos un usuario de Internet.

La gente utiliza Internet más como medio de comunicación (a través del e-mail y del chat), que como herramienta de búsqueda de información o de servicios. Cabe destacar que un 12% de los usuarios no tiene casilla de correo electrónico, lo que se explica, al parecer en el hecho de que entre los usuarios más jóvenes, el uso del e-mail es secundario con el del chat.

Después de leer

A escoger. Después de leer el texto, contesta las siguientes preguntas.

1. ¿Cuál es el sitio en la Red más navegado en Uruguay?
   a. Adinet
   b. Uruguay Total
   c. Montevideo Comm

2. De los usuarios de Internet, dos tercios viven en...
   a. Punta del Este.
   b. Montevideo.
   c. Uruguay.

3. La mayoría de los usuarios de Internet ha completado sus estudios...
   a. primarios.
   b. secundarios.
   c. universitarios.

4. De los usuarios más jóvenes, el 12% usa Internet...
   a. pero no tiene casilla de correo.
   b. pero no usa el chat.
   c. pero no busca información.

¿Cierto o falso? Indica si las siguientes oraciones son **ciertas** o **falsas.** Corrige las oraciones falsas.

1. _____ En Uruguay hay tres millones de personas y más de un millón de personas utilizan Internet.

2. _____ La edad promedio del usuario uruguayo es de treinta años.

3. _____ En uno de cada tres hogares, hay por lo menos un usuario de Internet.

4. _____ Los uruguayos utilizan Internet más para buscar información o servicios.

A conversar. Con tres de sus compañeros de clase discuten los siguientes temas.

1. ¿Para qué utilizan ustedes Internet? ¿Usan ustedes Internet para comunicarse o para buscar información? ¿Hay diferencias o semejanzas entre el uso que ustedes le dan y el uso que le dan los uruguayos al Internet?
2. ¿Cómo se comunicarían con sus amigos si no tuvieran correo electrónico o si no existiera Internet como existe ahora?
3. Hagan una encuesta con toda la clase para saber quién usa MySpace.com u otro sitio semejante, para qué lo usa (comunicar vs. buscar información) y en qué tipo de «blog» interviene.

¡A escribir!

Strategy: Speculating and hypothesizing

In this section, you are going to use what you have learned to write about a hypothetical situation and make a projection about what might occur under particular circumstances. After deciding on a hypothetical situation to write about, you will then outline some of the positive and/or negative consequences of this situation. This will involve speculating about the future and imagining possible outcomes that may arise from the hypothetical situation you select. Individuals in many professions prepare projections based on hypothetical situations. For example, marketing and advertising managers speculate about the success of their products, and individuals in government make projections about the effects of projects and programs. Consider the situation of a university student:

Ojalá yo tuviera una computadora portátil. De momento, no poseo ninguna computadora, y estoy harto de hacer cola (stand in line) en los laboratorios de computadoras de la universidad. Si tuviera mi propia computadora portátil, podría navegar la Red o mirar mi correo electrónico en cualquier momento. Tendría más tiempo para estudiar o pasear con mis amigos porque no tendría que hacer cola en la universidad para usar una computadora. No importaría si estuviera en casa, en la universidad o en la casa de un amigo: siempre la tendría a mi lado. Sería mucho más fácil conectarme al Internet. También la podría llevar conmigo cuando estuviera de vacaciones en casa de mis padres o en otro sitio.

Task: Preparing a projection

Paso 1 Piensa en las siguientes situaciones hipotéticas. Luego, escoge una de ellas o inventa tu propia situación.

- tener tu propio avión
- tener tu propio yate
- ser un(a) famoso(a) músico(a) o actor (actriz)
- ser presidente de los Estados Unidos
- descubrir una cura para el cáncer
- ¿ ?

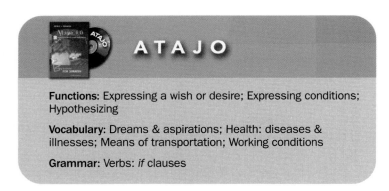

ATAJO

Functions: Expressing a wish or desire; Expressing conditions; Hypothesizing

Vocabulary: Dreams & aspirations; Health: diseases & illnesses; Means of transportation; Working conditions

Grammar: Verbs: *if* clauses

Paso 2 Ahora que has escogido una situación hipotética, piensa en lo que pasaría en el contexto que has seleccionado. Piensa en las siguientes preguntas y escribe tus ideas.

- ¿Qué harías tú?

  _____

  _____

- ¿Qué reacción tendría tu familia? ¿y tus amigos? ¿y otros estudiantes en tu universidad?

  _____

  _____

  _____

  _____

- ¿Qué ventajas tendría esta situación? ¿Qué desventajas tendría?

  _____

  _____

  _____

  _____

Paso 3 Ahora, escribe una composición acerca de lo que pasaría en la situación hipotética que has escogido. Debes incluir la información que has usado en los Pasos 1 y 2. También, puedes usar el párrafo anterior como un modelo.

Paso 4 Intercambia papeles con un(a) compañero(a) de clase. Lee su composición y decide si toda la información está presentada de una manera clara. También decide si todo sería igual si tú te encontraras en la situación descrita o si algunas cosas serían diferentes. Habla sobre tus reacciones con tu compañero(a).

Vocabulario esencial

CD 2,
Track 17

Los avances tecnológicos

Sustantivos

la antena parabólica	satellite dish
el PDA	PDA
la cámara (digital)	(digital) camera
el contestador automático	answering machine
el control remoto	remote control
el disco compacto	compact disc (CD)
el equipo	equipment
el estéreo	stereo
el mensaje de texto	text message
el reproductor de DVD	DVD player
el reproductor de MP3	MP3 player
el satélite	satellite
el teléfono celular	cellular phone
la videocámara digital	digital video camera
el videocasete	videotape
la videocasetera	VCR

Verbos

apagar	to turn off
(des)conectar	to (dis)connect
(des)enchufar	to plug in (to unplug)
funcionar	to function, work
grabar	to record
prender	to turn on (TV, stereo, etc.)

Adjetivos

apagado(a)	off
encendido(a)	on
enchufado(a)	plugged in
prendido(a)	on

La computadora

Sustantivos

los altavoces	speakers
el archivo	file
el ciberespacio /el espacio cibernético	cyberspace
la computadora portátil	laptop computer
la conexión	connection
el correo electrónico	e-mail
el disco duro	hard drive
el escáner	scanner
la impresora	printer
el Internet	Internet
el mensaje	message
la página Web	web page
la pantalla	screen
el programa (de CD-ROM)	(CD-ROM) program
el ratón	mouse (of a computer)
el salón (la sala) de charla	chat room
el teclado	keyboard

Verbos

abrir un documento (un programa)	to open a document (program)
archivar/guardar	to save
estar conectado(a)/en línea	to be online
hacer click (sobre)	to click (on)
imprimir	to print
navegar la Red	to surf the net
programar	to program
quitar el programa	to quit the program
teletrabajar	to telecommute

Grammar Guide

For more detailed explanations of these grammar points, consult the Index to find the pages where they are explained fully in the body of the textbook.

ACTIVE VOICE (La voz activa) A sentence written in the active voice identifies a subject that performs the action of the verb.

Juan	cantó	la canción.
Juan	***sang***	***the song.***
subject	**verb**	**direct object**

In the sentence above Juan is the performer of the verb **cantar**.
(*See also* **Passive voice.**)

ADJECTIVES (Los adjetivos) are words that modify or describe **nouns** or **pronouns** and agree in **number** and generally in **gender** with the nouns they modify.

Las casas **azules** son **bonitas.**
*The **blue** houses are **pretty.***

Esas mujeres **mexicanas** son mis amigas **nuevas.**
*Those **Mexican** women are my **new** friends.*

Plazas es un libro **interesante** y **divertido.**
***Plazas** is an **interesting** and **fun** book.*

- **Demonstrative adjectives (Los adjetivos demostrativos)** point out persons, places, or things relative to the position of the speaker. They always agree in **number** and **gender** with the **noun** they modify. The forms are: **este, esta, estos, estas / ese, esa, esos, esas / aquel, aquella, aquellos, aquellas.** There are also neuter forms that refer to generic ideas or things, and hence have no gender: **esto, eso, aquello.**

Este libro es fácil.	***This** book is easy.*
Esos libros son difíciles.	***Those** books are hard.*
Aquellos libros son pesados.	***Those** books **(over there)** are boring.*

Demonstratives may also function as **pronouns,** replacing the **noun** but still agreeing with it in **number** and **gender. Demonstrative pronouns** carry an accent mark over the syllable that would be naturally stressed anyway:

Me gustan esas blusas verdes.	*I like those green blouses.*
¿Cuáles, **éstas**?	*Which ones, **these**?*
No. Me gustan **ésas.**	*No. I like **those.***

- **Stressed possessive adjectives (Los adjetivos posesivos acentuados)** are used for emphasis and follow the noun that they modifiy. These adjectives may also function as pronouns and always agree in **number** and in **gender.** The forms are: **mío, tuyo, suyo, nuestro, vuestro, suyo.** Unless they are directly preceded by the verb **ser,** stressed possessives must be preceded by the **definite article.**

Ese perro pequeño es **mío.**	*That little dog is **mine.***
Dame el **tuyo;** el **nuestro** no funciona.	*Give me **yours; ours** doesn't work.*

- **Unstressed possessive adjectives (Los adjetivos posesivos no acentuados)** demonstrate ownership and always precede the **noun** that they modify.

La señora Elman es **mi** profesora.	*Mrs. Elman is **my** professor.*
Debemos llevar **nuestros** libros a clase.	*We should take **our** books to class.*

ADVERBS (Los adverbios) are words that modify **verbs, adjectives,** or other adverbs and, unlike **adjectives,** do not have **gender** or **number.** Here are examples of different classes of adverbs:

Practicamos **diariamente.**	*We practice **daily**.* (adverb of manner)
Ellos van a salir **pronto.**	*They will leave **soon**.* (adverb of time)
Jennifer está **afuera.**	*Jennifer is **outside**.* (adverb of place)
No quiero ir **tampoco.**	*I don't want to go **either**.* (adverb of negation)
Paco habla **demasiado.**	*Paco talks **too much**.* (adverb of quantity)

AGREEMENT (La concordancia) refers to the correspondence between parts of speech in terms of **number, gender,** and **person.** Subjects agree with their verbs; articles and adjectives agree with the nouns they modify, etc.

Toda**s** las lengua**s** son interesante**s.**	*All languages are interesting.* (number)
Ella es bonit**a.**	*She is pretty.* (gender)
Nosotros somos de España.	*We are from Spain.* (person)

ARTICLES (Los artículos) precede nouns and indicate whether they are definite or indefinite persons, places, or things.

- **Definite articles (Los artículos definidos)** refer to particular members of a group and are the equivalent of *the* in English. The definite articles are: **el, la, los, las.**

El hombre guapo es mi padre.	***The** handsome man is my father.*
Las mujeres de esta clase son inteligentes.	***The** women in this class are intelligent.*

- **Indefinite articles (Los artículos indefinidos)** refer to any unspecified member(s) of a group and are the equivalent of *a(n)* and *some.* The indefinite articles are: **un, una, unos, unas.**

Un hombre vino a nuestra casa anoche.	***A** man came to our house last night.*
Unas niñas jugaban en el parque.	***Some** girls were playing in the park.*

CLAUSES (Las cláusulas) are subject and verb combinations; for a sentence to be complete it must have at least one main clause.

- **Main clauses** (Independent clauses) **(Las cláusulas principales)** communicate a complete idea or thought.

Mi hermana va al hospital.	*My sister goes to the hospital.*

- **Subordinate clauses** (Dependent clauses) **(Las cláusulas subordinadas)** depend upon a main clause for their meaning to be complete.

Mi hermana va al hospital	con tal que no llueva.
My sister goes to the hospital	*provided that it's not raining.*
main clause	**subordinate clause**

In the sentence above, *provided that it's not raining* is not a complete idea without the information supplied by the main clause.

COMMANDS (Los mandatos) (*See* Imperatives.)

COMPARISONS (Las formas comparativas) are statements that describe one person, place, or thing relative to another in terms of quantity, quality, or manner.

- **Comparisons of equality (Las formas comparativas de igualdad)** demonstrate an equal share of a quantity or degree of a particular characteristic. These statements use a form of **tan(to)(ta)(s)** and **como.**

Ella tiene **tanto** dinero **como** Elena.	*She has **as much** money **as** Elena.*
Fernando trabaja **tanto como** Felipe.	*Fernando works **as much as** Felipe.*
Jim baila **tan** bien **como** Anne.	*Jim dances **as** well **as** Anne.*

- **Comparisons of inequality** (**Las formas comparativas de desigualdad**) indicate a difference in quantity, quality, or manner between the compared subjects. These statements use **más/menos... que** or comparative **adjectives** such as **mejor/peor, mayor/menor.**

España tiene **más** playas que México. *Spain has **more** beaches **than** Mexico.*
Tú hablas español **mejor que** yo. *You speak Spanish **better than** I.*

(*See also* **Superlatives.**)

CONJUGATIONS (**Las conjugaciones**) represent the inflected form of the verb as it is used with a particular subject or **person.**

Yo bailo los sábados.	*I dance on Saturdays.* (1st-person singular)
Tú bailas los sábados.	*You dance on Saturdays.* (2nd-person singular)
Ella baila los sábados.	*She dances on Saturdays.* (3rd-person singular)
Nosotros bailamos los sábados.	*We dance on Saturdays.* (1st-person plural)
Vosotros bailáis los sábados.	*You dance on Saturdays.* (2nd-person plural)
Ellos bailan los sábados.	*They dance on Saturdays.* (3rd-person plural)

CONJUNCTIONS (**Las conjunciones**) are linking words that join two independent **clauses** together.

Fuimos al centro **y** mis amigos compraron muchas cosas.
*We went downtown **and** my friends bought a lot of things.*

Yo quiero ir a la fiesta, **pero** tengo que estudiar.
*I want to go to the party, **but** I have to study.*

CONTRACTIONS (**Las contracciones**) in Spanish are limited to preposition/article combinations, such as **de + el = del** and **a + el = al,** or preposition/pronoun combinations such as **con + mí = conmigo** and **con + ti = contigo.**

DIRECT OBJECTS (**Los objetos directos**) in sentences are the direct recipients of the action of the verb. Direct objects answer the questions *What?* or *Whom?*

¿Qué hizo? *What did she do?*
Ella hizo **la tarea.** *She did her **homework.***
Y luego llamó a **su amiga.** *And then called **her friend.***

(*See also* **Pronouns, Indirect object, Personal a.**)

EXCLAMATIVE WORDS (**Las palabras exclamativas**) communicate surprise or strong emotion. Like interrogative words, exclamatives also carry accents.

¡**Qué** sorpresa! ***What** a surprise!*
¡**Cómo** canta Miguel! ***How well** Miguel sings!*

(*See also* Interrogatives.)

GENDER (**El género**) is a grammatical feature of Romance languages that classifies words as either masculine or feminine. The gender of the word is sometimes used to distinguish meaning (**la papa** = *the potato,* but **el Papa** = *the Pope;* **la policía** = *the police force,* but **el policía** = *the policeman*). It is important to memorize the gender of nouns when you learn the nouns.

GERUNDS (**Los gerundios**) are the Spanish equivalent of the *-ing* verb form in English. Regular gerunds are created by replacing the **infinitive** endings (**-ar, -er/-ir**) with **-ando** or **-iendo.** Gerunds are often used with the verb **estar** to form the present progressive tense. The present progressive tense places emphasis on the continuing or progressive nature of an action.

Miguel está **cantando** en la ducha. *Miguel is **singing** in the shower.*

(*See also* **Present participle.**)

IDIOMATIC EXPRESSIONS (Las frases idiomáticas) are phrases in Spanish that do not have a literal English equivalent.

Hace mucho frío. *It is very cold. (Literally, It makes a lot of cold.)*

IMPERATIVES (Los imperativos) represent the mood used to express requests or commands. It is more direct than the **subjunctive** mood. Imperatives are commonly called commands and fall into two categories: affirmative and negative. Spanish speakers must also choose between using formal commands and informal commands based upon whether one is addressed as **usted** (formal) or **tú** (informal).

Habla conmigo.	**Talk** to me. (informal, affirmative)
No me hables.	**Don't talk** to me. (informal, negative)
Hable con la policía.	**Talk** to the police. (formal, singular, affirmative)
No hable con la policía.	**Don't talk** to the police. (formal, singular, negative)
Hablen con la policía.	**Talk** to the police. (formal, plural, affirmative)
No hablen con la policía.	**Don't talk** to the police. (formal, plural, negative)

(*See also* **Mood.**)

IMPERFECT (El imperfecto) The imperfect tense is used to make statements about the past when the speaker wants to convey the idea of 1) habitual or repeated action, 2) two actions in progress simultaneously, or 3) an event that was in progress when another action interrupted. The imperfect tense is also used to emphasize the ongoing nature of the middle of the event, as opposed to its beginning or end. Age and clock time are always expressed using the imperfect.

Cuando María **era** joven, ella **cantaba** en el coro.
*When María **was** young, she **used to sing** in the choir.*

Aquel día **llovía** mucho y el cielo **estaba** oscuro.
*That day **it was raining** a lot and the sky **was** dark.*

Juan **dormía** cuando sonó el teléfono.
*Juan **was sleeping** when the phone rang.*

(*See also* **Preterite.**)

IMPERSONAL EXPRESSIONS (Las expresiones impersonales) are statements that contain the impersonal subjects of *it* or *one*.

Es necesario estudiar.	***It is necessary** to study.*
Se necesita estudiar.	***One needs to** study.*

(*See also* **Passive voice.**)

INDEFINITE WORDS (Las palabras indefinidas) are **articles, adjectives, nouns** or **pronouns** that refer to unspecified members of a group.

Un hombre vino.	***A** man came. (indefinite article)
Alguien vino.	***Someone** came. (indefinite noun)
Algunas personas vinieron.	***Some** people came. (indefinite adjective)
Algunas vinieron.	***Some** came. (indefinite pronoun)

(*See also* **Articles.**)

INDICATIVE (El indicativo) The indicative is a mood, rather than a tense. The indicative is used to express ideas that are considered factual or certain and, therefore, not subject to speculation, doubt, or negation.

Josefina **es** española. *Josefina **is** Spanish.*
(present indicative)

(*See also* **Mood.**)

INDIRECT OBJECTS (Los objetos indirectos) are the indirect recipients of an action in a sentence and answer the questions *To whom?* or *For whom?* In Spanish it is common to include an indirect object **pronoun** along with the indirect object.

Yo **le** di el libro a **Sofía.**	*I gave the book **to Sofía.***
Sofía **les** guardó el libro **para sus padres.**	*Sofia kept the book **for her parents.***

(*See also* **Direct objects** and **Pronouns.**)

INFINITIVES (Los infinitivos) are verb forms that are uninflected or not **conjugated** according to a specific **person.** In English, infinitives are preceded by *to: to talk, to eat, to live.* Infinitives in Spanish end in **-ar (hablar), -er (comer),** and **-ir (vivir).**

INTERROGATIVES (Las formas interrogativas) are used to pose questions and carry accent marks to distinguish them from other uses. Basic interrogative words include: **quién(es), qué, cómo, cuánto(a)(s), cuándo, por qué, dónde.**

¿**Qué** quieres?	***What** do you want?*
¿**Cuándo** llegó ella?	***When** did she arrive?*
¿De **dónde** eres?	***Where** are you from?*

(*See also* **Exclamatives.**)

MOOD (El modo) is like the word *mode,* meaning *manner* or *way.* It indicates the way in which the speaker views an action, or his/her attitude toward the action. Besides the **imperative** mood, which is simply giving commands, you learn two basic moods in Spanish: the **subjunctive** and the **indicative.** Basically, the subjunctive mood communicates an attitude of uncertainty or negation toward the action, while the indicative indicates that the action is certain or factual. Within each of these moods there are many **tenses.** Hence you have the present indicative and the present subjunctive, the present perfect indicative and the present perfect subjunctive, etc.

- **Indicative mood (El indicativo)** implies that what is stated or questioned is regarded as true.

Yo **quiero** ir a la fiesta.	***I want** to go to the party.*
Quieres ir conmigo?	***Do you want** to go with me?*

- **Subjunctive mood (El subjuntivo)** indicates a recommendation, a statement of doubt or negation, or a hypothetical situation.

Yo recomiendo que tú **vayas** a la fiesta.	*I recommend **that you go** to the party.*
Dudo que **vayas** a la fiesta.	*I doubt that **you'll go** to the party.*
No creo que **vayas** a la fiesta.	*I don't believe that **you'll go** to the party.*
Si **fueras** a la fiesta, te divertirías.	*If **you were to go** to the party, you would have a good time.*

- **Imperative mood (El imperativo)** is used to make a command or request.

¡**Ven** conmigo a la fiesta!	***Come** with me to the party!*

(*See also* **Indicative, Imperative,** and **Subjunctive.**)

NEGATION (La negación) takes place when a negative word, such as **no,** is placed before an affirmative sentence. In Spanish, double negatives are common.

Yolando va a cantar esta noche.	*Yolando will sing tonight.* (affirmative)
Yolando **no** va a cantar esta noche.	*Yolando will **not** sing tonight.* (negative)
Ramón quiere algo.	*Ramón wants something.* (affirmative)
Ramón **no** quiere **nada.**	*Ramón **doesn't** want **anything.*** (negative)

NOUNS (Los sustantivos) are persons, places, things, or ideas. Names of people, countries, and cities are proper nouns and are capitalized.

Alberto	*Albert* (person)
el pueblo	*town* (place)
el diccionario	*dictionary* (thing)

ORTHOGRAPHY (La ortografía) refers to the spelling of a word or anything related to spelling such as accentuation.

PASSIVE VOICE (La voz pasiva), as compared to **active voice (la voz activa),** places emphasis on the action itself rather than the agent of the action (the person or thing that is indirectly responsible for committing the action). The passive **se** is used when there is no apparent agent of the action.

Luis vende los coches.	*Luis sells the cars.* (active voice)
Los coches **son vendidos por** Luis.	*The cars **are sold by** Luis.* (passive voice)
Se **venden** los coches.	*The cars **are sold.*** (passive voice)

(*See also* **Active voice.**)

PAST PARTICIPLES (Los participios pasados) are verb forms used in compound tenses such as the **present perfect.** Regular past participles are formed by dropping the **-ar** or **-er/-ir** from the **infinitive** and adding **-ado** or **-ido.** Past participles are the equivalent of verbs ending in *-ed* in English. They may also be used as **adjectives,** in which case they agree in **number** and **gender** with their nouns. Irregular past participles include: **escrito, roto, dicho, hecho, puesto, vuelto, muerto, cubierto.**

Marta ha **subido** la montaña.	*Marta has **climbed** the mountain.*
Hemos **hablado** mucho por teléfono.	*We have **talked** a lot on the phone.*
La novela **publicada** en 1995 es su mejor novela.	*The novel **published** in 1995 is her best novel.*

PERFECT TENSES (Los tiempos perfectos) communicate the idea that an action has taken place before now (present perfect) or before a moment in the past (past perfect). The perfect tenses are compound tenses consisting of the verb **haber** plus the **past participle** of a second verb.

Yo **he comido.**	*I have eaten.* (present perfect indicative)
Antes de la fiesta, yo **había comido.**	*Before the party I had eaten.* (past perfect indicative)
Yo espero que **hayas comido.**	*I hope that **you have eaten.*** (present perfect subjunctive)
Yo esperaba que **hubieras comido.**	*I hoped that **you had eaten.*** (past perfect subjunctive)

PERSON (La persona) refers to changes in the subject pronouns that indicate if one is speaking (first person), if one is spoken to (second person), or if one is spoken about (third person).

Yo hablo.	*I speak.* (1st-person singular)
Tú hablas.	*You speak.* (2nd-person singular)
Ud./Él/Ella habla.	*You / He / She speak(s).* (3rd-person singular)
Nosotros(as) hablamos.	*We speak.* (1st-person plural)
Vosotros(as) habláis.	*You speak.* (2nd-person plural)
Uds./Ellos/Ellas hablan.	*They speak.* (3rd-person plural)

PREPOSITIONS (Las preposiciones) are linking words indicating spatial or temporal relations between two words.

Ella nadaba **en** la piscina.	*She was swimming **in** the pool.*
Yo llamé **antes de** las nueve.	*I called **before** nine o'clock.*

El libro es **para** ti.	*The book is **for** you.*
Voy **a** la oficina.	*I'm going **to** the office.*
Jorge es **de** Paraguay.	*Jorge is **from** Paraguay.*

PRESENT PARTICIPLE (*See* **Gerunds.**)

PRETERITE (El pretérito) The preterite tense, as compared to the **imperfect tense,** is used to talk about past events with specific emphasis on the beginning or the end of the action, or emphasis on the completed nature of the action as a whole.

Anoche yo **empecé** a estudiar a las once y **terminé** a la una.
*Last night I **began** to study at eleven o'clock and **finished** at one o'clock.*

Esta mañana **me desperté** a las siete, **desayuné, me duché** y **vine** al campus para las ocho.
*This morning I **woke up** at seven, I **ate** breakfast, I **showered,** and I **came** to campus by eight.*

PERSONAL A (La *a* personal) The personal **a** refers to the placement of the preposition **a** before the name of a person when that person is the **direct object** of the sentence.

| Voy a llamar **a** María. | *I'm going to call María.* |

PRONOUNS (Los pronombres) are words that substitute for **nouns** in a sentence.

Yo quiero **éste.**	*I want **this one.*** (demonstrative—points out a specific person, place or thing)
¿Quién es tu amigo?	***Who** is your friend?* (interrogative—used to ask questions)
Yo voy a llamar**la.**	*I'm going to call **her.*** (direct object—replaces the direct object of the sentence)
Ella va a dar**le** el reloj.	*She is going to give **him** the watch.* (indirect object—replaces the indirect object of the sentence)
Juan **se** baña por la mañana.	*Juan bathes **himself** in the morning.* (reflexive—used with reflexive verbs to show that the agent of the action is also the recipient)
Es la mujer **que** conozco.	*She is the woman **that** I know.* (relative—used to introduce a clause that describes a noun)
Nosotros somos listos.	***We** are clever.* (subject—replaces the noun that performs the action or state of a verb)

SUBJECTS (Los sujetos) are the persons, places, or things that perform the action or state of being of a verb. The **conjugated** verb always agrees with its subject.

Carlos siempre baila solo.	***Carlos** always dances alone.*
Colorado y **California** son mis estados preferidos.	***Colorado** and **California** are my favorite states.*
La cafetera produce el café.	*The **coffee pot** makes the coffee.*

(*See also* **Active voice.**)

SUBJUNCTIVE (El subjuntivo) The subjunctive mood is used to express speculative, doubtful, or hypothetical situations. It also communicates a degree of subjectivity or influence of the main clause over the subordinate clause.

No creo que **tengas** razón.	*I don't think that **you're** right.*
Si yo **fuera** el jefe, pagaría más a mis empleados.	*If I **were** the boss, I would pay my employees more.*
Quiero que **estudies** más.	*I want **you to study** more.*

(*See also* **Mood, Indicative.**)

SUPERLATIVE STATEMENTS (Las frases superlativas) are formed by adjectives or adverbs to make comparisons among three or more members of a group. To form superlatives, add a definite article **(el, la, los, las)** before the comparative form.

Juan es **el más alto** de los tres. *Juan is **the tallest** of the three.*
Este coche es **el más rápido** de todos. *This car is **the fastest** of them all.*

(See also **Comparisons**.)

TENSES (Los tiempos) refer to the manner in which time is expressed through the **verb** of a sentence.

Yo estudio. *I study.* (present tense)
Yo estoy estudiando. *I am studying.* (present progressive)
Yo he estudiado. *I have studied.* (present perfect)
Yo había estudiado. *I had studied.* (past perfect)
Yo estudié. *I studied.* (preterite tense)
Yo estudiaba. *I was studying.* (imperfect tense)
Yo estudiaré *I will study.* (future tense)

VERBS (Los verbos) are the words in a sentence that communicate an action or state of being.

Helen **es** mi amiga y ella **lee** muchas novelas.
*Helen **is** my friend and she **reads** a lot of novels.*

AUXILIARY VERBS (Los verbos auxiliares) or helping verbs are verbs such as **estar** and **haber** used to form the present progressive and the present perfect, respectively.

Estamos estudiando mucho para el examen mañana.
***We are** studying a lot for the exam tomorrow.*

Helen **ha** trabajado mucho en este proyecto.
*Helen **has** worked a lot on this project.*

REFLEXIVE VERBS (Los verbos reflexivos) use reflexive **pronouns** to indicate that the person initiating the action is also the recipient of the action.

Yo **me afeito** por la mañana. ***I shave (myself)** in the morning.*

STEM-CHANGING VERBS (Los verbos con cambios de raíz) undergo a change in the main part of the verb when conjugated. To find the stem, drop the **-ar, -er,** or **-ir** from the **infinitive: dorm-, empez-, ped-.** There are three types of stem-changing verbs: **o** to **ue, e** to **ie** and **e** to **i.**

dormir: Yo d**ue**rmo en el parque. *I sleep in the park.* (**o** to **ue**)
empezar: Ella siempre emp**ie**za su trabajo temprano. *She always starts her work early.* (**e** to **ie**)
pedir: ¿Por qué no p**i**des ayuda? *Why don't you ask for help?* (**e** to **i**)

Infinitive	Present Indicative	Imperfect	Preterite	Future	Conditional	Present Subjunctive	Past Subjunctive	Commands
hablar *to speak*	hablo	hablaba	hablé	hablaré	hablaría	hable	hablara	
	hablas	hablabas	hablaste	hablarás	hablarías	hables	hablaras	habla (no hables)
	habla	hablaba	habló	hablará	hablaría	hable	hablara	hable
	hablamos	hablábamos	hablamos	hablaremos	hablaríamos	hablemos	habláramos	
	habláis	hablabais	hablasteis	hablaréis	hablaríais	habléis	hablarais	hablad (no habléis)
	hablan	hablaban	hablaron	hablarán	hablarían	hablen	hablaran	hablen
aprender *to learn*	aprendo	aprendía	aprendí	aprenderé	aprendería	aprenda	aprendiera	aprende (no aprendas)
	aprendes	aprendías	aprendiste	aprenderás	aprenderías	aprendas	aprendieras	aprenda
	aprende	aprendía	aprendió	aprenderá	aprendería	aprenda	aprendiera	aprenda
	aprendemos	aprendíamos	aprendimos	aprenderemos	aprenderíamos	aprendamos	aprendiéramos	aprended (no aprendáis)
	aprendéis	aprendíais	aprendisteis	aprenderéis	aprenderíais	aprendáis	aprendierais	aprendan
	aprenden	aprendían	aprendieron	aprenderán	aprenderían	aprendan	aprendieran	
vivir *to live*	vivo	vivía	viví	viviré	viviría	viva	viviera	vive (no vivas)
	vives	vivías	viviste	vivirás	vivirías	vivas	vivieras	viva
	vive	vivía	vivió	vivirá	viviría	viva	viviera	vivid (no viváis)
	vivimos	vivíamos	vivimos	viviremos	viviríamos	vivamos	viviéramos	
	vivís	vivíais	vivisteis	viviréis	viviríais	viváis	vivierais	vivan
	viven	vivían	vivieron	vivirán	vivirían	vivan	vivieran	

Compound Tenses

Present progressive	estoy estás está estamos estáis están	hablando	aprendiendo	viviendo
Present perfect indicative	he has ha hemos habéis han	hablado	aprendido	vivido
Present perfect subjunctive	haya hayas haya hayamos hayáis hayan	hablado	aprendido	vivido
Past perfect indicative	había habías había habíamos habíais habían	hablado	aprendido	vivido

Infinitive / Present Participle / Past Participle	Present Indicative	Imperfect	Preterite	Future	Conditional	Present Subjunctive	Past Subjunctive	Commands
pensar *to think* e → ie pensando pensado	pienso piensas piensa pensamos pensáis piensan	pensaba pensabas pensaba pensábamos pensabais pensaban	pensé pensaste pensó pensamos pensasteis pensaron	pensaré pensarás pensará pensaremos pensaréis pensarán	pensaría pensarías pensaría pensaríamos pensaríais pensarían	piense pienses piense pensemos penséis piensen	pensara pensaras pensara pensáramos pensarais pensaran	piensa (no pienses) piense pensad (no penséis) piensen
acostarse *to go to bed* o → ue acostándose acostado	me acuesto te acuestas se acuesta nos acostamos os acostáis se acuestan	me acostaba te acostabas se acostaba nos acostábamos os acostabais se acostaban	me acosté te acostaste se acostó nos acostamos os acostasteis se acostaron	me acostaré te acostarás se acostará nos acostaremos os acostaréis se acostarán	me acostaría te acostarías se acostaría nos acostaríamos os acostaríais se acostarían	me acueste te acuestes se acueste nos acostemos os acostéis se acuesten	me acostara te acostaras se acostara nos acostáramos os acostarais se acostaran	acuéstate (no te acuestes) acuéstese acostaos (no os acostéis) acuéstense
sentir *to feel* e → ie, i sintiendo sentido	siento sientes siente sentimos sentís sienten	sentía sentías sentía sentíamos sentíais sentían	sentí sentiste sintió sentimos sentisteis sintieron	sentiré sentirás sentirá sentiremos sentiréis sentirán	sentiría sentirías sentiría sentiríamos sentiríais sentirían	sienta sientas sienta sintamos sintáis sientan	sintiera sintieras sintiera sintiéramos sintierais sintieran	siente (no sientas) sienta sentid (no sintáis) sientan
pedir *to ask for* e → i, i pidiendo pedido	pido pides pide pedimos pedís piden	pedía pedías pedía pedíamos pedíais pedían	pedí pediste pidió pedimos pedisteis pidieron	pediré pedirás pedirá pediremos pediréis pedirán	pediría pedirías pediría pediríamos pediríais pedirían	pida pidas pida pidamos pidáis pidan	pidiera pidieras pidiera pidiéramos pidierais pidieran	pide (no pidas) pida pedid (no pidáis) pidan
dormir *to sleep* o → ue, u durmiendo dormido	duermo duermes duerme dormimos dormís duermen	dormía dormías dormía dormíamos dormíais dormían	dormí dormiste durmió dormimos dormisteis durmieron	dormiré dormirás dormirá dormiremos dormiréis dormirán	dormiría dormirías dormiría dormiríamos dormiríais dormirían	duerma duermas duerma durmamos durmáis duerman	durmiera durmieras durmiera durmiéramos durmierais durmieran	duerme (no duermas) duerma dormid (no durmáis) duerman

Apéndice D: Los verbos con cambios de ortografía

Infinitive / Present Participle / Past Participle	Present Indicative	Imperfect	Preterite	Future	Conditional	Present Subjunctive	Past Subjunctive	Commands
comenzar (e → ie) *to begin* z → c before e comenzando comenzado	comienzo comienzas comienza comenzamos comenzáis comienzan	comenzaba comenzabas comenzaba comenzábamos comenzabais comenzaban	**comencé** comenzaste comenzó comenzamos comenzasteis comenzaron	comenzaré comenzarás comenzará comenzaremos comenzaréis comenzarán	comenzaría comenzarías comenzaría comenzaríamos comenzaríais comenzarían	**comience** **comiences** **comience** **comencemos** **comencéis** **comiencen**	comenzara comenzaras comenzara comenzáramos comenzarais comenzaran	comienza (no **comiences**) **comience** comenzad (no **comencéis**) **comiencen**
conocer *to know* c → zc before a, o conociendo conocido	**conozco** conoces conoce conocemos conocéis conocen	conocía conocías conocía conocíamos conocíais conocían	conocí conociste conoció conocimos conocisteis conocieron	conoceré conocerás conocerá conoceremos conoceréis conocerán	conocería conocerías conocería conoceríamos conoceríais conocerían	**conozca** **conozcas** **conozca** **conozcamos** **conozcáis** **conozcan**	conociera conocieras conociera conociéramos conocierais conocieran	conoce (no **conozcas**) **conozca** conoced (no **conozcáis**) **conozcan**
construir *to build* i → y, y inserted before a, e, o construyendo construido	**construyo** **construyes** **construye** construimos construís **construyen**	construía construías construía construíamos construíais construían	construí construiste **construyó** construimos construisteis **construyeron**	construiré construirás construirá construiremos construiréis construirán	construiría construirías construiría construiríamos construiríais construirían	**construya** **construyas** **construya** **construyamos** **construyáis** **construyan**	**construyera** **construyeras** **construyera** **construyéramos** **construyerais** **construyeran**	**construye** (no **construyas**) **construya** construid (no **construyáis**) **construyan**
leer *to read* i → y; stressed i → í leyendo leído	leo lees lee leemos leéis leen	leía leías leía leíamos leíais leían	leí leíste **leyó** leímos leísteis **leyeron**	leeré leerás leerá leeremos leeréis leerán	leería leerías leería leeríamos leeríais leerían	lea leas lea leamos leáis lean	**leyera** **leyeras** **leyera** **leyéramos** **leyerais** **leyeran**	lee (no leas) lea leed (no leáis) lean

Infinitive / Present Participle / Past Participle	Present Indicative	Imperfect	Preterite	Future	Conditional	Present Subjunctive	Past Subjunctive	Commands
pagar *to pay* **g → gu** **before e** pagando pagado	pago pagas paga pagamos pagáis pagan	pagaba pagabas pagaba pagábamos pagabais pagaban	**pagué** pagaste pagó pagamos pagasteis pagaron	pagaré pagarás pagará pagaremos pagaréis pagarán	pagaría pagarías pagaría pagaríamos pagaríais pagarían	**pague** **pagues** **pague** **paguemos** **paguéis** **paguen**	pagara pagaras pagara pagáramos pagarais pagaran	paga (no **pagues**) **pague** pagad (no **paguéis**) **paguen**
seguir *to follow* (e → i, i) **gu → g** **before a, o** siguiendo seguido	**sigo** **sigues** **sigue** seguimos seguís **siguen**	seguía seguías seguía seguíamos seguíais seguían	seguí seguiste **siguió** seguimos seguisteis **siguieron**	seguiré seguirás seguirá seguiremos seguiréis seguirán	seguiría seguirías seguiría seguiríamos seguiríais seguirían	**siga** **sigas** **siga** **sigamos** **sigáis** **sigan**	**siguiera** **siguieras** **siguiéramos** **siguierais** **siguieran**	**sigue** (no **sigas**) **siga** seguid (no **sigáis**) **sigan**
tocar *to play, to touch* **c → qu** **before e** tocando tocado toco	tocas toca tocamos tocáis tocan	tocaba tocabas tocaba tocábamos tocabais tocaban	**toqué** tocaste tocó tocamos tocasteis tocaron	tocaré tocará tocarás tocaremos tocaréis tocarán	tocaría tocarías tocaría tocaríamos tocaríais tocarían	**toque** **toques** **toque** **toquemos** **toquéis** **toquen**	tocara tocaras tocara tocáramos tocarais tocaran	toca (no **toques**) **toque** tocad (no **toquéis**) **toquen**

Infinitive Present Participle Past Participle	Present Indicative	Imperfect	Preterite	Future	Conditional	Present Subjunctive	Past Subjunctive	Commands
andar *to walk* andando andado	ando andas anda andamos andáis andan	andaba andabas andaba andábamos andabais andaban	anduve anduviste anduvo anduvimos anduvisteis anduvieron	andaré andarás andará andaremos andaréis andarán	andaría andarías andaría andaríamos andaríais andarían	ande andes ande andemos andéis anden	anduviera anduvieras anduviera anduviéramos anduvierais anduvieran	anda (no andes) ande andad (no andéis) anden
*caer *to fall* cayendo caído	caigo caes cae caemos caéis caen	caía caías caía caíamos caíais caían	caí caíste cayó caímos caísteis cayeron	caeré caerás caerá caeremos caeréis caerán	caería caerías caería caeríamos caeríais caerían	caiga caigas caiga caigamos caigáis caigan	cayera cayeras cayera cayéramos cayerais cayeran	cae (no caigas) caiga caed (no caigáis) caigan
*dar *to give* dando dado	doy das da damos dais dan	daba dabas daba dábamos dabais daban	di diste dio dimos disteis dieron	daré darás dará daremos daréis darán	daría darías daría daríamos daríais darían	dé des dé demos deis den	diera dieras diera diéramos dierais dieran	da (no des) dé dad (no deis) den
*decir *to say, tell* diciendo dicho	digo dices dice decimos decís dicen	decía decías decía decíamos decíais decían	dije dijiste dijo dijimos dijisteis dijeron	diré dirás dirá diremos diréis dirán	diría dirías diría diríamos diríais dirían	diga digas diga digamos digáis digan	dijera dijeras dijera dijéramos dijerais dijeran	di (no digas) diga decid (no digáis) digan
*estar *to be* estando estado	estoy estás está estamos estáis están	estaba estabas estaba estábamos estabais estaban	estuve estuviste estuvo estuvimos estuvisteis estuvieron	estaré estarás estará estaremos estaréis estarán	estaría estarías estaría estaríamos estaríais estarían	esté estés esté estemos estéis estén	estuviera estuvieras estuviera estuviéramos estuvierais estuvieran	está (no estés) esté estad (no estéis) estén

Infinitive / Present Participle / Past Participle	Present Indicative	Imperfect	Preterite	Future	Conditional	Present Subjunctive	Past Subjunctive	Commands
haber *to have* habiendo habido	he has ha [hay] hemos habéis han	había habías había habíamos habíais habían	hube hubiste hubo hubimos hubisteis hubieron	habré habrás habrá habremos habréis habrán	habría habrías habría habríamos habríais habrían	haya hayas haya hayamos hayáis hayan	hubiera hubieras hubiera hubiéramos hubierais hubieran	
*hacer *to make, to do* haciendo hecho	hago haces hace hacemos hacéis hacen	hacía hacías hacía hacíamos hacíais hacían	hice hiciste hizo hicimos hicisteis hicieron	haré harás hará haremos haréis harán	haría harías haría haríamos haríais harían	haga hagas haga hagamos hagáis hagan	hiciera hicieras hiciera hiciéramos hicierais hicieran	haz (no hagas) haga haced (no hagáis) hagan
ir *to go* yendo ido	voy vas va vamos vais van	iba ibas iba íbamos ibais iban	fui fuiste fue fuimos fuisteis fueron	iré irás irá iremos iréis irán	iría irías iría iríamos iríais irían	vaya vayas vaya vayamos vayáis vayan	fuera fueras fuera fuéramos fuerais fueran	ve (no vayas) vaya id (no vayáis) vayan
*oír *to hear* oyendo oído	oigo oyes oye oímos oís oyen	oía oías oía oíamos oíais oían	oí oíste oyó oímos oísteis oyeron	oiré oirás oirá oiremos oiréis oirán	oiría oirías oiría oiríamos oiríais oirían	oiga oigas oiga oigamos oigáis oigan	oyera oyeras oyera oyéramos oyerais oyeran	oye (no oigas) oiga oíd (no oigáis) oigan

Infinitive / Present Participle / Past Participle	Present Indicative	Imperfect	Preterite	Future	Conditional	Present Subjunctive	Past Subjunctive	Commands
poder (o → ue) can, to be able **pudiendo** podido	**puedo** **puedes** **puede** podemos podéis **pueden**	podía podías podía podíamos podíais podían	**pude** pudiste **pudo** pudimos pudisteis pudieron	**podré** podrás podrá podremos podréis podrán	podría podrías podría podríamos podríais podrían	pueda puedas pueda podamos podáis puedan	pudiera pudieras pudiera pudiéramos pudierais pudieran	
*poner to place, to put poniendo **puesto**	**pongo** pones pone ponemos ponéis ponen	ponía ponías ponía poníamos poníais ponían	**puse** pusiste **puso** pusimos pusisteis pusieron	**pondré** pondrás pondrá pondremos pondréis pondrán	pondría pondrías pondría pondríamos pondríais pondrían	ponga pongas ponga pongamos pongáis pongan	pusiera pusieras pusiera pusiéramos pusierais pusieran	pon (no pongas) ponga poned (no pongáis) pongan
querer (e → ie) to want, to wish queriendo querido	**quiero** **quieres** **quiere** queremos queréis **quieren**	quería querías quería queríamos queríais querían	**quise** quisiste **quiso** quisimos quisisteis quisieron	**querré** querrás querrá querremos querréis querrán	querría querrías querría querríamos querríais querrían	quiera quieras quiera queramos queráis quieran	quisiera quisieras quisiera quisiéramos quisierais quisieran	quiere (no quieras) quiera quered (no queráis) quieran
reír (e → i) to laugh **riendo** reído	**río** ríes ríe reímos reís **ríen**	reía reías reía reíamos reíais reían	reí reíste rió **reímos** reísteis rieron	reiré reirás reirá reiremos reiréis reirán	reiría reirías reiría reiríamos reiríais reirían	ría rías ría riamos riáis rían	riera rieras riera riéramos rierais rieran	ríe (no rías) ría reid (no riáis) rían

Infinitive Present Participle Past Participle	Present Indicative	Imperfect	Preterite	Future	Conditional	Present Subjunctive	Past Subjunctive	Commands
*saber *to know* sabiendo sabido	**sé** sabes sabe sabemos sabéis saben	sabía sabías sabía sabíamos sabíais sabían	supe supiste supo supimos supisteis supieron	sabré sabrás sabrá sabremos sabréis sabrán	sabría sabrías sabría sabríamos sabríais sabrían	sepa sepas sepa sepamos sepáis sepan	supiera supieras supiera supiéramos supierais supieran	sabe (no sepas) sepa sabed (no sepáis) sepan
*salir *to go out* saliendo salido	**salgo** sales sale salimos salís salen	salía salías salía salíamos salíais salían	salí saliste salió salimos salisteis salieron	saldré saldrás saldrá saldremos saldréis saldrán	saldría saldrías saldría saldríamos saldríais saldrían	salga salgas salga salgamos salgáis salgan	saliera salieras saliera saliéramos salierais salieran	sal (no salgas) salga salid (no salgáis) salgan
ser *to be* siendo sido	**soy** eres es somos sois son	era eras era éramos erais eran	fui fuiste fue fuimos fuisteis fueron	seré serás será seremos seréis serán	sería serías sería seríamos seríais serían	sea seas sea seamos seáis sean	fuera fueras fuera fuéramos fuerais fueran	sé (no seas) sea sed (no seáis) sean
*tener *to have* teniendo tenido	**tengo** tienes tiene tenemos tenéis tienen	tenía tenías tenía teníamos teníais tenían	tuve tuviste tuvo tuvimos tuvisteis tuvieron	tendré tendrás tendrá tendremos tendréis tendrán	tendría tendrías tendría tendríamos tendríais tendrían	tenga tengas tenga tengamos tengáis tengan	tuviera tuvieras tuviera tuviéramos tuvierais tuvieran	ten (no tengas) tenga tened (no tengáis) tengan

Infinitive Present Participle Past Participle	Present Indicative	Imperfect	Preterite	Future	Conditional	Present Subjunctive	Past Subjunctive	Commands
*traer *to bring* **trayendo** **traído**	**traigo** traes trae traemos traéis traen	traía traías traía traíamos traíais traían	**traje** **trajiste** **trajo** **trajimos** **trajisteis** **trajeron**	traeré traerás traerá traeremos traeréis traerán	traería traerías traería traeríamos traeríais traerían	traiga traigas traiga traigamos traigáis traigan	trajera trajeras trajera trajéramos trajerais trajeran	trae (no traigas) traiga traed (no traigáis) traigan
*venir *to come* **viniendo** venido	**vengo** **vienes** **viene** venimos venís **vienen**	venía venías venía veníamos veníais venían	**vine** **viniste** **vino** **vinimos** **vinisteis** **vinieron**	**vendré** **vendrás** **vendrá** **vendremos** **vendréis** **vendrán**	**vendría** **vendrías** **vendría** **vendríamos** **vendríais** **vendrían**	**venga** **vengas** **venga** **vengamos** **vengáis** **vengan**	**viniera** **vinieras** **viniera** **viniéramos** **vinierais** **vinieran**	**ven (no vengas)** **venga** venid (no vengáis) **vengan**
ver *to see* viendo **visto**	**veo** ves ve vemos veis ven	**veía** **veías** **veía** **veíamos** **veíais** **veían**	**vi** **viste** **vio** **vimos** **visteis** **vieron**	veré verás verá veremos veréis verán	vería verías vería veríamos veríais verían	**vea** **veas** **vea** **veamos** **veáis** **vean**	viera vieras viera viéramos vierais vieran	ve (no veas) **vea** ved (no veáis) **vean**

*Verbs with irregular *yo* forms in the present indicative

This Spanish-English Glossary includes all the words and expressions that appear in the text except verb forms, regular superlatives and diminutives, and most adverbs ending in **-mente**. Only meanings used in the text are given. Gender of nouns is indicated except for masculine nouns ending in **-o** and feminine nouns ending in **-a**. Feminine forms of adjectives are shown except for regular adjectives with masculine forms ending in **-o**. Verbs appear in the infinitive form. Stem changes and spelling changes are indicated in parentheses: e.g., **divertirse (ie, i); buscar (qu).** The number following each entry indicates the chapter in which the word with that particular meaning first appears. The following abbreviations are used:

adj.	adjective	*m.*	masculine	*prep.*	preposition
adv.	adverb	*f.*	feminine	*pron.*	pronoun
conj.	conjunction	*pl.*	plural	*s.*	singular
def. art.	definite article	*p.p.*	past participle		
indef. art.	indefinite article				

A

a *prep.* at, to
  a cambio de in exchange for
  a fin de que *conj.* so that, 13
  a la derecha de *prep.* to the right of, 9
  a la izquierda de *prep.* to the left of, 9
  a menos que *conj.* unless, 13
  a menudo frequently
  a primera vista at first sight, 10
  ¿A qué hora? At what time?, 1
  a tiempo on time, 1
  a última hora at the last minute, 8
  a veces *adv.* sometimes, 3
abajo *adv.* below
abierto *p.p.* opened
abogado(a) lawyer, 11
abordar to board, 9
aborto abortion, 14
abrazar(se) to hug (each other), 10
abrigo overcoat, 7
abril April, 3
abrir to open
abrir un documento (un programa) to open a document (program), 15
abrochar el cinturón de seguridad to buckle the seat belt, 9
abuela grandmother, 2
abuelo grandfather, 2
aburrido *adj.* bored, 4
aburrir to bore, 13
acabar to run out, 12
  acabar de + *infinitive* to have just (done something)
accesorio accessory, 7
acción *f.* action
accionista *m./f.* stockbroker, 11

aceite *m.* oil, 6
acelerado *adj.* accelerated, 12
acercar (qu) to approach, move closer
acompañar to accompany, 10
acostarse (ue) to go to bed, 5
acostumbrarse to get used to
actividad *f.* activity, 3
actor *m.* actor, 13
actriz *f.* actress, 13
actual *adj.* current, 14
actuar to act
además de in addition to
Adiós. Good-bye., P
adivinanza riddle, 2
administración *(f.)* **de empresas** business administration, 1
¿Adónde? Where (to)?, 8
aduana customs, 9
aerolínea airline, 9
aeropuerto airport, 9
afán *m.* desire, 12
afeitarse to shave, 5
aficionado(a) fan (sports), 3
agarrar to catch, 10
agencia de viajes travel agency, 9
agente *(m./f.)* **de la aerolínea** airline agent, 9
  agente de viajes travel agent, 9
agosto August, 3
agricultor(a) farmer, 12
agua *f.* **mineral con/sin gas** carbonated/noncarbonated mineral water, 6
aguacate *m.* avocado, 6
ahijado(a) godchild, 2
ahora *adv.* now, 1
ahorrar to save, 11
aire *m.* air, 12
  aire acondicionado air conditioning, 9
ajo garlic, 6

al aire libre outdoors, 4
  al día up to date, 14
  al lado de *prep.* next to, beside, 4
alarma alarm
alcalde(sa) mayor, 14
alegrarse (de) to be glad, 12
alemán *m.* German (language), 1
alemán(ana) *adj.* German, 2
alergia allergy, 5
alfabetismo literacy, 14
alfombra carpet, 4; rug, floor covering, 8
algo something, anything, 8
algodón *m.* cotton, 7
alguien somebody, someone, anybody, anyone, 8
algún, alguno(a/os/as) some, any, 8
alianza alliance
allí *adv.* there, 1
alma soul
almacén *m.* store, 7
almorzar (ue) to have (eat) lunch, 6
almuerzo lunch, 6
alrededor de around
altavoces *m.* speakers, 15
alto(a) *adj.* tall, 2
amable *adj.* friendly, 2
amar to love, 10
amarillo *adj.* yellow, 1
ambulancia ambulance, 5
amigo(a) friend, 1
amistad *f.* friendship, 10
amor *m.* love, 10
analfabetismo illiteracy, 14
analista de sistemas *m./f.* systems analyst, 11
anaranjado *adj.* orange, 1
andar en bicicleta to ride a bike, 3
anfitrión *m.* host, 8

anfitriona hostess, 8
anillo ring, 7
animal *m.* animal, 12
anoche *adv.* last night, 6
anteayer *adv.* the day before yesterday, 6
antena parabólica satellite dish, 15
antes (de) que *conj.* before
antiácido antacid, 5
antibiótico antibiotic, 5
antigüedad *f.* antique, 7
antipático *adj.* unpleasant
anuncio commercial, 13
año year, 3
apagado *adj.* off, 15
apagar (ue) to turn off, 15
apartamento apartment, 1
apellido last name, 2
aplaudir to applaud, 10
apoyar to support, 14
apoyo support, 13
apreciar to appreciate, 13
aprender to learn, 2
apretón *(m.)* **de manos** handshake
aprobar (ue) to approve; to pass, 14
aprovechar to take advantage, 14
apuntes *m.* notes
aquél (aquélla) *adj.* that (over there), 5
aquel (aquella) *pron.* that (over there), 5
aquí *adv.* here, P
árabe *adj.* Arab, 2
árbol *m.* tree, 4
archivar to file, 2; to save, 15
archivo file, 15
arena sand, 4
arepas cornmeal pockets, 6
arete *m.* earring, 7

argentino *adj.* Argentine, 2
armario wardrobe, armoire, closet, 4
arquitecto(a) architect, 11
arquitectura architecture, 13
arreglado *adj.* neat, tidy, 9
arrogante *adj.* arrogant, 2
arroyo stream, 12
arroz *m.* rice, 6
arte *m./f.* art, 1
artista *m./f.* artist, 13
artístico *adj.* artistic, 2
ascensor *m.* elevator, 9
Así así. So-so., P
así como just like
Así que... So . . . , 2
asiento seat, 9
asistente de vuelo *m./f.* flight attendant, 9
asistir a to attend, 2
aspiradora vacuum cleaner, 4
aspirina aspirin, 5
asustarse to be frightened, 8
aterrizar to land, 9
atlético *adj.* athletic, 2
aumentar to increase, 14
aún *adv.* still
aunque *conj.* although, even though, 13
autobús *m.* bus (Spain),
automóvil *m.* car
autor(a) author, 13
avance *m.* advance, 15
avergonzado: Me pongo avergonzado. I get embarrassed., 8
avión *m.* plane, 9
avisar to warn
ayer *adv.* yesterday, 6
ayudante *m./f.* assistant
ayudar(se) to help (each other), 1
azúcar *m.* sugar, 6
azul *adj.* blue, 1

B

babear to spew
bailar to dance, 3
bailarín *m.* dancer, 13
bailarina dancer, 13
baile *m.* dance, 3
bajar(se) (de) to get off, 9
bajo *adj.* short (height), 2
balcón *m.* balcony, 4
ballet *m.* ballet, 13
balneario beach resort, 8
baloncesto basketball, 3
banana/banano banana, 6
banco bank, 3
banquero(a) banker, 11
banquete *m.* banquet, 10
bañarse (en la tina) to take a bath, 5
bañera bathtub, 4
barato *adj.* inexpensive, cheap, 7
barrer el piso to sweep the floor, 4
barrio neighborhood, P
basura trash, 12
beber to drink, 2

bebida beverage, 6
béisbol *m.* baseball, 3
bello *adj.* beautiful, 12
beneficios benefits, 11
besar(se) to kiss (each other), 10
biblioteca library, 1
bibliotecario(a) librarian, 1
bicicleta bicycle, 3
bien *adv.* well, fine
    Bastante bien. Rather well., P
    bien cocido well done, 6
    Bien, gracias. Fine, thanks., P
    Muy bien. Very well., P
¡Bienvenido! Welcome!, 9
bilingüe *adj.* bilingual, 2
billete *m.* ticket, 9
    billete de ida one-way ticket, 9
    billete de ida y vuelta round-trip ticket, 9
biología biology, 1
bistec *m.* steak, 6
blanco *adj.* white, 1
blusa blouse, 7
boca mouth, 5
boda wedding, 10
boleto ticket, 3
    boleto de ida one-way ticket, 9
    boleto de ida y vuelta round-trip ticket, 9
bolígrafo ballpoint pen, 1
boliviano *adj.* Bolivian, 2
bolsa purse, bag, 7
bolsillo pocket, 7
bombero(a) firefighter, 11
bonito *adj.* pretty, 2
borrador *m.* eraser, 1
bosque *m.* forest, 12
bota boot, 7
botón *m.* button, 7
brasileño *adj.* Brazilian, 2
brazo arm, 5
brindis *m.* toast, 8
broma *joke,* 1
broncearse to get a suntan, 8
bucear to scuba dive, 8
¡Buen provecho! Enjoy your meal!, 6
¡Buen viaje! Have a nice trip!, 9
Buenas noches. Good evening/night., P
Buenas tardes. Good afternoon., P
bueno *adj.* good, 2
Buenos días. Good morning., P
bufanda scarf, 7
bufete *m.* law office, 11
buscar (qu) to look for, 1
búsqueda de trabajo job hunt, 11

C

cabello hair, 5
cabeza head, 5
cabina cabin, 9
cada *adv.* each
    cada día (semana, etc.) every day (week, etc.), 10
cadera hip, 5
café *m.* café, 3; coffee, 6
cafetería cafeteria, 1
caja fuerte security box, 9
cajero automático ATM, 11

cajero(a) cashier, 11
calamares (fritos) *m.* (fried) squid, 6
calcetines *m. pl.* socks, 7
calculadora calculator, 1
calendario calendar, 1
caliente *adj.* hot (temperature), 6
callarse to quiet
calle *f.* street, 3
cama bed, 4
    cama sencilla (doble) single (double) bed, 9
cámara camera, 3
    cámara digital digital camera, 15
camarero(a) waiter (waitress), 6
camarones (fritos) *m.* (fried) shrimp, 6
cambiar to change, 7
camello camel, R3
cámara de representantes (diputados) house of representatives, 14
caminar to walk, 1
    caminar por las montañas to hike/walk in the mountains, 3
caminata walk
camión *m.* bus (Mexico)
camisa shirt, 7
camiseta T-shirt, 7
campaña campaign, 14
campesino(a) farm worker, peasant, 12
campo country, 8
    campo de fútbol (de golf) football field (golf course), 3
campus *m.* campus
canadiense *adj.* Canadian, 2
canal *m.* channel (TV), 13
cancha (de tenis) (tennis) court, 3
canción *f.* song, 13
candidato(a) candidate, applicant, 11
cantante *m./f.* singer, 13
cantar to sing, 1
capa de ozono ozone layer, 12
cara face, 5
cargo charge, 11
cariño affection, 10
carne (de res) *f.* meat (beef), 6
carnicería butcher shop, 3
caro *adj.* expensive, 7
carpintero(a) carpenter, 11
carrera major, field of study
carretera highway, 12
carro car, P
carta letter (correspondence), 2
cartera wallet, 7
cartón *m.* cardboard
casa house, 4
    casa de ancianos nursing home
casado *adj.* married, 2
casarse (con) to get married, to marry, 10
casi (siempre) *adv.* almost (always), 10
catarata waterfall, 12
catarro cold, 5

catorce fourteen, P
cebolla onion, 6
cebra zebra
cejas eyebrows, 5
celebración *f.* celebration, 8
celebrar to celebrate, 8
cena dinner, supper, 6
cenar to have (eat) supper (dinner), 6
centro downtown, 3
    centro comercial mall, 3
    centro de negocios business center, 9
    centro estudiantil student center, 1
cepillarse los dientes to brush one's teeth, 5
cerca de *prep.* near, 4
cerebro brain
cero zero, P
cerrar (ie) to close
cerveza beer, 6
chaleco vest, 7
champiñón *m.* mushroom, 6
chaqueta jacket, 7
Chao. (informal) Bye., P
cheque *m.* check, 7
    cheque de viajero traveler's check, 11
¡Chévere! Cool!, 3
chico(a) boy (girl), 7
chileno *adj.* Chilean, 2
chimenea fireplace, chimney, 4
chino Chinese (language), 1; *adj.* Chinese, 2
chuleta (de cerdo) (pork) chop, 6
ciberespacio cyberspace, 15
ciclismo cycling, 3
ciencia (la) science, 1
cien/ciento one hundred, 2
cierre *m.* zipper, 7
ciervo deer
cinco five, P
Cinco de Mayo Cinco de Mayo, 8
cincuenta fifty, 2
cine *m.* movie theater, 3; movies, 13
cinturón *m.* belt, 7
cita date (social), 10
    cita de negocios job appointment, 1
ciudadano(a) citizen, 14
clásico *adj.*, classical, 13
cobarde *adj.* cowardly, 2
coche *m.* car, 4
cocina kitchen, 4
cocinar to cook, 6
cocinero(a) cook, chef, 11
cocodrilo crocodile, 12
codo elbow, 5
cognado falso false cognate, 1
cohete *m.* rocket, 8
colina hill, 12
collar *m.* necklace, 7
colombiano *adj.* Colombian, 2
color *m.* color, 1
comedia comedy, 13
comedor *m.* dining room, 4
comenzar (ie) to start, begin, 4

comer to eat, 2

    No puedo (comer) más. I can't (eat) any more, 6

comerciante *m./f.* merchant, 11

cómico *adj.* humorous, 2

comida food, meal, 6

¿Cómo? How? P

    ¿Cómo está usted? How are you? (formal), P

    ¿Cómo estás? How are you? (informal), P

    ¿Cómo me queda? How does it look/fit me?, 7

    ¡Cómo no! Of course!, 6

    ¿Cómo se llama usted? What's your name? (formal), P

    ¿Cómo te llamas? What's your name? (informal), P

    ¿Cómo te va? How's it going? (informal), P

cómoda dresser, 4

comodidad *f.* comfort *pl.* ammenities, features, 9

cómodo *adj.* comfortable, 9

compañero(a) de clase classmate, 1

    compañero(a) de cuarto roommate, 1

compositor(a) composer, 13

comprar to buy, 1

compras: de compras shopping, 7

comprender to understand, 2

comprometido *adj.* engaged, 10

compromiso engagement, 10

computación *f.* computer science, 1

computadora computer, 11

    computadora portátil laptop computer, 15

con *prep.* with, 4

    con destino a departing for, 9

    con permiso pardon me, excuse me, P

    con respecto a with regard to, 11

    con tal (de) que *conj.* provided (that), 13

concierto concert, 13

condimento condiment, 6

condominio condominium, 4

conectar to connect, 15

conexión *f.* connection, 15

congestionado *adj.* congested, 5

Congreso congress, 14

conocer(se) to know (each other); to meet, 3

conseguir (i) to get, to obtain, 6

consejero(a) advisor, 1

conservación *f.* conservation, 12

conservador(a) *adj.* conservative, 14

conservar to conserve, 12

constitución *f.* constitution, 14

construir to construct, 12

contabilidad *f.* accounting, 1

contador(a) accountant, 11

contaminación *f.* pollution, 12

contaminado *adj.* polluted, 12

contaminar to pollute, 12

contar (ue) to count; to tell

    contar con to count on

contento *adj.* happy, 4

    Me pongo contento. I get happy., 8

contestador automático *m.* answering machine, 15

contestar to answer, 1

contra *prep.* against, 1

contratar to hire, 11

control *(m.)* **remoto** remote control, 15

control *(m.)* **de seguridad** security, 9

copa goblet, wine glass, 6

corazón *m.* heart, 5

corbata necktie, 7

coreano *adj.* Korean, 2

correo electrónico email, 11

correr to run, 3

    correr las olas to surf, 8

corrupción *f.* corruption, 14

cortar el césped to mow the lawn, 4

corto *adj.* short (length), 2

costa coast, 8

costar (ue) to cost, 4

costarricense *adj.* Costa Rican, 2

costo expense

cotidiano *adj.* daily, 13

crecer to grow up

crecimiento growth

creer to believe, 2

crema bronceadora suntan lotion, 8

cremallera zipper, 7

criado(a) servant; maid, 11

crimen *m.* crime, 14

cruzar to cross, 9

cuaderno notebook, 1

cuadra city block, 9

cuadro painting, 4

¿Cuál(es)? Which?, P

    ¿Cuál es tu dirección? (informal) What's your address? (informal), P

    ¿Cuál es tu nombre? What's your name? (informal), P

    ¿Cuál es tu número de teléfono? What's your telephone number? (informal), P

cuando when, 13

¿Cuándo? When?, P

¿Cuánto(a)? How much?, P

    ¿Cuántos(as)? How many?, P

    ¿Cuánto le debo? How much do I owe you?, 7

    ¿Cuántos años tienes tú? How old are you?, P

cuarenta forty, 2

cuarto room, 1

    cuarto de baño bathroom, 4

cuatro four, P

cuatrocientos four hundred, 4

cubano *adj.* Cuban, 2

cuchara spoon, 6

cuchillo knife, 6

cuello neck, 5

cuenta check, bill, 6; account, 11

cuenta corriente checking account, 11

cuenta de ahorros savings account, 11

    La cuenta, por favor. The check, please., 6

cuento story

cuero leather, 7

cuerpo humano body, 5

cuidar(se) to take care (of oneself), 5

culebra snake, 12

cultivar to plant, 5; to cultivate; to grow (plants), 12

cumpleaños *m.* birthday, 8

cumplir años to have a birthday, 8

cumplir con to honor

cuñada sister-in-law, 2

cuñado brother-in-law, 2

currículum *m.* résumé, 11

curso course, 1

D

danza dance, 13

dar to give, 3

    dar una fiesta to give a party, 8

    dar un paseo to go for a walk, 3

    darse cuenta to realize

    darse la mano to shake hands, 10

de from, of

    de cuadros plaid, 7

    ¿De dónde? From where?, P

    ¿De dónde eres tú? Where are you from? (informal), P

    ¿De dónde es usted? Where are you from? (formal), P

    de la (mañana, tarde, noche) in the (morning, afternoon/evening), 1

    de lunares polka-dotted, 7

    ¿De quién(es)? Whose?, 8

    de rayas striped, 7

    de repente suddenly, 8

    de tiempo completo full-time, 11

    de tiempo parcial part-time, 11

    de vez en cuando occasionally, 8

debajo de *prep.* under, below, 4

debate *m.* debate, 14

deber ought to, must, 2

deber *m.* noun duty, 14

debilidad *f.* weakness

decano(a) dean, 1

decir (i) to say; to tell, 4

    ¡No me digas más! Say no more!

dedo finger, 5

    dedo del pie toe, 5

defender (ie) to defend, 14

defensa defense, 14

dejar to quit, 11; to leave; to let, to allow, 13

    dejar una (buena) propina to leave a (good) tip, 6

delante de *prep.* in front of, 4

delgado *adj.* thin, 2

demandar to sue

demasiado *adv.* too much, 9

democracia democracy, 14

demócrata *adj.* democratic, 14

demora delay, 9

denso *adj.* dense, 12

dentista *m./f.* dentist, 11

departamento apartment, 4

dependiente *m./f.* salesclerk, 7

deporte *m.* sport, 3

deportiva *adj.* sports, 3

depositar to deposit (money), 11

derecha: a la derecha de *prep.* to the right of, 9

derecho law, 1; straight, 9

derechos humanos (civiles) human (civil) rights, 14

desafío challenge, 14

desarrollar to develop, 12

desarrollo development, 12

desayunar to have (eat) breakfast, 6

desayuno breakfast, 6

descansar to rest, 1

desconectar to disconnect, 15

desconocido *adj.* unknown

descuento discount, 7

desde *prep.* from, 1

desear to want, to wish, 1

desempleo unemployment, 14

desenchufar to unplug, 15

desigualdad *f.* inequality, 14

desmedro impairment

desordenado *adj.* messy, 4

despedir (i) to fire, 11

despegar to take off, 9

desperdicio waste, 12

despertador *m.* alarm clock, 4

despertarse (ie) to wake up, 5

después *adv.* afterward, 10

    después (de) (que) *conj.* after, 13

destrucción *f.* destruction, 12

destruido *adj.* destroyed, 12

destruir to destroy, 12

desventaja disadvantage, 15

detrás de *prep.* behind, 4

día *m.* day, 1

    al día up to date, 14

    Día de la Independencia de España Independence Day from Spain, 8

    Día de la Raza Columbus Day, 8

    Día de los Muertos Day of the Dead, 8

    Día de los Reyes Magos Day of the Magi (Three Kings), 8

    Día de Todos los Santos All Saints' Day, 8

    Día del santo saint's day, 8

    día feriado *m.* holiday, 8

diagnóstico diagnosis, 5

diariamente daily, 3

dibujar to draw, 1

dibujo animado cartoon, 13

diccionario dictionary, 1

dicho *p.p.* said; told, 10
díciembre December, 3
dictador(a) dictator, 14
dictadura dictatorship, 14
diecinueve nineteen, P
dieciocho eighteen, P
dieciséis sixteen, P
diecisiete seventeen, P
diente *m.* tooth, 5
dieta diet, 5
diez ten P
dinero money, 1
¡Dios mío! My god!
  My goodness!, P
diputado(a) representative, 14
director(a) director, 13
dirigir to direct, 13
disco compacto compact disc
  (CD), 15
  disco duro hard drive, 15
disculpe pardon me, P
discurso speech, 14
discutir to argue, to discuss, 14
disfraz *m.* costume, 8
disfrazarse to wear a costume, 8
disfrutar to enjoy, 9
divertido *adj.* fun
divertirse to have fun, 6
divorciado *adj.* divorced, 2
divorciarse (de) to get divorced
  (from), 10
divorcio divorce, 10
doblar to turn, 9
doce twelve, P
documental *m.* documentary, 13
dolerle (ue) (a alguien) to be
  painful (to someone), 5
dolor (de oídos, de cabeza) *m.*
  ache, pain (earache,
  headache), 5
domingo Sunday, 1
dominicano *adj.* Dominican
  (from the Dominican
  Republic), 2
¿Dónde? Where?, P
dormir (ue) to sleep, 6
dormirse (ue) to fall asleep, 5
dormitorio bedroom, 4
dos two, P
doscientos(as) two hundred, 4
drama *m.* drama, play, 13
dramático(a) *adj.* dramatic, 2
dramaturgo *m./f.* playwright, 13
drogadicción *f.* drug
  addiction, 14
ducha shower, 4
ducharse to take a shower, 5
dulce *adj.* sweet
durante *prep.* throughout

E

ecología ecology, 12
economía economics, 1
económico *adj.* economic, 5
ecuatoriano Ecuadorian, 2
edad *f.* age, 2
edificio building, 1
educación *f.* education, 1
efectivo cash, 7
egipcio *adj.* Egyptian, 2

ejército army, 14
el, la, los, las *def. art.* the
él *pron.* he, P
elecciones *f.* elections, 14
electricista *m./f.* electrician, 11
electrodomésticos electric
  appliance, 4
elefante *m.* elephant, 12
elegir (i, i) to elect, 14
El gusto es mío. The pleasure is
  mine., P
eliminar to eliminate, 14
ella *pron.* she, P
ellos(as) *pron.* they, P
emocionado *adj.* excited, 4
empezar (ie) to begin, 4
empleado(a) employee, 11
empleo employment, 14
empresa corporation; business, 11
en in; on, 4
  en caso (de) que *conj.* in case
    (of), 13
  en contra against
  en cuanto a in regard to, 13
  en frente de in front of, 9
  en punto on time, 1
enamorarse (de) to fall in love
  (with), 10
Encantado(a). Nice to meet you. P
encarcelamiento
  imprisonment, 14
encendido *adj.* on, 15
enchufado *adj.* plugged in, 15
enchufar to plug in, 15
encima de *prep.* on top of, 4
encontrar to find, 5
energía solar solar energy, 12
enero January, 3
enfermarse to get sick, 5
enfermedad *f.* illness, 5
enfermería infirmary, 9
enfermero(a) nurse, 5
enfermo *adj.* sick, 4
enfrentar to face
enfrente de *prep.* across
  from, 9
enmendar (ie) to amend, 14
enmienda amendment, 14
enojado *adj.* angry, 4
ensalada salad, 6
enseguida right away, 6
enseñar to teach, 1
entender (ie) to understand, 4
entonces *adv.* then; so, 10
entrar to enter, 1
entre *prep.* between, among, 4
entremés *m.* hors d'oeuvre, 8
entrevista interview, 11
equilibrio balance, 12
equipaje (de mano) *m.* (carry-
  on) baggage, luggage, 9
equipo equipment, 15
escalera stairs, 4
escáner *m.* scanner, 15
escasez *f.* lack, shortage, 12
escenario stage, 13
escoger to choose, 9
escribir to write, 2
escrito *p.p.* written, 10
escritor(a) writer, 13

escritorio desk, 4
escuchar (música) to listen
  (to music), 1
escuela school, 1
  escuela politécnica
    technical school
esculpir to sculpt, 13
escultor(a) sculptor, 13
escultura sculpture, 13
  hacer escultura to sculpt, 13
ese(a) *adj.* that, 5
ése(a) *pron.* that, 5
espacio space, 4
  espacio cibernético
    cyberspace, 15
espalda back, 5
español *m.* Spanish (language), 1
español *adj.* Spanish, 2
especialidad (f.) de la casa
  house specialty, 6
especialización *f.* major, 1
especies *f.* species, 12
espectáculo show
espectador(a) viewer, 13
espejo mirror, 4
esperar to hope; to wait
espiritualmente spiritually, 2
esposa wife, 2
esposo husband, 2
esquí *m.* **(acuático)** (water)
  ski, 3
esquiar (en el agua) to (water)
  ski, 3
está despejado/nublado it's
  clear/cloudy, 3
estación *f.* season, 3
estación de trenes *f.* train
  station, 9
estadio stadium, 3
estadounidense *adj.* from the
  United States, 2
estante *m.* bookshelf, 4
estar to be, 3
  **estar conectado(a) (en
    línea)** to be online, 15
  estar de acuerdo to agree, 10
  estar congestionado to be
    congested, 5
  estar enfermo(a) to be sick, 5
  estar resfriado(a) to have a
    cold, 5
  estar sano(a) to be healthy, 5
este *m.* east, 9
éste *pron.* this one, 5
este(a) *adj.* this, 5
estéreo stereo, 15
estilo style, 7
estómago stomach, 5
estornudar to sneeze, 5
Estoy a dieta. I'm on a diet., 6
  Estoy satisfecho(a).
    I'm satisfied. I'm full., 6
estudiante *m./f.* student, 1
estudiar to study, 1
estudio study, 1
estufa stove, 4
examen *m.* test, 1
examinar to examine, 5
explicar (qu) to explain, 9
explotar to exploit, 12

**extinción: en peligro de
  extinción** in danger
  of extinction, 12
extrovertido(a) *adj.* outgoing, 2

F

fábrica factory, 12
factura bill, 11
facturar el equipaje to check
  the luggage, 9
facultad *f.* department
falda skirt, 7
falta lack
familia family
farmacia pharmacy, 5
fáx *m.* fax machine, 11
febrero February, 3
¡Felicitaciones! Congratulations!, 8
felicitar to congratulate, 10
feo *adj.* ugly, 2
ferretería hardware store, 3
fiebre fever, 5
fiesta (de sorpresa) (surprise)
  party; holiday, 8
filosofía philosophy, 1
fin (m.) de semana weekend, 1
finalmente *adv.* at last, finally, 10
finanzas personales personal
  finances, 11
finca farm, 12
firmar to sign, 14
física physics, 1
flan (casero) *m.* (homemade)
  caramel custard, 6
flor *f.* flower, 10
folclórico *adj.* folkloric, 13
fotocopiadora photocopier, 11
fotografía photography, 13
fotógrafo(a) photographer, 11
francés *m.* French (language), 1
francés(esa) *adj.* French, 2
fresco *adj.* fresh, 6
frontera border, 12
fruta fruit, 6
frutería fruit store, 3
fuente *f.* source, 12; fountain, 4
función musical *f.* musical
  (play), 13
funcionar to function (to work), 15
furioso *adj.* furious, 4
fútbol (americano) *m.* soccer
  (football), 3

G

gafas de sol sunglasses, 3
ganador(a) winner, 13
ganar to win, 3
ganga: ¡Es una ganga!
  It's a bargain!, 7
garaje *m.* garage, 4
garganta throat, 5
gasolinera gas station, 3
gastar to spend (money), 7
gasto expense, 11
gato cat, 2
gemelo cufflink, 7
generoso(a) *adj.* generous, 2
gente *f.* people, P
geografía geography, 1

gerente *m./f.* manager, 11
gimnasio gymnasium, 1
gobernador(a) governor, 14
gobernar (ie) to govern, 14
gobierno government, 14
golf *m.* golf, 3
gordo *adj.* fat, 2
gorila *m.* gorilla, 12
gorra de béisbol baseball cap, 7
grabar to record, 15
grande *adj.* big, large, 2
gratis *adj.* free, 1
gritar to shout, 8
grupo paramilitar paramilitary
   group, 14
guagua bus *(Puerto Rico)*, P
guante *m.* glove, 7
guapo *adj.* good-looking, 2
guardaparques *m./f.* park
   ranger, 12
guardar to save, 15
guardar cama to stay in bed, 5
guatemalteco *adj.* Guatemalan, 2
guerra war, 14
guerrillero *m./f.* guerrilla, 14
guineano(a) guinean, 2
guión *m.* script, 13
guitarra guitar, 3
   tocar la guitarra to play the
   guitar, 3
gustar to be pleasing
   (to someone), 3
   (no) me gusta + *infinitive* I
   (don't) like + infinitive, 1
gusto: El gusto es mío. The
   pleasure is mine, P

H

haber to have (auxiliary
   verb), 10
habitación (bed) room, 4
hablar(se) to speak, to talk (with
   each other), 9
habla tan bien speak so well, P
hace buen tiempo it's nice, 3
   hace calor it's hot, 3
   hace fresco it's cool, 3
   hace frío it's cold, 3
   hace sol it's sunny, 3
   hace viento it's windy, 3
hacer to do; to make, 3
   **hacer (un picnic, planes,
   ejercicio)** to go on a picnic,
   to make plans, to exercise, 3
   hacer camping to go
   camping, 8
   hacer click (sobre) to click
   (on), 15
   hacer escala (en) to make a
   stop (on a flight) (in), 9
   hacer esnórquel to snorkel, 8
   hacer juego con to match, 7
   hacer la cama to make one's
   bed, 4
   hacer la(s) maleta(s) to pack
   one's suitcase(s), 9
   hacer un brindis to make a
   toast, 8
   hacer una fiesta to give a
   party, 8

hacer una parrillada to
   have a cookout, 8
hacia *adv.* toward, 9
haitiano *adj.* Haitian, 2
hamburguesa hamburger, 6
hambre *f.* hunger, 5
harina de maíz corn flour
hasta *adv.* up to, until
   Hasta luego. See you later, P
   Hasta mañana. See you
   tomorrow, P
   Hasta pronto. See you
   soon, P
   hasta que *conj.* until, 13
hay there is, there are, P
hecho *p.p.* done; made, 10
helado ice cream, 6
hermana sister, 2
hermanastra stepsister, 2
hermanastro stepbrother, 2
hermano brother, 2
hierba herb, 5;
hija daughter, 2
hijo son, 2
hipopótamo hippopotamus, 12
hipoteca mortgage, 11
hispanohablante *m./f.* native
   Spanish speaker
historia history, 1; story, 4
historial clínica *f.* medical
   history, 5
hogar *m.* home, 4
hoja leaf, 5
¡Hola! Hi! (informal), P
hombre *m.* man, 1
hombre de negocios
   businessman, 11
hondureño *adj.* Honduran, 2
honesto(a) *adj.* honest, 2
hora hour, time
   ¿A qué hora? At what time?, 1
   ¿Qué hora es? What time
   is it?, 1
horario schedule, 9
horno (microondas)
   (microwave) oven, 4
hotel de cuatro estrellas *m.*
   four-star hotel, 9
hoy *adv.* today, 1
huelga strike, 14
hueso bone, 5
huevo duro hard-boiled egg, 6
humanidades *f. pl.* humanities, 1
humilde *adj.* humble, 2

I

ideología ideology, 14
iglesia church, 3
igualdad *f.* equality, 14
impermeable *m.* raincoat, 7
importante *adj.* important, 12
imposible *adj.* impossible, 12
impresora printer, 15
imprimir to print, 15
impuestos taxes, 14
imunidad *f.* immunity, 2
incluir to include, 2
indeciso(a) *adj.* indecisive, 2
indio *adj.* Indian, 2
inflación *f.* inflation, 14

informar to inform, 14
informe *m.* report, 11
ingeniería engineering, 1
ingeniero(a) engineer, 11
inglés *m.* English (language), 1
inglés(esa) *adj.* English, 2
ingreso income, 12
inmigración *f.* passport control,
   immigration, 14
inodoro toilet, 4
intelectual *adj.* intellectual, 2
inteligente *adj.* intelligent, 2
Internet *m.* Internet, 15
interpelar to question
interpretar to play a role, 13
intérprete *m./f.* interpreter, 11
introvertido(a) introverted, 2
intuitivo *adj.* intuitive, 2
inventar to invent, 3
invertir winter, 3
investigar to investigate, 14
invierno winter, 3
invitado *m./f.* guest, 8
invitar: Te invito. It's on me
   (my treat)., 6
inyección *f.* shot (injection), 5
ir to go, 3
   ir al cine to go to the
   movies, 3
   ir a pie to go on foot, 9
   ir a tomar un café to drink
   coffee, 3
   ir a un bar to go to a bar, 3
   ir a un club to go to a club, 3
   ir a un concierto to go to a
   concert, 3
   ir a una discoteca to go to a
   disco, 3
   ir a una fiesta to go to a
   party, 3
   ir (bien) con to go well with, 7
   ir de compras to go
   shopping, 3
   ir en autobús to go by bus, 9
   ir en avión to go by plane, 9
   ir en barco to go by boat, 9
   ir en bicicleta to go by bike, 9
   ir en coche to go by car, 9
   ir en metro to go by subway, 9
   ir en taxi to go by taxi, 9
   ir en tren to go by train, 9
irresponsable *adj.* irresponsible, 2
isla island, 9
italiano Italian (language), 1; *adj.*
   Italian, 2
izquierda: a la izquierda de
   prep. to the left of, 9

J

jaguar *m.* jaguar, 12
jamón *m.* ham, 6
japonés *m.* Japanese (language), 1
japonés(esa) *adj.* Japanese, 2
jarabe *m.* cough syrup, 5
jardín *m.* garden, 4
jeans *m. pl.* blue jeans, 7
jefe *m./f.* boss, 11
jerarquía hierarchy, 11
joven *adj.* young, 2
joya gem
joyas jewelry, 7

joyería jewelry store, 3
jubilarse to retire, 11
juego game, 3
jueves *m.* Thursday, 1
juez *m./f.* judge, 10
jugador(a) player, 3
jugar (ue) to play, 4
   jugar al tenis to play tennis, 3
jugo de fruta fruit juice, 6
julio July, 3
junio June, 3

L

labios lips, 5
lado: al lado de *prep.* next to, 9
lago lake, 8
lámpara lamp, 4
lana wool, 7
langosta lobster, 6
lápiz *m.* pencil, 1
largo *adj.* long, 2
lástima: es una lástima it's a
   shame
lavabo bathroom sink, 4
lavadora washing machine, 4
lavaplatos *m.* dishwasher, 4
**lavar (los platos, la ropa, las
   ventanas)** to wash (dishes,
   clothes, windows), 4
lavarse to wash up, 5
lección *f.* lesson, 1
leche *f.* milk, 6
lechuga lettuce, 6
leer to read, 2
lejos (de) *prep.* far (away) (from), 4
lengua language, 1; tongue, 5
   lenguas extranjeras foreign
   languages, 1
**lentillas/lentes (m.) de
   contacto** contact lenses, 5
león *m.* lion
levantar pesas to lift weights, 3
levantarse to get up, 5
levemente lightly, 11
ley *f.* law, 14
liberal *adj.* liberal, 15
libertad *f.* de la prensa
   freedom of the press, 14
librería bookstore, 1
libro (de texto) (text)book, 1
ligero *adj.* light (meal, food), 6
limosna charity
limpiar la casa to clean the
   house, 4
limpio *adj.* clean, 4
liquidación *f.* sale *(Lat. Am.)*,
   reduction (in price), 7
listo *adj.* smart; ready, 2
literatura literature, 1
llamar to call, to phone, 1
   Me llamo... My name is . . . , P
   llamar por teléfono to make
   a phone call, 11
llano plain, 12
llave *f.* key, 9
llegada arrival, 9
llegar to arrive, 1
llenar to fulfill, 7; to fill out
   (a form), 11
llevar to wear, to carry, 7

llevar a cabo to take place, 8
llevar una vida tranquila to lead a peaceful life, 12
llevarse bien (mal) (con) to get along well (poorly) (with) each other, 10
llorar to cry, 8
llover (ue) to rain, 4
lluvia rain, 3
lo que *pron.* what, 10
lobo wolf
Localizador Uniforme de Recursos *m.* URL, 15
lógico *adj.* logical, 12
lograr to succeed
luego *adv.* then, 10
lugar *m.* place, 3
lujoso *adj.* luxurious, 7
luna de miel honeymoon, 10
lunes *m.* Monday, 1
luz *f.* light, 1

M

madrastra stepmother, 2
madre *f.* mother, 2
madrina godmother, 2
maestro(a) teacher, 1
maleta suitcase, 9
malo bad, 2
mamá mother, 2
mamífero mammal
mandar to command, 11
mandar (cartas) to send (letters), 1
manifestación *f.* demonstration, 14
mano *f.* hand, 5
manta blanket, 8
mantel *m.* tablecloth, 6
mantequilla butter, 6
manzana apple, 6
mañana *adv.* tomorrow, 1
mapa *m.* map, 1
maquillarse to put on makeup, 5
mar *m.* sea, 8
mareado *adj.* dizzy, 5
mareo dizziness, 5
mariposa butterfly, 12
mariscos shellfish, seafood, 6
marrón *adj.* brown, 1
martes *m.* Tuesday, 1
marzo March, 3
Más o menos. So-so., P
 más... que more . . . than, 6
máscara mask, 8
mascota pet
masticar (qu) to chew, 5
matemáticas math, 1
materias subject, courses, 1
matrícula tuition, 1
matrimonio marriage, 10
mayo May, 3
mayor older, 6
 el mayor oldest, 6
mayoría majority, 6
mecánico(a) mechanic, 11
medianoche *f.* midnight, 1
medias stockings, 7
medicina medicine, 1
médico *m./f.* physician, doctor, 5; *adj.* medical, 5

seguro médico medical insurance, 11
medio ambiente environment, 12
mediodía *m.* noon, 1
medio(a) hermano(a) half brother (sister), 2
medios de comunicación means of communication, 14
mejillas cheeks, 5
mejor better, 6
 el mejor best, 6
menor younger, 6
 el menor youngest, 6
menos... que less . . . than, 6
mensaje *m.* message, 15
 mensaje de texto text message, 15
menú *m.* menu, 6
mercado (al aire libre) (outdoor) market, 3
merienda snack time, 3
mes *m.* month, 3
el mes pasado last month, 6
mesa table, 4
mesero(a) waiter (waitress), 6
mesita coffee (side) table, 4
metrópolis *f.* metropolis, 12
mexicano *adj.* Mexican, 2
mi *adj.* my, 2
miércoles *m.* Wednesday, 1
mil one thousand, 4
millón million, 4
ministro(a) minister, 14
mío *adj.* my, mine, 7
mirar to watch, 1
mirarse to look at each other, 10
mismo *adj.* same, 10
mitad *f.* half, 15
mochila backpack, 1
moda: ¡Está de última moda! It's the latest style!, 7
módem *m.* modem, 15
moderno(a) *adj.* modern, 13
molestar to bother, 13
molesto: Me pongo molesto. I get annoyed., 8
monarquía monarchy, 14
mono monkey, 12
montañas mountains, 8
montar a caballo to go horseback riding, 3
morado *adj.* purple, 1
moreno(a) *adj.* dark-haired, 2
morir (ue) to die, 6
mostrar (ue) to show, 7
mover (ue) to move, 3
Mucho gusto. Nice to meet you, P
muebles *m.* furniture, 4
muerte *f.* death
muerto *adj.* dead, 4; *p.p.* died, 10
mujer *f.* woman, 2
 mujer de negocios businesswoman, 11
mundo world, 9
murciélago bat
músculo muscle, 5
museo museum, 3

música music, 1
músico *m./f.* musician, 13
muslo thigh, 5
muy *adv.* very, P

N

nacer to be born, 2
nacionalidad *f.* nationality, 2
nada nothing, not anything, at all, 8
nadar to swim, 3
nadie nobody, no one, 8
naranja orange, 6
nariz *f.* nose, 5
natación *f.* swimming, 3
naturaleza nature, 12
naturalista *m./f.* naturalist, 12
navegar la Red to surf the Net, 15
Navidad *f.* Christmas, 8
necesario *adj.* necessary, 12
necesitar to need, 1
negocios business, 1
negro *adj.* black, 1
nevera refrigerator, 4
ni... ni neither . . . nor, 8
 ni siquiera not even, 4
nicaragüense *adj.* Nicaraguan, 2
nieta granddaughter, 2
nieto grandson, 2
nieva it's snowing, 3
nieve *f.* snow, 3
niñero nanny, 11
ningún, ninguno(a) none, not any, 8
Noche Vieja *f.* New Year's Eve, 8
Nochebuena Christmas Eve, 8
nombre *m.* first name, 2
norte *m.* north, 9
norteamericano *adj.* North American, American, 2
nosotros(as) *pron.* we, P
noticias news, 13
noticiero newscast, 14
novecientos nine hundred, 4
noventa ninety, 2
novia girlfriend, 1; bride, 10
noviazgo courtship, 10
noviembre November, 3
novio boyfriend, 1; groom, 10
nublado cloudy, 3
nuera daughter-in-law, 2
nuestro *adj.* our, 2
nueve nine, P
nuevo *adj.* new, 2
número number, P; shoe size, 7
nunca *adv.* never, 8
 nunca más *adv.* never again, 3

O

o *conj.* or, 3
 o... o either . . . or, 8
objeto object, 1
obra (de arte) work (of art), 13
 obra maestra masterpiece, 13
obrero(a) worker; laborer, 11
océano ocean, 8
ochenta eighty, 2
ocho eight, P
ochocientos eight hundred, 4

octubre October, 3
ocupado *adj.* busy, 4
oeste *m.* west, 9
oferta sale *(Lat. Am.)*, 7
oficina office, 1
 oficina de correos post office, 3
ofrecer (zc) to offer, 9
oído inner ear, 5
ojalá que I wish that, 12
ojo eye, 5
oler to smell, 4
olvidar to forget, 8
once eleven, P
ópera opera, 13
oponer to oppose, 14
orar to pray, 14
ordenado *adj.* neat, 4
oreja (outer) ear, 5
órgano organ, 5
orgulloso *adj.* proud
orquesta band, 10
orquídea orchid, 12
oso bear
otoño fall, 3
otra vez *adv.* again, 10

P

paciente *adj.* patient, 2; noun *m./f.* patient, 5
padrastro stepfather, 2
padre *m.* father, 2
padrino(a) godfather (godmother), 2
pagar to pay, 1
 pagar a plazos to pay in installments, 11
 pagar en efectivo (con cheque) to pay in cash (by check), 11
página de bienvenida (de entrada, de presentación, inicial, principal, de la Red) home page, 15
 página web web page, 15
paisaje *m.* landscape, 12
pájaro bird, 12
palabra word, 1
palo de golf golf club, 3
pan (tostado) *m.* bread (toast), 6
panameño *adj.* Panamanian, 2
panelista *m./f.* guest on a talk show, 13
pantalla screen, 15
pantalones (cortos) *m.* pants (shorts), 7
pantera panther
pantorrilla calf (of leg), 5
papá *m.* father, 2
papas (fritas) (french fried) potatoes, 6
papel *m.* paper, 1; role, 13
papelería stationery store, 3
par *m.* pair, 7
para *prep.* for
 para colmo on top of that, 4
 para disculparse to excuse yourself, P
 para que *conj.* so that, 13

¿Para qué? For what purpose?, 8

paraguas *m.* umbrella, 7

paraguayo *adj.* Paraguayan, 2

parar(se) to stop, 9

parecer to appear, 1

parecido *adj.* similar

pared *f.* wall, 4

pareja couple, 10

pariente *m./f.* relative, 2

parque *m.* park, 3

partido game, 3

    partido político political party, 14

pasado: (la semana, el mes, el año) pasado(a) last (week, month, year), 6

pasajero(a) passenger, 9

pasaporte *m.* passport, 9

pasar to spend (time); to pass, 1

    pasar la aspiradora to vacuum, 4

    pasar por to go through, 9

    pasarlo bien (mal) to have a good (bad) time, 8

pasatiempo pastime, 3

Pascua Easter, Passover, Christmas, 8

pasear en canoa/velero to go canoeing/sailing, 8

paseo stroll, 7

pasillo aisle, 9

paso step, 7

pastel *m.* cake, 8

pastilla pill, 5

patinar (en línea) to (in-line) skate, 3

patines (en línea) *m.* (in-line) skates, 3

patrón *m.* pattern, 7

pavo turkey, 6

paz *f.* peace, 14

PDA *PDA*, 13

pecho chest, 5

pedir (i, i) to ask for, 4; to order (food), 6; to request, 9

    pedir prestado to borrow, 11

    pedir un aumento to ask for a raise, 11

peinarse to comb one's hair, 5

película movie, film, 13

    película clásica classic film, 13

    película de acción action film, 13

    película de ciencia ficción science fiction film, 13

    película de terror horror film, 13

    película de intriga (misterio) mystery film, 13

    película fantástica fantasy film, 13

    película extranjera foreign film, 13

    película romántica romantic film, 13

peligro: en peligro de extinción in danger of extinction, 12

peligroso *adj.* dangerous

pelo hair, 5

peluquería hair salon, 3

peluquero(a) hairstylist, 11

pensar (ie) to think, 4

peor worse, 6

    el peor worst, 6

pequeño *adj.* small, 2

    ¡Me quedan muy pequeños! They're too small!

perder (ie) to lose; to miss (a function), 4

perdón pardon me, excuse me, P

perezoso(a) *adj.* lazy, 2

periódico newspaper, 14

periodismo journalism, 1

periodista *m./f.* journalist, 11

período de sequía dry season, 5

pero *conj.* but, 3

perro dog, 2

peruano *adj.* Peruvian, 2

pesado *adj.* heavy (meal, food), 6

pescado fish (when caught), 6

pescar (qu) to fish, 3

pestañas eyelashes, 5

petróleo petroleum, 12

pez *m.* fish (alive), 2

picar (qu) to eat appetizers; to nibble, 6; to bite, 12

pie *m.* foot, 5

piedra stone, 4

piel *f.* skin, 5

pierna leg, 5

piloto *m./f.* pilot, 9

pimentero pepper shaker, 6

pimienta pepper, 6

pintarse to put on makeup, 5

pintor(a) painter, 13

pintura painting, 1

piscina pool, 3

piso floor, 4

pizarra chalkboard, 1

plancha iron, 4

planchar (la ropa) to iron (clothes), 4

plan de retiro retirement plan, 11

plataforma de operación operating platform (system), 15

plato plate, 6

    plato principal main dish, 6

playa beach, 8

plaza plaza, 3

plomero(a) plumber, 11

pluma fountain pen, 1

pobre *adj.* poor, 2

poder (ue) to be able, 4

    No puedo (comer) más. I can't (eat) any more., 6

poder *m.* power, 14

poesía poetry, 13

poeta *m./f.* poet, 13

policía *m.* (**mujer** *f.* **policía**) police officer, 11

política politics, 14

    política internacional international policy, 14

político *m./f.* politician, 14

pollo (asado) (roast) chicken, 6

poner to put (on), 3; to turn on (TV); to show (a movie), 13

poner la mesa to set the table, 4

ponerse + adjective to become, to get + adjective, 8

ponerse (la ropa) to put on (one's clothes), 5

popular *adj.* popular, 13

por *prep.* for

    por ciento percent, 7

    por ejemplo for example, 11

    por eso that's why, 11

    por favor please, P

    por fin *adv.* finally, 10

    por la (mañana, tarde, noche) in the (morning, afternoon/evening), 1

    por otro lado on the other hand

    ¿Por qué? Why?, P

    porque because, 3

    por supuesto of course, 2

portarse bien (mal) to behave well (poorly), 8

portugués *m.* Portuguese (language), 1

postal *m.* postcard, 2

postre *m.* dessert, 6

practicar (qu) to practice, 1

practicar deportes to play sports, 1

preferir (ie) to prefer, 6

pregunta question, P

preguntar to ask (a question), 1

prenda article of clothing, 7

prender to turn on, 15

prendido *adj.* on, 15

prensa press, 14

preocuparse to worry, 11

preocupado *adj.* worried, 4

preparar to prepare, 6

presidente *m./f.* president, **14 de la universidad** of the university, 1

préstamo loan, 11

prestar to loan, 11

presupuesto budget, 11

primavera spring, 3

primero first, 10

    a primera vista at first sight, 10

    primera vez first time, 5

primo(a) cousin, 2

privado *adj.* private, 9

probarse (ue) to try on, 7

problema *m.* problem, 5

procedente de arriving from, 9

procesión *f.* parade, 8

profesión *f.* profession, 11

profesor(a) professor, 1

programa (de CD-ROM) *m.* (CD-ROM) program, 15

    programa de concursos game show, 13

    programa de entrevistas talk show, 13

    programa deportivo sports program, 13

    programa de realidad reality (TV) show, 13

programador(a) programmer, 11

programar to program, 15

progresista *adj.* progressive, 2

prometer to promise, 10

pronóstico del tiempo weather report (forecast), 13

propina: dejar una (buena) propina to leave a (good) tip, 6

propósito purpose, 2

proteger to protect, 12

protestar to protest, 14

proveedor *m.* **de servicios Internet** Internet service provider, 15

proyecto project, 11

pueblo town, 3

puerta door, 4; gate, 9

puerto port, 9

puertorriqueño *adj.* Puerto Rican, 2

puesto stand, 7; job, position, 11; *p.p.* put, 10

pulmones *m.* lungs, 5

pulsera bracelet, 7

puro *adj.* pure, 12

Q

que *pron.* that, which, who, 3

¿Qué? What? Which?, P

    ¡Qué bueno! Wonderful!, 2

    ¡Qué casualidad! What a coincidence!, P

    ¿Qué hay? What's new? (informal), P

    ¿Qué hora es? What time is it?, P

    ¡Qué padre! Cool!, 2

    ¿Qué tal? What's up? (informal), P

quedarle (a uno) to fit (someone), 7

    ¿Cómo me queda? How does it look?, 7

quedarse to stay, 9

quehacer doméstico *m.* chore, 4

quejarse de to complain about, 9

quemar to burn, 12

querer (ie) to want; to love, 4

    Yo quisiera... I would like . . ., 6

queso cheese, 6

quien *pron.* who, 10

    ¿Quién(es)? Who?, P

química chemistry, 1

quince fifteen, P

quinientos five hundred, 4

quitar el programa to quit the program, 15

quitar la mesa to clear the table, 4

quitarse (la ropa) to take off (one's clothes), 5

R

radiografía X-ray, 5

raíz *f.* root, 5

ramo bouquet, 10

rana frog, 12

ranchero(a) rancher, 11

rascacielos *m.* skyscraper, 12

rato: un buen rato a good time, 3

ratón *m.* mouse (of computer), 15

razón *f.* reason, 12
reaccionar to react, 8
rebaja sale *(Spain)*, reduction (in price), 7
rebajar to reduce (in price), 7
rebelde *adj.* rebellious
rebotar to bounce (a check), 11
recepción *f.* front desk, 9; reception, 10
recepcionista *m./f.* receptionist, 9
receta prescription, 5
recibir to receive, 2
recibo receipt, 11
reciclar to recycle, 12
recién casados *m.* newlyweds, 10
recoger (j) to pick up; to claim, 12
recomendar (ie) to recommend, 6
recordar (ue) to remember, 8
rector(a) de la universidad president of the university, 1
recursos naturales natural resources, 12
reducir to reduce, 14
reforestar to reforest, 12
reforma reform, 14
refresco soft drink, 6
refrigerador *m.* refrigerator, 4
refugio natural wildlife preserve, 12
regalar to give (as a gift), 9
regalo gift, 8
regar (ie) las plantas to water the plants, 4; to irrigate, 12
registrarse to register, 9
regresar (a casa) to return (home), 1
reinar to rule
reírse to laugh, 6
relaciones sentimentales *f.* relationships, 10
rellenar to stuff, 6
reloj *m.* clock, 1; watch, 7
renunciar to resign, 11
reportaje *m.* report, 14
reportero(a) reporter, 11
reproductor de DVD DVD player, 15
reproductor de MP3 MP3 player, 15
republicano *adj.* republican, 14
reserva reservation, 9
reservado(a) *adj.* reserved, 2
resfriarse to catch a cold, 5
resfrío cold, 5
residencia dormitory, 1
resolver (ue) to solve, resolve, 12
respeto respect, 11
responsable *adj.* responsible, 2
restaurante *m.* restaurant, 3
restaurar to refresh, 5
retrato portrait, 13
retrato al óleo oil painting, 13
reunión *f.* meeting, 11
reunirse con to get together with, 8; to meet, 11
révista magazine, 14
rico *adj.* rich, 2; delicious, 6
ridículo *adj.* ridiculous, 12
rinoceronte *m.* rhinoceros, 12
río river, 8

rodeado *adj.* surrounded, 11
rodear to surround, 11
rodilla knee, 5
rojo *adj.* red, 1
romper (con) to break up (with), 10
ropa clothes, 5
rubio(a) *adj.* blond(e), 2
ruido noise, 12
ruso Russian (language), 1; *adj.* Russian, 2

S

sábado Saturday, 1
saber to know (how), 3
sabor *m.* flavor, 5
sabroso *adj.* tasty, 6
sacar (qu) to withdraw (money), 11
sacar fotos to take pictures, 3
sacar la basura to take out the garbage, 4
sagrado *adj.* sacred, 8
sal *f.* salt, 6
sala living room, 4
sala de clase classroom, 1
sala de conferencias / para banquetes conference / banquet room, 9
sala de espera waiting room, 5
sala de emergencia emergency room, 5
salario salary, 11
salero salt shaker, 6
salida departure, 9
salida de emergencia emergency exit, 9
salir (con) to leave, to go out (with), 3
salir del programa to quit the program, 15
salón (la sala) de charla *m.* chat room, 15
salsa sauce, 6
salud *f.* health, 5
¡Salud! Cheers!, 6
saludar(se) to greet (each other), P
salvadoreño *adj.* Salvadorean, 2
sandalia sandal, 7
sándwich *m.* sandwich, 6
sano *adj.* healthy, 5
santo(a) saint, 2
sapo toad, 12
satélite *m.* satellite, 15
sciencias science, 1
secadora clothes dryer, 4
secarse (qu) to dry off, 5
sección *f.* **de (no) fumar** *f.* (non)smoking section, 9
secretario(a) secretary, 1
seda silk, 7
segundo *adj.* second, 2
seguir (i) to follow, to continue, 4
seguro surely, 4
seis six, P
seiscientos six hundred, 4
selva jungle, 12
selva nubosa tropical rain forest, 12
semana week, 1
Semana Santa Holy Week, 8

sembrar (ie) to plant, 12
senado senate, 14
senador(a) senator, 14
sencillez *f.* simplicity
sensible sensitive, 3
sencillo *adj.* simple
sentir (ie) to be sorry, 6
sentirse (bien/mal) to feel (good/bad), 5
señor (Sr.) Mr., sir, P
señora (Sra.) Mrs., ma'am, P
señorita (Srta.) Miss, P
separación *f.* separation, 10
separado *adj.* separated, 2
separarse (de) to separate (from), 10
septiembre September, 3
ser to be, P
servicio de habitación (cuarto) room service, 9
servidor *m.* server, 15
servilleta napkin, 6
servir (i) to serve, 6
sesenta sixty, 2
setecientos seven hundred, 4
setenta seventy, 2
si if, 15
sí yes, P
sicología psychology, 1
sicólogo psychologist, 11
siempre always, 8
siete seven, P
silla chair, 4
sillón *m.* easy chair, arm chair, 4
simpático *adj.* nice, 2
sin *prep.* without, 8
sin esfuerzo alguno effortless
sin que *conj.* without, 13
sincero(a) *adj.* sincere, 2
sino *conj.* rather, 5
síntoma *m.* symptom, 5
sinvergüenza *m./f.* shameless person, 4
siquiatra *m./f.* psychiatrist, 11
sistema *(m.)* **nervioso** nervous system, 5
sobre *prep.* about, on; over
sobrepoblación *f.* overpopulation, 12
sobrina niece, 2
sobrino nephew, 2
sociología sociology, 1
sofá *m.* sofa, couch, 4
soldado (la mujer soldado) soldier, 11
solicitar un puesto to apply for a job, 11
solicitud *f.* application (form), 11
solo *adj.* alone, 5
sólo only, P
soltero *adj.* single, 2
sombrero hat, 7
sonreír to smile, 6
sopa soup, 6
sorprender to surprise, 12
sorteo raffle, 7
sótano basement, 4
(Yo) Soy de... I'm from..., P
su *adj.* his, her, its, their, your (formal), 2

suavidad *f.* smoothness, 3
subida climb, 5
subir to climb, to go up, 9
sugerir to suggest, 6
sucio *adj.* dirty, 4
suegra mother-in-law, 2
suegro father-in-law, 2
sueldo salary, 11
suelo floor, 4
suéter *m.* sweater, 7
sufrir to suffer, 8
supermercado supermarket, 3
suplir to supply
sur *m.* south, 9
suyo *adj.* your, yours, his, her, hers, its, 7

T

tacaño *adj.* stingy, 2
tajada slice, 6
talar to cut down (trees), 12
talla size (clothing), 7
también *adv.* also, too, 8
tampoco *adv.* neither, not either, 8
tan pronto como *conj.* as soon as, 13
tan... como as . . . as, 6
tanto(a)... como as much . . . as, 6
tantos(as)... como as many . . . as, 6
tarde *adv.* late, 1
tarea homework, 1
tarjeta card
tarjeta de cajero automático ATM card, 11
tarjeta de crédito credit card, 7
tarjeta de cheque check card, 11
tarjeta de presentación business card, 2
taza cup, 3
té (helado) *m.* (iced) tea, 6
teatro theater, 13
techo roof, 4
teclado keyboard, 15
técnico *m./f.* technician, 11
tecnológico *adj.* technological, 15
tela fabric, 7
teléfono celular cellular phone, 15
telenovela soap opera, 13
teletrabajar to telecommute, 15
televidente *m./f.* television viewer, 13
temprano *adv.* early, 1
tenedor *m.* fork, 6
tener (ie) to have, P
tener calor to be hot, 4
tener celos to be jealous, 4
tener dolor de cabeza to have a headache, 5
tener escalofríos to have chills, 5
tener éxito to be successful, 2
tener fiebre to have a fever, 5
tener frío to be cold, 2
tener ganas de to feel like (doing something), 4
tener gripe to have a cold, 5

tener hambre to be hungry, 2
tener lugar to take place, 10
tener miedo (de) to be afraid (of something), 4
tener náuseas to be nauseous, 5
tener paciencia to be patient, 4
tener prisa to be in a hurry, 2
tener que to have to (do something), 3
tener razón to be right, 2
tener sed to be thirsty, 2
tener sueño to be tired, sleepy, 2
tener tos to have a cough, 5
tercero *adj.* third, 2
terminal de autobuses *f.* bus station, 9
terminar to finish, end, 1
terraza terrace, 4
terrorismo terrorism, 14
testigo *m./f.* witness, 10
tía aunt, 2
tiempo weather, 3
tienda store, 3
tienda de antigüedades (de música [de discos], de ropa) antique (music, clothing) store, 3
tierra land, earth, 12
tigre *m.* tiger, 12
tímido(a) *adj.* shy, timid, 2
tío uncle, 2
tirar to throw, 10
tiza chalk, 1
tobillo ankle, 5
tocador *m.* dresser, 4
tocar (qu) to touch; to play an instrument, 1
tocar la guilarra to *play the guitar,* 3
todos all
    todos los años (días, meses, etc.) every year (day, month, etc.), 10
tolerante *adj.* tolerant, 2
tomar (clases/exámenes) to take (classes/tests); to drink, 1
    tomar el sol to sunbathe, 3
    tomarle la temperatura

(a alguien) to take (someone's) temperature, 5
tomate *m.* tomato, 6
tonto(a) *adj.* silly, foolish, 2
tortuga turtle, 12
tos *f.* cough, 5
toser to cough, 5
tostadora toaster, 4
trabajador *adj.* hardworking, 2
trabajar to work, 1
trabajo work, 11
traductor(a) translator, 11
traer to bring, 3
tráfico traffic, 12
traje *m.* suit, 7
traje de baño bathing suit, 7
tranquilo *adj.* tranquil, peaceful, 12
transferir (ie, i) (fondos) to transfer (funds), 11
transporte *m.* **público** public transportation, 12
tratamiento treatment, 5
trece thirteen, P
treinta thirty, P
tres three, P
trescientos three hundred, 4
triste *adj.* sad, 4
tu *adj.* your (informal), 2
tú *pron.* you, P
tumba tomb, 7
turismo tourism, 1
tuyo *adj.* your, yours, 7

U

un(a) *indef. art.* a, an
universidad *f.* university, 1
uno one, P
unos(as) *indef. art.* some
uña fingernail, 5
uruguayo *adj.* Uruguayan, 2
usar to use, 1; to wear, 7
usted(es) *pron.* you, P

V

vago *lazy,* 4
valiente *adj.* brave, 2
valle *m.* valley, 12
vamos a ver let's see, 7
various several, 1

vaqueros jeans, 7
vaso glass, 6
vegetal *m.* vegetable, 6
veinte twenty, P
veinticuatro twenty-four, P
veinticinco twenty-five, P
veintidós twenty-two, P
veintinueve twenty-nine, P
veintiocho twenty-eight, P
veintiséis twenty-six, P
veintisiete twenty-seven, P
veintitrés twenty-three, P
veintiuno twenty-one, P
vela candle, 8
vendedor(a) salesperson, 11
vender to sell, 2
venezolano(a) *adj.* Venezuelan, 2
venir (ie) to come, 4
    ¡Venga! Come on!, 3
ventaja advantage, 7
ventana window, 4
ventanilla window, 9
ver to see, 3
    Nos vemos. See you later., P
    ver la tele to watch television, 3
verano summer, 3
verdad *f.* truth, 1
verde *adj.* green, 1
verdura vegetable, 6
vestido dress, 7
vestido de gala dressed elegantly, 10
vestirse (i) to get dressed, 5
veterinario *m./f.* veterinarian, 11
vez time
    a la vez at the same time
    a veces sometimes, 10
    de vez en cuando occasionally, 6
    dos (tres, etc.) veces twice (three times, etc.), 10
    muchas veces often, 10
    otra vez *adv.* again
    raras veces rarely, infrequently, 10
    una vez *adv.* once, 10
viajar to travel, 1
viaje *m.* trip, 9
vida life, 10
videocámara digital digital video camera, 15

videocasete *m.* videotape, 15
videocasetera VCR, 15
viejo(a) *adj.* old, 2
viernes *m.* Friday, 1
vigente *adj.* existing, 14
vinagre *m.* vinegar, 6
vino (blanco, tinto) (white, red) wine, 6
visitar to visit, 1
    visitar un museo to visit a museum, 3
visto *p.p.* seen, 10
    a primera vista at first sight, 10
viuda widow
viudo *adj.* widowed, 2; *noun* widower
vivienda housing, 4
vivir to live, 2
volcán *m.* volcano, 12
vólibol *m.* volleyball, 3
volver (ue) to return, 4
vosotros(as) *pron.* you, P
votar to vote, 14
voto vote, 14
vuelo (sin escala) (nonstop) flight, 9
vuelto *p.p.* returned, 10
vuestro *adj.* your, yours, 2

Y

y and, 3
ya *adv.* already, 9
y usted and you (formal) P
yerno son-in-law, 2
yo *pron.* I, P
yunta cufflink, 7

Z

zapatería shoe store, 7
zapato shoe, 7
    zapato de tacón (alto) high heels, 7
    zapato de tenis (deportivo) tennis shoe (sneaker), 3
zoología zoology, 1
zorro fox

A

a, an un(a) *indef. art.*
abortion aborto, 14
about sobre *prep.*
accelerated acelerado *adj.*, 12
accessory accesorio, 7
accompany acompañar, 10
account cuenta, 11
accountant contador(a), 11
accounting contabilidad *f.*, 1
ache dolor *m.*, 5
across from enfrente de *prep.*, 9
act actuar; interpretar, 13
action acción *f.*
activity actividad *f.*, 3
actor actor *m.*, 13
actress actriz *f.*, 13
advance avance *m.*, 15
advantage ventaja, 7
advisor consejero(a), 1
affection cariño, 10
after después (de) (que) *conj.*, 13
afterward después *adv.*, 10
again otra vez *adv.*, 10
against contra *prep.*, 1
age edad *f.*, 2
agree estar de acuerdo, 10
air aire *m.*, 12
air conditioning aire acondicionado, 9
airline aerolínea, 9
airline agent agente *m.f.* de la aerolínea, 9
airport aeropuerto, 9
aisle pasillo, 9
alarm alarma
alarm clock despertador *m.*, 4
all todos
All Saints' Day Día de Todos los Santos, 8
allergy alergia, 5
alliance alianza
alligator caimán *m.*, 12
allow dejar, 13
almost (always) casi (siempre) *adv.*, 10
alone solo *adj.*, 5
already ya *adv.*, 9
also también *adv.*, 8
although aunque *conj.*, 13
always siempre, 8
ambulance ambulancia, 5
amend enmendar (ie), 14
amendment enmienda, 14
ammenities comodidades *f.*, 9
among entre *prep.*, 4
and y, 3
angry enojado *adj.*, 4
animal animal *m.*, 12
ankle tobillo, 5
annoyed: I get annoyed. Me pongo molesto., 8
answer contestar, 1

answering machine contestador automático *m.*, 15
antacid antiácido, 5
antibiotic antibiótico, 5
antique antigüedad *f.*, 7
antique store tienda de antigüedades, 3
any algún, alguno(a/os/as), 8
anybody, anyone alguien, 8
anything algo, 8
apartment apartamento, departamento 1
appear parecer, 1
applaud aplaudir, 10
apple manzana, 6
applicant candidato(a), 11
application (form) solicitud *f.*, 11
apply for a job solicitar un puesto, 11
appreciate apreciar, 13
approach acercar (qu)
approve aprobar (ue), 14
April abril, 3
Arab árabe *adj.*, 2
architect arquitecto(a), 11
architecture arquitectura, 13
Argentine argentino *adj.*, 2
argue discutir, 14
arm brazo, 5
arm chair sillón *m.*, 4
armoire armario, 4
army ejército, 14
around alrededor de
arrival llegada, 9
arrive llegar, 1
arriving from procedente de, 9
arrogant arrogante *adj.*, 2
art arte *m./f.*, 1
article of clothing prenda, 7
artist artista *m./f.*, 13
artistic artístico(a) *adj.*, 2
as . . . as tan... como, 6
as many . . . as tantos(as)... como, 6
as much . . . as tanto(a)... como, 6
as soon as tan pronto como *conj.*, 13
ask (a question) preguntar, 1
ask for pedir (i, i), 4
ask for a raise pedir un aumento, 11
aspirin aspirina, 5
assistant ayudante *m./f.*
at a *prep.*
at first sight a primera vista, 10
at last finalmente *adv.*, 10
at the last minute a última hora, 8
at the same time a la vez
At what time? ¿A qué hora?, 1
athletic atlético *adj.*, 2

ATM cajero automático, 11
ATM card tarjeta de cajero automático, 11
attend asistir a, 2
August agosto, 3
aunt tía, 2
author autor(a), 13
avocado aguacate *m.*, 6

B

back espalda, 5
backpack mochila, 1
bad malo *adj.*, 2
bag bolsa, 7
baggage (carry-on) equipaje (de mano) *m.*, 9
balance equilibrio, 12
balcony balcón *m.*, 4
ballet ballet *m.*, 13
ballpoint pen bolígrafo, 1
banana banana/banano, 6
band orquesta, 10
bank banco, 3
banker banquero(a), 11
banquet banquete *m.*, 10
banquet room sala para banquetes, 9
bargain: It's a bargain! ¡Es una ganga!, 7
baseball béisbol *m.*, 3
baseball cap gorra de béisbol, 7
basement sótano, 4
basketball baloncesto, 3
bat murciélago
bathing suit traje de baño, 7
bathroom cuarto de baño, 4
bathroom sink lavabo, 4
bathtub bañera, 4
be ser, P; estar, 3
be able poder (ue), 4
be afraid (of something) tener miedo (de), 4
be born nacer, 2
be cold tener frío, 2
be delayed demorarse, 13
be frightened asustarse, 8
be glad alegrarse (de), 12
be healthy estar sano(a), 5
be hot tener calor, 4
be hungry tener hambre, 2
be in a hurry tener prisa, 2
be jealous tener celos, 4
be nauseous tener náuseas, 5
be online estar conectado(a) (en línea), 15
be painful (to someone) dolerle (ue) (a alguien), 5
be patient tener paciencia, 4
be pleasing (to someone) gustar, 3
be right tener razón, 2
be sick estar enfermo(a), 5
be sleepy tener sueño, 2

be sorry sentir (ie), 6
be successful tener éxito, 2
be thirsty tener sed, 2
be tired tener sueño, 2
beach playa, 8
beach resort balneario, 8
bear oso
beautiful bello *adj.*, 12
because porque, 3
become + adjective ponerse + *adjective*, 8
bed cama, 4
bedroom dormitorio, 4 habitación , 4
beer cerveza, 6
before antes (de) que *conj.*
begin comenzar (ie), empezar (ie), 4
behave well (poorly) portarse bien (mal), 8
behind detrás de *prep.*, 4
believe creer, 2
below abajo *adv.*; debajo de *prep.*, 4
belt cinturón *m.*, 7
benefits beneficios, 11
beside al lado de *prep.*, 4
best el mejor, 6
better mejor, 6
between entre *prep.*, 4
beverage bebida, 6
bicycle bicicleta, 3
big grande *adj.*, 2
bilingual bilingüe *adj.*, 2
bill cuenta, 6; factura, 11
biology biología, 1
bird pájaro, *m.*, 12
birthday cumpleaños *m.*, 8
bite picar (qu), 12
black negro *adj.*, 1
blanket manta, 8
blond rubio *adj.*, 1
blouse blusa, 7
blue azul *adj.*, 1
blue jeans jeans *m. pl.*, 7
board abordar, 9
boardinghouse pensión *f.*, 1
body cuerpo humano, 5
Bolivian boliviano *adj.*, 2
bone hueso, 5
book (text) libro (de texto), 1
bookshelf estante *m.*, 4
bookstore librería, 1
boot bota, 7
border frontera, 12
bore aburrir, 13
bored aburrido *adj.*, 4
borrow pedir prestado, 11
boss jefe *m./f.*, 11
bother molestar, 13
bounce (a check) rebotar, 11
bouquet ramo, 10
boy chico, 7
boyfriend novio, 1

bracelet pulsera, 7
brain cerebro
brave valiente *adj.*, 2
Brazilian brasileño *adj.*, 2
bread (toast) pan (tostado) *m.*, 6
break up (with) romper (con), 10
breakfast desayuno, 6
bride novia, 10
bring traer, 3
brother hermano, 2
brother-in-law cuñado, 2
brown marrón *adj.*, 1
brush one's teeth cepillarse los dientes, 5
buckle the seat belt abrochar el cinturón de seguridad, 9
budget presupuesto, 11
building edificio, 1
burn quemar, 8
bus autobús *m. (Spain)*, P; camión *m. (Mexico)*, P; guagua *(Puerto Rico)*, P
bus station terminal de autobuses *f.*, 9
business negocios, 1; empresa, 11
  business administration administración *f.* de empresas, 1
  business card tarjeta de presentación, 2
  business center centro de negocios, 9
  businessman hombre de negocios, 11
  businesswoman mujer de negocios, 11
busy ocupado *adj.*, 4
but pero *conj.*, 3
butcher shop carnicería, 3
butter mantequilla, 6
butterfly mariposa, 12
button botón *m.*, 7
buy comprar, 1
Bye. Chao. (informal), P

C

cabin cabina, 9
café café *m.*, 3
cafeteria cafetería, 1
cake pastel *m.*, 8
calculator calculadora, 1
calendar calendario, 1
calf (of leg) pantorrilla, 5
call llamar, 1
camera cámara, 3
campaign campaña, 14
campus campus *m.*
Canadian canadiense *adj.*, 2
candidate candidato(a), 11
candle vela, 8
car automóvil *m.*; carro; coche *m.*
caramel custard (homemade) flan (casero) *m.*, 6
card tarjeta
cardboard cartón *m.*
carpet alfombra, 4
carpenter carpintero(a), 11
carry llevar, 7
cartoon dibujo animado, 13

cash efectivo, 7
cashier cajero(a), 11
cat gato, 2
catch a cold resfriarse, 5
catch agarrar, 10
celebrate celebrar, 8
celebration celebración *f.*, 8
cellular phone teléfono celular, 15
chair silla, 4
chalk tiza, 1
chalkboard pizarra, 1
challenge desafío, 14
change cambiar, 7
channel (TV) canal *m.*, 13
charge cargo, 11
charity limosna
chat room salón (la sala) de charla *m.*, 15
cheap barato *adj.*, 7
check cuenta, 6; cheque *m.*, 7
  check card tarjeta de cheque, 11
  The check, please. La cuenta, por favor., 6
check the luggage facturar el equipaje, 9
checking account cuenta corriente, 11
cheeks mejillas, 5
Cheers! ¡Salud!, 6
cheese queso, 6
chemistry química, 1
chest pecho, 5
chew masticar (qu), 5
chicken (roast) pollo (asado), 6
Chilean chileno *adj.*, 2
chimney chimenea, 4
Chinese chino *adj.*, 2; (language) chino, 1
choose escoger, 9
chore quehacer doméstico *m.*, 4
Christmas Eve Nochebuena, 8
Christmas Pascua, Navidad *f.*, 8
church iglesia, 3
citizen ciudadano(a), 14
city block cuadra, 9
claim recoger (j), 12
classical clásico *adj.*, 13
classmate compañero(a) de clase, 1
classroom sala de clase, 1
clean limpio *adj.*, 4
clean the house limpiar la casa, 4
clear the table quitar la mesa, 4
clear: it's clear está despejado, 3
click (on) hacer click (sobre), 15
climb subida, 5
  climb subir, 9
clock reloj *m.*, 1
close cerrar (ie)
closet armario, 4
clothes dryer secadora, 4
clothes ropa, 5
clothing store tienda de ropa, 3
cloudy: it's cloudy está nublado, 3
coast costa, 4
coffee café *m.*, 6
coincidence: What a coincidence! ¡Qué casualidad!, P
cold resfrío, catarro, 5
  it's cold hace frío, 3

Colombian colombiano *adj.*, 2
color color *m.*, 1
Columbus Day Día de la Raza, 8
comb one's hair peinarse, 5
come venir (ie), 4
  Come on! ¡Venga!, 3
comedy comedia, 13
comfort comodidad *f.*
comfortable cómodo *adj.*, 9
command mandar, 11
commercial anuncio, 13
compact disc (CD) disco compacto, 15
complain about quejarse de, 9
composer compositor(a), 13
computer computadora, 11
computer science computación *f.*, 1
concert concierto, 13
condiment condimento, 6
condominium condominio, 4
conference room sala de conferencias, 9
congested congestionado *adj.*, 5
congratulate felicitar, 10
  Congratulations! ¡Felicitaciones!, 8
Congress congreso, 14
connect conectar, 15
connection conexión *f.*, 15
conservation conservación *f.*, 12
conservative conservador(a) *adj.*, 14
conserve conservar, 12
constitution constitución *f.*, 14
construct construir, 12
contact lenses lentillas/lentes *m.* de contacto, 5
continue seguir (i), 4
cook cocinar, 6
cook, chef cocinero(a), 11
Cool! ¡Chévere!, 3
¡Que padre!, 2
cool: it's cool hace fresco, 3
corn flour harina de maíz
cornmeal pockets arepas, 6
corporation empresa, 14
corruption corrupción *f.*, 14
cost costar (ue), 4
Costa Rican costarricense *adj.*, 2
costume disfraz *m.*, 8
cotton algodón *m.*, 7
couch sofá *m.*, 4
cough syrup jarabe *m.*, 5
cough tos *f.*, 5
  cough toser, 5
count contar (ue)
  count on contar con
country campo, 8
couple pareja, 10
course curso, 1
court (tennis) cancha (de tenis), 3
courtship noviazgo, 10
cousin primo(a), 2
cowardly cobarde *adj.*, 2
credit card tarjeta de crédito, 7
crime crimen *m.*, 14
crocodile cocodrilo, 12
cross cruzar, 9
cry llorar, 8

Cuban cubano *adj.*, 2
cufflink gemelo, yunta, 7
cultivate cultivar, 12
cup taza, 3
current actual *adj.*, 14
customs aduana, 9
cut down (trees) talar, 12
cyberspace espacio cibernético, ciberespacio, 15
cycling ciclismo, 3

D

daily cotidiano *adj.*, 13; *adv.* diariamente, 3
dance bailar, 3
  dance baile *m.*, 3; danza, 13
dancer bailarín *m.*, bailarina, 13
dangerous peligroso *adj.*
dark-haired moreno *adj.*, 2
date (social) cita, 10
daughter hija, 2
daughter-in-law nuera, 2
day before yesterday anteayer *adv.*, 6
day día *m.*, 1
  Day of the Dead Día de los Muertos, 8
  Day of the Magi (Three Kings) Día de los Reyes Magos, 8
dead muerto *adj.*, 4
dean decano(a), 1
death muerte *f.*
debate debate *m.*, 14
December diciembre, 3
deer ciervo
defend defender (ie), 14
defense defensa, 14
delicious rico *adj.*, 6
democracy democracia, 14
democratic demócrata *adj.*, 14
demonstration manifestación *f.*, 14
dense denso *adj.*, 12
dentist dentista *m./f.*, 11
departing for con destino a, 9
department facultad *f.*
departure salida, 9
deposit (money) depositar, 11
desire afán *m.*, 12
desk escritorio, 4
dessert postre *m.*, 6
destroy destruir, 12
destroyed destruido *adj.*, 12
destruction destrucción *f.*, 12
develop desarrollar, 12
development desarrollo, 12
diagnosis diagnóstico, 5
dictator dictador(a), 14
dictatorship dictadura, 14
dictionary diccionario, 1
die morir (ue), 6
died *p.p.* muerto, 10
diet dieta, 5
digital camera cámara digital, 15
dining room comedor *m.*, 4
dinner cena, 6
direct dirigir, 13
director director(a), 13
dirty sucio *adj.*, 4

disadvantage desventaja, 15
disconnect desconectar, 15
discount descuento, 7
discuss discutir, 14
dishwasher lavaplatos *m.,* 4
divorce divorcio, 10
divorced divorciado *adj.,* 2
dizziness mareo, 5
dizzy mareado *adj.,* 5
do hacer, 3
doctor médico *m./f.,* 5
documentary documental *m.,* 13
dog perro, 2
Dominican (from the Dominican Republic) dominicano *adj.,* 2
done hecho *p.p.,* 10
door puerta, 4
dormitory residencia, 1
double bed cama doble, 9
downtown centro, 3
drama drama *m.,* 13
dramatic dramático(a) *adj.,* 2
draw dibujar, 1
dress vestido, 7
    dressed elegantly vestido de gala, 10
dresser cómoda, tocador *m.,* 4
drink tomar, 1; beber, 2
    drink coffee ir a tomar un café, 3
drug addiction drogadicción *f.,* 14
dry off secarse (qu), 5
dry season período de sequía, 5
duty deber *m.* noun, 14
DVD player reproductor de DVD, 15

E

each cada *adv.*
ear (outer) oreja, 5; **(inner)** oído, 5
earache dolor de oídos *m.,* 5
early temprano *adv.,* 1
earring arete *m.,* 7
earth tierra, 12
east este *m.,* 9
Easter Pascua, 8
easy chair sillón *m.,* 4
eat comer, 2
    eat appetizers picar (qu), 6
    eat breakfast desayunar, 6
    eat lunch almorzar (ue), 6
    eat supper (dinner) cenar, 6
    I can't (eat) any more. No puedo (comer) más., 6
ecology ecología, 12
economic económico *adj.,* 5
economics economía, 1
Ecuadorian ecuatoriano, 2
education educación *f.,* 1
effortless sin esfuerzo alguno
egg: hard-boiled egg huevo duro, 6
Egyptian egipcio *adj.,* 2
eight hundred ochocientos, 4
eight ocho, P
eighteen dieciocho, P
eighty ochenta, 2
either . . . or o... o, 8
elbow codo, 5

elect elegir (i, i), 14
elections elecciones *f.,* 14
electric appliance electrodomésticos, 4
electrician electricista *m./f.,* 11
elephant elefante *m.,* 12
elevator ascensor *m.,* 9
eleven once, P
eliminate eliminar, 14
email correo electrónico, 11
embarrassed: I get embarrassed. Me pongo avergonzado., 8
emergency exit salida de emergencia, 9
emergency room sala de emergencia, 5
employee empleado(a), 11
employment empleo, 14
end terminar, 1
engaged comprometido *adj.,* 10
engagement compromiso, 10
engineer ingeniero(a), 11
engineering ingeniería, 1
English (language) inglés *m.,* 1; inglés(esa) *adj.,* 2
enjoy disfrutar, 9
    Enjoy your meal! ¡Buen provecho!, 6
enter entrar, 1
environment medio ambiente, 12
equality igualdad *f.,* 14
equipment equipo, 15
eraser borrador *m.,* 1
even though aunque *conj.,* 13
every day (week, etc.) cada día (semana, etc.), 10
    every year (day, month, etc.) todos los años (días, meses, etc.), 10
examine examinar, 5
excited emocionado *adj.,* 4
excuse me perdón, con permiso, P
exercise hacer ejercicio, 3
existing vigente *adj.,* 14
expense gasto; costo, 11
expensive caro *adj.,* 7
explain explicar (qu), 9
exploit explotar, 12
extinction: in danger of extinction en peligro de extinción, 12
eye ojo, 5
eyebrows cejas, 5
eyelashes pestañas, 5

F

fabric tela, 7
face enfrentar
    cara, 5
factory fábrica, 12
fall otoño, 3
fall asleep dormirse (ue), 5
fall in love (with) enamorarse (de), 10
false cognate cognado falso, 1
family familia
fan (sports) aficionado(a), 3
far (away) (from) lejos (de) *prep.,* 4

farm finca, 12
farm worker campesino(a), 12
farmer agricultor(a), 12
fat gordo *adj.,* 2
father papá, padre, *m.,* 2
father-in-law suegro, 2
fax machine fax *m.,* 11
features comodidades *f.,* 9
February febrero, 3
feel (good/bad) sentirse (bien/mal), 5
feel like (doing something) tener ganas de, 4
fever fiebre, 5
fifteen quince, P
fifty cincuenta, 2
file archivar, 2
    archivo, 15
fill out (a form) llenar, 11
film película, 13
    action film película de acción, 13
    classic film película clásica, 13
    fantasy film película fantástica, 13
    foreign film película extranjera, 13
    horror film película de terror, 13
    mystery film película de intriga (misterio), 13
    romantic film película romántica, 13
    science fiction film película de ciencia ficción, 13
finally por fin, finalmente *adv.,* 10
find encontrar, 5
fine bien *adv.*
    Fine, thanks. Bien, gracias., P
finger dedo, 5
fingernail uña, 5
finish terminar, 1
fire despedir(i), 11
firefighter bombero(a), 11
fireplace chimenea, 4
first primero, 10
    first time primera vez, 5
first name nombre *m.,* 2
fish pescar (qu), 3
    (alive) pez *m.,* 2
    (when caught) pescado, 6
fit (someone) quedarle (a uno), 7
five cinco, P
five hundred quinientos, 4
flavor sabor *m.,* 5
flight (nonstop) vuelo (sin escala), 9
flight attendant asistente de vuelo *m./f.,* 9
floor piso, 4/suelo, 4
floor covering alfombra, 8
flower flor *f.,* 10
folkloric folclórico *adj.,* 13
follow seguir (i), 4
food comida, 6
foolish tonto *adj.,* 2
foot pie *m.,* 5
football field campo de fútbol, 3

for para, por, *prep.*
    for example por ejemplo, 11
    For what purpose? ¿Para qué?, 8
foreign languages lenguas extranjeras, 1
forest bosque *m.,* 12
forget olvidar, 8
fork tenedor *m.,* 6
forty cuarenta, 2
fountain fuente *f.,* 4
fountain pen pluma, 1
four cuatro, P
four hundred cuatrocientos, 4
fourteen catorce, P
fox zorro
free gratis *adj.,* 1
freedom of the press libertad *f.* de la prensa, 14
French (language) francés *m.,* 1; francés(esa) *adj.,* 2
frequently a menudo
fresh fresco *adj.,* 6
Friday viernes *m.,* 1
friend amigo(a), 1
friendly amable *adj.,* 2
friendship amistad *f.,* 10
frog rana, 12
from de, desde *prep.,* 1
    I'm from... Soy de..., P,
    From where? ¿De dónde?, P
front desk recepción *f.,* 9
fruit fruta, 6
fruit juice jugo de fruta, 6
fruit store frutería, 3
fulfill llenar, 7
full-time de tiempo completo, 11
fun divertido *adj.*
function (to work) funcionar, 15
furious furioso *adj.,* 4
furniture muebles *m.,* 4

G

game juego, partido, 3
game show programa de concursos, 13
garage garaje *m.,* 4
garden jardín *m.,* 4
garlic ajo, 6
gas station gasolinera, 3
gate puerta, 9
gem joya
generous generoso(a) *adj.,* 5
geography geografía, 1
German (language) alemán *m.,* 1; alemán(ana) *adj.,* 2
get conseguir (i), 4; + *adjective* ponerse + *adjective,* 8
    get a suntan broncearse, 8
    get along well (poorly) (with) each other llevarse bien (mal) (con), 10
    get divorced (from) divorciarse (de), 10
    get dressed vestirse (i), 5
    get married casarse (con), 10
    get off bajar(se) (de), 9
    get sick enfermarse, 5
    get together with reunirse con, 8

get up levantarse, 5
get used to acostumbrarse
gift regalo, 8
girl chica, 7
girlfriend novia, 1
give dar, 3
    give (as a gift) regalar, 9
    give a party dar/hacer una
      fiesta, 8
glass vaso, 6
glove guante *m.*, 7
go ir, 3
    go by bike (boat, bus, car,
      plane, subway, taxi,
      train) ir en bicicleta
      (barco, autobús, coche/carro,
      avión, metro, taxi, tren), 9
    go camping hacer
      camping, 8
    go canoeing/sailing pasear
      en canoa/velero, 8
    go for a walk dar un paseo, 3
    go horseback riding montar
      a caballo, 3
    go on a picnic hacer un
      picnic, 3
    go on foot ir a pie, 9
    go out (with) salir (con), 3
    go shopping ir de compras, 3
    go through pasar por, 9
    go to a bar (club, concert,
      disco, party) ir a un bar
      (club, concierto, discoteca,
      party), 3
    go to bed acostarse (ue), 5
    go to the movies ir al cine, 3
    go up subir, 9
    go well with ir (bien) con, 7
goblet copa, 6
godchild ahijado(a), 2
godfather padrino, 2
godmother madrina, padrina, 2
golf golf *m.*, 3
    golf club palo de golf, 3
    golf course campo de golf, 3
good bueno *adj.*, 2
    Good afternoon. Buenas
      tardes., P
    Good evening (night).
      Buenas noches., P
    Good morning. Buenos
      días., P
Good-bye. Adiós., P
good-looking guapo *adj.*, 2
gorilla gorila *m.*, 12
govern gobernar (ie), 14
government gobierno, 14
governor gobernador(a), 14
granddaughter nieta, 2
grandfather abuelo, 2
grandmother abuela, 2
grandson nieto, 2
green verde *adj.*, 1
greet (each other) saludar(se), P
groom novio, 10
grow (plants) cultivar, 12
grow up crecer
growth crecimiento
Guatemalan guatemalteco *adj.*, 2
guerrilla guerrillero *m./f.*, 14

guest invitado *m./f.*, 8
guest on a talk show panelista
    m./f., 13
Guinean Guineano(a), 2
guitar guitarra, 3
gymnasium gimnasio, 1

H

hair cabello, pelo, 5
hair salon peluquería, 3
hairstylist peluquero(a), 11
Haitian haitiano *adj.*, 2
half brother (sister) medio(a)
    hermano(a), 2
half mitad *f.*, 15
ham jamón *m.*, 6
hamburger hamburguesa, 6
hand mano *f.*, 5
handshake apretón m. de manos
happy contento *adj.*, 4
    I get happy. Me pongo
      contento., 8
hard drive disco duro, 15
hardware store ferretería, 3
hardworking trabajador(a) *adj.*, 2
hat sombrero, 7
have tener (ie), P; *(auxillary verb)*
    haber, 10
    have a birthday cumplir
      años, 8
    have a cold estar resfriado,
      tener gripe, 5
    have a cookout hacer una
      parrillada, 8
    have a cough tener tos, 5
    have a fever tener fiebre, 5
    to have fun divertirse, 6
    have a good (bad) time
      pasarlo bien (mal), 8
    have a headache tener dolor
      de cabeza, 5
    Have a nice trip! ¡Buen
      viaje!, 9
    have chills tener escalofríos,
      5
    have just (done something)
      acabar de + *infinitive*
    have to (do something)
      tener que, 3
he él *pron.*, P
head cabeza, 5
headache dolor de cabeza *m.*, 5
health salud *f.*, 5
healthy sano *adj.*, 5
heart corazón *m.*, 5
heavy (meal, food) pesado *adj.*, 6
help (each other) ayudar(se), 1
her su *adj.*, 2
herb hierba, 5
here aquí *adv.*, P
hers suyo *adj.*, 7
Hi! ¡Hola!, P
hierarchy jerarquía, 11
high heels zapato de tacón (alto), 7
highway carretera, 12
hike in the mountains caminar
    por las montañas, 3
hill colina, 12
hip cadera, 5

hippopotamus hipopótamo, 12
hire contratar, 11
his su *adj.*, 2; suyo *adj.*, 7
history historia, 1
holiday fiesta, día feriado *m.*, 8
Holy Week Semana Santa, 8
home hogar *m.*, 4
home page página de bienvenida
    (de entrada, de presentación,
    inicial, principal, de la Red), 15
homework tarea, 1
Honduran hondureño *adj.*, 2
honest honesto(a) *adj.*, 2
honeymoon luna de miel, 10
honor cumplir con, 10
hope esperar
hors d'oeuvre entremés *m.*, 8
host anfitrión *m.*, 8
hostess anfitriona, 8
hot (temperature) caliente *adj.*, 6
    it's hot hace calor, 3
hotel: four-star hotel hotel de
    cuatro estrellas *m.*, 9
hour hora, 1
house casa, 4
    house of representatives
      cámara de representantes
      (diputados), 14
    house specialty especialidad
      f. de la casa, 6
housing vivienda, 4
How ¿Cómo?, P
    How are you? ¿Cómo está
      usted?, ¿Cómo estás?, P
    How does it look? ¿Cómo me
      queda?, 7
    How many?
      ¿Cuántos(as)?, P
    How much do I owe you?
      ¿Cuánto le debo?, 7
    How much? ¿Cuánto(a)?, 8
    How old are you? ¿Cuántos
      años tienes tú?, P
    How's it going? ¿Cómo te
      va?, P
hug (each other) abrazar(se), 10
human (civil) rights derechos
    humanos (civiles), 14
humanities humanidades *f. pl.*, 1
humble humilde *adj.*, 2
humorous cómico *adj.*, 2
hunger hambre *f.*, 5
husband esposo, 2

I

I yo *pron.*, P
ice cream helado, 6
ideology ideología, 14
if si, 15
illiteracy analfabetismo, 14
illness enfermedad *f.*, 5
immigration inmigración *f.*, 14
immunity inmunidad *f.*
impairment desmedro
important importante *adj.*, 12
impossible imposible *adj.*, 12
imprisonment
    encarcelamiento, 14
in en, 4
    in addition to además de

in case (of) en caso (de) que
    conj., 13
in exchange for a cambio de
in front of delante de /
    enfrente de *prep.*, 4
in regard to en cuanto a, 13
in the (morning, afternoon/
    evening) de/por la
    (mañana, tarde, noche), 1
include incluir, 2
income ingreso, 12
increase aumentar, 14
indecisive indeciso *adj.*, 2
Independence Day from Spain
    Día de la Independencia de
    España, 8
Indian indio *adj.*, 2
inequality desigualdad *f.*, 14
inexpensive barato *adj.*, 7
infirmary enfermería, 9
inflation inflación *f.*, 14
inform informar, 11
intellectual intelectual *adj.*, 2
intelligent inteligente *adj.*, 2
international policy política
    internacional, 14
Internet Internet *m.*, 15
    Internet service provider
      proveedor *m.* de servicios
      Internet, 15
interpreter intérprete *m./f.*, 11
interview entrevista, 11
introverted introvertido, 2
intuitive intuitivo *adj.*, 2
invent inventar, 3
investigate investigar, 14
iron plancha, 4
    iron (clothes) planchar
      (la ropa), 4
irresponsible irresponsable
    adj., 2
irrigate regar (ie) las plantas, 12
island isla, 9
Italian (language), italiano, 1;
    italiano, *adj.*, 2
its su *adj.*, 2; suyo *adj.*, 7

J

jacket chaqueta, 7
jaguar jaguar *m.*, 12
January enero, 3
Japanese (language) japonés
    m., 1; japonés(esa) *adj.*, 2
jeans vaqueros, 7
jewelry joyas, 7
jewelry store joyería, 3
job puesto, 11
    job appointment cita de
      negocios, 1
    job hunt búsqueda de
      trabajo, 11
joke broma, 1
journalism periodismo, 1
journalist periodista
    m./f., 11
judge juez *m./f.*, 10
July julio, 3
June junio, 3
jungle selva, 12
just like así como

K

key llave *f., 9*
keyboard teclado, 15
kiss (each other) besar(se), 10
kitchen cocina, 4
knee rodilla, 5
knife cuchillo, 6
know (each other) conocer(se), 3
   know (how) saber, 3
Korean coreano *adj., 2*

L

laborer obrero(a), 11
lack falta
lake lago, 8
lamp lámpara, 4
land aterrizar, 9
   tierra, 12
landscape paisaje *m., 12*
language lengua, 1
laptop computer computadora
   portátil, 15
large grande *adj., 2*
last (week, month, year)
   (la semana, el mes, el año)
   pasado(a), 6
last name apellido, 2
last night anoche *adv., 6*
late tarde *adv., 1*
laugh reírse, 3
law derecho, 1; ley *f., 14*
law office bufete *m., 11*
lawyer abogado(a), 11
lazy perezoso *adj., 2*
   vago, 4
lead a peaceful life llevar una
   vida tranquila, 12
leaf hoja, 5
learn aprender, 2
leather cuero, 7
leave salir, 3; dejar, 13
   leave a (good) tip dejar una
     (buena) propina, 6
left: to the left of a la izquierda
   de *prep., 9*
leg pierna, 5
less . . . than menos... que, 6
lesson lección *f., 1*
let dejar, 13
let's see vamos a ver, 7
letter (correspondence) carta, 2
lettuce lechuga, 6
liberal liberal *adj., 15*
librarian bibliotecario(a), 1
library biblioteca, 1
life vida, 10
lift weights levantar pesas, 3
light (meal, food) ligero
   adj., 6
light luz *f., 1*
lightly levemente, 11
like: I (don't) like + infinitive
   (no) me gusta + *infinitive, 1*
   I would like...yo quisiera..., 6
lion león *f.*
lips labios, 5
listen (to music) escuchar
   (música), 1
literacy alfabetismo, 14
literature literatura, 1

live vivir, 2
living room sala, 4
loan préstamo, 11
   prestar, 11
lobster langosta, 6
logical lógico *adj., 12*
long largo *adj., 2*
look for buscar (qu), 1
   look at each other
     mirarse, 10
lose perder (ie), 4
love querer (ie), 4; amar, 10
   amor *m., 10*
lunch almuerzo, 6
lungs pulmones *m., 5*
luxurious lujoso *adj., 7*

M

made hecho *p.p., 10*
magazine revista, 14
main dish plato principal, 6
major especialización *f., 1*
   major, field of study carrera
majority mayoría, 1
make hacer, 3
   make a phone call
     llamar por teléfono, 11
   make a stop (on a flight)
     (in) hacer escala (en), 9
   make a toast hacer un
     brindis, 8
   make one's bed hacer la
     cama, 4
   make plans hacer planes, 3
mall centro comercial, 3
mammal mamífero
man hombre *m., 1*
manager gerente *m./f., 11*
map mapa *m., 1*
March marzo, 3
market (outdoor) mercado (al
   aire libre), 3
marriage matrimonio, 10
married casado *adj., 2*
marry casarse (con), 10
mask máscara, 8
masterpiece obra maestra, 13
match hacer juego con, 7
math matemáticas, 1
May mayo, 3
mayor alcalde(sa), 14
meal comida, 6
means of communication medios
   de comunicación, 14
meat (beef) carne (de res) *f., 6*
mechanic mecánico(a), 11
medical médico *adj., 5*
   medical history historial
     clínica *f., 5*
   medical insurance seguro
     médico, 11
medicine medicina, 1
meet conocer(se), 3; reunirse
   con, 11
meeting reunión *f., 11*
menu menú *m., 6*
merchant comerciante *m./f., 11*
message mensaje *m., 15*
messy desordenado *adj., 4*
metropolis metrópolis *f., 12*

Mexican mexicano *adj., 2*
midnight medianoche *f., 1*
milk leche *f., 6*
million millón, 4
mine mío *adj., 7*
minister ministro *m./f., 14*
miss (a function) perder (ie), 4
Miss señorita (Srta.), P
modem módem *m., 15*
modern moderno(a) *adj., 13*
monarchy monarquía, 14
Monday lunes *m., 1*
money dinero, 1
monkey mono, 12
month mes *m., 3*
more . . . than más... que, 6
mortgage hipoteca, 11
mother madre *f., 2*
mother mamá, 2
mother-in-law suegra, 2
mountains montañas, 8
mouse (of computer) ratón *m., 15*
mouth boca, 5
move mover (ue), 3
movie película, 13
   movie theater cine *m., 3*
   movies cine *m., 13*
mow the lawn cortar el césped, 4
MP3 player reproductor
   de MP3, 15
Mr., sir señor (Sr.), P
Mrs., ma'am señora (Sra.), P
muscle músculo, 5
museum museo, 3
mushroom champiñón *m., 6*
music música, 1
   music store tienda de música
     (de discos), 3
musical (play) función musical, 13
musician músico *m./f., 13*
must deber, 2
my mi *adj., 2*; mío, 7
My God! My goodness!
   ¡Dios Mío!, P

N

name: My name is . . .
   Me llamo..., P
nanny niñero, 11
napkin servilleta, 6
nationality nacionalidad *f., 2*
native Spanish speaker hispanohablante *m./f.*
natural resources recursos
   naturales, 12
naturalist naturalista *m./f., 12*
nature naturaleza, 12
near cerca de *prep., 4*
neat ordenado *adj., 4*;
   arreglado *adj., 9*
necessary necesario *adj., 12*
neck cuello, 5
necklace collar *m., 7*
necktie corbata, 7
need necesitar, 1
neighborhood barrio, P
neither . . . nor ni... ni, 8
   neither, not either, 8
     tampoco *adv., 8*

nephew sobrino, 2
nervous system sistema *m.*
   nervioso, 5
never nunca *adv., 8*
   never again nunca más *adv., 3*
new nuevo *adj., 2*
   New Year's Eve Noche Vieja
     f., 8
newlyweds recién casados *m., 10*
news noticias, 13
newscast noticiero, 14
newspaper periódico, 14
next to al lado de *prep., 9*
nibble picar (qu), 6
Nicaraguan nicaragüense *adj., 2*
nice simpático *adj., 2*
   it's nice hace buen tiempo, 3
   Nice to meet you. Encan-
     tado(a)., Mucho gusto., P
niece sobrina, 2
nine hundred novecientos, 4
nine nueve, P
nineteen diecinueve, P
ninety noventa, 2
nobody, no one nadie, 8
noise ruido, 12
none, not any ningún,
   ninguno(a), 8
nonsmoking section sección *f.*
   de no fumar *f., 9*
noon mediodía *m., 1*
North American norteamericano
   adj., 2
north norte *m., 9*
nose nariz *f., 5*
not even ni siquiera, 4
notebook cuaderno, 1
notes apuntes *m.*
nothing, not anything, at all
   nada, 8
November noviembre, 3
now ahora *adv., 1*
number número, P
nurse enfermero(a), 5
nursing home casa de
   ancianos, 2

O

object objeto, 1
obtain conseguir (i), 6
occasionally de vez en cuando, 6
ocean océano, 8
October octubre, 3
of de
   of course por supuesto, 2;
     ¡Cómo no!, 6
off apagado *adj., 15*
offer ofrecer (zc), 9
office oficina, 1
often muchas veces, 10
oil aceite *m., 6*
oil painting retrato al óleo, 13
old viejo(a) *adj., 2*
older mayor, 6
oldest el mayor, 6
on en, 4; encendido *adj.*, prendido
   adj., 15; sobre *prep.*
   on the other hand por otro
     lado
   on time a tiempo; en punto, 1

on top of encima de *prep.,* 4
on top of that para colmo, 4
once una vez *adv.,* 10
one hundred cien/ciento, 2
one thousand mil, 4
one uno, P
one-way ticket billete/boleto de ida, 9
onion cebolla, 6
only sólo, P
open abrir
  open a document (program) abrir un documento (un programa), 15
opened abierto *p.p.*
opera ópera, 13
operating platform (system) plataforma de operación, 15
oppose oponer, 14
or o *conj.,* 3
orange anaranjado *adj.,* 1
orange naranja, 6
orchid orquídea, 12
order (food) pedir (i, i), 6
organ órgano, 5
ought to deber, 2
our nuestro *adj.,* 2
outdoors al aire libre, 4
outgoing extrovertido *adj.,* 2
oven (microwave) horno (microondas), 4
over sobre *prep.*
overcoat abrigo, 7
overpopulation sobrepoblación *f.,* 12
owl búho, 12
ozone layer capa de ozono, 12

P

pack one's suitcase(s) hacer la(s) maleta(s) (ue), 9
pain dolor *m.,* 5
painter pintor(a), 13
painting pintura, 1; cuadro, 4
pair par *m.,* 7
Panamanian panameño *adj.,* 2
panther pantera
pants (shorts) pantalones (cortos) *m.,* 7
paper papel *m.,* 1
Paraguayan paraguayo *adj.,* 2
paramilitary group grupo paramilitar, 14
pardon me disculpe, con permiso, perdón, P
park parque *m.,* 3
park ranger guardaparques *m./f.,* 12
part-time de tiempo parcial, 11
party (surprise) fiesta (de sorpresa), 8
pass pasar, 1; aprobar (ue), 14
passenger pasajero(a), 9
Passover Pascua, 8
passport pasaporte *m.,* 9
  passport control inmigración *f.,* 9
pastime pasatiempo, 3
patient paciente *adj.,* 2; paciente

m./f., 5
pattern patrón *m.,* 7
pay pagar, 1
  pay in cash (by check) pagar en efectivo (con cheque), 11
  pay in installments pagar a plazos, 11
PDA PDA, 15
peace paz *f.,* 14
peaceful tranquilo *adj.,* 12
peasant campesino(a), 12
pencil lápiz *m.,* 1
people gente *f.,* P
pepper pimienta, 6
pepper shaker pimentero, 6
percent por ciento, 7
personal finances finanzas personales, 11
Peruvian peruano *adj.,* 2
pet mascota
petroleum petróleo, 12
pharmacy farmacia, 5
philosophy filosofía, 1
phone llamar, 1
photocopier fotocopiadora, 11
photographer fotógrafo(a), 11
photography fotografía, 13
physician médico *m./f.,* 5
physics física, 1
pick up recoger (j), 12
pill pastilla, 5
pilot piloto *m./f.,* 9
place lugar *m.,* 3
plaid de cuadros, 7
plain llano, 6
plane avión *m.,* 9
plant cultivar, 5; sembrar (ie) 12
plate plato, 6
play drama *m.,* 13
play jugar (ue), 4
  play a role interpretar, 13
  play an instrument tocar (qu), 1
  play tennis jugar al tenis, 3
  play the guitar tocar la guitarra, 3
  play sports practicar deportes, 3
player jugador(a), 3
playwright dramaturgo *m./f.,* 13
plaza plaza, 3
please por favor, P
pleasure: The pleasure is mine. El gusto es mío., P
plug in enchufar, 15
  plugged in enchufado *adj.,* 15
plumber plomero(a), 11
pocket bolsillo, 7
poet poeta *m./f.,* 13
poetry poesía, 13
police officer policía *m.* (mujer *f.* policía), 11
political party partido político, 14
politician político *m./f.,* 14
politics política, 14
polka-dotted de lunares, 7
pollute contaminar, 12
polluted contaminado *adj.,* 12
pollution contaminación *f.,* 12

pool piscina, 3
poor pobre *adj.,* 2
popular popular *adj.,* 13
pork chop chuleta de cerdo, 6
port puerto, 9
portrait retrato, 13
Portuguese (language) portugués *m.,* 1
position puesto, 11
post office oficina de correos, 3
postcard postal *m.,* 2
potatoes (french fried) papas (fritas), 6
power poder *m.,* 14
practice practicar (qu), 1
pray orar, 8
prefer preferir (ie), 6
prepare preparar, 6
prescription receta, 5
President president, 14
president of the university presidente *m./f.* de la universidad, 1
press prensa, 14
pretty bonito(a) *adj.,* 2
print imprimir, 15
printer impresora, 15
private privado *adj.,* 9
problem problema *m.,* 5
profession profesión *f.,* 11
professor profesor(a), 1
program programar, 15
  (CD-ROM) programa (de CD-ROM) *m.,* 15
programmer programador(a), 11
progressive progresista *adj.,* 2
project proyecto, 11
promise prometer, 10
protect proteger, 12
protest protestar, 14
proud orgulloso *adj.*
provided (that) con tal (de) que *conj.,* 13
psychiatrist siquiatra *m./f.,* 11
psychologist sícologo, 11
psychology sicología, 1
public transportation transporte público *m.,* 12
Puerto Rican puertorriqueño *adj.,* 2
pure puro *adj.,* 12
purple morado *adj.,* 1
purpose propósito, 2
purse bolsa, 7
put puesto *p.p.,* 10
put (on) poner, 3
  put on (one's clothes) ponerse (la ropa), 5
  put on makeup pintarse, maquillarse, 5

Q

question interpelar; pregunta, P
quiet callarse
quit dejar, 11
  quit the program quitar el programa, 15

R

raffle sorteo, 7
rain llover (ue), 4
rain lluvia, 3
  rain forest selva nubosa tropical, 12
raincoat impermeable *m.,* 7
rancher ranchero(a), 11
rarely raras veces, 10
rather sino *conj.,* 5
  Rather well. Bastante bien., P
react reaccionar, 8
read leer, 2
ready listo(a) *adj.,* 2
reality (TV) show programa de realidad, 13
realize darse cuenta
reason razón *f.,* 12
rebellious rebelde *adj.,* 2
receipt recibo, 11
receive recibir, 2
reception recepción *f.,* 10
receptionist recepcionista *m./f.,* 9
recommend recomendar (ie), 6
record grabar, 15
recycle reciclar, 12
red rojo *adj.,* 1
reduce reducir, 14
  reduce (in price) rebajar, 7
reforest reforestar, 12
reform reforma, 14
refresh restaurar, 5
refrigerator refrigerador *m.,* 4 nevera, 4
register registrarse, 9
relationships relaciones sentimentales *f.,* 10
relative pariente *m./f.,* 2
remember recordar (ue), 8
remote control control *m.* remoto, 15
report informe *m.,* 11; reportaje *m.,* 14
reporter reportero(a), 11
representative diputado(a), 14
republican republicano *adj.,* 14
request pedir (i, i), 9
reservation reserva, 9
reserved reservado(a) *adj.,* 2
resign renunciar, 11
respect respeto, 11
responsible responsable *adj.,* 2
rest descansar, 1
restaurant restaurante *m.,* 3
résumé currículum *m.,* 11
retire jubilarse, 11
retirement plan plan de retiro, 11
return volver, 1
  return (home) regresar (a casa), 1
returned vuelto *p.p.,* 10
rhinoceros rinoceronte *m.,* 12
rice arroz *m.,* 6
rich rico(a) *adj.,* 2
riddle adivinanza, 2
ride a bike andar en bicicleta, 3
ridiculous ridículo *adj.,* 12
right: to the right of a la derecha de *prep.,* 9

right away enseguida, 6
ring anillo, 7
river río, 8
rocket cohete *m.*, 8
role papel *m.*, 13
roof techo, 4
room cuarto, 1
    room service servicio de habitación (cuarto), 9
roommate compañero(a) de cuarto, 1
root raíz *f.*
round-trip ticket billete/boleto de ida y vuelta, 9
rug alfombra, 8
rule reinar
run correr, 3
    run out acabar, 12
Russian (language), ruso, 1; ruso *adj.*, 2

S

sacred sagrado *adj.*, 8
sad triste *adj.*, 4
said dicho *p.p.*, 10
saint santo(a), 2
    saint's day Día del santo, 8
salad ensalada, 6
salary salario, sueldo, 11
sale oferta, liquidación *f. (Lat. Am.)*; rebaja *(Spain)*, 7
salesclerk/person dependiente *m./f.*, 7; vendedor(a), 11
salt sal *f.*, 6
salt shaker salero, 6
Salvadoran salvadoreño *adj.*, 2
same mismo *adj.*, 10
sand arena, 6
sandal sandalia, 7
sandwich sándwich *m.*, 6
satellite satélite *m.*, 15
satellite dish antena parabólica, 15
satisfied: I'm satisfied. I'm full. Estoy satisfecho(a)., 6
Saturday sábado, 1
sauce salsa, 6
save ahorrar, 11; archivar, 15; guardar, 15
savings account cuenta de ahorros, 11
say decir (i), 4
    Say no more! ¡No me digas más!
scanner escáner *m.*, 15
scarf bufanda, 7
schedule horario, 9
school escuela, 1
science ciencias, 1
screen pantalla, 15
script guión *m.*, 13
scuba dive bucear, 8
sculpt esculpir, hacer escultura, 13
sculptor escultor(a), 13
sculpture escultura, 13
sea mar *m.*, 8
seafood mariscos, 6
season estación *f.*, 3

seat asiento, 9
second segundo *adj.*, 2
secretary secretario(a), 1
security control *m.* de seguridad, 9
    security box caja fuerte, 9
see ver, 3
    See you later. Hasta luego., Nos vemos., P
    See you soon. Hasta pronto., P
    See you tomorrow. Hasta mañana., P
seen visto *p.p.*, 10
sell vender, 2
senate senado, 14
senator senador(a), 14
send (letters) mandar (cartas), 1
sensitive sensible, 3
separate (from) separarse (de), 10
separated separado *adj.*, 2
separation separación *f.*, 10
September septiembre, 3
servant criado(a), 11
serve servir (i), 6
server servidor *m.*, 15
set the table poner la mesa, 4
seven hundred setecientos, 4
seven siete, P
seventeen diecisiete, P
seventy setenta, 2
several varios, 1
shake hands darse la mano, 10
shame: it's a shame es una lástima
shameless person sinvergüenza *m./f.*, 4
shave afeitarse, 5
she ella *pron.*, P
shellfish mariscos, 6
shirt camisa, 7
shoe zapato, 7
    shoe size número, 7
    shoe store zapatería, 7
shopping de compras, 7
short (height) bajo(a) *adj.*, 2; **(length)** corto(a) *adj.*, 2
shortage escasez *f.*, 12
shot (injection) inyección *f.*, 5
shout gritar, 8
show espectáculo, 14
show mostrar (ue), 7
    show (a movie) poner, 13
shower ducha, 4
shrimp (fried) camarones (fritos) *m.*, 6
shy tímido(a) *adj.*, 2
sick enfermo *adj.*, 4
sign firmar, 14
silk seda, 7
silly tonto(a) *adj.*, 2
similar parecido *adj.*
simple sencillo *adj.*
simplicity sencillez *f.*
sincere sincero *adj.*, 2
sing cantar, 1
singer cantante *m./f.*, 13

single soltero *adj.*, 2
    single bed cama sencilla, 9
sister hermana, 2
sister-in-law cuñada, 2
six hundred seiscientos, 4
six seis, P
sixteen dieciséis, P
sixty sesenta, 2
size (clothing) talla, 7
skate (in-line) patinar (en línea), 3 patines (en línea) *m.*, 3
ski (water) esquí *m.* (acuático), 3 esquiar (en el agua), 3
skin piel *f.*, 5
skirt falda, 7
skyscraper rascacielos *m.*, 12
sleep dormir (ue), 4
slice tajada, 6
small pequeño *adj.*, 2
smart listo(a) *adj.*, 2
smell oler, 4
smile sonreír, 6
smoking section sección *f.* de fumar, 9
smoothness suavidad *f.*, 3
snack time merienda, 3
snake culebra, 12
sneeze estornudar, 5
snorkel hacer esnórquel, 8
snow nieve *f.*, 3
    it's snowing nieva, 3
so entonces *adv.*, 10
    So . . . Así que..., 2
    So-so. Así así., Más o menos., P
    so that a fin de que, para que *conj.*, 13
soap opera telenovela, 13
soccer (football) fútbol (americano) *m.*, 3
sociology sociología, 1
socks calcetines *m. pl.*, 7
sofa sofá *m.*, 4
soft drink refresco, 6
solar energy energía solar, 12
soldier soldado (la mujer soldado), 11
solve, resolve resolver (ue), 12
some unos(as) *indef. art.*; algún, alguno(a/os/as), 8
somebody, someone alguien, 8
something algo, 8
sometimes a veces *adv.*, 10
son hijo, 2
song canción *f.*, 13
son-in-law yerno, 2
soul alma
soup sopa, 6
source fuente *f.*, 12
south sur *m.*, 9
space espacio, 4
Spanish (language) español *m.*, 1; español(a) *adj.*, 2
speak (with each other) hablar(se), 9
speak so well habla tan bien, P
speakers altavoces *m.*, 15
species especies *f.*, 12
speech discurso, 14
spend (money) gastar, 7
spend (time) pasar, 1

spiritually espiritualmente, 2
spoon cuchara, 6
sport deporte *m.*, 3
sports deportiva *adj.*, 3
    sports program programa deportivo, 13
spring primavera, 3
squid (fried) calamares (fritos) *m.*, 6
stadium estadio, 3
stage escenario
stairs escalera, 4
stand puesto, 7
start comenzar (ie), 4
stationery store papelería, 3
stay quedarse, 9
    stay in bed guardar cama, 5
steak bistec *m.*, 6
step paso, 7
stepbrother hermanastro, 2
stepfather padrastro, 2
stepmother madrastra, 2
stepsister hermanastra, 2
stereo estéreo, 15
still aún *adv.*
stingy tacaño(a) *adj.*, 2
stockbroker accionista *m./f.*, 11
stockings medias, 7
stomach estómago, 5
stone piedra, 4
stop parar(se), 9
store tienda, 3; almacén, 7
story cuento; historia
stove estufa, 4
straight derecho, 9
stream arroyo, 12
street calle *f.*, 3
strike huelga, 14
striped de rayas, 7
stroll paseo, 7
student estudiante *m./f.*, 1
    student center centro estudiantil, 1
study estudiar, 1
    study estudio, 1
stuff rellenar, 6
style estilo, 7
    It's the latest style! ¡Está de última moda!, 7
subjects (courses) materias, 1
succeed lograr
suddenly de repente, 8
sue demandar
suffer sufrir, 9
sugar azúcar *m.*, 6
suggest sugerir, 6
suit traje *m.*, 7
suitcase maleta, 9
summer verano, 3
sunbathe tomar el sol, 3
Sunday domingo, 1
sunglasses gafas de sol, 3
sunny: it's sunny hace sol, 3
suntan lotion crema bronceadora, 8
supermarket supermercado, 3
supper cena, 6
supply suplir

support apoyar, 14
   support apoyo, 13
surf correr las olas, 8
   surf the Net navegar la Red, 15
surprise sorprender, 12
surround rodear
surrounded rodeado *adj.*, 9
sweater suéter *m.*, 7
sweep the floor barrer el piso, 4
sweet dulce *adj.*
swim nadar, 3
swimming natación *f.*, 3
symptom síntoma *m.*, 5
systems analyst analista de sistemas *m./f.*, 11

T

table mesa, 4
   table (side, cofee) mesita, 4
tablecloth mantel *m.*, 6
take (classes/tests) tomar (clases/exámenes), 1
   take (someone's) temperature tomarle la temperatura (a alguien), 5
   take a bath bañarse (en la tina), 5
   take a shower ducharse, 5
   take advantage aprovechar, 14
   take care (of oneself) cuidar(se), 5
   take off (one's clothes) quitarse (la ropa), 5; despegar, 9
   take out the garbage sacar la basura, 4
   take pictures sacar fotos, 3
   take place tener lugar, 10; llevar a cabo, 8
talk (with each other) hablar(se), 9
talk show programa de entrevistas, 13
tall alto *adj.*, 2
tasty sabroso *adj.*, 6
taxes impuestos, 14
tea (iced) té (helado) *m.*, 6
teach enseñar, 1
teacher maestro(a), 1
technical school escuela politécnica
technician técnico *m./f.*, 11
technological tecnológico, 15
telecommute teletrabajar, 15
television viewer televidente *m./f.*, 13
tell contar (ue), 4; decir (i), 4
ten diez, P
tennis shoe (sneaker) zapato de tenis (deportivo), 3
terrace terraza, 4
terrorism terrorismo, 14
test examen *m.*, 1
text message mensaje de texto, 15
that ese(a) *adj.*, 5; **(over there)** aquel (aquella) *adj.*, 5

that que *pron.*, 3; ése(a) *pron.*, 5; **(over there)** aquél (aquélla) *pron.*, 5
   that's why por eso, 11
the el, la, los, las *def. art.*
The pleasure is mine. El gusto es mío., P
theater teatro, 13
their su *adj.*
then luego, entonces *adv.*, 10
there allí *adv.*, P
there is, there are hay, P
they ellos(as) *pron.*, P
thigh muslo, 5
thin delgado *adj.*, 2
think pensar (ie), 4
third tercero *adj.*, 2
thirteen trece, P
thirty treinta, P
this este(a) *adj.*, 5
   this one éste *pron.*, 5
three tres, P
three hundred trescientos, 4
throat garganta, 5
throughout durante *prep.*
throw tirar, 10
Thursday jueves *m.*, 1
ticket boleto, 3; billete *m.*, 9
tidy arreglado *adj.*, 9
tiger tigre *m.*, 12
time hora; vez
   a good time un buen rato, 3
timid tímido *adj.*, 2
to a *prep.*
toad sapo, 12
toast brindis *m.*, 8
toaster tostadora, 4
today hoy *adv.*, 1
toe dedo del pie, 5
toilet inodoro, 4
told dicho *p.p.*, 10
tolerant tolerante *adj.*, 2
tomato tomate *m.*, 6
tomb tumba, 7
tomorrow mañana *adv.*, 1
tongue lengua, 5
too también *adv.*, 8
   too much demasiado *adv.*, 9
tooth diente *m.*, 5
touch tocar (qu), 1
tourism turismo, 1
toward hacia *adv.*, 9
town pueblo, 3
traffic tráfico, 12
train station estación de trenes *f.*, 9
tranquil tranquilo *adj.*, 12
transfer (funds) transferir (ie, i) (fondos), 11
translator traductor(a), 11
trash basura, 12
travel viajar, 1
   travel agency agencia de viajes, 9
   travel agent agente de viajes, 9
traveler's check cheque de viajero, 11
treatment tratamiento, 5
tree árbol *m.*, 4

trip viaje *m.*, 9
truth verdad *f.*, 1
try on probarse (ue), 7
T-shirt camiseta, 7
Tuesday martes *m.*, 1
tuition matrícula, 1
turkey pavo, 6
turn doblar, 9
   turn off apagar (ue), 15
   turn on prender, 15; **(TV)** poner, 13
turtle tortuga, 12
tuxedo esmoquin *m.*
twelve doce, P
twenty veinte, P
twenty-eight veintiocho, P
twenty-five veinticinco, P
twenty-four veinticuatro, P
twenty-nine veintinueve, P
twenty-one veintiuno, P
twenty-seven veintisiete
twenty-six veintiséis, P
twenty-three veintitrés, P
twenty-two veintidós, P
twice (three times, etc.) dos (tres, etc.) veces, 10
two dos, P
two hundred doscientos(as), 4

U

ugly feo *adj.*, 2
umbrella paraguas *m.*, 7
uncle tío, 2
under debajo de *prep.*, 4
understand comprender, 2; entender (ie), 4
unemployment desempleo, 14
United States: from the United States estadounidense *adj.*, 2
university universidad *f.*, 1
unknown desconocido *adj.*
unless a menos que *conj.*, 13
unpleasant antipático *adj.*
unplug desenchufar, 15
until hasta *adv.*; hasta que *conj.*
up to hasta *adv.*, 9
   up to date al día, 14
URL Localizador Uniforme de Recursos *m.*, 15
Uruguayan uruguayo *adj.*, 2
use usar, 1

V

vacuum pasar la aspiradora, 4
   vacuum cleaner aspiradora, 4
valley valle *m.*, 12
VCR videocasetera, 15
vegetable verdura, vegetal *m.*, 6
Venezuelan venezolano *adj.*, 2
very muy *adv.*, P
   Very well. Muy bien., P
vest chaleco, 7
veterinarian veterinario *m./f.*, 11
video camera (digital) videocámara (digital), 15
videotape videocasete *m.*, 15
viewer espectador(a), 13
vinegar vinagre *m.*, 6

visit visitar, 1
   visit a museum visitar un museo, 3
volcano volcán *m.*, 12
volleyball vólibol *m.*, 3
vote votar, 14
   vote voto, 14

W

wait esperar
waiter (waitress) camarero(a), 6
waiting room sala de espera, 5
wake up despertarse (ie), 5
walk caminar, 1
   walk caminata, 7
   walk in the mountains caminar por las montañas, 3
wall pared *f.*, 4
wallet cartera, 7
want desear, 1; querer (ie), 4
war guerra, 14
wardrobe armario, 4
warn avisar
wash (dishes, clothes, windows) lavar (los platos, la ropa, las ventanas), 4
   wash up lavarse, 5
washing machine lavadora, 4
waste desperdicio, 12
watch mirar, 1
   watch reloj *m.*, 7
   watch television ver la tele, 3
water the plants regar (ie) las plantas, 4
water: carbonated/noncarbonated mineral water agua *f.* mineral con/sin gas, 6
waterfall catarata, 12
we nosotros(as) *pron.*, P
weakness debilidad *f.*
wear llevar, usar, 7
   wear a costume disfrazarse, 8
weather tiempo, 3
   weather report (forecast) pronóstico del tiempo, 13
web page página web, 15
wedding boda, 10
Wednesday miércoles *m.*, 1
week semana, 1
weekend fin *m.* de semana, 1
Welcome! ¡Bienvenido!, 9
well bien *adv.*
   well done bien cocido, 6
west oeste *m.*, 9
what lo que *pron.*, 10
   What time is it? ¿Qué hora es?, 1
   What? Which? ¿Qué?, P
   What's new? (informal) ¿Qué hay?, P
   What's up? (informal) ¿Qué tal?, P
   What's your address? (informal) ¿Cuál es tu dirección? (informal), P
   What's your name? ¿Cómo se llama usted?, ¿Cuál es tu nombre?, ¿Cómo te llamas?, P

What's your telephone number? (informal) ¿Cuál es tu número de teléfono?, P
when cuando *conj.,* 13
    When? ¿Cuándo?, P
Where? ¿Dónde?, P
    Where (to)? ¿Adónde?, 8
    Where are you from? ¿De dónde es usted?, ¿De dónde eres tú?, P
which que *pron.,* 3
    Which? ¿Cuál(es)?, P
white blanco *adj.,* 1
who que *pron.,* 3; quien *pron.,* 10
    Who? ¿Quién(es)?, P
Whose? ¿De quién(es)?, 8
Why? ¿Por qué?, P
widow viuda
widowed viudo *adj.,* 2
widower viudo
wife esposa, 2

wildlife preserve refugio natural, 12
win ganar, 3
window ventana, 4; ventanilla, 9
windy: it's windy hace viento, 3
wine (white, red) vino (blanco, tinto), 6
wine glass copa, 6
winner ganador(a), 13
winter invierno, 3
wish desear, 1
    I wish that ojalá que, 12
with con *prep.,* 4
    with regard to con respecto a, 11
withdraw (money) sacar (qu), 11
without sin *prep.,* 8; sin que *conj.,* 13
witness testigo *m./f.,* 10
wolf lobo
woman mujer *f.,* 1
Wonderful! ¡Qué bueno!, 2

wool lana, 7
word palabra, 1
work trabajar, 1
    work trabajo, 11
    work (of art) obra (de arte), 13
worker obrero(a), 11
world mundo, 9
worried preocupado *adj.,* 4
worry preocuparse, 11
worse peor, 6
worst el peor, 6
write escribir, 2
writer escritor(a), 13
written escrito *p.p.,* 10

X

X-ray radiografía, 5

Y

year año, 3;
    year before el año pasado, 15

yellow amarillo *adj.,* 1
yes sí, P
yesterday ayer *adv.,* 6
you tú, usted(es), vosotros(as) *pron.,* P
    and you? ¿y usted? (formal), P
young joven *adj.,* 2
younger menor, 6
youngest el menor, 6
your (formal) su *adj.,* 2; vuestro *adj.,* 2; tuyo, suyo *adj.,* 7
yours vuestro *adj.,* 2; tuyo, suyo *adj.,* 7

Z

zebra cebra
zero cero, P
zipper cremallera, cierre *m.,* 7
zoology zoología, 1

Photos on the back cover: Spain photo: Mary McKinney, Texas Christian University; Peru photo: Pablo La Rosa, Baker University; Guatemala photo: Carmen Rygg, University of North Dakota

p. 1: ©David Madison/The Image Bank/Getty Images

p. 6 top: ©Andre Jenny/Alamy

p. 6 center: ©Fotos and Photos/Index Stock Imagery

p. 6 bottom: ©Color Point Photo/Index Stock Imagery

p. 7 top: ©Travel Ink Photo Library/Index Stock Imagery

p. 7 center: ©William Floyd Holdman/Index Stock Imagery

p. 7 bottom: ©Lou Jones/Index Stock Imagery

p. 19: ©David Ball/Index Stock Imagery

p. 23: ©AbleStock.com/Jupiter Images

p. 32 top: ©David Mercado/Reuters/Landov

p. 32 center: ©Tim Haske/Index Stock Imagery

p. 32 bottom: ©Bob Pardue/Alamy

p. 33 top: ©Omni Photo Communications Inc./Index Stock Imagery

p. 33 center: ©Paul Fabsits/Photographers Direct

p. 33 bottom: ©Carlo Allegri/Getty Images

p. 45: ©Michael Keller/Index Stock Imagery

p. 49: ©Christine Esperson, Cape Cod Community College

p. 64 top: ©Alfredo Guerrero/EFE/Corbis

p. 64 center: ©Pat Canova/Index Stock Imagery

p. 64 bottom: ©Walter Bibikow/Index Stock Imagery

p. 65 top: ©Alyx Kellington/Index Stock Imagery

p. 65 center: *Frida and Diego Rivera, 1931.* Oil on canvas. 100.01cm x 78.74 cm. San Francisco Museum of Modern Art. Albert M. Bender Collection, Gift of Albert M. Bender ©2007 Banco de México Diego Rivera & Frida Kahlo Museums Trust, Av. Cinco de Mayo No. 2, Col. Centro, Del. Cuauhtémoc 06059, México, D.F.

p. 65 bottom: ©Jeff Greenberg/Index Stock Imagery

p. 68: ©Vincent Kessler/Reuters/Landov

p. 85: ©Sean Sprague/Peter Arnold, Inc.

p. 88: ©AP Photo/Carlo Orlandi

p. 96 top: ©Fine Line Features/The Kobal Collection/Corral, Christobal

p. 96 center: ©Peter M. Wilson/Alamy

p. 96 bottom: ©Albeiro Lopera/Reuters/Landov

p. 97 top: ©Lucas Jackson/Reuters/Landov

p. 97 center: ©Mariane Hass/Corbis

p. 97 bottom: ©Juergen Schwarz/AFP/Getty Images

p. 109: *The Street, 1995.* Oil on canvas, 56"x42" by Fernando Botero. ©Fernando Botero, courtesy, Marlborough Gallery, New York

p. 116 left: ©Enzo & Paolo Ragazzini/CORBIS

p. 116 right: ©Ricardo Pinzón Hidalgo/Photographers Direct

p. 117: ©Ricardo Pinzón Hidalgo/Photographers Direct

p. 121: ©Mary Newcomer McKinney, Texas Christian University

p. 134 top: ©Walker/Index Stock Imagery

p. 134 center: ©Garry Adams/Index Stock Imagery

p. 134 bottom: ©Juanjo Martín/EPA/Corbis

p. 135 top: ©Gary Conner/Index Stock Imagery

p. 135 bottom: ©Peter Adams/Index Stock Imagery

p. 144 left: *The Triangular Hour, 1933* by Salvador Dalí. Art Resource, NY. ©2003 Salvador Dalí, Gala-Salvador Dalí Foundation/Artists Rights Society (ARS), New York.

p. 144 right: *Las Meninas* or *the Family of Philip IV, 1656.* Oil on canvas, 276 x 318 cm by Diego Rodríguez Velázquez. ©Erich Lessing/Art Resource, NY.

p. 155: ©Melanie Stetson Freeman/The Christian Science Monitor via Getty Images

p. 168 center: ©Photos.com/Index Open

p. 168 bottom: ©Owen Franken/CORBIS

p. 169 top: ©David Mercado/Reuters/Landov

p. 169 center: ©Victor Englebert/Photographers Direct

p. 169 bottom: ©Melvyn Longhurst/Alamy

p. 189: ©Ken Welsh/Alamy

p. 200 top: ©Carlos Hernandez/Caribe Focus/Photographers Direct

p. 200 center: ©Frank Perkins/Index Stock Imagery

p. 200 bottom: ©Jose Luis Pelaez Inc./Blend Images LLC/Getty Images

p. 201 top: ©Georg Gerster/Photo Researchers, Inc.

p. 201 center: ©Carlos Hernandez/Caribe Focus/Photographers Direct

p. 201 bottom: ©Javier Galue/Photographers Direct

p. 217: Image supplied by directonlineimageorder.com/Photographers Direct

p. 221: ©Eduardo Cabrera, Millikin University

p. 234 top: ©Jeff Greenberg/Index Stock Imagery

p. 234 center: ©AP Photo/Archivo Clarin

p. 234 bottom: ©Ximena Griscti/Alamy

p. 235 top: ©Horizon International Images Limited/Alamy

p. 235 bottom: ©Chad Ehlers/Index Stock Imagery

p. 257: ©Carmen Rygg, University of North Dakota

p. 270 top: ©Leif Skoogfors/CORBIS

p. 270 center: ©Dave Bartruff/Index Stock Imagery

p. 270 bottom: ©Grayce Roessler/Index Stock Imagery

p. 271 top: ©Dave Bartruff/Index Stock Imagery

p. 271 center: ©Ed Brown Photography/Photographers Direct

p. 271 bottom: ©Dave G. Houser/Corbis

p. 277: ©Lynn M. Bradley

p. 284: Courtesy of Curbstone Press, Willimantic, CT

p. 285: ©Alyx Kellington/Index Stock Imagery

p. 289: ©Mark Lewis/Alamy

p. 302 top: ©Timothy O`Keefe/Index Stock Imagery

p. 302 center: ©Timothy O`Keefe/Index Stock Imagery

p. 302 bottom: ©Index Stock Imagery

p. 303 top: ©AP Photo/Jose Goitia

p. 303 center: ©Ken Osburn/Index Stock Imagery

p. 321 top: ©Hemis/Alamy

p. 321 bottom: ©Alex Segre/Alamy

p. 325: ©Robert Francis/Robert Harding/Getty Images

p. 338 top: ©Hulton Archive/Getty Images

p. 338 center: ©Timothy O`Keefe/Index Stock Imagery

p. 338 bottom: ©Timothy O`Keefe/Index Stock Imagery

p. 339 top: ©Travel Ink Photo Library/Index Stock Imagery

p. 339 center: ©Alyx Kellington/Index Stock Imagery

p. 339 bottom: ©Alyx Kellington/Index Stock Imagery

p. 345: ©Steve Dunwell/Index Stock Imagery

p. 352: ©AP Photo/Esteban Felix

p. 357: ©Hervé Gyssels/Photononstop/PhotoLibrary

p. 368 top: UN Photo/Mark Garten

p. 368 bottom: ©Danita Delimont/Alamy

p. 369 top: ©William Floyd Holdman/Index Stock Imagery

p. 369 center: ©Bonnie Kamin/Index Stock Imagery

p. 369 bottom: ©Alessandro Gandolfi/Index Stock Imagery

p. 389: ©Gary Conner/Index Stock Imagery

p. 393: ©R H Productions/Robert Harding Picture Library Ltd./PhotoLibrary

p. 404 top: ©AP Photo/Ed Betz

p. 404 bottom: ©William Ervin/Index Stock Imagery

p. 405 top: ©Gilles Mingasson/Liaison/Getty Images

p. 405 center: ©MaryAnn and Bryan Hemphill/Index Stock Imagery

p. 405 bottom: Courtesy of Daniel Aisemberg, Manager of Malpaís

p. 423: ©Pablo La Rosa, Baker University

p. 434 top: ©Rafa Rivas/AFP/Getty Images

p. 434 center: ©Shirley Vanderbilt/Index Stock Imagery

p. 434 bottom: ©Fotos and Photos/Index Stock Imagery

p. 435 top: ©Erwin Bud Nielsen/Index Stock Imagery

p. 435 center: ©Travel Ink Photo Library/Index Stock Imagery

p. 435 bottom: ©Grayce Roessler/Index Stock Imagery

p. 439: *El día es un atenuado (transgression)* by Matta-Echaurren, Roberto. ©2008 Artists Rights Society (ARS), New York/ADAGP, Paris.

p. 451: ©Grayce Roessler/Index Stock Imagery

p. 455: ©Graham French/Masterfile

p. 464 right: ©AP Photo/Marco Ugarte

p. 470 top: ©Ivan Alvarado/Reuters/Landov

p. 470 center: ©Michele Burgess/Index Stock Imagery

p. 470 bottom: ©Michele Burgess/Index Stock Imagery

p. 471 center: ©AP Photo/Santiago Llanquin

p. 485: ©AP Photo/Michel Lipchitz

p. 489: ©John Hicks/Corbis

p. 497: ©Jtb Photo Communications Inc./PhotoLibrary

p. 498 top: ©Christopher Pillitz/Alamy

p. 498 center: ©Kirt Shineman

p. 498 bottom: ©Timothy O'Keefe/Index Stock Imagery

p. 499 top: ©Timothy O'Keefe/Index Stock Imagery

p. 499 bottom: ©Enrique Marcarian/Reuters/Landov

CH. 6
Can do remakes